MATHEMATIK 7
NEUE WEGE

Arbeitsbuch für Gymnasien

Hessen G9

Herausgegeben von
Henning Körner
Arno Lergenmüller
Günter Schmidt
Martin Zacharias

Schroedel

MATHEMATIK NEUE WEGE 7
ARBEITSBUCH FÜR GYMNASIEN
Hessen G9

Herausgegeben von:
Henning Körner, Arno Lergenmüller, Prof. Günter Schmidt, Martin Zacharias

Erarbeitet von:
Armin Baeger, Lehmen
Miriam Dolić, Ingelheim
Aloisius Görg, Frechen
Prof. Dr. Johanna Heitzer, Aachen
Charlotte Jahn, Mainz
Henning Körner, Oldenburg
Arno Lergenmüller, Roxheim
Kerstin Peuser, Roetgen
Michael Rüsing, Essen
Jan Schaper, Oldenburg
Olga Scheid, Oldenburg
Prof. Günter Schmidt, Stromberg
Thomas Vogt, Hargesheim
Laura Witowski, Dörrebach
Martin Zacharias, Molfsee

Für Hessen bearbeitet von:
Martin Zacharias unter Beratung von Richard Menzel, Frankfurt am Main

Westermann Schroedel Diesterweg Schöningh Winklers GmbH, Braunschweig
www.schroedel.de

Druck A [1] / Jahr 2014
Alle Drucke der Serie A sind im Unterricht parallel verwendbar.

Redaktion: Björn Deling
Herstellung: Reinhard Hörner
Umschlagentwurf: Janssen Kahlert Design & Kommunikation GmbH, Hannover
Illustrationen: Margit Pawle, München
techn. Zeichnungen: Mario Valentinelli, Rostock
Satz: PER Medien+Marketing GmbH, Braunschweig
Druck und Bindung: westermann druck GmbH, Braunschweig

ISBN 978-3-507-**85664**-6

Inhalt

Kapitel und Lernabschnitte

Je zwei Auftaktseiten mit Bildern und kurzen Texten informieren dich über die Inhalte jedes Kapitels.
Ein Kapitel besteht aus mehreren Lernabschnitten.
Jeder Lernabschnitt ist in drei Ebenen unterteilt: **Grün** – **Weiß** – **Grün**.

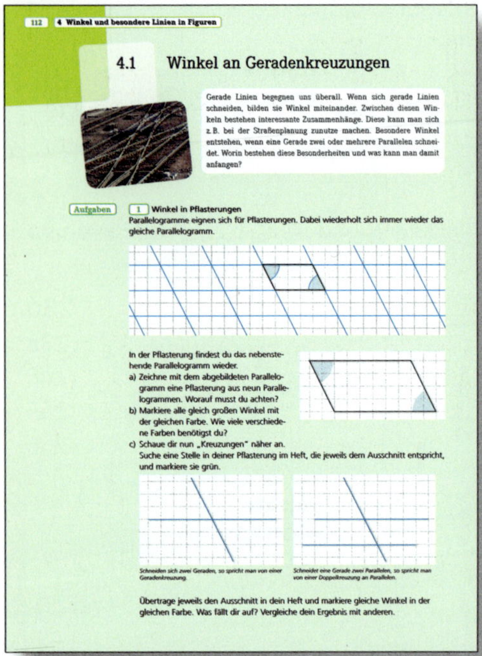

112 | 4 Winkel und besondere Linien in Figuren

4.1 Winkel an Geradenkreuzungen

Gerade Linien begegnen uns überall. Wenn sich gerade Linien schneiden, bilden sie Winkel miteinander. Zwischen diesen Winkeln bestehen interessante Zusammenhänge. Diese kann man sich z.B. bei der Straßenplanung zunutze machen. Besondere Winkel entstehen, wenn eine Gerade zwei oder mehrere Parallelen schneidet. Worin bestehen diese Besonderheiten und was kann man damit anfangen?

Aufgaben

1 **Winkel in Pflasterungen**
Parallelogramme eignen sich für Pflasterungen. Dabei wiederholt sich immer wieder das gleiche Parallelogramm.

In der Pflasterung findest du das nebenstehende Parallelogramm wieder.
a) Zeichne mit dem abgebildeten Parallelogramm eine Pflasterung aus neun Parallelogrammen. Worauf musst du achten?
b) Markiere alle gleich großen Winkel mit der gleichen Farbe. Wie viele verschiedene Farben benötigst du?
c) Schaue dir nun „Kreuzungen" näher an.
Suche eine Stelle in deiner Pflasterung im Heft, die jeweils dem Ausschnitt entspricht, und markiere sie grün.

Schneiden sich zwei Geraden, so spricht man von einer Geradenkreuzung.

Schneidet eine Gerade zwei Parallelen, so spricht man von einer Doppelkreuzung an Parallelen.

Übertrage jeweils den Ausschnitt in dein Heft und markiere gleiche Winkel in der gleichen Farbe. Was fällt dir auf? Vergleiche dein Ergebnis mit anderen.

Die erste grüne Ebene

„Das Ziel vor Augen"

In wenigen Sätzen, Bildern und Fragen erfährst du, worum es in diesem Lernabschnitt geht.

Einführende Aufgaben

In vertrauten Alltagsproblemen ist bereits viel Mathematik versteckt. Mit diesen Aufgaben kannst du interessante Zusammenhänge des Themas selbst entdecken und verstehen.
Das gelingt besonders gut in der Zusammenarbeit mit einem oder mehreren Partnern.
In dem vielfältigen Angebot könnt ihr nach euren Erfahrungen und Interessen auswählen.

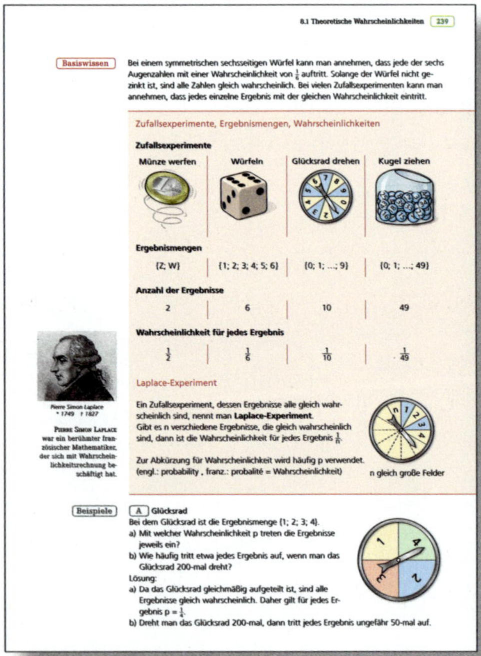

8.1 Theoretische Wahrscheinlichkeiten | 239

Basiswissen

Bei einem symmetrischen sechsseitigen Würfel kann man annehmen, dass jede der sechs Augenzahlen mit einer Wahrscheinlichkeit von $\frac{1}{6}$ auftritt. Solange der Würfel nicht gezinkt ist, sind alle Zahlen gleich wahrscheinlich. Bei vielen Zufallsexperimenten kann man annehmen, dass jedes einzelne Ergebnis mit der gleichen Wahrscheinlichkeit eintritt.

Zufallsexperimente, Ergebnismengen, Wahrscheinlichkeiten

	Münze werfen	Würfeln	Glücksrad drehen	Kugel ziehen
Ergebnismengen	{Z; W}	{1; 2; 3; 4; 5; 6}	{0; 1; ...; 9}	{0; 1; ...; 49}
Anzahl der Ergebnisse	2	6	10	49
Wahrscheinlichkeit für jedes Ergebnis	$\frac{1}{2}$	$\frac{1}{6}$	$\frac{1}{10}$	$\frac{1}{49}$

Laplace-Experiment

Ein Zufallsexperiment, dessen Ergebnisse alle gleich wahrscheinlich sind, nennt man **Laplace-Experiment**.
Gibt es n verschiedene Ergebnisse, die gleich wahrscheinlich sind, dann ist die Wahrscheinlichkeit für jedes Ergebnis $\frac{1}{n}$.

Zur Abkürzung für Wahrscheinlichkeit wird häufig p verwendet.
(engl.: probability , franz.: probalité = Wahrscheinlichkeit)

n gleich große Felder

Pierre Simon Laplace
** 1749 † 1827*

Pierre Simon Laplace war ein berühmter französischer Mathematiker, der sich mit Wahrscheinlichkeitsrechnung beschäftigt hat.

Beispiele

A **Glücksrad**
Bei dem Glücksrad ist die Ergebnismenge {1; 2; 3; 4}.
a) Mit welcher Wahrscheinlichkeit p treten die Ergebnisse jeweils ein?
b) Wie häufig tritt etwa jedes Ergebnis auf, wenn man das Glücksrad 200-mal dreht?
Lösung:
a) Da das Glücksrad gleichmäßig aufgeteilt ist, sind alle Ergebnisse gleich wahrscheinlich. Daher gilt für jedes Ergebnis $p = \frac{1}{4}$.
b) Dreht man das Glücksrad 200-mal, dann tritt jedes Ergebnis ungefähr 50-mal auf.

Die weiße Ebene

Basiswissen

Hier findest du das Kernwissen und die grundlegenden Strategien kurz und bündig zusammengefasst.

Beispiele

Die durchgerechneten Musteraufgaben helfen dir beim eigenständigen Lösen der Übungen.

Übungen

„Mathematik lernt man weniger durch Zuschauen als durch eigenes Tun."

Die Übungen bieten reichlich Gelegenheit zu eigenen Aktivitäten zum Verstehen und Anwenden. Zusätzliche „Trainingsangebote" führen zur Sicherheit.
Wichtige Regeln werden ergänzend auf Merkkarten festgehalten.

Bei vielen Übungen findest du:

Tipp
Hilfreiche Tipps und Lösungshinweise

8 Lösungen:
Möglichkeiten zur Selbstkontrolle

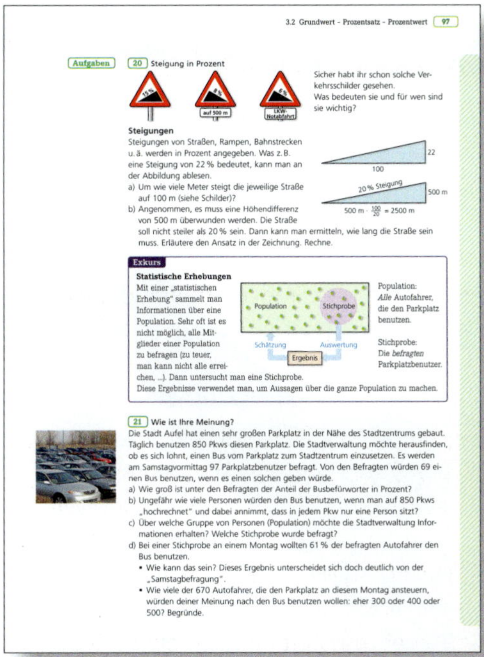

Die zweite grüne Ebene

„Mathematik ist überall."

Hier findest du Anregungen zum Entdecken überraschender Zusammenhänge der Mathematik mit vielen Bereichen deiner Lebenswelt und anderer Fächer.
Dabei ist oft Teamarbeit angesagt.
In Projekten gibt es Anregungen zu mathematischen Exkursionen. Dies führt oft zum Erstellen eigener Produkte zur Präsentationen der Ergebnisse in größerem Rahmen.

Exkurse

Es gibt einiges zu erzählen über Menschen, Probleme und Anwendungen oder auch Seltsames und Lustiges.

Pflicht und Kür

Die Inhalte der zweiten grünen Ebene wie auch die Exkurse und Projekte sind eine zusätzliche „Kür" zu den Pflichtteilen.

Sichere dein Wissen und Können gegen das Vergessen

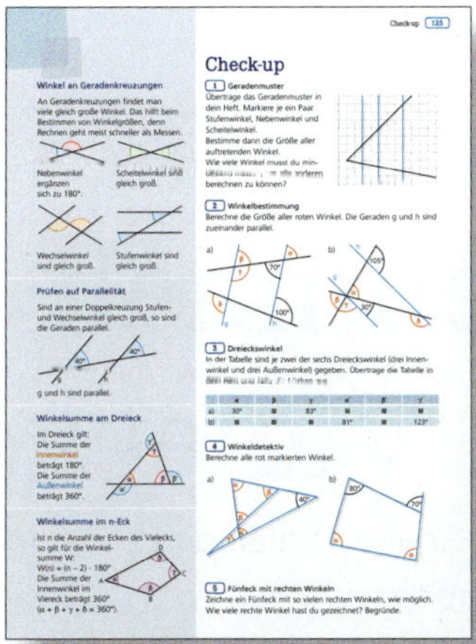

Check-up

„Alles klar?"

Nach jedem Kapitel findest du nochmal das Wichtigste übersichtlich zusammengefasst und typische Aufgaben, mit denen du dein Wissen festigen kannst. Hier kannst du dich gut auf Klassenarbeiten vorbereiten. Die Lösungen dieser Aufgaben findest du am Ende des Buches.

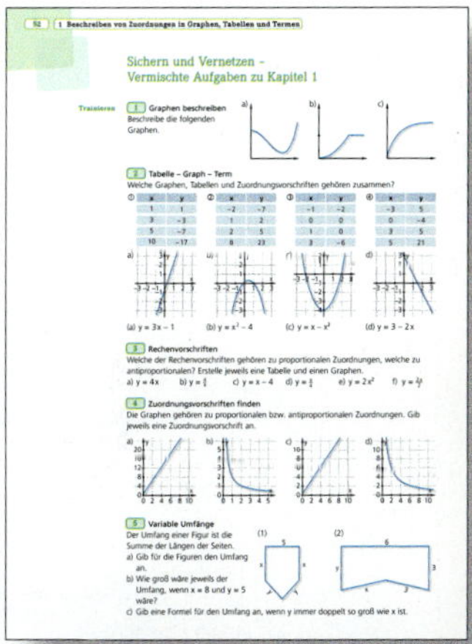

Sichern und Vernetzen – Vermischte Aufgaben

Hier findest du übergreifende Übungen zum **Trainieren**, **Verstehen** und **Anwenden**.
Die Lösungen kannst du im Internet unter *www.schroedel.de/NW-85664* einsehen.

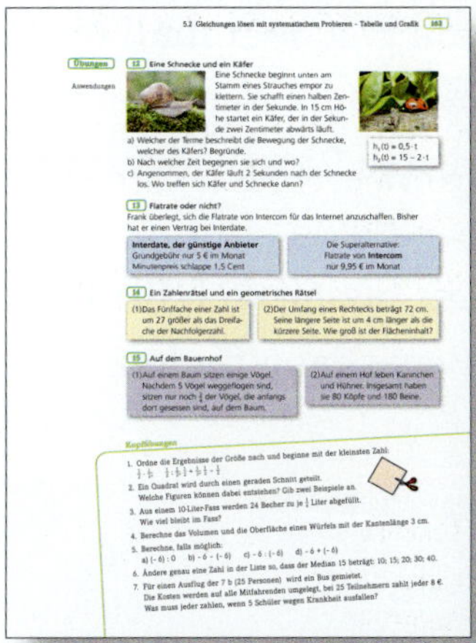

Kopfübungen

„Vergessen ist menschlich."

Deshalb kannst du in den Kopfübungen am Ende jeder weißen Ebene früher erworbene Kenntnisse wiederholen und auffrischen.

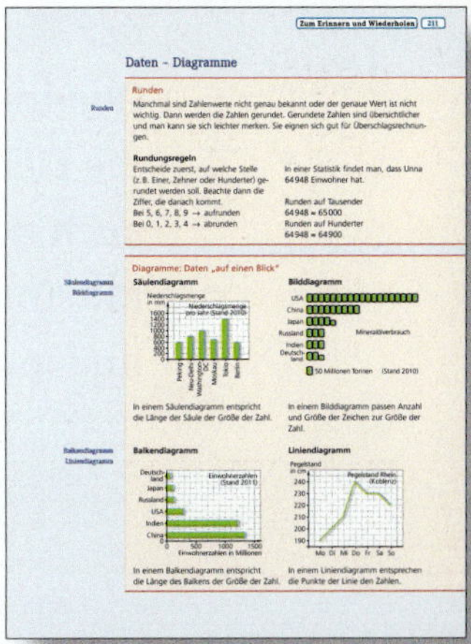

Zum Erinnern und Wiederholen

Hier wird Grundlegendes aus den vorhergehenden Bänden knapp und übersichtlich zusammengestellt.

1

Umfang und Flächeninhalt von Dreiecken und Vielecken

Was man schon weiß hilft oft beim Entdecken von neuem Wissen.
So kann man den Flächeninhalt des „Tangramvogels“ durch Zusammenpuzzeln der Einzelteile zum Quadrat bestimmen, weil man den Flächeninhalt eines Quadrates ja bereits kennt. Ebenso findet man mit ein wenig Nachdenken auch die Flächeninhalte der kleinen und großen Dreiecke, des Parallelogramms und auch des kleinen Quadrats.
Mit ähnlichen Strategien des Zerlegens und Ergänzens lassen sich für Dreiecke und manche Vielecke sogar einfache Formeln zum Berechnen finden.

1.1 Flächeninhalte bestimmen durch Zerlegen und Ergänzen

Mit etwas Fantasie und geometrischen Kenntnissen kannst du viele einfache Figuren durch Zerschneiden oder Ergänzen in ein flächengleiches Rechteck verwandeln und damit den Flächeninhalt bestimmen.

Auf dem Geobrett erkennst du sofort, dass das rote Dreieck den gleichen Flächeninhalt hat wie das blaue Rechteck. Ist auch der Umfang bei beiden Figuren gleich?

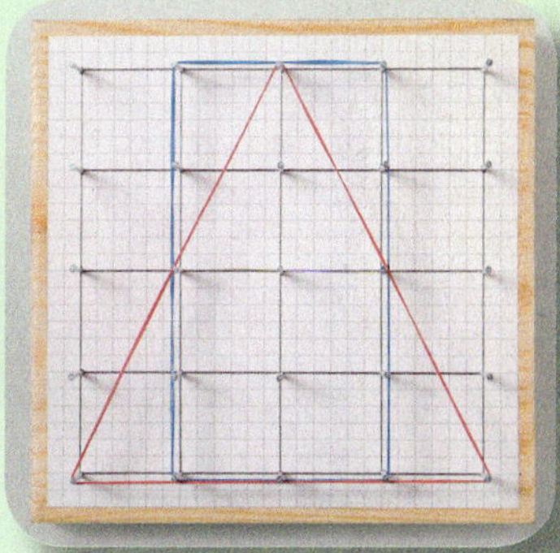

1.2 Umfang und Flächeninhalt berechnen

Der Flächeninhalt eines Rechtecks lässt sich aus den Seitenlängen a und b einfach mit der Formel $A = a \cdot b$ berechnen. Beim Dreieck, beim Parallelogramm und beim Trapez gibt es ähnliche Formeln.

Das Rechteck und das Parallelogramm haben die gleichen Seitenlängen, bei beiden lässt sich der Umfang nach der Formel $U = 2 \cdot a + 2 \cdot b$ berechnen.
Gilt dann auch für den Flächeninhalt des Parallelogramms die Formel $A = a \cdot b$?

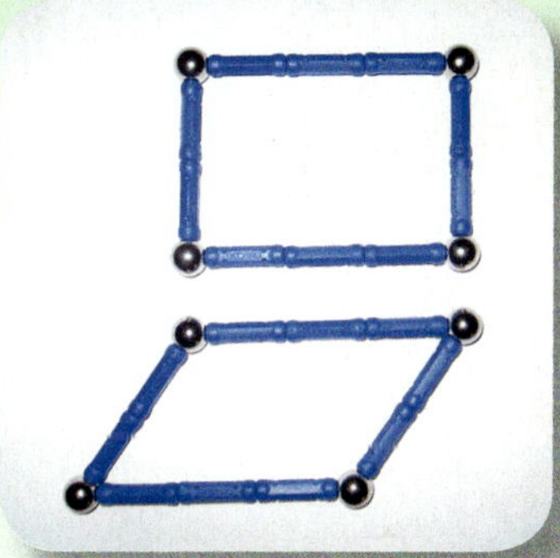

1.1 Flächeninhalte bestimmen durch Zerlegen und Ergänzen

Den Flächeninhalt von Quadraten und Rechtecken kannst du mit den bekannten Formeln bereits bestimmen. Wie sieht dies bei anderen Figuren aus, z. B. bei einem Dreieck oder einem Parallelogramm? Mit etwas Fantasie und Geometrie kannst du viele Figuren durch Zerschneiden und Zusammenpuzzeln in flächeninhaltsgleiche Rechtecke verwandeln und so den Flächeninhalt bestimmen und vergleichen.

Aufgaben

1 Viele Teile machen ein Ganzes

In einer ungewöhnlichen Quizshow werden den Kandidaten folgende Aufgaben gestellt. Die Antwort muss begründet werden.

200-Punkte-Frage: Ist der Flächeninhalt der Figur größer oder kleiner als 25 cm²?

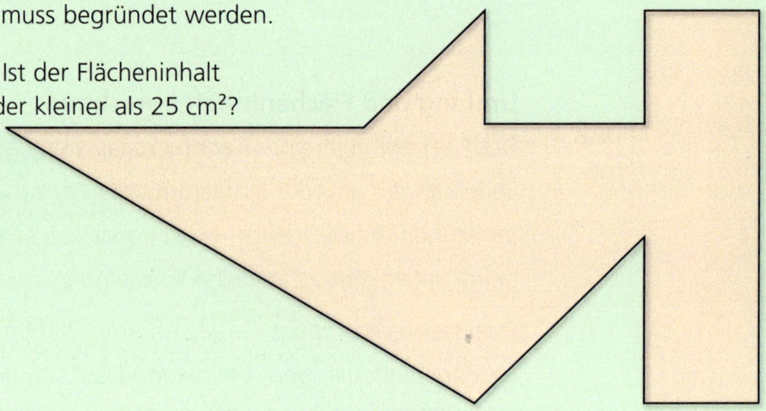

500-Punkte-Frage: Welche der beiden Figuren hat den größeren Flächeninhalt?

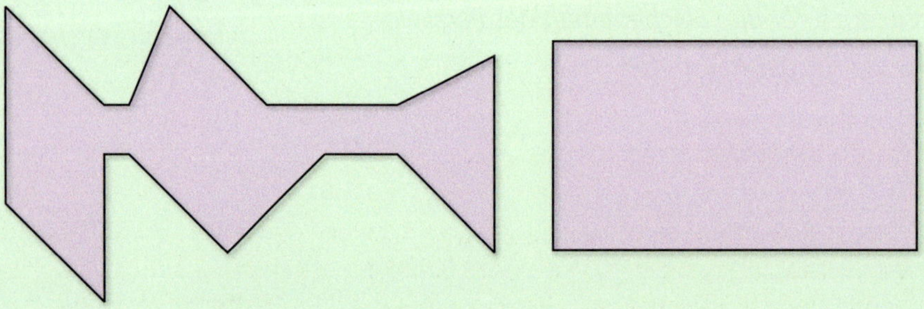

Kannst du die Quizfragen beantworten? Zeichne zunächst die Figuren auf ein Blatt. Dann ist „alles“ erlaubt: Ausschneiden, Zerlegen, Puzzeln, Messen, …

Beschreibe deine Ideen. Vergleiche mit den anderen. Wer liefert eine überzeugende Begründung?

2 Rechtecke überall

Kann man jedes Vieleck so zerschneiden, dass sich die Teile anschließend zu einem Rechteck zusammenlegen lassen?

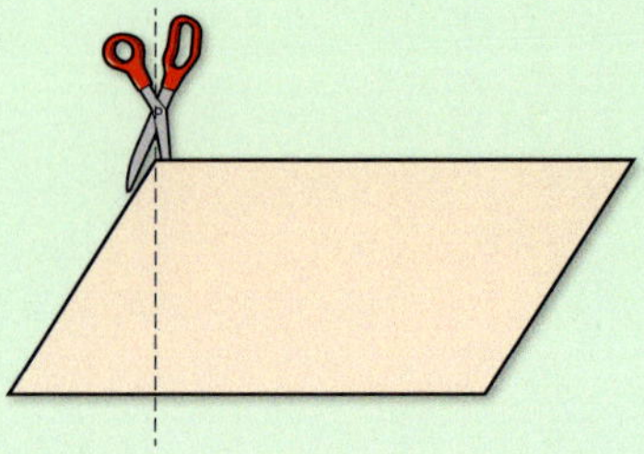

a) Probiere es aus z. B. an Parallelogrammen, Dreiecken und Trapezen. Zeichne die Vielecke dazu auf Papier oder dünne Pappe und schneide sie aus.
b) Klebe anschließend deine Ergebnisse in dein Heft und beschreibe, wie du vorgegangen bist.

Aufgaben

3 Grundstücksvergleich

Die Stadt hat die Fläche zwischen drei großen Straßen als Bauland freigegeben. Drei Grundstücke wurden daraufhin abgesteckt.

a) Welches ist das größte Grundstück?

b) Welches würdest du nehmen? Welche Gründe außer der Flächengröße würdest du bei deiner Entscheidung heranziehen?

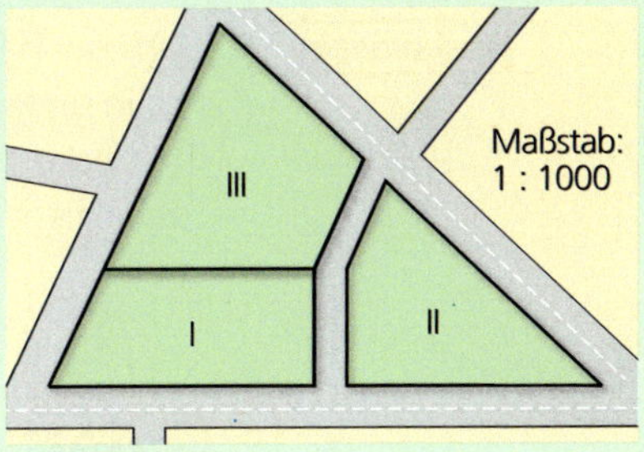

4 Rechtecke „sehen" – durch Verdoppeln wird's leichter!

a) Übertrage das abgebildete rechtwinklige Dreieck in dein Heft. Wie groß ist sein Flächeninhalt?

b) Zeichne das gleichschenklige Dreieck in dein Heft.
Kannst du auch davon die Fläche bestimmen?
Wie gehst du vor?

c) Und wie sieht es bei einem beliebigen Dreieck aus? Auch hier hilft „verdoppeln", sodass ein Rechteck entsteht.

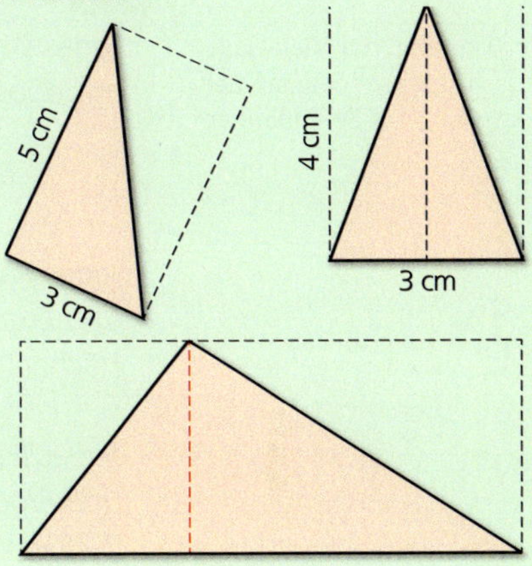

5 Rechtecke falten

Zeichne ein spitzwinkliges Dreieck auf ein Blatt Papier und schneide es aus.

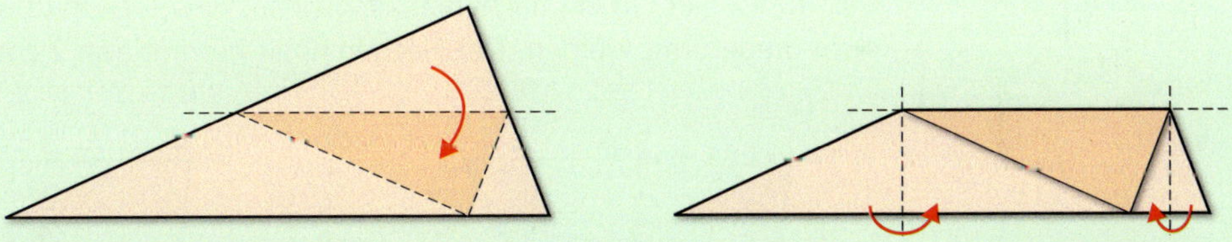

a) Kannst du das Dreieck so falten, dass ein Rechteck entsteht und das Papier überall doppelt liegt? Versuche es wie in der Bildfolge.

b) Vergleiche den Flächeninhalt des Rechtecks mit dem Flächeninhalt deines Ausgangsdreiecks.

c) Schaffst du es auch, ein Trapez (ein Parallelogramm) zu einem Rechteck zu falten?

6 Geobrett

Auf dem Geobrett sind ein rotes Dreieck und ein blaues Rechteck gespannt.

a) Begründe, dass beide den gleichen Flächeninhalt haben.

b) Versuche auch jeweils ein flächeninhaltsgleiches Rechteck zu einem Parallelogramm (Trapez, Drachenviereck) aufzuspannen. Begründe.

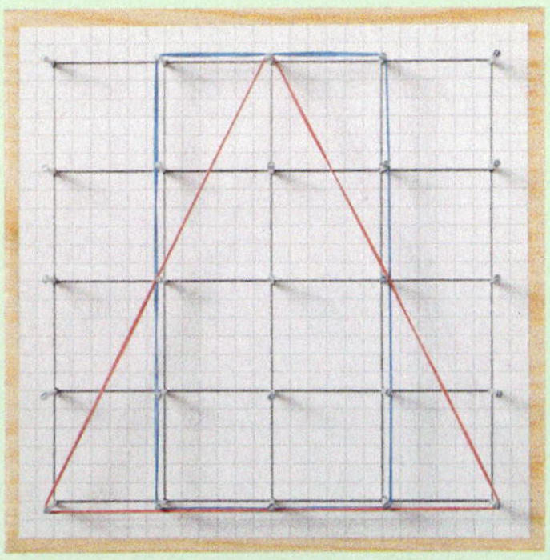

Basiswissen

Um die Fläche eines Vielecks zu bestimmen, zerlegt man es in einfache Grundfiguren.
Dreiecke, Parallelogramme und Trapeze kann man mit verschiedenen Strategien in Rechtecke verwandeln.

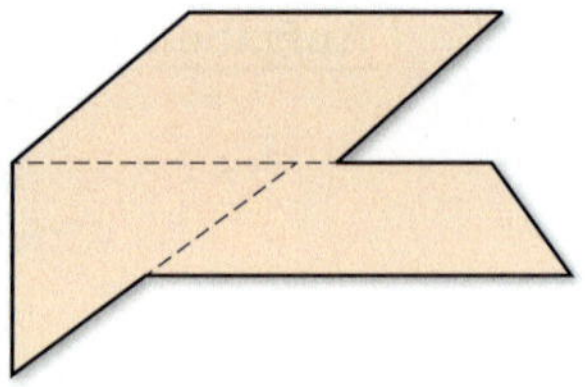

Umfang von Vielecken:
Umfang = Summe der Seitenlängen

Strategien zur Flächenverwandlung in ein Rechteck durch Zerlegen und Ergänzen

Jedes **Dreieck** kann man zu einem Rechteck mit *doppeltem* Flächeninhalt *ergänzen*.

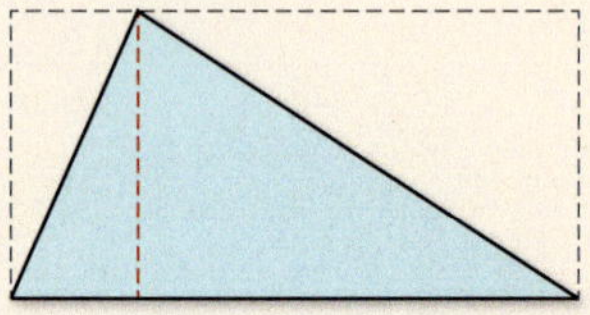

Jedes **Parallelogramm** kann man durch *Zerlegen und Ergänzen* in ein Rechteck mit *gleichem* Flächeninhalt verwandeln.

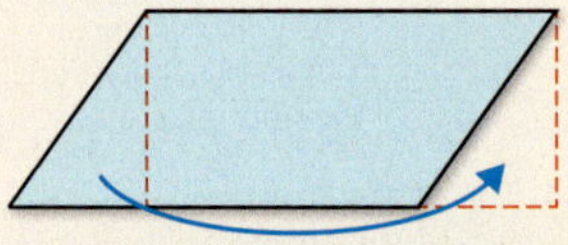

Jedes **Trapez** kann man durch *Zerlegen und Ergänzen* in ein Rechteck mit *gleichem* Flächeninhalt verwandeln.

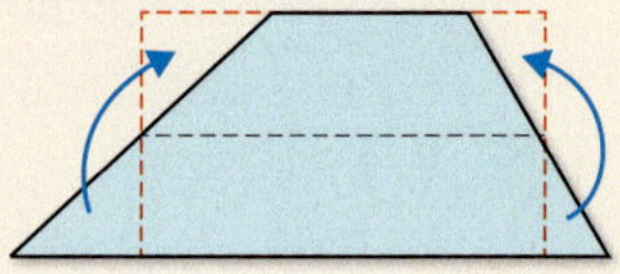

Beispiele

A Flächeninhalt eines Trapezes

Das Trapez kann in ein flächeninhaltsgleiches Rechteck mit den Seitenlängen 3 cm und 4 cm umgeformt werden. Der Flächeninhalt beträgt also 2 cm · 4 cm = 8 cm².

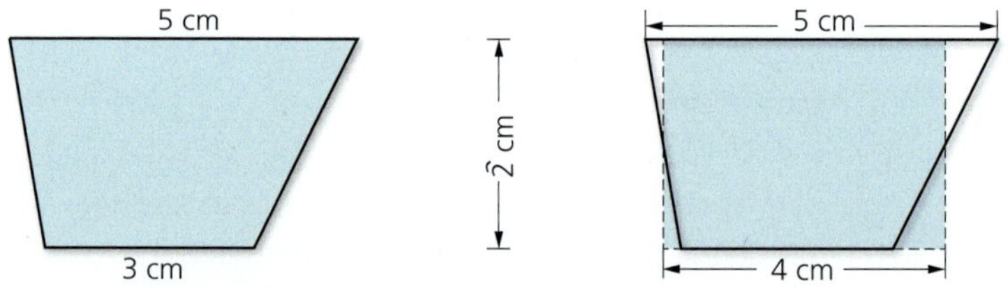

B Flächeninhalt einer Figur im Koordinatensystem

Zeichne folgende Punkte in ein Koordinatensystem ein und verbinde sie zu einer Figur (1 LE = 1 cm): A (1|1), B (6,5|1), C (7,5|2), D (7,5|3), E (1|3) und F (0|2).
Bestimme den Flächeninhalt der Figur.

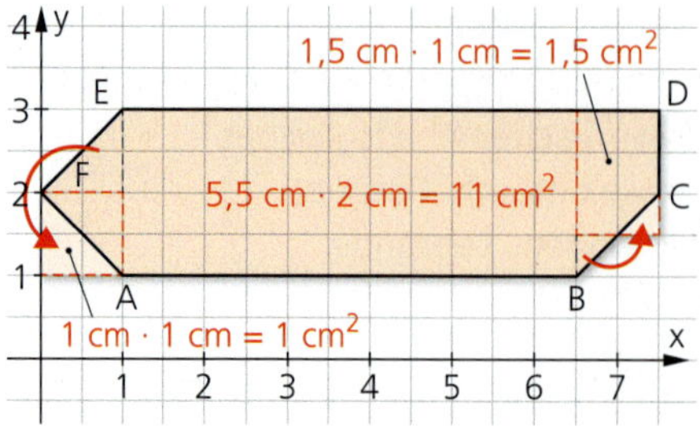

Lösung:
Die Figur lässt sich z. B. in ein gleichschenkliges Dreieck, ein Rechteck und ein Trapez zerlegen. Das Dreieck und das Trapez lassen sich wiederum in Rechtecke verwandeln. Der Flächeninhalt der Gesamtfigur ergibt sich als Summe der Teilflächen und beträgt 13,5 cm².

Übungen

7 Figuren im Koordinatensystem

a) Bestimme den Flächeninhalt der abgebildeten Figur.

b) Zeichne jeweils die folgenden Punkte in ein Koordinatensystem ein, verbinde sie wie in a) und bestimme den Flächeninhalt.

① A (1|4,5), B (3,5|2,5), C (8|2,5) und D (6|4,5)

② A (−4|3,5), B (0|3,5) und C (−2,5|6)

③ A (1|1,5), B (5|5,5), C (2|5,5) und D (0|3,5)

④ A (0|1), B (11,5|1), C (7,5|4,5), D (6|7), E (3|6) und F (0|7)

Beschreibe jeweils deine Strategie.

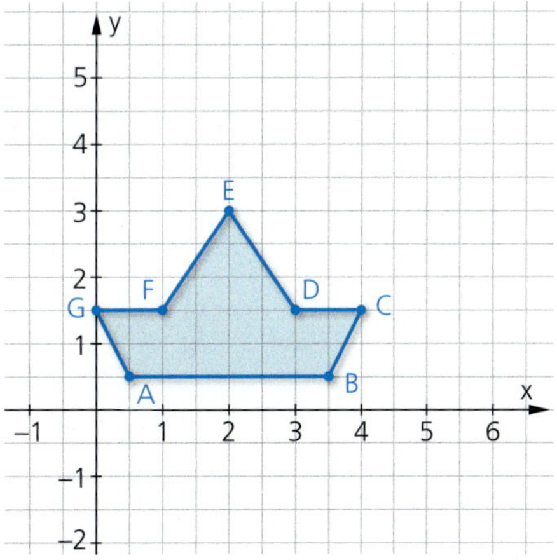

8 Figuren in Rechtecke zerlegen

Bestimme den Flächeninhalt der Figuren. Du kannst sie zerlegen und zu einem Rechteck ergänzen. Miss geeignete Strecken.

Die Zerlegung kannst du vielleicht schon „im Kopf“ ausführen.

Messen erlaubt

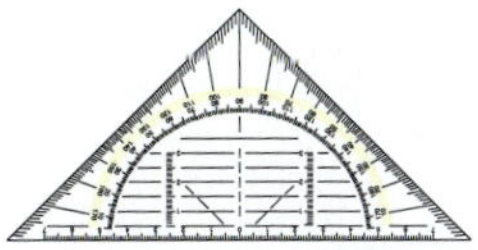

9 Parallelogramm in flächeninhaltsgleiches Rechteck verwandeln

Zeichne das Parallelogramm und bestimme durch Verwandlung in ein flächeninhaltsgleiches Rechteck den Flächeninhalt.

a) a = 4 cm, b = 7 cm, α = 50°

b) a = 6 cm, α = 110°, h = 2 cm

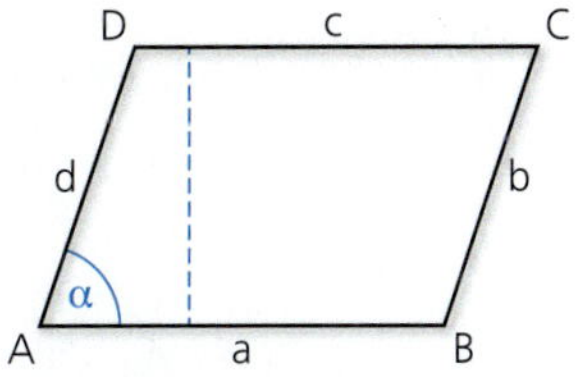

10 Dreieck in flächeninhaltsgleiches Rechteck verwandeln

Zeichne das Dreieck und bestimme durch Verwandlung in ein flächeninhaltsgleiches Rechteck den Flächeninhalt.

a) a = 4 cm, b = 5 cm, c = 8 cm

b) c = 5 cm, α = 105°, b = 7 cm

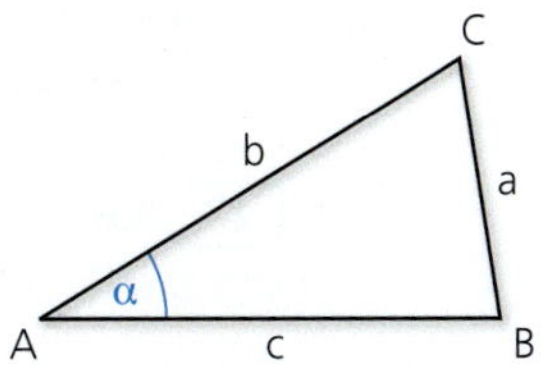

11 Trapez in flächeninhaltsgleiches Rechteck verwandeln

Zeichne das gleichschenklige Trapez und bestimme durch Verwandlung in ein flächeninhaltsgleiches Rechteck den Flächeninhalt.

a) a = 8 cm, b = 5 cm, β = 75° cm

b) a = 9 cm, α = 60°, d = 7 cm

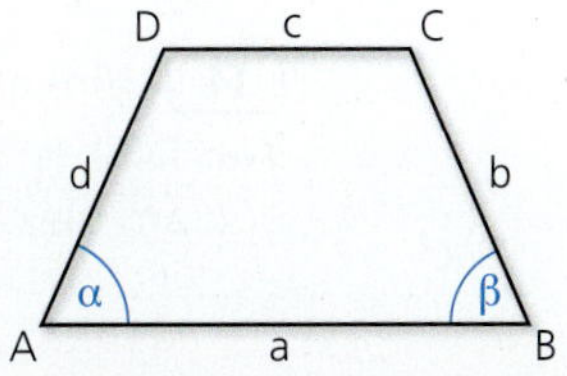

Übungen

12 Zugeschnittene Dreiecke

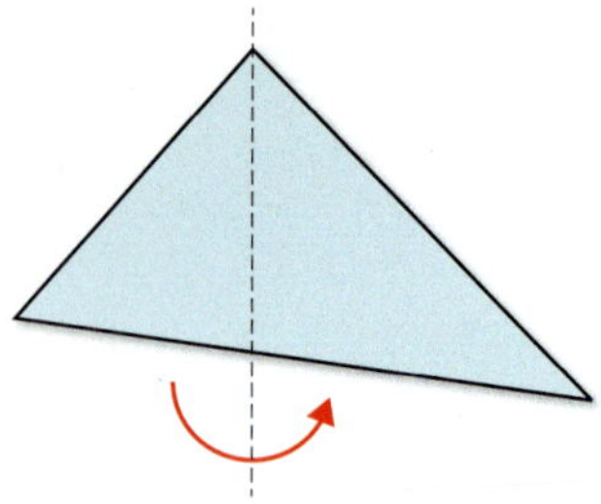

a) Zeichne ein Dreieck auf ein Blatt Papier und schneide es aus. Kannst du es so falten, dass die beiden entstehenden Teildreiecke genau aufeinander passen? Wenn nicht, hilf mit der Schere nach. Aufgepasst: beim Auseinanderfalten muss wieder ein Dreieck entstehen. Beschreibe, wie du falten musst.

b) Kannst du ein Dreieck zeichnen, bei dem du nichts abschneiden musst? Kannst du sogar ein Dreieck zeichnen, bei dem es mehrere Faltmöglichkeiten gibt? Beschreibe jeweils die Lösung.

Standardbezeichnungen am Dreieck:

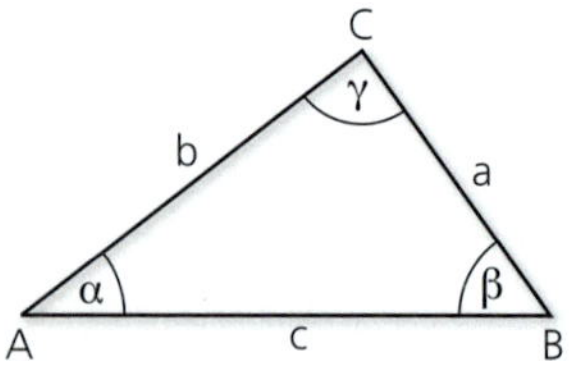

Die Bezeichnungen erfolgen immer gegen den Uhrzeigersinn.

Dreiecke

Unter den Dreiecken gibt es besondere Formen, die sich durch die Längen der Seiten und die Größe der Winkel kennzeichnen lassen.

Kennzeichnung von Dreiecken nach Seitenlängen

gleichschenkliges Dreieck

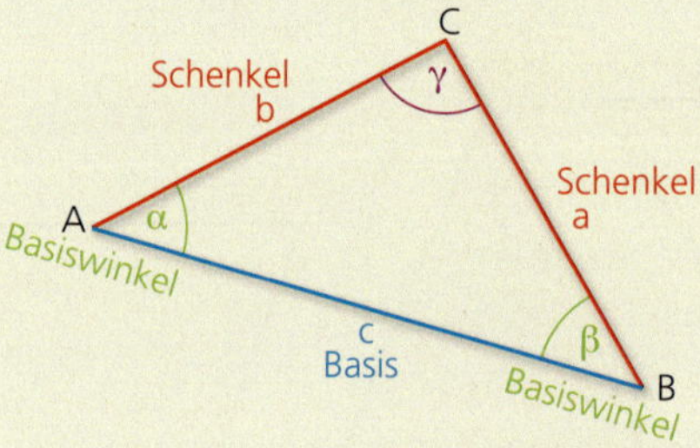

Mindestens zwei Seiten sind gleich lang. Diese Seiten nennt man auch Schenkel.

gleichseitiges Dreieck

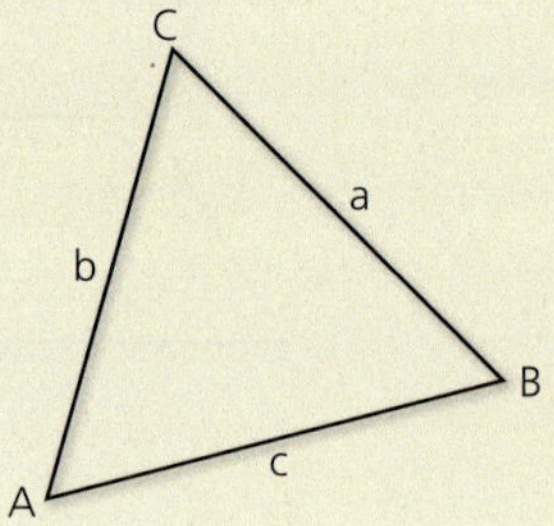

Alle drei Seiten sind gleich lang.

Kennzeichnung von Dreiecken nach Winkeln

spitzwinkliges Dreieck

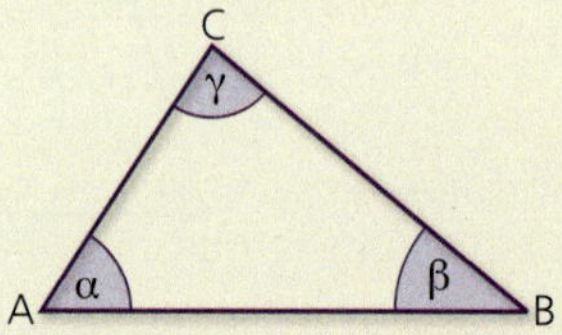

Alle Winkel sind spitze Winkel.

rechtwinkliges Dreieck

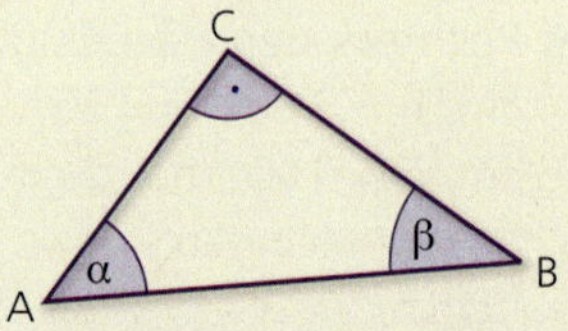

Ein Winkel ist 90° groß.

stumpfwinkliges Dreieck

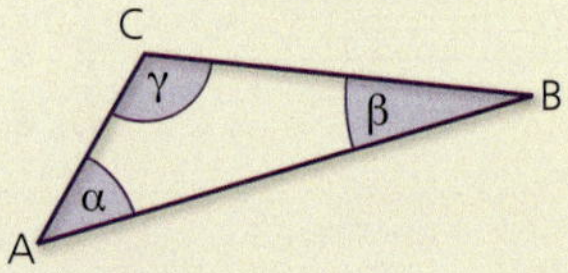

Ein Winkel ist ein stumpfer Winkel.

13 Konstruktion besonderer Dreiecke

Um die Punkte A und B einer Strecke $\overline{AB}$ wird jeweils ein Kreis mit dem gleichen Radius r gezeichnet. Einer der Schnittpunkte der beiden Kreise wird mit C bezeichnet. Welche besonderen Formen haben die Dreiecke ABC?

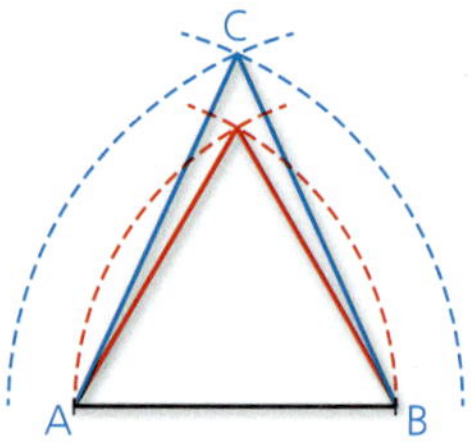

14 Winkelgrößen in besonderen Dreiecken

Was lässt sich über die Winkel am gleichschenkligen Dreieck und am gleichseitigen Dreieck aussagen?

Übungen

15 Drachen

Welcher Drachen hat die größere Fläche? Beschreibe die Strategie, mit der du zu deiner Entscheidung gekommen bist.

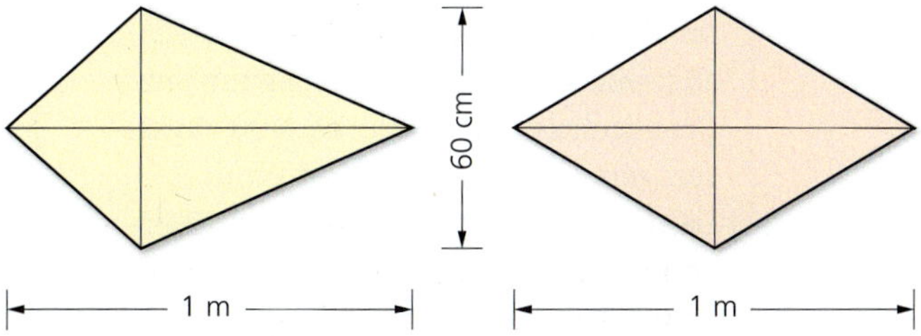

16 Geschicktes Zerlegen

Übertrage die abgebildeten Vielecke in dein Heft und bestimme ihren Flächeninhalt durch geschicktes Zerlegen der Figur. Beschreibe dein Vorgehen.

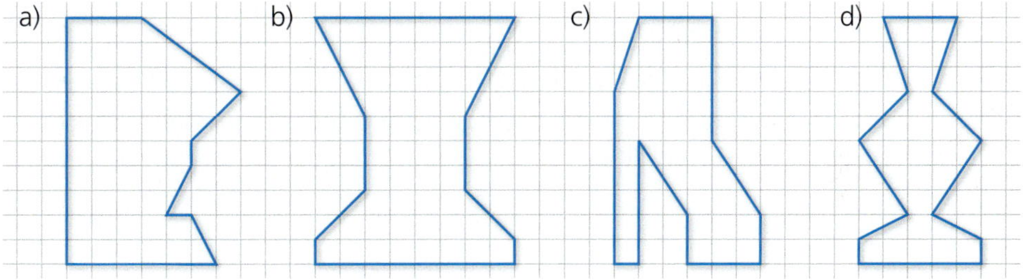

17 Verschiedene Verwandlungen

Es gibt verschiedene Möglichkeiten, ein Dreieck in ein flächeninhaltsgleiches Rechteck zu verwandeln. Die gestrichelten Linien deuten zwei verschiedene Möglichkeiten an.

Vergleiche auch die Umfänge der beiden flächeninhaltsgleichen Rechtecke.

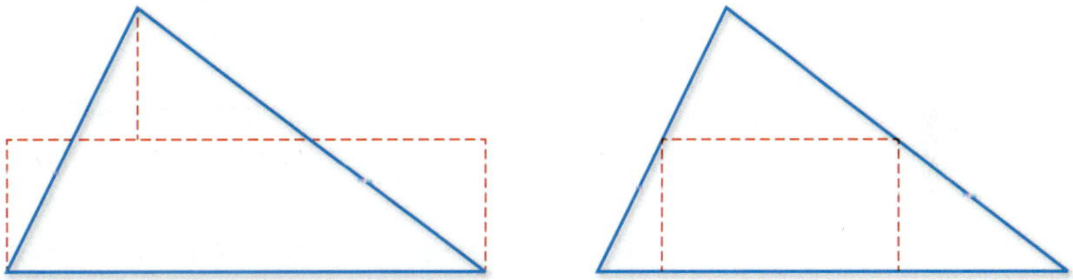

a) Welche Seitenlängen haben die Rechtecke in den beiden Fällen?
b) Führe beide Verwandlungen mit einem selbst gezeichneten Dreieck durch. Wie groß ist der Flächeninhalt deines Dreiecks?
c) Findest du noch andere Möglichkeiten der Flächenverwandlung?

18 Gleichseitiges Dreieck

Zeichne ein gleichseitiges Dreieck. Finde zwei verschiedene Möglichkeiten, dieses durch Zerlegen und Ergänzen in ein flächeninhaltsgleiches Parallelogramm zu verwandeln.

19 Was ist hier passiert?

Vergleiche Flächeninhalt und Umfang der Figuren.

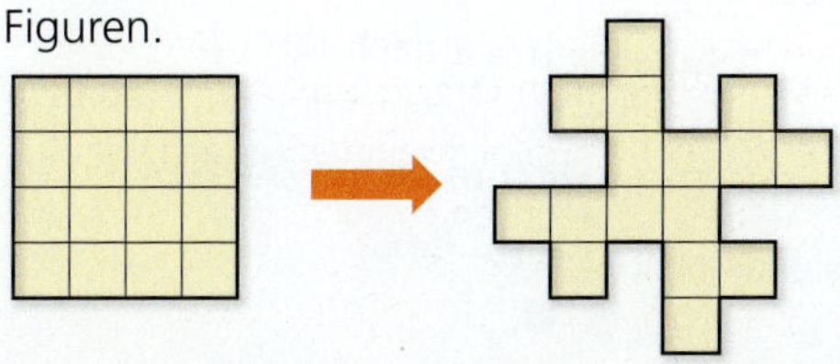

20 Extremes Parallelogramm

Wie kann man den Flächeninhalt von extrem schrägen Parallelogrammen herausbekommen? Beschreibe die Ideen und probiere sie aus.

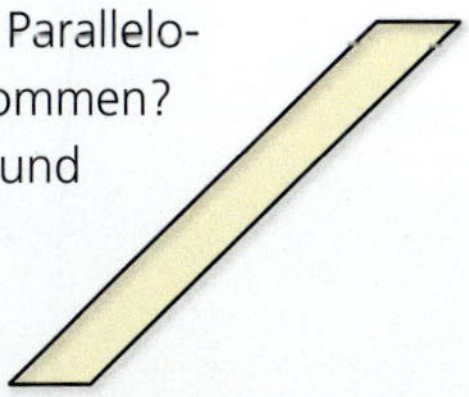

Übungen

Exkurs

Flurbereinigung

Die Flurbereinigung (Grundstückszusammenlegung) wird häufig in der Landwirtschaft (Getreidefelder, Weinbaugebiete) angewendet. Die Zusammenlegung von Grundstücken ist im Flurbereinigungsgesetz geregelt, das seit 1976 in Kraft ist. Dabei werden nicht nur die Flächengrößen, sondern auch der Wert der einzelnen Grundstücke (Bodengüte, Ortslage und Ähnliches) berücksichtigt. Darüber hinaus spielen auch Umweltaspekte, wie zum Beispiel die Schaffung von Feuchtbiotopen, eine wichtige Rolle. Die Mathematik wird dabei sowohl für die Flächenberechnung als auch für die Berechnung der Grundstückswerte dringend gebraucht.

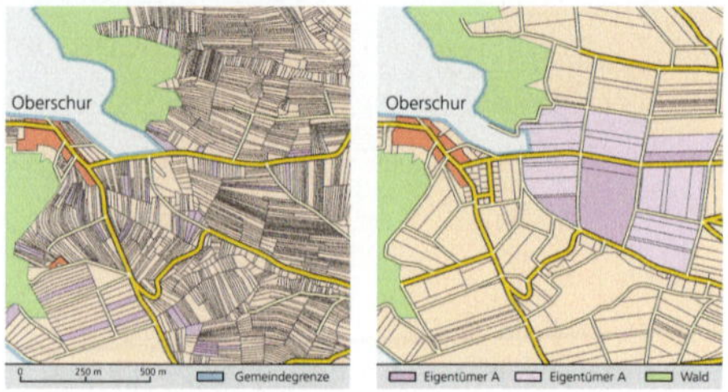

21 Flurbereinigung

Im Rahmen einer „Flurbereinigung" sollen die fünf Grundstücke der Schrebergartenanlage in fünf rechteckige Grundstücke umgewandelt werden. Die Flächeninhalte sollen gleich bleiben.

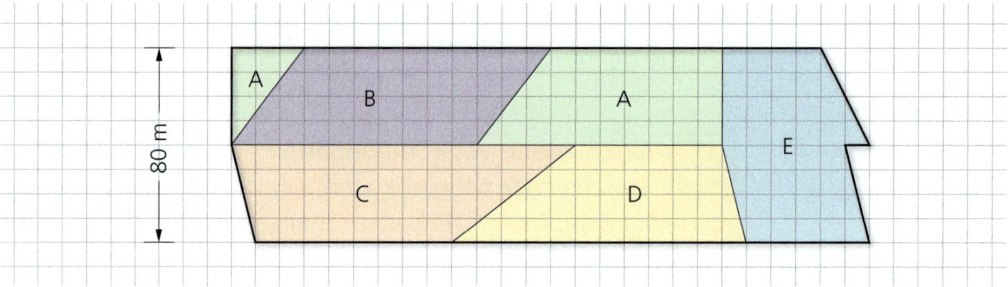

a) Wie würdest du die Flurbereinigung vornehmen? Zeichne den Plan und schneide die einzelnen Grundstücke aus. Zerlege und setze neu zusammen. Klebe den bereinigten Plan in dein Heft und vergleiche mit den Ergebnissen deiner Nachbarn.

b) Kannst du die Rechtecke so anordnen, dass insgesamt ein Rechteck entsteht?

Kopfübungen

1. Wahr oder falsch? Die größte gerade vierstellige Zahl, die zweimal die Ziffer 0 enthält, lautet 9008.
2. Gib die Koordinaten eines Punktes B an, der mit A (4 | 10) gemeinsam auf einer Parallelen zur x-Achse liegt.
3. Schätze den Rauminhalt (Volumen) eines Hühnereis.
4. Welches Rechenzeichen gehört in das Kästchen, damit die Aussage wahr ist: 2^4 ■ $2^3 = 2$?
5. Welcher geometrische Körper kann aus folgenden Flächen gebastelt werden?

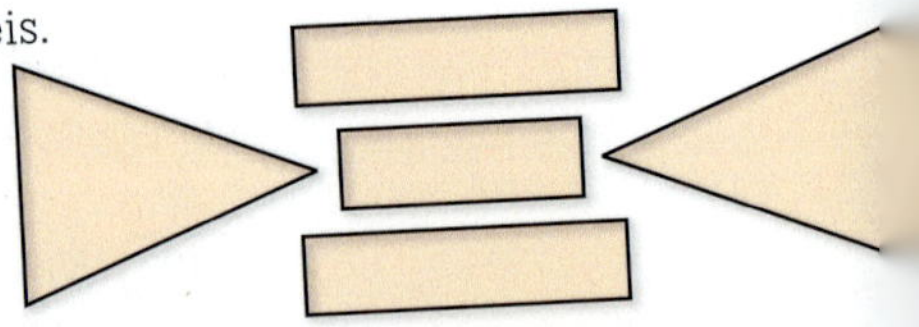

6. 80 Schülerinnen und Schüler wurden nach ihrer Lieblingsfarbe gefragt. Die Ergebnisse sind im Kreisdiagramm dargestellt. Wie viele Personen nannten Grün als ihre Lieblingsfarbe?

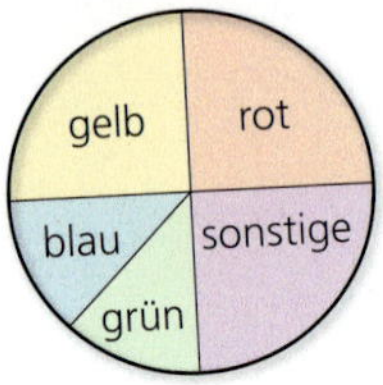

7. Suche nach einem Muster und setze fort: $17 \cdot 17$, $16 \cdot 18$, $15 \cdot 19$, $14 \cdot 20$, ■ · ■, ...

Aufgaben

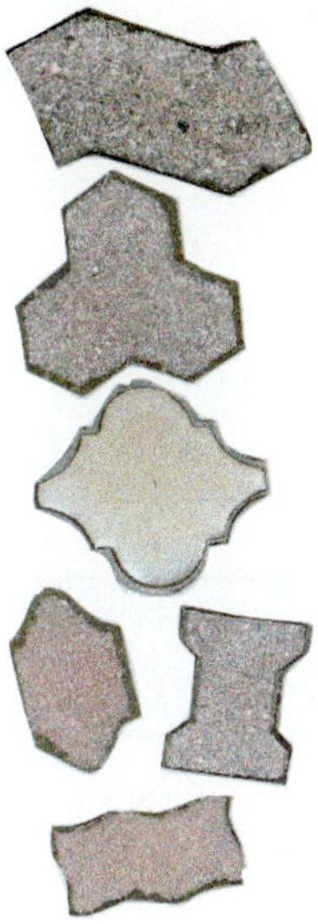

22 Pflasterungen

Beim Pflastern von Gehwegen und Plätzen und beim Kacheln von Wänden und Fußböden werden oft Rechtecke und Quadrate verwendet. Man findet aber auch andere Formen, darunter auch solche mit krummlinigen Begrenzungen. Durch Zerlegen und Zusammensetzen lassen sich die Flächen dieser Steine und Kacheln in Rechtecke verwandeln. Damit kann man den Flächeninhalt bestimmen.

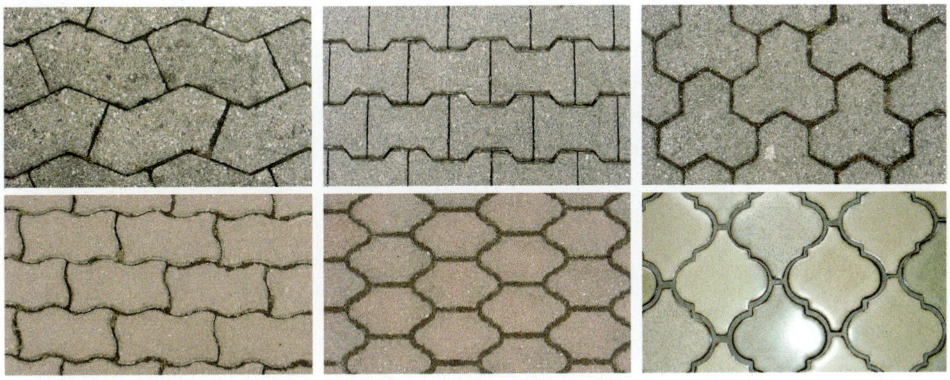

a) Vergrößere die einzelnen Steine mit dem Fotokopierer und schneide sie aus. Versuche dann, sie in ein Rechteck zu verwandeln.

b) Welche Größen des jeweiligen Steins muss man messen, um den Flächeninhalt des entsprechenden Rechtecks zu bestimmen? Zeichne die Strecken ein.

Erkunden

c) Findest du bei dir zu Hause oder in deiner Umgebung noch andere Formen, die sich in ein Rechteck umwandeln lassen?

23 „Hundskopf"

Besonders originelle Pflasterungen hat der holländische Künstler M.C. Escher entworfen. Hier ist ein selbst erfundenes Beispiel. Bestimme durch Flächenverwandlung den Flächeninhalt des hierbei verwendeten „Hundekopfes".

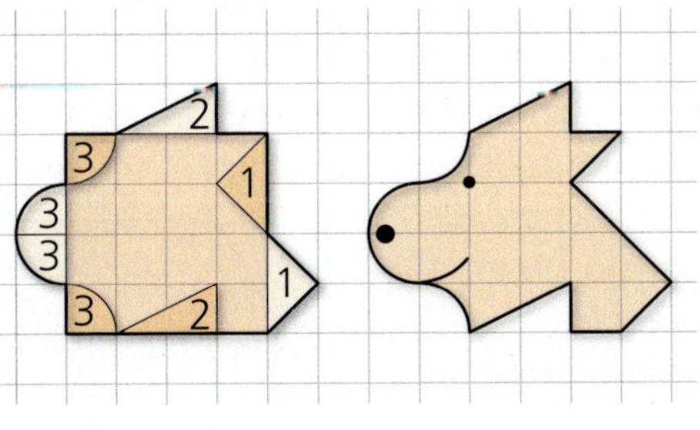

Kannst du selbst eine andere interessante Figur mit gleichem Flächeninhalt entwerfen?

24 Flächenverwandlung eines Kreises

Ein Kreis lässt sich nicht exakt in ein Rechteck verwandeln. Näherungsweise gelingt dies mit der folgenden Methode:

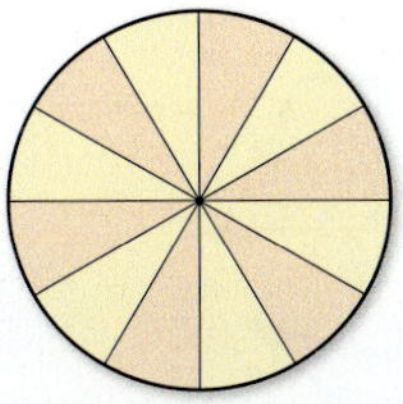

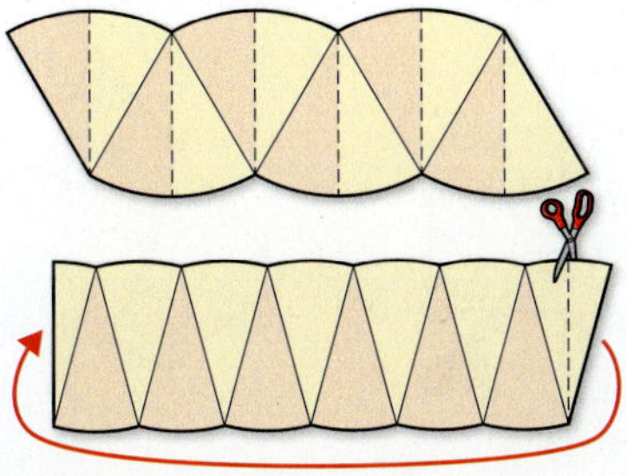

a) Beschreibe das Vorgehen. Wie lässt sich aus dem „Parallelogramm" durch Zerschneiden eines der Kreissektoren und Umlegen ein flächeninhaltsgleiches „Rechteck" herstellen?

b) Bestimme mit dieser Methode den Flächeninhalt eines Kreises mit dem Radius 5 cm. Warum ist dies nur ein Näherungswert?

Aufgaben

25 Tangram

Am Anfang des Lernabschnitts haben wir ein Tangram-Puzzle abgebildet. Dies ist ein altes chinesisches Legespiel aus sieben Teilstücken, die in dem Bild zu einem Quadrat zusammengelegt sind. Schneide dir die Puzzleteile nach der nebenstehenden Vorlage auf Pappe aus.

a) Welchen Flächeninhalt haben die einzelnen Puzzleteile? Beschreibe deinen Lösungsweg.

b) Die abgebildeten Figuren sind alle flächeninhaltsgleich. Kannst du unter Verwendung aller sieben Puzzleteile die Figuren jeweils zusammenlegen?

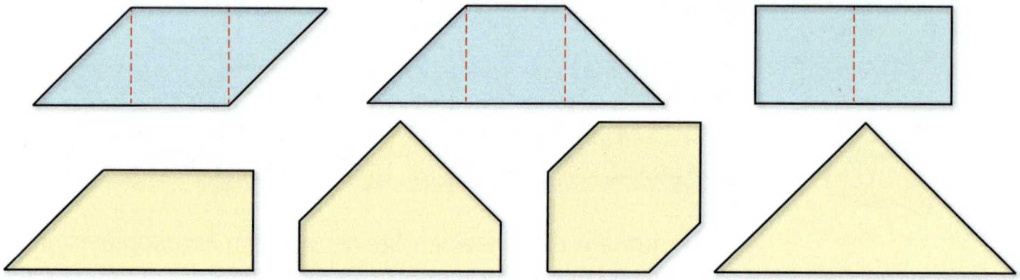

26 Zerlegen in Teilfiguren mithilfe eines Quadratgitters

a) Die folgenden Figuren sollen jeweils in vier gleich große Teilflächen zerlegt werden. Du kommst leichter zur Lösung, wenn du ein passendes Quadratgitter einzeichnest.

b) Findest du auch jeweils eine Zerlegung in vier deckungsgleiche Teilfiguren?

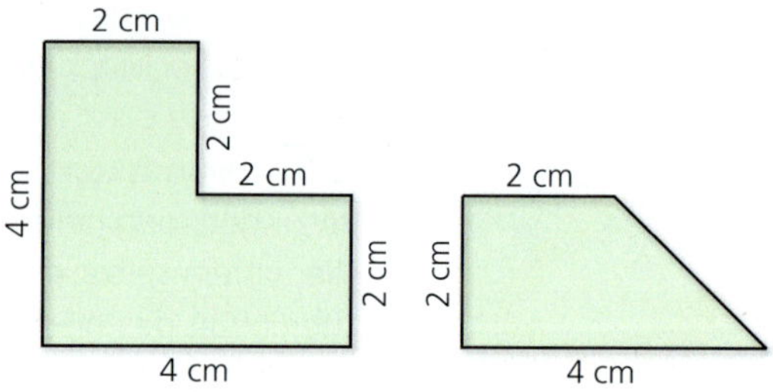

27 Zerlegen eines gleichschenkligen Trapezes

a) Zerlege das gleichschenklige Trapez in vier gleich große Teilflächen. Hierbei hilft dir ein passendes Dreiecksgitter (isometrisches Papier).

b) Findest du auch hier eine Zerlegung in vier deckungsgleiche Teilfiguren? Wie sehen diese aus?

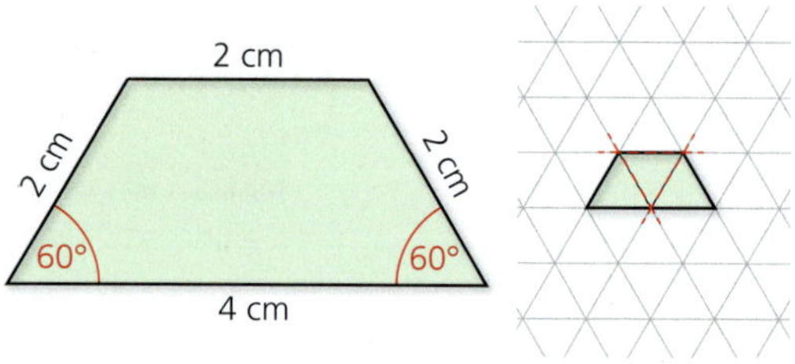

28 „Griechisches Kreuz"

Zeichne ein „griechisches Kreuz" und zerschneide es wie angegeben mit zwei geraden Schnitten. Gelingt es dir, die Teile zu einem Quadrat zusammenzusetzen?

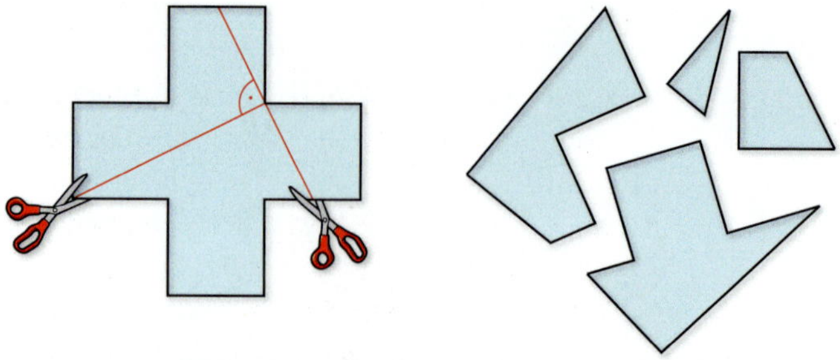

1.2 Umfang und Flächeninhalt berechnen

Formeln sind praktisch! Den Flächeninhalt vieler Figuren kann man bestimmen, indem man die Figur in ein flächeninhaltsgleiches Rechteck verwandelt oder zu einem Rechteck ergänzt. Damit man aber nicht jedes Mal auf das Rechteck zurückgehen muss, ist es nützlich, auch für diese Figuren fertige Formeln zu entwickeln. Je nachdem welche Angaben bekannt sind, kann man sogar auf verschiedene Formeln für die gleiche Figur zurückgreifen.

Aufgaben

1 Im Koordinatensystem

Gegeben sind die Punkte A (−4|−2), B (1|−2), C (1|4) und D (−4|4).

a) Zeichne das Viereck ABCD und bestimme seinen Flächeninhalt.

b) Zeichne nun eine Gerade durch die Punkte C und D und verschiebe die Strecke $\overline{CD}$ entlang dieser Geraden, ohne A und B zu bewegen. Was für eine Figur entsteht? Zeichne drei verschiedene Fälle ein. Bestimme jeweils den Flächeninhalt des neuen Vierecks. Was stellst du fest?

c) Für Rechtecke lautet die Flächeninhaltsformel $A = a \cdot b$. Findest du auch eine Formel für die hier entstehenden Vierecke? Welche Größen des Vierecks kommen in der Formel vor?

2 Schwimmbereich

Am Strand von Farm Cove soll zum Schutz vor Haifischen ein Schwimmbereich von ca. 3200 m² Wasserfläche durch Netze abgesteckt werden. Die ursprünglich vorgesehenen Wasserbefestigungen für die Netze können aufgrund einer starken Unterströmung nicht angebracht werden, sondern müssen um 30 m nach Osten verschoben werden.

a) Bestimme die ursprünglichen und die neuen Abmessungen des Schwimmbereichs (Maßstab 1 : 2000).

b) Ist die vorgesehene Wasserfläche von 3200 m² mit den neuen Markierungen überhaupt gewährleistet? Begründe.

c) Worauf muss man bei der Verlegung der Markierungen achten, wenn die Fläche gleich groß bleiben soll?

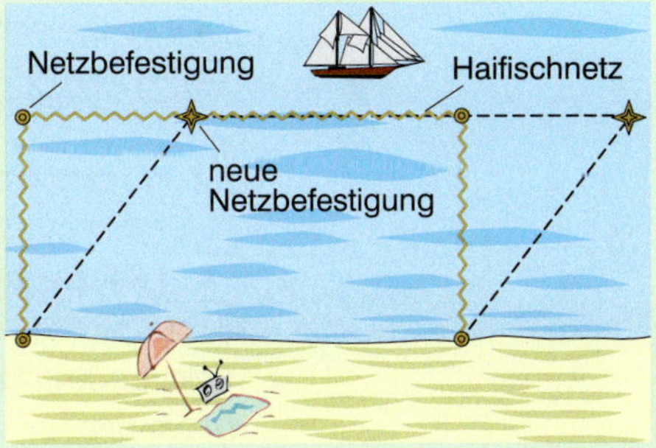

3 Flächeninhalt von Dreiecken

a) Berechne den Flächeninhalt der folgenden Dreiecke. Was stellst du fest? Begründe.

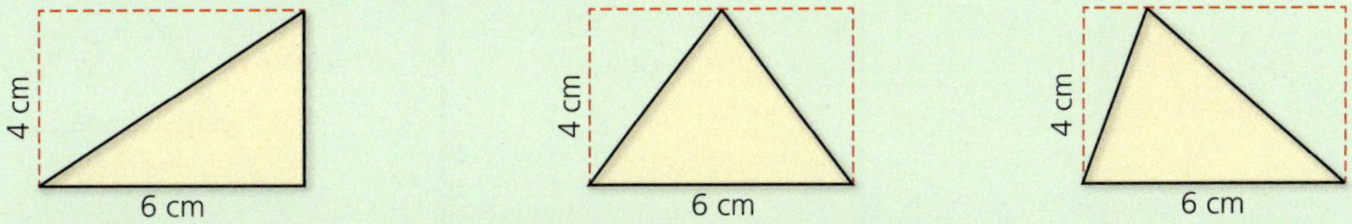

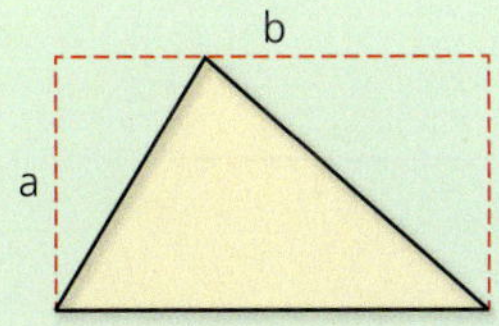

b) Stelle jeweils eine Formel für den Flächeninhalt der Dreiecke auf, wenn die Seiten a und b des Rechtecks gegeben sind. Welche Größen beschreiben a und b in dem jeweiligen Dreieck?

c) Kannst du nun eine Formel für den Flächeninhalt eines beliebigen Dreiecks angeben? Welche Größen des Dreiecks müssen gegeben sein? Beschreibe mit Worten und kennzeichne in einer Skizze.

Aufgaben

4 Falten eines Parallelogramms

a) Zeichne ein Parallelogramm auf ein unliniertes Blatt Papier und schneide es aus. Falte das Parallelogramm so, dass nach dem Falten ein Rechteck entsteht.

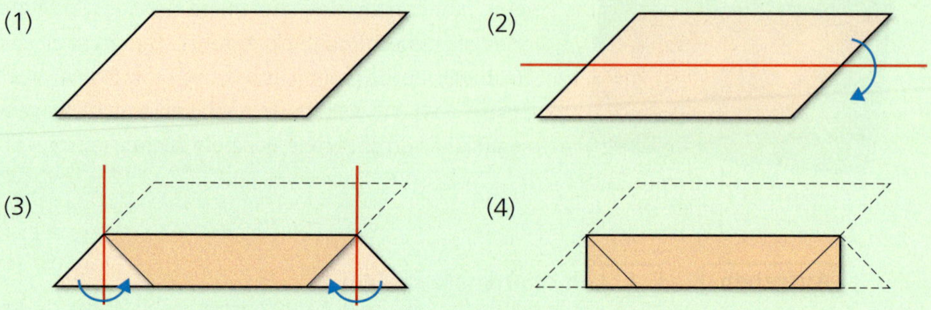

b) Mithilfe dieser Falttechnik kann man den Flächeninhalt eines Parallelogramms bestimmen. Begründe, warum das so ist und gib eine Formel für den Flächeninhalt an. Welche Größen des Parallelogramms kommen in dieser Formel vor?

5 Falten eines Dreiecks

Die gleiche Methode wie in Aufgabe 4 kannst du auch auf das Dreieck anwenden.

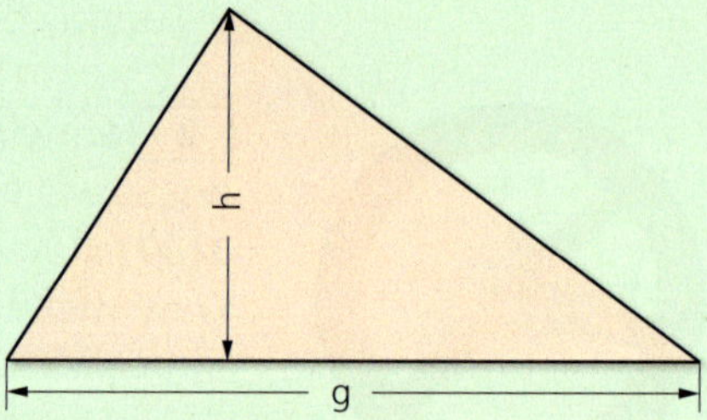

a) Schneide ein Dreieck aus und probiere es aus. Klebe dann das Dreieck in dein Heft und markiere die Faltlinien.

b) In einem alten Schulbuch steht:
„Mit dieser Faltmethode ist der Flächeninhalt eines Dreiecks:

A = 2 · Hälfte der Höhe · Hälfte der Grundseite"

Begründe die Formel.

6 Flächeninhalt von Trapezen

Vergleiche den Flächeninhalt des Rechtecks mit dem Flächeninhalt des Trapezes. Welcher Zusammenhang besteht zwischen den Seitenlängen a und b des Rechtecks und den angegebenen Größen des Trapezes?

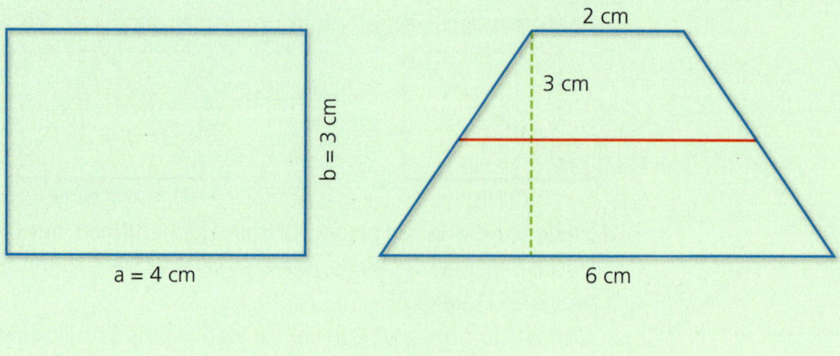

Basiswissen

Bei Rechtecken kannst du den Umfang und den Flächeninhalt leicht mit Formeln berechnen:
Umfang = Summe aller Seitenlängen
$U_{\square} = 2 \cdot a + 2 \cdot b$
Flächeninhalt = Länge mal Breite
$A_{\square} = a \cdot b$

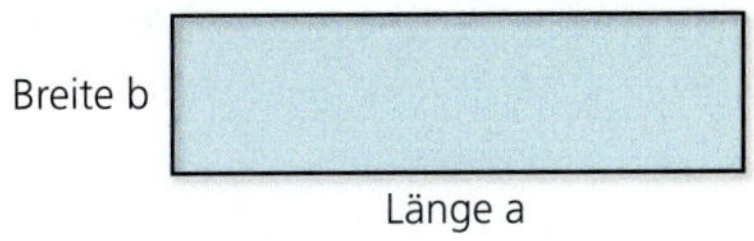

Auch für andere besondere Vierecke sowie für Dreiecke gibt es Formeln.
Bei Dreiecken und anderen Vierecken gilt weiterhin Umfang = Summe der Seitenlängen.
Dreiecke, Parallelogramme und Trapeze kann man in flächeninhaltsgleiche Rechtecke verwandeln. Zur Berechnung des Flächeninhalts muss man mindestens die Länge einer Seite und die dazugehörige „Höhe" kennen.

Flächeninhalt vom Dreieck, Parallelogramm und Trapez

Dreieck
Jedes Dreieck kann man zu einem Rechteck mit doppeltem Flächeninhalt ergänzen.

Flächeninhalt = $\frac{1}{2}$ *· Grundseite mal Höhe*

$A_{\triangle} = \frac{1}{2} \cdot g \cdot h$

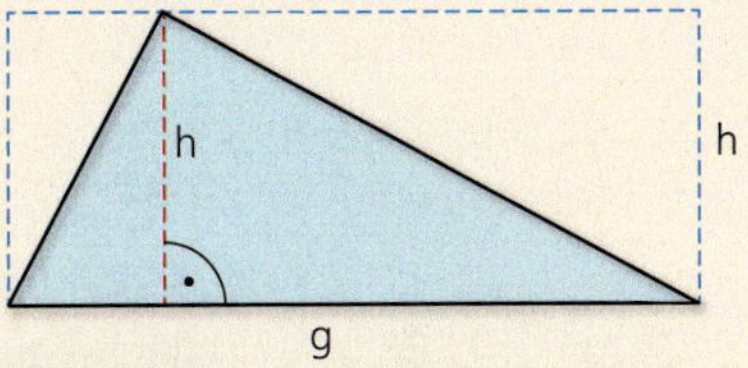

Als Grundseite kannst du jede Seitenlänge des Dreiecks nehmen. Die dazugehörige Höhe ist der Abstand von dieser Seite zur gegenüberliegenden Ecke.

Parallelogramm
Jedes Parallelogramm kann man durch Abschneiden und Anfügen eines Dreiecks in ein Rechteck mit gleichem Flächeninhalt verwandeln:

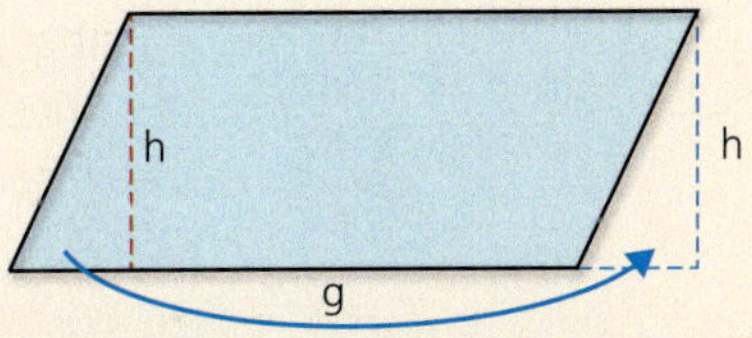

Flächeninhalt = Grundseite mal Höhe

$A_{▱} = g \cdot h$

Trapez
Jedes Trapez kann man durch Abschneiden und Anfügen von zwei Dreiecken in ein Rechteck mit gleichem Flächeninhalt verwandeln:

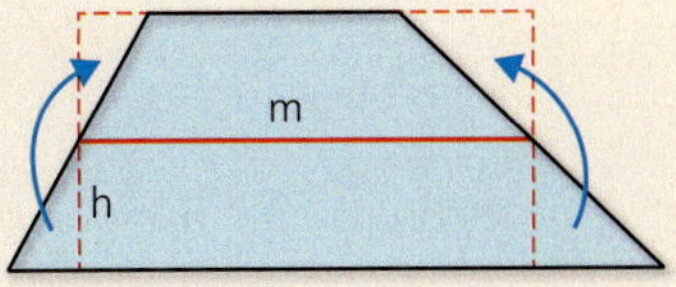

Die Länge der Mittellinie erhält man als Mittelwert der Längen der beiden parallelen Trapezseiten.

Flächeninhalt = Mittellinie mal Höhe

$A_{⏢} = m \cdot h$

Beispiele

A **Flächeninhalt eines Dreiecks**
Welche Seite des Dreiecks soll als Grundseite g in die Flächenformel eingesetzt werden?
Lösung: Das Dreieck ABC wurde mit einem Grafikprogramm gezeichnet und vermessen.
$A = \frac{1}{2} \cdot (5{,}95 \cdot 4{,}37) = 13{,}001$
$A = \frac{1}{2} \cdot (5{,}13 \cdot 5{,}07) = 13{,}005$
$A = \frac{1}{2} \cdot (5{,}45 \cdot 4{,}77) = 12{,}998$
In jedem Fall liefert die Formel den gleichen Flächeninhalt von ungefähr 13 cm². Die geringfügigen Unterschiede sind auf die Messungenauigkeit zurückzuführen.

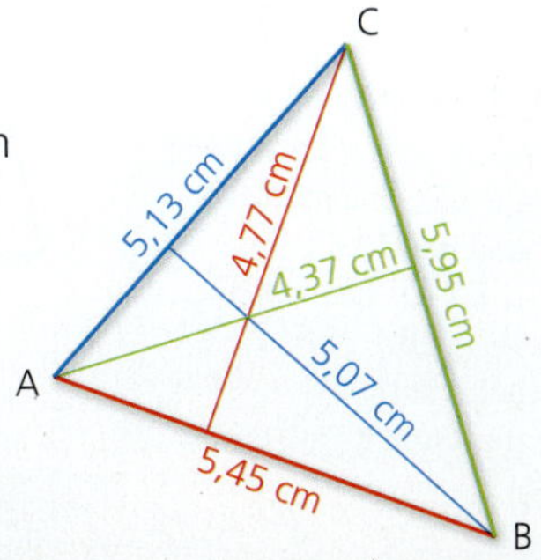

Beispiele

Messen erlaubt

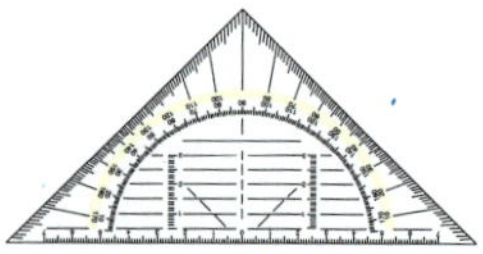

B Flächeninhalt eines Parallelogramms

Wie groß ist der Flächeninhalt des Parallelogramms?
Lösung:
Das Parallelogramm kann in ein flächeninhaltsgleiches Rechteck mit den Seitenlängen 5 cm und 3 cm umgeformt werden. Der Flächeninhalt beträgt also
A = Grundseite · Höhe = 5 cm · 3 cm = 15 cm^2

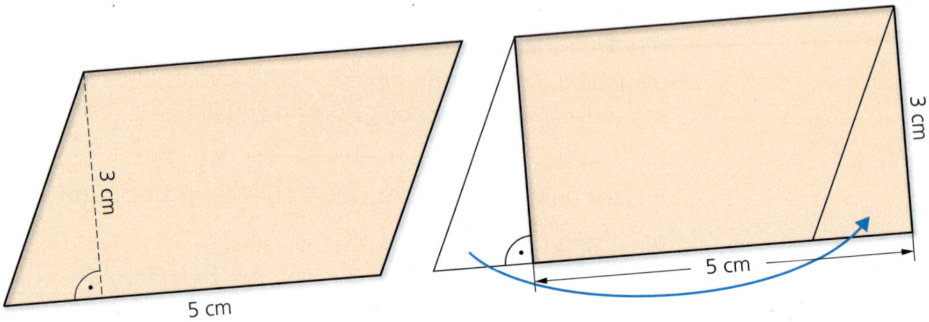

C Trapezformel

In der Trapezformel braucht man die Länge der Mittellinie m. Kann man die Trapezfläche auch direkt aus den Seitenlängen des Trapezes und der Höhe berechnen?
Lösung:
An das Trapez ABCD entsteht durch Anlegen eines deckungsgleichen Trapezes als Gesamtfigur ein Parallelogramm.
Es gilt a + c = 2 · m und damit $m = \frac{1}{2} \cdot (a + c)$.
Wir können deshalb zur Berechnung der Trapezfläche auch die Formel
$A = \frac{1}{2} \cdot (a + c) \cdot h$ verwenden.

$m = \frac{1}{2} \cdot (a + c)$
„Die Länge der Mittellinie ist der Mittelwert der Längen der beiden parallelen Seiten".

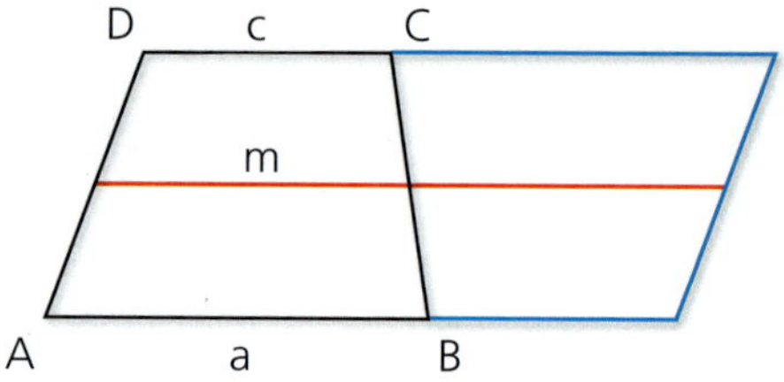

Übungen

7 Flächeninhalt von Figuren

Bestimme mithilfe der Flächenformeln den Flächeninhalt der folgenden Figuren.

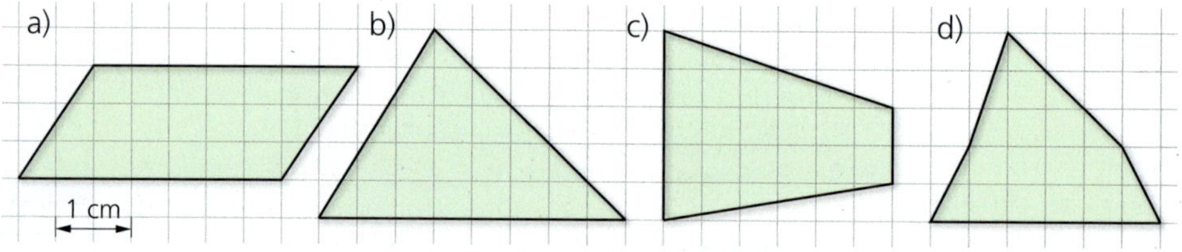

8 Umfang und Flächeninhalt von Figuren

Bestimme den Umfang und den Flächeninhalt der Figuren. Miss dazu die benötigten Größen auf mm genau.

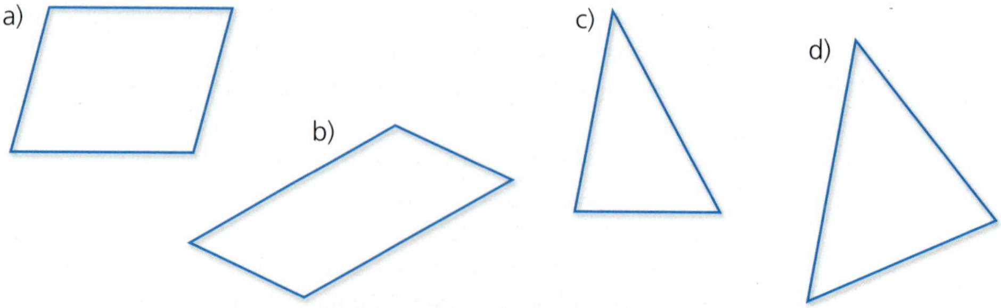

8 Lösungen:
Die richtigen Ergebnisse für die Flächeninhalte sind dabei:
4,1 2,8 2,3
3,8 3,4 3,1
(alles gerundet und mit der Einheit cm^2)

Übungen

Welche Figur hat den größten Umfang? Schätze zunächst und überprüfe dann durch Messen.

9 Höhen

Zeichne die Figuren in dein Heft ab und errichte auf der rot gezeichneten Grundseite jeweils die Höhe. Berechne den Flächeninhalt der Figuren.

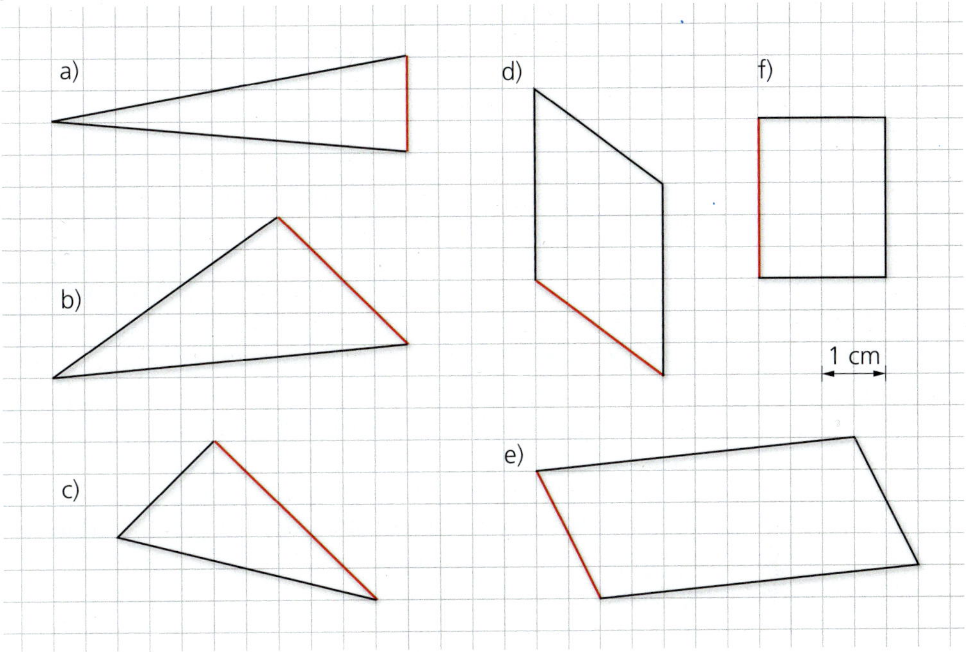

10 Höhen in Dreiecken

Betrachte die Höhen in den Dreiecken.

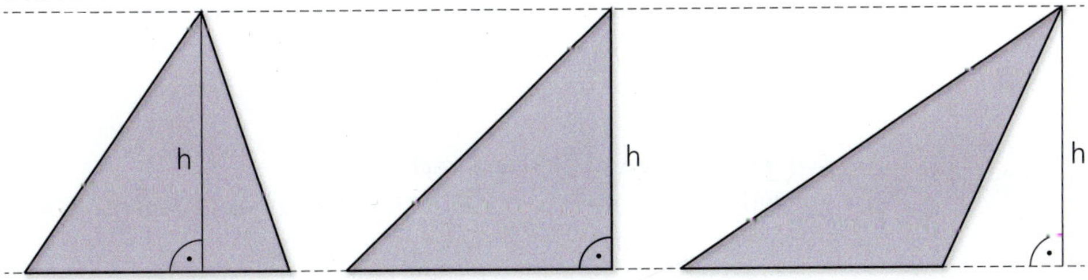

Die Höhe eines Dreiecks liegt also nicht immer im Dreieck.

a) Wann liegt sie auf einer Dreiecksseite?

b) Wann liegt sie außerhalb des Dreiecks?

c) Vergleiche die Flächeninhalte und die Umfänge der Dreiecke. Schätze zunächst und überprüfe dann durch Rechnen.

11 Flächeninhalt von Dreiecken

Gegeben ist ein Dreieck ABC mit

a) $\overline{BC} = 5$ cm und h = 2 cm (Höhe auf BC)

b) $\overline{AB} = 40$ mm und h = 55 mm (Höhe auf AB).

Bestimme den Flächeninhalt der Dreiecke.

Zeichne jeweils zwei verschiedene Dreiecke mit diesen Angaben.

h_a ist die Höhe auf der Seite a.

12 Flächeninhalt von Parallelogrammen

Gegeben ist ein Parallelogramm ABCD mit

a) a = 7 cm, h_a = 3,5 cm b) b = 5,4 cm, h_b = 3 cm c) h_c = 2,5 cm, c = 0,06 m

Bestimme den Flächeninhalt des Parallelogramms. Ist das Parallelogramm durch die Angaben eindeutig festgelegt? Begründe deine Antwort.

Übungen

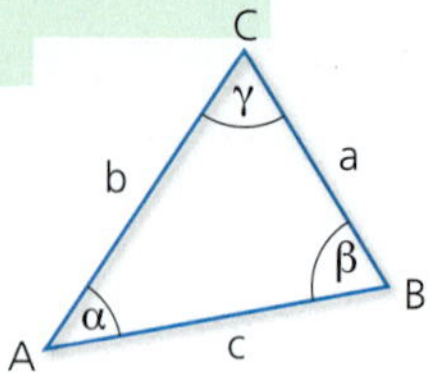

13 Flächeninhaltsgleiche Figuren

Zeichne die folgenden Dreiecke und bestimme ihren Flächeninhalt.

a) a = 4 cm, b = 5 cm, c = 8 cm b) c = 5 cm, α = 105°, b = 7 cm

b) Zeichne zu jedem der Dreiecke aus Aufgabe 11 ein flächeninhaltsgleiches Parallelogramm (Trapez). Begründe mithilfe der Flächenformeln.

14 Vom Flächeninhalt zu Seitenlängen und Höhen

Von einem Dreieck sind die folgenden Größen bekannt:

① A = 12 cm², g = 4 cm ② A = 24 cm², g = 0,08 m ③ A = 60 dm², h = 60 cm.

a) Bestimme jeweils die Höhe bzw. die Grundseite des Dreiecks.

b) Gib eine Formel an, mit der man aus Flächeninhalt und Höhe die Grundseite bestimmt. Wie sieht die Formel aus, wenn man Flächeninhalt und Grundseite kennt?

15 Parallelogramm, Dreieck und Trapez

Alle Längenangaben in cm, die Flächeninhalte A in cm²

Parallelogramm

g	h	A
3	5	■
■	5	20
■	■	12

Dreieck

g	h	A
■	4	12
3	4	■
■	■	18

Trapez

a	c	m	h	A
■	3	■	5	20
2,4	3,2	■	1,4	■
■	■	■	■	48

16 Flächeninhalt von Rauten

a) Katrin bestimmt den Flächeninhalt der Raute mit der Formel für das Parallelogramm. Warum darf sie das? Miss dazu die notwendigen Größen und berechne den Flächeninhalt der Raute.

b) Kannst du den Flächeninhalt auch mithilfe der beiden Diagonalen bestimmen?
Gib eine entsprechende Formel A mit d_1 und d_2.

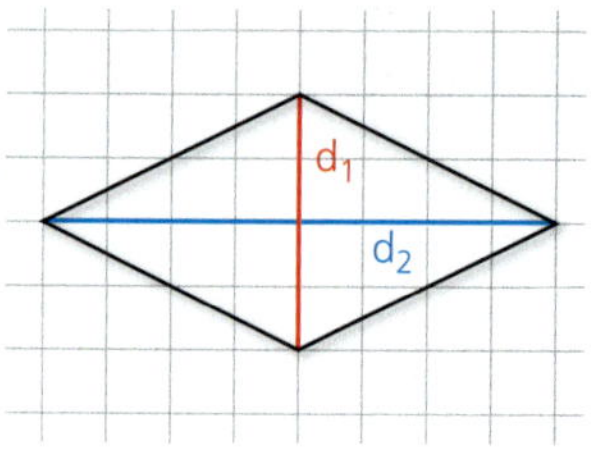

17 Flächeninhalt von Drachen

Finde eine Formel für den Flächeninhalt eines Drachens. Berechne damit den Flächeninhalt der beiden Drachen. Was stellst du fest?

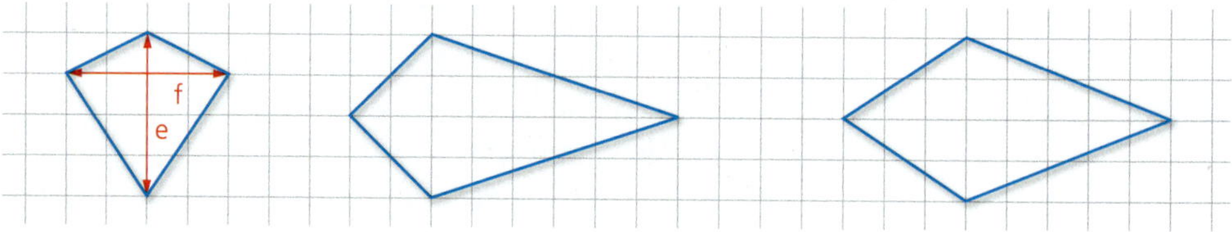

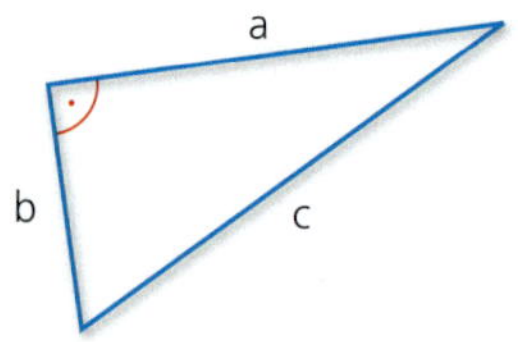

18 Flächeninhalt von rechtwinkligen Dreiecken

Begründe: Der Flächeninhalt eines rechtwinkligen Dreiecks lässt sich mithilfe der beiden Seitenlängen a und b berechnen. Stelle die passende Formel für A mit a und b auf.

19 Teilen mit Seitenmitten

Vergleiche die farbigen Flächen jeweils mit der Gesamtfläche. Was stellst du fest? Kannst du deine Beobachtung begründen?

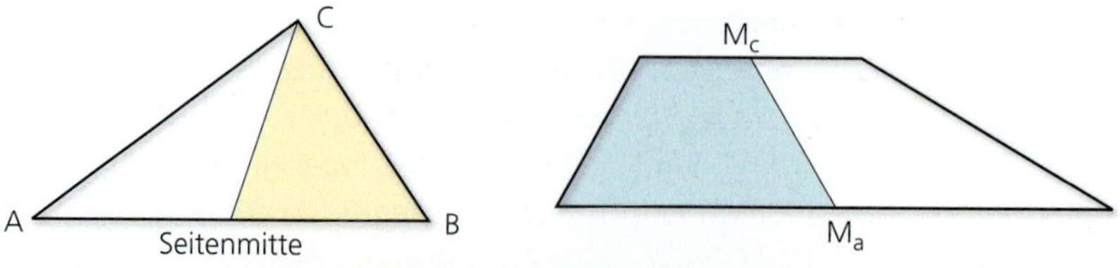

Übungen

20 Flächenformel für Trapeze

Oskar behauptet: Die Flächenformel A = m · h für das Trapez gilt auch für das Dreieck und andere Vierecke. Hat er Recht? Überprüfe an den Beispielen.

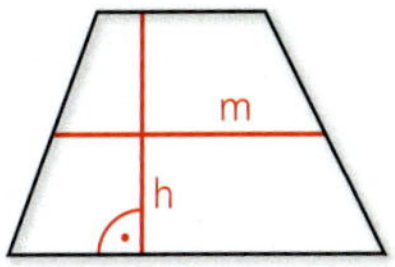

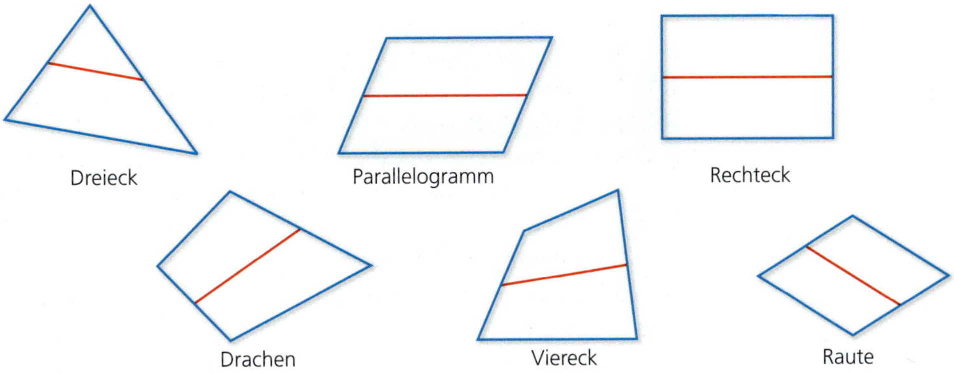

21 Oberflächeninhalt

Berechne den Oberflächeninhalt der folgenden Schachteln.

Oberflächeninhalte von Quadern hast du schon in Klasse 5 bestimmt.

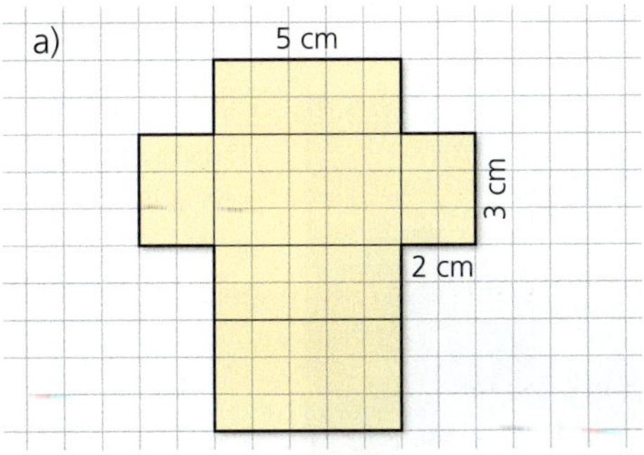

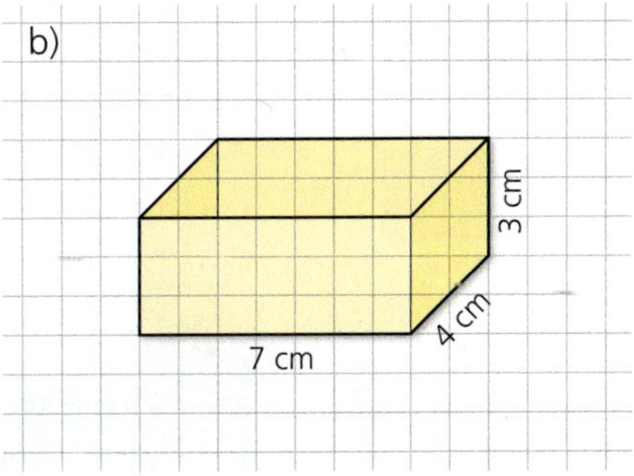

Hier hilft die Formel für den Flächeninhalt eines Dreiecks.

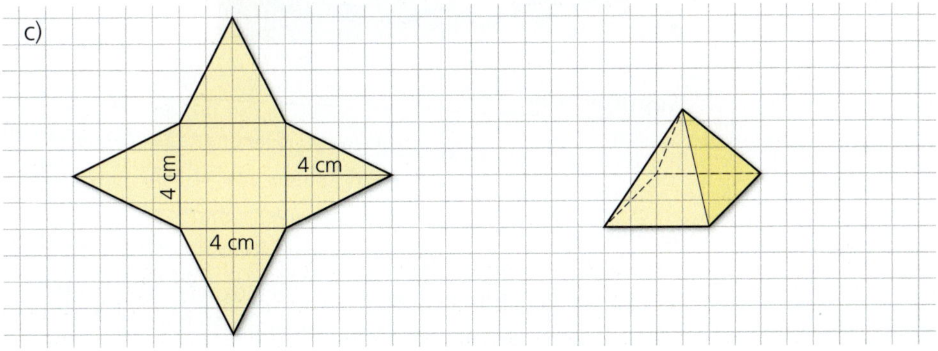

22 Quader

Welcher Körper hat das größere Volumen, der Quader oder der Würfel?
Bestimme auch die beiden Oberflächeninhalte und vergleiche. Was fällt dir auf?

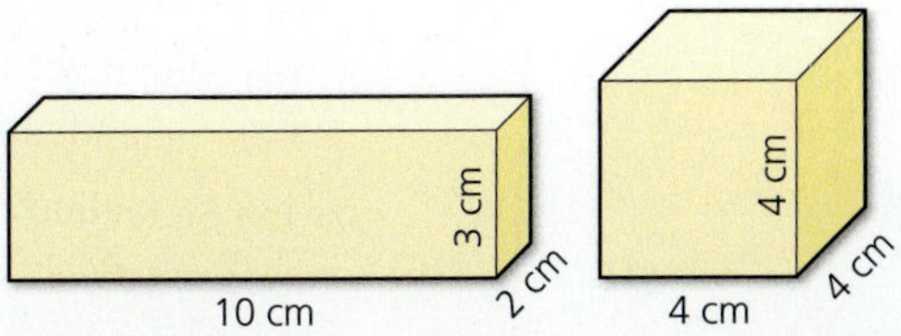

Übungen

23 Giebelhaus

Wie viel Prozent der Giebelfläche macht die Fensterfläche aus?

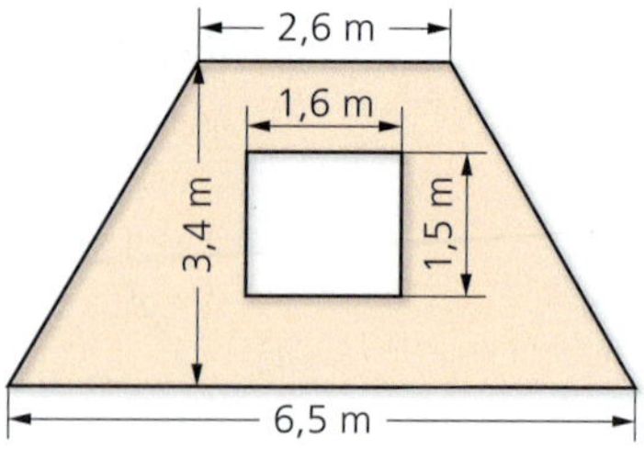

24 Nevada

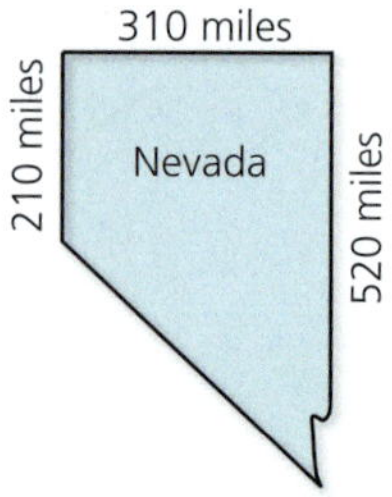

1 mile = 1,609 km

Die Grenzen des Bundesstaates Nevada in den USA markieren fast exakt ein Trapez. Berechne die Fläche von Nevada in km².

Suche im Lexikon oder im Internet eine Angabe über den Flächeninhalt und vergleiche mit deinem errechneten Wert.

Vergleiche auch mit der Fläche deines Bundeslandes.

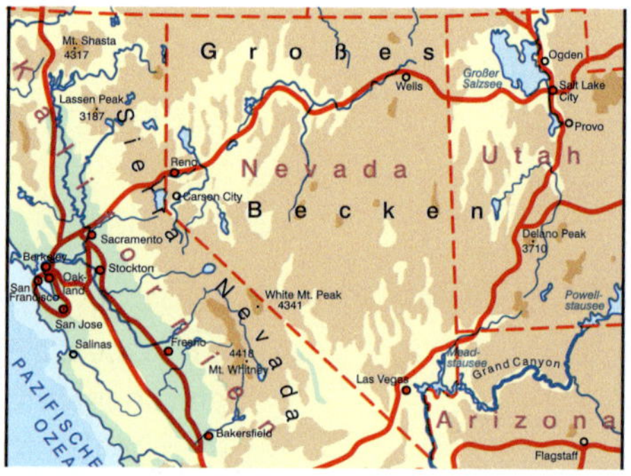

25 Friesenhaus

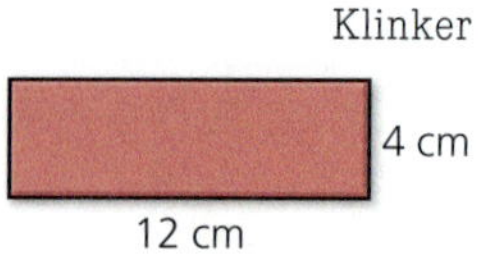

Die 10 m breite Frontseite des Friesenhauses ist mit Klinkern verkleidet. Wie viele Klinker wurden ungefähr benötigt? Beschreibe, wie du zu deinem Schätzwert gekommen bist. Vergleicht eure Ergebnisse.

Kopfübungen

1. Auf dem Zahlenstrahl sind die Markierungen im Abstand von 1000 eingetragen. Notiere die beiden fehlenden Zahlen mit Ziffern.

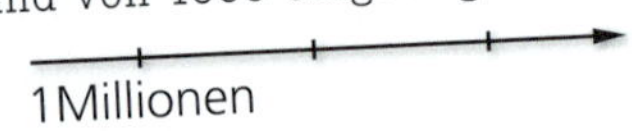

2. Drei Eckpunkte eines Rechtecks ABCD sind A(0|2), B(5|2) und D(0|7). Gib die Koordinaten des Punktes C an.
3. Bauer Jonas will Mais anbauen. Gib mögliche Seitenlängen eines rechteckigen Feldes an, das einen Hektar groß ist.
4. Wie viele Tage sind $\frac{1}{6}$ der Tage eines Schaltjahres?
5. Marco klebt die kleinen Würfel zu einem größeren Würfel zusammen. Wie viele kleine Würfel werden noch benötigt?
6. Der Stapel wird von außen von allen Seiten angestrichen. Wie viele kleine Quader bleiben dann ohne Farbe?
7. Die Seitenlängen eines regelmäßigen Vielecks ABCDEFG betragen jeweils 5 cm. Bestimme den Umfang des Vielecks.

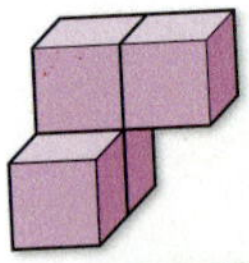

Exkurs

Schätzen von Flächen

Bei Figuren, die nicht geradlinig begrenzt sind, kann die Größe ihrer Flächen abgeschätzt werden.
Verfahren 1: **Überdecken**
Hierbei überdeckt man die Figur mit Flächen, deren Größe sich berechnen lässt.
Es gibt viele Möglichkeiten der Überdeckung:

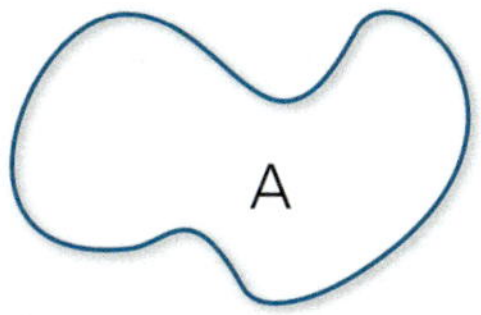

Es gibt keine einfache Formel.

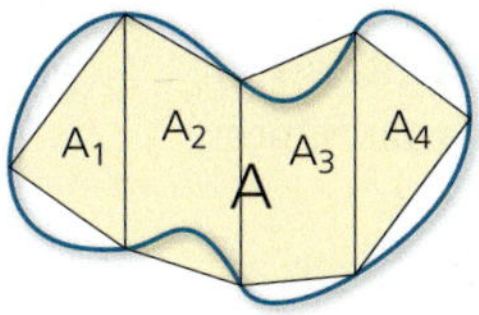

$A \approx A_1 + A_2 + A_3 + A_4$

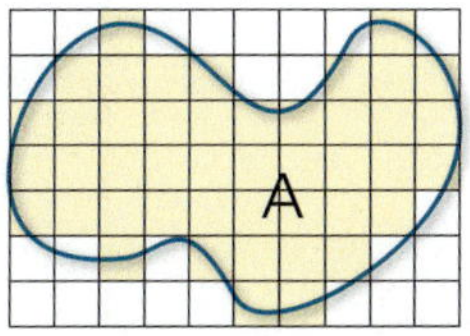

$A \approx A_{Gelb}$

Verfahren 2: **Wiegen**
Die Fläche wird auf Kartonpapier übertragen, dann ausgeschnitten und gewogen. Wenn man das Gewicht des Papiers pro Flächeneinheit kennt, kann man so einen guten Schätzwert für den Flächeninhalt berechnen. Allerdings benötigt man hierfür eine sehr genaue Waage, wie man sie etwa in der Chemie benutzt.

Aufgaben

Leichter als beim realen Ahornblatt ist die Fläche des stilisierten Blattes auf der kanadischen Flagge zu bestimmen.

Bäume produzieren lebensnotwendigen Sauerstoff

26 Schätzen
Wie groß ist die Fläche dieses Ahornblattes? Da das Blatt unregelmäßig geformt ist und die Blattgrenzen nicht immer geradlinig sind, können wir unsere Methoden zur Flächenberechnung hier nicht anwenden.

Aber vielleicht können wir die Größe der Fläche wenigstens abschätzen? Die Abbildungen zeigen zwei mögliche Schätzverfahren.

a) Beschreibe möglichst genau die Vorgehensweise bei beiden Verfahren.
b) Schätze die Größe des Ahornblattes mithilfe beider Verfahren ab. Berücksichtige dabei, dass das Blatt im Maßstab 1 : 2 abgebildet ist. Welchen der beiden Schätzwerte hältst du für besser und warum hast du dich so entschieden?
c) Bestimme den Flächeninhalt des Blattes möglichst genau, indem du die Schätzverfahren verbesserst oder ein eigenes Verfahren benutzt. Beschreibe dein Vorgehen.
d) Wie viele Menschen versorgt ein Ahornbaum mit Sauerstoff? 140 m^2 Blattfläche sind notwendig, um ausreichend Sauerstoff für einen Menschen zu produzieren. Ein 80 Jahre alter Ahornbaum, wie der hier abgebildete, besitzt etwa 450 000 Blätter.

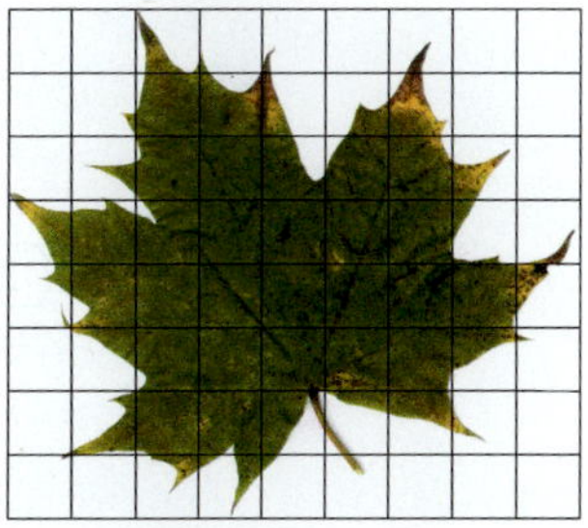

Schätzverfahren 1

Schätzverfahren 2

Umfang eines Vielecks

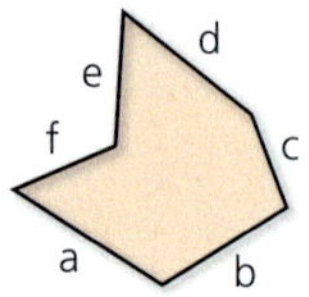

$U = a + b + c + d + e + f$

Exkurs

Flächeninhaltsbestimmung eines Vielecks durch Zerlegung in Teilflächen

Fläche (Vieleck)

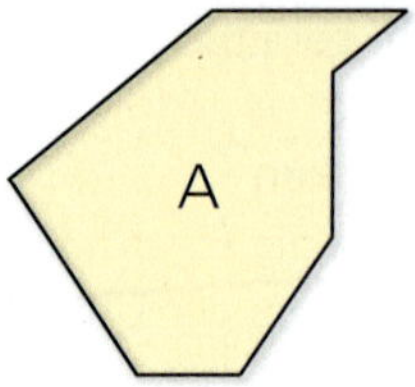

Schätze durch Anteil am Rechteck

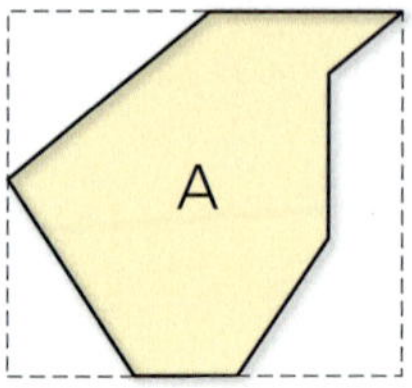

Zerlege in einfache (berechenbare) Teilflächen (Grundfiguren)

Dreieck, Rechteck, Trapez, Parallelogramm

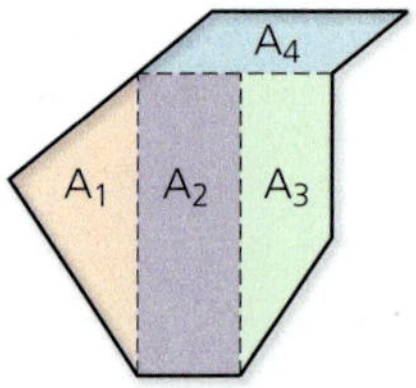

Jedes Vieleck lässt sich in Dreiecke zerlegen.

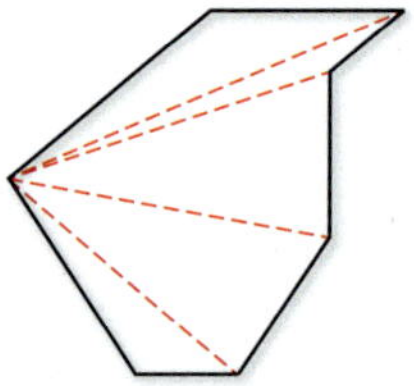

Bestimme alle zur Berechnung nötigen Maße (Seitenlängen, Höhen, ...). Berechne die Teilflächen. Addiere dann die einzelnen Flächeninhalte.

Aufgaben

27 Flächeninhalt eines Vielecks

Bestimme den Flächeninhalt mit den unterschiedlichen Verfahren.

Abschätzen

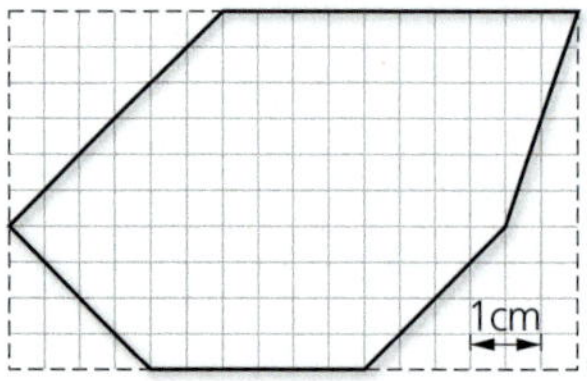

Zerlegen in 3 Teilflächen

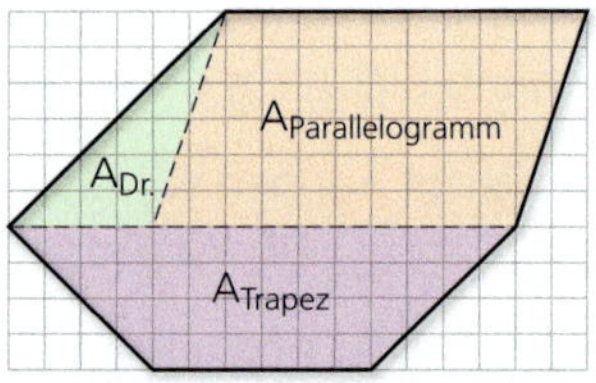

Zerlegen in 4 Dreiecke

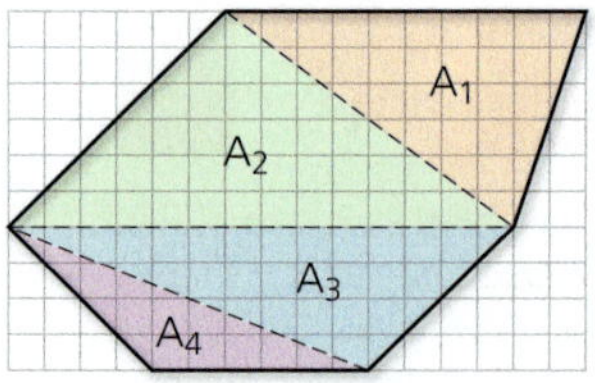

28 Zerlegung eines Vielecks

Jedes Vieleck kann man in Dreiecke zerlegen.

a) Wie viele Dreiecke entstehen, wenn man ein 4-Eck (5-Eck, 6-Eck, n-Eck) in Dreiecke zerlegt?

b) Zeichne das nebenstehende Sechseck in dein Heft. Bestimme den Flächeninhalt des Sechsecks, indem du die Flächeninhalte aller Dreiecke ermittelst. Welche Größen musst du messen?

c) Die „Dreiecksmethode" funktioniert immer. Sie ist aber nicht immer ideal. Findest du bei dem Sechseck eine andere Zerlegung, mit der sich der Flächeninhalt leichter (mithilfe von Gitterpunkten) bestimmen lässt?

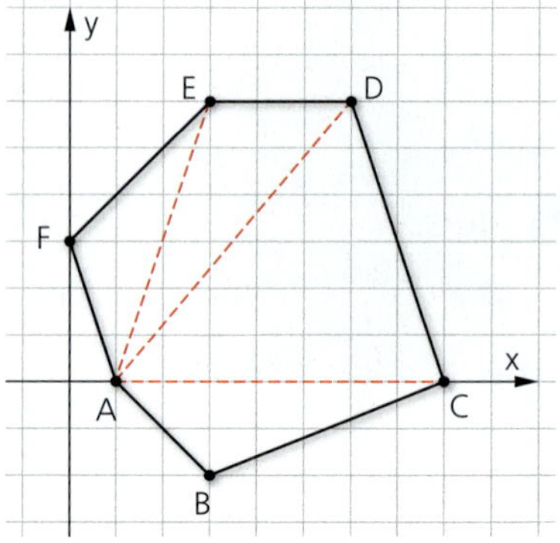

Besondere Dreiecke

Gleichschenkliges Dreieck

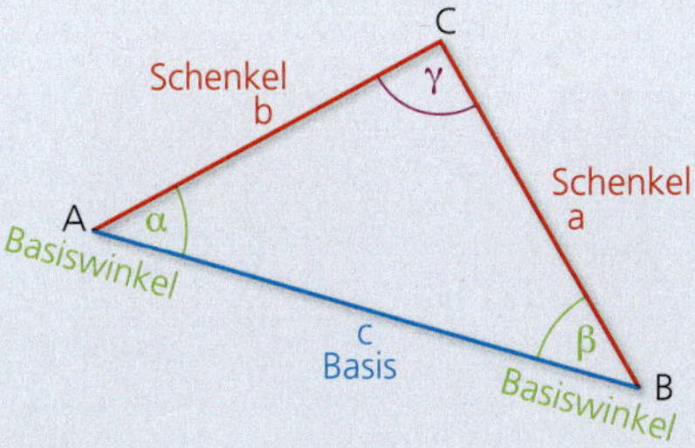

Mindestens zwei Seiten sind gleich lang.

Gleichseitiges Dreieck

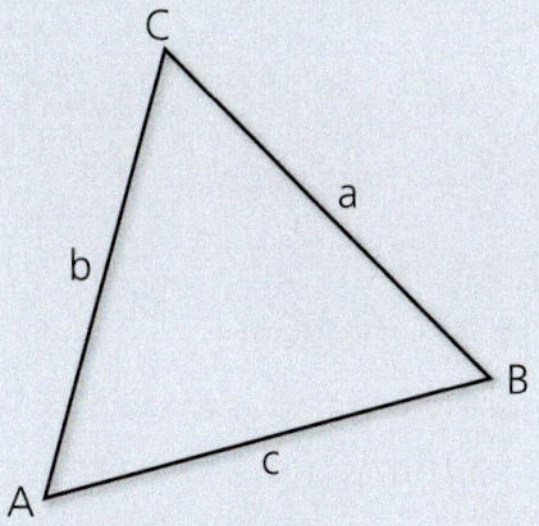

Alle drei Seiten sind gleich lang.

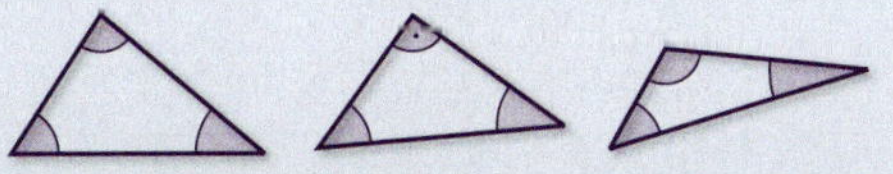

spitzwinklig rechtwinklig stumpfwinklig

Besondere Vierecke

Quadrat

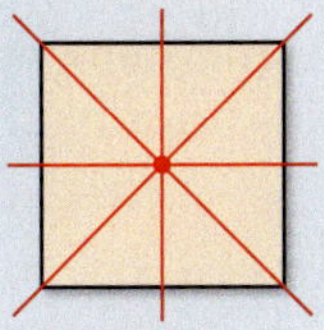

Rechteck

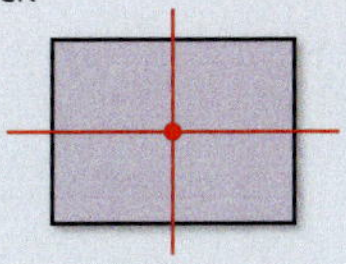

Raute

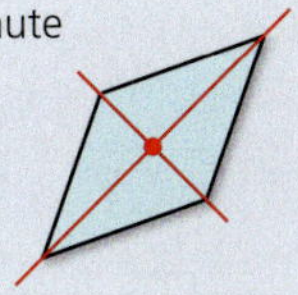

achsensymmetrisches Trapez

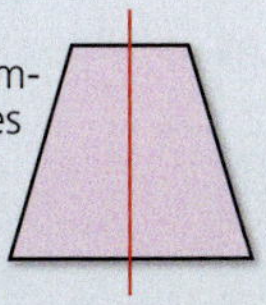

Drachen

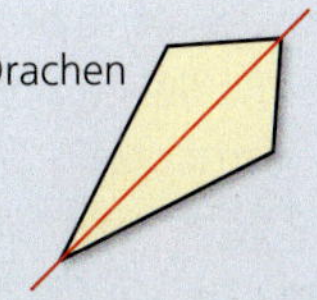

Parallelogramm

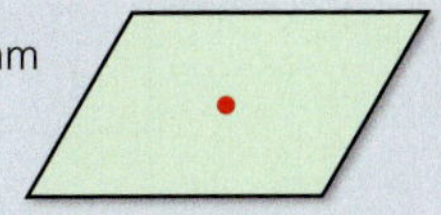

Check-up

1 Dreiecke erkennen

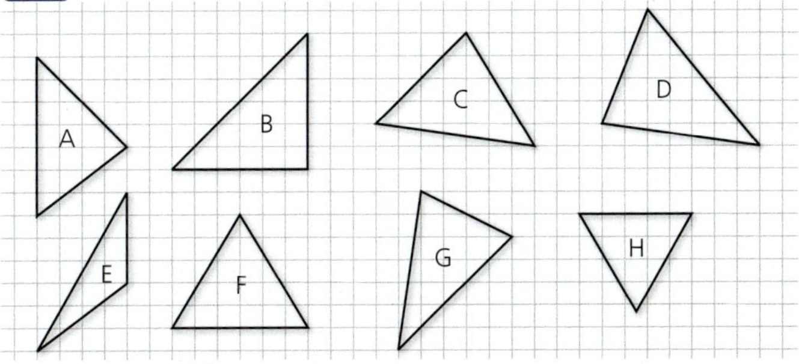

a) Übertrage nur die achsensymmetrischen Dreiecke in dein Heft und zeichne alle Symmetrieachsen ein.
b) Übertrage die Tabelle in dein Heft und ergänze sie für alle abgebildeten Dreiecke.

	Bezeichnung	Winkel-eigenschaft	Symmetrie-achsen	Eigenschaften
A	(gewöhnliches) Dreieck	spitzwinklig	0	keine
B	gleichschenkliges Dreieck	rechtwinklig	1	2 Seiten sind gleich lang, 2 Winkel sind gleich groß

c) Verfasse einen Bericht über die gemeinsamen Eigenschaften und die Symmetrie der besonderen Dreiecke.

2 Besondere Dreiecke

Welche besonderen Dreiecke entstehen, wenn du ein Quadrat längs einer Diagonalen durchschneidest?

3 Dreiecke im Koordinatensystem

Sind die Dreiecke ABC und DEF rechtwinklig?
A (0|1), B (4|1), C (0|3) und D (4|2), E (6|0), F (6|4)

4 Stimmt das?

Nimm Stellung zu folgenden Behauptungen über Dreiecke:
a) „Jedes Dreieck mit zwei gleich langen Seiten ist achsensymmetrisch."
b) „Jedes Dreieck mit mehr als einer Symmetrieachse ist gleichseitig."
c) „Jedes rechtwinklige Dreieck ist achsensymmetrisch."
d) „Jedes achsensymmetrische Dreieck ist gleichschenklig."
e) „Jedes achsensymmetrische Dreieck ist spitzwinklig."
f) „Jedes gleichschenklige Dreieck ist gleichseitig."
g) Stelle selbst eine Behauptung über Dreiecke auf und nimm dazu Stellung.

5 Aus zwei mach eins

Welche Eigenschaften müssen zwei Dreiecke (mindestens) haben, damit man sie zu folgenden Vierecken zusammenlegen kann? Gehe davon aus, dass die Dreiecke eine gleich lange Seite haben.
a) Rechteck b) Quadrat c) Raute d) Parallelogramm

Strategien zur Flächenumwandlung

Zerlegen und Ergänzen:

Dreieck

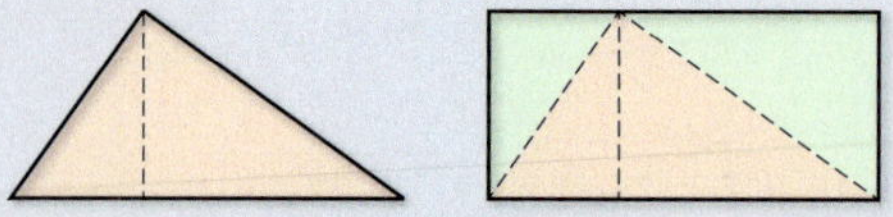

Parallelogramm

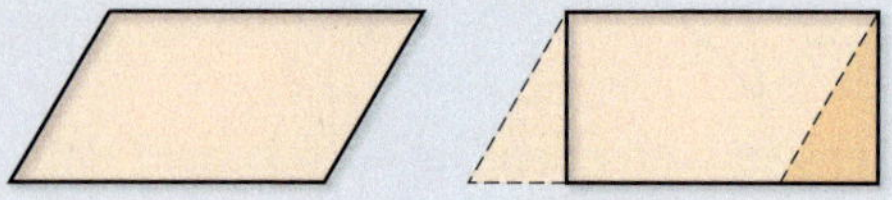

Trapez

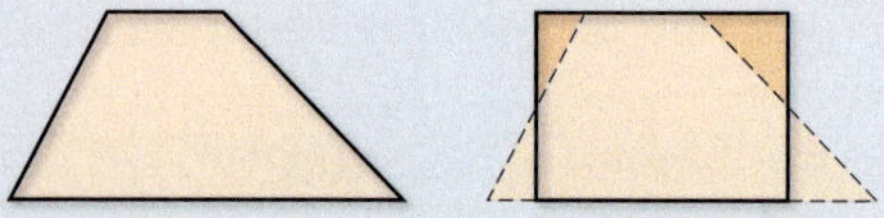

Formeln für Flächeninhalte

Rechteck
$A = a \cdot b$

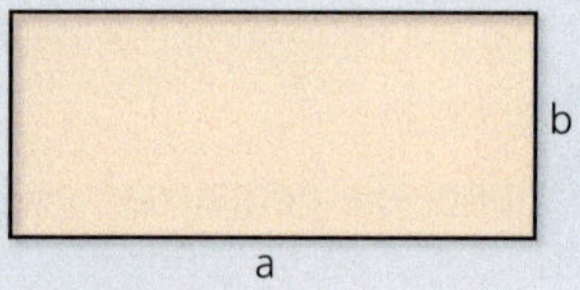

Parallelogramm
$A = g \cdot h$

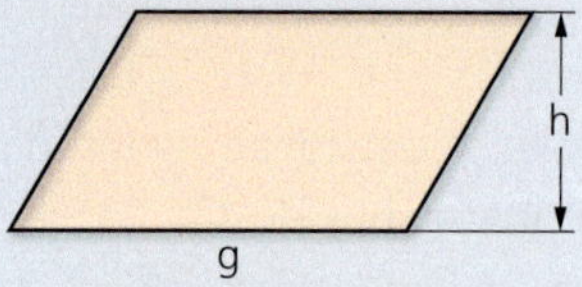

Dreieck
$A = \frac{g \cdot h}{2}$

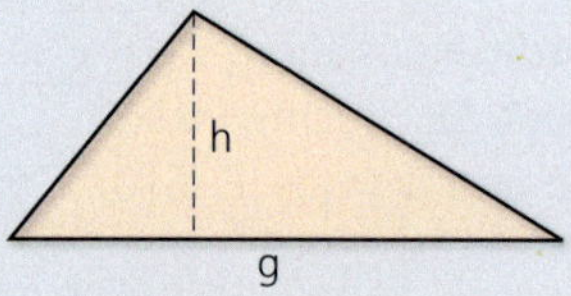

Trapez
$A = \frac{(a + c)}{2} \cdot h$
$= m \cdot h$

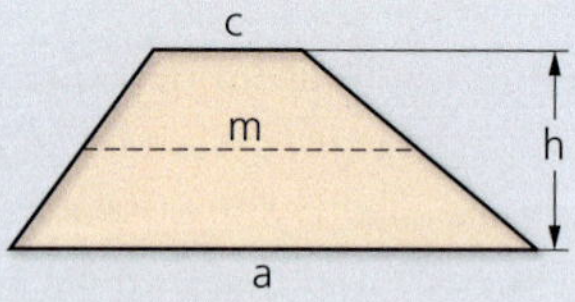

Drachen
$A = \frac{e \cdot f}{2}$

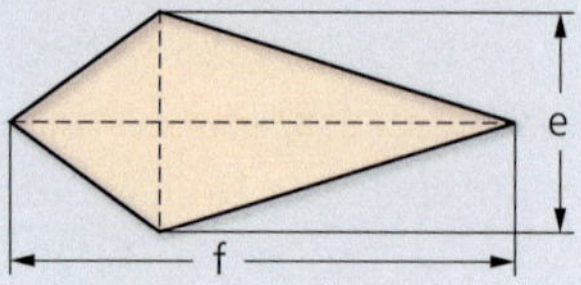

Umfang von Vielecken

Summe aller Seitenlängen
$U = a + b + c + d + e + f$

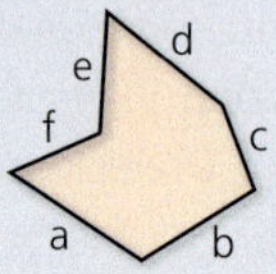

Check-up

6 Flächeninhalt von Figuren

Verwandle die Figuren jeweils in ein Rechteck und vergleiche die Flächeninhalte.

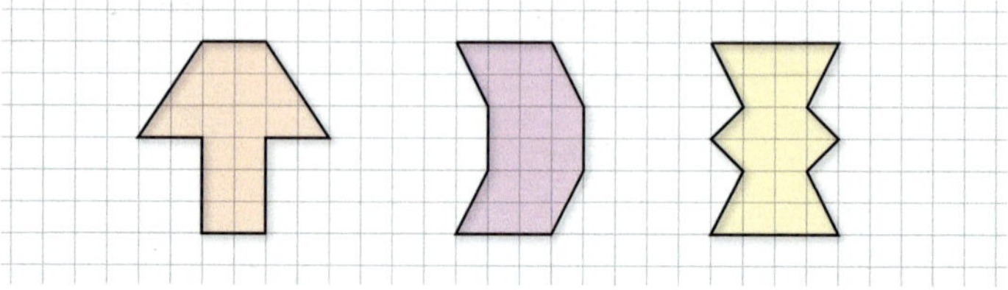

7 Geobrett

a) Begründe: Der blaue Drachen und das rote Parallelogramm haben den gleichen Flächeninhalt.

b) „Zeichne" (Geobrett oder Karopapier) ein Dreieck (ein Trapez, eine Raute) mit genau dem Flächeninhalt des Drachens.

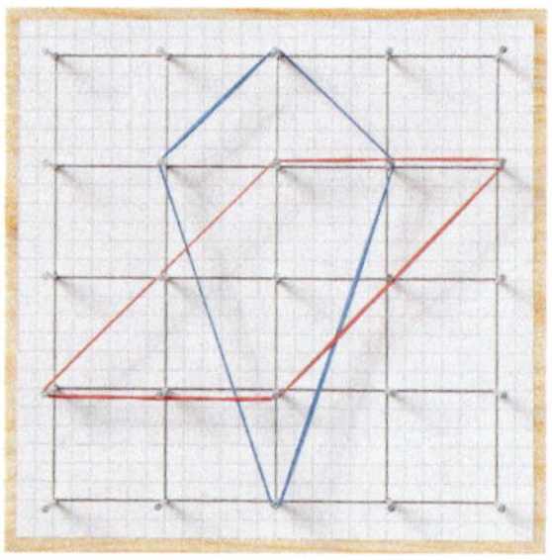

8 Flächenformeln

Begründe jeweils die Flächenformel mithilfe der angegebenen Figur.

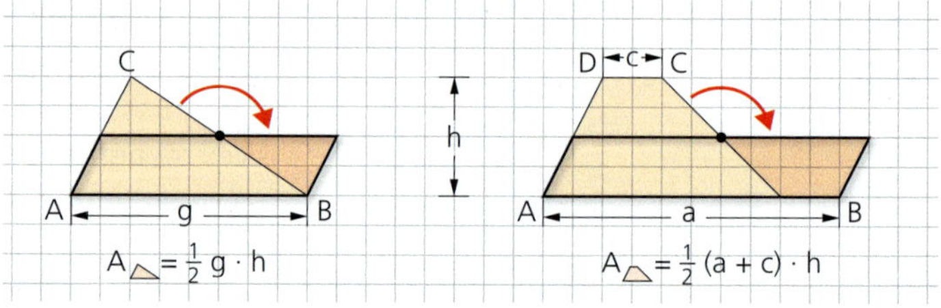

9 Figuren im Koordinatensystem

Zeichne die folgenden Figuren in ein Koordinatensystem und berechne jeweils den Flächeninhalt.

a) A (−2|−1), B (1|−1), C (0|3)
b) A (−0,5|−1), B (2,5|−1), C (1|1), D (−2|1)
c) A (−1,5|3), B (−1,5|−2), C (2|−1), D (2|1)
d) A (0|3), B (−2|2), C (0|−4), D (2|2)
e) A (0|1), B (−1|2), C (−2|1), D (0|−2), E (2|1), F (1|2)

10 Kellerraum

Ein Kellerraum soll gefliest werden. Das Fliesen des Fußbodens kostet 46 € pro Quadratmeter, der Meter Fußleiste kostet 8 €. Wie teuer wird das Vorhaben?

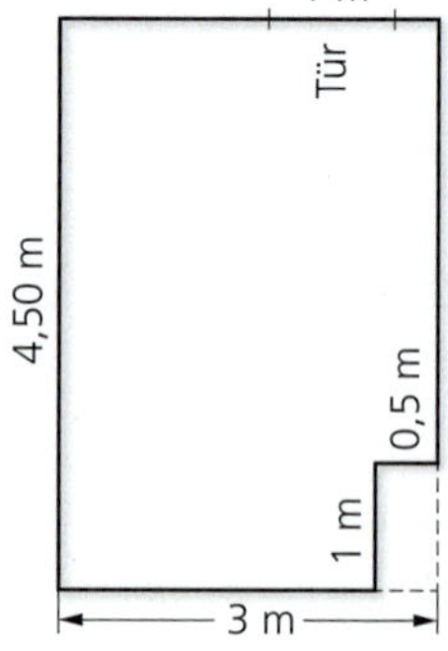

11 Flächenaufteilung

Drei Geschwister erben ein 23,1 ha großes Grundstück. Wie viel sollte jeder erhalten?

Sichern und Vernetzen – Vermischte Aufgaben zu Kapitel 1

Trainieren

1 Zerlegen und Ergänzen

Bestimme den Flächeninhalt der Figuren, indem du sie abzeichnest, zerlegst und zu einem Rechteck ergänzt. Zwei Kästchen entsprechen 1 cm.

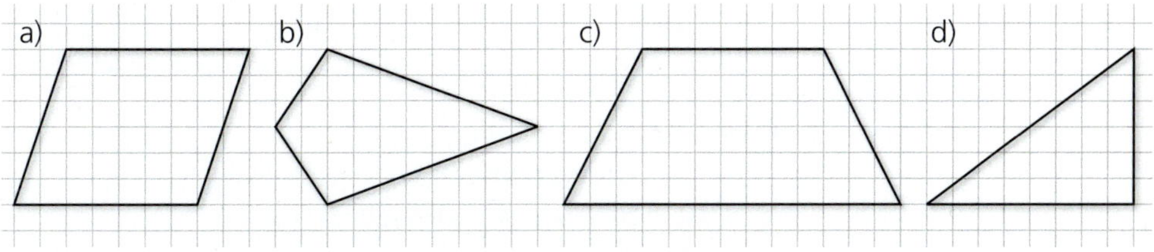

2 Dreiecke im Koordinatensystem

A, B und C sind Eckpunkte eines Dreiecks im Koordinatensystem. Bestimme den Flächeninhalt des Dreiecks. Beschreibe dein Vorgehen.

a) A (0|0), B (5|1), C (5|4) b) A (0|0), B (5|2), C (2|7) c) A (2|1), B (6|4), C (4|7)

3 Dreieck, Parallelogramm, Trapez

Zeichne drei Dreiecke (Parallelogramme, Trapeze) mit dem Flächeninhalt 12 cm^2.

4 Parallelogramm konstruieren

a) Zeichne ein Parallelogramm mit den Seitenlängen a = 6 cm und b = 4 cm und einem Flächeninhalt von 18 cm^2 (12 cm^2). Beschreibe deine Konstruktion.

b) Gibt es verschiedene Lösungen? Begründe.

5 Flächeninhalt und Umfang von Figuren

Bestimme jeweils den Flächeninhalt und Umfang.

Messen erlaubt!

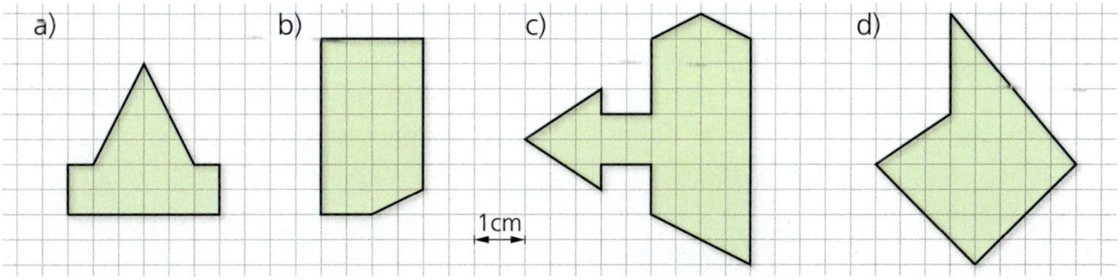

6 Fehlende Größen bestimmen

a) Der Flächeninhalt eines Rechtecks beträgt 144 cm^2. Eine Seite ist 16 cm lang. Berechne die Länge der anderen Seite.

b) Ein Trapez hat die Seitenlängen a = 9,3 cm, b = 5,4 cm, c = 11,4 cm und d = 6,3 cm. a und c verlaufen parallel zueinander. Ihr Abstand beträgt 5,2 cm. Berechne den Flächeninhalt und den Umfang des Trapezes.

c) Ein gleichseitiges Dreieck hat einen Flächeninhalt von 21 cm^2. Seine Höhen sind 6 cm lang. Berechne den Umfang.

7 Vielecke zeichnen

Zeichne je ein Vieleck mit den angegebenen Maßen. Gibt es mehrere Möglichkeiten?

a) Dreieck ABC mit A = 24 cm^2 und g = 12 cm

b) Trapez mit A = 20 cm^2 und h = 4 cm

c) Drachen mit A = 12 cm^2 und d = 6 cm.

Verstehen

8 Flächenzerlegung

a) Finde möglichst unterschiedliche Möglichkeiten, ein Parallelogramm in ein Rechteck zu verwandeln.

b) Zeichne ein gleichseitiges Dreieck. Finde zwei unterschiedliche Möglichkeiten, dieses durch Zerlegen und Ergänzen in ein flächengleiches Parallelogramm zu verwandeln.

c) Findest du eine Möglichkeit, wie man ein gleichschenkliges Trapez mit einem Schnitt so zerlegen kann, dass man die Teile zu einem Parallelogramm zusammenfügen kann?

9 Flächenzusammenlegung

a) Stelle zwei deckungsgleiche gleichschenklig rechtwinklige Dreiecke her. Welche Figuren (Dreiecke oder Vierecke) kannst du durch Zusammenlegen der beiden Dreiecke herstellen? Du darfst die Dreiecke auch umdrehen.

b) Welche Figuren kannst du mit vier solcher Dreiecke herstellen?

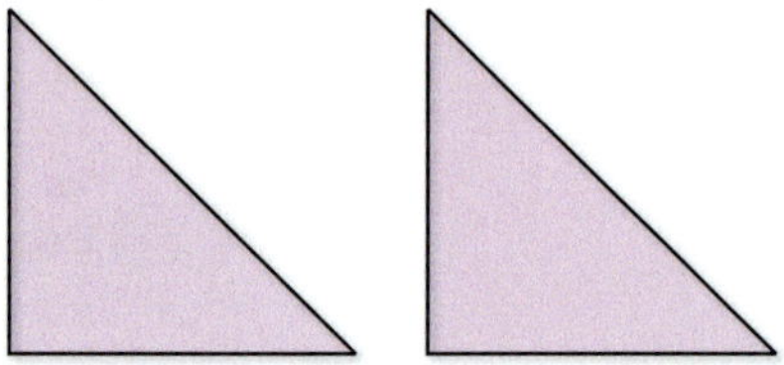

10 Geobrett

a) Verlege einen Eckpunkt so, dass der Flächeninhalt des Dreiecks doppelt so groß (halb so groß) wird.

b) Finde ein neues Dreieck mit gleichem Flächeninhalt.

c) Löse die gleichen Aufgaben für das Parallelogramm. Hier darfst du zwei Punkte verlegen.

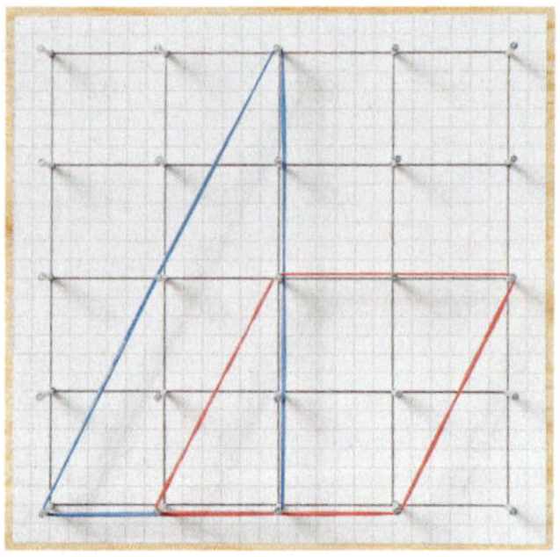

11 Flächenvergleich

Vergleiche den Inhalt der farbigen Fläche mit dem Flächeninhalt der Figur ABCD. Was stellst du fest? Kannst du deine Beobachtung begründen?

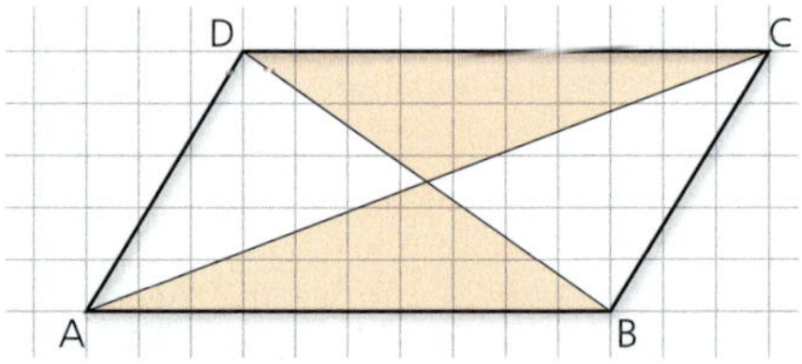

12 Figuren falten

a) Welche Figuren entstehen, wenn du an den Faltkanten aufklappst? Zum Überprüfen kannst du die Figuren zeichnen und falten.

b) Wie groß ist die aufgeklappte Figur im Vergleich zur Ausgangsfigur? Was passiert durch das Aufklappen mit dem Umfang?

13 Seitenverdopplung

Alle drei Seitenlängen a = 3 cm, b = 4 cm und c = 5 cm eines rechtwinkligen Dreiecks werden verdoppelt. Was geschieht dabei

a) mit dem Umfang des Dreiecks

b) mit dem Flächeninhalt des Dreiecks?

Anwenden

14 Wohnzimmer

a) Das Wohnzimmer im neuen Haus von Brokamps hat einen interessanten Grundriss. Brokamps wollen Marmorfußboden verlegen lassen. Wie viel m² werden benötigt? (Maßstab 1 : 200)

b) Der Fliesenleger empfiehlt, 40 m² Marmorplatten zu kaufen. Was hältst du von dieser Empfehlung?

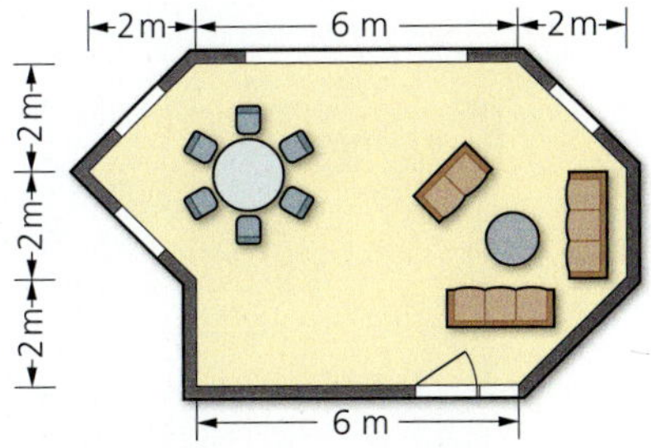

15 Parkanlage

Ein Park soll neu angelegt werden. Pro Quadratmeter entstehen folgende Kosten:

Rosenbeet: 30 €
Gehweg: 40 €
Rasen: 20 €

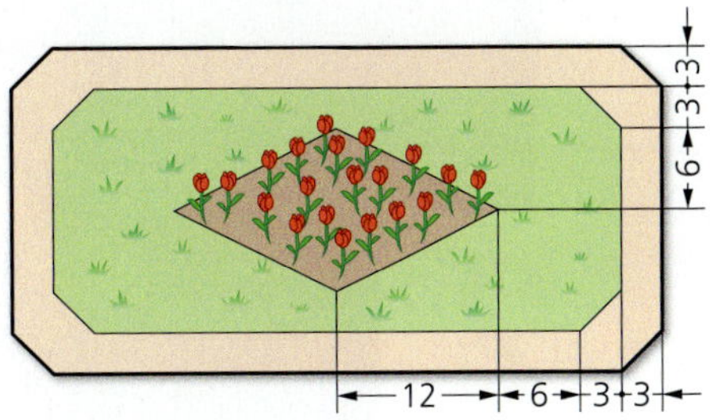

16 Tischplatte

Wie groß ist die Tischplatte?

a)

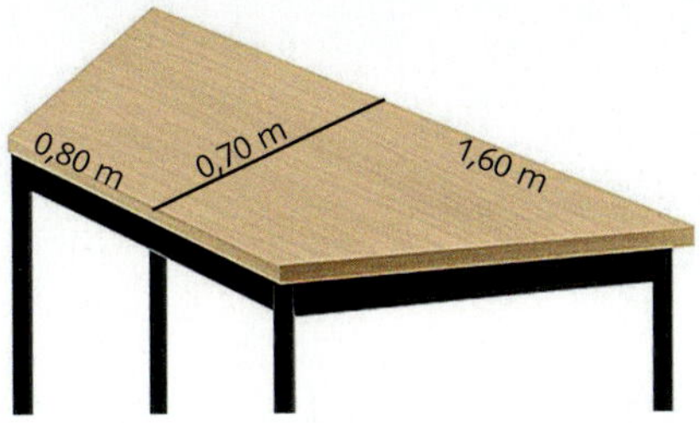

b)

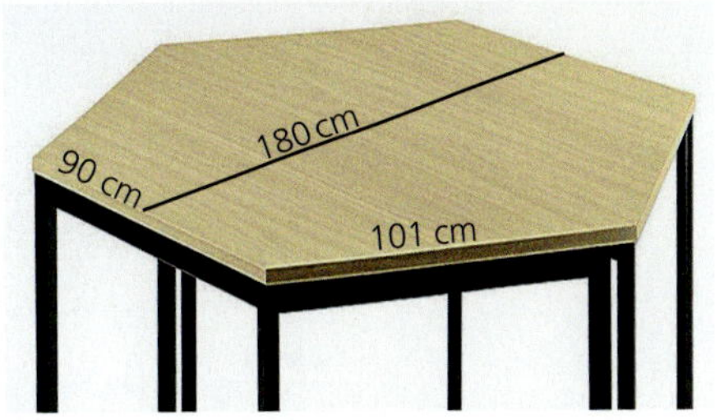

17 Gebietsneuordnung

In den beiden Karten ist die Gebietsneuordnung für das 40 ha (= 400 000 m²) große Gebiet der Gemeinde festgehalten.

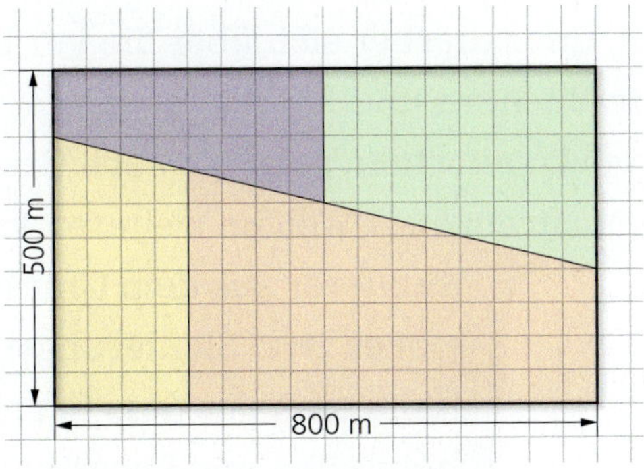

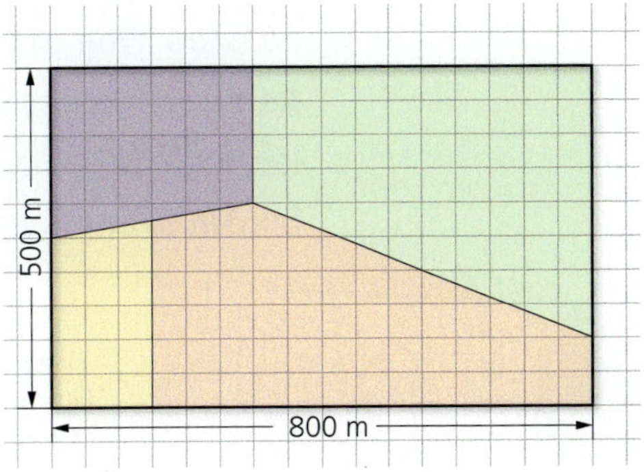

Naturschutz
Freizeit
Landwirtschaft
Gewerbe

a) Welche Änderungen haben sich ergeben?

b) Die jährlichen Abgaben pro Hektar Fläche belaufen sich auf 350 €.
Welche Preisänderungen haben sich durch die Gebietsneuordnung ergeben?

2

Zuordnungen

Der Rheinsteig ist ein 320 km langer Wanderweg, der 2006 zum schönsten Weitwanderweg Deutschlands gewählt wurde. Bevor sich ein Wanderer auf den Weg macht, informiert er sich über die vor ihm liegenden Etappen genauestens. In Büchern und im Internet findet man nicht nur Landkarten und Fotos der Wandertour, sondern auch Graphen und Tabellen. Ist die Etappe sehr anstrengend? Welche weiteren Informationen kann ein Wanderer aus dem Graphen gewinnen? Warum gibt es zwei Skalierungen entlang der x-Achse? Kann man aus dem Graphen eine Tabelle herstellen und Tagestouren planen? Solche Fragen lassen sich rasch beantworten, wenn du dich mit Zuordnungen gut auskennst.

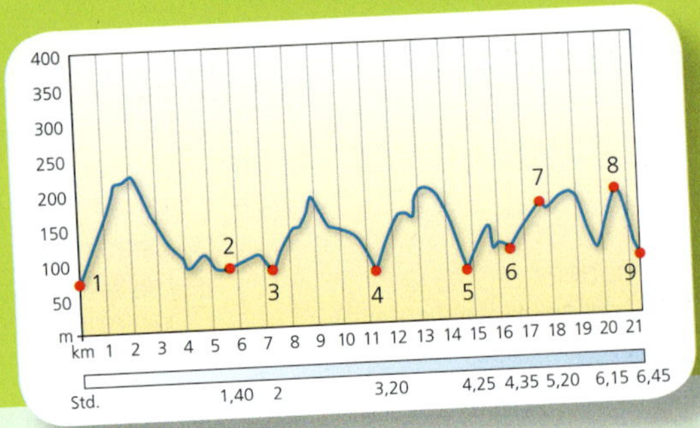

2.1

Graphen lesen und darstellen

„Ein Bild sagt mehr als tausend Worte".
So findest du in Zeitungen und auch im Internet häufig Graphen zur Darstellung von Informationen.

Was sagt das Bild? Wann war der höchste Wasserstand? In welchen Zeiträumen fiel der Wasserstand? Wie hoch war der Wasserstand am Morgen des 18.11.?

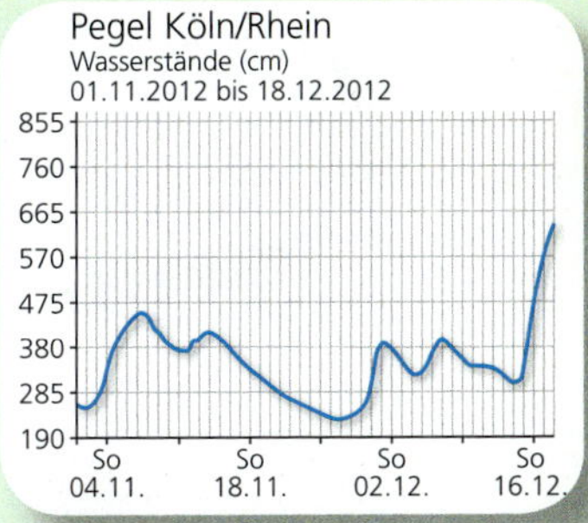

2.2

Graphen, Tabellen, Formeln

In Tabellen kannst du bequem Werte ablesen, Grafiken verschaffen dir häufig einen Überblick. Manchmal gibt es auch Formeln, mit denen man Werte bestimmen kann, die nicht in der Tabelle stehen.

Wie lang ist der Bremsweg, wenn man 100 km/h fährt?

Die Polizei misst eine 17 m lange Bremsspur ...

Geschwindigkeit (in km/h)	Bremsweg (in m)
10	1
20	4
30	9
50	25
60	36

2.3

Proportionale Zuordnungen

Auf Märkten wird meistens angegeben, was ein Kilogramm Fleisch oder auch 5 Kiwis kosten. Beim Ausrechnen anderer Mengen spielt die proportionale Zuordnung eine entscheidende Rolle.

Was kosten 2,5 kg Kartoffeln, was 15 kg?
Werden 50 kg Kartoffeln 49,50 € kosten?

2.4

Antiproportionale Zuordnungen

Die bisher beschriebenen Zuordnungen sind „je mehr – desto mehr" Zuordnungen. Häufig treten aber auch „je mehr – desto weniger" Zuordnungen auf. Die Schwester der Proportionalität ist dabei die Antiproportionalität.

Wie lange reicht der Futtervorrat nun für die Ponys?

Mona hat für ihre 2 Ponys noch einen Futtervorrat für 14 Tage. Da fragt ihre Freundin Johanna, ob sie ihr Pony bitte auch noch füttern kann.

2.5

Zuordnungen mit Termen – Problemlösen

Mit Termen und Formeln können Zuordnungen besonders kurz und präzise beschrieben werden.

Wie viele Spieltage gibt es bei 16 Mannschaften?
Findest du eine Formel zum Bremsweg aus Kapitel 1.2?

Anzahl der Mannschaften: m
Anzahl der Spieltage: s
Formel zur Berechnung der Anzahl der Spieltage:

$s = 2 \cdot m - 2$

2.1 Graphen lesen und darstellen

Kennst du die Sprache der Graphen? Keine Angst, das ist keine neue Fremdsprache. Graphen sind Zeichnungen, mit denen wichtige Informationen schnell und übersichtlich dargestellt werden. Wenn du solche grafischen Darstellungen, die du bestimmt schon oft gesehen hast, richtig verstehen oder selbst herstellen willst, musst du doch ein wenig von ihrer Sprache lernen.

Aufgaben

1 Erdkröte und Hausmaus im Vergleich

Biologen untersuchen den Einfluss der Umweltbedingungen auf bestimmte Tiere. In den beiden Graphen wurden Hausmäuse und Erdkröten untersucht.

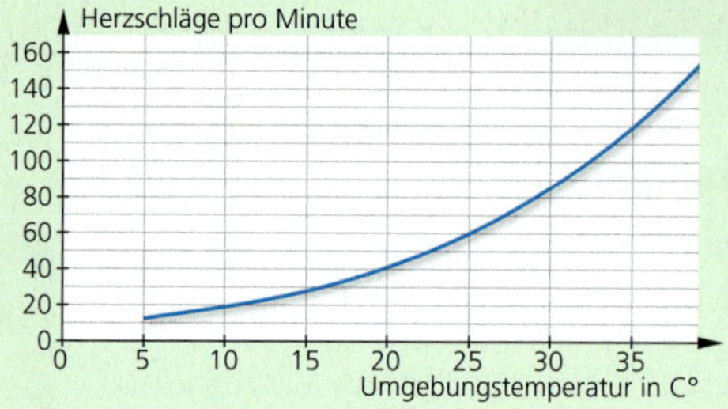

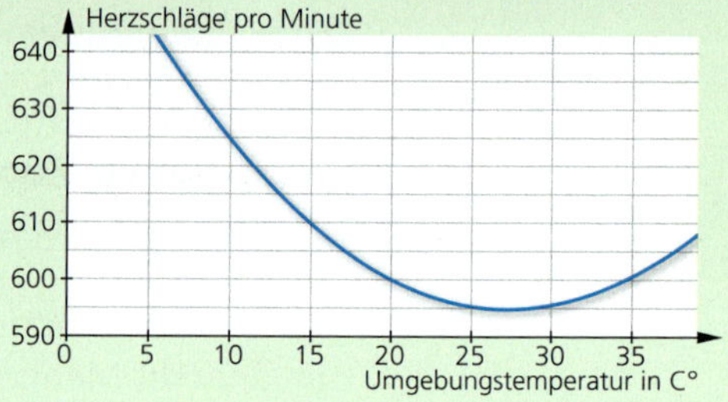

a) Was kannst du aus den Graphen ablesen?
b) Welcher Graph gehört zur Erdkröte, welcher zur Hausmaus?
c) Übertrage die Graphen in dein Heft. Was ist gleich, wo entdeckst du Unterschiede?
d) Formuliert und sammelt eigene Fragen, die ihr mit den Graphen beantworten könnt.

2 Laufgraph-Wettbewerb

a) Laufe die Graphen nach. Dabei ist Vorwärts- und Zurückgehen sowie Stehenbleiben erlaubt.

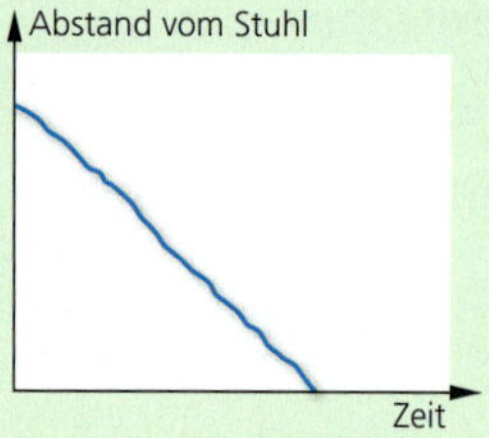

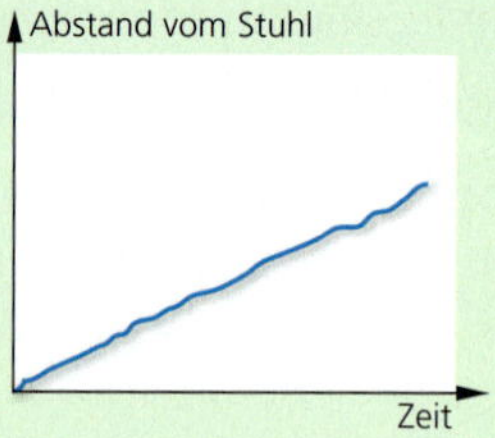

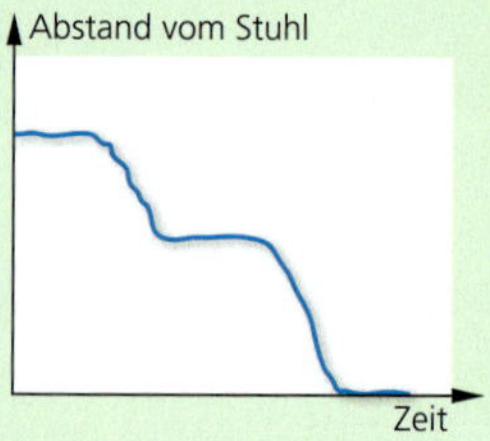

b) Sarah ist 5 Sekunden lang im Abstand von 2 m von ihrem Stuhl stehengeblieben. Wie sieht der passende Laufgraph dazu aus?
c) Leon hat den rechten Laufgraphen gezeichnet. Was hältst du davon?
d) Erstellt selbst Laufgraphen und führt sie vor. Lasst eure Mitschüler die passenden Laufgraphen dazu zeichnen! Vergleicht.

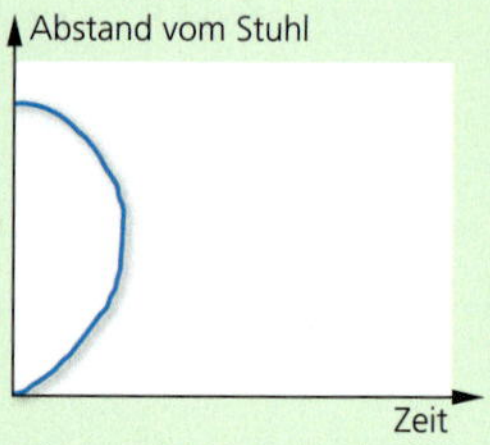

Aufgaben

3 Situation bekannt – passender Graph gesucht

Beschreibe jede der folgenden Situationen durch einen der abgebildeten Graphen. Begründe deine Entscheidung und schlage eine passende Achsenbeschriftung vor.

a) Die Höhe des Wasserstandes im Hamburger Hafen während 12 Stunden.
b) Die Temperatur eines Ofens, der auf 220 °C eingestellt und eingeschaltet wurde.
c) Die Geschwindigkeit, mit der ein Auto in der Stadt fährt.

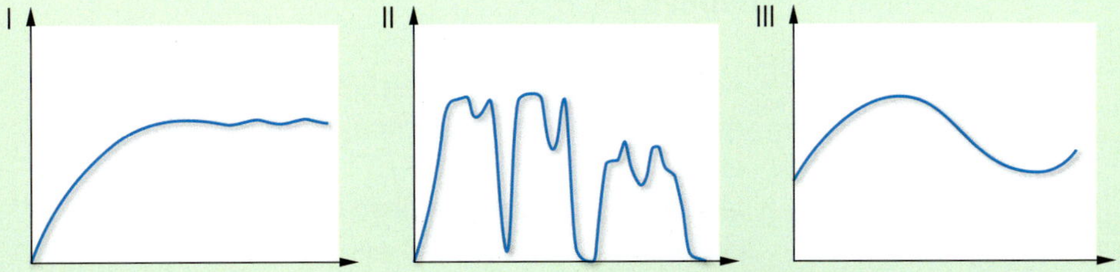

4 Hochwasser

An verschiedenen Stellen des Rheins wird regelmäßig der Wasserstand, der sogenannte Pegel, gemessen. Die Wasserstände sind nicht nur für die Schifffahrt wichtig, sondern auch für die Anwohner. In der Tabelle sind die Wasserstände während eines Rheinhochwassers am Pegel in Köln dargestellt.

Datum Uhrzeit	14.2. 0.00	6.00	12.00	18.00	15.2. 0.00	6.00	12.00	18.00	16.2. 0.00	6.00	12.00	18.00
Pegelstand cm	106	112	121	133	164	178	290	318	439	514	578	634
Datum Uhrzeit	17.2. 0.00	6.00	12.00	18.00	18.2. 0.00	6.00	12.00	18.00	19.2. 0.00	6.00	12.00	18.00
Pegelstand cm	674	685	672	660	648	638	626	613	598	582	566	545

a) Besonders gut kann man den Verlauf des Hochwassers an einem Graphen erkennen. Erstelle zu den Daten einen Graphen.

b) Schreibe eine Reportage über den Verlauf des Hochwassers. So kannst du beginnen:

„Im Laufe des frühen Vormittags des 15.2. begann das Wasser, über den Normalpegel von 200 cm zu steigen. Da der Anstieg des Wasserstandes zunächst gering war, machte sich die Bevölkerung nur wenig Sorgen, aber dann stieg das Wasser immer schneller …"

c) Ein Radiosender meldet am 16.2. um 17.00 Uhr: *„Das Schlimmste ist wohl überstanden."* Was meinst du dazu?

Hinweise zur Erstellung des Graphen

Festlegung der Achsen:
- → Waagerechte Achse: Zeit
- ↑ Senkrechte Achse: Pegelstand

DIN A4 Blatt im Querformat

Bildausschnitt:
- Zeit: 6 Tage
- Pegel: 0 cm – 700 cm

Geschickter Maßstab:
- Zeitachse: 2 Kästchen für 6 Stunden
- Pegelstand-Achse: 4 Kästchen für 100 cm

Basiswissen

In vielen Situationen des Alltags besteht zwischen Größen ein Zusammenhang. So verändern sich die Temperaturen im Laufe eines Tages. Jedem Zeitpunkt eines Tages kann man daher die Temperatur zuordnen. Der Graph im Basiswissen zeigt einen Temperaturverlauf, wie er in der Wüste Kaliforniens gegen Ende Juli typisch ist. Manchmal sind die Wertepaare auch in einer Tabelle gegeben, dann kann man diese graphisch darstellen.

Graphen lesen

- Achte zunächst auf die Beschriftung der Achsen. Dann weißt du schon, worum es geht.
- Jeder Punkt auf dem Graphen gibt dir eine Information, die aus zwei Werten besteht.
  Beispiel: Um 10 Uhr morgens beträgt die Temperatur 58 °C.
  Kurzschreibweise für das Wertepaar: (10|58)

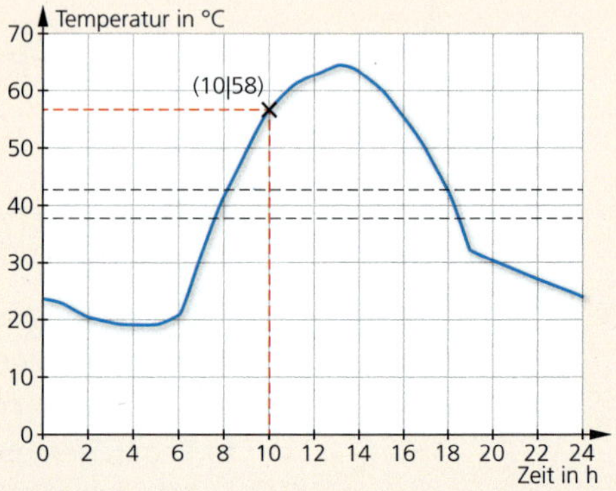

Typischer Temperaturverlauf in der kalifornischen Wüste

Graphen zeichnen

Tabelle eines Radrennfahrers:

Zeit in min.	10	20	30	40	50	60	70
Strecke in km	4	10	18	27	38	42	45

1. Lege fest, was dargestellt werden soll. Welche Größe wird auf welcher Achse aufgetragen?
2. Wähle den Bildausschnitt. Welche Bereiche werden auf den Achsen dargestellt?
3. Lege den Maßstab fest. (z. B. 1 cm auf der Achse entspricht ...)
4. Trage die Wertepaare aus der Tabelle ein.
5. Verbinde die Punkte durch eine passende Kurve

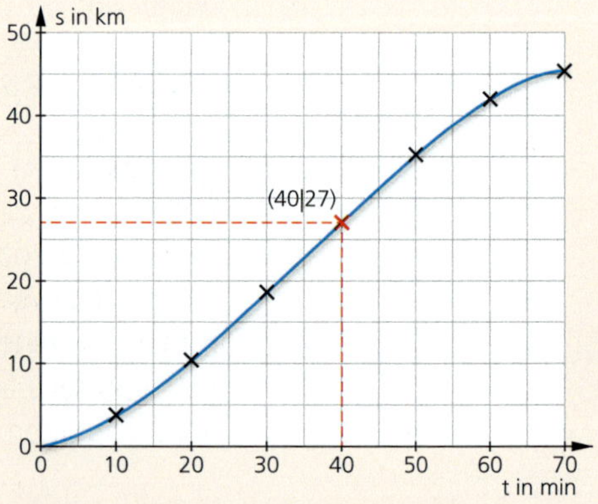

Weg-Zeit-Diagramm eines Radrennfahrers

Beispiele

A Temperaturen in der Wüste (Graph im Basiswissen)

a) Wie hoch war die Temperatur um 20 Uhr? Wie lautet das passende Wertepaar?
b) Gibt es noch andere Zeitpunkte, an denen die Temperatur 30 °C betrug?
c) Zu welchem Zeitpunkt war die Temperatur am höchsten und wie hoch war sie da?

Lösung:

a) Die Temperatur um 20 Uhr betrug 30 °C. Das Wertepaar lautet (20|30).
b) Auch gegen 7 Uhr betrug die Temperatur 30 °C. Wertepaar (7|30).
c) Die Temperatur war um 13 Uhr am höchsten. Sie betrug 65 °C. Wertepaar (13|65).

Beispiele

Einen hohen Energieverbrauch misst man in Petajoule (PJ)

1 PJ=10^{15} Joule

B Energieverbrauch

Die Tabelle gibt den Energieverbrauch in Deutschland in den Jahren 2000 bis 2012 wieder.

Horizontale Achse: Zeit
Vertikale Achse: Energieverbrauch
Bildausschnitt: Zeit: von 2000 bis 2012
Energieverbrauch: von 0 bis 320 PJ
Maßstab: z. B. für ein Jahr 1 Kästchen,
für 25 PJ 1 Kästchen

Jahr	Energieverbrauch in PJ
2000	127
2001	124
2002	145
2003	132
2004	166
2005	173
2006	191
2007	230
2008	236
2009	231
2010	254
2011	311
2012	236

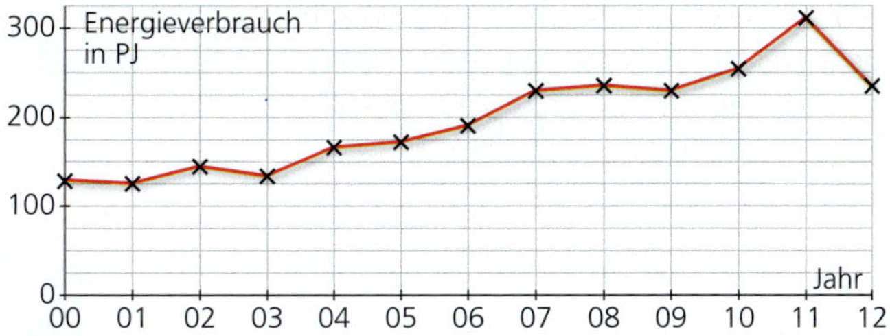

Übungen

5 **Stromverbrauch – passender Graph gesucht**

a) Welcher der folgenden Graphen stellt, deiner Meinung nach, am besten den Stromverbrauch im Laufe eines Tages in deiner Heimatgemeinde dar? Begründe deine Entscheidungen.

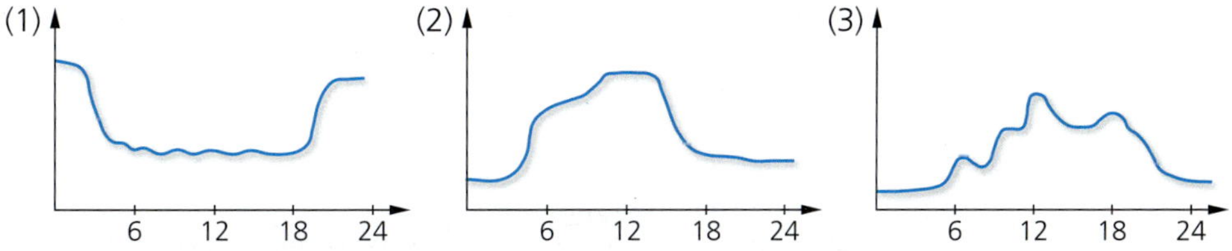

b) Wie sieht der Graph zum Stromverbrauch in einer Fabrik im gleichen Zeitraum aus?

6 **Mit dem Auto unterwegs**

Stelle dir vor, der Graph stellt die Fahrt mit dem Auto zum nächsten Supermarkt dar. Auf der horizontalen Achse ist die Fahrzeit in Minuten und auf der senkrechten Achse die Geschwindigkeit in km/h aufgetragen. Beschreibe die Fahrt.

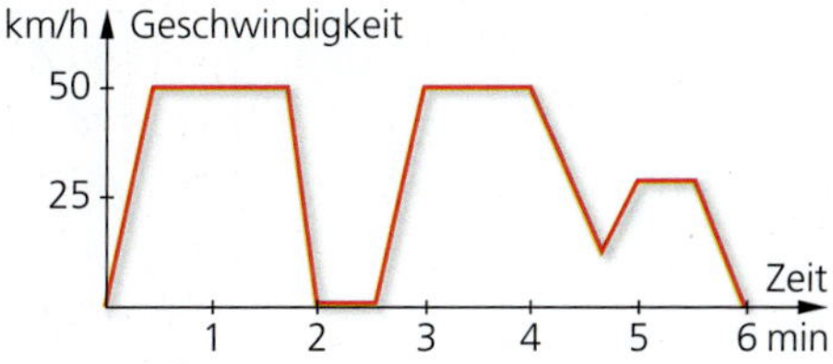

7 **Graphen liefern Antworten**

Beantworte für jeden der folgenden Graphen die Fragen. Manchmal gibt es mehrere Lösungen:

① Welcher y-Wert gehört zum x-Wert 3?
② Welcher x-Wert gehört zum y-Wert 10?
③ Für welchen x-Wert ist der y-Wert am größten/kleinsten?

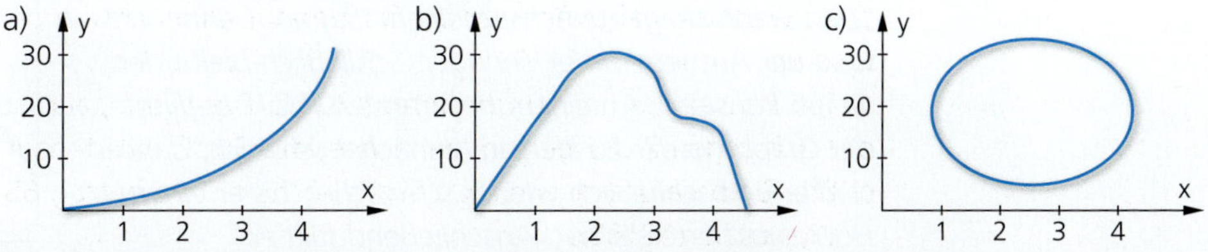

Übungen

8 Schneehöhen

Katrin und Lukas sind mit ihren Eltern im Winterurlaub. Jeden Morgen um 8.00 Uhr messen sie die Schneehöhe. Stelle die in den 10 Tagen gemessenen Daten in einem Schaubild dar.

0 cm	12 cm	9 cm	5 cm	35 cm	47 cm	45 cm	39 cm	18 cm	22 cm

9 Wasserstände

Gesa und Frauke haben die Wasserstände im Hamburger Hafen während eines Tages im Internet recherchiert. Für die Zeit von 1 bis 6 Uhr haben sie keine Messwerte gefunden.

Uhrzeit	7	8	9	10	11	12	13	14	15	16	17	18	19	20	21	22	23	24
Stand	3,50	3,80	4,10	5,50	6,40	6,90	7,00	6,75	6,20	5,25	4,60	4,00	3,60	3,50	3,80	4,40	5,70	7,50

a) Stelle die Tabelle grafisch dar.
b) Kannst du die fehlenden Werte schätzen?

10 Graphen nach Anleitung zeichnen

Stell dir vor, du sollst einer Mitschülerin einen Graphen so beschreiben, dass sie ihn zeichnen kann. Gelingt das auch, wenn sie den Graphen nicht sehen kann? Hier lohnt sich das Experiment …

Setze dich mit einem Mitschüler Rücken an Rücken. Zeichne einen Graphen oder suche dir einen aus Kapitel 1 aus. Einer beschreibt dann seinen Graphen, der andere versucht, ihn nach diesen Informationen zu zeichnen. Rückfragen sind erlaubt. Dann wird gewechselt.

Basiswissen

Wie kann man über Graphen sprechen? Man benötigt geeignete Begriffe, um einen Graphen treffend zu beschreiben.

Wir lesen die Graphen von links nach rechts.

Wichtige Vokabeln zum Beschreiben eines Graphen

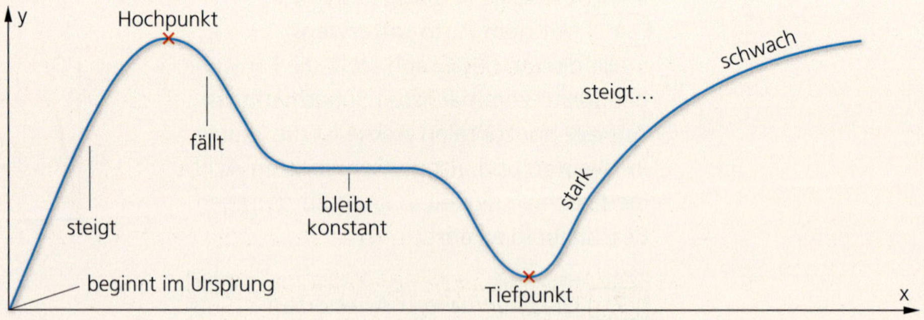

Beispiele

C Auf und ab

Beschreibe den Graphen!

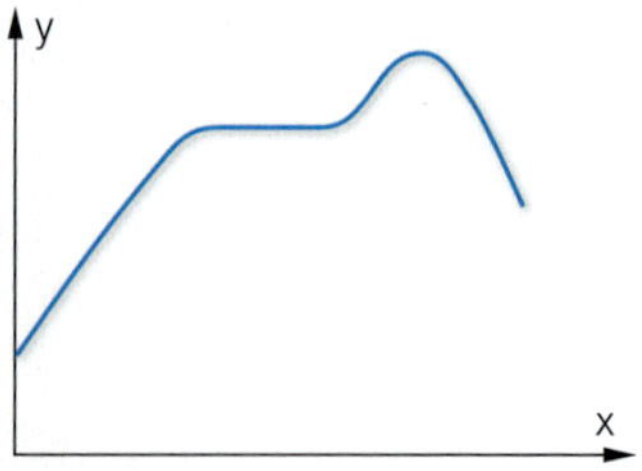

Eine Beschreibung könnte lauten:
„Der Graph steigt zunächst gleichmäßig an. Dann wird der Anstieg immer geringer. Schließlich bleibt der Graph konstant. Ab einem bestimmten Punkt beginnt der Graph wieder zu steigen, zunächst schwach, dann stärker und schließlich wieder schwächer, bis er einen Hochpunkt erreicht hat. Anschließend fällt er."

Beispiele

D Füllkurve

Der Graph beschreibt die Höhe des Wasserstandes in einem Gefäß, das bei gleichmäßigem Zufluss befüllt wird. Beschreibe seinen Verlauf.

„Der Wasserstand steigt zunächst schnell an. Dann wird der Anstieg immer geringer. Schließlich bleibt der Wasserstand konstant."

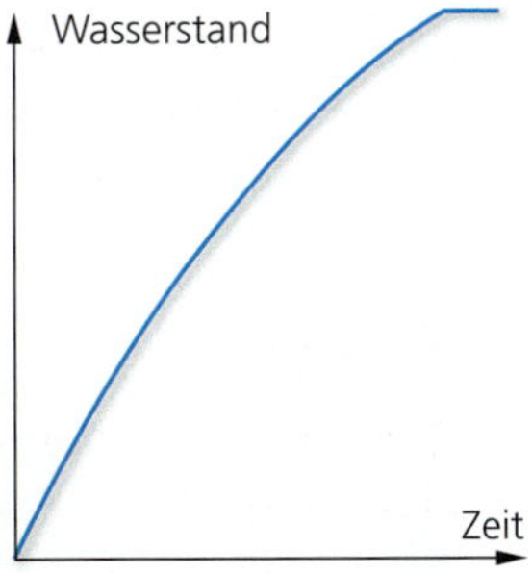

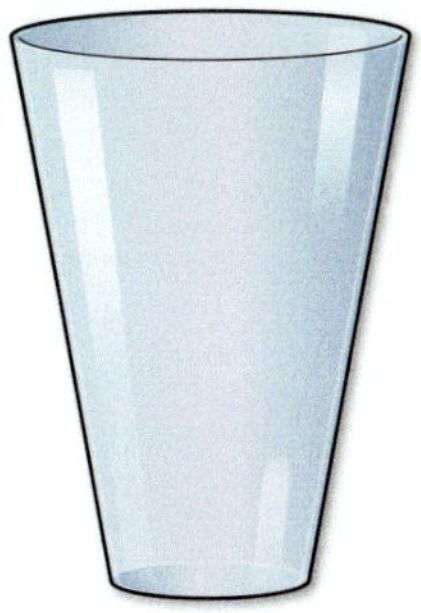

Übungen

11 Graphen beschreiben

Beschreibe die Graphen und nutze die Vokabeln aus dem Basiswissen.

a) 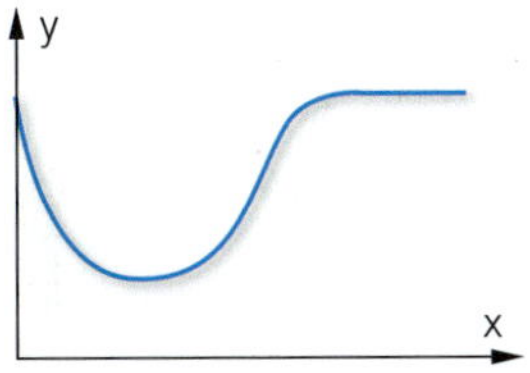

b) 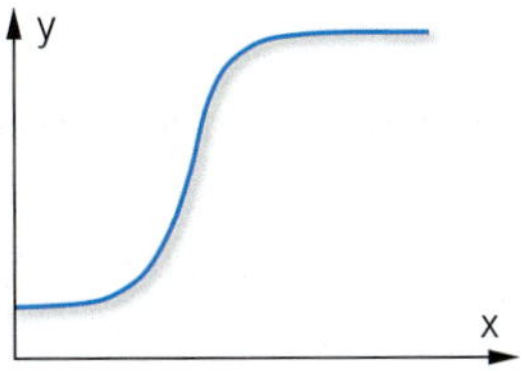

c) 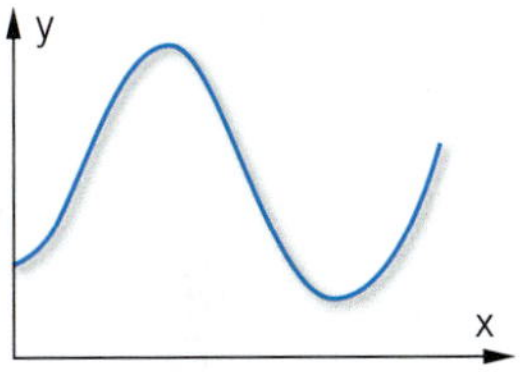

12 Nächster Halt Schillerplatz

Ingenieure haben die Fahrt einer neuen S-Bahn zwischen zwei Haltestellen untersucht und den Geschwindigkeitsverlauf gemessen.
Beschreibe den Graphen.

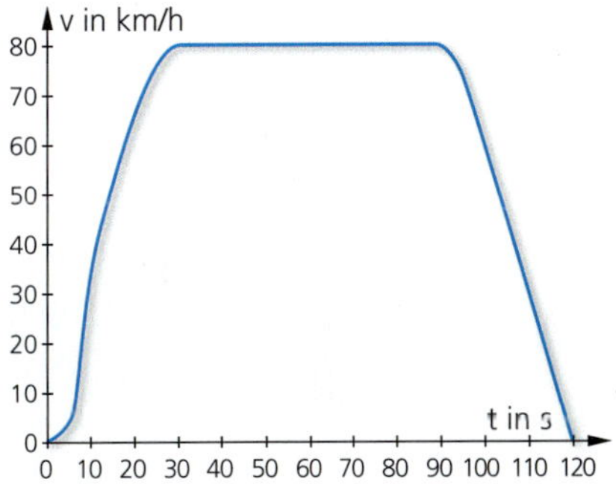

13 London Eye

Londons Riesenrad ist eine berühmte Touristenattraktion.

a) Beschreibe den Graphen.
b) Beschrifte die Achsen und erkläre, was der Graph über eine Fahrt im London Eye verrät.
c) Erstelle für die erste halbe Stunde der Fahrt eine Wertetabelle.

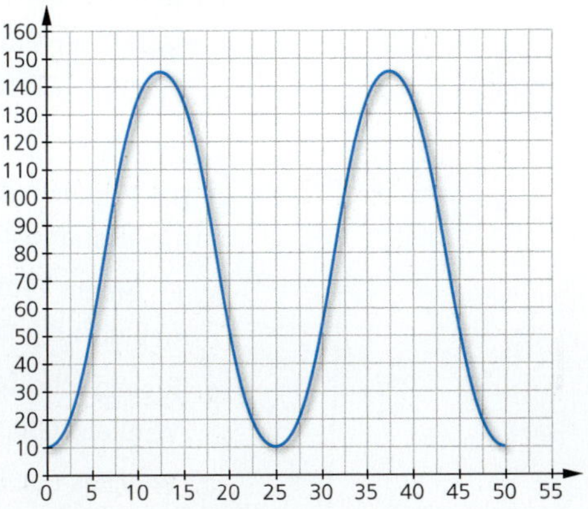

Übungen

14 Füllexperimente im Museum und im Klassenraum

Im Science-Center in Paris gibt es ein Experiment, bei dem unterschiedliche Gefäßformen gleichmäßig mit Flüssigkeit gefüllt werden und die passenden Füllgraphen angezeigt werden.

a) Bei den Graphen fehlen die Achsen. Macht Vorschläge, was auf der waagerechten und senkrechten Achse jeweils dargestellt ist.

b) Ordne den Gefäßen die passenden Graphen zu. Begründe deine Entscheidung.

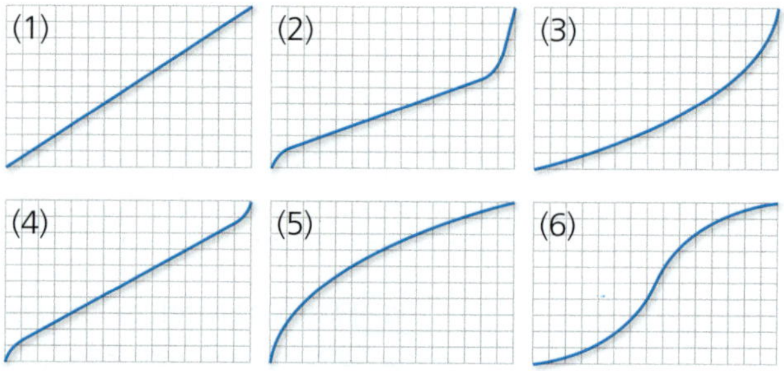

c) Füllgraphen selbst erstellen:
Besorgt Glasgefäße unterschiedlicher Form (z. B. Essigflaschen oder Rundkolben aus der Chemie) und füllt diese schrittweise mit Wasser. Ein kleiner Messbecher und ein Trichter sind sehr nützlich. Mit einem Zollstock wird nach jedem Einfüllen die Höhe gemessen und in einer Tabelle notiert.
Erstellt daraus die passenden Füllgraphen und gestaltet eine kleine Ausstellung.

Zahl der Messbecher	0	1	2	3...
Füllhöhe in cm	0	■	■	■

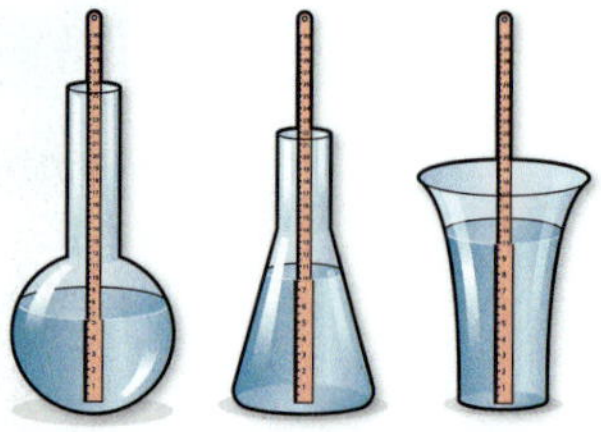

Kopfübungen

1. Gib die Dezimalzahl 1,2 als Bruch an.
2. Welche der Punkte liegen unterhalb der x-Achse?
   A (– 3 | 2); B (6 | – 1); C (– 5 | – 3); D (1 | 4)
3. Berechne: 18 – 3 · 5
4. Die Pfuhlschnepfe (eine Vogelart) fliegt in den Süden etwa 175 Stunden lang, ohne das Festland zu berühren. Wie viele Tage sind das etwa?
5. An einem Tennisturnier sind insgesamt 25 Spielerinnen und Spieler beteiligt. Es sind sieben Jungen mehr als Mädchen.
6. Jugendliche brauchen pro Tag etwa 9 Stunden Schlaf. Welcher Winkelgröße im Kreisdiagramm „Tagesablauf" entspricht das?
7. Welches der Dreiecke NCD, ACN, MCA, BCM ist am größten?

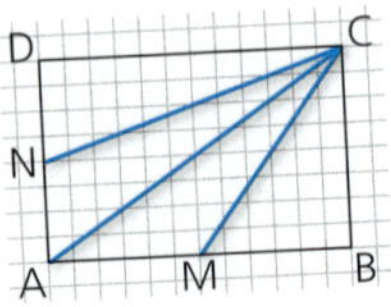

Projekt

Höhen- und Geschwindigkeitsgraphen bei Füllvorgängen

Auf den vorhergehenden Seiten hast du dich bereits mit Füllgraphen beschäftigt. Mit solchen Füllgraphen kannst du deine Fähigkeiten zum Beschreiben von Zuordnungen mit Graphen besonders intensiv trainieren. Zu dem Arbeitsbuch gibt es hierfür eine eigene CD. Im Mittelpunkt dieser CD steht ein elektronisches „Werkzeug". Damit kannst du Füllvorgänge simulieren, unterschiedliche Gefäßformen auswählen und die passenden Graphen im Koordinatensystem betrachten.
Mit dem Streifenalbum kannst du ganz unterschiedliche Gefäßformen zusammenstellen. Im folgenden Beispiel siehst du den Längsschnitt einer Blumenvase.

CD-ROM 7/8
Funktionen und Graphen
ISBN 978-3-507-**85497**-0.

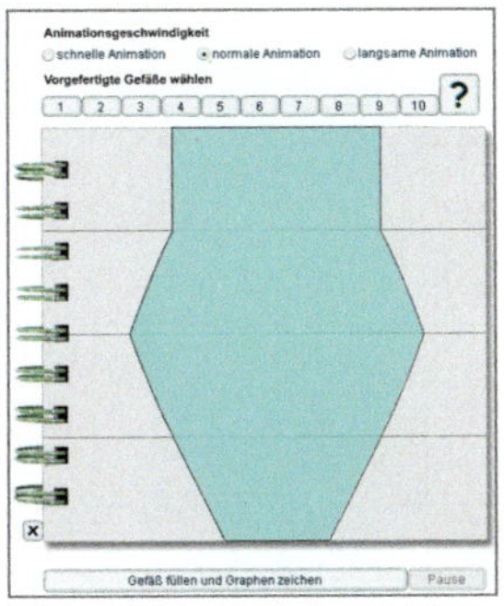

Füllhöhengraph

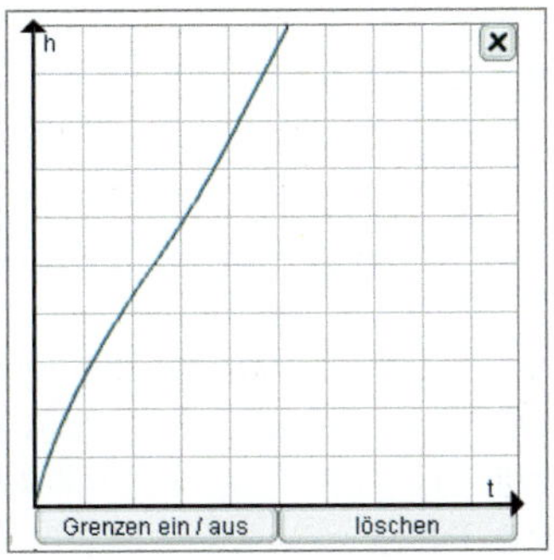

Füllgeschwindigkeitsgraph

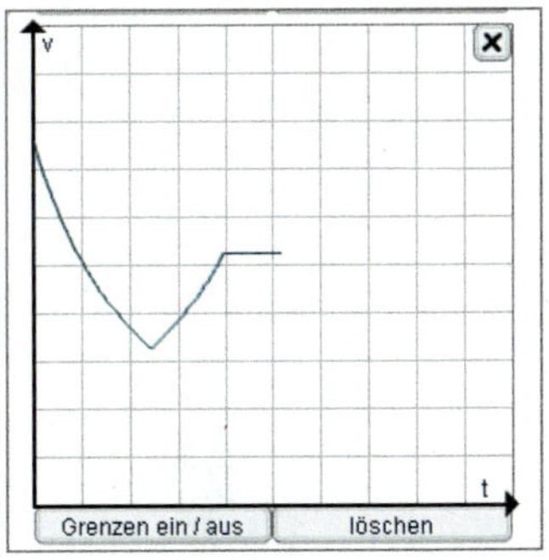

Die Füllgraphen zeigen die Zuordnung Zeit → Füllhöhe und sind dir schon bekannt. Der Geschwindigkeitsgraph beschreibt mit der Zuordnung Zeit → Steiggeschwindigkeit weitere Eigenschaften des Füllvorgangs. So fällt der Geschwindigkeitsgraph zunächst, weil die Geschwindigkeit, mit der die Wassersäule ansteigt, geringer wird.

Weitere Aktivitäten

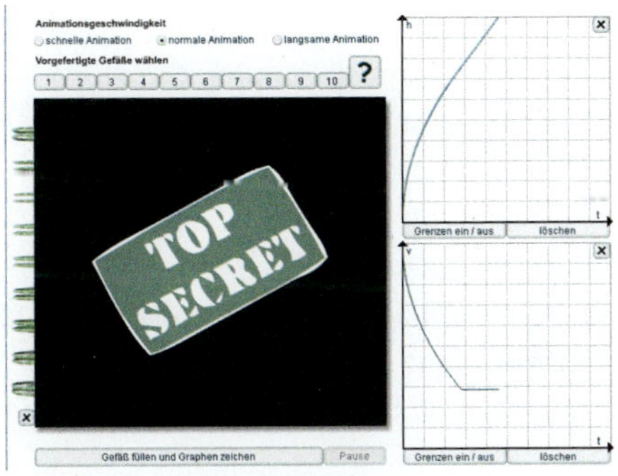

A **Was verbirgt sich unter TOP SECRET?**
Natürlich geht es um die Gefäßform, die zu den nebenstehenden Graphen (Füllhöhengraph und Geschwindigkeitsgraph) passt. Entwirf selbst ein solches Rätselbild, du kannst dabei auch das Gefäß zeigen und einen der beiden Graphen als „TOP SECRET" verdecken.

B **Füllkurven Memory**
Zu den unterschiedlichen Gefäßen gibt es je einen passenden Füllhöhengraphen und einen Füllgeschwindigkeitsgraphen. Erstellt passende Karten und ordnet jeweils richtig zu.

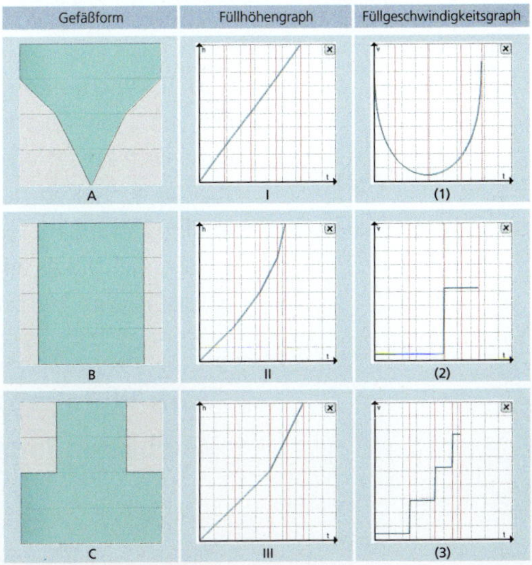

2.2 Graphen, Tabellen, Formeln

Zusammenhänge zwischen Größen kann man mit Tabellen und Graphen darstellen. Häufig lässt sich ein solcher Zusammenhang auch mit einer Formel beschreiben. Fährt z. B. ein Auto mit einer gleichmäßigen Geschwindigkeit von 80 km/h, dann errechnet man den Weg s, den das Auto in t Stunden zurücklegt, mit der Formel $s = 80 \cdot t$.

Aufgaben

1 Wandern

Die rote und die blaue Linie in dem Diagramm stellen den zurückgelegten Weg zweier Wanderer in Abhängigkeit von der Zeit dar.

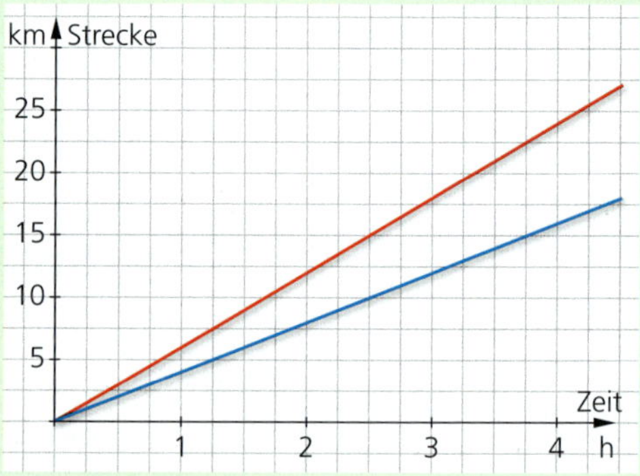

a) Erstelle für jeden Wanderer eine Zeit-Weg-Tabelle. Vergleiche die Tabellen. Welche Linie stellt die „schnellere" Person dar?

b) Wie müsste man eine Linie für einen Jogger einzeichnen, der es besonders eilig hat?

c) Wie sieht das Schaubild für einen Wanderer aus, der nach 2 Stunden eine Rast von einer halben Stunde einlegt?

2 Tabelle mit Lücken

In der Tabelle ist die Zuordnung zwischen den beiden Größen x und y dargestellt.

a) Ergänze die fehlenden Zahlen.

b) Stelle die Wertepaare in einem passenden Graphen dar.

c) Welcher y-Wert gehört zu x = 26? Mit dem Graphen oder der Tabelle findet man den Wert recht mühsam. Einfacher geht es mit einer Rechenvorschrift y = ■. Wie lautet die Rechenvorschrift?

x	y
0	3
1	5
2	7
3	■
4	11
5	■
6	15
■	21

3 „Wochenend und Sonnenschein"

Die Schneiders planen mit einem gemieteten Wohnmobil einen Wochenendausflug. Die Miete kostet von Freitag bis Sonntag 200 €. In diesem Preis sind 300 km Fahrtstrecke enthalten. Jeder weitere gefahrene Kilometer kostet 36 Cent.

a) Die Schneiders rechnen damit, dass sie insgesamt 680 km fahren werden. Wie viel Miete wird das Wohnmobil kosten?

b) Ergänze im Heft die Tabelle, die Herr Wilk, der Wohnmobilvermieter, für seine Kunden bereithalten will. Erstelle einen Graphen zu der Tabelle.

Wilk Wohnmobile

Wochenendspartarif Freitag bis Sonntag 200 €

km	200	300	400	500	700	1000
Preis	200 €	■	■	■	■	■

Aufgaben

4 **Das Fallgesetz – vom Experiment zur Rechenvorschrift**

Ist euch schon einmal ein Glas vom Tisch gefallen? Das geht unheimlich schnell, man kann kaum reagieren und schon liegt es unten. Wissenschaftler interessieren sich dafür, wie schnell ein Gegenstand fällt. Dazu filmen sie, wie z. B. eine Kugel fällt, mit einer Videokamera. Dann kann man sich später in aller Ruhe die einzelnen Bilder ansehen.

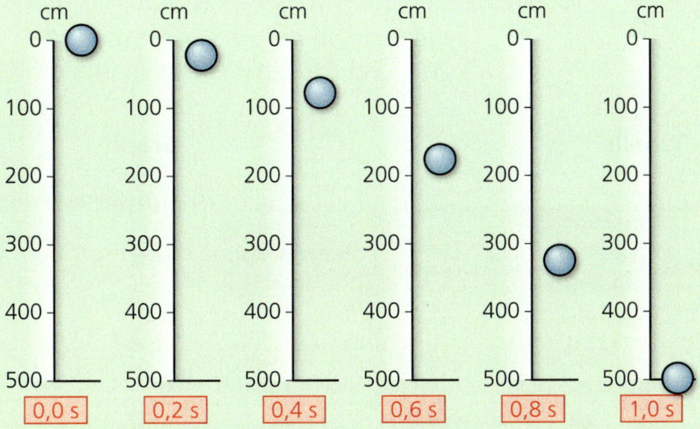

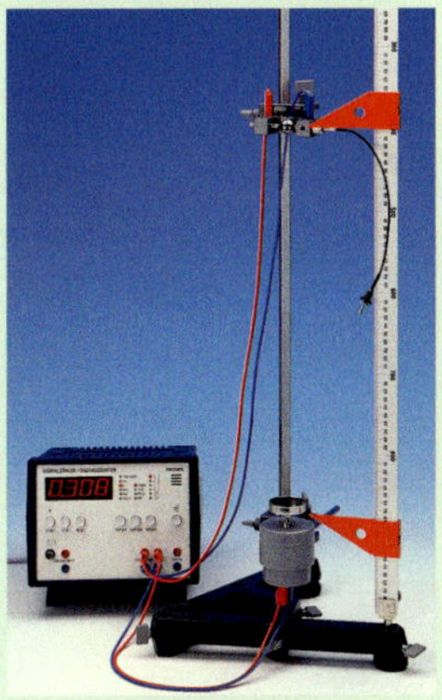

a) Was fällt dir auf, wenn du die Bilder genau anschaust?
b) Wie weit ist die Kugel auf den einzelnen Bildern gefallen? Schreibe die Werte in einer Tabelle auf.
c) Zeichne die Wertepaare in ein Koordinatenkreuz ein. Trage die Zeit auf der horizontalen Achse und die Fallstrecke auf der senkrechten Achse auf. Verbinde die Punkte durch eine möglichst „glatte" Kurve.

Zeit t in s	Fallstrecke s in cm
0,0	0
0,2	20
■	■
■	■

d) Im Lexikon steht, dass man die Fallstrecke s nach der Formel $s = 5 \cdot t \cdot t$ berechnen kann. Überprüfe die Daten in deiner Tabelle mithilfe der Formel. Kannst du diese Formel bestätigen?
e) Du möchtest die Tiefe eines Brunnens bestimmen. Dazu benötigst du nur eine Stoppuhr. Was müsstest du machen?

5 **Schnee am Feldberg im Schwarzwald**

Im Winter 2005/2006 klagten Hotelbetriebe und Gastronomie über die schlechte Schneelage.

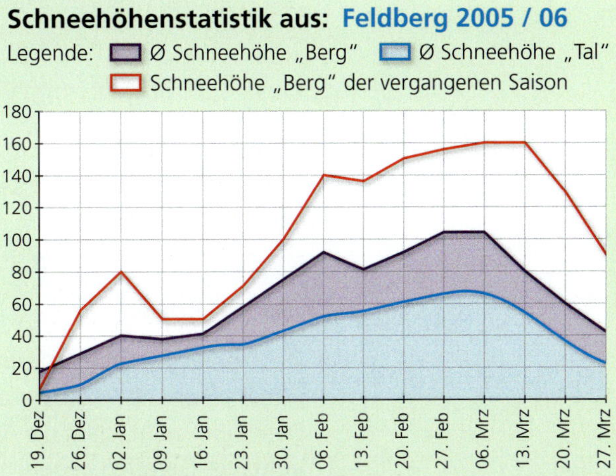

a) Stützt das Diagramm die Klagen?
b) Genau hingeschaut:
  - Welches war die größte (geringste) Schneehöhe?
  - Richtig gut für den Wintersport ist eine Schneehöhe von über 40 cm. In welcher Zeit lag entsprechend viel Schnee?
  - Zu Weihnachten fahren besonders viele Menschen in den Winterurlaub und freuen sich auf das Skifahren. Wie sah es 2005 am Feldberg aus?

c) Besorge dir eine Statistik der Schneehöhen des vergangenen Winters. Vergleiche.

Basiswissen

Mit Zuordnungen können wir Situationen auf verschiedene Arten darstellen: Mit einer Tabelle, einem Graphen, mit Worten und mit einer Rechenvorschrift.

Zuordnung: Geschwindigkeit → Bremsweg

Text Faustregel: Den Bremsweg s eines Autos auf trockener Straße errechnet man, indem man die Geschwindigkeit v mit sich selbst multipliziert und das Ergebnis durch 100 dividiert.

Tabelle

Geschwindigkeit v in km/h		Bremsweg s in m
v	v · v	$\frac{v \cdot v}{100}$
10	100	1
30	900	9
50	2500	25
100	10000	100
130	16900	169

Graph

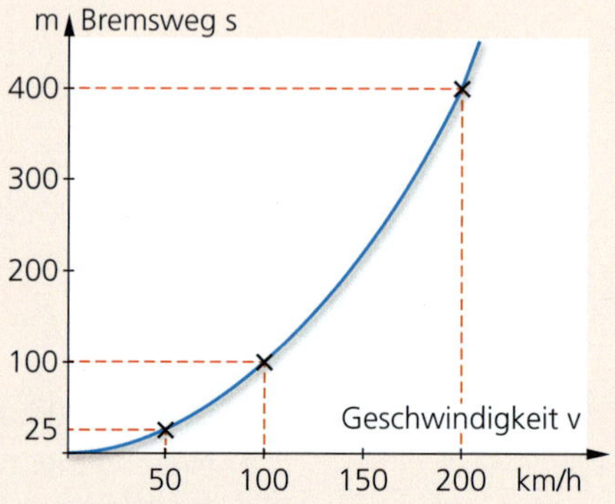

Rechenvorschrift

$s = \frac{v \cdot v}{100} = \frac{v^2}{100}$

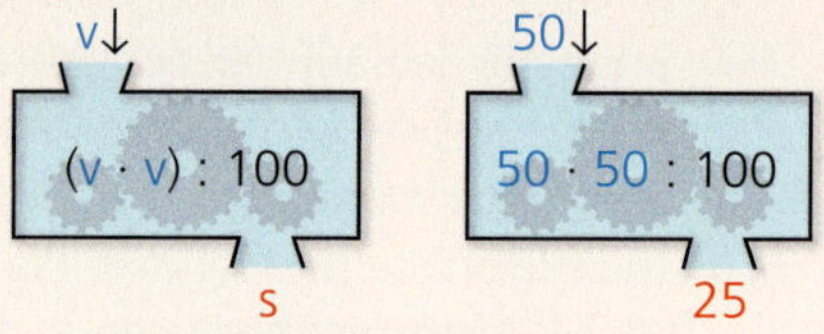

Sprech- und Schreibweisen in der Mathematik

Situation	mathematische Schreibweise	Sprechweise
Der Bremsweg s ist abhängig von der Geschwindigkeit v.	s(v)	„s von v“
Der Bremsweg s bei einer Geschwindigkeit von 80 km/h beträgt 64 m.	s(80) = 64	„s von 80 ist gleich 64“

Beispiele

A Wasserkochen

Wasser wird mit einem Wasserkochtopf erhitzt, die Temperatur wird nach jeweils 30 Sekunden gemessen.

Zeit t in min	0	0,5	1	1,5	2	2,5	3	3,5	4
Temperatur T in °C	15	25	37	47	55	67	76	86	93

a) Die Ergebnisse der Messung kann man übersichtlich in einer Grafik darstellen.
Die Grafik zeigt, dass die Messpunkte ungefähr auf einer Geraden liegen.

b) Für diese Gerade kann man eine Formel angeben:

$T(t) = 15 + 20 \cdot t$

z. B. $T(1{,}75) = 15 + 20 \cdot 1{,}75$
$= 50$

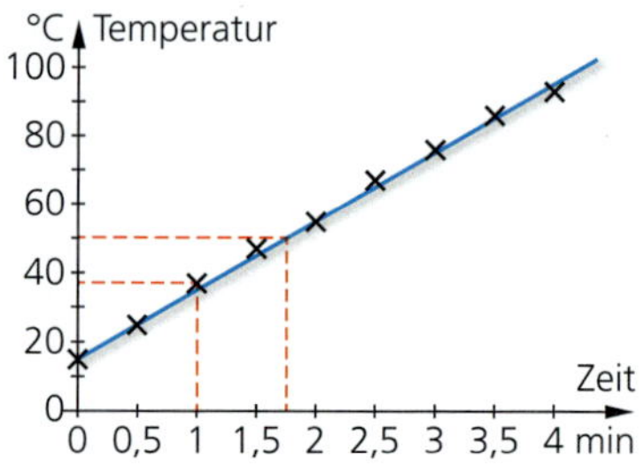

Beispiele

B **Schneller Helfer**

Ein Rettungshubschrauber fliegt in einer Minute 4 km. Den in der Zeit t zurückgelegten Weg s kann man mit der Rechenvorschrift $s = 4 \cdot t$ berechnen.

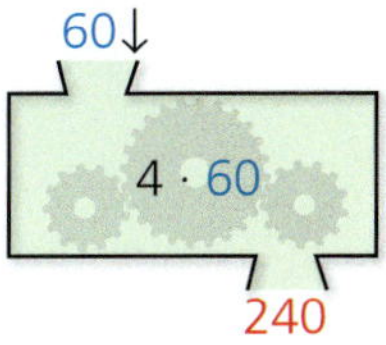

Was bedeutet s(60) und wie rechnet man das aus?
s(60) ist der in 60 Minuten zurückgelegte Weg.
Und so wird er berechnet:
$s(60) = 4 \cdot 60 = 240$. In 60 Minuten kann der Hubschrauber 240 km zurücklegen.

Übungen

6 **Tabelle und Rechenvorschrift**

Welche Rechenvorschrift passt zu der jeweiligen Tabelle?

a)

x	y
0	0
1	1
2	4
3	9

① $y = 2 \cdot x$
② $y = x \cdot x$
③ $y = x + 2$

b)

x	y
−1	−4
0	−3
1	−2
2	−1

① $y = x + 3$
② $y = x - 3$
③ $y = 4 - x$

c)

x	y
0	1
1	3
2	5
3	7

① $y = 3 \cdot x$
② $y = 2 \cdot x + 1$
③ $y = x \cdot x + 1$

d)

x	y
−2	3
−1	3
0	3
1	3

① $y = 3 \cdot x$
② $y = x + 3$
③ $y = 3$

7 **Rechenvorschrift → Tabelle → Graph**

Für folgende Zuordnungen ist jeweils die Zuordnungsvorschrift gegeben.
a) $y = x - 4$ b) $y = 2 \cdot x + 3$ c) $y = x^2$ d) $y = \frac{24}{x}$
Erstelle zu jeder der Zuordnungen eine Tabelle mit den x-Werten 0,5; 1; 2; 3; 4; 5 und zeichne den zugehörigen Graph.

8 **Tabellen ergänzen**

Ergänze die folgenden Tabellen. Finde für jede Tabelle eine Zuordnungsvorschrift (Formel, Text), mit der man y zu jedem x errechnen kann.

a)

x	y
0	4
2	6
3	7
5	■
10	■
x	■
0,5	■

b)

x	y
0	0
2	6
4	12
10	■
50	■
x	■
1,5	■

c)

x	y
1	1
2	$\frac{1}{2}$
5	■
$\frac{2}{3}$	$\frac{3}{2}$
$\frac{2}{5}$	■
x	■
1,5	■

d)

x	y
1	0
2	3
3	8
4	■
5	■
x	■
1,5	■

9 **Graph → Tabelle → Rechenvorschrift**

Der Graph einer Zuordnung ist gegeben. Erstelle jeweils eine Tabelle und finde die Zuordnungsvorschrift, wie man y zu jedem x berechnen kann.

a)
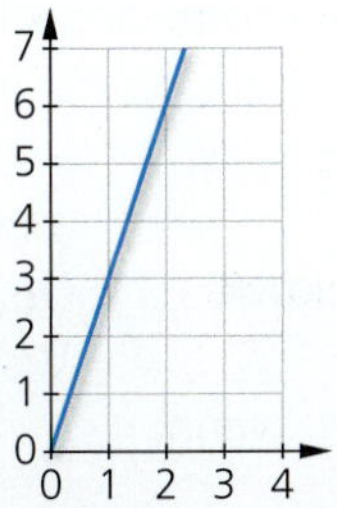

b)
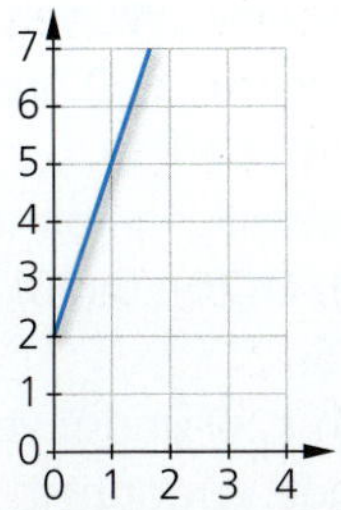

c)
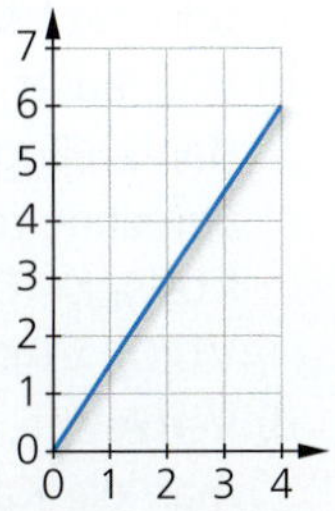

d)
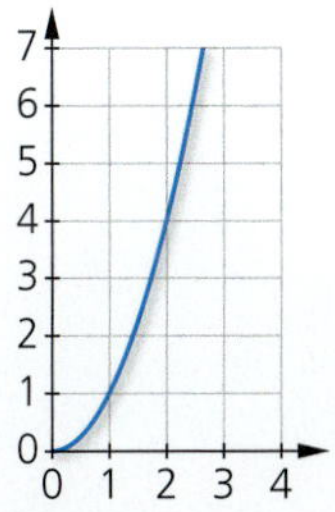

Übungen

10 Pfützen und Getränke

① „Je mehr es regnet, desto größer werden die Pfützen." (Regenmenge → Pfützengröße)

② „Je mehr Gäste zu Besuch sind, desto weniger Zeit reicht der Getränkevorrat." (Gästezahl → Zeit)

a) Welche Grafik könnte zu ①, welche zu ② passen? Begründe.

(1)
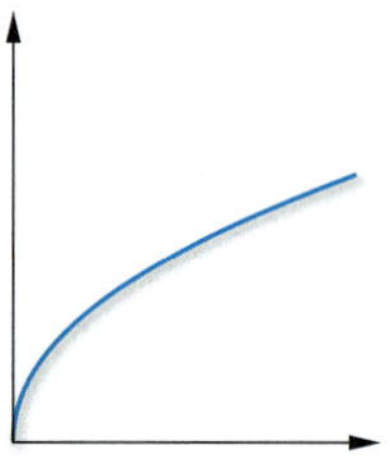

(2)
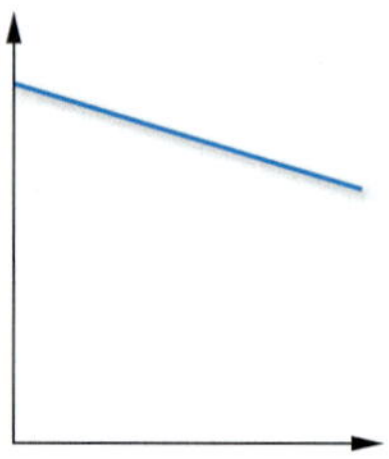

(3)
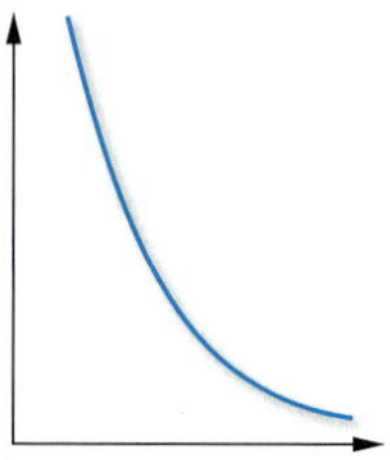

(4)
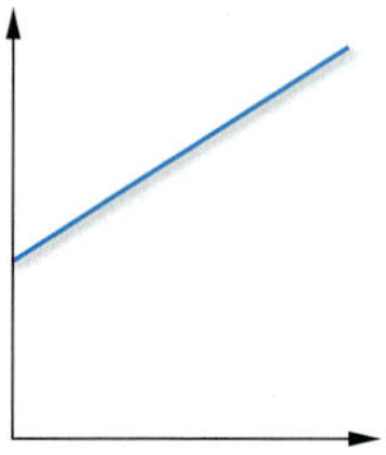

b) Welche Eigenschaft haben die y-Werte in ①, wenn man die x-Werte erhöht, welche in ②?

Zwei typische Zuordnungen

	1. Je mehr – desto mehr – Zuordnung		2. Je mehr – desto weniger – Zuordnung	
Tabelle	Erhöhen der x-Werte führt zur Erhöhung der y-Werte		Erhöhen der x-Werte führt zum Verringern der y-Werte	
Graphen	steigend	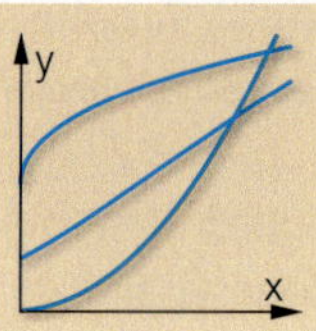	fallend	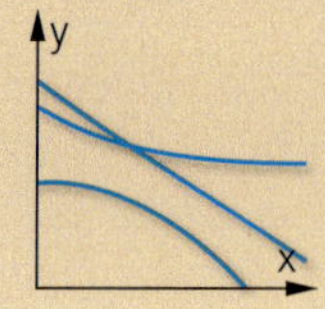

11 Zuordnungen in der Geometrie

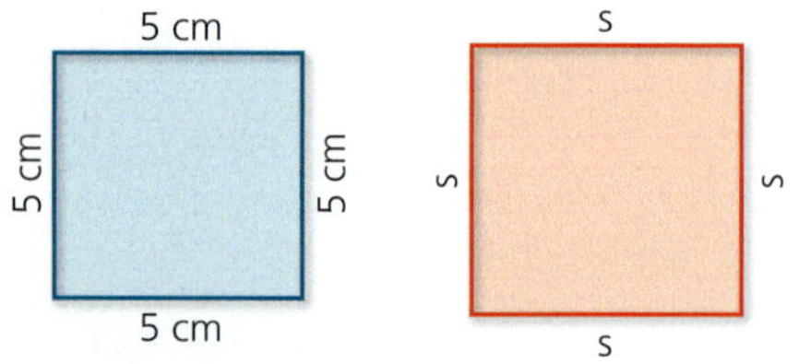

Der Umfang U und die Fläche A eines Quadrates sind von der Seitenlänge s abhängig.

a) Wie groß ist der Umfang eines Quadrates mit der Seitenlänge 5 cm?

b) Wie lautet die Formel für den Umfang U eines Quadrates mit der Seitenlänge s?

c) Wie groß ist die Fläche eines Quadrates mit der Seitenlänge 5 cm?

d) Wie lautet die Formel für die Fläche A eines Quadrates mit der Seitenlänge s?

e) Berechne mit der jeweiligen Formel: A(10), A(20), A(40) sowie U(10), U(20), U(40).

12 Zuordnungen beim Würfel

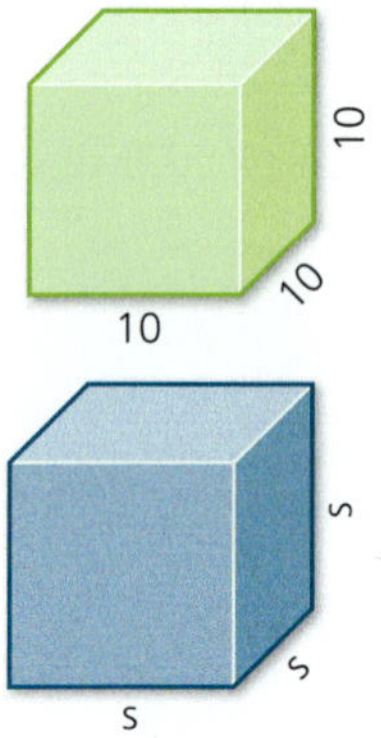

Das Volumen, die Oberfläche und die Summe der Kantenlängen eines Würfels hängen von der Länge der Kanten ab.

a) Bestimme die Summe k der Kantenlängen, die Oberfläche O und das Volumen V eines Würfels mit der Kantenlänge 10 cm.

b) Wie lautet die Formel für k, O und V bei einem Würfel mit der Kantenlänge s?

c) Berechne mit der jeweiligen Formel:
k(20), k(40), k(80), O(20), O(40), O(80) sowie V(20), V(40), V(80).

k(s) = ■■
O(s) = ■■
V(s) = ■■

d) Vergleiche, wie sich k, O und V verändern, wenn man die Kantenlänge verdoppelt.

Übungen

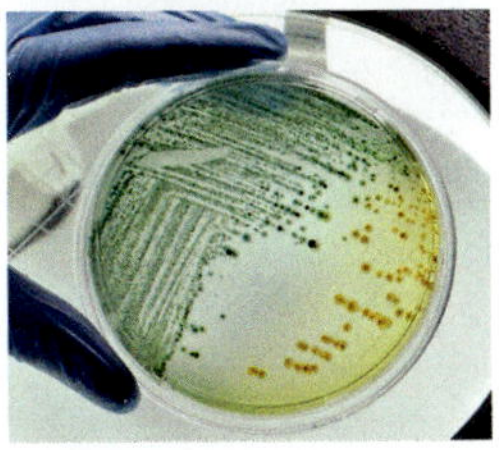

13 **Bakterienwachstum**

In einem Experiment verdoppelt sich die Anzahl der Bakterien jede Stunde.

a) Welcher der Graphen könnte das Wachstum der Bakterien beschreiben? Begründe deine Antwort.

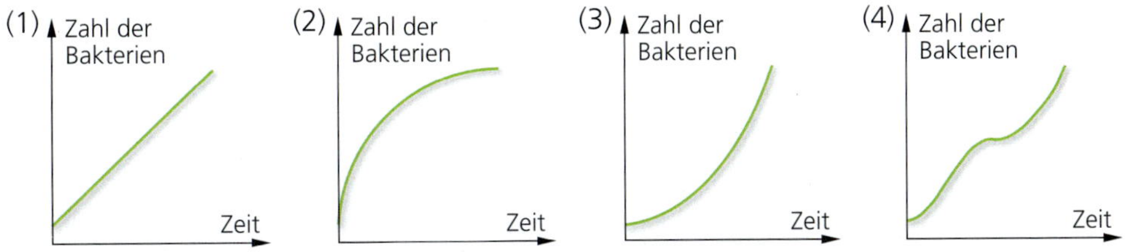

b) Erstelle eine Tabelle für die Anzahl der Bakterien in den ersten acht Stunden. Gehe davon aus, dass zu Beginn 100 Bakterien vorhanden sind.

c) Erstelle mithilfe der Tabelle einen Graphen zum Wachstum der Bakterien.

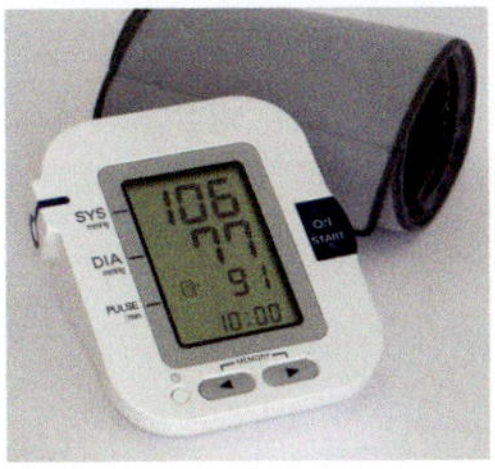

14 **Blutdruck und Schock**

Häufig erleiden Menschen bei einem Unfall einen Schock, der oft lebensbedrohlich ist. Einen Schockzustand kann man feststellen, indem man den Blutdruck misst. Ein besonders niedriger Blutdruck ist ein Hinweis auf einen Schock.

a) Erstelle eine Tabelle der kritischen Werte für Kinder von 3 bis 12 Jahren.

b) Stelle die Wertepaare aus der Tabelle grafisch dar.

> Faustregel für Kinder: Liegt der Blutdruck unter dem kritischen Wert **70 + 2 · Alter**, dann kann ein Schockzustand vorliegen.

15 **Unterarmlänge und Körpergröße**

In einem Lexikon findet Frauke eine Formel, mit der man mit der Länge des Unterarms u die Körpergröße k vorhersagen kann.

> Unterarmlänge u → Körpergröße k
> $k(u) = 4 \cdot u - 13$
> u: Unterarmlänge in cm
> k: Körpergröße in cm

a) Berechne $k(38)$, $k(40)$, $k(45)$, $k(52)$. Was geben die jeweiligen Ergebnisse an?

b) Überprüfe die Formel. Miss dazu die Länge des Unterarms deines Nachbarn und berechne dessen Körpergröße. Wie stimmen in deiner Klasse die errechneten und die gemessenen Körpergrößen überein?

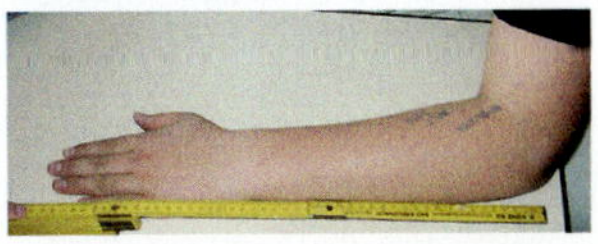

Kopfübungen

1. Eine Figur, wie sie in der Skizze zu sehen ist, besteht aus fünf gleich großen Quadraten und hat einen Flächeninhalt von 80 cm². Gib den Flächeninhalt und die Seitenlänge eines dieser fünf Quadrate an.

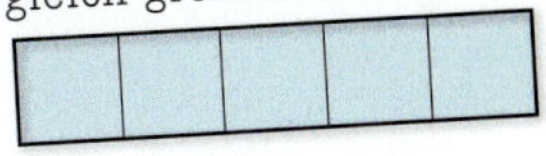

2. Nenne drei geometrische Körper, die ein Quadrat als Grundfläche besitzen (können).
3. Für ein Sommerfest werden vier Kisten Wasser mit je zwölf 1,5-Liter-Flaschen gekauft. Wie viel Liter Wasser sind es?
4. Es ist genau 16.00 Uhr. Wie groß ist der Winkel zwischen dem Minuten- und dem Stundenzeiger?
5. Busse der Linie A fahren alle 8 Minuten und Busse der Linie B alle 12 Minuten von einer Haltestelle ab. Um 6:00 Uhr fahren sie gleichzeitig ab. Wann fahren Sie das nächste Mal gleichzeitig ab?
6. Auf einer Karte mit dem Maßstab 1 : 200 000 werden 5 cm zwischen zwei Orten gemessen. Wie lang ist der Weg in der Wirklichkeit?
7. Wie groß ist der Oberflächeninhalt eines Würfels mit der Kantenlänge 5 cm?

Aufgaben

16 Der Anhalteweg eines Autos

Eine Autofahrerin muss plötzlich bremsen. Bis die Autofahrerin das Bremspedal tritt, vergeht einige Zeit, die sogenannte Reaktionszeit. Bei Messungen haben Wissenschaftler festgestellt, dass die Reaktionszeit in etwa $\frac{3}{4}$ Sekunden beträgt. In dieser Zeit fährt das Auto noch ungebremst weiter.
Tritt die Fahrerin kräftig auf die Bremse, dann benötigt das Auto eine gewisse Strecke, den Bremsweg, bis es zum Stillstand kommt.

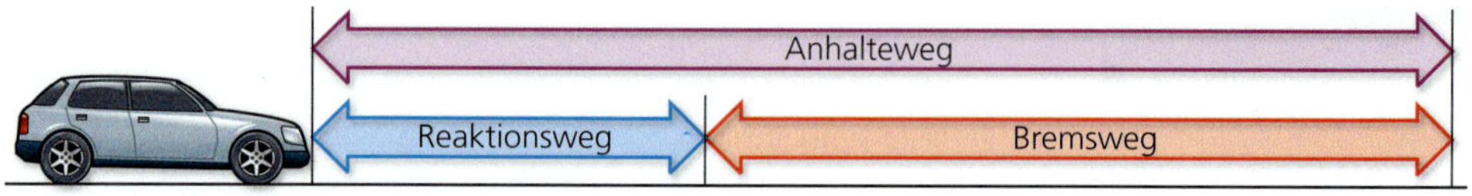

a) Den Reaktionsweg r in Meter kann man nach der Faustregel „dividiere die Geschwindigkeit v in km/h durch 5" errechnen. Schreibe die Regel als Formel auf. Ergänze die Tabelle für Geschwindigkeiten bis 140 km/h und stelle die Ergebnisse grafisch dar.

Geschwindigkeit v in km/h	Reaktionsweg r in m
10	2
20	4
30	6

b) Den Bremsweg b in Meter kann man mit der Formel $b = \frac{v \cdot v}{100}$ berechnen.
Erstelle wie in a) eine Tabelle und einen Graphen für den Bremsweg.

Geschwindigkeit v in km/h	Bremsweg b in m
10	1
20	4
30	■

c) Wie unterscheiden sich die beiden Graphen aus a) und b)?

d) Der Anhalteweg ist die Summe aus Reaktionsweg und Bremsweg.
Erstelle eine Tabelle für den Anhalteweg und stelle diese grafisch dar.

Geschwindigkeit v in km/h	Anhalteweg = r + b in m
10	2 + 1 = 3
20	4 + 4 = 8
30	■

17 Nochmals Anhalteweg

Mithilfe der Tabellenkalkulation kann man die Berechnungen wie in Aufgabe 16 schnell und sicher durchführen.

	A	B	C	D
1	Geschwindigkeit	Reaktionsweg	Bremsweg	Anhalteweg
2	10	2	2	4
3	20	4	8	12
4	30	6	18	24
5				

a) In welchen Zellen stehen Daten, die nicht errechnet werden?

b) In der Spalte C steht der Bremsweg errechnet für eine nasse Straße.
Vergleiche den Bremsweg mit dem bei trockener Straße (Aufgabe 16).

c) Mit welchen Formeln werden die Inhalte der Zellen B2, C2, D2 errechnet?
B2 = A2/5, C2 = ■, D2 = ■.

2.3 Proportionale Zuordnungen

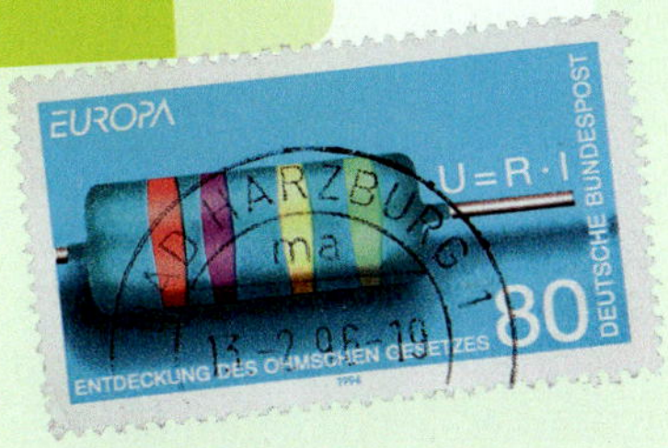

Du kennst bereits viele, sehr unterschiedliche Zuordnungen. Zum Glück gibt es einen Typ von Zuordnungen, der besonders einfach ist: Der Graph ist einfach zu zeichnen, die Tabellen haben „System" und die Rechenvorschrift lässt sich leicht finden. Außerdem kommen sie häufig in deiner Umwelt vor, z. B. beim Einkaufen, bei Umrechnungstabellen und in vielen physikalischen Experimenten und Gesetzen. Eine dieser Zuordnungen ist so berühmt, dass sie es sogar auf eine Briefmarke schaffte.

Aufgaben

1 Weltrekorde

Informiere dich über die aktuellen Weltrekorde!

Der 400-m-Weltrekord der Männer steht bei 43,18 s (Michael Johnson, USA, 1999) und wurde bis 2013 nicht gebrochen. Sabine fragt sich, wo wohl die Weltrekorde für die 800 m und die 10 000 m liegen? „Kein Problem", meint Kai, „das kann ich in etwa abschätzen." Nach kurzer Rechnung verkündet er: „800 m etwa bei 1:27 min und 10 000 m etwa bei 18 min." Was hältst du davon? Wie könnte Kai zu diesen Schätzwerten gekommen sein? Der äthiopische Leichtathlet Kenenisa Bekele Beyecha lief 2004 einen 5000-m-Weltrekord in 12:37 min.

Michael Johnson

2 Fernsehwerbung bei TAS 1

„Wir bieten Ihnen drei unterschiedliche Möglichkeiten, bei uns zu werben. Informieren Sie sich selbst in unserer Grafik, welche Werbezeit und welche Werbedauer für Sie geeignet sind. Sprechen Sie uns an, wir beraten Sie gern."

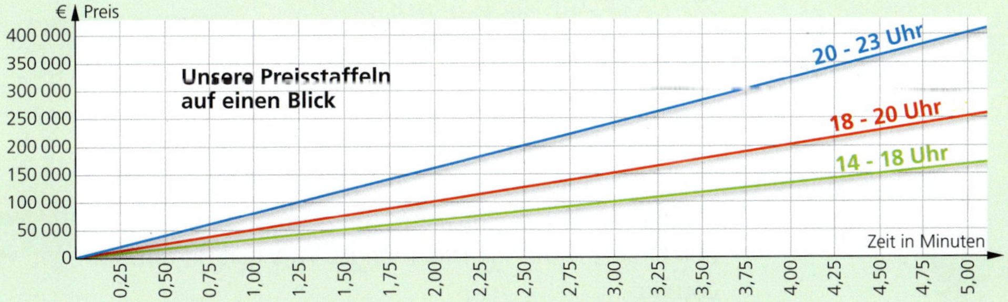

a) Was kosten 4; 3; 2,5 Werbeminuten zu den drei angebotenen Zeiten?
b) Gib für jede Werbezeit den Preis für eine Minute Werbedauer an.
c) Die Sportfirma Spike möchte 12 Minuten im Vorabendprogramm für ihre Werbeblöcke kaufen. Ermittle die Kosten. Was würden die 12 Minuten nachmittags kosten, was am Abend?

3 Chips, Lakritz & Co.

Mia findet ein altes Diätbuch, bei dem noch die Einheit Kalorie (kcal) verwendet wird. Sie möchte für ihre Mutter die Tabelle auf die neue Einheit Kilojoule (kJ) umschreiben.

100 g Apfelstrudel	200 kcal
100 g Lakritz	250 kcal
100 g Sahne-Eisbecher	400 kcal
100 g Waffeln	540 kcal
100 g Chips	700 kcal

1000 cal = 1 kcal
1000 J = 1 kJ

a) In einem Lexikon liest sie: *„1 kcal ist ca. 4,2 kJ."* Rechne damit die Angaben der Tabelle in Joule um.
b) Wie könnte Pia ihrer Mutter erklären, mit welcher Rechenvorschrift sie gerechnet hat?

Basiswissen

Bei manchen Zuordnungen ändern sich x und y „gleichmäßig": Verdoppelt sich x, dann verdoppelt sich y usw. Diese Zuordnungen nennt man proportionale Zuordnungen.

Die proportionale Zuordnung

Zuordnung: Menge in Gramm → Preis in €

Situation: 100 g Käse kosten 1,10 €. Kauft man die doppelte (dreifache, vierfache, …) Menge, so verdoppelt (verdreifacht, vervierfacht, …) sich auch der Preis. Halbiert (drittelt, viertelt, …) man die Menge, so halbiert (drittelt, viertelt, …) sich auch der Preis.

Tabelle

Menge (in g)	Preis (in €)
100	1,10
200	2,20
300	3,30
50	0,55
1	0,011
x	0,011 · x

:2 · 3 · 3 :2

Graph

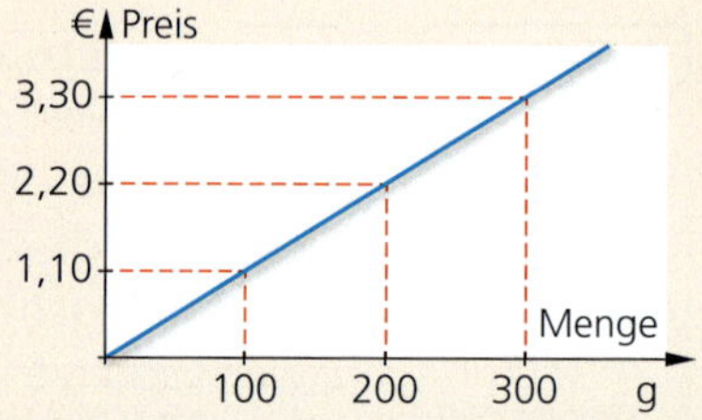

Der Graph einer proportionalen Zuordnung ist immer eine Gerade, die durch den Ursprung verläuft.

Rechenvorschrift

$P(x) = 0{,}011 \cdot x$

- Preis P
- Menge x
- 0,011 gibt den Preis in Euro für 1 Gramm an.

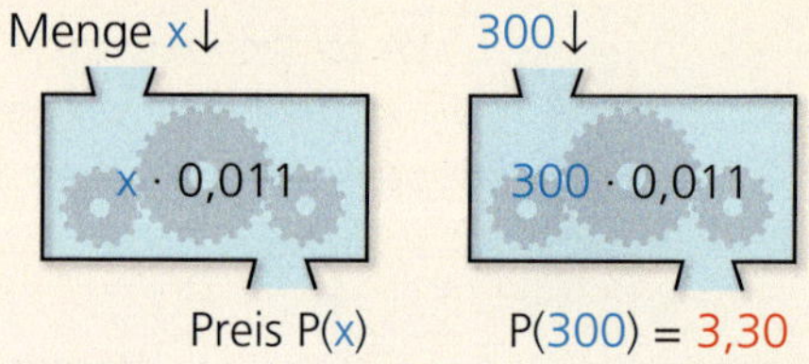

Beispiele

A Eine Entdeckung in der Tabelle

Dividiere im Beispiel aus dem Basiswissen den Preis durch die zugehörige Käsemenge. Was fällt dir auf?

Lösung:

Man erhält immer den gleichen Wert. Er gibt an, wie viel 1 g Käse kostet: sehr wenig, nur 0,011 €. Die letzte Zeile der Tabelle zeigt es: In der Rechenvorschrift spielt diese Zahl eine wichtige Rolle.

Menge x (in g)	Preis P (in €)	$\frac{\text{Preis}}{\text{Menge}}$ (in €/g)
200	2,20	0,011
100	1,10	0,011
1000	11	0,011
50	0,55	0,011
1	0,011	0,011
x	0,011 · x	0,011

B Am Marktstand

Der Verkäufer tippt den Kilopreis ein (z. B. 2,99 €/kg). Das Gewicht x in Kilogramm wird gewogen, der Preis berechnet und ausgedruckt. Die Waage „rechnet" mit der Rechenvorschrift $P(x) = 2{,}99 \cdot x$.

$P(0{,}62) = 2{,}99 \cdot 0{,}62 = 1{,}85$

Der Preis für 0,62 kg beträgt 1,85 €.

Gleiche Quotienten – eine Kontrolle für Proportionalität

Bei proportionalen Zuordnungen sind die Wertepaare (x|y) immer **quotientengleich**.

Der immer gleiche Quotient wird **Proportionalitätsfaktor** genannt. Damit kann überprüft werden, ob eine Zuordnung proportional ist.

Beispiel 1:

x	1	2	4	10
y	0,3	0,6	1,2	3

Alle Quotienten haben den Wert
y : x = 0,3.
Die Zuordnung ist proportional.

Beispiel 2:

x	1	2	4	10
y	3	5	12	36

Quotient des 1. Wertepaars: 3 : 1 = 3
Quotient des 2. Wertepaars: 5 : 2 = 2,5
Die Zuordnung ist nicht proportional.

Beispiele

C Wasser marsch!

In einem Schwimmbad wird das Schwimmbecken mit Wasser gefüllt.

a) Lies aus dem Graphen ab, wie lange es dauert, bis ein Wasserstand von 2,50 m erreicht ist.

b) Wie lautet der Proportionalitätsfaktor und was gibt er an?

c) Finde eine passende Rechenvorschrift.

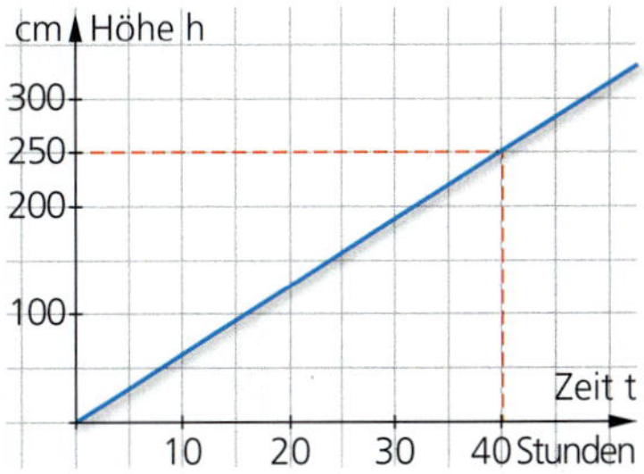

Lösung:

a) Es dauert 40 Stunden, bis ein Wasserstand von 2,50 m erreicht ist.

b) Den Proportionalitätsfaktor kann man so bestimmen: Man sucht sich ein gut ablesbares Wertepaar, z. B. (40|250), und rechnet: 250 : 40 = 6,25. Der Proportionalitätsfaktor gibt an, um wie viel cm der Wasserspiegel in einer Stunde steigt.

c) Mit der Rechenvorschrift $h(t) = 6{,}25 \cdot t$ kann man die Wasserhöhe zu jedem Zeitpunkt berechnen: z. B. $h(10) = 6{,}25 \cdot 10 = 62{,}5$. Nach 10 Stunden ist der Wasserstand 62,5 cm.

Übungen

4 Tabellen vervollständigen

Übertrage die Tabellen in dein Heft und ergänze sie so, dass die Zuordnungen proportional sind.

a)

x	1	4	5	2,5	8	10
y	■	16	■	■	■	■

b)

x	2	3	6	■	■	30
y	■	6	■	24	1	■

c)

x	2	8	10	■	40	■
y	■	32	■	16	■	94

d)

x	1	2	3	4	5	6
y	■	■	■	■	■	720

5 Alles proportional? – Graphen

Welche der folgenden Graphen gehören zu proportionalen Zuordnungen? Gib für diese auch die Zuordnungsvorschriften an.

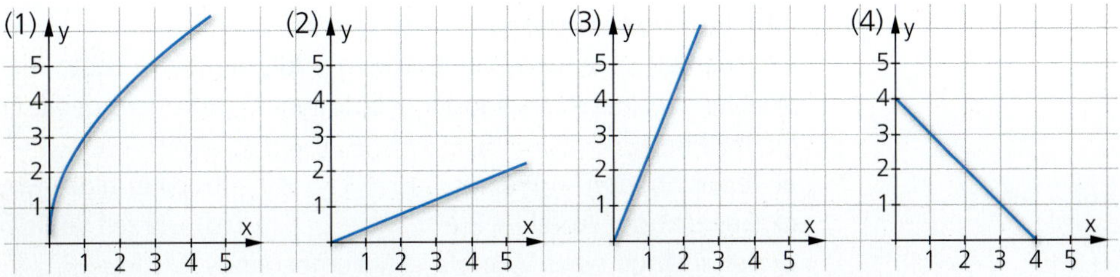

Übungen

6 Rechenvorschriften überprüfen

Welche der Rechenvorschriften gehören zu proportionalen Zuordnungen? Erstelle zu diesen jeweils eine Tabelle und einen Graphen.

a) $a(x) = 4 \cdot x + 2$ b) $b(x) = 5 \cdot x$ c) $c(x) = 3 \cdot x^2$ d) $d(x) = 0{,}5 \cdot x$ e) $e(x) = x - 2$

7 Nicht jede Gerade stellt eine proportionale Zuordnung dar

Ein Busunternehmen lässt eine grafische Darstellung der Kosten für Tagesausflüge drucken.

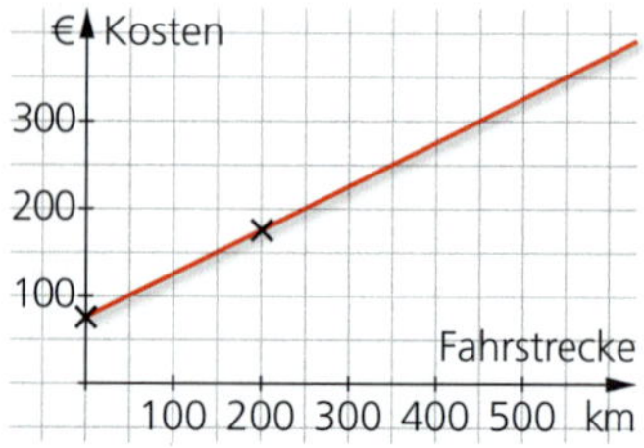

a) Ist die Zuordnung Fahrstrecke → Kosten eine proportionale Zuordnung?

b) Erstelle aus dem Graphen eine Wertetabelle und begründe auch damit, dass keine Proportionalität vorliegt.

8 Dosierung beachten

Auf dem Beipackzettel einer Infusionslösung steht: Pro 1 kg Körpergewicht sind 0,6 mℓ Infusion aufzulösen in 5 mℓ Kochsalzlösung.

Körpergewicht in kg	Medikament in mℓ	Kochsalzlösung in mℓ
60	36	300
65	■	■
■	■	■

a) Erstelle eine Tabelle für Körpergewichte von 60 kg bis 90 kg, aus der die Krankenschwestern sofort die Zusammensetzung der Infusion ablesen können. Nach welcher Rechenvorschrift rechnest du?

b) Erstelle zu der Tabelle den Graphen der Zuordnung Körpergewicht → Medikament. Welche Vorteile/Nachteile hat der Graph gegenüber der Tabelle?

9 Aquarien

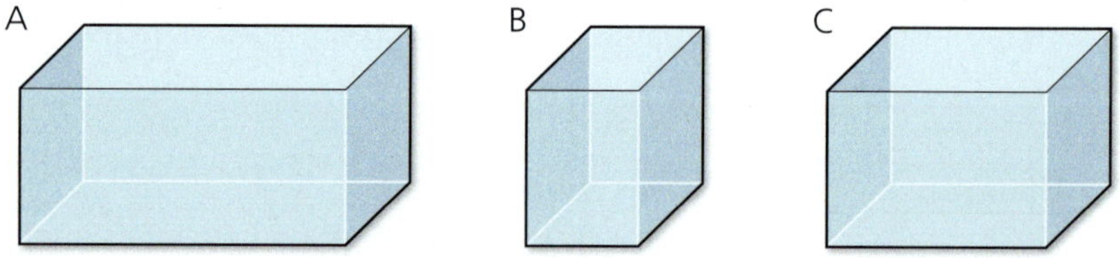

Die Aquarien A, B, C werden durch denselben gleichmäßigen Wasserzufluss gefüllt.

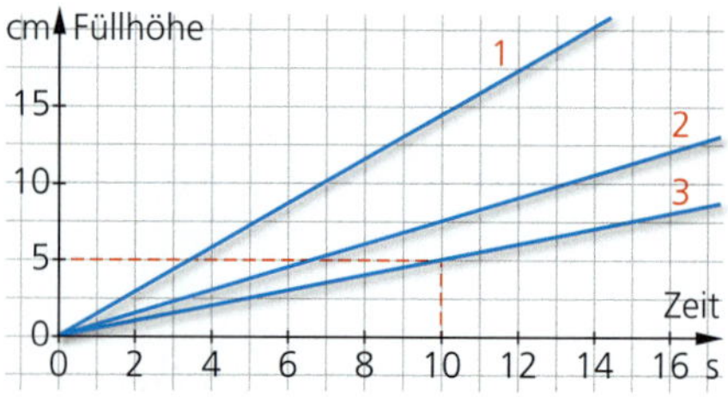

a) Welcher Graph gehört zu welchem Aquarium? Begründe.

b) Bestimme zu jeder dieser proportionalen Zuordnungen die Rechenvorschrift. Du musst dazu zunächst den Proportionalitätsfaktor mithilfe des Graphen ermitteln.

c) Wie hoch steht das Wasser nach 15 s (30 s, 3 s, 25 s) in den Aquarien?

10 Alles proportional? – Situationen

Welche der folgenden Zuordnungen sind „je mehr – desto mehr"– Zuordnungen? Welche von diesen sind sogar proportional? Diskutiere deine Entscheidungen mit dem Sitznachbarn.

a) Teppichboden → Preis

b) Alter eines Menschen → Körpergröße

c) Gewicht der Äpfel → Preis

d) Uhrzeit → Temperatur

e) Seitenlänge eines Würfels → Volumen eines Würfels

f) Gewicht eines Pakets → Paketporto (Aktuelle Tarife kannst du im Internet finden.)

Übungen

11 Alles Käse?

Wie viel kosten 200 g Käse? Die Schüler der 6c lösen die Aufgabe ganz unterschiedlich.

a) Erkläre, wie hier gerechnet wurde.

b) Welche Rechnung erscheint dir am übersichtlichsten?

Nora
8 € : 5 = 1,60 €
1,60 € · 2 = 3,20 €

Sergej
500 g kosten 8 €.
1000 g (1 kg) kosten 16 €.
200 g kosten 16 € : 5 = 3,20 €

Ellen

	500 g	8,00 €	
:5	100 g	1,60 €	:5
·2	200 g	3,20 €	·2

Basiswissen

„Viele Wege führen nach Rom" – dieses Sprichwort gilt auch für das Lösen von Problemen, die sich mit proportionalen Zuordnungen erfassen lassen.

Wie rechnet man mit proportionalen Zuordnungen?

Situation: 3 kg Spargel kosten 18 €. Wie viel kosten 11 kg?

Denke daran: Immer zuerst prüfen, ob es sich wirklich um eine proportionale Zuordnung handelt.

Dreisatz
Lösungsweg 1

Strategie: Zuerst Preis für 1 kg ausrechnen.
① **3 kg** Spargel kosten **18 €**
② **1 kg** Spargel kostet: 18 € : 3 = **6 €**
③ **11 kg** Spargel kosten: 6 € · 11 = **66 €**

Tabelle
Lösungsweg 2

Strategie: Tabelle anlegen und gewünschte Zahlen durch Multiplizieren oder Dividieren ausrechnen. Dabei musst du immer auf der rechten und der linken Seite dasselbe tun.

	3 kg	18 €	
:3	1 kg	6 €	:3
·11	11 kg	66 €	·11

Rechenvorschrift
Lösungsweg 3

Strategie: Der Quotient aus dem Wertepaar (3|18) ist $\frac{18}{3} = 6$.
Mit diesem Proportionalitätsfaktor lässt sich die Rechenvorschrift leicht finden:

$P(x) = 6 \cdot x$
$P(11) = 6 \cdot \mathbf{11} = 66$

P: Preis in €
x: Menge in kg
Preis pro kg: 6 €

Beispiele

D Bretterstapel

8 Bretter haben eine Höhe von 28 cm.

a) Wie hoch ist ein Stapel von 25 Brettern?

b) Ein Stapel ist 70 cm hoch. Wie viele Bretter sind das?

Lösung: Dreisatz

1 Brett ist 28 cm : 8 = 3,5 cm dick.

a) Der Stapel mit 25 Brettern ist 25 · 3,5 cm = 87,5 cm hoch.

b) 70 cm : 3,5 cm = 20. Es sind 20 Bretter.

E Marmelade

5 kg Erdbeeren kosten 14 €. Herr Winter will Erdbeermarmelade kochen. Er braucht dazu 18 kg Erdbeeren. Wie viel muss er dafür zahlen?

Antwort: Die Erdbeeren kosten ihn 50,40 €.

Lösung: Tabelle

	5 kg Erdbeeren	14,00 €	
:5	1 kg Erdbeeren	2,80 €	:5
·18	18 kg Erdbeeren	50,40 €	·18

Beispiele

F Heiße Luft

Ein Heißluftballon sinkt gleichmäßig in 5 Minuten um 120 m.
Um wie viel Meter sinkt er in 8 Minuten?
Lösung: **Rechenvorschrift**
120 : 5 = 24. In einer Minute sinkt er um 24 m. $s(t) = 24 \cdot t$; $s(8) = 24 \cdot 8 = 192$.
Wenn der Ballon gleichmäßig weiter sinkt, ist er nach 8 Minuten um 192 m gesunken.

Übungen

12 Apfelsaft

Familie Jobst hat viele Apfelbäume im Garten. Daher bringt sie die Äpfel zu einer Mosterei. Für 5 kg Äpfel erhält sie eine Flasche Apfelsaft.

a) Wie viele Flaschen erhält die Familie Jobst für 75 kg Äpfel?
b) Letztes Jahr erhielten sie 35 (25, 65) Flaschen.
Wie viel kg Äpfel wurden geerntet?
c) Wie viele Flaschen erhält Familie Jobst, wenn sie 62 kg Äpfel anliefert?

13 Spritfresser

Frau Funk hat ausgerechnet, dass ihr Oldtimer durchschnittlich 12 Liter Benzin auf 100 km verbraucht. Der Tank des Wagens fasst 54 Liter. Wie weit kann sie mit einer Tankfüllung fahren? Lisa und Jannik fangen ihre Berechnungen unterschiedlich an.
Führe beide Rechnungen zu Ende.
Kommen beide zum selben Ergebnis?
Welchen Weg findest du besser?

Lisa:

12 ℓ	100 km
1 ℓ	$\frac{25}{3} = 8{,}\overline{3}$ km
■	■

Jan:

12 ℓ	100 km
6 ℓ	50 km
■	■

14 Schülercafé

1 Pfund = 500 g

Die Schülervertretung betreibt ein Schülercafé. Aus Erfahrungen weiß man, dass für 50 Brötchen 1200 g Schinken, $\frac{1}{2}$ Pfund Butter und 2 Gurken gebraucht werden.

a) Für eine Theateraufführung sollen 120 (180, 250) Brötchen geschmiert werden. Berechne die Menge der einzelnen Zutaten.
b) Anna hat von der Metzgerei 3 kg (2500 g, 6000 g) Schinken mitgebracht.
Wie viele Brötchen kann man damit belegen?

↘ **Geschickt rechnen**

Manchmal ist es günstiger, nicht auf 1 herunterzurechnen, sondern auf einen gemeinsamen Teiler.
Beispiel:
Für 50 Brötchen: 1200 g Schinken, wie viel Schinken für 120 Brötchen?
10 ist gemeinsamer Teiler von 50 und 120.

15 Pralinen

Vergleiche die Pralinenpreise und berechne, was jeweils 500 g kosten würden.

16 Wasserverschwendung

1 Liter = 1000 mℓ
= 1000 cm³

Aus dem alten Wasserhahn in der Küche tropft es ganz gleichmäßig – pling, pling, … – genau 25-mal in der Minute. Das hat Anna herausgefunden und sie hat auch nachgemessen, dass 100 Tropfen gerade 12 mℓ ausmachen.

a) Welche Wassermenge tropft in einer Stunde aus dem Hahn?
b) Stell dir vor, in einer Stadt mit 20 000 Haushalten ist in jedem zehnten auch ein Wasserhahn defekt. Wie groß ist dann die Verschwendung pro Tag (Jahr)?

Übungen

17 Erdbevölkerung

Auf der Erde leben im Jahr 2013 ungefähr 7 Milliarden Menschen. Eine riesige Zahl.

a) Wie lang wäre die Kette, wenn sich alle nebeneinander aufstellen und an den Händen halten? 12 Menschen bilden ungefähr eine 9 m lange Kette.

b) Der Äquator ist 40 070 km lang. Wie viele Menschen stünden in einer Kette, die genau einmal rund um den Äquator geht?

18 Mathe zum Schmunzeln

Simon kann in 12 Sekunden 3 kleine Windbeutel essen.

a) Wie lange braucht er für 730 kleine Windbeutel?

b) Wie viele kleine Windbeutel schafft Simon in 2 Stunden?

19 Vorsicht, Falle!

Bei welchen der folgenden Aufgaben hilft der Dreisatz? Gibt es auch bei den anderen Aufgaben eine überzeugende Antwort? Formuliere selbst solche Aufgaben.

(1) 250 g Spaghetti müssen 12 Minuten in kochendem Wasser gekocht werden, bis sie gar sind. Wie lange benötigen 500 g Spaghetti?

(2) Stefan bekommt in einer Reihe seines CD-Regals 18 CDs unter. Wie viele CDs kann er in den Schrank mit insgesamt 8 Reihen stellen?

(3) Ein Stapel von 500 Blatt Schreibpapier ist 6 cm hoch. Welche Höhe hat ein Stapel von 600 Blatt des gleichen Schreibpapiers?

(4) Eine Henne braucht zum Ausbrüten von 4 Eiern 19 Tage. Wie lange braucht sie, um 5 Eier auszubrüten?

(5) Eine Mannschaft mit 4 Stürmern schießt in einer Saison 60 Tore. Wie viele Tore schießt eine Mannschaft mit 3 Stürmern?

(6) 2 Angler fangen in 5 Stunden 10 Fische. Wie viele Fische fangen 5 Angler in derselben Zeit?

Kopfübungen

1. Dividiere 3 durch $\frac{3}{4}$.
2. Entscheide: wahr oder falsch? „Drehsymmetrisch sind Körper, die bei einer Drehung um eine Gerade um einen Winkel kleiner als 360° wieder genauso aussehen wie vorher."
3. Notiere als einen Term und berechne:
   Zu 250 wird der Quotient der Zahlen 63 und 9 addiert.
4. Die heimische Zwergspitzmaus wiegt ca. 3,6 g, der südamerikanische Elefantenkäfer elfmal so viel. Wie schwer ist der Käfer?
5. Gib eine Zahl an, die durch 200 und durch 7 teilbar ist.
6. Die Proben fettarmer Milch ergaben folgenden Jodgehalt (in Milligramm pro 100 kg Milch):
   14; 10; 11; 6; 8; 9; 12; 12; 11; 11.
   Ermittle: a) den Unterschied zwischen dem kleinsten und dem größten Wert;
   b) den Median.
7. Welcher Bruchteil der Gesamtfläche ist jeweils dunkel gefärbt?

a)

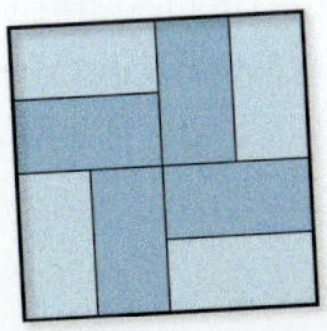

b)

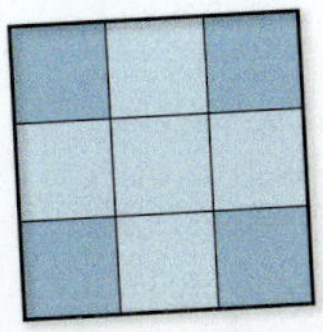

Aufgaben

20 Nebenkosten

In jedem Haus fallen so genannte Nebenkosten an. Nebenkosten sind alle Kosten, die nicht von der Miete abgedeckt sind (z. B. Straßenreinigung, Abwassergeld, Steuern, usw.). Sie müssen von allen Mietern bezahlt werden, man sagt, sie werden auf die Mieter „umgelegt". Wie kann dies gerecht geschehen?

Hier die nötigen Sachinformationen.
In einem 4-Familien-Haus wohnen:

- das Ehepaar Hartmann mit 2 Kindern, Wohnungsgröße 105 m²
- die Pfeiffers mit insgesamt 5 Personen, Wohnungsgröße 120 m²
- Frau Friedrichs mit ihrem Sohn, Wohnungsgröße 70 m²
- Herr Speth, Wohnungsgröße 55 m².

Die Nebenkosten für das Mietshaus betragen in diesem Jahr 4534,26 €.

Der Vermieter macht die folgenden Vorschläge:

(1) *Verteilung der Nebenkosten proportional zu der Personenzahl der Mietparteien.*

(2) *Verteilung der Nebenkosten proportional zu der Wohnfläche der Mietparteien.*

(3) *Die Hälfte der Nebenkosten proportional zur Personenzahl, die andere Hälfte proportional zur Wohnfläche.*

(4) *Die Nebenkosten werden gleichmäßig auf alle vier Mietparteien aufgeteilt.*

a) Diskutiert, welchen der Vorschläge ihr für geeignet erachtet. Vielleicht habt ihr eine noch ganz andere Idee.
b) Stellt eine Nebenkostenabrechnung für die vier Mieter nach jedem der Vorschläge auf.

21 Reiskörner

Wie viele Reiskörner sind in einem Päckchen von 1 kg?
Diese Schätzfrage gab es bei einer Fernsehshow.
Wie könntest du die richtige Antwort herausfinden?
Probiere es aus.

22 Wasserdruck und Wassertiefe

Wenn du glaubst, dass es in großer Meerestiefe wegen des großen Druckes kein Leben mehr gibt, dann hast du dich getäuscht.

Wenn du im Schwimmbad tauchst, merkst du, dass der Druck auf deine Ohren zunimmt, je tiefer du kommst.
Bei einem Experiment wurde ein Druckmesser im Meer herabgelassen und jeweils die Tiefe und der zugehörige Druck gemessen.

a) Übertrage die Messergebnisse in ein Koordinatensystem. Die Physiker sagen, dass der Druck proportional mit der Tiefe zunimmt. Stimmt das?
b) Ermittle aus deiner Grafik oder aus der Tabelle den Proportionalitätsfaktor. Du kannst jetzt eine Formel angeben, mit der man den Wasserdruck p in jeder Meerestiefe h ausrechnen kann.
c) Berechne mit dieser Formel den Druck, der auf der Titanic lastet, die in 5447 m Tiefe liegt.

Tiefe in m	Druck in bar
5	0,5
8	0,81
15	1,52
40	4,1
75	7,6
92	9,2

2.4 Antiproportionale Zuordnungen

Sandra lädt drei Freundinnen ein und macht Nudelsalat. Am Nachmittag sitzen dann aber statt der 4 Mädchen doppelt so viele am Tisch. „Dann gibt es eben für jede nur halb so viel Salat." – Hoppla, das ist gerade umgekehrt wie bei der proportionalen Zuordnung: Wären es dreimal so viele Mitesser, so gäbe es für jeden nur ein Drittel der ursprünglichen Portion.

Aufgaben

1 Camping-Pläne

Sarah, Irini und Jennifer planen eine Campingtour in den Ferien. Damit es unterwegs nicht so teuer wird, kaufen sie für 12 Tage Lebensmittel ein. Als Georgina von dieser Idee erfährt, ist sie ganz begeistert und möchte unbedingt mit. Kurzfristig wird beschlossen, zu viert zu fahren. Wie viele Tage reichen die bereits eingekauften Lebensmittel jetzt? Was ist, wenn noch zwei Freundinnen mitkommen?

2 Rechtecke

a) Zeichne auf Kästchenpapier mehrere Rechtecke mit dem Flächeninhalt 36 cm² und schneide sie aus. Wie viele Rechtecke mit dem Flächeninhalt 36 cm² gibt es?

b) Beschreibe den Zusammenhang zwischen der Breite x und der Länge y eines Rechteckes mit dem Flächeninhalt 36 cm². Findest du eine Rechenvorschrift?

c) Lege die Rechtecke so wie in der Abbildung gezeigt in ein Koordinatensystem. Was geben die Koordinaten des oberen rechten Eckpunktes an? Finde weitere Rechtecke und erstelle eine Wertetabelle der oben rechts liegenden Eckpunkte. Zeichne den zugehörigen Graphen. Stelle einen Zusammenhang mit der Rechenvorschrift aus b) her.

d) Erstelle eine Tabelle, eine Rechenvorschrift und einen Graphen zu Rechtecken mit dem Flächeninhalt 48 cm².

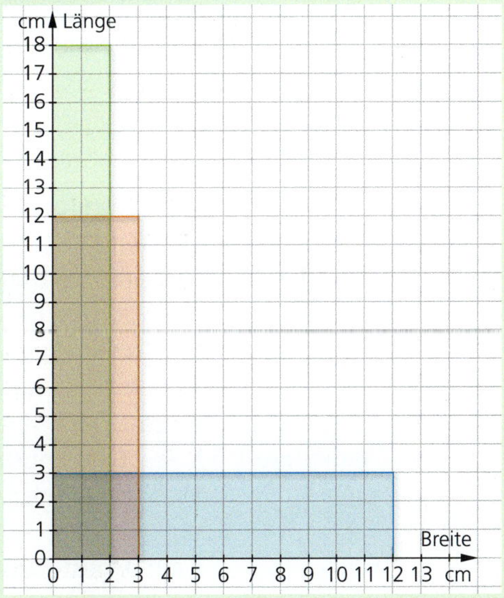

3 Verbrauch und Reichweite

Der Graph zeigt, wie weit man bei einem bestimmten Benzinverbrauch auf 100 km mit einer Tankfüllung kommt.

a) Erstelle mithilfe des Graphen eine Tabelle für Verbrauchswerte von 20 ℓ (12 ℓ, 10 ℓ, 5 ℓ) pro 100 km.

b) Berechne, wie weit man mit dem Auto kommt, wenn es nur 3 ℓ (4 ℓ, 5 ℓ) auf 100 km benötigt? Mit welcher Formel rechnest du?

c) Wie viel Liter fasst der Tank?

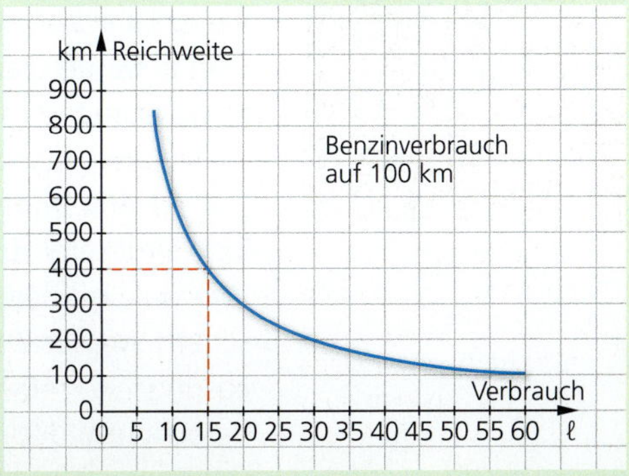

Basiswissen

Es gibt viele Zuordnungen vom Typ „je mehr – desto weniger". Die grundlegende ist die antiproportionale Zuordnung.

Die antiproportionale Zuordnung

Zuordnung: Geschwindigkeit v (durchschnittliche) → Zeit t (für bestimmte Wegstrecke)

Situation: Für eine Strecke von 120 km benötigt man bei 20 km/h durchschnittlicher Geschwindigkeit 6 Stunden. Fährt man doppelt (dreimal, viermal, ...) so schnell, so halbiert (drittelt, viertelt, ...) sich die Fahrtzeit. Fährt man mit halber (drittel, viertel, ...) Geschwindigkeit, dann verdoppelt (verdreifacht, vervierfacht, ...) sich die Fahrtzeit.

Tabelle

Geschwindigkeit v (in km/h)	Fahrtzeit t für 120 km (in h)
20	6
40	3
60	2
10	12
5	24
1	120
v	$\frac{120}{v}$

(Pfeile: 20 → 40: $\cdot 2$, 6 → 3: $:2$; 20 → 5: $:4$, 6 → 24: $\cdot 4$)

Graph

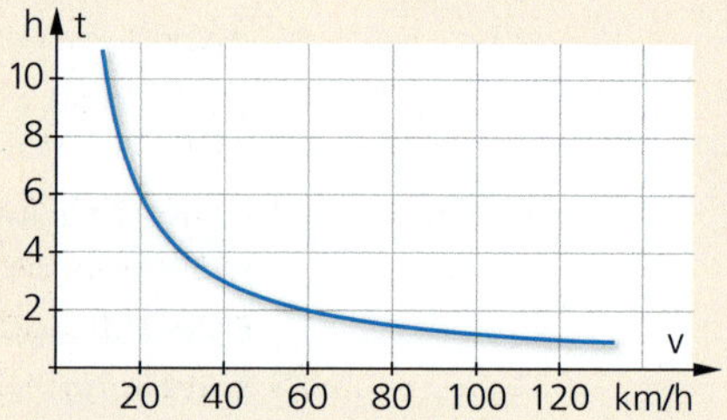

Einen Graphen dieser Form nennt man Hyperbel.

Rechenvorschrift: $t(v) = \frac{120}{v}$
- Zeit t
- Geschwindigkeit v
- 120 gibt die Länge der Fahrstrecke an.

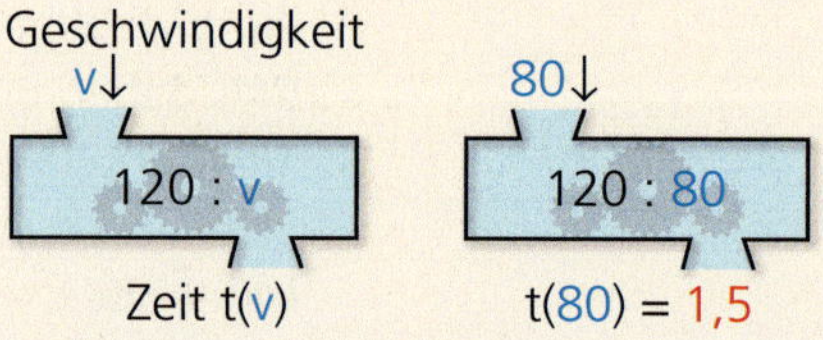

Beispiele

A Eine Entdeckung in der Tabelle

Was fällt bei den Wertepaaren in der Tabelle auf?

Multipliziert man die Zahlen der Wertepaare miteinander, so erhält man stets dasselbe Produkt. Das Produkt aus Geschwindigkeit v und Fahrtzeit t ist die Strecke, die zurückgelegt werden soll. Sie beträgt 120 km.

Es gilt somit: $v \cdot t = 120$.

Geschwindigkeit v in km/h	Fahrtzeit t in h	Produkt $v \cdot t$ in km
10	12	120
20	6	120
30	4	120
80	1,5	120
1	120	120
v	120 : v	120

B Neue Bildschirme

Eine Druckerei rüstet 30 Arbeitsplätze mit neuen Bildschirmen, Stückpreis 400 €, aus. Wie viele größere Bildschirme (Preis 600 €) können für denselben Gesamtbetrag angeschafft werden?

Lösung: $30 \cdot 400 = 12\,000$. Die Gesamtkosten betragen 12 000 €.

Berechnung der Anzahl der großen Monitore: 12 000 : 600 = 20

Es können 20 Monitore angeschafft werden.

Produktgleichheit – eine Kontrolle für antiproportionale Zuordnungen

Bei antiproportionalen Zuordnungen sind die Wertepaare **produktgleich**. Dieses Produkt hat in vielen Situationen die Bedeutung einer Gesamtgröße, die aufgeteilt wird. Mit den Produkten der Wertepaare kannst du schnell entscheiden, ob eine Wertetabelle zu einer antiproportionalen Zuordnung gehört.

Beispiel 1:

x	1	2	4	10
y	48	24	12	4,8

Alle Produkte x · y haben den Wert 48. Die Zuordnung ist antiproportional mit der Rechenvorschrift $y = \frac{48}{x}$.

Beispiel 2:

x	1	2	4	10
y	28	14	6	3

Produkt des 1. Wertepaars: 1 · 28 = 28
Produkt des 3. Wertepaars: 4 · 6 = 24
Die Zuordnung ist nicht antiproportional.

Beispiele

C Ergiebiger Rasendünger

Rasendünger mit Langzeitwirkung
Reicht für 120 m² bei 25 g pro m²

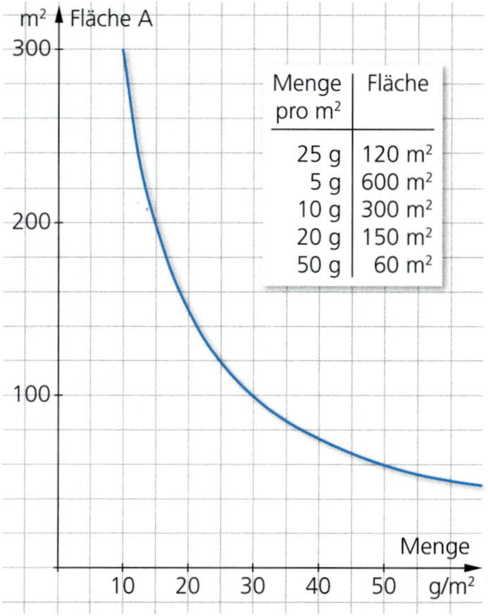

Menge pro m²	Fläche
25 g	120 m²
5 g	600 m²
10 g	300 m²
20 g	150 m²
50 g	60 m²

a) Begründe, dass die Zuordnung
Menge Dünger pro m² → Fläche
eine antiproportionale Zuordnung ist.
b) Erstelle eine Tabelle für unterschiedliche Mengen pro m².
Zeichne einen Graphen und erstelle eine passende Zuordnungsvorschrift.

Lösung:
a) Streut man doppelt (halb,…) so viel Dünger pro m², so reicht die Packung für die halbe (doppelte,…) Fläche.
b) In der Packung sind: 120 · 25 g = 3000 g.
Mit dieser Gesamtgröße lässt sich die Zuordnungsvorschrift aufstellen:
$A(x) = \frac{3000}{x}$, dabei ist x die Düngermenge, die man pro m² streut, und A(x) die Fläche, die man mit dem Inhalt der Packung dann düngen kann.

Übungen

4 Fruchtkelterei
Aus einem großen Tank wird Fruchtsaft in Packungen gefüllt. Mit dem Tankinhalt kann man 2000 Packungen von $\frac{1}{2}$ Liter Inhalt füllen. Wie viele Packungen zu 1 ℓ (1,5 ℓ, 2 ℓ) kann man aus diesem Tank füllen?

5 Lücken füllen
Die folgenden Tabellen gehören jeweils zu einer antiproportionalen Zuordnung. Ergänze.

a)

x	1	2	4	6	■
y	■	■	15	■	5

b)

x	1	2	3	4	5
y	■	■	■	■	35

6 Ein Wertepaar reicht
Von vier antiproportionalen Zuordnungen ist jeweils ein Wertepaar bekannt.
① (4|10) ② (10|20) ③ (12|30) ④ (16|5)
a) Ergänze für jede der Zuordnungen die nebenstehende Tabelle.
b) Mit welcher Zuordnungsvorschrift $y = \frac{■}{■}$ hast du jeweils gerechnet?

x	y
1	■
5	■
8	■
20	■
50	■

6 Die richtigen Lösungen sind dabei:
$y = \frac{200}{x}$ $y = \frac{360}{x}$
$y = \frac{40}{x}$ $y = \frac{16}{x}$ $y = \frac{80}{x}$

Übungen

7 Antiproportionalität und „je mehr … desto weniger"

Herr Schnauzer hat einen Kasten Apfelschorle mit 24 Flaschen mitgebracht. Je mehr Flaschen getrunken sind, desto weniger volle Flaschen sind noch in der Kiste.

a) Ergänze die Tabelle.

b) Begründe, warum die Zuordnung leere Flaschen → volle Flaschen keine antiproportionale Zuordnung ist.

Flaschen (voll)	1	2	…
Flaschen (leer)	23	■	…

8 Entdeckungen am Graphen

a) Welche Hyperbel passt zu welcher antiproportionalen Zuordnung? Begründe.

① $y = \frac{2}{x}$ ② $y = \frac{4}{x}$ ③ $y = \frac{7}{x}$

b) Wie unterscheiden sich die drei Graphen? Woran kann man an der Rechenvorschrift erkennen, welches der zugehörige Graph ist?

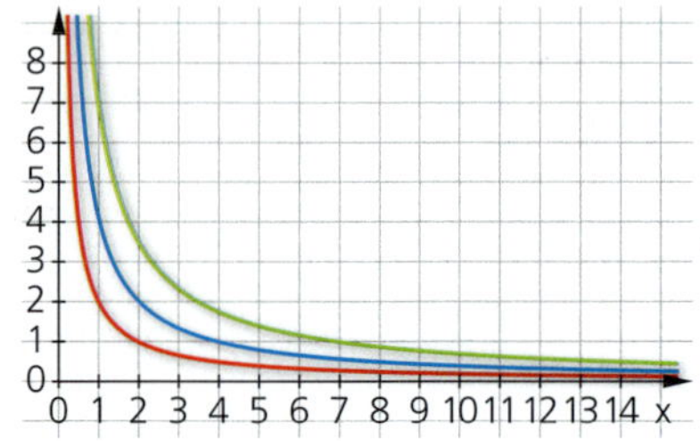

Basiswissen

Auch für das Lösen von Problemen, die sich mit antiproportionalen Zuordnungen erfassen lassen, gibt es verschiedene Lösungswege.

Wie rechnet man mit antiproportionalen Zuordnungen?

Situation: Für zwei Ponys reicht ein Futtervorrat 30 Tage.
Wie lange reicht er für fünf Ponys?

Dreisatz
Lösungsweg 1

Strategie: Zuerst Zeit für ein Pony ausrechnen.
① 2 Ponys verbrauchen das Futter in 30 Tagen.
② 1 Pony verbraucht den Vorrat in 2 · 30 Tagen = 60 Tagen.
③ 5 Ponys verbrauchen den Vorrat in 60 : 5 Tagen = 12 Tagen.

Tabelle
Lösungsweg 2

Strategie: Tabelle anlegen und gewünschte Zahlen durch Multiplizieren oder Dividieren ausrechnen. Dabei musst du immer auf der einen Seite dividieren, wenn auf der anderen Seite multipliziert wird.

	2 Ponys	30 Tage	
:2	1 Pony	60 Tage	·2
·5	5 Ponys	12 Tage	:5

Rechenvorschrift
Lösungsweg 3

Strategie: Die Gesamtgröße entspricht 2 · 30 = 60 Tagesrationen. Damit lautet die Zuordnungsvorschrift:
x Zahl der Ponys → T(x) Tage, für die das Futter reicht

$T(x) = \frac{60}{x}$ T: Anzahl der Tage

$T(5) = \frac{60}{5} = 12$ x: Anzahl der Ponys

Beispiele

D Planierraupen

4 Planierraupen benötigen für Bodenarbeiten 20 Stunden.

a) Wie lange benötigen 5 Planierraupen?

b) Die Arbeit soll in 8 Stunden erledigt sein. Wie viele Planierraupen werden gebraucht?

Lösung: **Tabelle**

	Planierraupen	Stunden	
	4	20	
:4	1	80	·4
·5	5	16	:5
·2	10	8	:2

Antwort: a) 5 Planierraupen brauchen 16 Stunden.

b) In 8 Stunden schaffen 10 Planierraupen die Bodenarbeit.

Beispiele

E **Ein Wasserbecken**

Ein Wasserbecken wird durch 5 gleichartige Pumpen in 24 Stunden gefüllt.

a) Wie lange dauert der Füllvorgang, wenn 6 Pumpen zur Verfügung stehen?

b) Wie viele Pumpen werden benötigt, um das Becken in 8 Stunden zu füllen?

Lösung: **Rechenvorschrift**

Gesamtgröße: $5 \cdot 24 = 120$;

a) Zuordnung: x Zahl der Pumpen → W(x) Fülldauer; Rechenvorschrift: $W(x) = \frac{120}{x}$
$W(6) = \frac{120}{6} = 20$. Der Füllvorgang dauert 20 Stunden.

b) Zuordnung: t Fülldauer → V(t) Zahl der Pumpen; Rechenvorschrift: $V(t) = \frac{120}{t}$
$V(8) = \frac{120}{8} = 15$. Man benötigt 15 Pumpen.

9 **Fensterputzer, ein Buch, Brötchen und eine Radtour**

① Vier Fensterputzer brauchen zum Reinigen der Fenster eines Bürohauses 6 Tage zu je 8 Stunden. Wie lange benötigen 3 (6, 24) Fensterputzer?

② Julia hat 10 Tage jeweils 6 Stunden in einem Buch gelesen. Wie viele Tage hätte sie benötigt, wenn sie jeden Tag 4 Stunden gelesen hätte? Wie viele Stunden muss sie am Tag lesen, damit sie das Buch in 8 Tagen gelesen hat?

③ Mit einer durchschnittlichen Geschwindigkeit von 20 $\frac{km}{h}$ kann man einen See in 2 Stunden umrunden. Wie lange benötigt man, wenn man nur 15 $\frac{km}{h}$ im Durchschnitt schafft? Wie schnell müsste man fahren, wenn man in 1,5 Stunden am Ziel sein will?

④ Eine Großbäckerei stellt 1000 Brötchen mit jeweils 40 g her. Wie viele Brötchen kann sie mit derselben Menge Teig herstellen, wenn die Brötchen 4 g leichter werden? Wie schwer dürfen die Brötchen sein, wenn aus derselben Teigmenge 900 Brötchen hergestellt werden sollen?

10 **Multiple Choice**

a) Eine Kantine verbraucht in 5 Tagen 18 kg Kartoffeln und versorgt 30 Mitarbeiter. Wie viel kg Kartoffeln verbraucht die Kantine in einem Monat (20 Tage), wenn 12 neue Mitarbeiter mitessen.

b) Ein Handwerker kann eine Arbeit in 14 Tagen erledigen, wenn er täglich 8 Stunden arbeitet. Wie viele Stunden müsste er täglich arbeiten, um bereits nach 12 Tagen fertig zu sein?

a) ■ 720 kg
■ 100,8 kg
■ 28,8 kg
■ 252 kg

b) ■ 9 h 15 min
■ 9 h 20 min
■ 9 h 30 min
■ 9 h 33 min

11 **Gewicht im Lift**

Bei der Planung von Aufzügen geht man meist von einem Durchschnittsgewicht von 80 kg pro Person aus. Der Aufzug eines Kaufhauses ist für 8 Personen zugelassen.

a) Wie viele Kinder mit einem Gewicht von 40 kg können mitfahren?

b) Wie schwer dürfen die Mitfahrer durchschnittlich sein, wenn 10 Personen den Aufzug benutzen wollen?

c) Für einen Hotelneubau soll ein besonders großer Aufzug mit 1,2 t belastbar sein. Für wie viele Personen ist dieser Aufzug zugelassen?

12 **Hausbau**

Das Bauunternehmen Heeg beschäftigt 60 Arbeiter auf verschiedenen Baustellen. Am Zweifamilienhaus der Winters bauen 3 Arbeiter. Sie werden in 40 Arbeitstagen fertig sein.

a) Der Juniorchef stellt einen weiteren (3 weitere) Arbeiter für die Baustelle Winter ab. Wie lange benötigen die Arbeiter dann?

b) Der Sohn der Winters hat gerade in der Schule etwas über antiproportionale Zuordnungen gelernt. Er fragt: „Was wäre, wenn die Firma Heeg alle 60 Arbeiter bei uns einsetzt? Dann wäre unser Haus in 2 Tagen fertig." Was meint ihr dazu?

Übungen

13 Arbeitszeiten

Ein Unternehmen mit 190 Mitarbeitern hat bislang eine Arbeitszeit von 40 Stunden pro Woche gehabt. Durch Forderungen der Gewerkschaft soll diese auf 38 Stunden gesenkt werden.

Berechnung der Gewerkschaft
$40 \cdot 190 = 7600$
$7600 : 38 = 200$
Es müssen 10 neue Arbeitskräfte eingestellt werden.

a) Die Gewerkschaft rechnet damit, dass neue Leute eingestellt werden. Erläutere die Rechnung der Gewerkschaft. Welchen Zusammenhang zwischen der Wochen-Arbeitszeit und der Zahl der Arbeitskräfte nimmt die Gewerkschaft an?

b) Der Personalchef des Unternehmens meint, dass er vielleicht gar keinen neuen Mitarbeiter einstellt. Wie könnte das gehen?

14 Antiproportionale Zuordnungen zum Schmunzeln

(1) 3 Bagger brauchen zum Aushub einer Baugrube 4 Arbeitstage zu je 8 Stunden. Wie viele Bagger benötigt man, damit die Baugrube in 1 Stunde (5 Minuten) ausgehoben ist?

(2) Johannes wurde in seinen 8 Jahren auf dem Gymnasium von 45 Lehrern unterrichtet. Wie viele Lehrer müssten ihn unterrichten, damit er nach einem Jahr die Schule verlassen kann.

15 Kürbiskernöl

Ein Delikatessenhändler füllt sein Kürbiskernöl in Flaschen ab. Er hat ausgerechnet, dass er aus der Lieferung 1100 Flaschen zu je 0,75 ℓ abfüllen kann. Diese Flaschen will er für je 16 € verkaufen. Ein Betriebswirt rät ihm, er solle das Öl in kleinere Flaschen mit 0,7 ℓ Inhalt abfüllen und für den gleichen Preis verkaufen.

a) Wie viele Flaschen erhält der Händler, wenn er das Öl in kleinere Flaschen abfüllt?

b) Jonas: „Dann müsste er das Öl in der kleineren Flasche ja für 14,93 Euro verkaufen." Wie kommt Jonas darauf?

c) Stell dir vor, du bist der Betriebswirt: Rechne aus, was dem Händler die Umstellung auf kleinere Flaschen finanziell „bringt".

Kopfübungen

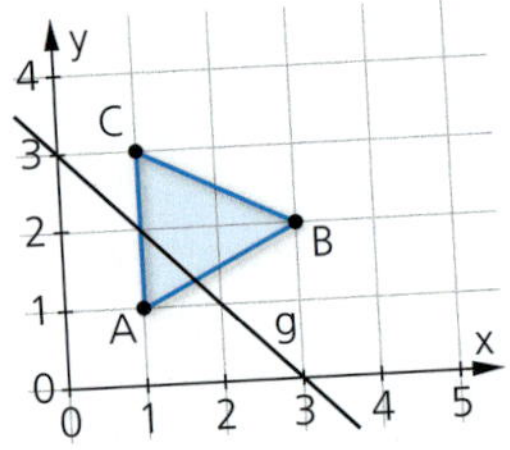

1. Multipliziere $\frac{2}{3}$ mit $\frac{4}{5}$.
2. Das Dreieck ABC wird an der Geraden g gespiegelt. Gib die Koordinaten der gespiegelten Eckpunkte an.
3. Notiere als einen einzigen Term und berechne: Subtrahiere von 120 die Zahl 80 und dividiere das Ergebnis durch 8.
4. In einem gleichschenkligen Dreieck beträgt ein Winkel 140°. Wie groß sind die beiden anderen Winkel?
5. Aus einem Draht von einem Meter Länge wurde das Kantenmodell eines Würfels gebaut. Es blieb ein Reststück von 4 cm. Wie lang ist eine Würfelkante?
6. Deutschland hat ca. 80 000 000 Einwohner, ein Fünftel der Einwohner ist unter 20 Jahre alt. Schätze, wie viele Menschen das ungefähr sind.
7. Welcher Term hat den gleichen Wert wie 44 + 45 + 46?
   A 3*43 B 3*44 C 3*45 D 3*46

Aufgaben

16 Pflasterarbeiten

a) Entlang eines 12 m langen Blumenbeetes soll eine Reihe quadratischer Pflastersteine gesetzt werden. Die Steine können eine Kantenlänge von 4 (5, 6, 8, 10, 12, 15, 24) cm haben. Ergänze die Tabelle. Nach welcher Rechenvorschrift hast du gerechnet?

b) Mit den Pflastersteinen aus a) soll ein quadratischer Hof (3,60 m mal 3,60 m) gepflastert werden. Erstelle wie in a) eine Tabelle für die Zahl der jeweils benötigten Steine. Nach welcher Rechenvorschrift hast du dieses Mal gerechnet?

c) Welche der Zuordnungen in a) und b) ist eine antiproportionale Zuordnung?

Kantenlänge der Steine (in cm)	Anzahl
4	300
5	■

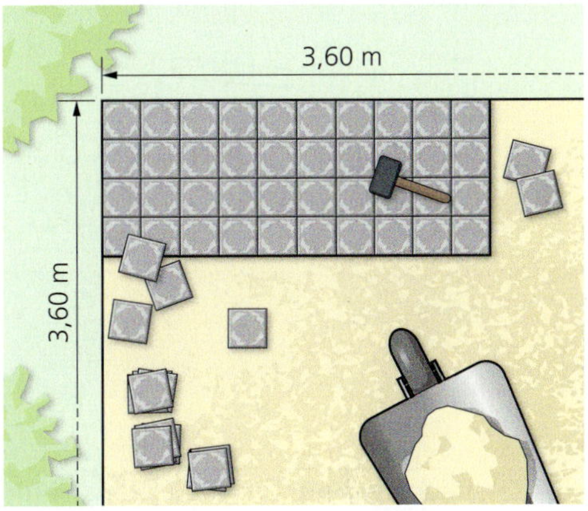

17 Erfahrungen auf der Wippe

Am besten kann man wippen, wenn die Wippe im Gleichgewicht ist und das Foto zeigt es: Auch verschieden schwere Personen können gut auf einer Wippe schaukeln.

a) Mit einem einfachen Lineal, einem Stift und ein paar Münzen könnt ihr selbst ausprobieren, wie die Wippe ins Gleichgewicht kommt. Welchen Zusammenhang vermutet ihr zwischen dem Gewicht der Münzen und der Länge der Wippe?

b) Annas Mutter Christine (60 kg) sitzt auf der linken Seite, 1 Meter von dem Auflagepunkt der Wippe entfernt. Fülle die Tabelle für die anderen Personen, die auf der rechten Seite sitzen, so aus, dass die Wippe jeweils im Gleichgewicht ist.

c) Informiere dich über das Hebelgesetz. Welche Rolle spielt in dieser Anwendung die Produktgleichheit?

"Gib mir einen Punkt, wo ich hintreten kann, und ich hebe die Erde aus den Angeln."

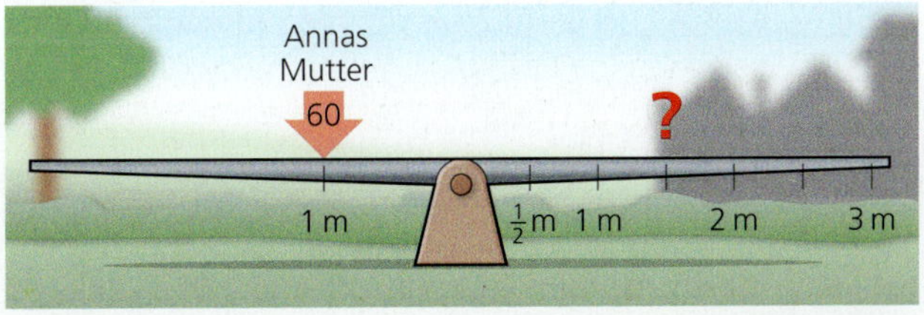

	Gewicht in kg	Länge der Wippe in m
Christine	60	1
Bert	120	■
Anna	■	2
Tina	15	■
Jens	■	3

2.5 Zuordnungen mit Termen – Problemlösen

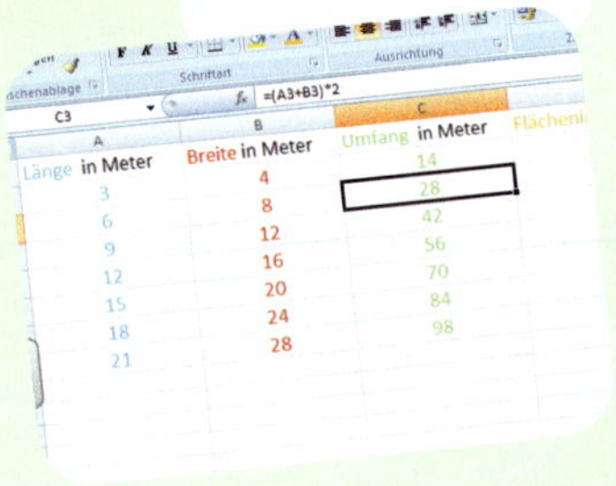

Mit Zuordnungen bist du inzwischen ganz gut vertraut. Du weißt, dass man Zuordnungen durch Tabellen, Graphen, Texte und Rechenausdrücke (Formeln) darstellen kann. Rechenausdrücke, Mathematiker sagen Terme, sind besonders wichtig. Mit ihnen kann man viele Situationen und Zusammenhänge besonders kurz und präzise beschreiben, wo man ohne sie nur probieren könnte. Daher lohnt sich eine genauere Beschäftigung mit Termen, z. B. wie man Terme aufstellt und vor allem wie man mit Termen Probleme löst. Auch wenn man mit dem Computer arbeitet, sind Terme hilfreich.

Aufgaben

1 Faustregeln

Faustregel zur Berechnung der Entfernung eines Gewitters in km: Zähle die Sekunden zwischen Blitz und Donner und dividiere durch 3.

Überschlag zum Umrechnen von °Fahrenheit in °Celsius: Subtrahiere von der Temperatur in °F die Zahl 30 und dividiere das Ergebnis durch 2.

So findet man das Normalgewicht in kg: Ziehe von deiner Körpergröße in cm 100 cm ab.

Als Erwachsener wirst du doppelt so groß sein wie mit 2 Jahren.

a) Schreibe die Faustregeln jeweils kurz und genau mithilfe eines Terms.

b) Kennt ihr noch andere Faustregeln oder Formeln? Schreibt die Faustregeln zunächst mit Worten auf und dann mit einem Term. Tipp: Auch in den vorigen Lernabschnitten findest du viele Formeln.

Tipp

So findet man einen passenden Term:

1. *Wähle für jede Größe eine passende Variable*
   - *Größe im Alter von 2 Jahren: k*
   - *Größe als Erwachsener: E*
2. *Zuordnung mit Term: $E(k) = 2 \cdot k$*
3. *Teste durch Einsetzen eines Werte, ob alles stimmt.* $k = 89$: $E(89) = 2 \cdot 89 = 178$ ✓

2 Vier Säcke voller Bälle

In Sack 1 sind x Kugeln. In Sack 2 sind 8 Kugeln mehr als in Sack 1. In Sack 3 sind viermal so viele Kugeln wie in Sack 1. In Sack 4 sind dreimal so viele Kugeln wie in Sack 2.

Partnerarbeit

a) Übertrage die Tabelle in dein Heft. Finde für die Säcke jeweils einen Term für die richtige Anzahl von Kugeln und fülle die Tabelle aus. Achtung: Die letzte Zeile ist etwas für Knobler.

b) Denkt euch eine eigene Befüllung der Säcke 2, 3 und 4 aus und gebt eurem Partner eine Tabelle zum Ausfüllen.

Sack 1 Term: x	Sack 2 Term: x + 8	Sack 3 Term: ■	Sack 4 Term: ■
1	■	■	27
3	■	12	■
■	10	■	■
■	■	48	■
■	■	■	108

Aufgaben

3 Eine Tabelle, ein Diagramm und ein Dreieck

Ergänze für die folgenden Zuordnungen jeweils einen Term.

a)

x	y
0	1
1	2
2	5
3	10
4	17

x → ■

y = ■

b)

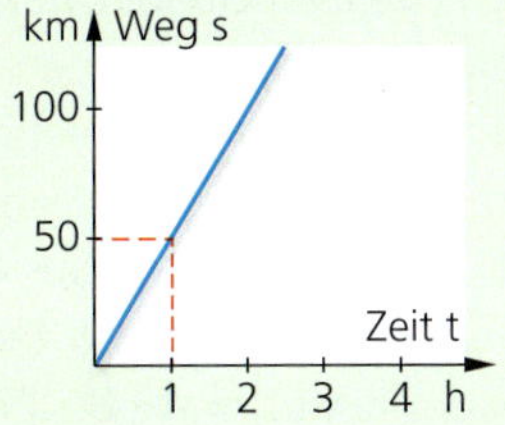

t → ■

s = ■

c) Umfang eines gleichseitigen Dreiecks

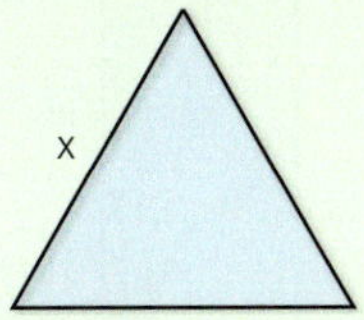

x → ■

U = ■

4 Muster mit Legosteinen

Mit LEGO-Steinen kann man schöne Muster legen. Die Bilder zeigen für zwei Muster die ersten Schritte, in denen sie entstehen. In den Bildern kann man leicht die Noppen auf den Steinen zählen. Doch wie geht es weiter? Wie viele Noppen hat das Muster im nächsten oder im übernächsten Schritt? Wie viele Noppen hat das Muster im hundertsten Schritt oder im zweitausendsten?

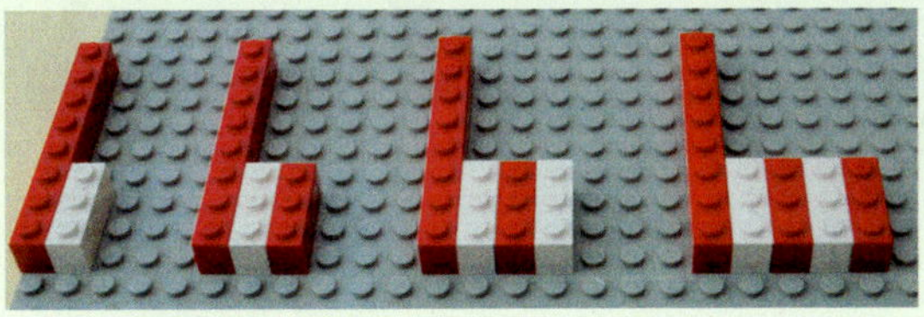

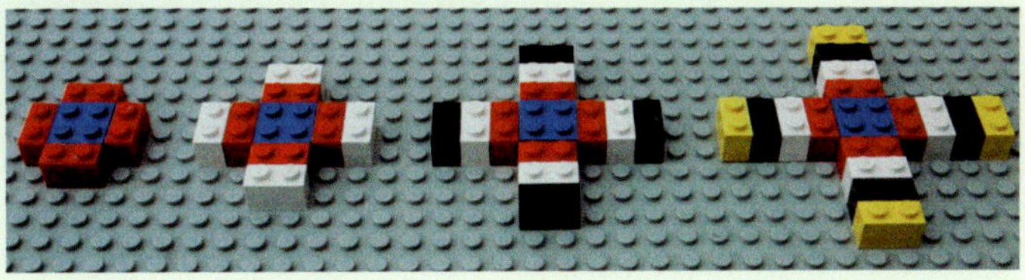

Basiswissen

Zuordnungen können mithilfe von Termen unterschiedlich dargestellt werden. Dabei werden Variablen benutzt, um viele Einzelbeispiele mit einem einzigen Ausdruck zu beschreiben.

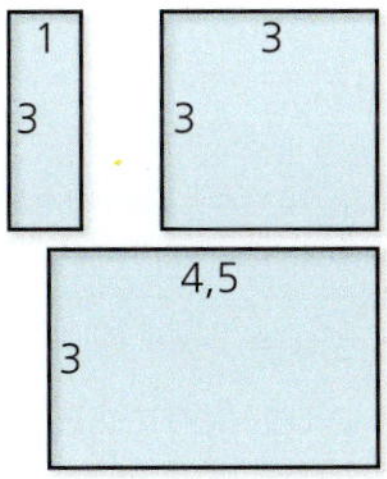

Bei Termen lässt man das Multiplikationszeichen zwischen Zahl und Variablen oft weg. Statt 2 · x schreibt man 2 x.

Zuordnungen mit Termen

Wo kommen Terme her?

Welchen Umfang haben Rechtecke mit der Breite 3 cm und beliebiger Länge?

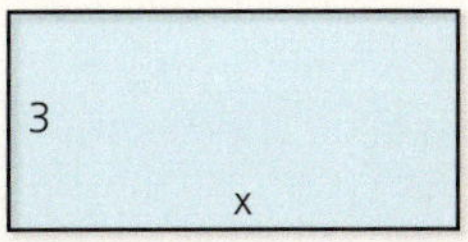

① Länge → Umfang des Rechtecks

$x \rightarrow 2 \cdot x + 6$ „x wird der Term 2 · x + 6 zugeordnet."

② $U(x) = 2 \cdot x + 6$ „U von x ist 2 · x + 6"

Was sind Terme?

Terme sind Rechenausdrücke, die aus Zahlen, Variablen, Rechenzeichen und Klammern zusammengesetzt sind.

Wie wertet man Terme aus?

Wenn man für die Variable Zahlen einsetzt, erhält man den zugehörigen Wert des Terms. Man kann eine Wertetabelle erstellen.

Länge x	Umfang U (x) = 2 · x + 6
1	8
3	12
7,5	21
80	166

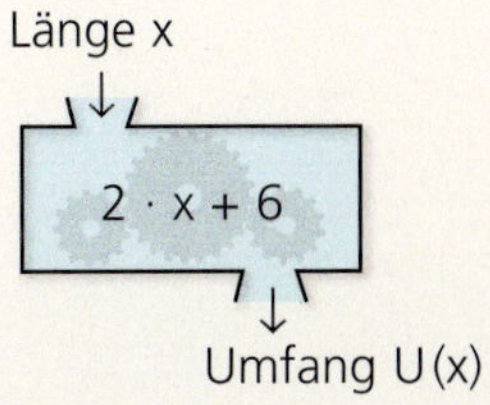

Beispiele

A Größenverhältnisse beim Quader

Ein Quader ist doppelt so breit wie lang und sechsmal so hoch wie lang.

a) Beschrifte den Quader mit den passenden Abmessungen – verwende die Variable x.

b) Wie groß ist das Volumen des Quaders in Abhängigkeit von x?
Bestimme mit der Formel das Volumen für $x = 4$ cm und $x = 10$ cm.

Lösung:

Das Volumen ergibt sich aus Länge · Breite · Höhe.

Mit den Termen x, 2x und 6x erhält man $V(x) = x \cdot 2x \cdot 6x$.

Für $x = 4$ gilt $V(4) = 4 \cdot 8 \cdot 24 = 768$. Für $x = 10$ gilt $V(10) = 12\,000$.

B Bau von Pyramiden 1

In der Schule sollen Kantenmodelle von Pyramiden gebaut werden, bei denen die Seitenkanten um 2 cm länger als die Grundkanten sind.

a) Stelle eine Formel für die benötigte Menge Draht auf.

b) Fülle die Tabelle aus.

Lösung:

a) Grundkante: x
Seitenkante: $x + 2$
Drahtlänge:
$d(x) = 4 \cdot x + 4 \cdot (x + 2)$

b)

x	d(x)
2	24
7	64
12,5	108

C Muster am Würfelturm

Ein Turm besteht aus 1, 2, 3, … x Würfeln.
Wie viele Seitenflächen s sind jeweils sichtbar?

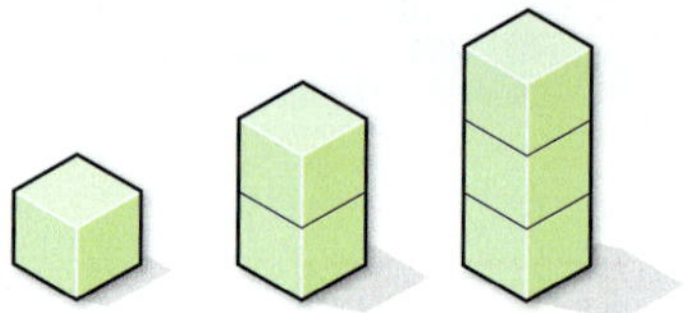

Es gibt verschiedene Lösungswege:

(1) Würfel systematisch ansehen
Von jedem Würfel sieht man 4 Seitenflächen, nur vom obersten Würfel eine mehr. Die Zahl der sichtbaren Flächen ist also immer viermal so groß wie die Würfelzahl und eine mehr, also: $s(x) = 4x + 1$

(2) Zählen und Tabelle erstellen:

Anzahl Würfel x	1	2	3	4	5
Seitenflächen s(x)	5	9	13	17	21

Strategie A
Was passiert, wenn x um 1 wächst?
Wenn x um 1 wächst,
wächst s(x) um 4.
Also: $s(x) = 4x + 1$

Strategie B
Wie kommt man vom Startwert 5 zu weiteren Werten? Immer plus viermal eins weniger als die Anzahl der Würfel
($5 + 0 \cdot 4$; $5 + 1 \cdot 4$; $5 + 2 \cdot 4$).
Also: $s(x) = 5 + 4 \cdot (x - 1) = 4x + 1$

Übungen

5 Rechtecke

Die Fläche eines Rechtecks ist das Produkt aus Länge und Breite.
Gib jeweils einen Term für die Fläche und den Umfang der folgenden Figuren an.

a)
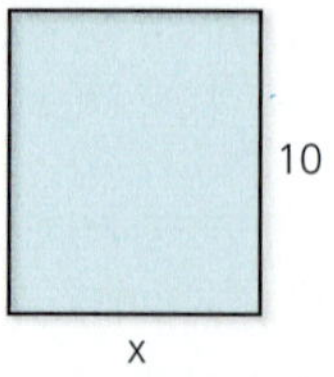

b)
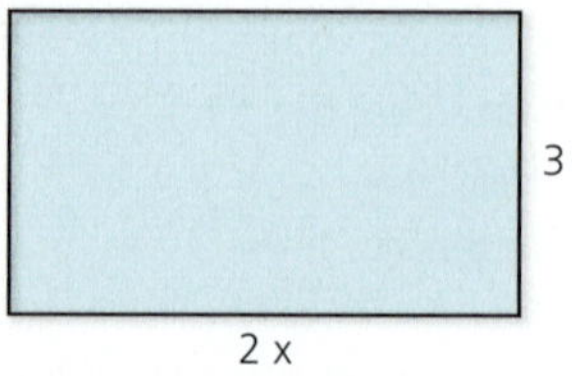

c)
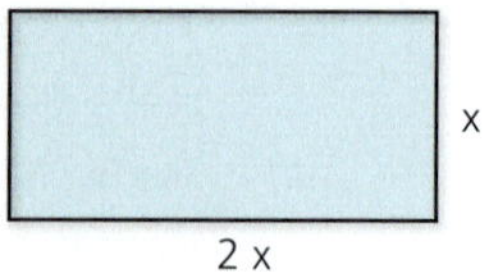

Übungen

6 Lösungen:
Drei Lösungen sind dabei:
$x - 1$ x^2 $2x$ $2x + 3$
$3x + 2$ $3(x + 2)$ $x + 1$

6 Terme finden

Übersetze die Zuordnungsvorschriften in Terme.

a) Jeder Zahl wird ihr Dreifaches zugeordnet.
b) Jeder Zahl wird die um 3 größere Zahl zugeordnet.
c) Jeder natürlichen Zahl wird ihr Vorgänger zugeordnet.
d) Jeder Zahl wird ihr Quadrat zugeordnet.
e) Jeder Zahl wird ihr um 2 vergrößertes Dreifaches zugeordnet.

7 Ein Term für viele

Was haben folgende Rechenausdrücke gemeinsam? Setze die Reihenfolge fort. Schreibe jeweils einen Term mit x auf.

①	②	③	④
$2 \cdot 1 + 4$	$1 \cdot 5 - 2$	$1 \cdot 1{,}5 - 1$	$1 + 3$
$2 \cdot 2 + 4$	$2 \cdot 5 - 2$	$4 \cdot 1{,}5 - 2$	$\frac{1}{2} + 3$
$2 \cdot 3 + 4$	$3 \cdot 5 - 2$	$9 \cdot 1{,}5 - 3$	$\frac{1}{3} + 3$
$2 \cdot 4 + 4$	$4 \cdot 5 - 2$	$16 \cdot 1{,}5 - 4$	$\frac{1}{4} + 3$
…	…	…	…

8 Verschiedene Terme – gleiche Zuordnung

a) Erstelle für jede der Zuordnungen eine Tabelle mit x = 0, 1, 2, 3, 4, 5.
Vergleiche die Tabellen. Was stellst du fest?

① $x \rightarrow 4x + 3$ ② $x \rightarrow 5 + 4x - 2$

③ $x \rightarrow 7x + 3 - 3x$ ④ $x \rightarrow (2x + 1) \cdot 2 + 1$

b) Finde weitere Terme, die die gleiche Zuordnung darstellen.

9 Eigenartige Zuordnungen

a) Erstelle eine Tabelle zu der Zuordnungsvorschrift $x \rightarrow 3(x + 4) - 9 - 3x$ mit den x-Werten 0, 1, 2, 3, 4, 5. Was stellst du fest?
b) Untersuche die Zuordnung $x \rightarrow 3(x + 3) - 9 - 3x$.
c) Finde ähnliche „verrückte" Zuordnungen.

10 Zwei Figuren

Gib den Umfang der beiden Figuren mit je einem Term an. Finde mithilfe von Tabellen heraus, für welches x beide den gleichen Umfang haben.

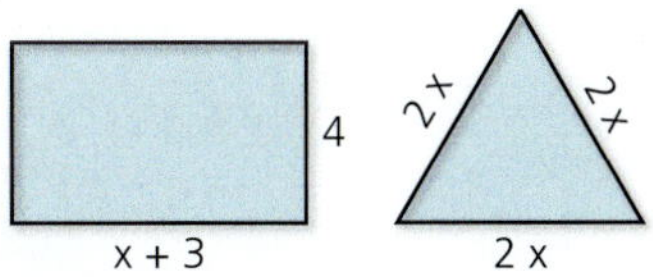

11 Schwarze Schafe

Wie kann man „die Hälfte der Zahl x" als Term schreiben? In der Klasse 6b wurden folgende Vorschläge gesammelt, doch Vorsicht, es haben sich zwei falsche Terme darunter geschlichen.

Clara	Simone	Joshua	Kathrin	Fabio	Tom
$x - \frac{1}{2}$	$\frac{1}{2} \cdot x$	$x - \frac{x}{2}$	$0{,}5 \cdot x$	$x : 2$	$x : \frac{1}{2}$

a) Entscheide zuerst spontan, welche Terme „die Hälfte der Zahl x" liefern. Wähle anschließend unterschiedliche Zahlen für die Variable x und überprüfe damit deine Vermutungen.
b) Erläutere, warum einzelne Terme richtig sind. Findest du Gründe für deine falschen Vermutungen? Gib zu den falschen Termen einen passenden Text an.

Werkzeug

Terme und Tabellen mit dem GTR und dem Computer

Tabellen zu Termen kann man sehr schnell mit einem grafikfähigen Taschenrechner (GTR) oder mit einem Programm zur Tabellenkalkulation (TK) auf dem PC erstellen.
Beispiel: $U(x) = 2 \cdot x + 6$ (vgl. Basiswissen)

Graphikfähiger Taschenrechner (GTR)

1. Term im y-Editor eingeben

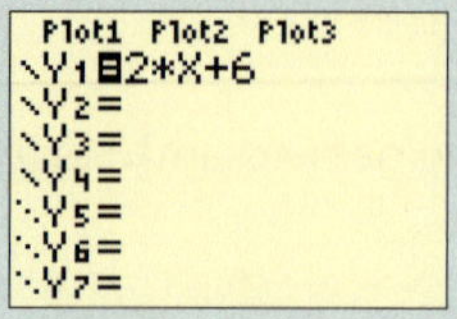

2. Tabelle einstellen: Startwert und Schrittweite

3. Tabelle anzeigen

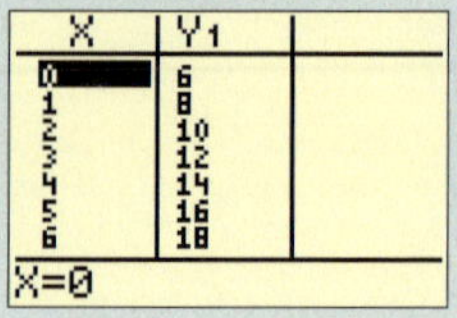

Tabellenkalkulation (TK)

- In die 1. Spalte A (die Zelle A1) werden die x-Werte eingegeben.
- In die 2. Spalte B (die Zelle B1) wird der Term $2 \cdot x + 6$ eingegeben.

Dazu wird in der Zelle B1 der Wert $2 \cdot A1 + 6$ eingetragen, entsprechend in der Zelle B2 der Wert $2 \cdot A2 + 6$ usw.

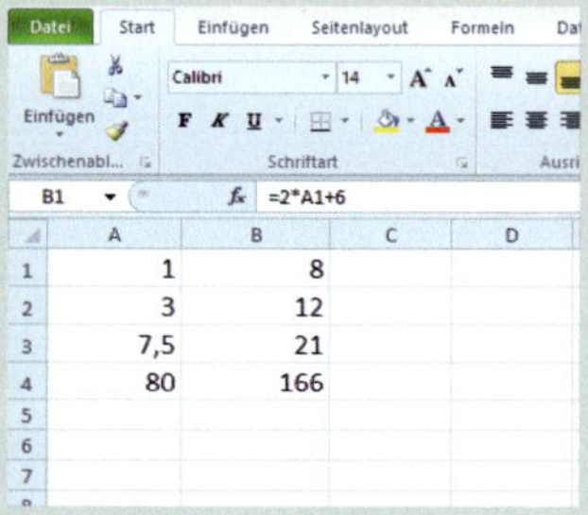

Übungen

12 Terme für verschiedene Situationen

a) Ordne den Termen die passenden Situationen zu.

Brenndauer x in Minuten → Höhe einer Kerze in cm

Geschwindigkeit x in km/h → Geschwindigkeit in m/s

Freier Fall: Zeit x in s → Fallstrecke in m

Kreisdurchmesser x → Kreisumfang

① $10 - 0{,}2x$ ② $3{,}14 \cdot x$ ③ $\frac{x}{3{,}6}$ ④ $5 \cdot x^2$

b) Vervollständige die Tabellen mit dem GTR oder TK.

x	0	5	10	15	20
$10 - 0{,}2x$	■	■	■	■	■

x	10	30	50	70	90
$\frac{x}{3{,}6}$	■	■	■	■	■

x	12	24	36	48	60
$3{,}14 \cdot x$	■	■	■	■	■

x	0,25	0,5	0,75	1	1,25
$5 \cdot x^2$	■	■	■	■	■

13 Terme im Wettstreit

Jonas hat die Terme $6 \cdot x$ und $4 \cdot (x + 15)$ in den GTR eingegeben und will untersuchen, wie sich der Wert der Terme ändert, wenn er immer größere Zahlen einsetzt.

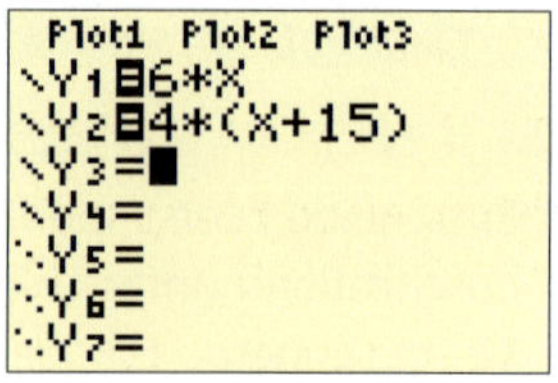

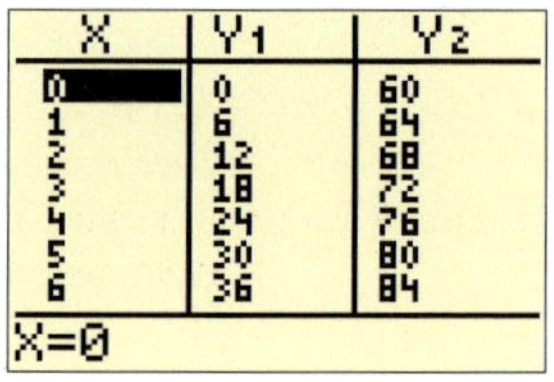

a) Berechne den Wert der Terme für $x = 8$ ohne GTR.
b) Forschungsauftrag: Wird der erste Term den zweiten irgendwann „überholen"?

Übungen

14 **Terme in der Geometrie**

a) Gib je einen Term zur Berechnung der Fläche an.

(1)
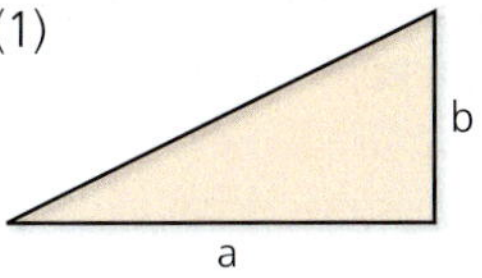

(2)
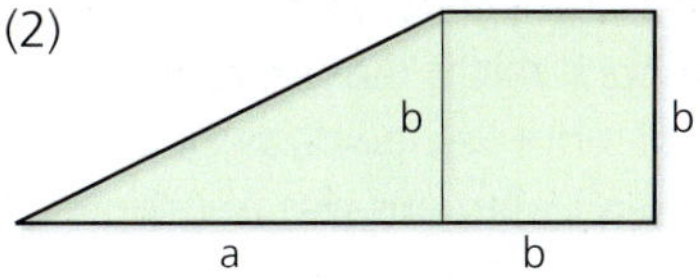

(3)
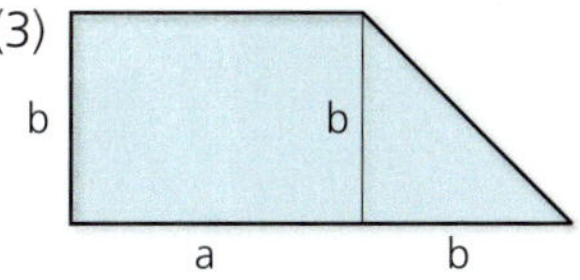

b) Finde heraus, was die drei Formeln bedeuten.

① $k(a, b, c) = 4 \cdot a + 4 \cdot b + 4 \cdot c$

② $O(a, b, c) = 2 \cdot a \cdot b + 2 \cdot a \cdot c + 2 \cdot b \cdot c$

③ $V(a, b, c) = a \cdot b \cdot c$

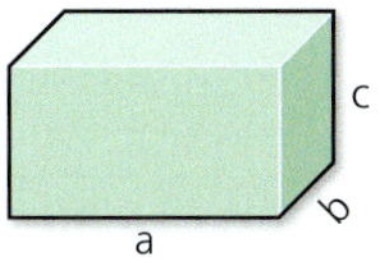

Basiswissen

In Termen können mehrere Variable auftreten.

Terme mit mehreren Variablen

Die Formel für den Flächeninhalt eines Dreiecks ist:

$A_\Delta(g, h) = \frac{1}{2} \cdot g \cdot h$

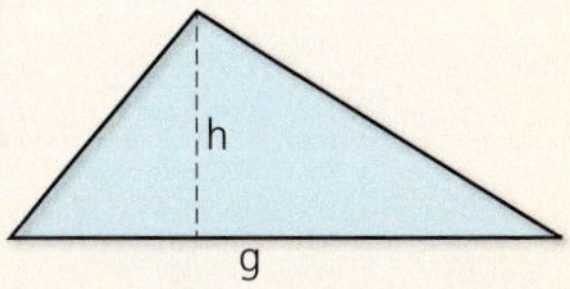

① Wenn im Dreieck g = 8 und h = 3 sind, dann gilt:
$A_\Delta(8,3) = \frac{1}{2} \cdot 8 \cdot 3 = 12$

② Dreiecke mit der Grundseite 6 cm und beliebiger Höhe:
$A_\Delta(6, h) = \frac{1}{2} \cdot 6 \cdot h = 3 \cdot h$

Übungen

15 **Ein Baumstamm**

Von einem Baumstamm der Länge 18 m sollen zwei Stücke der Länge x und y abgesägt werden. Wie lang ist das Reststück? Entscheide dich für den richtigen Term. Ergänze die Tabelle. Achtung: Manchmal gibt es keine Lösung, manchmal viele.

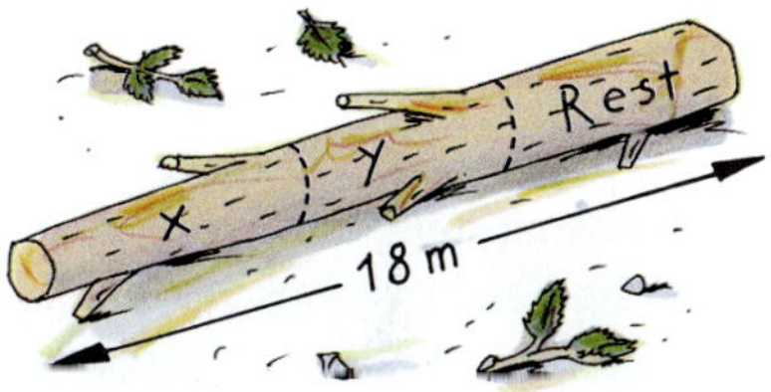

$18 - x + y$

$18 - x - y$

$x + 18 - y$

$x - y + 18$

x in m	y in m	Rest
5	■	11
4	3	■
■	6	9
11	■	7
■	9	10
3	■	■

a: Länge der Grundkante in cm
s: Länge der Seitenkante in cm

16 **Bau von Pyramiden 2**

In der Schule sollen Kantenmodelle von Pyramiden gebaut werden.

a) Welche Terme beschreiben die benötigte Menge Draht richtig?

① $d(a, s) = 4a + 4s$

② $d(a, s) = 4 \cdot a \cdot s$

③ $d(a, s) = 4a + s$

④ $d(a, s) = 4 \cdot (a + s)$

b) Berechne die benötigte Menge Draht für a = 5 cm und s = 7 cm (a = 12 cm und s = 8 cm). Beschreibe die unterschiedliche Gestalt der Pyramiden.

c) Gib jeweils einen Term für den Drahtbedarf an.

① a = 6 cm ② a = s = 8 cm ③ s = a + 4

Übungen

17 Wie hoch reicht eine Rettungsleiter?

Im 4. Stock des Hauses muss eine Person gerettet werden. Wird die 20 m lange Leiter des Feuerwehrwagens reichen?

a) Wie hoch reicht die Leiter, wenn sie 8 m vom Haus entfernt steht? Fertige dazu eine maßstabsgetreue Zeichnung mit den Daten aus der Abbildung an. Miss die Höhe y.

b) Erstelle eine Tabelle für die erreichbare Höhe y für unterschiedliche Abstände x von dem Haus. Erstelle dazu einen passenden Graphen für die Zuordnung $x \rightarrow y$.

c) Was passiert, wenn der Leiterwagen nicht näher als 11 m an das Gebäude heranfahren kann? Finde mit dem Graphen aus Aufgabe b) heraus, wie hoch die 20 m lange Leiter höchstens reicht.

Basiswissen

Wenn man ein Problem mithilfe von Zuordnungen lösen möchte, sollte man zunächst folgende Fragen beantworten:

- Welche Informationen und welche Variablen tauchen auf?
- Welche Zuordnung besteht zwischen den Variablen?
- Lässt sich eine Tabelle erstellen, ein Graph zeichnen oder ein Muster erkennen, das zu einer Rechenvorschrift führt?

Probleme lösen mit Zuordnungen und Termen

Das Problem

In der Bundesliga spielen 18 Mannschaften an 34 Spieltagen gegeneinander. Doch in Frankreichs Ligue 1 sind es 20 Mannschaften, die an 38 Tagen spielen, und in Großbritannien gab es früher sogar 22 Mannschaften in der Premier League. Wie viele Spieltage gibt es, wenn sich die Zahl der Mannschaften verändert?

Zuordnung erkennen und Variablen festlegen

Die Zahl der Spieltage hängt von der Anzahl der Mannschaften ab. Die Zuordnung mit Variablen lautet dann:

Anzahl der Mannschaften m → Anzahl der Spieltage s

Jetzt kommt die Mathematik ins Spiel

Tabelle

Zwei Wertepaare kennt man:

Land	m	s
Deutschland 1. Bundesliga	18	34
Frankreich Ligue 1	20	38
Großbritannien Premier League	22	■

Zwei Muster

Mathematisches Muster:

„Die Zahl der Spieltage ist das Doppelte der Mannschaften minus 2"

$18 \cdot 2 - 2 = 36 - 2 = 34$

Problem-Muster:

„Jede Mannschaft spielt gegen alle anderen (eine weniger!) und das zweimal (Hin- und Rückspiel)"

$(18 - 1) \cdot 2 = 34$

Zuordnung und Rechenvorschrift

$m \cdot 2 - 2 = s$

$(m - 1) \cdot 2 = s$

Überprüfen der Rechnung

Für 20 Mannschaften ergeben sich 38 Spieltage. ✓

Problemprobe

Wären es 22 Mannschaften, so gäbe es 42 Spieltage. Eine Überprüfung in Realität bestätigt das Ergebnis. ✓

Übungen

Modellieren

18 Volumen von Eisen

Wie groß ist das Volumen von zwei Tonnen Eisen? Das auszuprobieren, dürfte wohl unmöglich sein. Glücklicherweise kann die Mathematik hier helfen. An kleinen Eisenstücken wird die Zuordnung zwischen Volumen und Masse von Eisen untersucht. Die Tabelle zeigt einige Messwerte:

Volumen in cm^3	18	26	43	55	73
Masse in g	140	205	340	430	575

19 Muffins

Die 6b hat für das Schulfest 96 Schoko-Muffins gebacken. Die Zutaten haben sie für 16,58 € eingekauft.

a) Für welchen Stückpreis sollten die Muffins verkauft werden, wenn die 6b mindestens 20 € verdienen will?

b) Es soll regnen, und es werden wenige Besucher auf dem Schulfest erwartet. Jan überlegt, die Muffins im 2er-, 3er- oder 4er-Pack zu verkaufen. Wie viele „Packs" gibt es dann jeweils? Für welchen Preis sollten die „Packs" dann verkauft werden?

20 Schattenlängen

Hast du dich schon einmal gewundert, wie lang dein Schatten ist? Mit einem Geometrieprogramm (DGS) kannst du die Schattenlängen bei verschiedenen Sonnenständen „nachbauen". Der Sonnenstand wird durch den Winkel zwischen dem Erdboden und den Sonnenstrahlen angegeben.

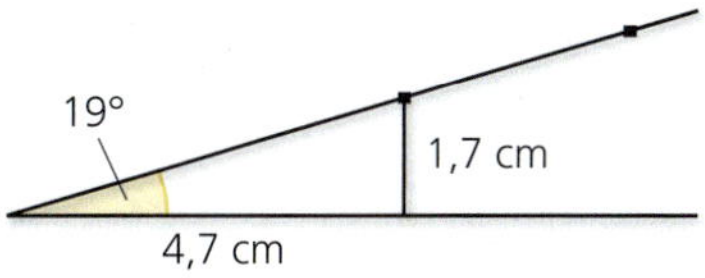

a) Bestimme verschiedene Schattenlängen für deine Körpergröße. Übertrage die Werte in ein Koordinatensystem. Hast du eine Vermutung über den Zusammenhang des Winkels und der Schattenlänge?

b) Vergleiche deinen Graphen mit den Graphen deiner Mitschülerinnen und Mitschüler, die eine andere Körpergröße haben.

c) Überlege, wie lang der längste denkbare Schatten ist. Olaf sagt: „Gestern hatte mein Schatten eine Länge von 30 cm". Nimm zu dieser Aussage Stellung.

Körpergröße: ■

Winkel	Schattenlänge
20°	■
30°	■

21 Wachsen einer Ameisenkolonie

Ein Biologe überlegt, wie eine Ameisenkolonie wachsen könnte. Er stellt zwei verschiedene Modellrechnungen an:

①

Zeit in Monaten	Anzahl
0	100
1	200
2	300
3	400

②

Zeit in Monaten	Anzahl
0	100
1	200
2	400
3	800

a) Setze die beiden Modellrechnungen für die nächsten drei Monate fort.

b) Beschreibe in Worten den Zuwachs in jedem Monat gemäß dem Modell ① und dem Modell ②.

c) Welches Modell könnte die Entwicklung einer Ameisenkolonie besser beschreiben? Diskutiert diese Frage in eurer Gruppe. Vielleicht findet ihr ein Modell, das noch besser passt.

Gruppenarbeit

Übungen

Mustererkennung

22 Würfelmauern

Für die Anzahl der Würfel, aus denen die einzelnen Muster der Folge gebaut sind, soll ein Term angegeben werden. Folgende Terme wurden von Schülerinnen und Schülern gefunden:

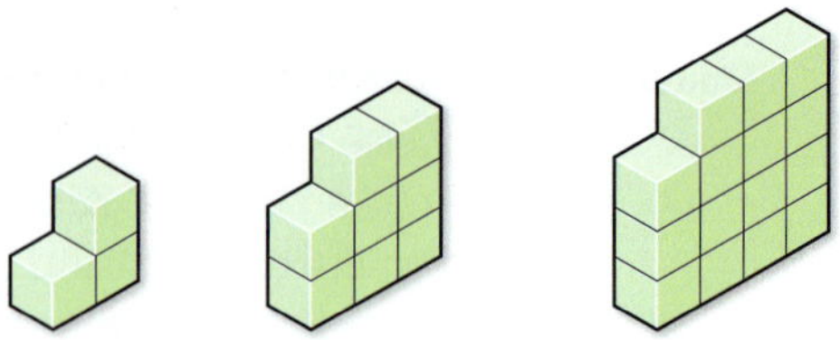

① $(n + 1)^2 - 1$ ② $n^2 + 2n$ ③ $n \cdot (n + 1) + n$

a) Wofür steht n? Stimmen die Terme? Überprüfe mit einer Tabelle.
b) Aus wie vielen Würfeln besteht die 10. Mauer?
c) Wie könnten die Schülerinnen und Schüler auf die Terme gekommen sein?

23 Punktmuster

a) Zeichne ins Heft zu den Mustern die 4. Figur.
b) Erstelle für jedes Muster eine Tabelle. Bestimme die Anzahl der Punkte in der 10. und 20. Figur.

Nummer der Figur	Anzahl der Punkte
1.	■
2.	■

c) Wie lautet der Term für die n-te Figur zu jedem Muster?

Muster	1. Figur	2. Figur	3. Figur
A	○○○○	○○ ○○○○	○○ ○○ ○○○○
B	○	○ ○○○	○ ○ ○○○○○
C	○○○○○	○○○○○ ○○○○○	○○○○○ ○○○○○ ○○○○○

Tipp

Erstelle jeweils eine Tabelle: z. B. zu a)

n	Z(n)
3	■
4	4 + 3 + 2 = 9
5	■
n	n + (n – 1) + …

24 Perlenbilder

Auf jeder Seite der Figuren befinden sich n Perlen. Finde eine Zuordnung $n \rightarrow Z(n)$ zur Berechnung der Gesamtzahl der Perlen.

a) 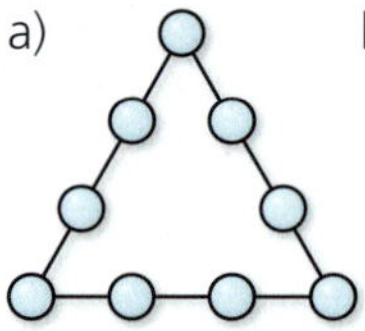
b) 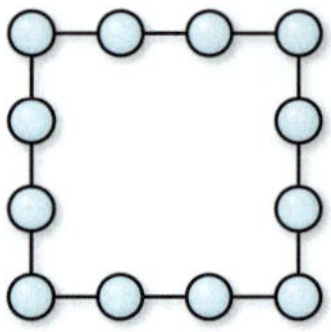
c) 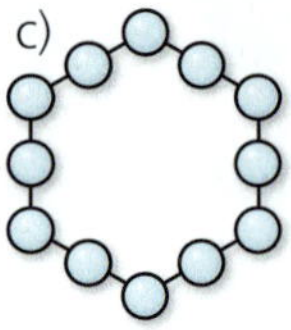

Kopfübungen

1. Schreibe $\frac{19}{2}$ als Dezimalzahl.
2. Wie heißt ein geometrischer Körper mit dem dargestellten Netz? Wie viele Drehachsen hat er?

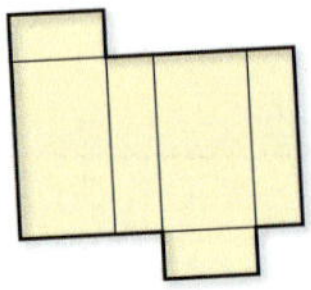

3. Berechne möglichst geschickt die Summe aller natürlichen Zahlen von einschließlich 1 bis einschließlich 9.
4. Wahr oder falsch: Jedes Quadrat ist …
   a) ein Rechteck b) ein Parallelogramm c) eine Raute.
5. Notiere das Ergebnis mit Ziffern: „eine Milliarde minus eins".
6. Drei Viertel der Konzertbesucher sind Männer. Wie viele sind es, wenn insgesamt 600 Besucher gekommen sind?
7. Ein Quadrat A hat einen Umfang von 24 cm. Der Flächeninhalt eines anderen Quadrates B beträgt $\frac{1}{4}$ des Flächeninhaltes von A. Gib an, wie groß der Umfang von B ist.

Aufgaben

25 Planung eines Fluges zum Mars

Die Wissenschaftler der NASA geben die mittlere Reisegeschwindigkeit eines Raumschiffes auf dem Flug zum Mars mit 35 000 km/h an.

a) Welche weiteren Daten benötigt man, um die Flugdauer von der Erde zum Mars zu berechnen? Versuche, die nötigen Informationen im Internet oder in einem Lexikon zu erhalten.

b) Mit welcher Zuordnung kann man die Reisedauer t aus der Entfernung s und der mittleren Geschwindigkeit v des Raumschiffes berechnen? Wie lange dauert nach deiner Berechnung der Flug zum Mars?

26 Ketten, Gitter, Hochregale

a) Die nebenstehende „Kette" besteht aus Metallstäben und Verbindern. Dabei ist am Ende der Kette je ein Verbinder aufgesteckt, damit man die Kette verlängern kann. Wie lautet der Term, mit dem man aus der Anzahl x der Verbinder die Anzahl y der Stäbe errechnen kann?

b) Man kann aus Verbindern und Stäben ein Gitter aufbauen. In der Abbildung rechts ist ein 4 × 5-Gitter (4 Reihen und 5 Spalten) abgebildet.
Wie viele Stäbe und Verbinder werden benötigt?
Wie viele Stäbe und Verbinder benötigt man für ein 5 × 7- (10 × 15-, a × b-) Gitter?

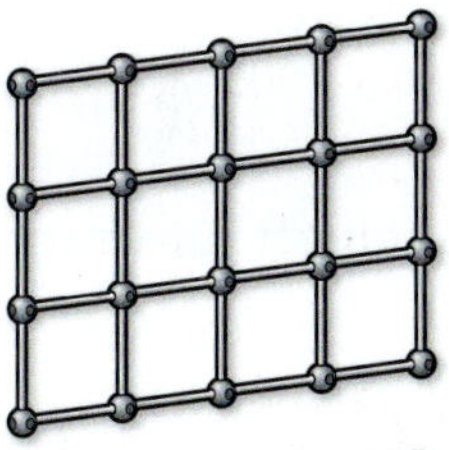

c) Ein Hochregal besteht aus quadratischen Elementen. Wie viele Stäbe und Verbinder werden benötigt, um ein Regal mit einer Länge von 10 Fächern zu bauen, das 5 „Stockwerke" (Fächer) hoch ist?

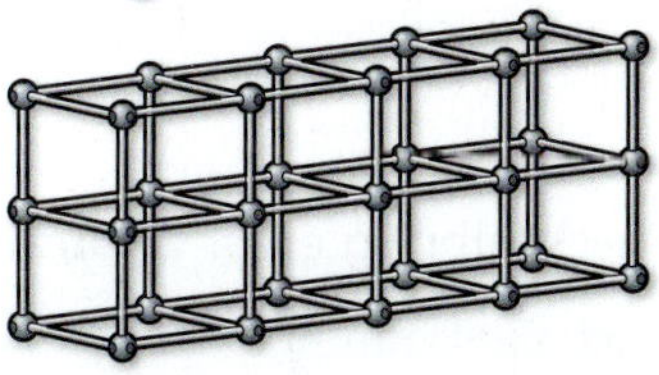

27 Variationen über Trapeze

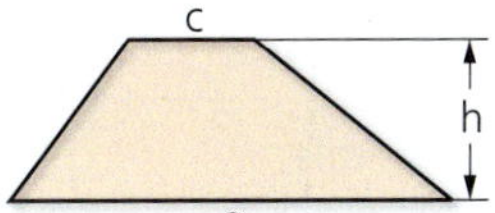

Die Formel für die Fläche eines Trapezes ist:

$A(a, c, h) = \frac{1}{2} \cdot (a + c) \cdot h$

Es sollen folgende Zuordnungen untersucht werden.

① A(6, 4, x) ② A(6, x, 2) ③ A(x, 4, 2)

Bilder zu einer Formel:

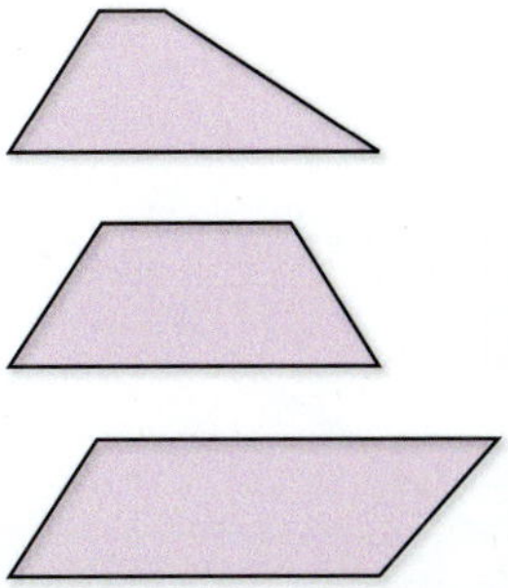

a) Wofür steht x jeweils in den Ausdrücken? Gib die zugehörigen Terme an und skizziere zu jeder Formel drei Trapeze. Beschreibe, wie die Trapeze sich ändern, wenn man jeweils die Werte für die Variable x ändert.

b) Welche Figuren erhält man für die Sonderfälle x = 0 in den Formeln ①, ② und ③?
Welche Figur erhält man für A(a, a, h), welche für A(c, c, c)?
Skizziere und begründe.

c) Erstelle zu ①, ② und ③ jeweils eine Grafik. Ist eine Zuordnung proportional? Begründe.

Graphen lesen und zeichnen

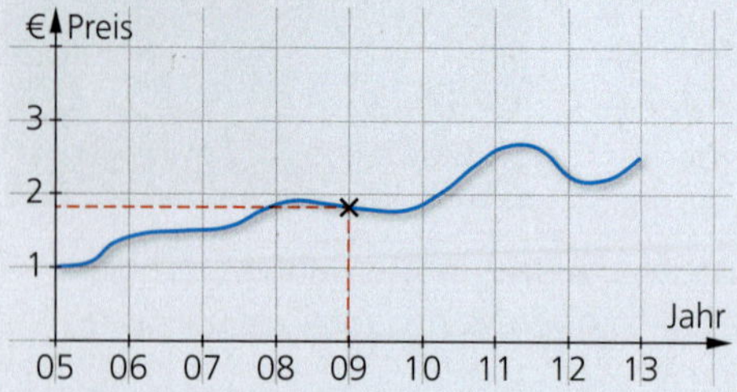

Achsenbeschriftung: Es geht um die Preisentwicklung einer Ware.

Bildausschnitt: Es geht um den Zeitraum von 2005 bis 2013.

Maßstab: 1 cm entspricht 1 Jahr
1 cm entspricht 1 €

Wertepaare: (2009|1,8)
Im Januar 2009 betrug der Preis 1,80 €.

Vokabelheft für Graphen

Hochpunkt, Tiefpunkt;
steigt, steigt schwach, steigt stark;
fällt, fällt schwach, fällt stark;
bleibt konstant

Beschreibung einer Zuordnung

Text: Zur Umrechnung von km/h in m/s dividiert man die Geschwindigkeitsangabe in km/h durch 3,6.

Tabelle (Werte sind gerundet):

x in km/h	30	50	100	160
y in m/s	8,33	13,89	27,78	44,44

Graph:

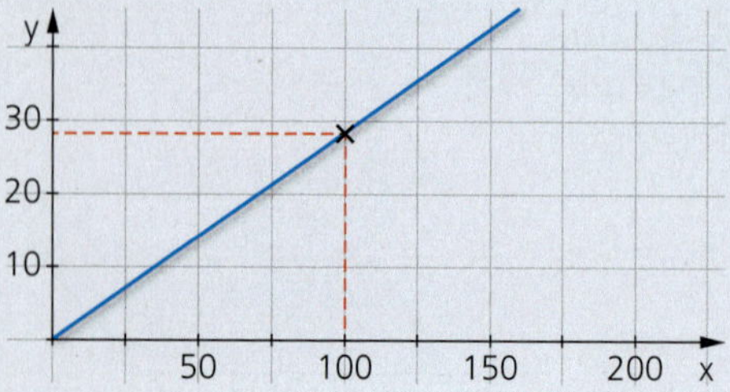

Rechenvorschrift: $y = \frac{x}{3,6}$ ← **Term**

Check-up

1 Absatz von Fernsehgeräten

Der Graph stellt den Absatz eines Fernsehherstellers in den letzten 12 Monaten dar.

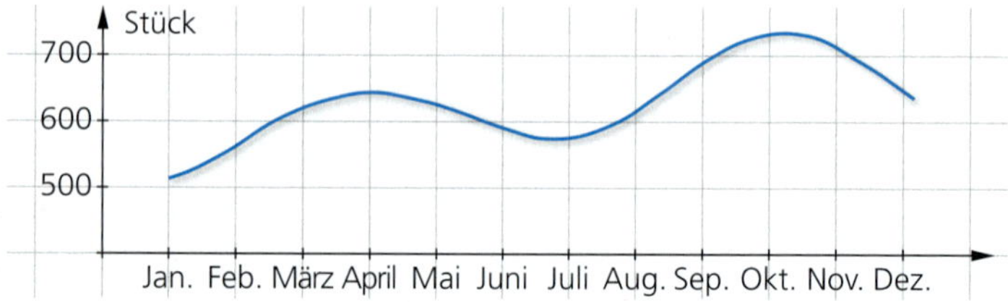

a) Wie hoch war der Absatz im April, wie hoch im Oktober?
b) In welchem Monat wurden die meisten Geräte verkauft? Wie viel Stück waren es?

2 Fahne hissen

Hast du schon einmal zugeschaut, wie eine Fahne hochgezogen wird? Was meinst du, welcher der Graphen ist ein gutes Modell für die Situation? Begründe deine Antwort.

a) b) c)

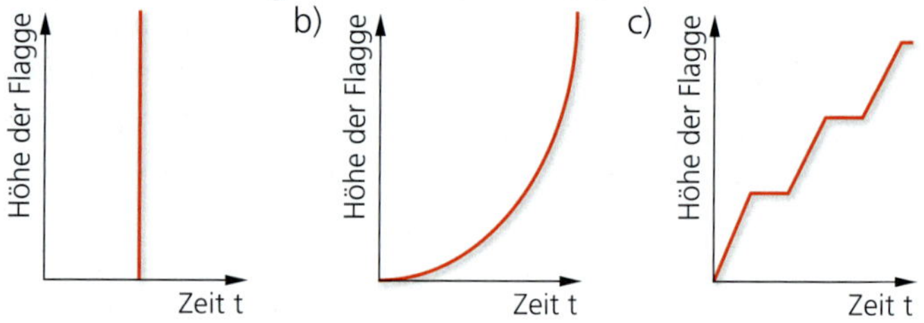

3 Abfallmengen

Die Tabelle gibt Abfallmengen in Nordrhein-Westfalen an. Trage die Daten in ein Diagramm ein.

Jahr	1980	1990	1993	1996
Abfallmenge in 1000 t	17	20	13	10

4 Verlauf einer Grippeepidemie

Ein Arzt beschreibt den Verlauf einer Grippeepidemie:
„In den ersten 3 Tagen nahm die Zahl der Erkrankungen immer schneller zu. Dann wurde die Zunahme geringer, bis am 8. Tag die Zahl der Grippekranken ein Maximum erreicht hatte. In den folgenden 14 Tagen nahm die Zahl der Grippekranken in meiner Praxis ab." Stelle den Verlauf der Epidemie in einer Grafik dar.

5 Terme aus Tabellen

Ergänze jeweils die Tabelle. Finde zu jeder Zuordnung eine Rechenvorschrift (einen Term).

a)

x	1	2	4	5	■	■
y	4	8	16	■	28	40

b)

x	1	2	3	4	6	■
y	10	9	8	■	■	0

Erstelle zu jeder Zuordnung mit dem GTR eine Tabelle von x = 0 bis x = 100, Schrittweite 10.

Steckbrief – proportionale Zuordnung

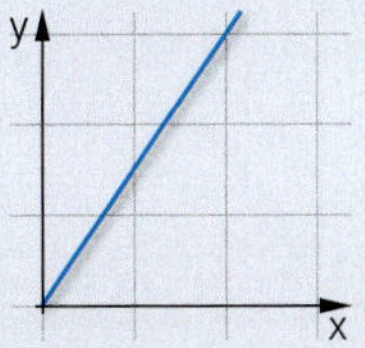

- Dem 2 (3, …)-fachen von x entspricht das 2 (3, …)-fache von y.
- quotientengleich
- Ursprungsgerade
- $y = a \cdot x$

Rechnen mit Proportionalitäten

2 kg Äpfel kosten 5 €. Was kosten 9 kg?

Dreisatz

2 kg ≙ 5 €
1 kg ≙ 2,50 €
9 kg ≙ 22,50 €

Tabelle

:2	2	5	:2
·9	1	2,5	·9
	9	22,5	

Rechenvorschrift

$P(M) = 2{,}5 \cdot M$ $\quad P(9) = 2{,}5 \cdot 9 = 22{,}5$

Steckbrief – antiproportionale Zuordnung

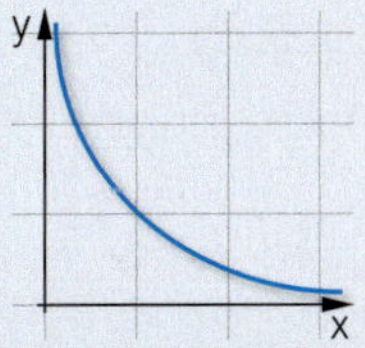

- Dem 2 (3, …)-fachen von x entspricht das $\frac{1}{2}$ ($\frac{1}{3}$, …)-fache von y.
- produktgleich
- Hyperbel
- $y = \frac{c}{x}$

Rechnen mit Antiproportionalitäten

Für 6 Pferde reicht der Futtervorrat noch 12 Tage. Wie lange reicht er für 8 Pferde?

Dreisatz

6 Pferde ≙ 12 Tage
1 Pferd ≙ 72 Tage
8 Pferde ≙ 9 Tage

Tabelle

:6	6	12	·6
·8	1	72	:8
	8	9	

Rechenvorschrift

$P(x) = \frac{72}{x}$ $\quad P(8) = \frac{72}{8} = 9$

Zuordnungen mit Termen

Terme sind Rechenausdrücke, die aus Zahlen, Variablen, Rechenzeichen und Klammern zusammengesetzt sind.

$x \rightarrow 3 \cdot (x + 5)$ oder: $T(x) = 3 \cdot (x + 5)$

Auswertung mit Tabelle:

x	0	2	4,5	20
T(x)	15	21	28,5	75

Check-up

6 **Tabelle zur Proportionalität**

Vervollständige die Tabelle, so dass es sich um eine proportionale Zuordnung handelt.

x	6	2	■	25	■
y	15	■	25	■	90

7 **Tabelle zur Antiproportionalität**

Vervollständige die Tabelle, sodass es sich um eine antiproportionale Zuordnung handelt.

x	5	20	■	15	■
y	12	■	30	■	8

8 **Frau Müller und Herr Meier tanken**

Frau Müller hat getankt und für 56 Liter Benzin 60 € gezahlt. Wie viel wird Herr Meier zahlen müssen, der 40 Liter Benzin getankt hat?

9 **Autofahrten**

Für die 80 km lange Strecke von Essen nach Köln hat Herr Schulz 45 Minuten benötigt. Wann wird er in Frankfurt ankommen, das 180 km von Köln entfernt ist, wenn er mit gleicher Geschwindigkeit weiterfährt?

10 **Eine Klassenfahrt**

Klasse 6a hat eine Klassenfahrt gemacht. Dafür wurde ein Bus gemietet. Jeder der 31 Schülerinnen und Schüler musste für die Busfahrt 20 € zahlen. Nun möchte Klasse 6b den gleichen Bus mieten. Der Gesamtpreis für den Bus ist der gleiche, aber in der Klasse 6b gibt es nur 28 Schülerinnen und Schüler.

11 **Vogelfutter**

Barbara hat Vogelfutter gekauft. Für ihre drei Vögel würde es zwei Wochen reichen. Jetzt hat sie aber während der Ferien noch zwei Vögel von Dirk zu pflegen. Wie lange wird das Futter reichen?

12 **Termauswahl**

Welches ist der richtige Term?

a) Denke dir eine Zahl. Addiere zu dieser Zahl 3 und multipliziere die Summe mit 5.

$x \rightarrow x + 3 + 5$
$x \rightarrow 5x + 3$
$x \rightarrow (x + 5) \cdot 3$
$x \rightarrow 3x + 5$
$x \rightarrow (x + 3) \cdot 5$

b) Denke dir eine Zahl. Multipliziere die Zahl mit 4. Addiere zum Produkt 2 und multipliziere das Ergebnis mit 6.

$x \rightarrow 4x + 2 \cdot 6$
$x \rightarrow 4x + (2 \cdot 6)$
$x \rightarrow (4x + 2) \cdot 6$
$x \rightarrow (x + 4 + 2) \cdot 6$

c) Erstelle jeweils zu dem richtigen Term eine Tabelle.

Sichern und Vernetzen – Vermischte Aufgaben zu Kapitel 2

Trainieren

1 Graphen beschreiben

Beschreibe die folgenden Graphen.

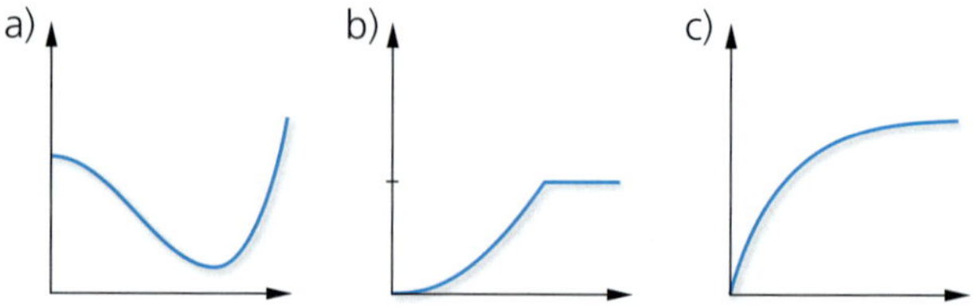

2 Tabelle – Graph – Term

Welche Graphen, Tabellen und Zuordnungsvorschriften gehören zusammen?

①

x	y
1	1
3	−3
5	−7
10	−17

②

x	y
−2	−7
1	2
2	5
8	23

③

x	y
−1	−2
0	0
1	0
3	−6

④

x	y
−3	5
0	−4
3	5
5	21

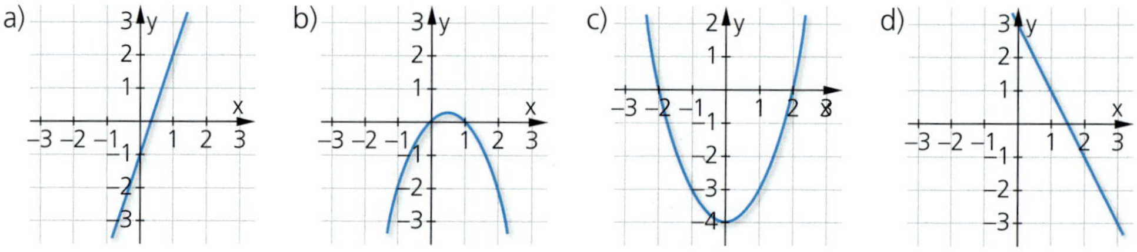

(a) $y = 3x - 1$ (b) $y = x^2 - 4$ (c) $y = x - x^2$ (d) $y = 3 - 2x$

3 Rechenvorschriften

Welche der Rechenvorschriften gehören zu proportionalen Zuordnungen, welche zu antiproportionalen? Erstelle jeweils eine Tabelle und einen Graphen.

a) $y = 4x$ b) $y = \frac{4}{x}$ c) $y = x - 4$ d) $y = \frac{x}{4}$ e) $y = 2x^2$ f) $y = \frac{2x}{2}$

4 Zuordnungsvorschriften finden

Die Graphen gehören zu proportionalen bzw. antiproportionalen Zuordnungen. Gib jeweils eine Zuordnungsvorschrift an.

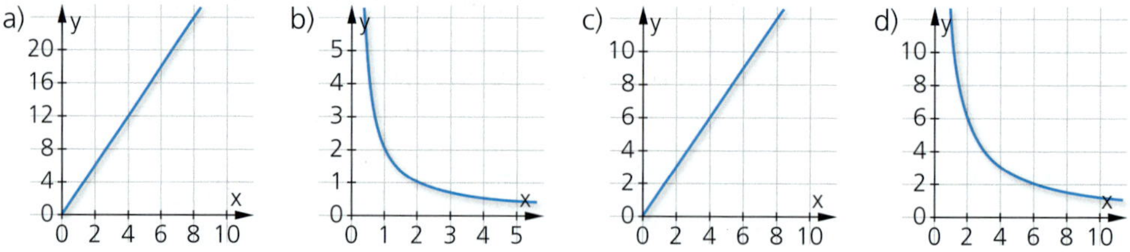

5 Variable Umfänge

Der Umfang einer Figur ist die Summe der Längen der Seiten.

a) Gib für die Figuren den Umfang an.

b) Wie groß wäre jeweils der Umfang, wenn x = 8 und y = 5 wäre?

c) Gib eine Formel für den Umfang an, wenn y immer doppelt so groß wie x ist.

(1)

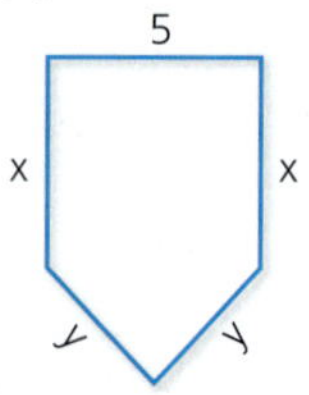

(2)

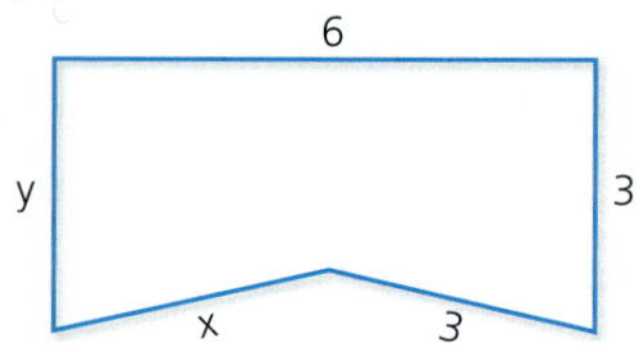

Verstehen

6 Füllkurven

In alle Gefäße wird Wasser gleichmäßig eingefüllt. In dem Schaubild ist jeweils auf der horizontalen Achse die Zeit und auf der senkrechten Achse die Höhe des Wasserstands aufgetragen. Ordne jedem Gefäß die entsprechende Füllkurve zu. Begründe deine Entscheidung.

(1) 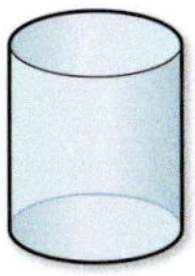
(2) 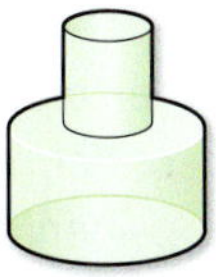
(3) 
(4) 

a) 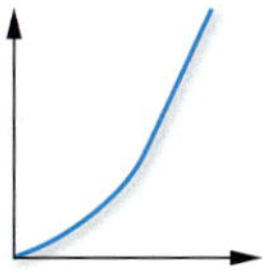
b) 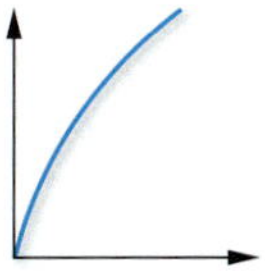
c) 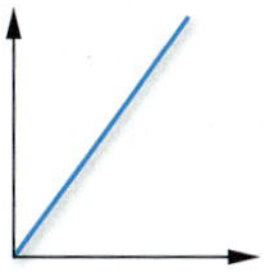
d) 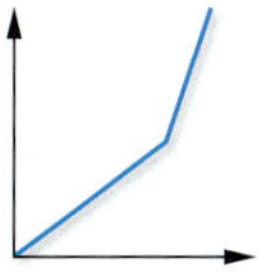

7 Wahr oder falsch?

Gib jeweils eine Begründung dafür an, warum die Aussagen wahr oder falsch sind.

① Ein Graph kann immer nur einen Hochpunkt haben.

② Wenn es eine „je mehr, desto mehr"-Zuordnung ist, ist es eine Proportionalität.

③ Wenn eine Zuordnung proportional ist, ist es eine „je mehr, desto mehr"-Zuordnung.

④ Das Produkt zweier Zahlen x und y kann immer als Fläche eines Rechtecks gedeutet werden.

⑤ Die Kantenlänge eines Quadrates ist proportional zur Fläche des Quadrates.

⑥ Der Graph einer Antiproportionalität ist immer fallend.

8 Warum-Fragen

a) Warum sind Füllkurven nie fallend?
b) Warum ist das Wachstum eines Tieres nicht proportional zur Zeit?
c) Warum läuft der Graph einer proportionalen Zuordnung durch den Ursprung?
d) Warum kann es in Tabellen zur Antiproportionalität keinen Eintrag bei $x = 0$ geben?

9 Begriffe, Begriffe, Begriffe

Erläutere an den Beispielen $y = 3 \cdot x$ und $y = \frac{6}{x}$ folgende Begriffe.

- „Je mehr, desto mehr"-Zuordnung
- „je mehr, desto weniger"-Zuordnung
- Produktgleichheit
- Quotientengleichheit
- Gesamtgröße
- Proportionalitätsfaktor

10 Terme finden

Übersetze die folgenden Zuordnungsvorschriften in Terme.

a) Jeder Zahl wird das um 1 vergrößerte Doppelte der Zahl zugeordnet.
b) Jeder Zahl wird das Doppelte der um 1 vergrößerten Zahl zugeordnet.
c) Die Fahrtkosten betragen 1,50 Euro pro Kilometer bei einer Grundgebühr von 3 Euro.
d) Die Länge eines Rechtecks ist um 2 cm größer als die Breite. Der Breite wird der Flächeninhalt (der Umfang) des Rechtecks zugeordnet.

Anwenden

11 Beim Kinderarzt

Bei der Untersuchung von Babys werden das Gewicht und die Körpergröße gemessen. Wenn ein Kind auffällig leicht oder auffällig schwer ist, kann das ein Hinweis auf Krankheiten sein.

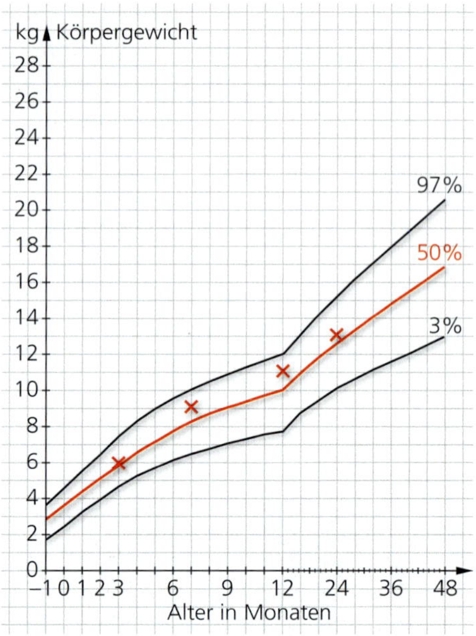

a) Was könnten die Graphen darstellen? Deine Eltern können dir vielleicht noch dein „Untersuchungsheft" zeigen.

b) Der Arzt hat für Christoph die Gewichte bei verschiedenen Untersuchungen eingetragen. Lies ab, wie alt Christoph jeweils war und wie schwer.

Liegt das Gewicht zwischen der oberen und unteren Kurve, dann liegt keine Auffälligkeit vor.

c) Entscheide bei den Kindern, ob sie auffällig leicht oder auffällig schwer sind:
Anke 4 Monate 8 kg
Beate 9 Monate 7 kg
Claus 12 Monate 13 kg
Monika 24 Monate 9 kg
Julian 36 Monate 16 kg

12 Grafischer Fahrplan

In dem Schaubild ist der Fahrplan für einen Zug grafisch dargestellt. Diese Darstellung nennt man einen „grafischen Fahrplan".

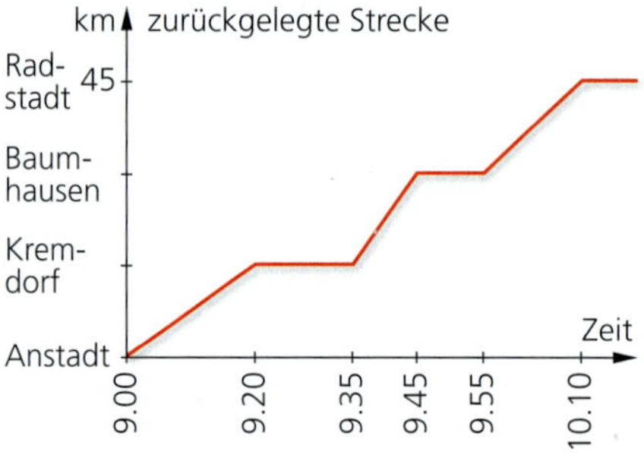

Man sieht auf einen Blick,
- wann der Zug abfährt und wann er anhält,
- wie lange der Zug an dem jeweiligen Bahnhof hält.

Erstelle einen Fahrplan.

13 Ein Kran

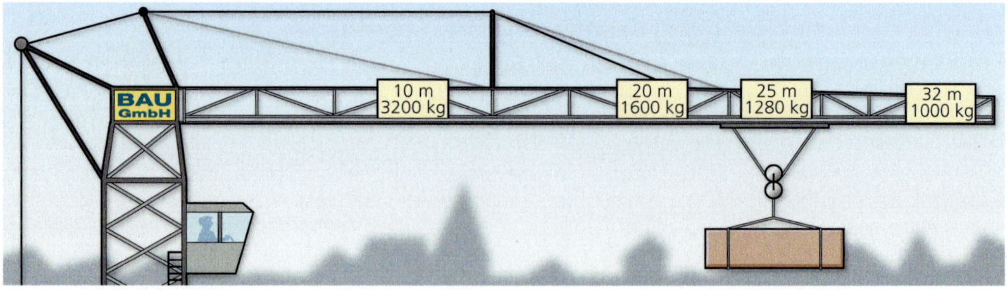

Vielleicht ist dir schon aufgefallen, dass auf dem Ausleger eines Krans in verschiedenen Abständen Schilder angebracht sind. Sie geben an, wie groß die Last ist, die an dieser Stelle von dem Kran noch sicher getragen werden kann.

a) Erstelle eine Tabelle, die die Last in Abhängigkeit von der Auslegerlänge wiedergibt.

b) Stelle die Werte in der Tabelle grafisch dar.
Um was für eine Zuordnung handelt es sich? Begründe.

Anwenden

14 **Der Goldpreis**

5 g Gold kosten 269,02 €.

```
5/269.02
        .0185859787
Ans*10000
        185.8597874
```

a) Was wurde hier mit dem Taschenrechner berechnet?
b) Wie viel Gold kann man für 1000 € (3000 €, 450 €) kaufen?
c) Wie viel kostet ein 500 g Barren?
d) Eine Münze aus reinem Gold hat ein Gewicht von 11,230 g (25,760 g). Welchen Materialwert hat die Münze?
Wieso ist die Münze im Verkauf teurer als der Wert des Goldes? Informiere dich über den aktuellen Goldpreis und löse damit die Aufgaben b), c) und d).

15 **Meteoriten 1**

Wenn Meteoriten in die Erdatmosphäre eintreten, erwärmen sie sich sehr stark. Manche werden weißglühend, manche verglühen, bevor sie die Erde erreichen. Dies sind die Sternschnuppen, die du gelegentlich am abendlichen Himmel sehen kannst. Die Temperatur, die ein Meteorit erreicht, hängt von der Geschwindigkeit ab, mit der er in die Erdatmosphäre eintritt. Die Tabelle gibt den Zusammenhang zwischen Temperatur und Geschwindigkeit wieder.

Geschwindigkeit v (in Meilen/s)	Höchste Temperatur T (in °C)	Differenz der Temperaturen
5	11 250	4950 °C
6	16 200	5850 °C
7	22 050	■
8	28 800	■
9	36 450	■
10	■	■
11	■	■
12	■	

a) Entdeckst du eine Regel in der 2. Spalte? Tipp: Ergänze die 3. Spalte in der Tabelle.
b) Berechne T(10), T(11) und T(12). Was gibt das jeweilige Ergebnis an?

16 **Meteoriten 2**

Die Überreste eines Meteoriten, der in der Erdatmosphäre zum Teil verglüht ist, werden gemessen.
Die Reste haben ein Volumen von 3721 cm³ und ein Gewicht von 28,242 kg. Wissenschaftler schätzen das ursprüngliche Volumen auf mindestens 1 m³ (27 m³). Berechne mit dem Taschenrechner sein ursprüngliches Gewicht.

17 **Mit Lichtgeschwindigkeit unterwegs**

Licht „reist" mit einer sehr hohen Geschwindigkeit. Für die Strecke von der Erde zur Sonne (150 000 000 km) benötigt es 500 Sekunden, das sind 8 Minuten 20 Sekunden. Wie lange braucht das Licht von der Erde zur Venus? Die kleinste Entfernung Erde – Venus beträgt 38 000 000 km.

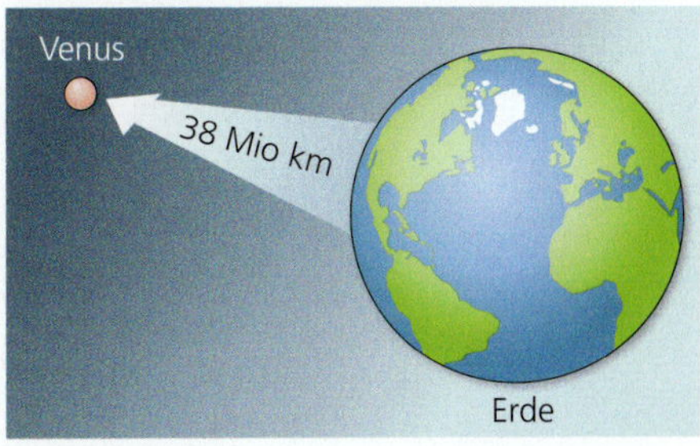

18 **Treppenstufen laufen**

Peter schafft die 52 Treppenstufen im Schulhaus in 32 Sekunden.
a) Wie lange braucht er um die 776 Stufen des Donauturms in Wien zu erklimmen?
b) In Vorarlberg gibt es die Alpentreppe mit ungefähr 4000 Stufen. Wie lange braucht Peter für diesen Anstieg?

3

Prozent- und Zinsrechnung

Prozente begegnen einem im Alltag sehr häufig. Sie haben immer dann ihren Auftritt, wenn man Zunahmen und Abnahmen, Anteile und Häufigkeiten miteinander vergleichen will.
Du erhälst einen Rabatt von 5, - € auf den Preis einer Ware. Ist das ein großer Rabatt? Um das zu beurteilen, musst du wissen, wie viel Prozent der Preisnachlass beträgt.
Bei Sonderangeboten, Lohnerhöhungen, Wachstum von Bevölkerungen, Zinsen, ... überall werden Zunahme oder Abnahme in Prozent angegeben.

3.1

Relativer Vergleich, Prozente in Tabellen und Diagrammen

Anteile kann man als Bruchteil angeben ($\frac{3}{4}$ aller Schülerinnen und Schüler der Schule) oder als Verhältnis (9 Teile Kupfer und 1 Teil Zinn). Besonders leicht kann man Anteile vergleichen, wenn sie in Prozenten angegeben sind. So kann man z. B. leicht feststellen, ob ein Hamburger mehr Fett enthält als eine Bratwurst. Prozentuale Anteile kann man übersichtlich in Tabellen und Diagrammen darstellen, die Anteile gut auf einen Blick wiedergeben. Du kennst sicher den Spruch: „Ein Bild sagt mehr als tausend Worte“.

Haben SPD und Grüne die Mehrheit der gültigen Stimmen vor der CDU/FDP/ProKöln?

	Hamburger	Bratwurst
Fett	10,3%	23,1%
Kohlenhydrate	25,2%	0,2%
Eiweiß	10,3%	20,6%

3.2

Grundwert – Prozentsatz – Prozentwert

Ole kauft eine Hose, die 60 € gekostet hat, mit 30 % Rabatt. Tim kauft für denselben Rabatt ein Hemd und bezahlt 17,50 €. Mona kauft ein T-Shirt für 9 €, das vorher 15 € gekostet hat. Bei Prozentaufgaben treten immer drei Größen auf, der Grundwert, der Prozentsatz und der Prozentwert. Wenn zwei Werte bekannt sind, kann man den dritten berechnen.

Was muss Ole bezahlen? Was hat Tims Hemd vorher gekostet und wie hoch ist der Rabatt bei Monas T-shirt?

3.3

Prozente im Alltag

Prozente kommen im Alltag in den verschiedensten Situationen vor. Will man Angaben mit Prozenten richtig deuten, dann muss man genau darauf achten, worauf sie sich beziehen. So sind beide Wahlberichterstattungen richtig, obwohl sie widersprüchlich erscheinen.

Wie passen die beiden Wahlberichte zusammen?

Was ist im Artikel über die Rentner merkwürdig?

Wahlberichterstattung:
Die X-Partei hat ihren Stimmanteil um 2,5 % von 5 % auf 7,5 % gesteigert.

Wahlberichterstattung:
Die X-Partei hat ihren Stimmanteil um 50 % gesteigert. Ihr Stimmanteil ist von 5 % auf 7,5 % geklettert.

Auf den Punkt gebracht

PJH. Rentner stellen 25 % der Einwohner in unserer Gemeinde, jedoch 40 % der Wahlberechtigten. Dies sei auch der Grund, für die von vielen jungen Familien ...

3.1 Relativer Vergleich: Prozente in Tabellen und Diagrammen

Anteile kann man auf ganz verschiedene Arten angeben: Jeder vierte US-Amerikaner hat ein Haustier. Zwei Neuntel aller Chinesen besitzen ein Haustier. Sechs von zehn Deutschen haben ein Haustier, aber nur 40 % aller Franzosen. Kannst du auf Anhieb sagen, in welchem Land Haustiere am beliebtesten sind? Will man Anteile miteinander vergleichen, dann werden sie zumeist in Prozent (%) angegeben. Zeitungen und Nachrichten sind voller Prozentangaben, die mit unterschiedlichen Diagrammen veranschaulicht werden. Wie man die entsprechenden Diagramme richtig interpretiert und sie selbst erstellt, damit beschäftigt sich dieses Kapitel.

Aufgaben

1 T-Shirts im Sonderangebot

Susanne und Tom wollen sich möglichst günstig T-Shirts kaufen. Verschiedene Geschäfte werben mit Angeboten.

Trendhaus
Preisschnitt: Schneiden Sie von allen Preisen $\frac{1}{4}$ ab.

T-Shirt 1-2-3
1. Shirt: Originalpreis
2. Shirt: halber Preis
3. Shirt: drittel Preis

Klamotte
Alles muss raus!!!!!
Kaufe ein T-Shirt, das zweite ist frei

Mode-stübchen
Auf alles 30 % Rabatt

Susanne und Tom wollen sich möglichst günstig T-Shirts kaufen. Verschiedene Geschäfte werben mit Angeboten.

a) Welches Geschäft gewährt den größten Rabatt? Begründe. Tipp: Nimm zum Vergleich an, dass die T-Shirts alle 30,– € kosten und du drei T-Shirts kaufen willst.
b) Warum werden Rabatte häufig in Prozenten angegeben? Hast du eine Idee?

2 Wer hat besser gezielt?

Die Basketballmannschaft der 7 a hat beim Turnier der siebten Klassen 4 von 10 Freiwürfen, die 7 b hat 9 von 25 Freiwürfen verwandelt. Wer hat bei den Freiwürfen besser abgeschnitten?
Anna, Klaus und Stefan haben gerechnet. Alle drei kommen zu demselben Ergebnis, aber auf unterschiedlichem Weg.
Erkläre, was sie getan haben, und finde heraus, welches Team bei den Freiwürfen das bessere war.

Anna
$\frac{4}{10} = \frac{20}{50}$
$\frac{9}{25} = \frac{18}{50}$

Klaus
4 : 10 = 0,4
40
0

9 : 25 = 0,36
75
150
0

Stefan
$\frac{4}{10} = \frac{40}{100} = 40\,\%$
$\frac{9}{25} = \frac{36}{100} = 36\,\%$

Aufgaben

So wird ein „Prozentgummi“ angefertigt:

- Besorge ca. 2 cm breites Hosengummi, ungefähr 110 cm lang.
- Trage in gleichen Abständen (z. B. 10 cm) eine 10%-Markierung ein.

3 Vergleich mit dem Gummiband – das Prozentgummi

In den 7. Klassen des Gymnasium Korschenbroich werden Daten gesammelt (Brillenträger, Lateinschüler, …). Die 7 a vergleicht im Mathematikunterricht die Anteile mit einem gleichmäßig dehnbaren „Prozentgummi“.

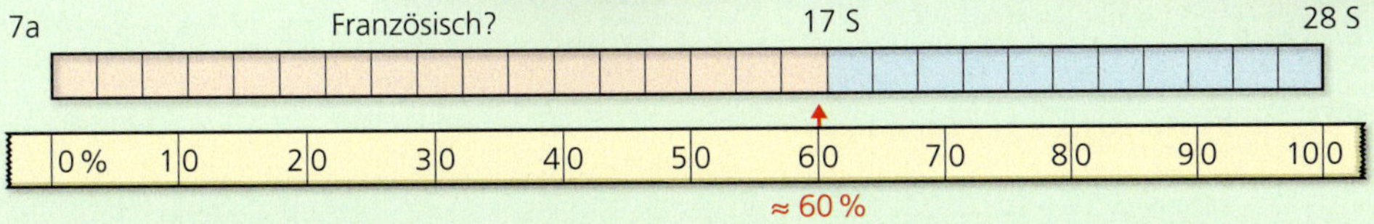

Sammelt über die Klassen eurer Schule ähnliche Daten wie in unserer Aufgabe (z. B. Lateiner, Auswärtige, Brillenträger, Sportler, Mädchen usw.). Veranschaulicht die Ergebnisse in Balken mit 5 cm pro Schüler an der Tafel. Dann könnt ihr die verschiedenen Anteile mithilfe eurer Prozentgummis ermitteln und vergleichen.

4 Aus einem Kochbuch für Ernährungsbewusste

Nahrungsmittel	Eiweiß	Fett	Kohlenhydrate	Sonstiges
Hackfleisch	18 %	■	0 %	62 %
Schokolade	9 %	33 %	55 %	■
Bananen	1 %	0 %	■	83 %

a) Übertrage die Tabelle in dein Heft und vervollständige sie.

b) Ergänze die Tabelle aus Aufgabenteil a) in deinem Heft um die jeweiligen Angaben für Aal, Milch und Haferflocken.

Streifendiagramm

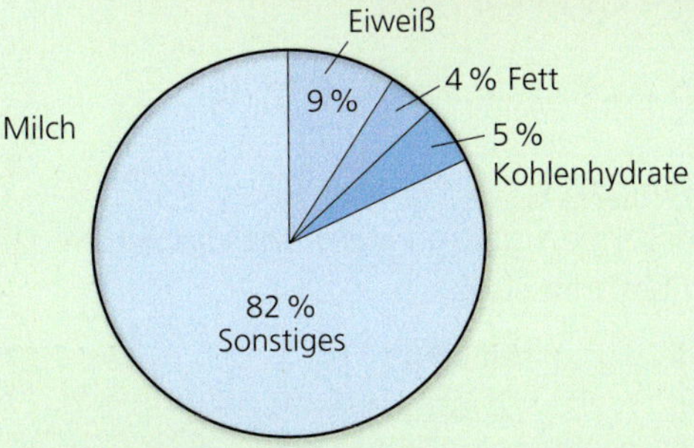

Kreisdiagramm

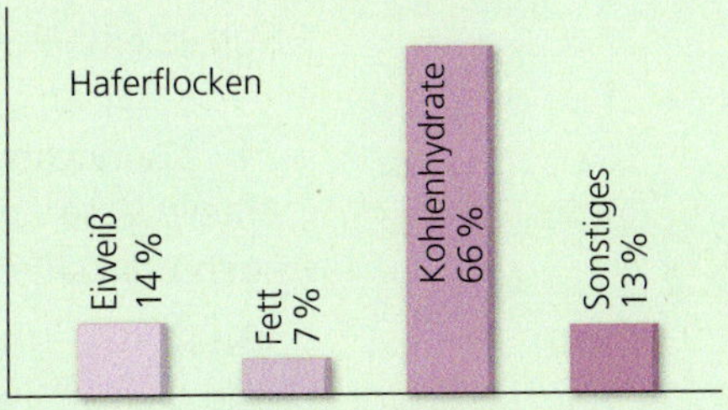

Säulendiagramm

Hilfe zum Zeichnen eines Kreisdiagramms:
1 % ≙ 3,6°
10 % ≙ 36°
25 % ≙ 90°
50 % ≙ 180°
100 % ≙ 360°

c) Fertige selbst je ein entsprechendes Diagramm für Schokolade, für Hackfleisch und für Bananen an. Entscheide, welche Art von Diagramm du verwendest und begründe deine Entscheidung. Wenn du möchtest, kannst du die Diagramme auch mit dem Computer anfertigen. Lege dazu erst eine Tabelle in einem Tabellenkalkulationsprogramm an und nutze dann die Funktion „Diagramm einfügen“.

Basiswissen

Anteile kann man auf verschiedene Arten angeben, z. B. als Bruchteil ($\frac{3}{5}$ von 20), als Prozent (14 % von 50), als „Anteil" (3 von 15) usw. Veranschaulichen kann man Anteile mit Kreisdiagrammen, Säulendiagrammen, Streifendiagrammen.

Anteile in Prozent angeben

	Prozent	Diagramme
▪ Einer von hundert Deutschen verdient mehr als 126 000 Euro pro Jahr. 1 von 100, also $\frac{1}{100} = 0{,}01 = 1\,\%$	**1 %**	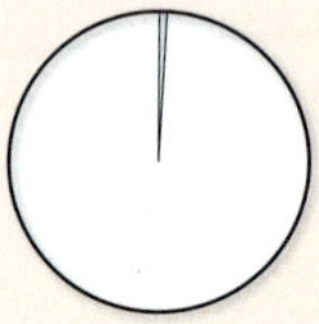 Kreisdiagramm
▪ Zwei Fünftel aller Menschen haben Blutgruppe A $\frac{2}{5} = \frac{40}{100} = 0{,}4 = 40\,\%$	**40 %**	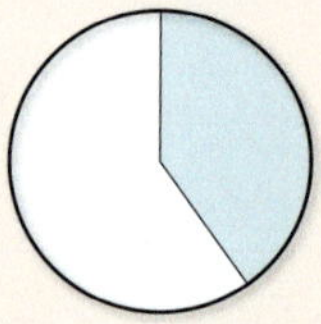 Kreisdiagramm
▪ 9 von 11 Fußballspielern sind „Rechtsfüßler". 9 von 11, also $\frac{9}{11} \approx 0{,}82 = \frac{82}{100} = 82\,\%$	**82 %**	 Streifendiagramm
▪ 65 % aller Lehrkräfte sind weiblich. $65\,\% = \frac{65}{100} = 0{,}65$ Die restlichen 35 % der Lehrkräfte sind männlich.	**65 %**	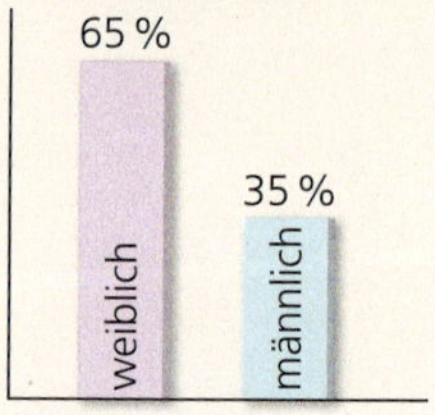 Säulendiagramm

Beispiele

A Nuss-Nougat-Creme

In 500 g „Nutella" sind 280 g Zucker und 159 g Fett enthalten. Wie viel % sind das jeweils?

Lösung: Zucker: $\frac{280}{500} = 0{,}56 = \frac{56}{100} = 56\,\%$

Fett: $\frac{159}{500} = 0{,}318 = 31{,}8\,\%$

Nutella enthält 56 % Zucker und 31,8 % Fett.

B Bundestagswahl 2013

Merke: 1 % ≙ 3,6°

Anteile lassen sich besonders gut in einem Kreisdiagramm darstellen, wenn die zugehörigen Winkelgrößen bekannt sind.

Partei	Anteil	Winkel
CDU	34,1 %	122,8°
SPD	25,7 %	92,5°
DIE LINKE	8,6 %	31,0°
GRÜNE	8,4 %	30,2°
CSU	7,4 %	26,6°
SONSTIGE	15,7 %	56,5°

Ergebnis der Bundestagswahl 2013

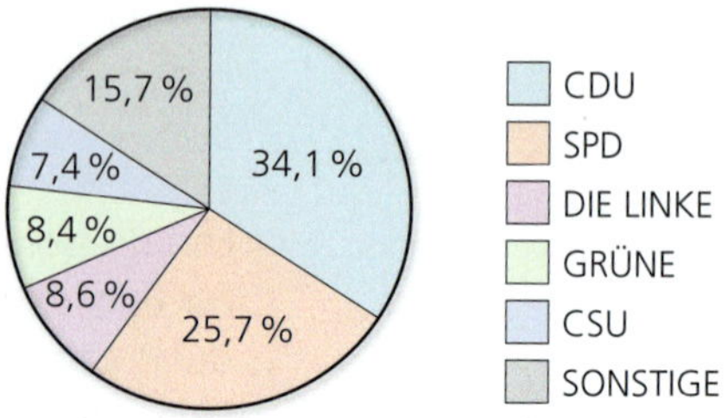

Übungen

5 Anteile schätzen

Schätze, wie groß der jeweilige Anteil ist. Gib deine Schätzung in Prozent an.

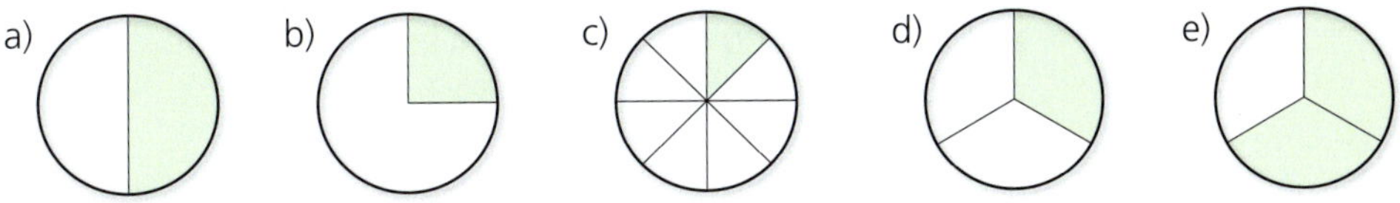

6 Fische im Aquarium

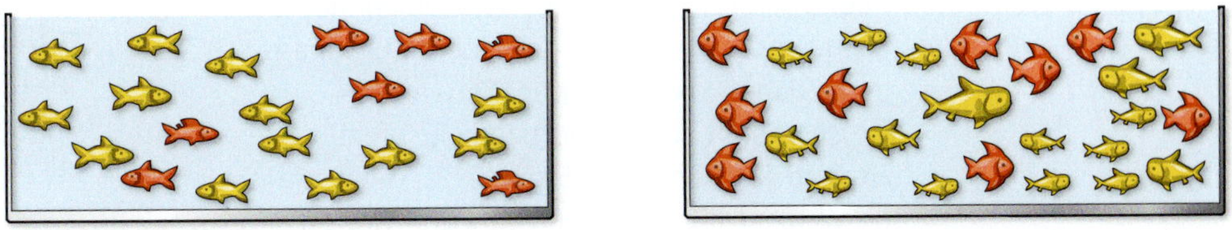

a) Warum ist es schwierig zu entscheiden, in welchem Aquarium der Anteil der roten Fische größer ist?

b) Mit Dezimalzahlen oder Prozentangaben kannst du entscheiden, in welchem Aquarium der Anteil der roten Fische größer ist.

7 Kundenumfrage

In einem Einkaufszentrum wurden 800 Kunden befragt:

- Ist Ihre Anfahrt länger als 10 km?
- Kaufen Sie ausschließlich Lebensmittel ein?
- Besitzen Sie eine Kreditkarte des Einkaufszentrums?
- Werden Sie in den nächsten Tagen wiederkommen?
- Sind Sie für längere Öffnungszeiten?

Die Ergebnisse der Befragung sind mit Farbe in einer Art Rechteckmodell eingetragen. Übertrage das Modell in dein Heft und ergänze die fehlenden Prozentangaben.

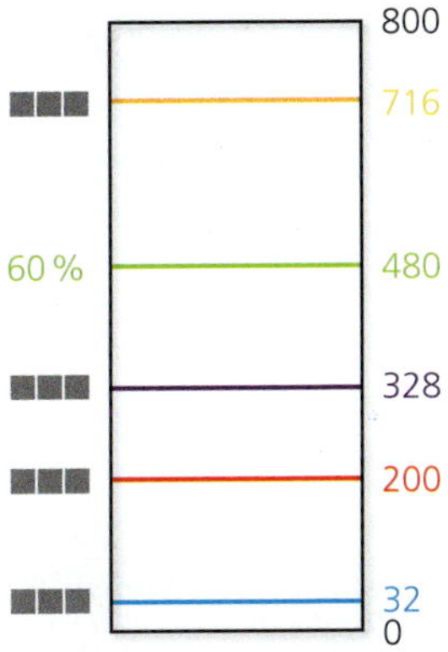

8 Brüche, Dezimalzahlen und Prozentsätze

a) Rechne die Anteile in Dezimalzahlen und Prozentsätze um:
$\frac{3}{4}$ $\frac{5}{8}$ $\frac{11}{20}$ $\frac{9}{15}$ $\frac{174}{300}$ $\frac{230}{1000}$ $\frac{23}{40}$ $\frac{21}{30}$ $\frac{35}{250}$

b) Schreibe die folgenden Prozentsätze als Dezimalzahl und als Bruch. Kürze, wenn möglich:
40 % 38 % 61 % 75 % 52 % 95 % 50 % 76 %

> Manchmal hilft kürzen:
> $\frac{9}{15} = \frac{3}{5} = \frac{60}{100} = 60\,\%$
> manchmal dividieren:
> $\frac{23}{40} = 23 : 40 = 57{,}5\,\%$

9 Anteile, die man sich merken sollte

Zeichne den Stab mit den Markierungen in dein Heft und ergänze so, dass an jeder Markierung sowohl Anteile als auch Prozente stehen. Wähle für $\frac{1}{10}$ einen Zentimeter.

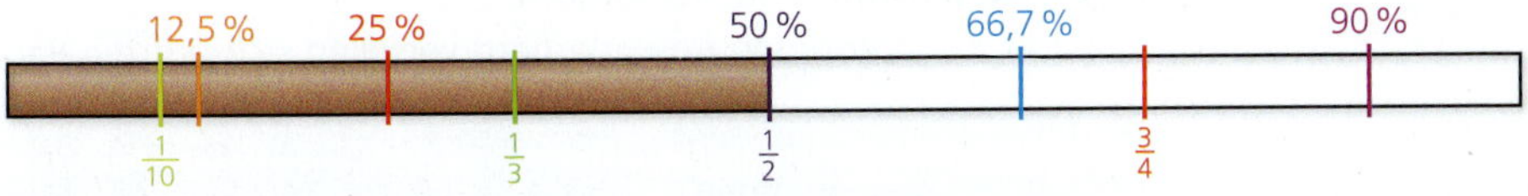

10 Klassensprecherwahl

Die Freunde Marian und Bastian wurden jeder in seiner Klasse zum Klassensprecher gewählt. Zu Hause vergleichen sie die Ergebnisse der Wahlen: Marian in der 7 b erhielt 18 von 30 Stimmen, Bastian in der 7 c erhielt 16 von 28. Das ist doch derselbe Anteil – oder?

Übungen

11 Prozente schätzen und berechnen

Schätze, wenn möglich, zunächst durch einen Überschlag die folgenden Anteile in Prozent. Berechne dann die Anteile.

a) 110 € von 1000 €
b) 14 kg von 60 kg
c) 22 min von 30 min
d) 240 m² von 750 m²
e) 21 ℓ von 150 ℓ
f) 30 Autos von 80 Autos
g) 4 m von 400 m
h) 35 € von 3500 €
i) 2,5 kg von 250 kg
j) 16 m von 400 m
k) 60 € von 3500 €
l) 10,5 kg von 250 kg

12 Woher kommt das Geld auf dem Sparkonto?

Bei einer Befragung der 140 Schülerinnen und Schüler der 7. Klassen des Goethe-Gymnasiums gab es die folgenden Antworten:

- geschenkt zum Geburtstag (120-mal)
- vom Taschengeld (25-mal)
- verdient mit Helfen in Haus und Garten (64-mal)

a) Berechne in Prozent, wie viele der 140 Schülerinnen und Schüler die jeweilige Angabe gemacht haben.
Hierbei kann der Taschenrechner helfen.
Runde auf eine Stelle nach dem Komma.
Warum ist die Summe der Prozente größer als 100 %?

b) Führt eine entsprechende Befragung (anonym) in eurer Klasse durch und vergleicht eure Ergebnisse mit denen des Goethe-Gymnasiums.

↘ **Probleme bei Berechnen von Prozenten mit dem Taschenrechner**

Wie viel Prozent sind 211 von 654?

Taschenrechner:
211 : 654 = 0,3226299694
= 32,26299694 %

Runden: z. B. auf eine Stelle nach dem Komma: 32,3 %.

Wie genau man rundet hängt von dem jeweiligen Sachproblem ab.

1. ARD	Tatort	9,04 Mio.
2. ZDF	Die Pastorin	5,31 Mio.
3. ProSieben	Thor	3,74 Mio.
4. Sat 1	Navy CIS	3,62 Mio.
5. RTL	Fast & Furios Five	3,17 Mio.

Spiel beschert Top-Quoten
Bayern „rockt" das ZDF
München – Die Übertragung des Bayern-Spiels bei Juventus Turin hat dem ZDF eine hervorragende Quote beschert. 11,57 Millionen von 31,70 Millionen Fernsehzuschauer sahen in der Spitze das Spiel.

13 Einschaltquoten …?

Die Fernsehmacher sind sehr daran interessiert, wie viele Zuschauer die jeweilige Sendung gesehen haben.

a) Für den 14.04.2013 hat MEEDIA TV – Quoten die nebenstehenden Daten für die Sendungen ab 20.15 Uhr veröffentlicht. Die Anzahl aller Zuschauer betrug 35,31 Millionen. Berechne die Einschaltquoten in Prozent.

b) Berechne die Einschaltquote für das Spiel Bayern bei Juventus Turin in Prozent.

c) Den Einschaltquotenrekord für Fußballspiele von Vereinsmannschaften erzielte das Endspiel in der Champions League 2013 zwischen Bayern München und Borussia Dortmund. Von den 34,91 Millionen Fernsehzuschauern hatten im Mittel 21,61 Millionen das Endspiel angeschaut. Berechne diese Rekordquote.

14 Abgeordnete im Parlament

Die 203 Abgeordneten im Parlament verteilen sich auf die Parteien wie folgt:

Partei	A	B	C	D
Anzahl der Abgeordneten	58	60	40	45

a) Ermittle die jeweiligen Anteile der einzelnen Parteien.

b) In Zeitungen werden Prozentsätze immer gerundet angegeben, denn lange Dezimalzahlen kann man sich schlecht merken. Runde die Prozentsätze auf eine Stelle nach dem Komma.

c) Schaue, ob die Summe aller Prozentwerte 100 ist. Was stellst du fest?

Übungen

15 Verpackungsgewicht

Verpackungen machen oft einen großen Anteil am Gesamtgewicht aus. Ermittle jeweils den Anteil in Prozent, den die Verpackung ausmacht.

a)

	Creme	Kosmetik
Gesamtgewicht	325 g	129 g
Leergewicht	210 g	95 g
Verpackungsanteil	■	■

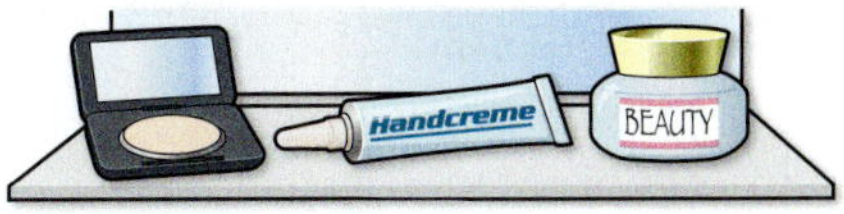

b) Bestimme für Produkte, die du im Badezimmer findest, den Anteil der Verpackung in Prozent. Wie viel Creme in einer Dose ist, steht zumeist auf der Verpackung, z. B.: netto 49,5 g oder net.wt 49,5 g.

16 Preissenkungen und Preiserhöhungen

a) Berechne den Rabatt in Prozent.

b) Berechne die Preiserhöhung in Prozent.
Leider müssen wir Preise erhöhen:

- ein Glas Gurken statt 1,51 € nun 1,66 €
- Kühlschrank mit geringerem Stromverbrauch nun 499 € statt 412 €.

Preis – Angebot = Rabatt
60 € – 45 € = 15 €
Rabatt in Prozent:
$\frac{15}{60} = 0,25 = 25\,\%$

17 Sommerschlussverkauf

Ein Geschäft wirbt mit einer Preissenkung zwischen 30 % und 40 %. Im Schaufenster des Geschäftes hängen folgende Werbeschilder. Prüfe die Preise auf ihre Richtigkeit.

Berechnung mit Dezimalzahlen schnell und gut:
30 % von 89
$89 \cdot \frac{30}{100} = 89 \cdot 0,30 = 26,7$

Rechne ebenso schnell alle Preisschilder nach.

Kopfübungen

1. Subtrahiere $\frac{1}{6}$ von $\frac{1}{4}$.
2. Wie weit sind die Punkte im Koordinatensystem voneinander entfernt: P (1 | 2); Q (1 | 7)?
3. Berechne 12 – 4 · 3.
4. Bei den Libellen mit der kleinsten Flügelspannweite beträgt diese ca. 18 mm. Die größte Flügelspannweite der Libellen ist etwa 10-mal so groß. Gib beide Flügelspannweiten in cm an.
5. Dreißig Schüler brauchen 10 Sekunden, um ihre Stühle hochzustellen. Wie lange braucht ein Schüler, um 30 Stühle hochzustellen?
6. Im Säulendiagramm „Die höchsten Bäume der Welt" in deinem Heft darf der Mammutbaum (115 m, Weltrekord) nicht fehlen. Welche Länge der Säule ist geschickt gewählt: ① 10 cm ② 1,15 m ③ 11,5 cm ④ 1,15 cm
7. Zwei Kästen Cola wiegen 17 kg. Wie viel wiegen fünf Kästen?

Aufgaben

Tipp

Berechne z. B. für die USA mit dem TR den Quotienten: $\frac{313,847}{311,592}$. Das Ergebnis ist 1,007. Das Bevölkerungswachstum beträgt also 0,7 %.

18 **Bevölkerungswachstum**

a) Unter der jährlichen Wachstumsrate versteht man das prozentuale Wachstum einer Bevölkerung innerhalb eines Jahres. Berechne die Wachstumsrate der Bevölkerung (Angaben in Mio.):

	Deutschland	USA	Indien	Nigeria
2011	81,472	311,592	1189.173	165,823
2012	81,306	313,847	1205,074	170,124

Daten: US Bureau of Census

b) Informiere dich über Länder und ihre Wachstumsraten. In welchen Ländern wächst die Bevölkerung besonders schnell, in welchen ist die Wachstumsrate gering?

c) Welche Auswirkungen haben hohe Wachstumsraten auf das Land?

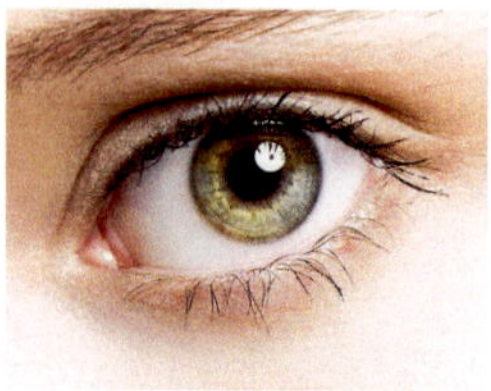

19 **Pupille bei Tag und Nacht**

Alter	20	30	40	50	60	70	80
Tag	4,7	4,3	3,9	3,5	3,1	2,7	2,3
Nacht	9,0	7,0	6,0	5,0	4,1	3,2	2,5

Nachts oder bei Dunkelheit vergrößert sich die Pupille. So wird mehr Licht ins Auge gelassen und man kann besser sehen. Für jedes Alter ist in der Tabelle der Pupillendurchmesser (in mm) bei Tag und Nacht dargestellt. Was kannst du aus der Tabelle ablesen?
Berechne für jedes Alter, um wie viel Prozent die Pupille nachts größer ist als am Tag.

20 **Promille für kleine Anteile**

Kleine Anteile werden in Promille angegeben. Promille steht für Tausendstel. Die Abkürzung für Promille ist ‰.

a) Schon geringe Mengen Alkohol machen fahruntüchtig. Bei einer Kontrolle wird bei einem Autofahrer 1 Promille Alkohol festgestellt. Wie viel Gramm Alkohol hat der Fahrer im Blut, wenn man von einer Blutmenge von 6 Liter ausgeht?

b) Gib die folgenden Anteile in Promille an:
15 von 5000; 0,35 %; 7 von 3500

c) Das Haus der Krügers ist mit 200 000 € gegen Feuer- und Sturmschäden versichert. Die jährliche Prämie beträgt 1000 €. Wie viel Promille der versicherten Summe macht die jährliche Prämie aus?

Anteile in Promille
4 von 2000
4 : 2000 = 0,002 = 2 ‰ (Tausendstel)

21 **Wie rein ist Goldschmuck?**

Der Goldanteil von Schmuckstücken wird in Promille angegeben. So bedeutet z. B. für eine Kette mit der Aufschrift 585er Feingold, dass die Kette zu 585 ‰ aus Feingold besteht.

a) Wie groß ist der Goldanteil in Promille einer Kette, die ein Gewicht von 170 g hat und in der laut Angabe des Goldschmiedes 64,05 g Gold verarbeitet wurden?

b) Informiere dich wie groß gängige Goldanteile in Schmuckstücken sind. Drücke die Anteile in Promille und Prozent aus.

22 **Winzige Anteile bei Giftstoffen**

1 ppm = 0,0001 %

Bei Giftstoffen können schon winzige Anteile gesundheitsschädigend sein. Solche Anteile werden in parts per million (1 ppm = $\frac{1}{1\,000\,000}$) oder parts per billion (*billion* engl. Milliarde, daher 1 ppb = $\frac{1}{1\,000\,000\,000}$) angegeben. Auf einem Fabrikgelände soll getestet werden, ob der Dioxingehalt (Dioxin – ein gefährlicher Giftstoff) den Grenzwert von 1 ppb überschreitet. In einer 50 kg schweren Bodenprobe wurden 12 mg Dioxin nachgewiesen. Gib den Anteil in ppb an.

3.2 Grundwert – Prozentsatz – Prozentwert

Herr Wagner und Frau Bayer erhalten beide eine Lohnerhöhung von 4 %. Ist doch fair, oder? Herr Wagner ist dennoch unzufrieden. Er hatte vor der Lohnerhöhung ein geringeres Gehalt als Frau Bayer. So fiel bei dem niedrigeren „Grundwert" der Prozentwert, d. h. der Wert der Erhöhung in Euro, niedriger aus als bei Frau Bayer.
Frau Piontek, die Abteilungsleiterin, erzählte, dass sie ebenfalls 4 % mehr Lohn erhalten habe, was bei ihr 150 € ausmache. Die Kolleginnen und Kollegen können aus dem Wert der Gehaltserhöhung den „Grundwert", d. h. das Gehalt vor der Lohnerhöhung ausrechnen. Grundwert, Prozentwert und Prozentsatz zu berechnen, ist nicht schwierig. Bei vielen Problemen muss man allerdings genau hinschauen, um herauszufinden, was gegeben ist und was berechnet werden soll.

Aufgaben

1 Westeuropa verliert an Gewicht

Die Weltbevölkerung wächst schneller als die Bevölkerung Westeuropas.

Jahr	Weltbevölkerung in Mio.	Anteil der Westeuropäer	Westeuropäer in Mio.
1950	2550	12 %	306
1975	4088	■	368
2000	6080	0,064	■
2025	8080	1 von 20	■

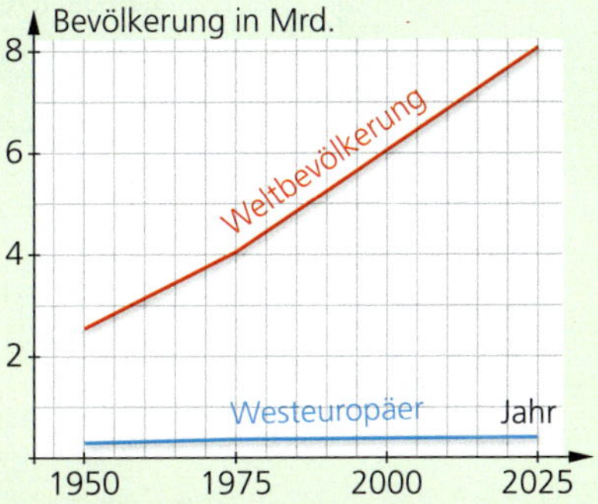

Ergänze die Tabelle. Bestätigen die Daten die Aussage, dass die Weltbevölkerung zunehmend schneller als die Bevölkerung von Westeuropa wächst?

2 Schätzen mit Prozent

Schätze: Wie viel ist 35 % von 750?
Verwende den nächsten „netten" Bruch.
35 % ist nahe bei $\frac{1}{3}$.
Schätzung: $\frac{1}{3}$ von 750 ist 250.

Schätze genau so:
a) 23 % von 800
b) 77 % von 1600
c) 11 % von 550
d) 64 % von 3300
e) 9 % von 630

3 Prozentrechnung im „Bild"

In der Abbildung ist eine Rechnung grafisch dargestellt.
a) Um welche Rechnung handelt es sich? Formuliere die Aufgabenstellung in Worten. Ergänze die fehlenden Zahlen. Führe dabei jeden einzelnen Rechenschritt schriftlich durch.
b) Berechne wie in der Zeichnung dargestellt: 450 ist 15 % von welcher Zahl?

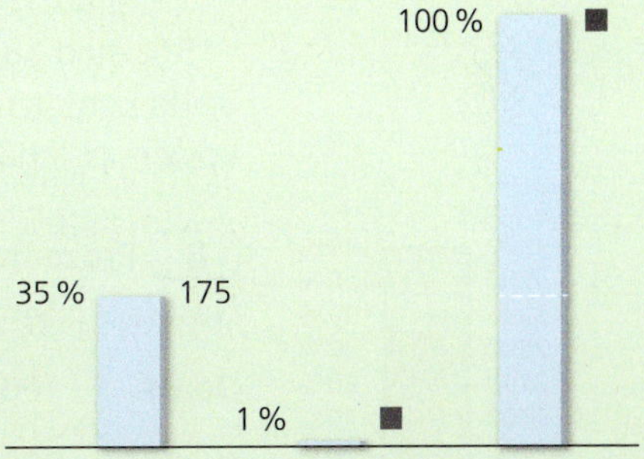

Basiswissen

Wichtige Begriffe und Rechnungen

Bei der Prozentrechnung sind drei Begriffe von Bedeutung:

- Prozentsatz p %
- Prozentwert W
- Grundwert G

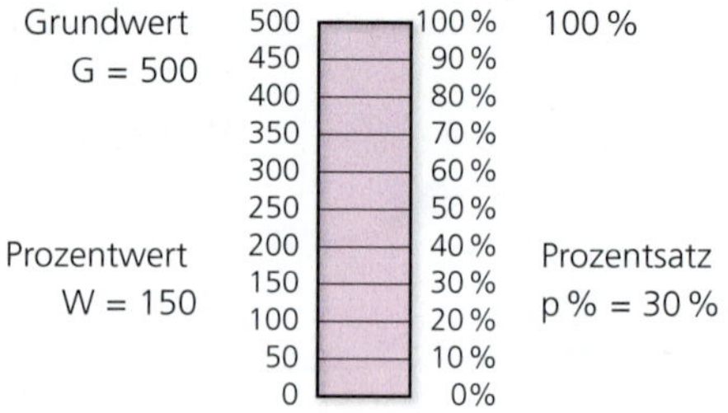

Die drei Grundaufgaben der Prozentrechnung

Berechnen des Prozentsatzes

Der Prozentsatz p % gibt den Anteil des Prozentwertes W am Grundwert G an.

Prozentwert: W = 225, Grundwert: G = 750, Prozentsatz: p % = ■

$p\,\% = \frac{225}{750} \cdot 100\,\% = 30\,\%$

$$p\,\% = \frac{W}{G} \cdot 100\,\%$$

Berechnen des Prozentwertes W

Grundwert: G = 300, Prozentsatz: p % = 19 %, Prozentwert: W = ■

$100\,\% \mathrel{\hat{=}} 300$

$1\,\% \mathrel{\hat{=}} \frac{300}{100}$

$19\,\% \mathrel{\hat{=}} \frac{300}{100} \cdot 19 = 300 \cdot 0{,}19 = 57$

$$W = G \cdot \frac{p}{100}$$

Berechnen des Grundwertes G

Prozentwert: W = 315, Prozentsatz: p % = 35 %, Grundwert: G = ■

$35\,\% \mathrel{\hat{=}} 315$

$1\,\% \mathrel{\hat{=}} \frac{315}{35}$

$100\,\% \mathrel{\hat{=}} \frac{315}{35} \cdot 100 = 900$

$$G = W \cdot \frac{100}{p}$$

Beispiele

A Urlaubsplanung

Familie Jahnen plant ihren Urlaub. Im letzten Jahr hatten sie für zwei Wochen Camping in Italien 1800 € ausgegeben. In diesem Jahr kann die Familie 15 % mehr im Urlaub ausgeben.

Herr Jahnen rechnet:
100 % sind 1800 €
1 % sind 18 €
15 % sind 18 € · 15 = 270 €

Tochter Lisa rechnet mit dem Taschenrechner:
1800 [×] 0,15 [=] 270 €

Beide kommen zu dem gleichen Ergebnis: Der Urlaub kann in diesem Jahr 270 € mehr kosten. Lisa hat allerdings schneller gerechnet.

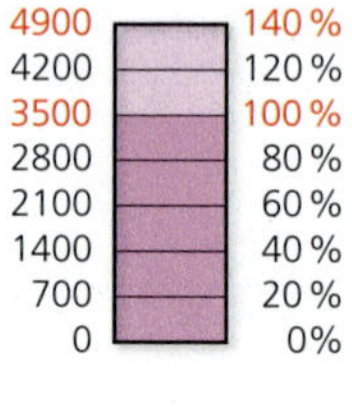

B Prozente mehr als 100 % – gibt es das?

Gesucht: 140 % von 3500

Denke: 100 % + 40 %

Rechne: 3500 [×] 1,40 [=] 4900

$100\,\% \mathrel{\hat{=}} 3500$

$1\,\% \mathrel{\hat{=}} \frac{3500}{100}$

$140\,\% \mathrel{\hat{=}} \frac{3500}{100} \cdot 140 = 3500 \cdot 1{,}4 = 4900$

Beispiele

Geparde: schnell, aber keine Ausdauer

C Geparde

Mit 42 km/h erreichen Spitzensportler 35 % der Höchstgeschwindigkeit eines Gepards. Wie schnell ist ein Gepard?

Lösung:

Gegeben ist der Prozentwert W = 42 km/h und der Prozentsatz p % = 35 %. Gesucht ist der Grundwert G.

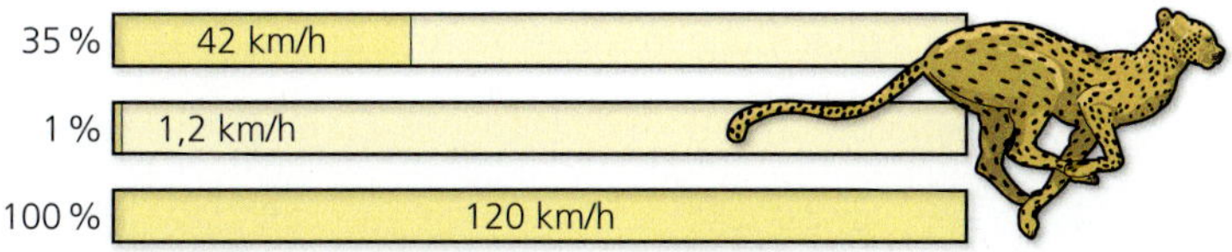

$42 \cdot \frac{100}{35} = 120$

Der Gepard erreicht eine Höchstgeschwindigkeit von 120 km/h.

D Aus der Schülerzeitung

Von den 120 Schülerinnen und Schülern der 6. Klassen haben 85 (81 %) Französisch als 2. Fremdsprache gewählt.

Passen die Daten zusammen?

- Überprüfe den Prozentsatz:
  $p\,\% = \frac{85}{120} \cdot 100\,\% = 70{,}8\,\% \approx 71\,\%$
- Überprüfe den Prozentwert:
  $W = 120 \cdot \frac{81}{100} = 97{,}2 \approx 97$

Die Daten passen nicht zusammen.

Die Redakteure haben falsch gerechnet.

Übungen

4 „Prozentwert"– Aufgaben

Frau Reimann verdient 1870 €. Davon muss sie jedoch 27 % Abgaben (Steuern u. ä.) bezahlen. Wie hoch sind die Abgaben und wie viel bekommt Frau Reimann ausgezahlt?

Der Mensch besteht zu 65 % aus Wasser, zu 20 % aus Eiweiß, zu 10 % aus Fett, zu 4 % aus Mineralstoffen und zu 1 % aus Kohlenhydraten. Gib für einen Menschen mit einem Gewicht von 80 kg die jeweiligen Anteile in kg an.

CDU	34,1 %
SPD	25,7 %
DIE LINKE	8,6 %
GRÜNE	8,4 %
CSU	7,4 %
SONSTIGE	15,7 %

Bei der Bundestagswahl 2013 wurden (fast) 44 310 000 gültige Stimmen abgegeben.

Die jeweiligen Anteile der Zweitstimmen kann man in der Tabelle ablesen.

a) Wie viele Stimmen entfielen jeweils auf die SPD und die CDU?

b) Wie viele Stimmen entfielen jeweils auf die restlichen Parteien?"

Erfinde selbst drei Sachaufgaben, in denen der Prozentwert berechnet werden muss. Schreibe die Aufgaben so auf, dass deine Klassenkameraden sie lösen können.

5 Überschlagsrechnung

Schätze durch eine Überschlagsrechnung:

a) 12 % von 500 b) 21 % von 503
c) 48 % von 5637 d) 26 % von 41 231
e) 69 % von 6090 f) 89 % von 5 201
g) 15 % von 25 000 h) 4,6 % von 4000
i) 9,8 % von 6512 j) 2,4 % von 5000

Tipp

Überschlagsrechnung:
Runde stets so, dass die Rechnung einfach ist und der Fehler nicht zu groß wird.
36 % von 385
Überschlag: *$\frac{1}{3}$ von 390 =* ***130***

Übungen

6 „Prozentsatz"– Aufgaben

Schüler haben viele Ferien.
a) Wie viele echte Ferientage (ohne Samstage, Sonn- und Feiertage) gibt es in deinem Bundesland in diesem Schuljahr?
b) Welchen Anteil machen die echten Ferientage am ganzen Jahr aus?

Uli ärgert sich über die Werbung im Fernsehen. Er glaubt, dass bei Sportsendungen mehr Werbung gezeigt wird als bei Spielfilmen. Er stoppt die Zeiten.

	Dauer	davon Werbung
Spielfilm	92 min.	17 min.
Fußball	125 min.	28 min.

Stimmt seine Vermutung?

Erfinde selbst drei Sachaufgaben, in denen der Prozentsatz berechnet werden muss. Schreibe die Aufgaben so auf, dass deine Klassenkameraden sie lösen können.

7 „Grundwert"– Aufgaben

Frau Piontek erzählt: „Seit diesem Monat erhalte ich 4 % mehr Lohn. Das macht 150 € aus." Wie hoch war Frau Pionteks Lohn vor, und wie hoch ist er nach der Lohnerhöhung?

Anikas Klasse führt eine Befragung über die Fernsehgewohnheiten der Schülerinnen und Schüler ihrer Schule durch. Acht der Befragten sagten, dass sie nicht jeden Tag Fernsehen. Dies machte rund 3 % aller Befragten aus. Wie viele Personen wurden insgesamt befragt?

Erfinde selbst drei Sachaufgaben, in denen der Grundwert berechnet werden muss. Schreibe die Aufgaben so auf, dass deine Klassenkameraden sie lösen können.

8 Erstes Training
Mache zunächst einen Überschlag und rechne dann genau.

a) Berechne den Prozentwert.

12 % von 550	27 % von 12 000	121 % von 48	2 % von 5000
19 % von 3050	1 % von 16 509	105 % von 5000	32 % von 3000

b) Berechne den Grundwert.

36 ist 45 % von ■	450 ist 12 % von ■	90 ist 250 % von ■
18 ist 5 % von ■	940 ist 1 % von ■	780 ist 32 % von ■
2210 ist 26 % von ■	20 ist 200 % von ■	238 ist 119 % von ■

c) Berechne den Anteil in Prozent (Prozentsatz).

35 von 350	2,50 von 120	95 von 100	18 von 28
130 von 110	0,58 von 2,60	2540 von 5600	2,3 von 1940

8 a) Lösungen:
58,08 165,09 100 66 3240 579,5 5250 960

8 b) Lösungen:
3750 360 10 8500 94 000 80 36 2437,5

8 c) Lösungen:
64,3 % 2,08 % 22,3 % 10 % 45,4 % 0,12 % 95 % 118,2 %

9 Zweites Training
Ergänze die folgende Tabelle. Runde, falls nötig.

Grundwert G	430	380	■	98 000	980	■
Prozentsatz p %	3,5 %	■	17 %	■	16 %	120 %
Prozentwert W	■	220	6500	17 000	■	450

Übungen

10 Verlust und Gewinn

a) Frau Loderer verkauft einen Pkw, den sie für 18500 € gekauft hat, für 14750 €. Wie groß ist der prozentuale Verlust?

b) Herr Gundlach hat ein Gemälde für 4000 € gekauft. Auf einer Auktion erzielt er einen Preis von 6900 €. Wie groß ist der prozentuale Gewinn?

11 Netto und Brutto

Ein Auto wird zu einem Nettopreis von 16300 € angeboten. Zu dem Nettopreis werden noch 19 % Mehrwertsteuer addiert.

a) Welchen Bruttopreis muss der Kunde zahlen?

b) Das neue Auto hat nach einem Jahr 22 % an Wert (Verkaufspreis) verloren. Welchen Wert in € hat es dann noch?

c) In beiden Teilaufgaben wird der Prozentwert berechnet. Auf der gelben Karte steht, wie man den Prozentwert schnell berechnet. Berechne Aufgabe a) und b) nach dem „Schnellverfahren".

12 Aus der Zeitung

„Die Anzahl der Schülerinnen und Schüler ist in diesem Jahr um 12 % gesunken. Jetzt besuchen das JKG nur noch 865 Schülerinnen und Schüler."

a) Wie hoch war die Schülerzahl im vergangenen Jahr?

b) Mit wie vielen Schülerinnen und Schülern kann das JKG rechnen, wenn die Schülerzahl erneut um 12 % sinkt?

c) In der Teilaufgabe a) wird der Grundwert berechnet. Auf der gelben Karte steht auch, wie man den Grundwert schnell berechnet. Berechne Aufgabe a) und b) nach dem „Schnellverfahren".

Schnellverfahren zur Berechnung mit dem Taschenrechner

Prozentwert

(1) 2500 € **zuzüglich** 19% MwSt.
Denke: 100 % **+** 19 % = 119 %
Rechne: 2500 € · 1,19 = 2975 €

(2) 820 € **abzüglich** 5% Skonto
Denke: 100 % **–** 5 % = 95 %
Rechne: 820 € · 0,95 = 779 €

Grundwert

Der Verkaufspreis von 396 € liegt 65 % **über** dem Einkaufspreis. Wie hoch war der Einkaufspreis?

Denke: 100 % **+** 65 % = 165 %
396 € = 1,65 · Grundwert
Rechne: 396 € : 1,65 = 240 €

Diese Verfahren lassen sich besonders gut auf dem Taschenrechner verwenden.

13 Andere Länder andere Sitten

„Im Hard Rock Cafe in Florida ist ja alles so preiswert", meint Sandy, als sie die Speisekarte studiert. „Täusche dich da mal nicht", sagt die Mutter. „Zu den Preisen musst du noch die Steuer von 7,5 % und dann noch mindestens 15 % für die Bedienung dazurechnen." Wie viel kostet der Salatteller wirklich, der mit $6,50 auf der Speisekarte steht?

14 Skonto

Skonto ist ein Preisnachlass auf einen Rechnungsbetrag bei Zahlung innerhalb einer bestimmten Frist. Der neue Fernseher kostet 680 €. Wird die Rechnung innerhalb von 8 Tagen bezahlt, dann darf man 2 % Skonto abziehen.
Herr Franz bezahlt direkt beim Kauf im Geschäft. Wie viel muss er bezahlen?

15 Steigende Einwohnerzahl

Die Einwohnerzahl einer Stadt ist laut statistischem Amt innerhalb der letzten fünf Jahre um insgesamt 9 % gestiegen. Wie viele Einwohner hat die Stadt jetzt, wenn sie vor 5 Jahren 68230 Einwohner hatte?

Übungen

16 Bevölkerungswachstum

Die Bevölkerung von Nigeria wächst derzeit jährlich um 2,6 % (vgl. Seite 64, Aufgabe 18).

a) Erstelle eine Tabelle für die Bevölkerungszahlen in den Jahren 2013 bis 2023. Gehe dabei davon aus, dass im Jahr 2012 die Bevölkerung 170 Millionen betrug und gleichmäßig weiter wächst. Ein Taschenrechner kann dir gute Dienste leisten.

b) Vergleiche deine berechneten Bevölkerungszahlen für die letzten Jahre mit den realen Zahlen (Internetrechereche). Wie gut war deine Voraussage?"

17 Etwas zum Überlegen

Stimmt das eigentlich?

„Heute kostet alles dreimal so viel wie vor 50 Jahren. Das macht eine Preissteigerung von 300 % aus."

„Ich bin Händler. Ich kaufe und verkaufe alles zum doppelten Preis, von den 2 % lebe ich."

18 Inflation bedeutet: Alle Preise steigen.

a) Eine Inflationsrate von 5 % bedeutet: Die Preise werden in etwa um 5 % steigen.
Berechne die „neuen" Preise: 1,95 € 49,50 € 3 € 28 900 € 798 €

b) Wie verändern sich die Preise aus Aufgabe a) bei einer Inflationsrate von 2,5 %?

19 Ist das überraschend?

Ein Auto kostet „netto" 36 500 €. Frau Beier handelt mit dem Autoverkäufer einen Rabatt von 12 % aus. Da zu dem Nettopreis noch 19 % Mehrwertsteuer hinzukommen, rechnet sie einfach: „36 500 €, dazu kommen dann noch 7 %. Dies ergibt den Preis, den ich zu zahlen habe."

a) Stelle fest, was Frau Beiers Berechnung ergibt.

b) Der Autoverkäufer besteht darauf, dass wie folgt gerechnet wird:
- Von den 36 500 € wird zuerst der Rabatt von 12 % subtrahiert.
- Zu diesem Preis wird dann die Mehrwertsteuer von 19 % Rabatt addiert.

Wird bei der Berechnung des Verkaufspreises nach dem Verfahren des Verkäufers etwas anderes herauskommen? Rechne einfach nach und urteile selbst.

Kopfübungen

1. Dividiere $\frac{1}{8}$ durch 4.
2. a, b und c seien Geraden. Wahr oder falsch:
Wenn $a \parallel b$ und $b \parallel c$, dann $a \parallel c$.
3. Berechne: a) $2 - 2 : 2 + 2$ b) $(2 - 2) : (2 + 2)$
4. Björn braucht 30 Minuten, um mit dem Fahrrad zur Schule zu kommen. Wie lange bräuchte er, wenn er dreimal so schnell fahren würde?
5. Finde ohne Rechnen heraus! Liegt das Ergebnis links oder rechts der Null auf der Zahlengeraden? a) $-1546 \cdot (-487) \cdot 24$ b) $13 \cdot (-46) \cdot (-57) \cdot (-79)$
6. In einem Balkendiagramm in deinem Heft sollen die Flügelspannweiten der größten Flugzeuge dargestellt werden: 79,8 m; 88,4 m; 97,5 m.
Welcher Maßstab ist sinnvoll? Ein Meter in Wirklichkeit entspricht:
(1) 1 cm (2) 1 mm oder (3) 0,1 mm.
7. Der Futtervorrat für 2 Pferde reicht für 9 Tage. Wie lang reicht er für 6 Pferde?

Aufgaben

20 Steigung in Prozent

Sicher habt ihr schon solche Verkehrsschilder gesehen. Was bedeuten sie und für wen sind sie wichtig?

Steigungen

Steigungen von Straßen, Rampen, Bahnstrecken u. ä. werden in Prozent angegeben. Was z. B. eine Steigung von 22 % bedeutet, kann man an der Abbildung ablesen.

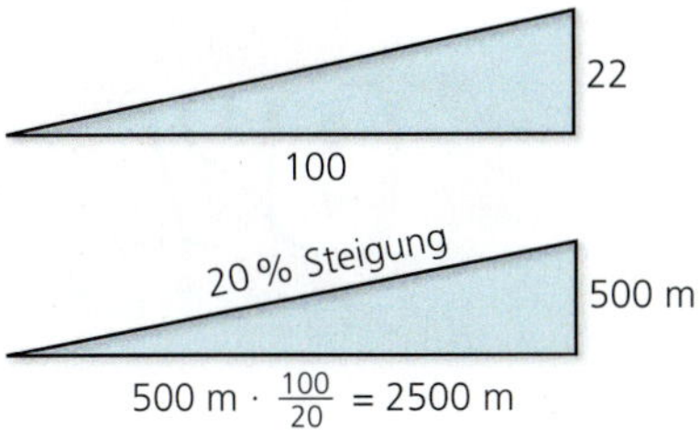

a) Um wie viele Meter steigt die jeweilige Straße auf 100 m (siehe Schilder)?

b) Angenommen, es muss eine Höhendifferenz von 500 m überwunden werden. Die Straße soll nicht steiler als 20 % sein. Dann kann man ermitteln, wie lang die Straße sein muss. Erläutere den Ansatz in der Zeichnung. Rechne.

Exkurs

Statistische Erhebungen

Mit einer „statistischen Erhebung“ sammelt man Informationen über eine Population. Sehr oft ist es nicht möglich, alle Mitglieder einer Population zu befragen (zu teuer, man kann nicht alle erreichen, ...). Dann untersucht man eine Stichprobe.

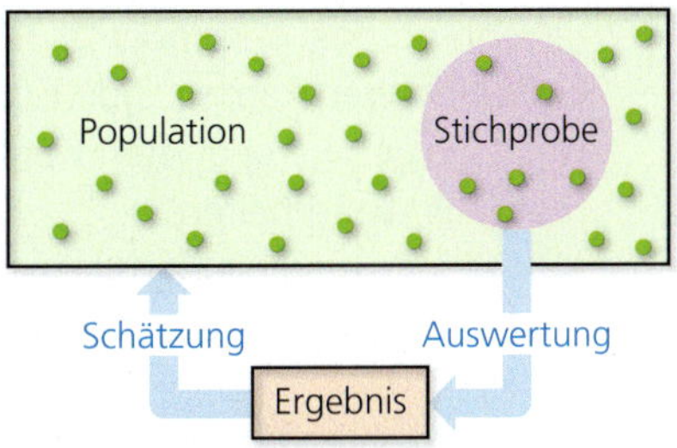

Population:
Alle Autofahrer, die den Parkplatz benutzen.

Stichprobe:
Die *befragten* Parkplatzbenutzer.

Diese Ergebnisse verwendet man, um Aussagen über die ganze Population zu machen.

21 Wie ist Ihre Meinung?

Die Stadt Aufel hat einen sehr großen Parkplatz in der Nähe des Stadtzentrums gebaut. Täglich benutzen 850 Pkws diesen Parkplatz. Die Stadtverwaltung möchte herausfinden, ob es sich lohnt, einen Bus vom Parkplatz zum Stadtzentrum einzusetzen. Es werden am Samstagvormittag 97 Parkplatzbenutzer befragt. Von den Befragten würden 69 einen Bus benutzen, wenn es einen solchen geben würde.

a) Wie groß ist unter den Befragten der Anteil der Busbefürworter in Prozent?

b) Ungefähr wie viele Personen würden den Bus benutzen, wenn man auf 850 Pkws „hochrechnet“ und dabei annimmt, dass in jedem Pkw nur eine Person sitzt?

c) Über welche Gruppe von Personen (Population) möchte die Stadtverwaltung Informationen erhalten? Welche Stichprobe wurde befragt?

d) Bei einer Stichprobe an einem Montag wollten 61 % der befragten Autofahrer den Bus benutzen.
- Wie kann das sein? Dieses Ergebnis unterscheidet sich doch deutlich von der „Samstagbefragung“.
- Wie viele der 670 Autofahrer, die den Parkplatz an diesem Montag ansteuern, würden deiner Meinung nach den Bus benutzen wollen: eher 300 oder 400 oder 500? Begründe.

3.3 Prozente im Alltag

Mehrwertsteuer, Rabatte, Inflationsrate, Zinsen, Änderungsraten, Fruchtsaftgehalt in Getränken ... – Prozente begegnen dir täglich. Doch Vorsicht: Prozentangaben können auch verwirren oder täuschen. Egal, ob dies absichtlich geschieht oder nicht – der Zahlenteufel steckt dabei oft im Detail.
Was sind das für Stolpersteine, die bei solchen Aufgaben auftreten? Wie kann man sie aufspüren und vermeiden? Eines sei jetzt schon verraten. Man muss genau hinsehen, um herauszufinden, auf was sich die gemachten Angaben beziehen. Dazu jetzt mehr.

Aufgaben

1 Auch Kopieren will gelernt sein

Jonas hat ein Rechteck der Länge 10 cm und der Breite 4 cm auf ein DIN-A4-Blatt gezeichnet. Anschließend fertigt er von diesem Blatt eine vergrößerte Kopie (Einstellung des Kopierers 125 %) an. Er misst die Länge und Breite nach – alles wie erwartet!
Doch Kathrin macht Jonas ein Angebot:
„Wenn du dein vergrößertes Rechteck mit dem Kopierer wieder auf die ursprüngliche Größe bringen kannst, lade ich dich zum Eis ein."
Nach einigen vergeudeten Kopien hat es Jonas noch nicht geschafft. Kann ihm die Mathematik weiterhelfen?

a) Wie lang sind die Seitenlängen auf Jonas erster, vergrößerter Kopie? Rechne. Fertige dann eine Vorlage und eine vergrößerte Kopie an und kontrolliere daran deine Ergebnisse.
b) Wie muss Jonas den Kopierer einstellen, um das Rechteck auf der ersten Kopie wieder in Originalgröße (10 cm auf 4 cm) zu bekommen? Rechne und begründe. Überprüfe deine Vorhersage mit dem Kopierer.
c) Beschreibe mit eigenen Worten: Was ist hier das Erstaunliche?

2 Stimmt hier alles?

Mehr als 35 % im Tunnel

Bpd. Die ICE-Strecke zwischen Hannover und Würzburg hat eine Länge von 327 km. Wer sie befährt, legt ganze 30 km auf Brücken und 121 km in Tunneln zurück. Man fragt sich, ob die Bahn nicht auch mit weniger Kunstbauten hätte auskommen können. Die Kunstbauten, also Brücken und Tunnel, machen zusammen immerhin mehr als 46 % der Gesamtstrecke aus. Von den Kunstbauten sind 70 % Tunnel. Befragt man Reisende, so erhält man unterschiedliche Meinungen. Der Reiz der Fahrt gehe durch die vielen Tunnel verloren, sagen die einen, die Kunstbauten seien der Preis für die hohe Reisegeschwindigkeit, meinen die anderen.

a) Passen die Prozentangaben in Artikel und Überschrift zu den Kilometerangaben?
b) Schreibe einen „Brief an die Redaktion", in dem du die Fehler erklärst und behebst.
c) Drücke mit einer Prozentangabe aus: Welchen Anteil der Gesamtstrecke machen die Brücken aus?

Basiswissen

Aufgepasst bei Prozenten! Im Kasten erfährst du etwas über das Problemlösen mit Prozenten. Sehr wichtig ist, dass du zunächst das Problem verstehst. Die Probe ist ein wirksames Mittel, um Fehlerquellen auszuschließen oder zu entschärfen. In den Beispielen werden typische Fehler vorgestellt und gezeigt, wie man sie vermeiden kann.

Probleme lösen mit Prozenten

Das Problem
Ein Werbeangebot trägt folgende Aufschrift:
Wie viel Gramm befinden sich in der normalen Packung?

Problem erfassen
480 g sind 20 % mehr als in der normalen Packung.

Problem übersetzen

Prozentsatz	p % = 120 %
Prozentwert	W = 480 g
Grundwert	G = ■

Problem lösen

Taschenrechner	Formel	Dreisatz
G = 480 : 1,2 = 400 $\cdot \frac{100}{120}$ bedeutend auch $: \frac{120}{100}$	$G = W \cdot \frac{100}{120}$ $G = 480\text{ g} \cdot \frac{100}{120} = 400\text{ g}$	120 % ≙ 480 g 1 % ≙ 4 g 100 % ≙ 400 g

Überprüfen der Rechnung

400 g —(120 %, · 1,2)→ 480 g ✓

Problemprobe
Waren vorher 400 g in der Packung, so sind jetzt 80 g mehr in der Packung. Dies sind gerade 20 % von 400 g. ✓

Beispiele

A **Warum zwei mal 50 % nicht 100 % sind**
Zweimal um 50 % erhöht ist nicht dasselbe wie einmal um 100 %.

160 € —(· 1,5; erhöhen um 50 %)→ 240 € —(· 1,5; erhöhen um 50 %)→ 360 €

anderer Grundwert!

160 € —(· 2; erhöhen um 100 %)→ 320 €

B **Vor und zurück und trotzdem nicht am Ausgangspunkt**
Ein Auto kostet beim Händler 12 000 €, dann wird der Preis um 10 % gesenkt. Danach entschließt sich der Verkaufsleiter den Preis wieder um 10 % nach oben zu setzen.

12 000 € —(· 0,9)→ 10 800 € —(· 1,1)→ 11 880 €

anderer Grundwert!

10 % von 12 000 € ist etwas anderes als 10 % von 10 800 €.

Übungen

4 Sprache und Prozente

Fülle die Lücken in der Tabelle. Beachte, manchmal ist auch der Bruchteil gesucht.

Anteil (gekürzt)	Prozentsatz	Anteil (gekürzt)	Prozentsatz
$\frac{1}{2}$	■	$\frac{1}{20}$	■
0,75	■	■	33,333 … %
$\frac{2}{5}$	■	0,358	■
■	1 %	Das Doppelte	■
Jeder sechste Schüler	■	■	37,5 %
3 von 5 Schülerinnen	■	1,19	■

5 Hasenfutter

Onkel Herbert züchtet Hasen. Er benutzt nur seine eigene Futtermischung, die er RABBIT 2000 nennt. Hier die „geheime" Zusammensetzung einer 500 g-Mischung.

1 % entspricht 3,6°

Bestandteil	Gewichtsanteil
Löwenzahn (getrocknet)	60 g
Karottenraspeln	150 g
Knusprige Brotkrümel	75 g
Gerste	25 g
Mais	125 g
Haferflocken	30 g
Vitamine und Mineralien	32 g
Salz	3 g

Zum Zeichnen eines zugehörigen Kreisdiagramms benötigt man die prozentualen Anteile der einzelnen Bestandteile und die zugehörigen Winkel. Übertrage die Tabelle in dein Heft und ergänze die Spalten „prozentualer Anteil" und „Winkel". Zeichne das Kreisdiagramm mit einem Radius von 5 cm. Beschrifte und färbe es passend ein.

6 Geschickt Rechnen

In Nachrichten aus Politik und Wirtschaft fehlen häufig Prozentwert oder Grundwert. Hier zeigen wir dir noch einmal, wie man diese fehlenden Angaben schnell und geschickt berechnen kann. Betrachte dazu die beiden Beispiele:

Letztes Jahr erhielten wir 2345 Aufträge. Dieses Jahr haben wir ein Plus von 29 % …

Geschickter Ansatz **W**

2345 —(· 1,29)→ 3025

Die Zahl der Zulieferer sank um 32 % auf 85.

100 % − 32 % = 1 − 0,32 = 0,68

Geschickter Ansatz **G**

125 ←(: 0,68)— 85

Finde auch für die folgenden Meldungen einen geschickten Ansatz und berechne:

■ Hatten wir letztes Jahr nur 360 Vertriebspartner, so konnte diese Zahl im laufenden Geschäftsjahr um 15 % gesteigert werden.

In diesem Jahr wurden 68 343 Lkw des gleichen Typs ausgeliefert. Das sind 4,5 % mehr als im letzten Jahr.

Aktienkurse			
Name	Schluss 29.11.	Vorwoche	+/− in %
Cybertrans		37,73	+ 7,8 %

DAX 7 451,5 (– 5,40 % zur Vorwoche)

… Somit hat sich das Stadtgebiet durch Eingemeindungen in den letzten 3 Jahren um 12 % vergrößert und beträgt nun 190,4 km². Der Bürgermeister …

Tv7. Die Zahl der Arbeitslosen stieg in der Region saisonbedingt im Vergleich zum selben Monat des Vorjahres um 2,5 % auf 12 710.

Übungen

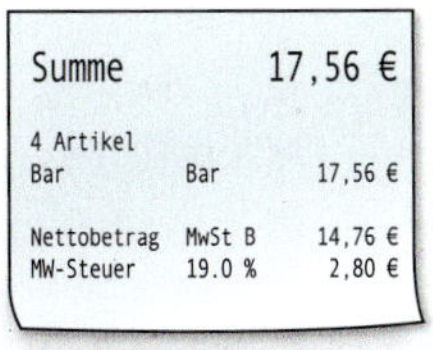

Bruttopreis = Nettopreis + MwSt.

7 Mehrwertsteuer mit Tabellenkalkulation

Der Staat erhebt auf alle Produkte und Dienstleistungen eine Mehrwertsteuer. Diese beträgt 19 % vom Nettopreis. An der Kasse im Supermarkt wird der Bruttopreis ausgedruckt, das ist der Preis, den man zahlen muss. Zusätzlich enthält der Kassenbon zur Information des Kunden den Nettobetrag und die Mehrwertsteuer. Mit der Tabellenkalkulation kannst du die Informationen auf dem Kassenzettel schnell errechnen.

a) In der Zelle C2 steht die Formel zur Berechnung des Nettopreises aus dem angegebenen Bruttopreis.
b) Mit welcher Formel wird die Mehrwertsteuer in Zelle D2 errechnet?
c) Übertrage die Tabelle in deine Tabellenkalkulation und fülle die Spalten C und D vollständig aus. Alternativ kannst du auch einfach mit dem Taschenrechner rechnen.

C2 fx =B2/1,19

	A	B	C	D	E
1	Produkt	Preis	Nettopreis	MwSt	
2	MP3 Player	47,90 €	40,25 €	7,65 €	
3	Spielkonsole	269,00 €			
4	DVD Film	9,90 €			
5	eBook Reader	129,00 €			
6	16-Pack DVD Rohlinge	13,50 €			
7					
8					
9					
10					

8 Rabatt richtig berechnen

Ein Möbelhaus macht Reklame: **„Bei uns sparen Sie die MwSt!!!"**
Annas Eltern wollen für ihre Tochter einen neuen Schrank kaufen. Laut Preisschild kostet er 700,– €. Anna rechnet im Kopf: 19 % von 700 sind 133. Der Schrank kostet also nur noch 567,– €. Die Rechnung lautet allerdings auf 588,24 €. Was hat Anna falsch gemacht?

9 Unglaublich aber wahr

Die Zeitungsmeldungen auf dieser Seite wurden tatsächlich gedruckt.
a) Finde den Fehler und schreibe einen verbesserten Artikel.
b) Wie kann man solche Fehler vermeiden? Schreibe drei häufige Fehler und ihre Verbesserung auf.

Schnellfahrer

Fuhr vor einigen Jahren noch jeder zehnte Autofahrer zu schnell, so ist es mittlerweile heute „nur noch" jeder fünfte.
Doch auch fünf Prozent sind zu viele, und so wird weiterhin kontrolliert, und die Schnellfahrer haben zu zahlen.

Vereine in Heimbach total überaltert

Heimbach. Wie der Vorstand des Sportvereins „Blitz 07" bekannt gab, sind $\frac{1}{8}$ der Mitglieder über 75 Jahre alt. Noch schlimmer sieht es im Kegelklub „Alle Neune" aus: Dort seien sogar 9 % der Kegelfreunde über 75! ...

Ehescheidungen

Jede dritte Ehe in Deutschland wird geschieden, in Großstädten sogar jede vierte.

Frauen in traditionell männlichen Berufen

... 1991 verdienten in Ostdeutschland immerhin schon mehr als ein Fünftel der berufstätigen Frauen ihr Geld in traditionell männlichen Berufen. In Westdeutschland waren es mit 26,5 Prozent kaum weniger.

Zufriedene Deutsche

Tübingen – Jeder neunte Deutsche (90,2 Prozent) ist mit dem 1993 Erreichten zufrieden. Das ist das Ergebnis einer Wickert-Umfrage. Seit ihrer Gründung 1951 haben die Wickert-Institute noch nie so viel Zufriedenheit ermittelt.

Übungen

1 Prozent kann auch viel sein

10 b) Die Lösungen sind dabei:
9,98 kg 9,5 kg
5 000 g 7,5 kg

10 Eine „unglaubliche" Wassermelone

Eine Wassermelone wiegt 10 kg. Die Melone hat einen Wasseranteil von 99 % (1 % sind feste Bestandteile). In einer Woche mit extremer Hitze sinkt der Wasseranteil durch Verdunsten auf 98 %.

a) Schätze: Wie viel wiegt die Melone nach dieser Woche?

b) Berechne das Gewicht der Melone nach dieser Woche. Fülle dazu zuerst die Lücken im folgenden Ansatz.

Vorher:		
Melone	100 %	10 kg
Flüssigkeit	99 %	■
Feste Bestandteile	1 %	■
Nachher:		
Feste Bestandteile	■	2 %
Melone	■	100 %
Flüssigkeit	■	98 %

c) Was ist das Verblüffende an der Lösung, findest du eine Erklärung? Stelle diese Aufgabe auch deinen Eltern (Lehrern) und diskutiere über die Lösung.

Tipp
Löse zuerst Aufgabe 10.

11 „Schwere" Pilze

Frisch geerntete Pilze enthalten 95 % Wasser. Durch Lufttrocknung verringert sich der Wassergehalt auf 80 %. 120 kg frische Pilze werden luftgetrocknet. Wie viel Kilogramm wiegen diese Pilze nach der Trocknung?

12 Geburtstagsparty

Auf Emilys Geburtstagsparty erscheinen drei Mädchen mit Rock. Emily bemerkt, dass das 20 % aller Mädchen, jedoch nur 12,5 % aller anwesenden Gäste sind. Wie viele Jungen besuchen die Fete?

13 Haushalte in Deutschland

2011 gab es in Deutschland 40,40 % Einpersonenhaushalte, 34,32 % Haushalte mit zwei, 12,56 % mit drei, 9,37 % mit vier und 3,35 % mit fünf und mehr Personen. Die Anzahl der Haushalte mit 6 oder mehr Personen war so gering, dass sie etwa 0 % ausmachte. Wie viel Prozent der Deutschen lebten also 2011 allein? Überlege dir dazu, wie viele Personen durchschnittlich in hundert Haushalten leben.

14 Ausstellung

Die Firma Technomath hat bei der diesjährigen Leistungsschau 4 % der Ausstellungsfläche in der Kongresshalle reserviert. 25 % ihrer Ausstellungsfläche möchte die Firma für Computerplätze verwenden. Die Halle hat 1200 m^2 Ausstellungsfläche.

a) Welche Fläche steht Technomath insgesamt zur Verfügung?

b) Wie viel m^2 Platz hat sie für die Computer?

c) Die Firma entschließt sich, nur 3 % der Fläche zu mieten. Welcher Prozentsatz entfällt jetzt auf die Computerplätze, wenn der Platzbedarf für Computer nicht verringert werden soll?

15 Sonnenbrillen

Martin und Eva experimentieren mit ihren Sonnenbrillen. Beide haben getönte Gläser, die je nur 50 % des Sonnenlichtes durchlassen. „Wenn ich beide Brillen hintereinander halte, sehe ich bestimmt gar nichts mehr", meint Martin. „Ich habe es ausprobiert. Das stimmt nicht", sagt Eva. Welcher Anteil des Lichtes dringt durch beide Brillen?

Geld und Zinsen

Übungen

16 „Geld kostet Geld"
Kannst du etwas mit diesem Spruch anfangen?
Bernds großer Bruder Jan kauft ein gebrauchtes Motorrad. Es kostet 2800 €. Eigentlich hat er das Geld nicht. Der Verkaufspreis ist jedoch günstig. Also überzieht Jan sein Konto, d. h. er leiht Geld von der Bank. Die Überziehungszinsen betragen 16 %. Die Zinsen sind, wenn nichts anderes angegeben ist, Jahreszinsen.

a) Wie viel Zinsen muss Jan zahlen, wenn er 2800 € für ein ganzes Jahr leihen würde?
b) Er kann die 2800 € bereits nach einem halben Jahr zurückzahlen. Wie viel Zinsen muss er für das halbe Jahr zahlen?

Basiswissen

Die Experten bei Banken und Kreditinstituten haben eine eigene Sprache, die nur „Insider" verstehen. Einige Begriffe werden aber auch häufig im Alltag gebraucht, z. B. Kapital, Zinsen, Zinssatz, Laufzeit, Zinseszins.

Auf der Bank

Kapital **Darlehen**	**K**	Geldbetrag, den man investiert Geldbetrag, den man leiht	**Grundwert**	G
Zinssatz	**p %**	prozentualer Zuwachs	**Prozentsatz**	p %
Jahreszinsen	**Z**	Zinsen, die ein Kapital/Darlehen in einem Jahr erbringt/kostet	**Prozentwert**	W
$\mathbf{Z = K \cdot \frac{p}{100}}$		Zinsformel	$\mathbf{W = G \cdot \frac{p}{100}}$	

Wie du siehst, gibt es für jeden neuen Begriff einen entsprechenden Begriff bei der Prozentrechnung. Wen wundert es also, das bei der Zinsrechnung genauso gerechnet wird, wie bei der Prozentrechnung?

Beispiele

C Geliehenes Geld und Zinsen
Wie viel Zinsen muss Herr Lehn für ein Darlehen von 17 500 € bei einem Zinssatz von 4,5 % nach einem Jahr zahlen, wenn er bis dahin nichts zurückzahlt?
Lösung:
$17\,500 \cdot 0{,}045 = 787{,}50$
Die Jahreszinsen betragen 787,50 €.

D Zinssatz
Ein Elektronikhändler bietet einen großen Fernseher, der 1300 € kostet, an: „Kaufe jetzt, zahle erst in einem Jahr 1400 €. Berechne den Zinssatz."
Lösung:
$p\,\% = \frac{1400}{1300} \cdot 100\,\% \approx 107{,}7\,\%$
Der Zinssatz beträgt 7,7 %.

Übungen

17 Kapital, Zinssatz, Zinsen
Ergänze die folgende Tabelle.

Kapital K	3500 €	800 €	■	450 €
Zinssatz p %	16 %	■	8 %	150 %
Jahreszinsen Z	■	28 €	96 €	■

Übungen

tilgen: geliehenes Geld (zum Teil) zurückzahlen

18 Darlehen

Familie Wagner hat zum Bau eines Hauses ein Darlehen von 225 000 € aufgenommen, d. h. sie haben den betreffenden Betrag bei ihrer Bank geliehen. Jährlich müssen sie 4,2 % Zinsen zahlen. Wie viel Zinsen müssen die Wagners pro Jahr zahlen, wenn sie zunächst nichts tilgen?

19 Wachstum des Kapitals

Berechne das Guthaben nach einem Jahr.
Rechne möglichst geschickt.

a) K = 47 550 € p % = 3 %
b) K = 37 500 € p % = 3,7 %

> Kapital heute: 3440 €
> Zinssatz: 1,8 %
> Kapital in einem Jahr:
> 3440 € · 1,018 = 3501,92 €

20 Schulden können schnell wachsen

Angenommen die Schulden von Herrn Brummel betragen 35 000 €. Der Zinssatz, zu dem er das Geld geliehen hat, beträgt 9 %. Herr Brummel kann weder Zinsen zahlen noch tilgen. Der Bankberater rechnet ihm vor, wie hoch seine Schulden in 5 Jahren sein werden:

Rechne selbst.

21 Tageszinsen

Häufig leiht man sich nicht Geld für genau ein Jahr sondern für z. B. 130 Tage. Dann sind so genannte Tageszinsen zu berechnen. Die Zinsen für einen Tag erhält man, indem man die Jahreszinsen durch 360 dividiert.

Frau Klein überzieht ihr Gehaltskonto um 2400 €. Sie muss Überziehungszinsen zahlen. Laut Bankinformation beträgt der Überziehungszinssatz 16 %.

a) Berechne die Zinsen, die sie für einen Tag bezahlen muss.
b) Frau Klein kann den Überziehungsbetrag von 2400 € erst nach 28 Tagen zurückzahlen. Wie hoch sind die Zinsen, die sie für die 28 Tage zu zahlen hat?

Kopfübungen

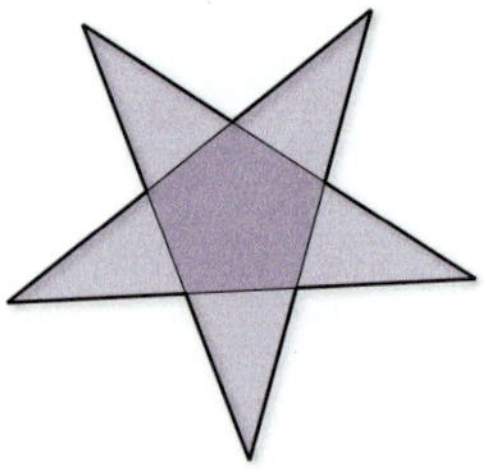

1. Ordne die Zahlen der Größe nach: $\frac{5}{3}$; 3,5; $\frac{3}{5}$; 5,3.
2. Wie heißt ein geometrischer Körper mit dem dargestellten Netz? Wie viele Flächen, Ecken und Kanten hat er?
3. Für das Kochen von Milchreis wird 1 Liter Milch für 250g Reiskörner benötigt. Wie viel Milch braucht man zum Kochen von 100g Reiskörnern?
4. Wie viel Kilogramm Gewicht hat ein Kleinlaster, der 7,5 Tonnen wiegt?
5. Der Akku von Janas MP3 Player reicht für 5 Tage, wenn sie ihn 3 Stunden täglich in Betrieb hat. Wie lange reicht der Akku, wenn sie ihn täglich nur 1 Stunde benutzt?
6. 20 % des weltweiten Waldbestandes liegen in Russland, 12 % in Brasilien, jeweils 8 % in USA und Kanada. Was bleibt für die anderen Länder übrig?
7. Das Trinkwasser an Bord einer Yacht reicht bei 4 Personen für 18 Tage. Wie lange könnte eine Gruppe aus 6 Personen unterwegs sein, ohne Trinkwasser aufnehmen zu müssen?

Aufgaben

Knifflig, knifflig ...

22 Kinopreise

Zu Werbezwecken senkt ein Kino seinen Eintrittspreis für einen Abend um 20 %, nämlich von 6,50 € auf 5,20 €. Wie viele Kinobesucher mehr müssen kommen, damit die Einnahmen genauso hoch wie am Abend zuvor bleiben? Um wie viel Prozent ist die Besucherzahl dann gestiegen?

23 Eiskugeln

Nico hat mehrere Kugeln Eis gekauft. Zu Anfang besteht Nicos Eis zu 50 % aus Schokoladeneis. Nachdem er eine Erdbeerkugel verspeist hat, sogar zu 60 %. Wie viele Eiskugeln hatte er zu Anfang? Eine geeignete Zeichnung kann bei der Lösung helfen.

24 Abnehmen bei den Dicksons

Was wiegen die Bewohner von Hüpffeldburgen jetzt bzw. vor ihren ganzen Gewichtsänderungen? Wie viel Prozent ihres ursprünglichen Gewichts haben sie jetzt noch?

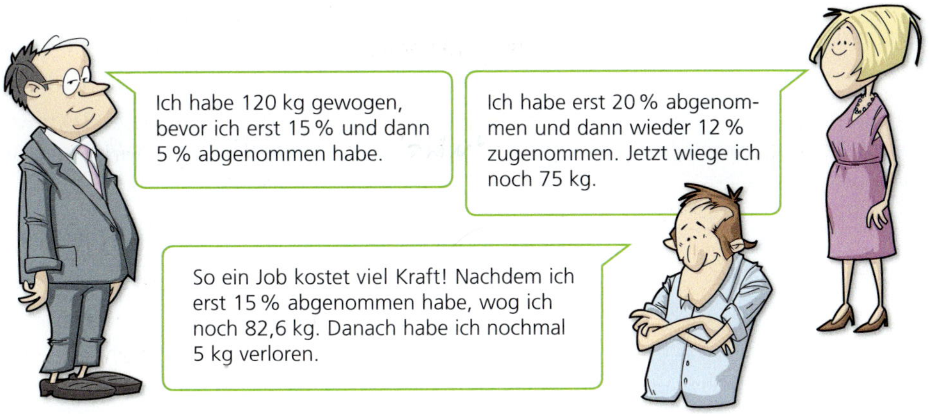

25 Rampen erleichtern das Leben

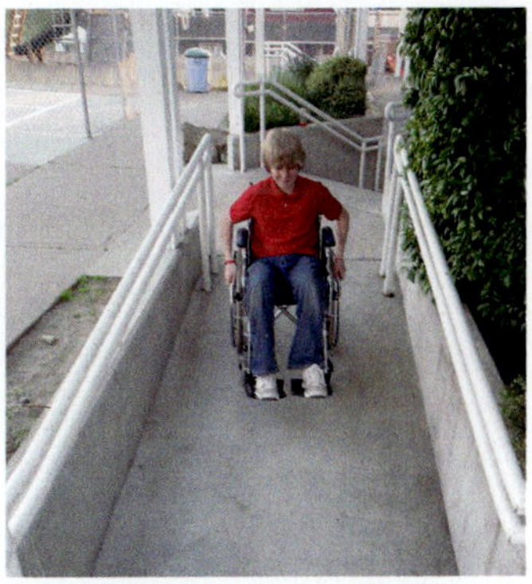

Treppen sind für Rollstuhlfahrer unüberwindbare Hindernisse. Über Rampen können Rollstuhlfahrer aber auch in solche Gebäude gelangen, die ansonsten für sie unzugänglich wären. Rampen müssen bestimmte Bedingungen erfüllen: Laut Bauverordnung dürfen solche Rampen nicht steiler als 6 % sein.

a) Überprüfe, ob folgende Rampen die Bestimmungen erfüllen. Rechne mit den angegebenen Maßen. Warum sind die Rampen nicht maßstabsgetreu gezeichnet?

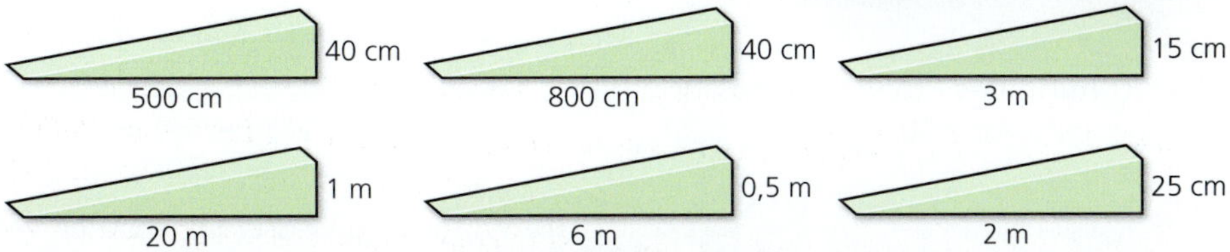

b) Welchen Steigungswinkel darf eine Rampe, die den Vorschriften entspricht, höchstens haben? Mit einer maßstabsgerechten Zeichnung kannst du dies herausfinden.

c) Eine Schule wird neu gebaut. Für eine Rampe am Haupteingang stehen nach den Bauvorgaben 4 m zur Verfügung. Welchen Höhenunterschied kann man mit einer zulässigen Rampe höchstens überwinden?

Anteile und Prozente

Anteile:
- 3 von 12
- jeder Vierte
- $\frac{1}{4}$
- 25 %

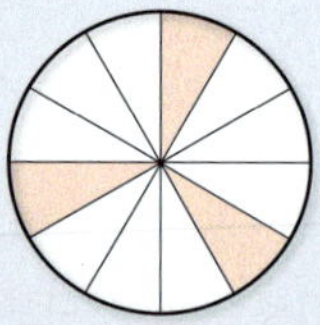

Anteile kann man leicht vergleichen, wenn sie in Prozent angegeben sind.

Umrechnen in Prozent:
- Erweitern auf den Nenner 100
  $\frac{1}{4} = \frac{25}{100} = 25\,\%$
- Dezimaldarstellung berechnen
  $2 : 8 = 0{,}25 = 25\,\%$

Prozente in Diagrammen:

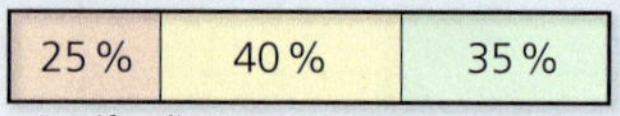

Streifendiagramm

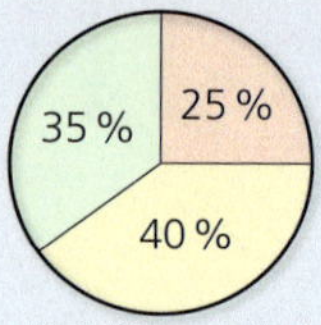

Kreisdiagramm

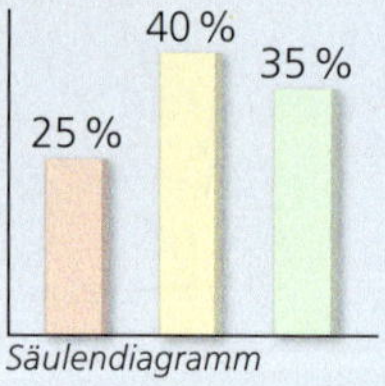

Säulendiagramm

Die drei Grundaufgaben der Prozentrechnung

Der **Prozentsatz p %** gibt den Anteil des **Prozentwertes W** am **Grundwert G** an.

1. Berechnung des Prozentsatzes
Wie viel Prozent sind 32 von 80?
$p\,\% = \frac{32}{80} \cdot 100\,\% = 40\,\%$

$$p\,\% = \frac{W}{G} \cdot 100\,\%$$

2. Berechnung des Prozentwertes W
Berechne 35 % von 600.
$100\,\% \mathrel{\hat{=}} 600$
$1\,\% \mathrel{\hat{=}} \frac{600}{100}$
$35\,\% \mathrel{\hat{=}} \frac{600}{100} \cdot 35 = 210$
Der Prozentwert W beträgt 210.

$$W = G \cdot \frac{p}{100}$$

Schnellverfahren: $W = 600 \cdot 0{,}35 = 210$

Check-up

1 Etwas zum Schmunzeln
„Mein Mann schaut am Wochenende an 8 von 24 Stunden fern", beklagt sich Frau Meyer. „Das ist doch gar nichts", sagt Frau Schneider. „Meiner verbringt am Wochenende sogar 25 % der Zeit vor dem Fernseher."

2 Prozentualer Anteil gesucht
Welcher prozentuale Anteil der gesamten Fläche ist blau?

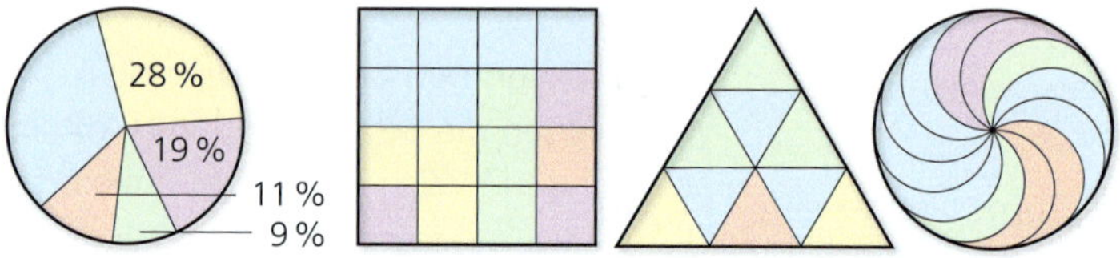

3 Genau hingeschaut
Auf einem Schulfest verkaufen die Klassen 7a und 8d Lose. Bei der 7a kommen auf 250 Lose 60 Gewinne und bei der 8d auf 400 Lose 310 Nieten. Wo sind die Gewinnchancen besser?

4 Buchstabenhäufigkeit
Gib an, mit welchem Anteil (in %) die Vokale sowie die Buchstaben r und s in dem Text vorkommen.

Die giftigste Landschlange ist die Tigerotter in Australien. Die Tigerotter kann bis zu zwei Meter lang werden.

5 Prozentsätze als Überschlag und genau
Überschlage die Prozentsätze und rechne dann auf 1 % genau. Schaue bei Aufgabe h genau hin.

a) 11 € von 24 € b) 65 km von 180 km c) 28 ℓ von 70 ℓ
d) 56 m^2 von 1200 m^2 e) 85 g von 250 g f) 38 von 96
g) 135 von 700 h) 120 g von 1 kg i) 115 von 250

6 Rund ums Wasser
a) Woher kommt unser Wasser?
Leider sind die Prozentzahlen am Diagramm nicht angegeben. Mit dem Geodreieck kannst du die Anteile ausmessen und damit die Prozentsätze ermitteln.

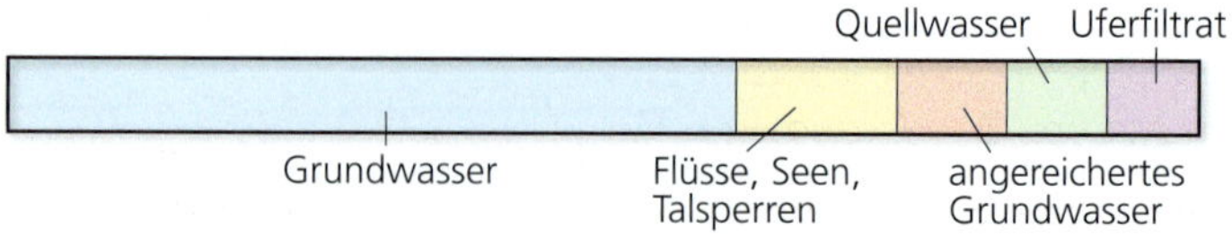

b) Wofür wird Wasser im Haushalt verbraucht?
Mit einem Streifen- oder Säulendiagramm kann man Anteile gut veranschaulichen. Zeichne ein Diagramm deiner Wahl.

Kochen Trinken	Baden Duschen	Wäsche	Toilette	Geschirrspülen
5 %	35 %	25 %	25 %	10 %

3. Berechnung des Grundwertes G

60 % entsprechen 180.
Berechne den Grundwert.

60 % $\triangleq$ 180
1 % $\triangleq \frac{180}{60}$

100 % $\triangleq \frac{180}{60} \cdot 100 = 300$
Der Grundwert G beträgt 300.

$$G = W \cdot \frac{100}{p}$$

Schnellverfahren: G = 180 : 0,6 = 300

Problemlösen mit Prozenten

1. Problem erfassen:
   Was ist gegeben? Was ist gefragt?
2. Problem übersetzen:
   Prozentsatz, Prozentwert, Grundwert
3. Problemlösen mit Dreisatz / Formel / Schnellverfahren mit Taschenrechner, sachgerecht runden.
4. Problemprobe machen.

Änderung in Prozenten

Wie man schnell und richtig rechnet.

2500 € zuzüglich 19 % Steuern:

2500 € $\xrightarrow{\cdot 1,19}$ 2975 €

820 € abzüglich 5 % Skonto:

820 € $\xrightarrow{\cdot 0,95}$ 779 €

Der Verkaufspreis von 399 € liegt 65 % über dem Einkaufspreis.
Wie hoch war der Einkaufspreis?

399 € $\xrightarrow{: 1,65}$ 241,82 €

Zinsrechnung ist Prozentrechnung

Kapital K	Grundwert G
Zinssatz p %	Prozentsatz p %
Jahreszinsen Z	Prozentwert W

Gerechnet wird bei der Zinsrechnung genauso wie bei der Prozentrechnung.

Gegeben: Kapital 1890 €; Zinssatz 1,5 %
Jahreszinsen: 1890 € · 0,015 = 28,35 €

Gegeben: Zinssatz 4 %; Jahreszinsen 430 €
Kapital: 430 € : 0,04 = 10 750 €

Gegeben: Kapital 4500 €, Jahreszinsen: 45 €
Zinssatz: $\frac{45}{4500} \cdot 100\,\% = 1\,\%$

Check-up

7 **Prozentsätze über 100 %**

a) Anteile werden in Prozent ausgedrückt. Damit liegen Prozentangaben in der Regel zwischen 0 % und 100 %. Dennoch werden auch Prozentangaben verwendet, die größer als 100 % sind. Erkläre, was man unter 125 % versteht. Am besten kannst du dies an einem Beispiel klar machen.

b) Kaufmann Franz erzählt: „Ich verkaufe meine Waren zum Doppelten des Einkaufpreises. Von dem zweiprozentigen Aufschlag lebe ich." Korrigiere die Aussage von Herrn Franz.

8 **Von welcher Zahl ist 38**

a) 1 % b) 19 % c) 50 % d) 38 % e) 95 % f) 190 %?

9 **Einkaufs- und Verkaufspreis**

In einem Geschäft wird ein Hemd für 40 € verkauft. Das ist 150 % teurer als der Einkaufspreis. Das Hemd hat also im Einkauf 20 € gekostet, oder?

10 **Wie teuer war es vorher?**

Bei einem Sonderverkauf wurden viele Artikel reduziert. Bestimme die ursprünglichen Preise.

– 20 %
jetzt nur noch
128 €

15 % Rabatt
jetzt nur noch
102 €

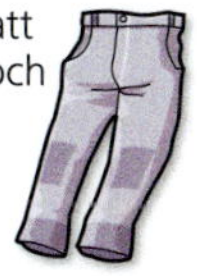

– 30 %
jetzt nur noch
66,50 €

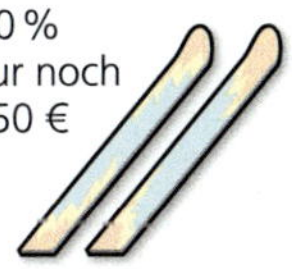

11 **Übungen zum Grundwert**

Berechne den Grundwert (100 %). Rechne im Kopf.

a) 20 % sind 13 € b) 75 % sind 87 kg c) 35 % sind 56 g
d) 8 % sind 20 € e) 60 % sind 21 km f) 44 % sind 121 ℓ

12 **Kopfrechnen**

Überschlage und berechne im Kopf: a) 150 % von 70 m
b) 120 % von 40 € c) 133 % von 150 ℓ d) 115 % von 8 kg

13 **Taschengeld**

Verena hat Sticker für 3,25 €, ein Album für 1,95 €, Süßigkeiten für 2,60 € und ein „Rubbeltattoo" für 39 ct gekauft. Damit hat sie 63 % ihres wöchentlichen Taschengeldes ausgegeben.

14 **Ergänze**

Kapital	7000 €	15 000 €	■	250 000 €
Zinssatz	5 %	■	12 %	6,5 %
Zinsen	■	450 €	480 €	■

15 **Zinsen**

Bei der Bank erhält Marcel 3,5 % Zinsen auf seine gesparten 350 €.

a) Wie viel Zinsen erhält er?

b) Wie hoch müsste der Zinssatz sein, um 28 € Zinsen zu erhalten?

Sichern und Vernetzen – Vermischte Aufgaben zu Kapitel 3

Trainieren

1 Einfache Brüche und Prozente

a) Gib die folgenden Brüche in Prozent an.

$\frac{1}{2}$	$\frac{1}{3}$	$\frac{1}{4}$	$\frac{1}{5}$	$\frac{1}{8}$	$\frac{1}{10}$	$\frac{1}{20}$	$\frac{1}{100}$	$\frac{3}{4}$	$\frac{2}{3}$	$\frac{23}{100}$

b) Gib die folgenden Prozentangaben als Brüche an. Kürze, wenn möglich.

50 %	25 %	75 %	10 %	1 %	20 %	40 %	15 %	10 %	100 %	150 %

2 Anteile in Prozent

Gib die folgenden Anteile in Prozent an. Mache zunächst eine Überschlagsrechnung und rechne dann genau nach.

a) 12 von 48 b) 15 von 45 c) 120 von 2400 d) 6 von 300 e) 5 von 1000

3 Nochmals Anteile in Prozent

a) In Thiagos Klasse sind 25 Kinder, davon 12 Mädchen. Thiago berechnet den Anteil der Mädchen und erhält 45 %. Stimmt sein Ergebnis?

b) Die Oberfläche der Erde beträgt 510 Millionen km², davon sind 360 570 000 km² Wasserfläche. Wie groß ist der Anteil der Wasseroberfläche an der Erdoberfläche?

4 Kino

a) Der Eintritt für die Nachmittagsvorstellung im Kino **Cinetip** kostet 75 % des Preises für die Abendvorstellung. Charlotte bezahlt am Nachmittag 6,75 €. Wie viel kostet der Eintritt am Abend?

b) Kinder erhalten generell einen Rabatt von 20 %. Berechne die Preise für Kinder für die Nachmittags- und Abendvorstellung.

5 Was ist drin?

Katharina hat festgestellt, dass im „Studentenfutter" geröstete Erdnüsse, geröstete Cashew-Nüsse, geröstete Mandeln und Rosinen sind. Sie hat genau nachgewogen und die Anteile der verschiedenen Nüsse in einer Packung „Studentenfutter" in einem Streifendiagramm dargestellt.

Ermittle mit dem Streifendiagramm die jeweiligen Anteile.

6 Prozentsatz – Prozentwert – Grundwertwert

Berechne den fehlenden Wert

Prozentsatz p %	■	17 %	22 %	■	175
Prozentwert W	36	■	110	400	■
Grundwert G	300	400	■	100	420

Verstehen

7 Reifenkauf

Frau Reisinger kauft vier neue Reifen für ihr Auto. Jeder Reifen kostet 110 € plus 19 % Mehrwertsteuer. Da Frau Reisinger bar bezahlt, erhält sie einen Rabatt (Skonto) von 3 % auf den Bruttopreis (Preis + Mehrwertsteuer).

a) Wie viel muss Frau Reisinger bezahlen?

b) Warum rechnet man nicht einfach einen Preisaufschlag von 16 % (19 % – 3 %)?

8 **Zinsrechnung ist nichts anderes als Prozentrechnung**

Ergänze den fehlenden Wert.
Formuliere zu jeder der Wertepaare in der Tabelle eine Textaufgabe.

Zinssatz	2,5 %	■	11 %
Kapital	4500 €	3200 €	■
Jahreszinsen	■	48 €	97,90 €

9 **Textaufgabe erfinden**

Formuliere eine Textaufgabe zur Prozentrechnung, die zu der folgenden Rechnung passt.

a) $245 \cdot 1{,}19 = 291{,}55$ b) $4500 : 0{,}9 = 5000$

Anwenden

10 **Der „Dicke Pitter"**

Die Petersglocke im Kölner Dom, auch „Dicke Pitter" genannt, ist 24 000 kg schwer und besteht aus Bronze. Bronze besteht ca. zu 78 % Kupfer und 22 % Zinn. Welche Mengen an Zinn und Kupfer verbrauchte die Glockengießerei, als die Glocke im Jahre 1923 hergestellt wurde?

11 **Genau lesen**

Der Umsatz einer Firma ist in diesem Jahr um 3,5 % auf 22,5 Millionen € gestiegen. Berechne die Zunahme des Umsatzes in diesem Jahr in Euro.

12 **Bestandserhaltung**

Ein Waldbestand wird auf 3500 m^3 Holz geschätzt. Man rechnet mit einer jährlichen „Vermehrung" durch Wachstum um 2,5 %. Wie viel Kubikmeter Holz dürfen im Jahr geschlagen werden, wenn der Bestand erhalten bleiben soll?

13 **Aufgepasst bei Preissenkungen**

Aufdruck auf einer Waschmittelflasche: Statt 5,30 € nur noch 4,95 €

a) Berechne, um wie viel Prozent der Preis gesunken ist.
b) Bei genauerem Hinsehen stellt man fest, dass in der Flasche statt 1500 ml nur noch 1300 ml sind. Urteile selbst. Wie kann dir dabei die Prozentrechnung helfen?

14 **Steigung**

Die Passstraße zum Großen St. Berhard in der Schweiz weist vom Norden kommend eine durchschnittliche Steigung von 5,9 % und eine horizontale Länge von 32 km auf.

a) Berechne, welcher Höhenunterschied überwunden wird. Schaue dir die Zeichnung genau an.
b) Wieso ist für den Auto- und den Radfahrer die durchschnittliche Steigung nicht so interessant?

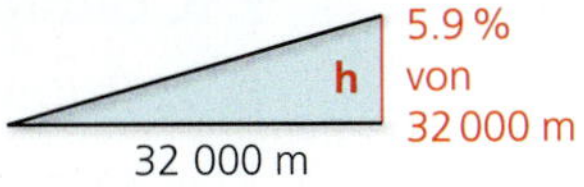

15 **Schnellrechnen**

Der indische Ozean ist 72 Millionen km² groß. Das sind rund 20 % der gesamten Meeresoberfläche. Mit diesen Daten soll die gesamte Fläche berechnet werden, die die Meere bedecken.

a) Analysiere die Aufgabe: Was ist gegeben, was ist gesucht?
b) Begründe, warum man die gesuchte Fläche wie folgt berechnen kann:
72 Millionen $km^2 : 0{,}2 = 360$ Millionen km^2.
c) Nach einer Preiserhöhung um 3,5 % kostet ein Auto 22 300 €. Was hatte es vor der Preiserhöhung gekostet? Löse diese Aufgabe ebenfalls in zwei Schritten:
① Analyse der Aufgabe ② Rechenverfahren
d) Eine ähnliche Situation und doch anders: Ein Auto – zur Zeit 18 500 € – verteuert sich um 2,8 %. Wie viel kostet es nach der Preiserhöhung?

4

Winkel und besondere Linien bei ebenen Figuren

Die sichtbaren Balken an alten Fachwerkhäusern bilden geometrische Muster: z. B. Geradenkreuzungen oder auch Vielecke. Dabei lassen sich vielseitige Beziehungen zwischen den Winkeln an den Geradenkreuzungen oder bei den Winkeln in den Vielecken entdecken.
Besondere Beziehungen gibt es bei regelmäßigen Figuren, u. a. im gleichschenkligen Dreieck, Quadrat oder Sechseck.

4.1

Winkel an Geradenkreuzungen

Straßen oder Eisenbahnlinien treffen sich an Kreuzungen. Dabei entstehen unterschiedliche Winkel, in denen sich die Fahrwege begegnen.

Wie viele verschiedene Winkel lasen sich an der Doppelkreuzung der Straßenbahnschienen erkennen? Welche sind gleich groß?

4.2

Winkel an Vielecken

Zur Aufzucht der Larven und zur Lagerung von Honig und Pollen errichten Bienen Wachsgebilde aus regelmäßigen sechseckigen Zellen.

Wie groß sind die Innenwinkel einer sechseckigen Zelle?

4.3

Ortslinien

Ein vertrautes Beispiel für eine Ortslinie ist der Kreis: Alle Punkte auf dem Kreis haben zu einem gegebenen Punkt M den gleichen Abstand. Andere Ortslinien können auch Geraden sein, z.B. die Mittelsenkrechte einer Strecke oder die Winkelhalbierende.

Auf welcher Ortslinie liegen alle Punkte, die zu zwei gegebenen Punkten A und B den gleichen Abstand haben?

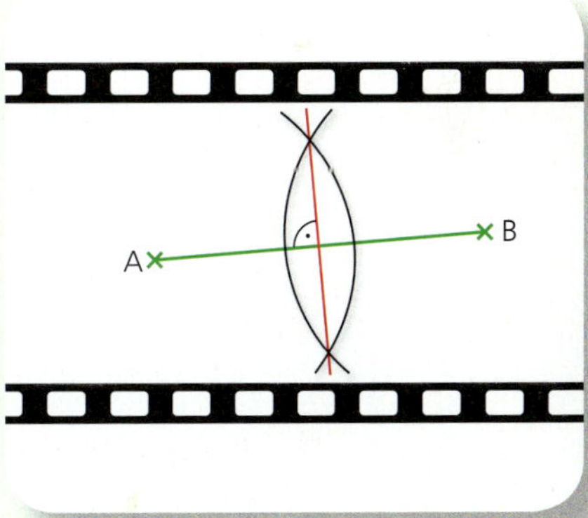

4.1 Winkel an Geradenkreuzungen

Gerade Linien begegnen uns überall. Wenn sich gerade Linien schneiden, bilden sie Winkel miteinander. Zwischen diesen Winkeln bestehen interessante Zusammenhänge. Diese kann man sich z. B. bei der Straßenplanung zunutze machen. Besondere Winkel entstehen, wenn eine Gerade zwei oder mehrere Parallelen schneidet. Worin bestehen diese Besonderheiten und was kann man damit anfangen?

Aufgaben

1 Winkel in Pflasterungen

Parallelogramme eignen sich für Pflasterungen. Dabei wiederholt sich immer wieder das gleiche Parallelogramm.

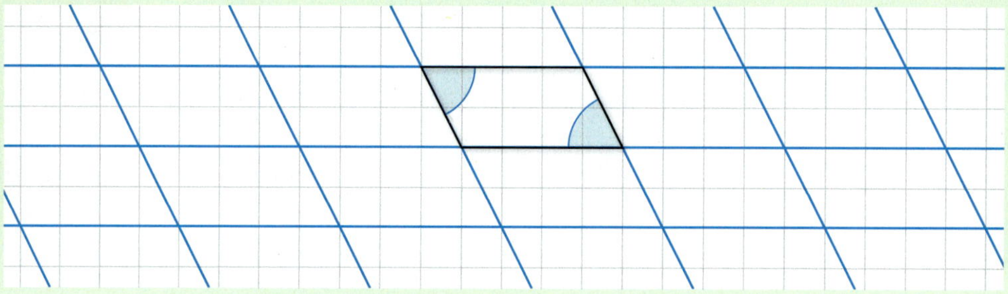

In der Pflasterung findest du das nebenstehende Parallelogramm wieder.

a) Zeichne mit dem abgebildeten Parallelogramm eine Pflasterung aus neun Parallelogrammen. Worauf musst du achten?

b) Markiere alle gleich großen Winkel mit der gleichen Farbe. Wie viele verschiedene Farben benötigst du?

c) Schaue dir nun „Kreuzungen" näher an.
Suche eine Stelle in deiner Pflasterung im Heft, die jeweils dem Ausschnitt entspricht, und markiere sie grün.

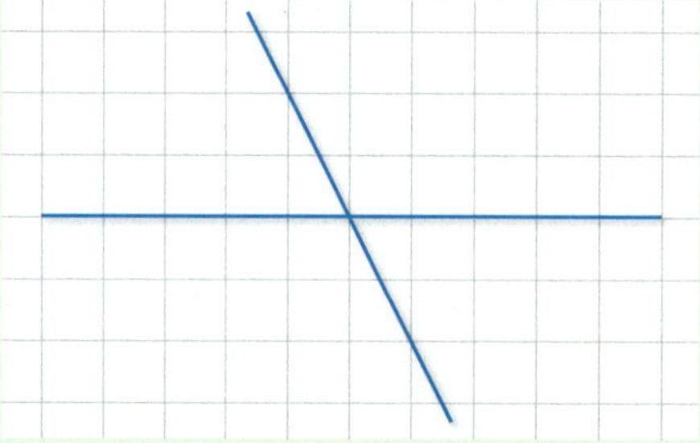

Schneiden sich zwei Geraden, so spricht man von einer Geradenkreuzung.

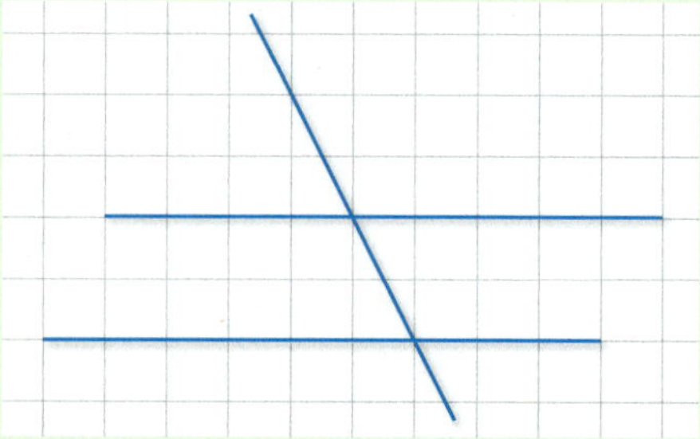

Schneidet eine Gerade zwei Parallelen, so spricht man von einer Doppelkreuzung an Parallelen.

Übertrage jeweils den Ausschnitt in dein Heft und markiere gleiche Winkel in der gleichen Farbe. Was fällt dir auf? Vergleiche dein Ergebnis mit anderen.

Aufgaben

2 Bewegtes Parallelogramm

Baue aus Pappstreifen und Briefverschlussklammern ein Parallelogramm. Das Parallelogramm ist nicht stabil. Experimentiere, indem du die Pappstreifen bewegst.

Welche besonderen Vierecke können entstehen?
Welche Winkel erscheinen dir stets gleich?
Wie verändern sich die Winkel?
Was bleibt gleich?

3 Straßenkreuzungen

Geradenkreuzungen findest du auf Stadtplänen und Straßenkarten. Dort werden Straßen und Wege oft als Geraden dargestellt.

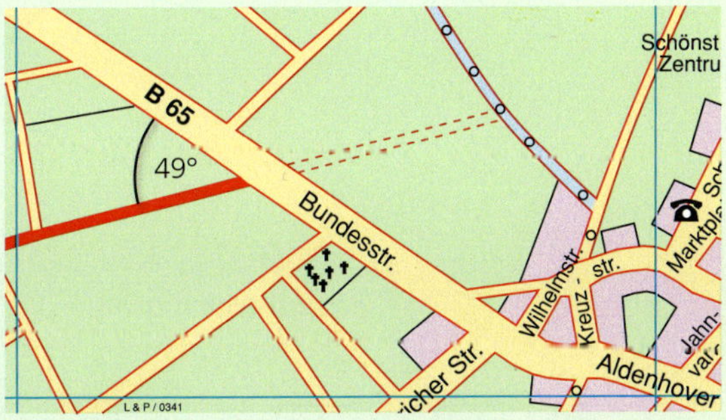

a) Der rot markierte Feldweg trifft in einem Winkel von 49° auf die Bundesstraße. Wie groß ist der andere Winkel, den Straße und Weg miteinander einschließen? Der Feldweg soll geradlinig über die Bundesstraße hinaus verlängert werden, so dass er den blau gepunkteten Weg trifft. Gib dem Straßenbauer an, welche Winkel die Verlängerung mit der Bundesstraße einschließt. Kannst du das ohne Messen?

b) Ein neues Wohngebiet soll erschlossen werden. Die Hauptstraße und die Poststraße sollen jeweils von zwei weiteren Straßen gekreuzt werden. Reichen die Angaben jeweils, um die Richtung der Straßen festzulegen?

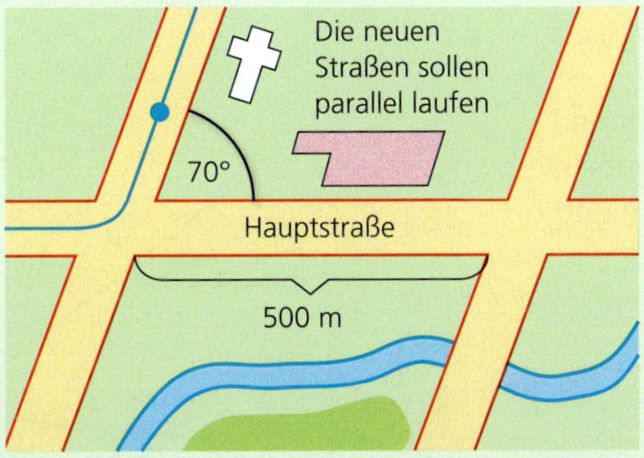

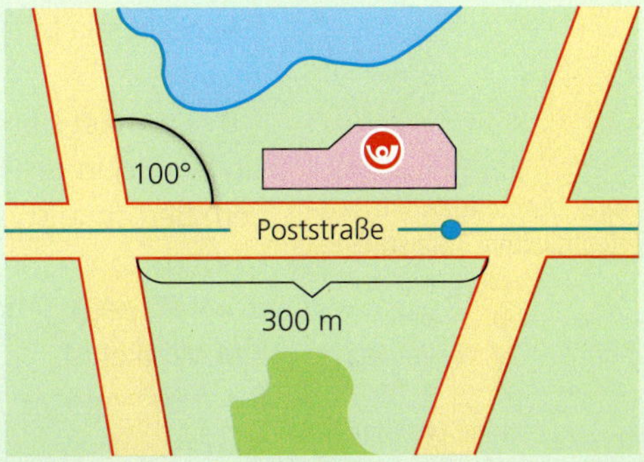

Basiswissen

An Geradenkreuzungen entstehen Winkel. Bestimmte Winkel sind dort gleich groß. Besonders viele gleich große Winkel findet man bei „Doppelkreuzungen an Parallelen".

Winkel an Geradenkreuzungen

An **Geradenkreuzungen** gilt:

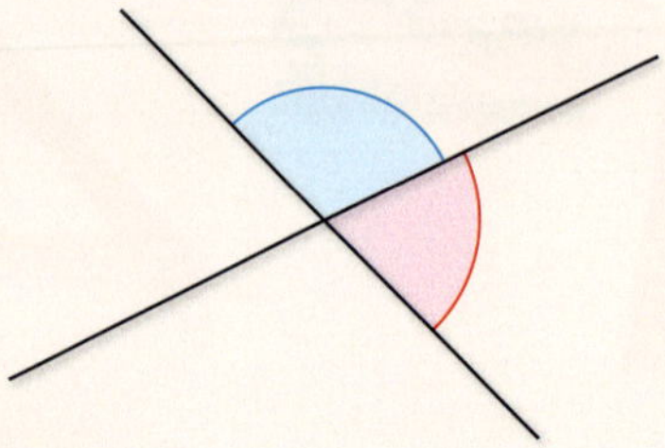

NEBENWINKEL
ergänzen sich zu 180°.

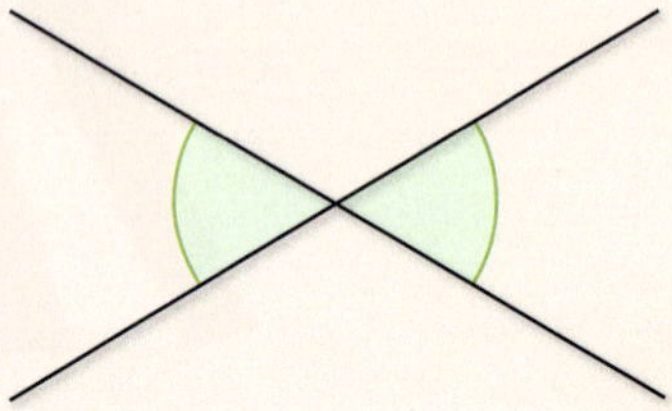

SCHEITELWINKEL
sind gleich groß.

An **Doppelkreuzungen an Parallelen** gilt zusätzlich:

STUFENWINKEL
sind gleich groß.

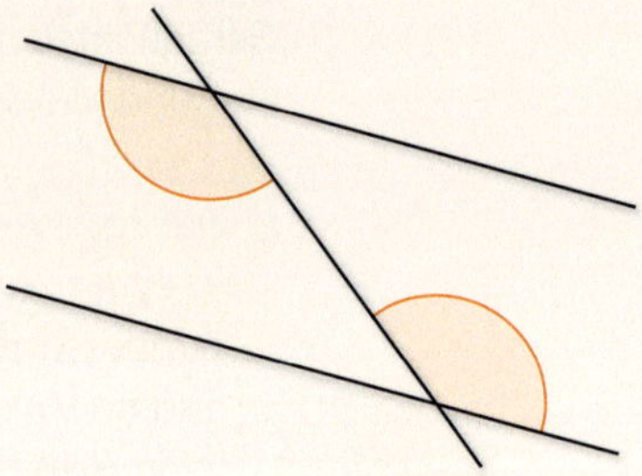

WECHSELWINKEL
sind gleich groß.

Beispiele

A Winkel an Geradenkreuzungen

Die gleichfarbigen Geraden sind parallel. Markiere je ein Paar von Scheitelwinkeln (grün), Nebenwinkeln (rot), Stufenwinkeln (blau) und Wechselwinkeln (orange).

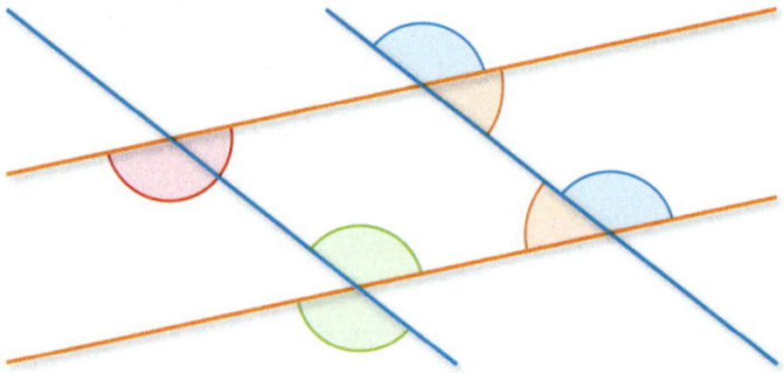

B Winkel berechnen

Zur Erinnerung:
Winkel bezeichnen wir mit griechischen Buchstaben.

α	alpha
β	beta
γ	gamma
δ	delta
ε	epsilon

Ein Winkel in der Doppelkreuzung ist gegeben. Berechne α, β, γ und δ.

Lösung:

α = 44°, da α Scheitelwinkel zum 44° großen Winkel ist.

β = 180° – 44° = 136°, da β Nebenwinkel zu α ist.

γ = 44°, da γ Wechselwinkel zum 44° großen Winkel ist.

δ = 44°, da δ Stufenwinkel zu γ ist.

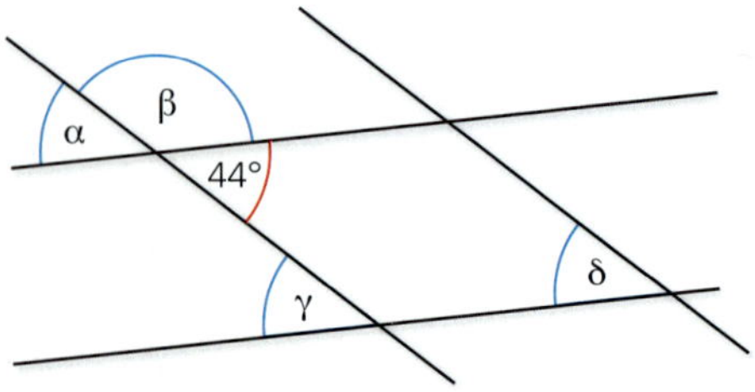

Übungen

4 **Winkelpaare**

Gib je ein Paar an von
- Scheitelwinkeln
- Nebenwinkeln
- Stufenwinkeln
- Wechselwinkeln.

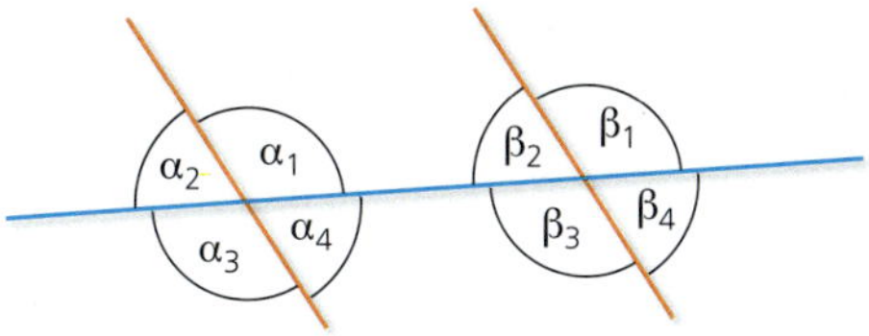

5 **Winkelgrößen ohne Messen**

Gib die Größe der Winkel α, β und γ ohne zu messen an. Begründe deine Ergebnisse.

a)

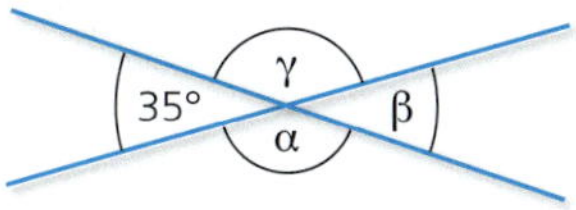

b)

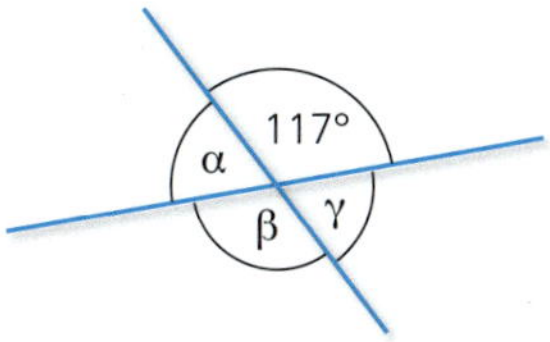

c)

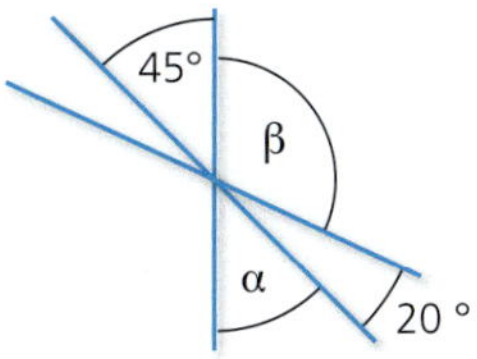

6 **Geradenkreuzungen in unserer Umgebung**

Achte auf parallele Strecken.

a) Zeichne den Jägerzaun, das Tor und das Gebälk des Fachwerkhauses vergrößert in dein Heft. Markiere in jeder Skizze ein Paar Scheitelwinkel (grün), ein Paar Nebenwinkel (rot), ein Paar Stufenwinkel (blau) und ein Paar Wechselwinkel (orange).

Erkunden

b) Skizziere weitere Gegenstände aus deiner Umgebung, an denen Doppelkreuzungen an Parallelen zu finden sind.

7 **Winkelleine**

Welche Winkelgrößen passen zu welchem Winkel? Begründe. Welche Winkelgröße benutzt du am häufigsten?

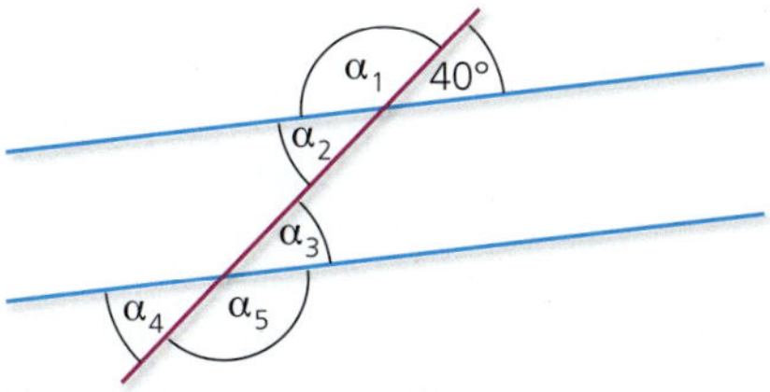

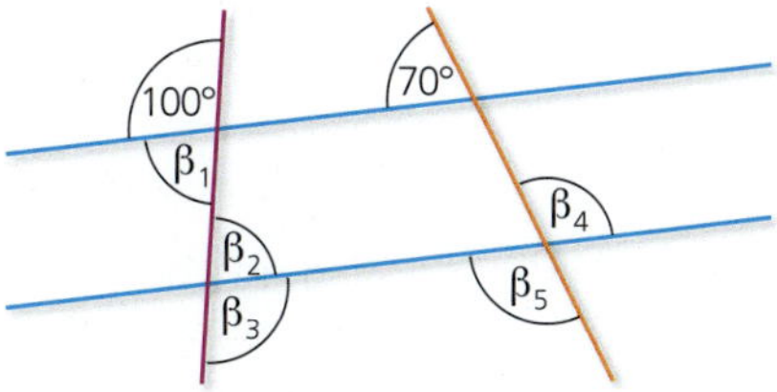

8 **Was ist hier passiert?**

Lukas hat die Winkelgrößen berechnet:
$\alpha = 150°$, $\beta = 30°$, $\gamma = 150°$.
Charlotte hat die Winkel nachgemessen und kommt teilweise zu anderen Ergebnissen.
Was könnte Lukas falsch gemacht haben?

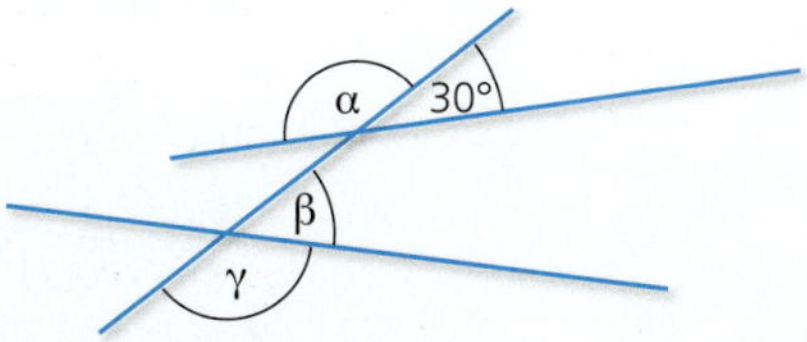

Übungen

9 Winkeldetektiv

In den Figuren sind die roten Geraden parallel. Berechne die eingezeichneten Winkel. Gib jeweils eine Begründung wie in Beispiel B. Manchmal können zusätzliche Winkel helfen.

a)

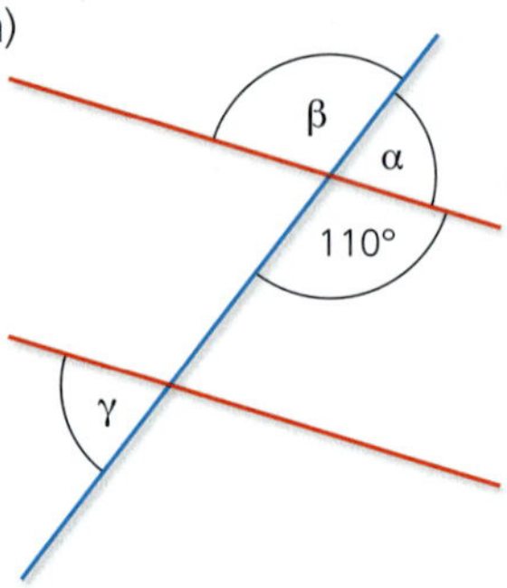

b)

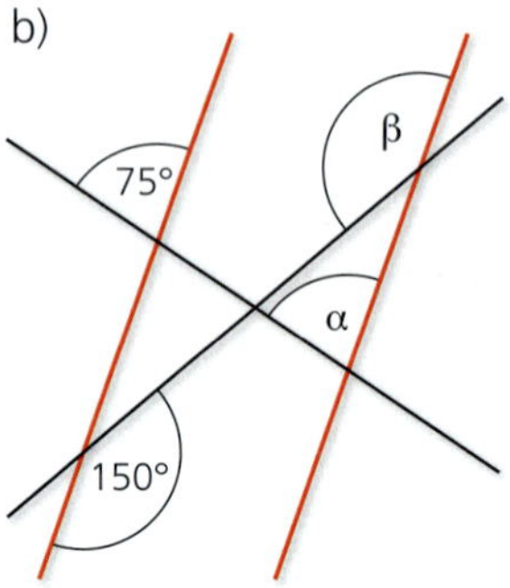

c)

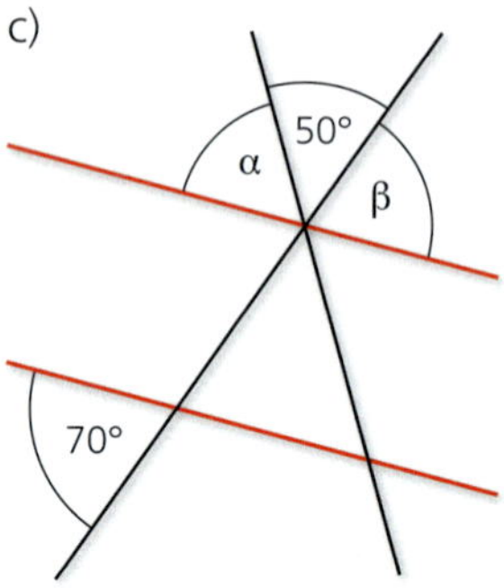

10 Koordinatensystem

Durch die Punkte A (1|5) und B (5|7) verläuft die Gerade g. Zeichne g in ein Koordinatensystem. Zeichne eine Parallele zu g durch C (2|2) und eine Gerade durch B und C. Bestimme alle an den Geraden entstehenden Winkel. Miss möglichst wenig. Mit wie vielen Messungen kommst du aus?

11 Sorgfältig gearbeitet?

Anna hat mit dem Geodreieck ein Parallelogramm gezeichnet. Hat sie sorgfältig gearbeitet? Michel hat die Winkel exakt nachgemessen.

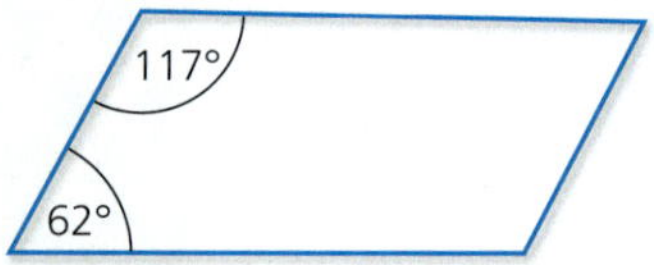

Basiswissen

Mit Stufen- und Wechselwinkeln an Doppelkreuzungen kannst du entscheiden, ob zwei Geraden parallel sind.

Prüfen auf Parallelität

Sind an einer Doppelkreuzung Stufen- und Wechselwinkel gleich groß, so sind die Geraden parallel.

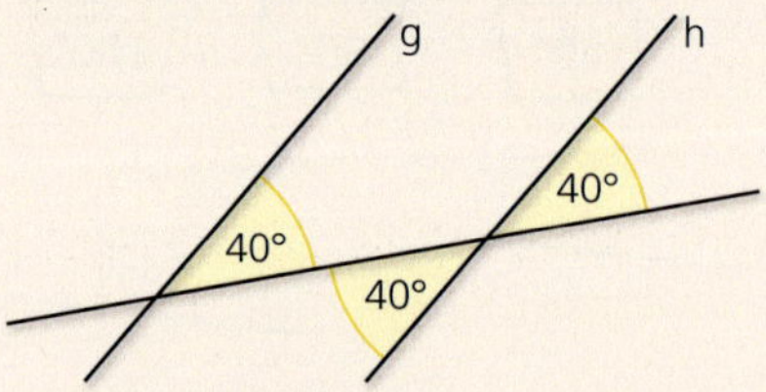

g und h sind parallel.

Sind an einer Doppelkreuzung Stufen- und Wechselwinkel nicht gleich groß, so sind die Geraden nicht parallel.

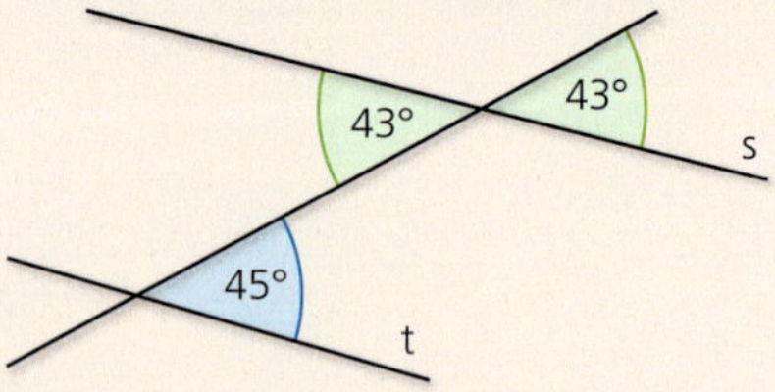

s und t sind nicht parallel.

Übungen

12 Parallele Geraden

Sind die Geraden jeweils parallel zueinander? Begründe.

a)

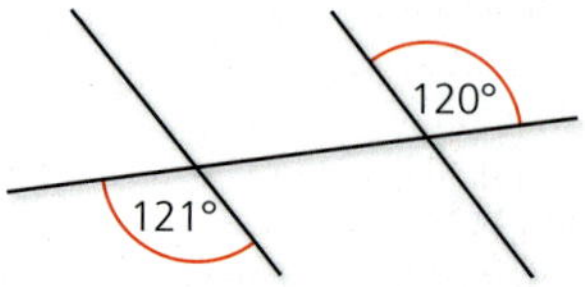

b)

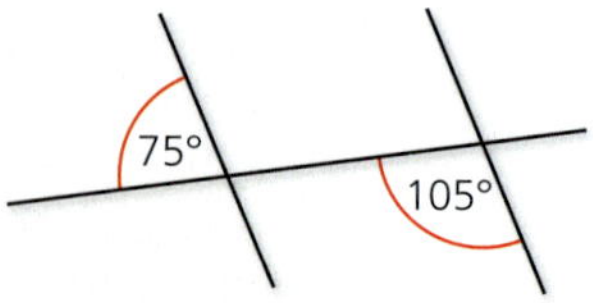

Übungen

Findest du Rampen in deiner Umgebung? Welche Steigungswinkel kommen vor?

13 Steigungswinkel

Die Schiene auf der Treppe dient dazu, ein Fahrrad oder einen Kinderwagen hinaufzuschieben. Der Winkel zwischen der Schiene und der Trittfläche der Stufe ist der Steigungswinkel der Treppe. Übertrage die Treppe mit der Schiene in einem geeigneten Maßstab in dein Heft und bestimme ihren Steigungswinkel.
Markiere außerdem verschiedene Stufenwinkel.

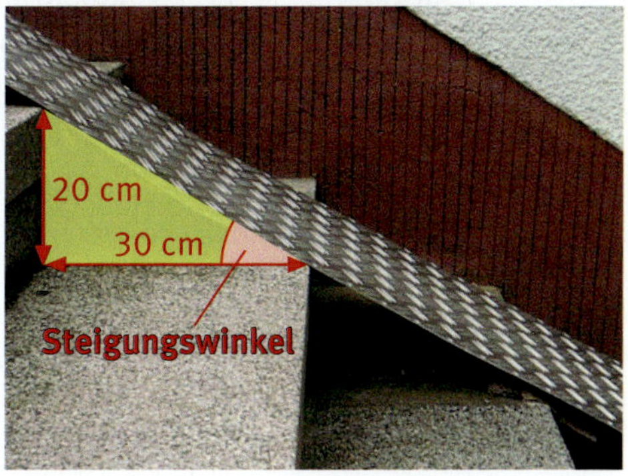

14 Bücherregal

Bettina hat ein Zimmer unter dem Dach. Sie möchte sich selbst ein Bücherregal in die Dachschräge bauen. Dazu muss sie die Längsbalken entsprechend abschrägen. Sie weiß, dass die Dachneigung 38° beträgt.
Kannst du ihr helfen, den Winkel α zu bestimmen, in dem sie die Balken absägen muss?

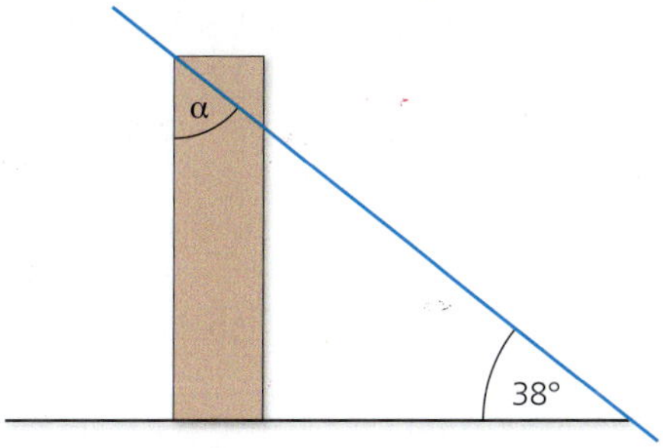

15 Dachbalken

Herr Meier baut sich selbst ein Gartenhäuschen. Um die Dachbalken auf das Haus aufsetzen zu können, muss er sie wie in der Skizze aussägen. Leider kennt er die Winkel α und β nicht, sondern nur die Dachneigung $\gamma = 34°$. Kannst du die Größe der Winkel α und β bestimmen?

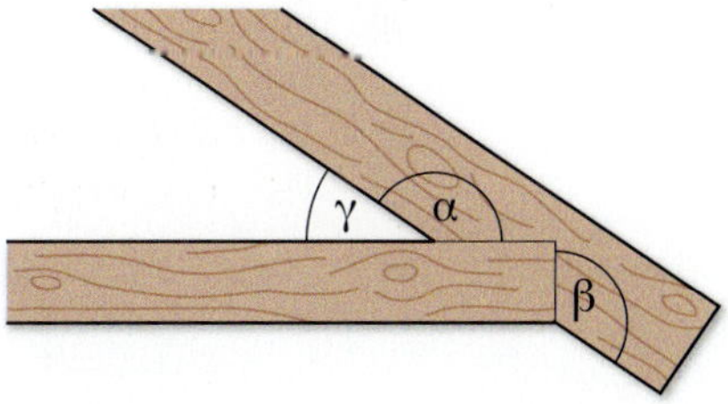

16 Dachneigung

Marc möchte die Dachneigung seines Hauses messen. Genügt das Foto zur Bestimmung der Dachneigung?

Übungen

Tipp

Zeichne eine zusätzliche Parallele zu den gegebenen Parallelen durch den Scheitel.

17 Winkeldetektiv

Die beiden roten bzw. blauen Geraden sind jeweils parallel zueinander.

a) Wie groß ist β?

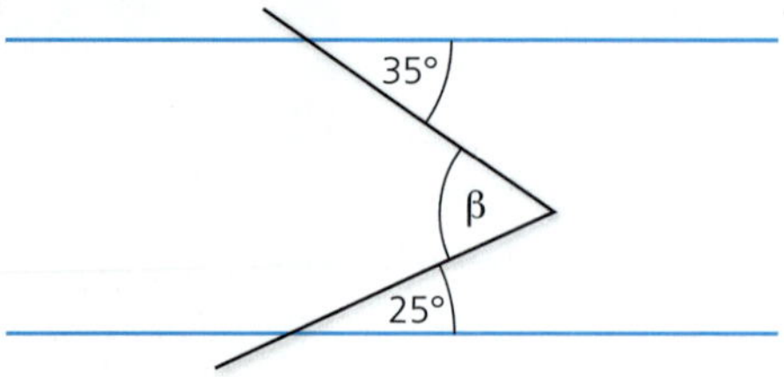

b) Wie groß ist δ?

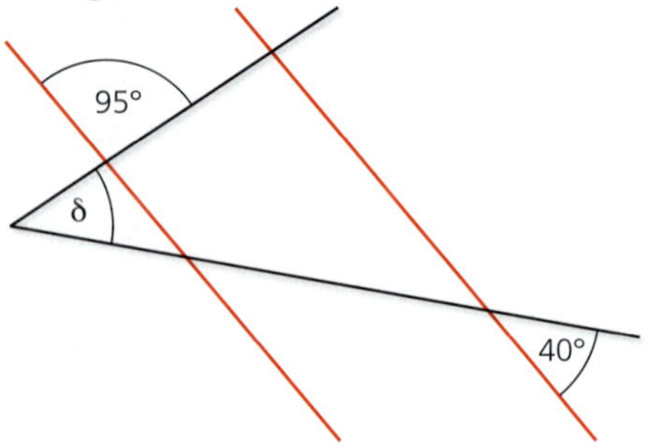

18 Parallelogramm

Welches der folgenden Vierecke ist ein Parallelogramm? Begründe.

(1)

(2)

19 Geraden im Koordinatensystem

Die Gerade g verläuft durch die Punkte A(1|1) und B(10|3), die Gerade h durch die Punkte C(3|3) und D(15|6). Zeichne die beiden Geraden in ein Koordinatensystem. Sind die beiden Geraden parallel? Begründe.

20 Prüfen auf Parallelität

Zur Erinnerung:

rechter Winkel 90°

a) Sind in der Figur die Strecken $\overline{AB}$ und $\overline{CD}$ parallel? Begründe.

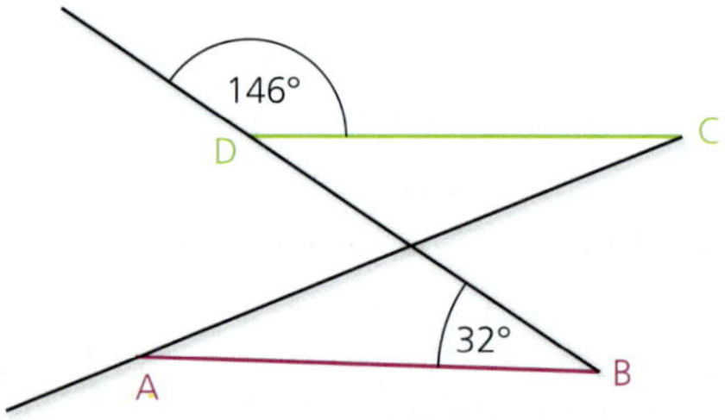

b) Wie groß muss der Winkel γ sein, damit die Geraden g und h parallel sind?

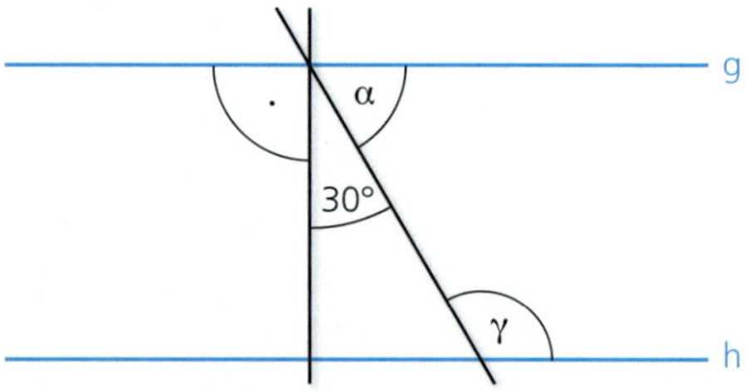

Kopfübungen

1. Zwei Drittel von 240 Kinoplätzen sind belegt. Wie viele Plätze sind noch frei?
2. Wie viele Flächen, Ecken und Kanten hat ein dreiseitiges Prisma?
3. Bestimme die fehlende Zahl: 9 + ■ · 3 = 30.
4. Ein Film beginnt um 18.50 Uhr und endet um 20.30 Uhr. Wie viele Minuten hat der Film gedauert?
5. Berechne 75 % von 2000 €.
6. Ergänze die geordnete Liste so, dass der Median und das arithmetische Mittel gleich sind: 1, 1, 2, 4, 5, 5, ■.
7. Sechs Apfelsinen kosten 3,30 €. Wie teuer sind 8 Apfelsinen?

Exkurs

Exkurs Geocaching – Schnitzeljagd des 21. Jahrhunderts

Das Geocaching, auch „GPS-Schnitzeljagd" genannt, ist eine Art elektronischer Schatzsuche. Die Verstecke werden mithilfe geografischer Koordinaten, die im Internet veröffentlicht werden, mit einem GPS-Empfänger gesucht.
Beim Geocaching gilt es Koordinaten zu finden, Rätsel zu lösen und letztendlich mittels GPS-Daten den Schatz zu heben. Dieser besteht beim Geocaching meistens aus einer wasserdicht verschließbaren Plastikdose. Der Geocaching-Schatz ist so gut versteckt, dass ein Außenstehender ihn nicht durch Zufall entdecken kann. Ein typischer Geocache enthält ein Logbuch, in das sich der erfolgreiche Schatzsucher mit seinem Namen einträgt. Beim Geocaching findet man oft kleine Geschenke. Man kann sich eine Trophäe herausnehmen und mit eigenen kleinen Geschenken wie Schlüsselanhänger oder kleinen Figuren ersetzen.
Geocaching ist ein Freizeitsport, der Ausflüge in die Natur mit einer Schnitzeljagd der modernen Art kombiniert. Reichtum erhält man nicht materiell, sondern mehr durch das Erlebnis und die Spannung beim Geocaching selber.

Aufgaben

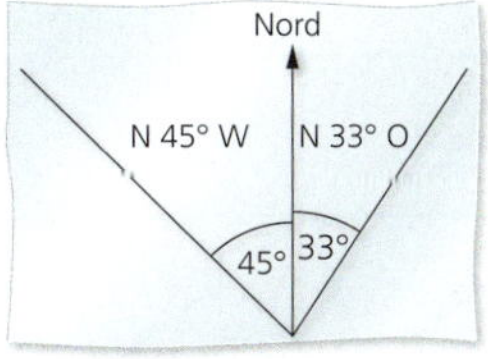

Du kannst diese Hilfsfigur auf eine Folie übertragen und passend über die Karte schieben.

21 Schatzsuche mit Geodreieck und Lineal

Eine Schatzsuche macht aber auch ohne elektronische Empfänger sehr viel Spaß.
Übertrage die Karte ins Heft und bestimme die Position des Schatzes. Überlege dazu, unter welchem Win kel der Schatz vom Baum und von der Kirche gesehen wird. Hier helfen dir Kenntnisse über Wechselwinkel.

Vom Schatz aus sieht man die Kirche (K) unter einem Winkel von N33°O (33° von der Nordrichtung nach Osten) und den Baum (B) unter N45°W (45° von der Nordrichtung nach Westen).

4.2 Winkel an Vielecken

In eckigen Figuren und Körpern treten Winkel auf. Hast du dir schon einmal Gedanken über ihre Größe gemacht? In Rechtecken sind alle Winkel 90° groß, in gleichseitigen Dreiecken sind alle Winkel gleich. Aber wie sieht es bei „gewöhnlichen" Dreiecken und Vierecken oder bei anderen Vielecken aus? Gibt es auch hier Gesetzmäßigkeiten? Warum eignen sich nur bestimmte Vielecke für Pflasterungen? Und warum gibt es eigentlich nur fünf platonische Körper? Viele Antworten findest du mithilfe der Winkel.

Aufgaben

1 Ecken abreißen

Folge den Anweisungen und du wirst eine interessante Entdeckung machen. Schreibe deine „Entdeckung" auf.

Zeichne ein Dreieck mit einem Lineal und schneide es aus.

Reiße die Ecken ab.

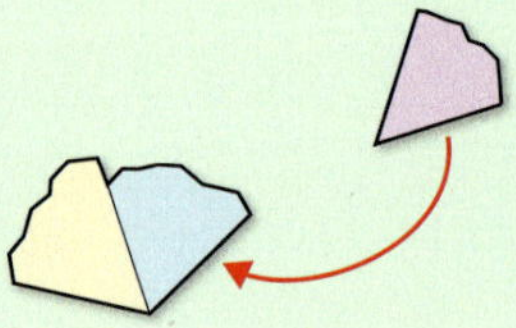

Lege die Ecken so aneinander, dass sie mit den Spitzen zusammenstoßen.

2 Entdeckungen an Dreieckspflasterungen

- Übertrage die Dreieckspflasterung in dein Heft. Färbe alle gleich großen Winkel in der gleichen Farbe. Dabei hilft dir dein Wissen über Neben-, Scheitel-, Stufen- und Wechselwinkel.
- Welche Winkel ergeben zusammen einen gestreckten Winkel?
- Wie groß ist die Summe der Winkel eines einzelnen Dreiecks? Kannst du die Summe ohne Messen bestimmen?
- Entwirf eine eigene Dreieckspflasterung und forsche daran.

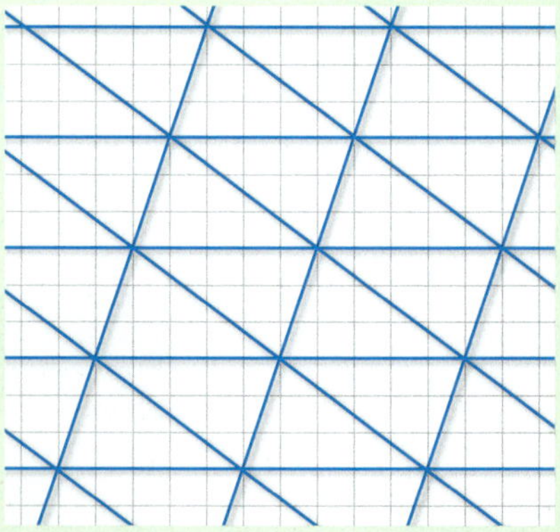

3 Größte Winkelsumme gesucht

Zeichne die Dreiecke in ein Koordinatensystem (eine Längeneinheit 1 cm).

Dreieck 1: A (1|1) B (5|1) C (1|8)
Dreieck 2: A (12|1) B (16|7) C (10|6)
Dreieck 3: A (9|2) B (9|8) C (3|5)
Dreieck 4: A (3|8) B (11|10) C (6|11)

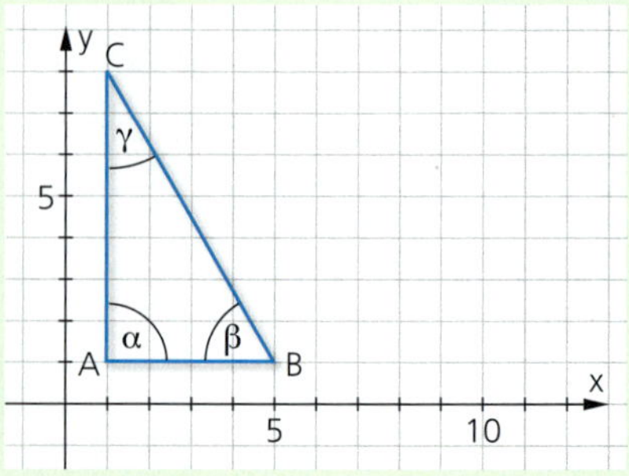

Schätze nun in jedem Dreieck die Größe der drei Winkel α, β und γ.

Welches Dreieck hat die größte Winkelsumme? Überprüfe deine Schätzung durch Nachmessen. Welche Ergebnisse haben andere Schülerinnen und Schüler? Vergleiche.

Aufgaben

Experiment auf der Pinnwand mit Gummidreiecken

Du kannst diese Aufgabe auch mit einem DGS lösen - siehe Seite 134

4 **Bewegtes Dreieck**

Die Ecke C des gleichschenkligen Dreiecks bewegt sich auf der Symmetrieachse von M aus nach oben.

a) Wie verändern sich dabei die Winkel α, β und γ? Beschreibe mit deinen Worten.

b) In einer Tabelle können wir die Beobachtungen genauer festhalten.
Miss für die Positionen 1 bis 10 jeweils die Winkel α, β und γ und trage die Werte in eine Tabelle ein. Fällt dir etwas auf?

$\overline{MC}$	α	β	γ	$\alpha + \beta + \gamma$
1 cm	■	■	■	■
2 cm	■	■	■	■
3 cm	■	■	■	■
...	■	■	■	■

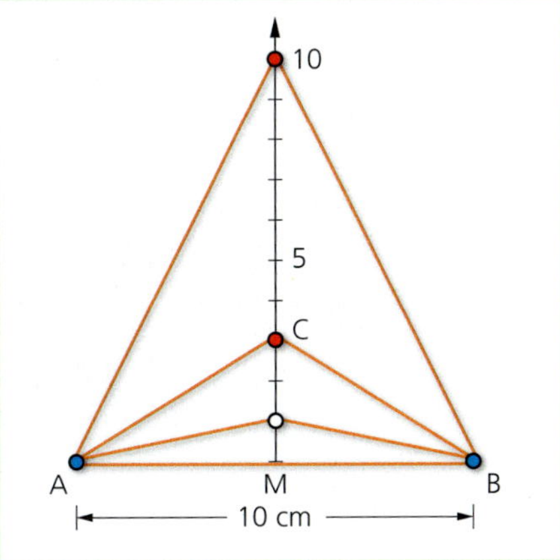

Basiswissen

In Dreiecken gibt es einen Zusammenhang zwischen den Innenwinkeln des Dreiecks.

Winkelsumme im Dreieck

Die Winkelsumme im Dreieck beträgt 180°.

$\alpha + \beta + \gamma = 180°$

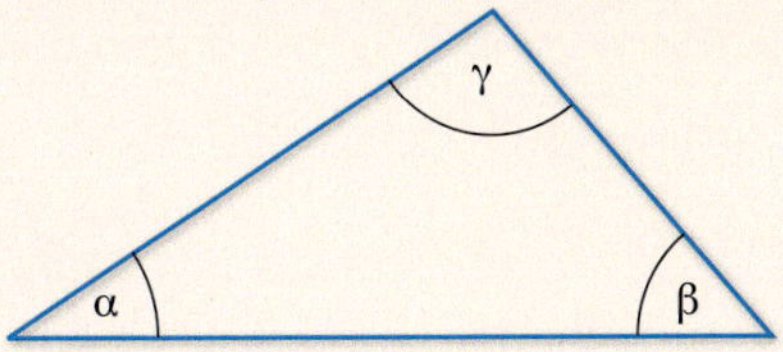

Beispiele

A **Winkel berechnen**

Wie groß ist der Winkel β?

Lösung:

Du weißt: $24° + \beta + 89° = 180°$

Also ist $\beta = 67°$.

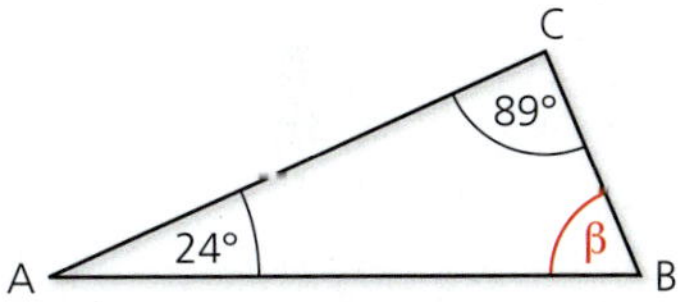

B **Winkel im gleichschenkligen Dreieck**

Von einem gleichschenkligen Dreieck kennt man den Scheitelwinkel. Wie groß sind die Basiswinkel?

Lösung:

Für die beiden Basiswinkel bleiben noch 116° übrig.

Ein Basiswinkel hat also die Größe $\alpha = 116° : 2 = 58°$.

Bei gleichschenkligen Dreiecken sind die Basiswinkel gleich groß.

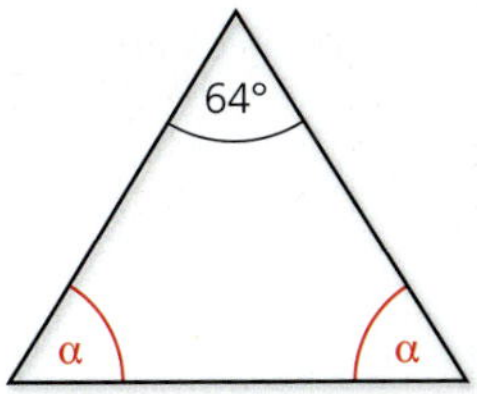

Übungen

5 **Winkel in Dreiecken**

Bestimme die fehlenden Winkelgrößen.

a)
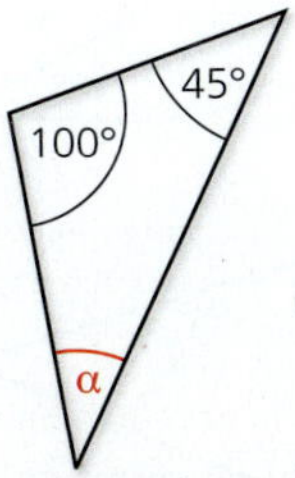

b)
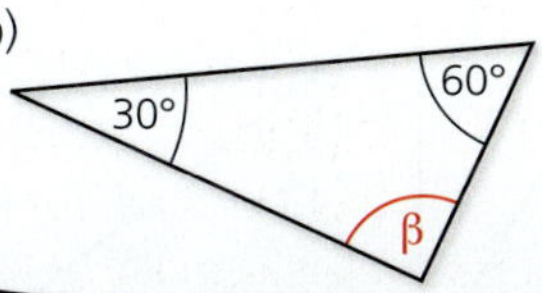

c)
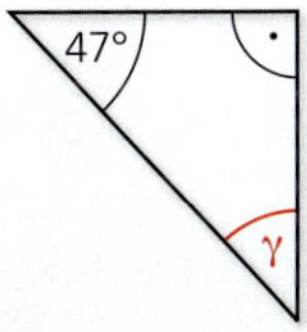

d)

e)
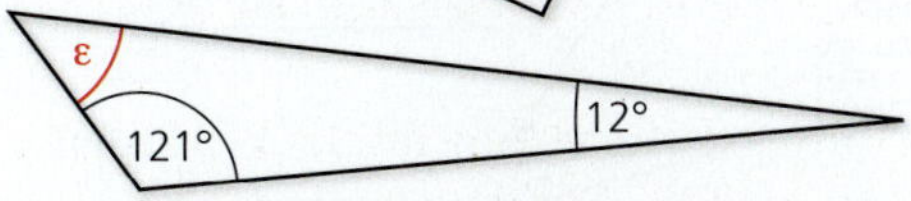

Übungen

6 Winkelgrößen ohne Messen

Bestimme jeweils ohne zu messen die fehlenden Winkelgrößen.

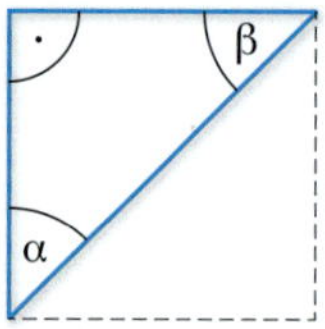

Quadrat

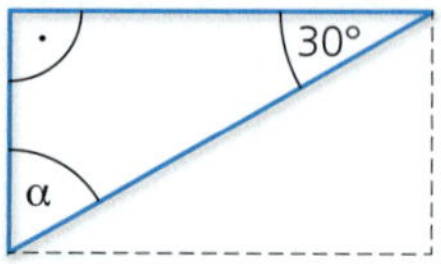

Rechteck

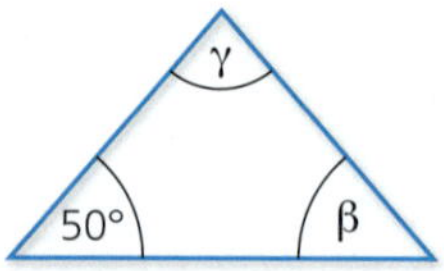

gleichschenkliges Dreieck

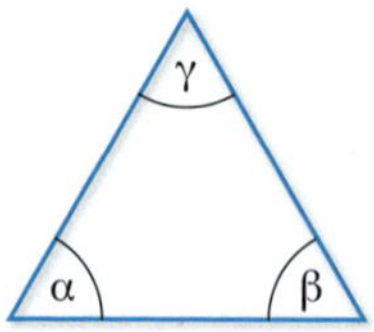

gleichseitiges Dreieck

7 Winkelgrößen ohne Zeichnen

Bestimme jeweils ohne zu zeichnen die fehlenden Winkelgrößen.

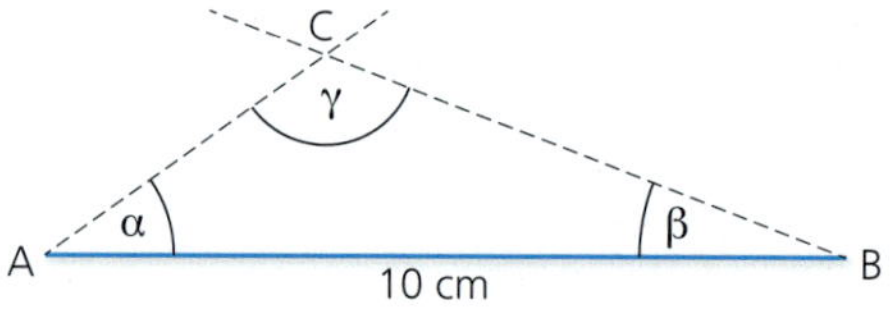

a) $\alpha = 30°$, $\beta = 60°$
b) $\alpha = 40°$, $\beta = 30°$
c) $\alpha = 100°$, $\beta = 20°$

8 Messen und Rechnen

Übertrage die Dreiecke in dein Heft und miss die Größe von zwei Winkeln. Ermittle den dritten durch Rechnung. Überprüfe dein Ergebnis durch Nachmessen.

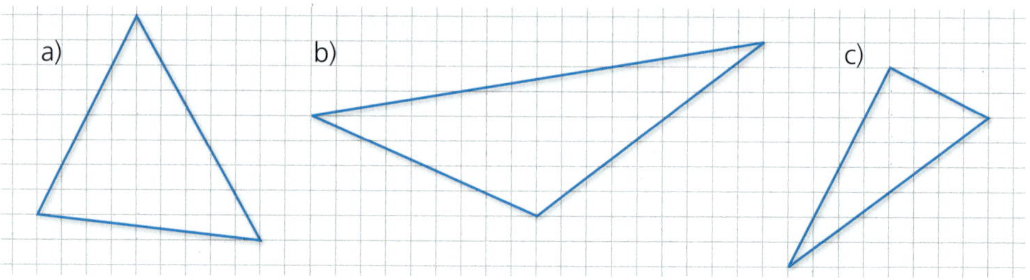

9 Abgerissene Ecken

Die Ecken von vier Dreiecken wurden abgerissen. Welche Ecken gehören zum selben Dreieck? Wie groß ist die fehlende Winkelgröße?

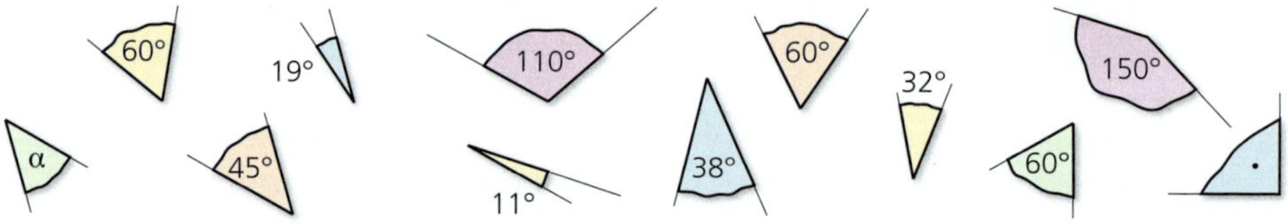

10 Winkeldetektiv

Bestimme die Größe des Winkels α ohne zu messen.

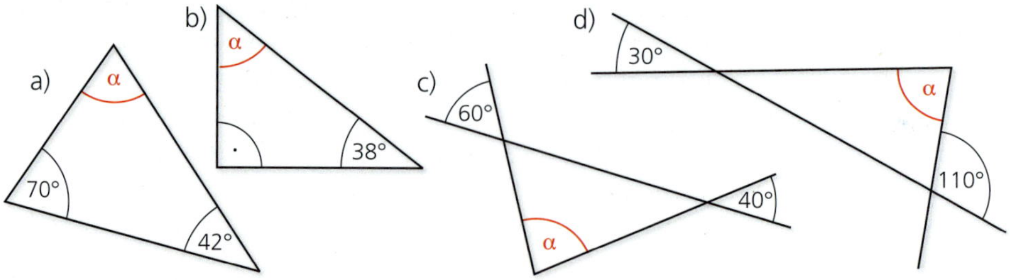

Übungen

11 Winkelsummensatz durch Falten

Mirko findet die bisherigen Begründungen für den Winkelsummensatz umständlich. „Es geht doch viel leichter", meint er.

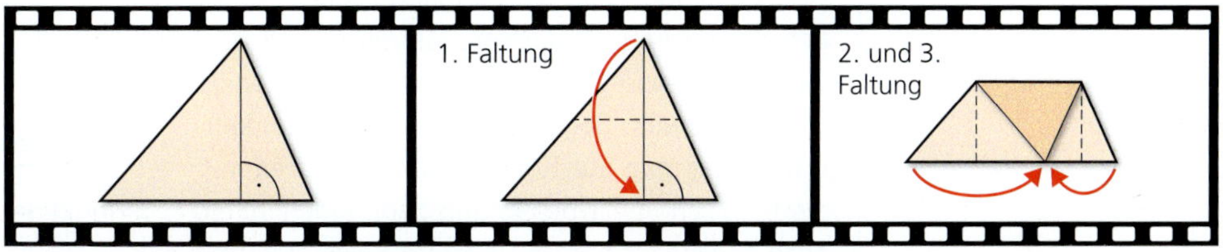

Schneide ein Dreieck aus und falte es wie Mirko entlang der gestrichelten Linien. Was hat diese Faltung mit dem Winkelsummensatz zu tun?

12 Dreiecke

Maja, Lutz und Britta zeichnen Dreiecke.
Maja: „Bei meinem Dreieck sind alle Winkel gleich groß."
Lutz: „Mein Dreieck hat einen stumpfen und zwei spitze Winkel."
Britta: „Mein Dreieck hat zwei stumpfe und einen spitzen Winkel."
Weißt du, wie groß die Winkel von Majas Dreieck sind?
Zeichne ein Dreieck, auf das Lutz' Beschreibung zutrifft. Was sagst du zu Brittas Behauptung?

13 Größter Winkel im Dreieck

a) Wie kommt Martin zu seiner Behauptung?
b) Gibt es Dreiecke mit zwei rechten Winkeln?

14 Rechtwinkliges Dreieck

In einem rechtwinkligen Dreieck ist der größte Winkel neunmal so groß wie der kleinste. Zeichne ein solches Dreieck. Gibt es mehrere?

15 Schnittwinkel von Geraden

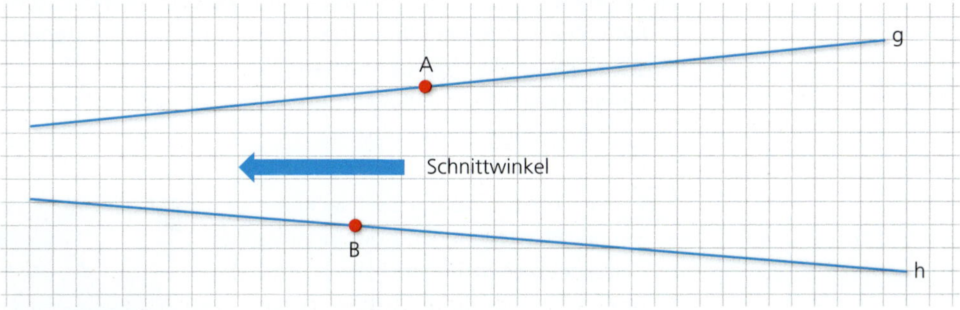

Tino soll den Schnittwinkel der Geraden g und h bestimmen. Leider ist sein Papier zu klein, um die Geraden zu verlängern und den Winkel zu messen.

a) Tino überlegt: „Die Summe der Winkel eines Dreiecks beträgt 180°. Also brauche ich nur einen Punkt A auf g mit einem Punkt B auf h zu verbinden."
Wie macht Tino weiter? Übertrage die Geraden in dein Heft und bestimme den Schnittwinkel nach Tinos Strategie.
b) Findest du noch eine andere Strategie? Führe sie aus und begründe.

Exkurs

Beweis in der Mathematik

Die Feststellung, dass die Winkelsumme in allen Dreiecken 180° beträgt, kannst du nur an einzelnen Dreiecken nachmessen. Mathematiker möchten solche Aussagen deshalb gerne beweisen. Beweisen heißt: Begründen durch Nachdenken. Dabei darf man auf Kenntnisse zurückgreifen, die man schon erworben und nach Möglichkeit auch begründet hat. In unserem Beispiel kann man den Winkelsummensatz mithilfe des bekannten Wechselwinkelsatzes allein durch Nachdenken ohne Messen begründen. Die Begründung gilt dann für jedes Dreieck.

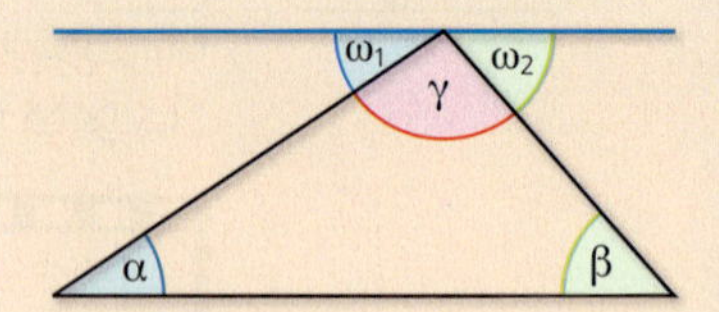

Beweis:
Die blaue Gerade ist parallel zur gegenüberliegenden Dreiecksseite.
Also ist ω_1 Wechselwinkel zu α und ω_2 Wechselwinkel zu β.
Da $\omega_1 + \omega_2 + \gamma = 180°$, gilt also auch: $\alpha + \beta + \gamma = 180°$.

Übungen

16 Winkelsumme im Viereck

Andreas und Johanna sollen herausfinden, wie groß die Summe der Innenwinkel in einem Viereck ist.
Zeichne einige Vierecke und miss die Innenwinkel.
Was kannst du über die Winkelsumme sagen?
Kannst du das durch Zerlegen des Vierecks in zwei Dreiecke begründen?

17 Winkelsumme im Fünfeck

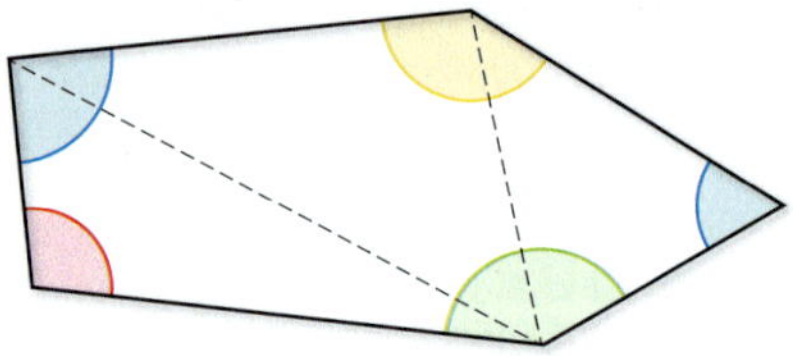

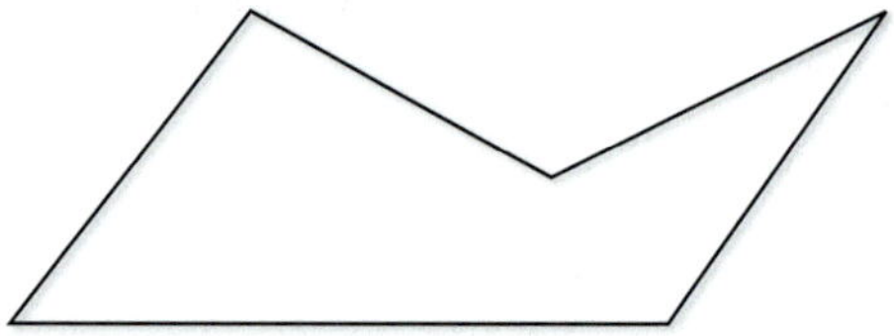

a) Begründe mithilfe der Abbildung, dass die Winkelsumme im Fünfeck 540° beträgt.
b) Ist auch bei dem rechts abgebildeten Fünfeck die Winkelsumme 540°?

18 Regelmäßiges Fünfeck

a) In einem regelmäßigen Fünfeck sind alle Winkel gleich groß und alle Seiten gleich lang. Zeichne ein regelmäßiges Fünfeck mit 4 cm Seitenlänge. Wer findet die schnellste und sicherste Methode?
b) Gregor möchte eine Pflasterung aus regelmäßigen Fünfecken zeichnen. Ist das möglich? Begründe deine Antwort.

19 Winkelsumme bei Sechsecken

a) Bei der Pflasterung sind die Innenwinkel der regelmäßigen Sechsecke alle gleich groß. Überlege dir die Größe dieser Winkel. Wie groß ist die Winkelsumme eines Sechsecks?
b) Bei dem Maschendrahtzaun sind die Sechsecke nicht so regelmäßig wie bei der Pflasterung. Kannst du trotzdem jeweils die Winkelsumme der Innenwinkel bestimmen?

Erkunden c) Wo findest du regelmäßige Sechsecke?

Dreieck mit Außenwinkeln

Wenn man die Seiten eines Dreiecks verlängert, so erhält man an jeder Ecke einen Winkel, der sich an den jeweiligen Innenwinkel α, β, γ anschließt. Diese Winkel α', β', γ' heißen Außenwinkel am Dreieck.

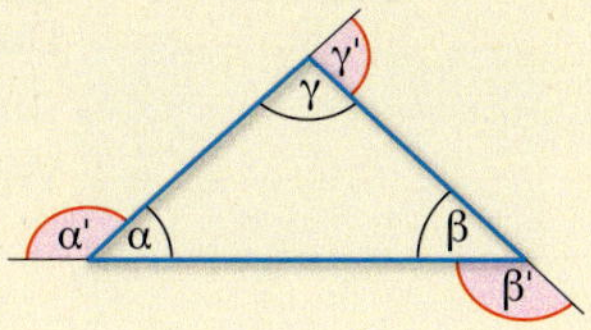

Übungen

20 Außenwinkel am Dreieck

a) Begründe, dass $\gamma' = 180° - \gamma$. Gilt eine solche Beziehung auch für die beiden anderen Außenwinkel α' und β'?

b) Wie groß ist die Summe der Außenwinkel am Dreieck? Begründe dein Ergebnis.

21 Altes Geometrieheft

Marie findet in einem alten Geometrieheft einen Merksatz über Außenwinkel am Dreieck mit einem Beweis. Leider sind darin einige Lücken. Kannst du die Lücken ausfüllen? Schreibe den vollständigen Text in dein Heft.

> Merke: Die Summe der Außenwinkel am Dreieck beträgt ■ °.
>
> Beweis: Die Summe der Außen- und Innenwinkel beträgt 3 · ■ ° = ■ °. Wir wissen bereits, dass die Summe der ■ 180 ° beträgt. Also gilt für die Summe der Außenwinkel ■ ° – ■ ° = ■ °.

22 Winkeldetektiv

Wenn du deinem Nachbarn deinen Lösungsweg Schritt für Schritt begründest, so hast du einen Beweis durchgeführt.

a) Wie groß ist γ'?

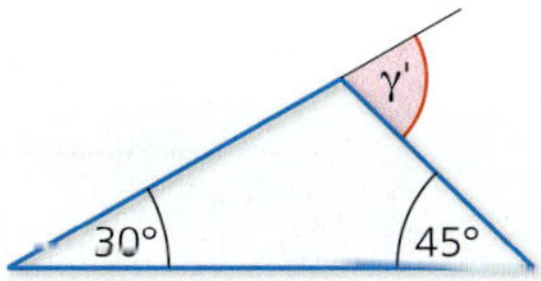

b) Wie groß sind α und γ zusammen?

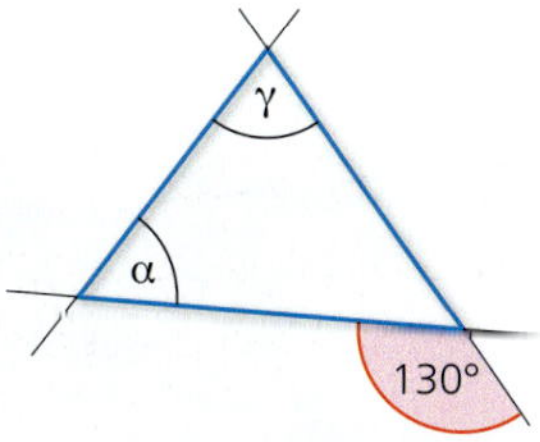

c) $\beta + \gamma = 70°$. Wie groß ist α'?

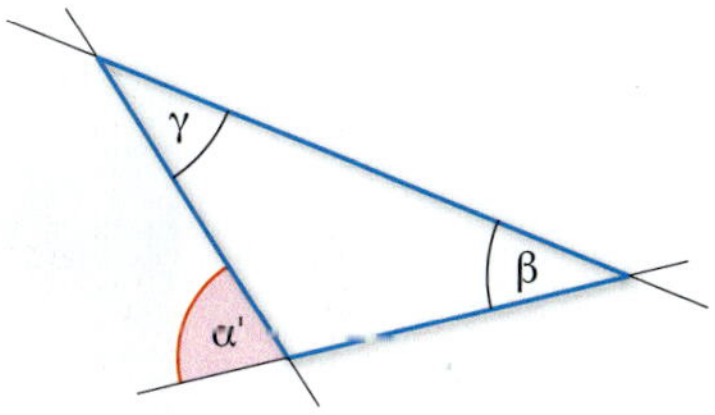

Kopfübungen

1. Ordne die Brüche $\frac{1}{1}$; $\frac{1}{8}$; $\frac{2}{3}$; $\frac{2}{4}$ der Größe nach.
2. Auf der Erde gibt es schätzungsweise 1500 aktive Vulkane, von denen 1,5 % jederzeit ausbrechen könnten. Wie viele sind es?
3. In einem Bus sitzen 28 Schüler. Es sind vier Mädchen mehr als Jungen. Wie viele Jungen, wie viele Mädchen sind es?
4. Gib Beispiele (in °) für die folgenden Winkelarten an:
   a) „spitz“ b) „stumpf“ c) „überstumpf“.
5. Der Benzinpreis stieg von 1,50 € pro Liter auf 1,80 € pro Liter. Um wie viel Prozent ist der Preis gestiegen?
6. Das arithmetische Mittel soll 50 betragen. Ergänze die fehlende Zahl: 40; 65; 75; 30; ■.
7. Radfahrer Sven fährt 500 m in einer Minute. Welchen Weg legt er in einer Viertelstunde zurück?

Aufgaben

23 Winkelsumme in Vielecken

Durch Zerlegen eines Vierecks in zwei Dreiecke kann gezeigt werden, dass die Winkelsumme im Viereck 360° beträgt. Dieses Zerlegungsverfahren kann man auch für die Winkelsummenbestimmung anderer Vielecke benutzen.

a) Übertrage die Tabelle in dein Heft und ergänze sie bis zum Achteck. Achte beim Anlegen der Tabelle darauf, dass du genug Platz für die Skizzen hast.

Figur	Skizze	Summe aller Innenwinkel
Viereck	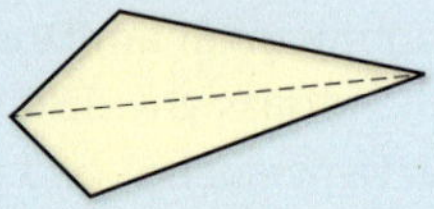	$2 \cdot 180° = 360°$
Fünfeck	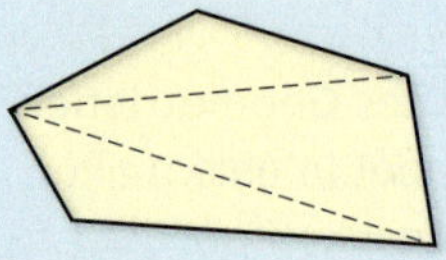	$3 \cdot 180° =$ ■
Sechseck	■	■ $\cdot\ 180° =$ ■

n steht für die Anzahl der Ecken.

b) Im Lexikon findest du für die Winkelsumme im n-Eck die Formel:
$W(n) = (n - 2) \cdot 180°$.
Überprüfe die Ergebnisse in deiner Tabelle durch Einsetzen.

Projekt

Platonische Körper

Planung

Kantenmodelle der platonischen Körper

Die platonischen Körper könnt ihr auch als Kantenmodelle bauen. Ihr braucht dazu farbigen Tonkarton, Klebstoff und eine Schere.
Arbeitet in Gruppen zusammen, dann könnt ihr alle platonischen Körper basteln. Überlegt euch zuerst, wer für welchen Körper zuständig ist. Der Tabelle könnt ihr entnehmen, wie viele Kanten und Ecken ihr für jeden Körper benötigt. Wer zuerst fertig ist, hilft einem anderen.

Körper	Fläche	Eckenzahl	Kantenzahl	Kanten pro Ecke
Tetraeder	4 Dreiecke	4	6	3
Würfel	6 Quadrate	8	12	3
Oktaeder	8 Dreiecke	6	12	4
Dodekaeder	12 Fünfecke	20	30	3
Ikosaeder	20 Dreiecke	12	30	5

Ausführung

Beispiel: Oktaeder

Schneidet 12 gleich lange Kartonstreifen (10 cm lang, 2 cm breit) und faltet sie der Länge nach. Schneidet die Enden spitz.
Schneidet 6 Kartonkreise (1–2 cm Radius) und zeichnet auf jeden Kreis Winkel wie in der Abbildung.
Schneidet die grüne Fläche weg und faltet entlang der gestrichelten Linien. Verwendet die rote Fläche als Klebelasche und klebt die blaue Fläche auf die rote.

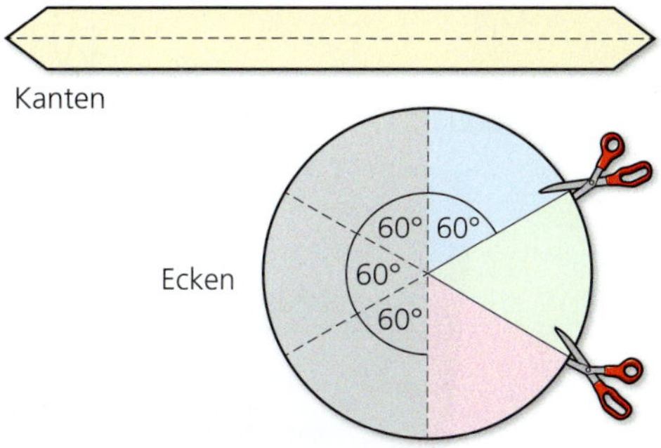

Wenn die Ecken trocken sind, verbindet Kanten und Ecken. Dazu müsst ihr die Knickstellen der Kanten in die Knickstellen der Ecken kleben.

Ecken der platonischen Körper
So kannst du die Ecken erstellen. Beachte, dass du zusätzlich eine Klebelasche benötigst.

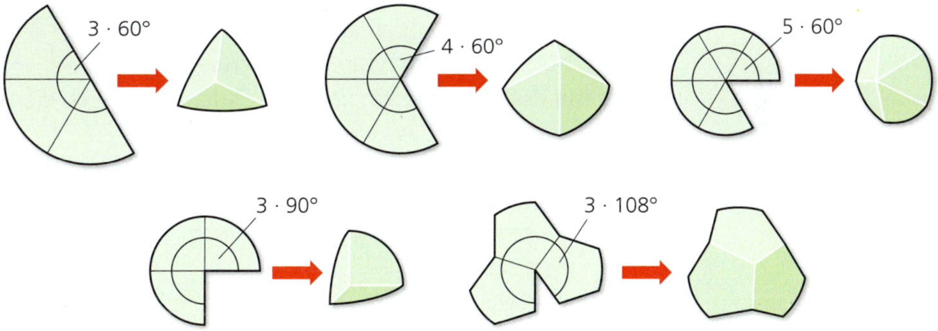

Präsentation

Mobile aus platonischen Körpern

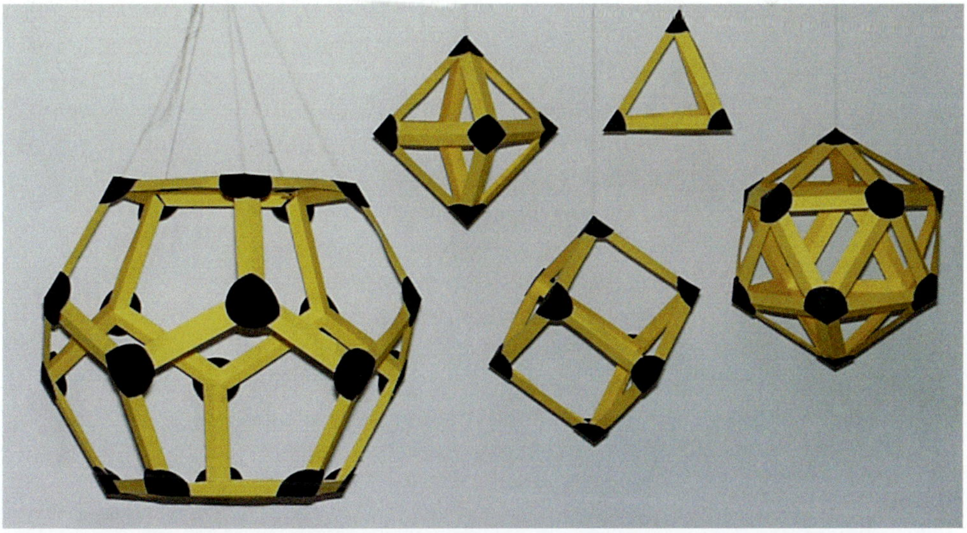

Ihr könnt auch eine größere Ausstellung zu den Platonischen Körpern organisieren.
- Im Internet könnt ihr an vielen Stellen Bastelbögen mit den Körpernetzen herunterladen und daraus Modelle der platonischen Körper basteln und beschriften.
- Sucht im Internet oder in einer Bibliothek weitere Informationen zu den platonischen Körpern und entwerft ein Quiz für die Besucher eurer Ausstellung.

4.3 Ortslinien – Mittelsenkrechte, Winkelhalbierende, Mittelparallele

Für zwei Städte soll ein neuer Supermarkt gebaut werden. Er soll von beiden Städten möglichst gleich weit entfernt sein. Welche Standorte kommen in Frage? Mithilfe der Geometrie kann man zunächst auf der Landkarte alle Punkte finden, die die gleiche Entfernung haben.
Ob aber ein Bauplatz frei und geeignet ist, entscheidet die Wirklichkeit. Es gibt viele Fälle, in denen die Geometrie eine Hilfe bei der Planung sein kann.

Aufgaben

1 Grenzsteine

Zwischen A-Dorf und B-Dorf stehen Grenzsteine, die vor vielen Jahren alle gleich weit von den Dörfern entfernt waren. Mittlerweile stehen nur noch wenige am richtigen Platz.

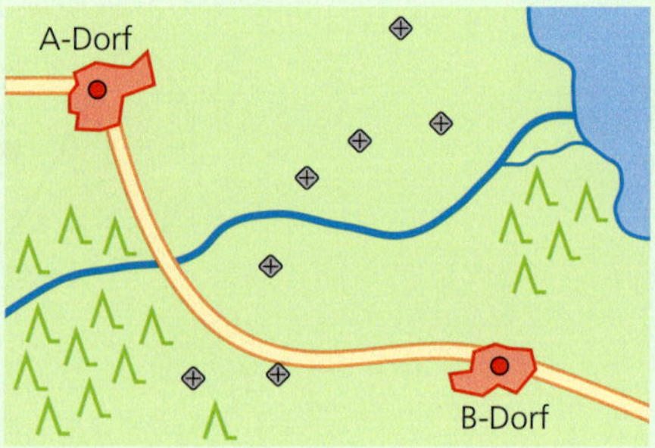

a) Übertrage den Plan auf ein unliniertes Blatt Papier (Transparentpapier, Folie oder Fotokopie). Findest du (nur mit dem Zirkel) heraus, welche Grenzsteine noch am richtigen Platz stehen?
Markiere diese mit einem roten x.

b) Wähle zwei Grenzsteine aus, die gleich weit von A und B entfernt sind, und verbinde diese durch eine Gerade. Was fällt dir auf? Wie liegt diese Gerade zur Verbindungsstrecke $\overline{AB}$? Beschreibe möglichst genau.

c) Zwischen den beiden Dörfern soll ein Grillplatz gebaut werden. Der Weg von jedem Dorf zum Grillplatz soll genau so weit sein wie die Entfernung zwischen den beiden Dörfern. Gibt es mehrere Möglichkeiten?

Zur Erinnerung:
Alle Punkte, die von M den gleichen Abstand r haben, liegen auf einem Kreis um M mit Radius r.

2 Schatzsuche für Faltexperten

Übertrage die Karte auf ein Stück Transparentpapier. Falte sie dann so, dass der Dornenweg genau über dem Steinweg liegt. Zeichne die Faltkante mit roter Farbe nach. Falte nun so, dass der Dornenweg genau über dem Querweg liegt. Zeichne diese Faltkante mit blauer Farbe nach.

a) Der Schnittpunkt der beiden Faltkanten markiert den Punkt, an dem ein Schatz versteckt ist. Welche besondere Eigenschaft hat der Punkt? Überlege dazu zunächst, welche besondere Eigenschaft alle Punkte auf der roten Faltkante haben, und welche besondere Eigenschaft alle Punkte auf der blauen Faltkante haben. Messen ist erlaubt.

b) Kannst du die Faltmethode durch eine Konstruktion ersetzen?

Zur Erinnerung:
Abstand eines Punktes P zu einer Geraden g:

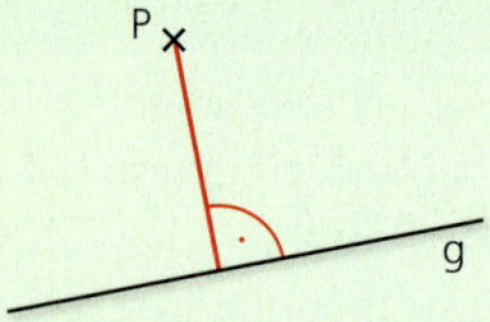

Aufgaben

3 **Flugzeug**

Ein Flugzeug ist achsensymmetrisch gebaut. Der Rumpf liegt genau auf der Symmetrieachse des Flügelpaares. Wie kannst du aus dem gegebenen Flügelpaar die Symmetrieachse finden?

Beschreibe eine Methode

a) mithilfe der beiden Punkte A und A'.

b) mithilfe des Winkel α.

c) mithilfe der beiden Geraden g und g'.

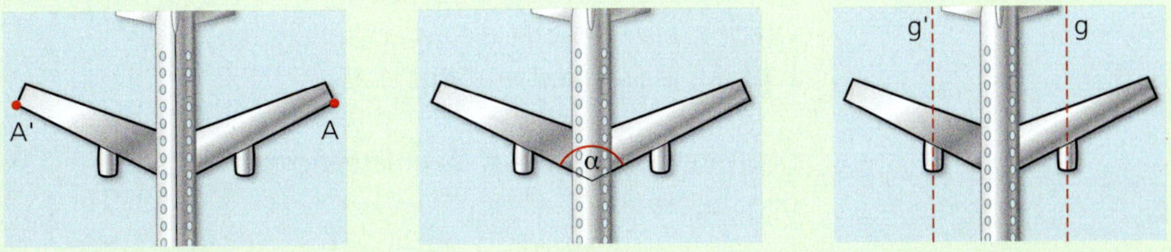

4 **Kreismuster**

Die Muster sind mithilfe der unten abgebildeten Konstruktionen erzeugt worden.

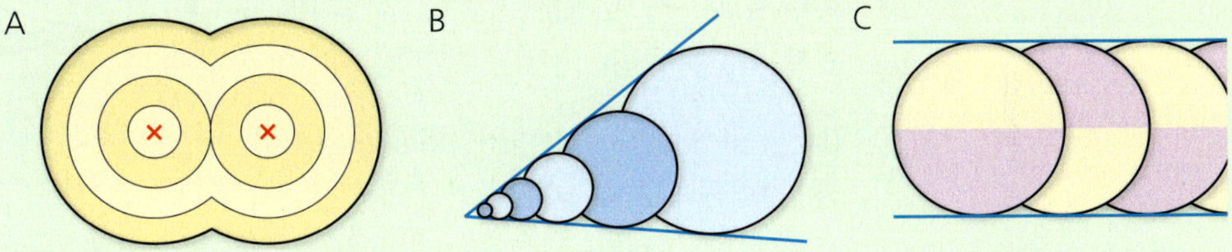

Zeichne die Kreismuster in dein Heft. Bei B und C gelingt dir die Konstruktion leichter, wenn du vorher eine passende Hilfslinie einzeichnest.

① Konzentrische Kreise um zwei Punkte

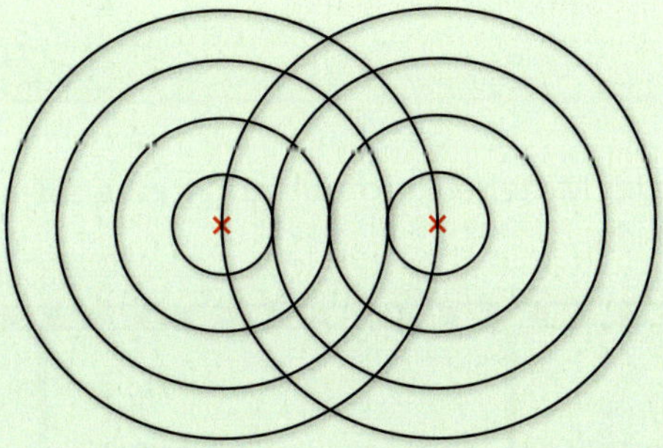

Wo liegen die Schnittpunkte der Kreise mit gleichem Radius?

② Kreise im Winkel

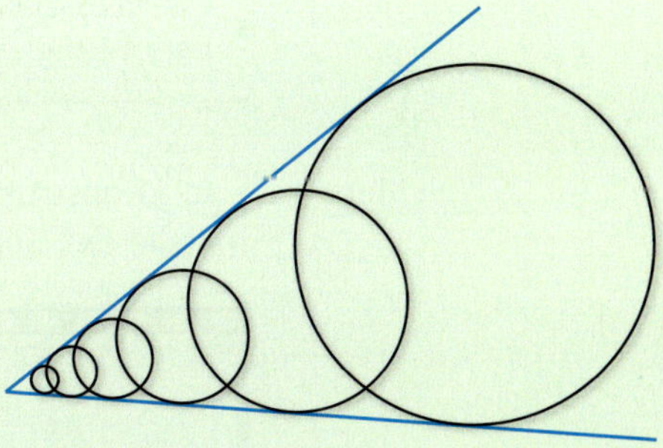

Wo liegen die Mittelpunkte der Kreise zwischen den Schenkeln?

③ Kreise zwischen zwei Parallelen

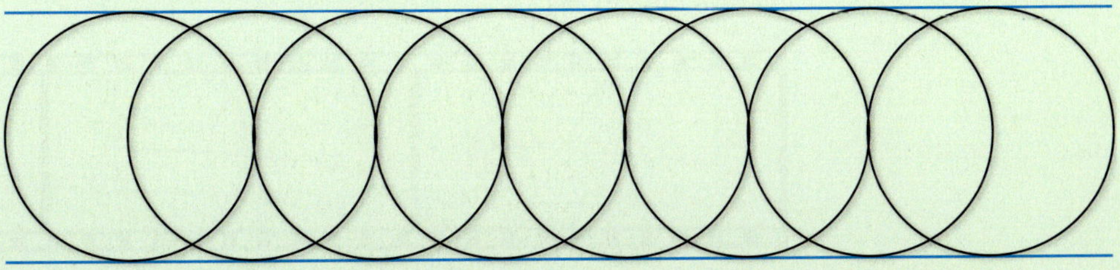

Wo liegen die Mittelpunkte der Kreise zwischen den Parallelen?

Basiswissen

Alle Punkte, die auf einer Ortslinie liegen, haben eine gemeinsame Eigenschaft. Du kennst bereits den Kreis als Ortslinie. Alle Punkte darauf haben den gleichen Abstand vom Mittelpunkt des Kreises. Wenn du die Eigenschaft solcher Ortslinien kennst, kannst du sie bei der Konstruktion von geometrischen Figuren nutzen.

Ortslinien

Mittelsenkrechte zur Strecke $\overline{AB}$:
Ortslinie aller Punkte, die von den Punkten A und B gleich weit entfernt sind.

Die Mittelsenkrechte ist Symmetrieachse der Strecke $\overline{AB}$.

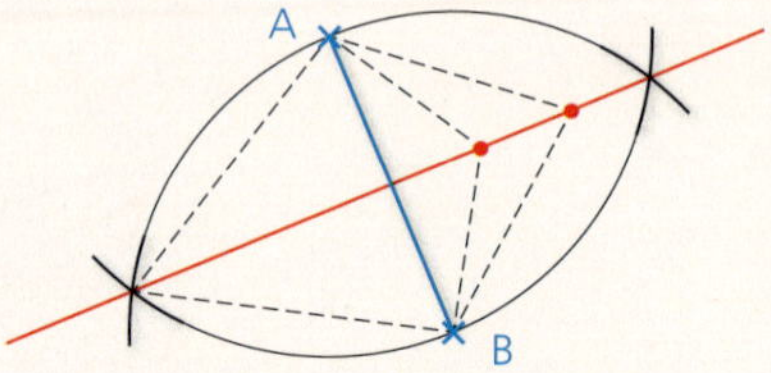

Winkelhalbierende eines Winkels:
Ortslinie aller Punkte, die von den beiden Schenkeln des Winkels gleich weit entfernt sind.

Die Winkelhalbierende ist Symmetrieachse des Winkels.

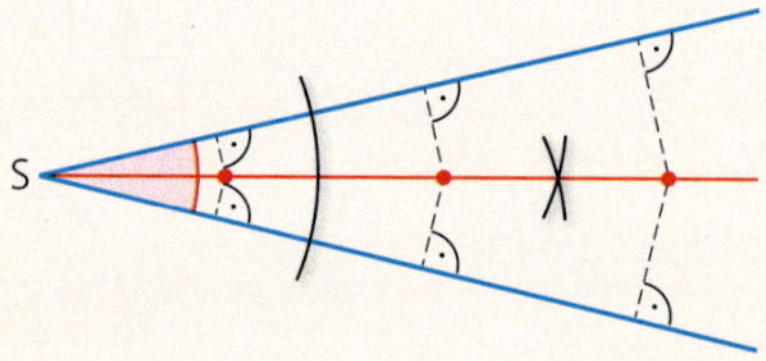

Mittelparallele zu zwei Parallelen:
Ortslinie aller Punkte, die von den beiden Parallelen gleich weit entfernt sind.

Die Mittelparallele ist Symmetrieachse des Parallelstreifens.

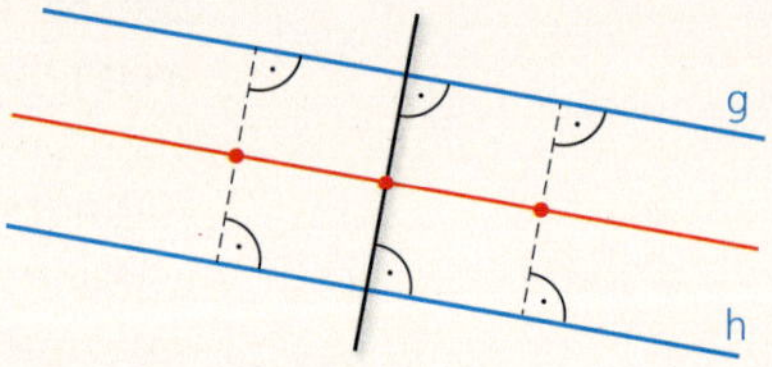

Beispiele

A Konstruktion der Mittelsenkrechten zur Strecke $\overline{AB}$
mithilfe des Geodreiecks:

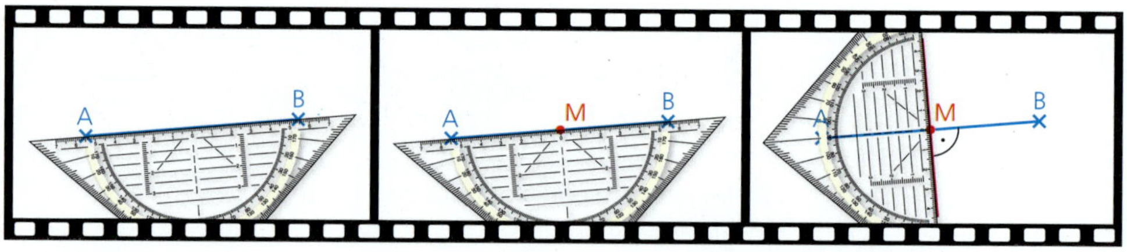

Zeichne die Strecke $\overline{AB}$. *Markiere den Mittelpunkt M.* *Zeichne die Senkrechte zu $\overline{AB}$ durch M.*

mithilfe des Zirkels:

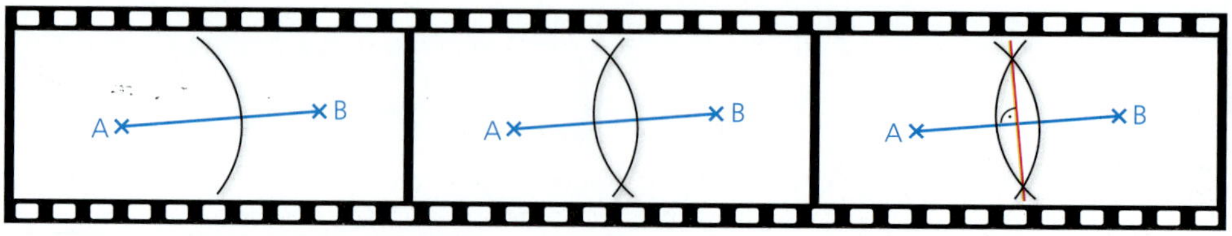

Zeichne einen Kreis um A. Der Radius muss größer sein, als die halbe Strecke $\overline{AB}$. *Zeichne einen Kreis mit demselben Radius um B.* *Zeichne eine Gerade durch die Schnittpunkte der beiden Kreise.*

Beispiele

B Konstruktion der Winkelhalbierenden mithilfe des Zirkels

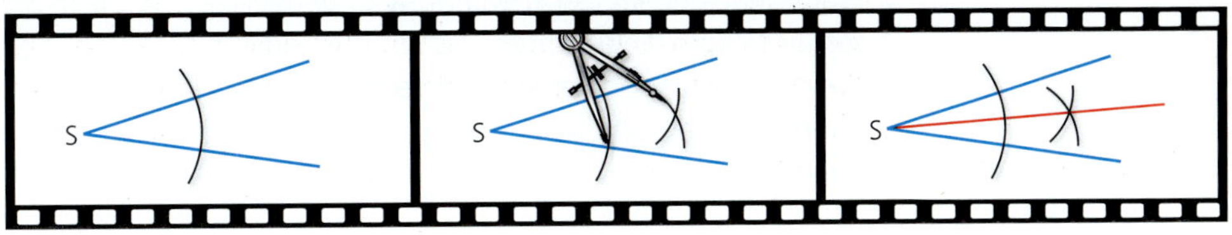

Zeichne einen Kreis um den Scheitelpunkt S.

Zeichne zwei Kreise mit gleichem Radius um die Schnittpunkte mit den Schenkeln

Verbinde den Scheitelpunkt S mit dem Schnittpunkt der beiden Kreise.

Übungen

5 **Ortslinien konstruieren**

Übertrage auf Karopapier in dein Heft und konstruiere

a) die Mittelsenkrechte, b) die Winkelhalbierende, c) die Mittelparallele.

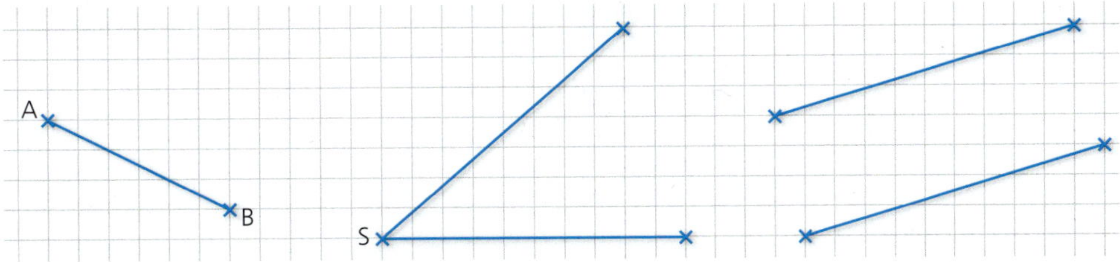

6 **Ortslinien in Vierecken**

Im Quadrat sind die Mittelsenkrechten der Seiten, die Winkelhalbierenden der Innenwinkel und die Mittelparallelen gegenüberliegender Seiten jeweils Symmetrieachsen des Quadrats.

Was vermutest du für die Vierecke, Rechteck, Raute, Parallelogramm, Trapez und Drachen? Zeichne alle Vierecke in dein Heft und überprüfe deine Vermutungen durch Einzeichnen der Ortslinien.

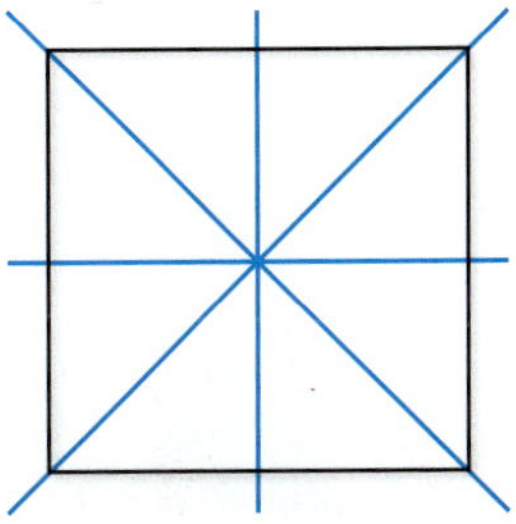

a) Rechteck b) Raute c) Parallelogramm d) achsensymmetrisches Trapez e) Drachen

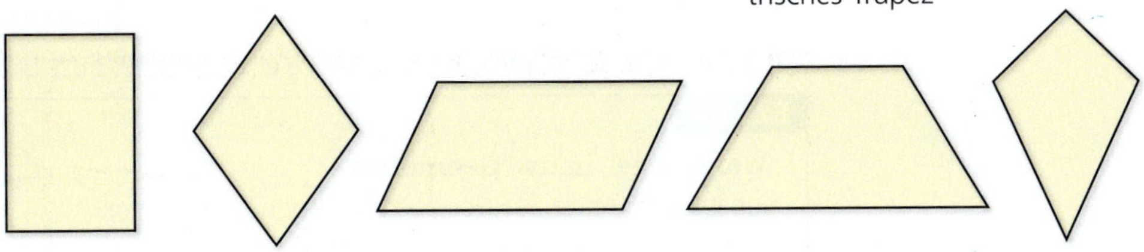

7 **Winkelhalbierende an der Geradenkreuzung**

Durch eine Geradenkreuzung werden vier Winkel festgelegt. Zeichne die Winkelhalbierenden.

Was beobachtest du? Schreibe deine Vermutung auf.

Ist dies bei jeder Geradenkreuzung so? Begründe.

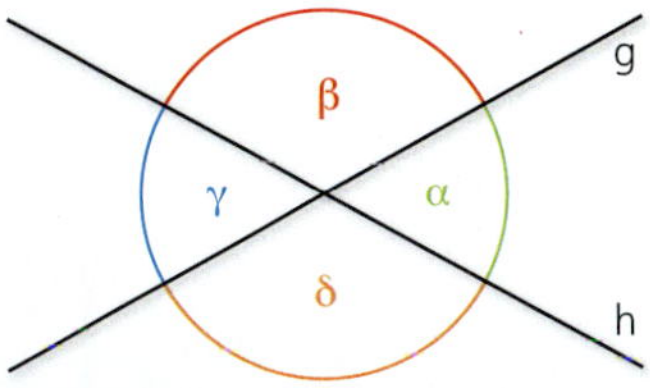

8 **Strecken an Parallelen**

Überprüfe durch Konstruktion:

Die Mittelparallele zu a und b halbiert jede Strecke $\overline{AB}$ mit A auf a und B auf b. Kannst du dies auch begründen?

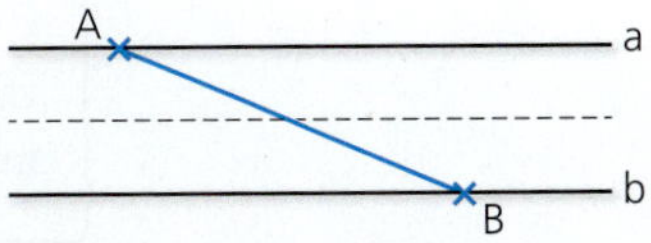

Tipp

Spiegele A und B an der Mittelparallelen.

Übungen

9 Versorgungslager

Während einer Arktis-Expedition wird ein Versorgungslager eingerichtet, das von den drei Forschungsstationen gleich weit entfernt ist. Übertrage die Karte in dein Heft und bestimme den Standort.

10 Kanalleitungen

Die Geraden g, h und k stellen unterirdische Kanalleitungen in einem Stadtbezirk dar. Von den Punkten A, B, C, D und E sollen Anschlussrohre zu einer der Kanalleitungen gelegt werden, diese sollen möglichst kurz sein. Welche Kanalleitungen wird man für die einzelnen Häuser wählen? Bei welchen Häusern hat man die Qual der Wahl?

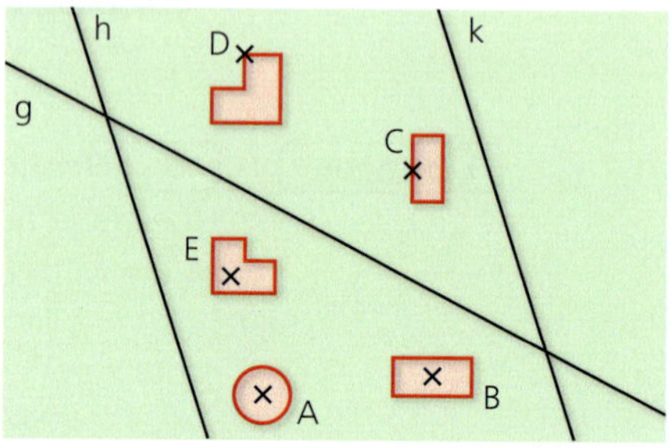

11 Haltestelle

An der Bahnstrecke $\overline{AB}$ mit A (2|6) und B (7|1) wird eine neue Haltestation H eingerichtet. Sie soll gleich weit von den Orten C (4|7) und D (1|1) entfernt sein. Bestimme durch Konstruktion die Koordinaten von Punkt H.

12 „Kopfgeometrie"

Prima Konzentrationsübung

Versucht, die Aufgaben ohne zu zeichnen im Kopf zu beantworten. Am besten lasst ihr euch den Text vorlesen und schließt zur besseren Konzentration die Augen.

a) Auf der Mittelsenkrechten einer Strecke $\overline{AB}$ wird ein Punkt C markiert. Der Punkt C bewegt sich nun auf der Mittelsenkrechten langsam nach oben und dann wieder nach unten. Welche Dreiecke ABC entstehen auf diese Weise? Gibt es darunter ein besonderes Dreieck?

b) In einem Rechteck ABCD werden die Winkelhalbierenden zu α und β gezeichnet. Liegt der Schnittpunkt der Winkelhalbierenden auf der Mittelsenkrechten zu A und B? Liegt er auf der Mittelparallelen zu den Seiten $\overline{AB}$ und $\overline{CD}$?

Denke dir selbst eine solche Kopfgeometrieaufgabe aus und stelle sie in der Klasse.

Exkurs

„Werkzeuge" in der Geometrie

Konstruktionen in der Geometrie werden mithilfe von Werkzeugen ausgeführt. Zum Zeichnen von Strecken und Geraden benutzt du das Lineal oder das Geodreieck. Kreise zeichnest du mit dem Zirkel, Senkrechte und Parallele wiederum mit dem Geodreieck. Bei Strecken und Winkeln benutzt du auch die Längen- und die Winkelskala auf dem Geodreieck. Bei den Griechen war das Messen in der „reinen" Geometrie nicht hoch angesehen. Sie ließen deshalb nur die Konstruktionen zu, die sich allein mit Zirkel und Lineal (ohne Messskala) ausführen lassen. Dazu entwickelten sie ein reichhaltiges Wissen über geometrische Begriffe und Beziehungen. In dem berühmten Lehrwerk „Die Elemente" von Euklid ist dieses Wissen systematisch festgehalten, darunter auch alle wichtigen Grundkonstruktionen mit Zirkel und Lineal.

Über Geometrieprogramme für den Computer kannst du dich auf der Seite 134 informieren.

Übungen

13 Grundkonstruktionen

In den folgenden drei Bildern sind drei „Grundkonstruktionen“ mit Zirkel und Lineal ausgeführt. Die „Startobjekte“ sind jeweils in blauer Farbe, die „Zielobjekte“ in roter Farbe gekennzeichnet. Führe die Konstruktionen selbst aus. Gib zu jeder dieser Grundkonstruktionen eine kurze Konstruktionsbeschreibung an. Benenne dabei auch die Start- und Zielobjekte.

a) Halbieren einer Strecke $\overline{AB}$

b) Errichten einer Senkrechten in einem Punkt P einer Geraden g

c) Zeichnen eines Winkels von 60°

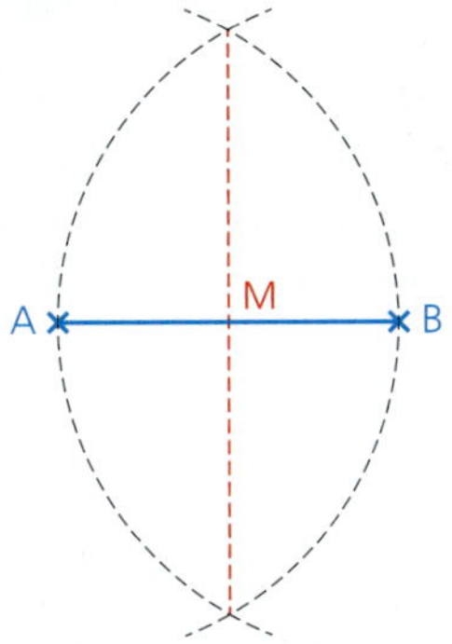

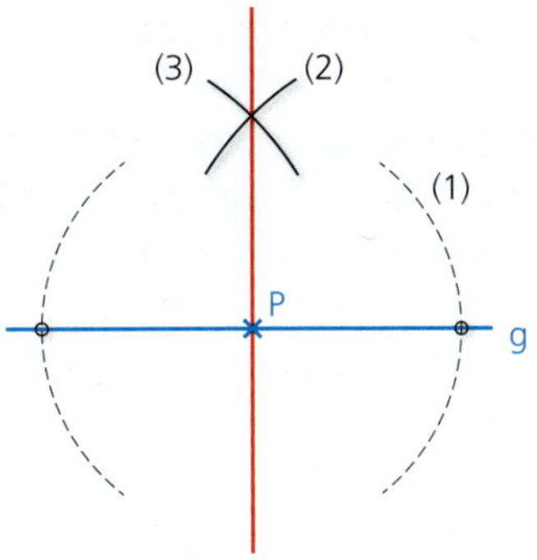

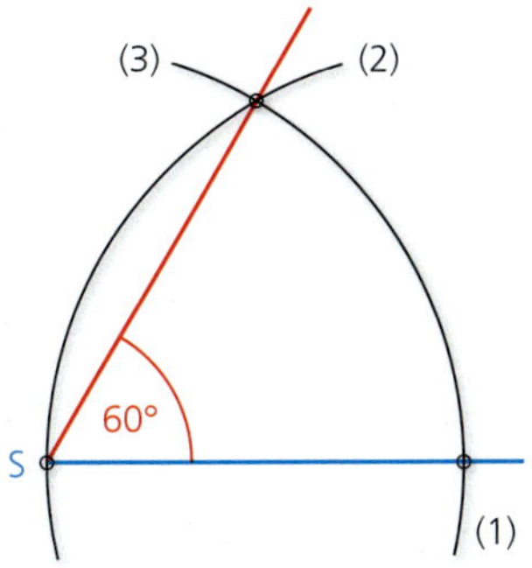

14 Konstruktionsbeschreibung

Führe die Grundkonstruktionen aus:

a) Lot fällen	b) Winkel von 30°	c) Mittelparallele
Startobjekte: Gerade g; Punkt P, der nicht auf g liegt Zielobjekt: Lot von P auf g	Startobjekte: Schenkel $\overline{SA}$ Zielobjekt: Schenkel $\overline{SB}$, sodass $\sphericalangle(\overline{SA}, \overline{SB}) = 30°$ beträgt	Startobjekte: parallele Geraden g und h Zielobjekt: Mittelparallele zu g und h
1. Zeichne Kreis um P, der g in A und B schneidet 2. Zeichne Kreis K_1 um A durch P und Kreis K_2 um B durch P 3. Benenne zweiten Schnittpunkt von K_1 und K_2 als Q 4. Zeichne die Gerade PQ (Lot)	1. Zeichne Kreis K_1 um S und Kreis K_2 um A jeweils mit $r = \overline{SA}$ 2. Benenne einen Schnittpunkt von K_1 und K_2 als C 3. Zeichne Schenkel $\overline{SC}$ 4. Zeichne Kreis K_3 um C mit $r = \overline{SA}$ 5. Benenne zweiten Schnittpunkt von K_2 und K_3 als B 6. Zeichne Schenkel $\overline{SB}$	1. Zeichne Punkt P auf g 2. Zeichne Kreis um P, der h in A und B schneidet 3. Zeichne Kreis K_1 um A durch P und Kreis K_2 um B durch P 4. Benenne zweiten Schnittpunkt von K_1 und K_2 als Q 5. Zeichne die Gerade PQ 6. Benenne Schnittpunkt von PQ und h als R 7. Zeichne eine Mittelsenkrechte zu P und R

15 Konstruktionsbeschreibung und Konstruktionsergebnis

Vervollständige die Tabelle in deinem Heft.

Beschreibung	Bild	Figur
1. Zeichne eine Strecke $\overline{AB}$ 2. Zeichne Kreis K_1 um A durch B und Kreis K_2 um B durch A 3. Benenne einen Schnittpunkt von K_1 und K_2 als C 4. Zeichne $\overline{AC}$ und $\overline{BC}$	■	■
■	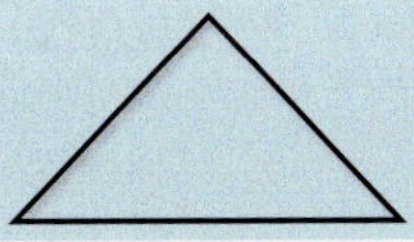	■
■	■	Raute

Werkzeug

Dynamische Geometriesysteme – DGS

Neben den klassischen „Werkzeugen" der Geometrie wie Zirkel und Lineal gibt es heute moderne „Werkzeuge" in Form spezieller Geometrieprogramme. Bei ihnen stehen die Grundkonstruktionen als Befehle zur Verfügung oder können selbst erstellt werden. Neben der reinen Konstruktion kann man Objekte auch farbig gestalten. Außerdem lassen sich Abstände und Winkel messen. Anders als bei der Konstruktion mit klassischen Werkzeugen kann man bei Geometrieprogrammen an einzelnen Punkten einer Konstruktion ziehen und damit die gesamte Figur verändern.
Man nennt solche Programme deshalb auch dynamische Geometriesysteme, kurz DGS. Ihr Einsatz ist dann besonders hilfreich, wenn man beobachten will, wie sich die Veränderung der Lage eines Punktes (eines Winkels, einer Strecke, etc.) auf eine Figur auswirkt. Die Bedienung eines DGS ist leicht zu erlernen – wenn du nicht weiter kommst, findest du immer Anleitungen und Tipps im Hilfemenü.

Beispiel für eine Menüleiste:

Beispiel einer Konstruktion:
Die Diagonalen eines Quadrates schneiden sich in einem Punkt. Die Eckpunkte liegen auf einem Kreis um diesen Schnittpunkt.

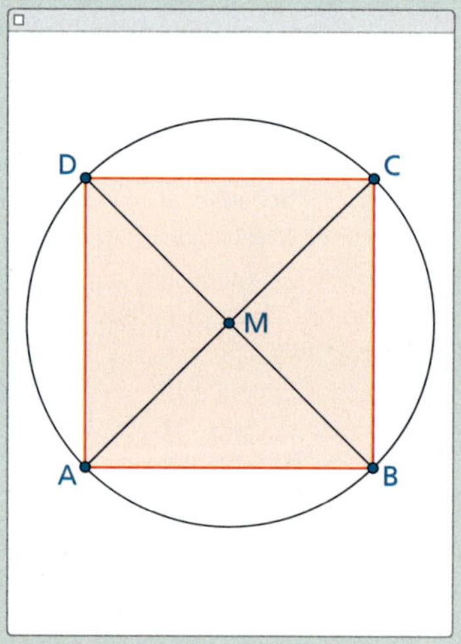

1		Werkzeug *Regelmäßiges Vieleck* auswählen. Setze die Punkte A und B durch einen Mausklick und gib die Anzahl der Ecken mit 4 an.
2		Werkzeug *Strecke zwischen zwei Punkten* wählen. Wähle für die erste Diagonale die Punkte A und C, dann die Punkte B und D für die zweite Diagonale.
3		Werkzeug *Schneide zwei Objekte* wählen. Schnittpunkt durch Klicken auf beide Diagonalen erzeugen. Einfach „M" tippen, um den *Umbenennen*-Dialog zu öffnen und den Punkt umzubenennen.
4		Werkzeug *Kreis mit Mittelpunkt durch Punkt* wählen. Zuerst auf den Kreismittelpunkt und dann auf einen der Eckpunkte klicken, um den Kreis zu erzeugen.
5		Werkzeug *Bewege* wählen und mit der Maus die Eckpunkte A oder B ziehen. Die Konstruktion wird sich dynamisch mit den Eckpunkten verändern.

Übungen

Bei den meisten Programmen gelangst du mit der F1-Taste in das Hilfe-Menü.

16 Übung macht den Meister
Um geometrische Konstruktionen ausführen zu können, musst du erst einmal wissen, wie du Strecken, Geraden, Kreise und Ähnliches zeichnest. Das kannst du gut üben, indem du versuchst, eine möglichst „schöne" Figur zu zeichnen. Probiere es aus. Deiner Fantasie sind keine Grenzen gesetzt. Du kannst deine Figur auch farbig gestalten.

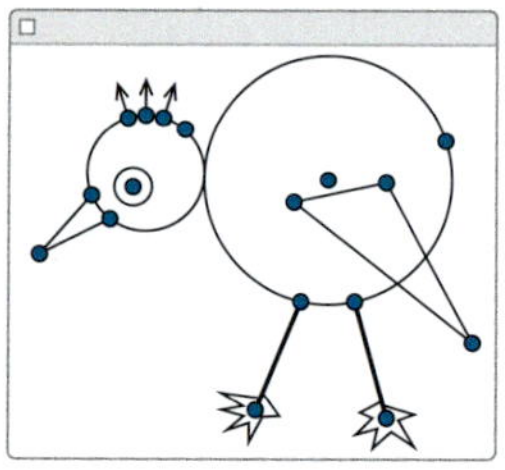

Übungen

In der Menüleiste findest du auch eine Konstruktionsbeschreibung mit deinem DGS.

17 Grundkonstruktionen mit DGS

Im Basiswissen auf Seite 130 sind die Konstruktionen der Mittelsenkrechten einer Strecke, der Winkelhalbierenden eines Winkels und der Mittelparallelen zweier paralleler Geraden dargestellt.

a) Informiere dich über die Menüleiste deines DGS. Gibt es für die Grundkonstruktionen spezielle Befehle? Führe die Konstruktionen mit deinem DGS aus und gib jeweils eine kurze Konstruktionsbeschreibung an.

b) Versuche an den verschiedenen Punkten deiner Figur zu ziehen. Was verändert sich, was bleibt erhalten? Notiere deine Beobachtungen.

18 Konstruktionsbeschreibung mit DGS

Mit deinem DGS erhältst du bei einer Konstruktion auch eine Konstruktionsbeschreibung.

a) Was wird mit der nebenstehenden Konstruktionsbeschreibung konstruiert?

b) Gib jeweils eine kurze Konstruktionsbeschreibung für die Konstruktion einer Raute, eines gleichseitigen und eines gleichschenkligen Dreiecks an. Konstruiere die Figuren und vergleiche deine Konstruktionsbeschreibungen mit der Konstruktionsbeschreibung des DGS.

Nr.	Name	...	Definition
1	Punk A		
2	Punkt B		
3	Strecke a		Strecke zwischen A und B
4	Gerade b		Gerade durch B senkrecht zu a
5	Kreis c		Kreis durch A mit Mittelpunkt B
6	Punkt C		Schnittpunkt von c, b
6	Punkt D		Schnittpunkt von c, b
7	Gerade d		Gerade durch A senkrecht zu a
8	Kreis e		Kreis durch B mit Mittelpunkt A
9	Punkt E		Schnittpunkt von e, d
9	Punkt F		Schnittpunkt von e, d
10	Strecke f		Strecke zwischen E und C

19 Haus des Nikolaus mit DGS

a) Konstruiere zunächst das Quadrat ABCD und damit das Haus des Nikolaus.

b) Für DGS-Profis: Nutze keine Befehle für die Grundkonstruktionen, sondern verwende mit dem DGS nur „Zirkel und Lineal".

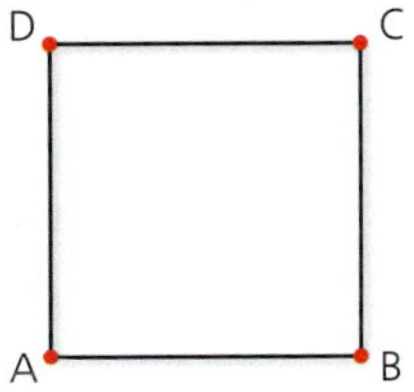

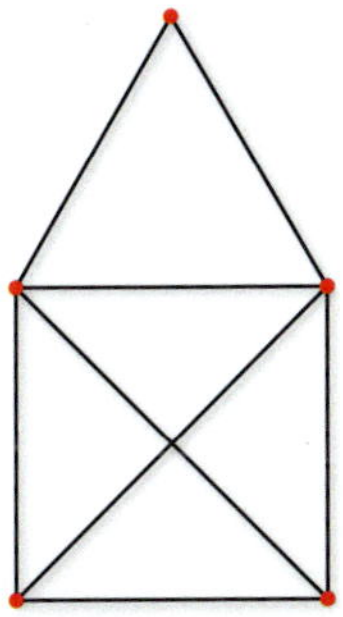

Kopfübungen

1. Berechne das 12-fache von 8,5.
2. Gib die Anzahl der Spiegelebenen und der Drehachsen bei dem gezeigten Propeller an.
3. Bei einer Käferart, die auf Madagaskar heimisch ist, beträgt die Gesamtlänge 25 mm. 40 % davon nimmt der Kopf ein. Gib die Kopf- und die Gesamtlänge in Zentimeter an.
4. Der Essensvorrat einer Himalaya-Expedition mit 10 Teilnehmern reicht für 12 Tage. Wie lange würde der Vorrat für 8 Teilnehmer reichen?
5. Wie viel sind 50 % von 20 %?
6. In einer Mannschaft der 1. Fußballbundesliga sind die Spieler laut Trainer im Mittel 22 Jahre alt: 18, 19, 19, 20, 20, 21, 22, 23, 26, 27, 27.
   Alle Spieler zusammen sind 242 Jahre alt.
   Handelt es sich bei dem angegebenen Mittelwert um das arithmetische Mittel oder um den Median?
7. Der Preis einer Ware wird erst um 50 % erhöht und anschließend um 50 % gesenkt. Wie viel Prozent des Ausgangspreises kostet die Ware am Ende?

Aufgaben

Fasst eure Entdeckungen in einem gemeinsamen Forschungsbericht zusammen.

20 Forschungsaufgabe an Kreisen mit DGS

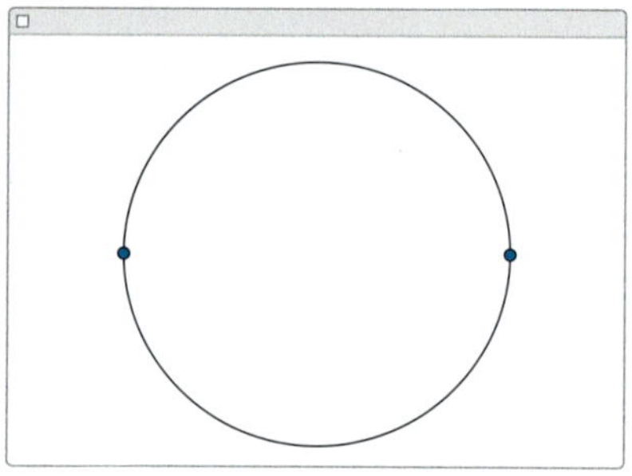

a) Kannst du durch zwei Punkte immer einen Kreis zeichnen? Wie viele solche Kreise gibt es? Wie kannst du diese Kreise finden? Beschreibe und begründe.
b) Kannst du durch drei Punkte immer einen Kreis zeichnen? Gibt es mehrere Möglichkeiten? Beschreibe und begründe.
c) Wie sieht es bei vier Punkten aus? Probiere es mit vier Punkten in verschiedenen Lagen. Die vier Punkte lassen sich immer zu einem Viereck verbinden. Bei welchen Vierecken findest du einen Kreis durch die vier Eckpunkte? Bei welchen nicht?
d) Kreise durch fünf, sechs oder acht Punkte: Gibt es auch hier noch Lösungen?

21 Geometrieproblem

Aus einem Teich ragt ein Bambusrohr 6 Fuß heraus. Zieht man die Spitze zum Ufer, so ist sie 8 Fuß von der Stelle entfernt, an der das Rohr aus dem Wasser kommt.
Wie tief ist der Teich?
Schau dir die Lösungsskizze an und konstruiere eine Lösung. Benutze an Stelle der Einheit „Fuß“ die Einheit „cm“.

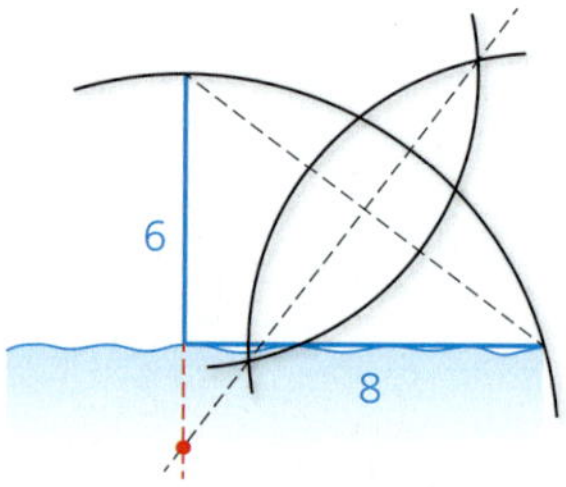

22 Planen mit Geometrie und DGS

In der Nähe der Dörfer A und B läuft eine Erdgaspipeline vorbei. Beide Dörfer sollen einen Anschluss zur Energieversorgung erhalten, dazu müssen neue Leitungen gelegt werden. Aus Kostengründen ist nur ein gemeinsamer Anschluss an die Pipeline vorgesehen.

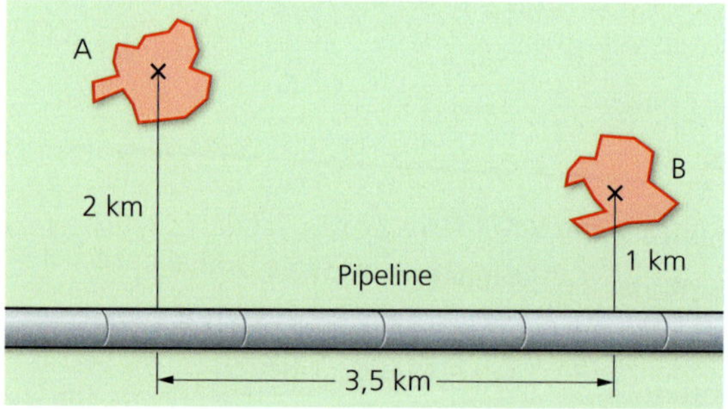

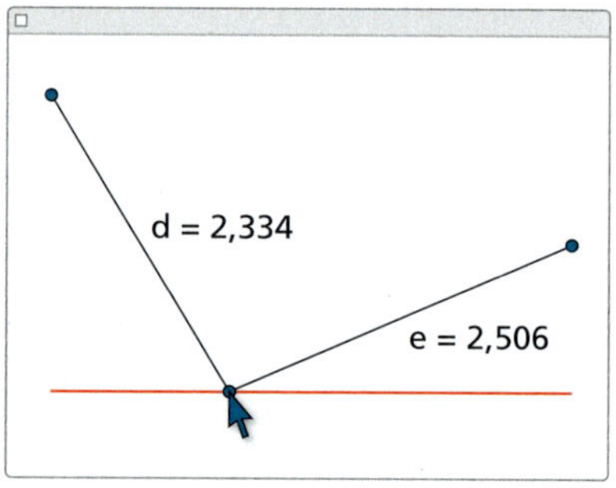

„gerechte Lösung“

a) Es soll die Stelle gewählt werden, für die jeder Ort die gleiche Rohrlänge legen muss. An welcher Stelle wird die Pipeline angezapft? Wie lang ist nun die neue Rohrleitung für jeden Ort?

„sparsame Lösung“

b) Der Bauingenieur schlägt eine kostengünstigere Lösung vor: „Wir suchen die Stelle, für die die Gesamtrohrlänge minimal wird. Dann teilen wir uns die Kosten.“ Findest du diese Stelle? Wie viel spart man gegenüber der Lösung in a)?

Zur Erinnerung: Die kürzeste Verbindung zwischen zwei Punkten A und B ist die Strecke $\overline{AB}$.

Probierstrategie:
Verschiebe den in a) gefundenen Punkt nach links oder rechts und miss jeweils die notwendige gesamte Rohrlänge.

Denkstrategie:
Wenn B spiegelbildlich auf der anderen Seite der Pipeline läge, so wäre die Stelle ganz leicht zu finden.

Projekt

Schatzsuche

Nach einer langen gefährlichen Seefahrt erreichen die Piraten die einsame Insel. Endlich können sie überprüfen, ob der erbeutete Schatzplan echt ist. Leider gibt es da ein kleines Problem: Der Steuermann, der einzige der Mannschaft mit guten Geometriekenntnissen, liegt mit hohem Fieber in der Koje. Nachdem die Mannschaft planlos die halbe Insel umgegraben hat, macht sich Unmut breit und eine Meuterei bahnt sich an. Könnt ihr die Meuterei verhindern?

Der Weg zum Schatz:

Suche zunächst den Schlüssel, der die Schatztruhe öffnet:

- *Er ist vom Fels und der toten Eiche gleich weit entfernt.*
- *Außerdem ist er 30 m von der Quelle entfernt vergraben.*
- *Um es eindeutig zu sagen: „… an dem der beiden möglichen Punkte, der näher am Höllenbach liegt".*

Weiter geht es zum Schatz.

- *Schaue von diesem Punkt aus in Richtung Schlangental und denke dir eine Verbindungsgerade zum Wegweiser.*
- *Die Schatztruhe hat von dieser Geraden und dem nördlichen Wegrand des „Weges der verlorenen Seelen" den gleichen Abstand.*
- *Wähle aus allen möglichen Punkten denjenigen aus, der die kürzeste Entfernung zum Mittelpunkt der Verbindungsstrecke zwischen dem Wegweiser und der Quelle hat.*

Erkundung Erstelle eine vergrößerte Kopie der Karte (DIN A4) und suche (konstruiere) die Stellen, wo der Schlüssel und die Schatztruhe liegen. Vergleiche mit deinen Nachbarn.

Planung Gestaltet im Team eine eigene Schatzkarte. Überlegt euch zunächst eine Situation für eure Schatzkarte. Verteilt dann die Aufgaben.
Wer soll zeichnen, wer schreibt eine Geschichte zur Karte, wer ist für die Gestaltung zuständig und wer erstellt eine Lösungsfolie?

Ausführung Folgende Vorgaben und Anregungen können euch helfen:

- Schreibt eine spannende Geschichte zu eurer Schatzkarte.
- In der Geschichte sollten einige Konstruktionen von Ortslinien vorkommen. Beschreibt diese möglichst fantasievoll.
- Achtet darauf, dass die Beschreibung klar und deutlich ist und zu einem eindeutigen Ziel führt.
- Gestaltet eure Karte in DIN-A4-Größe – möglichst ansprechend und originell.
- Erstellt eine Folie, auf der alle Konstruktionen eingezeichnet sind. Wenn man die Folie auf die Karte legt, muss der Lösungsweg und die Lösung ersichtlich sein.

Präsentation Legt eure Karten und Beschreibungen in der Klasse aus und stellt sie einander vor. Anschließend sucht sich jede Gruppe eine fremde Schatzkarte aus und bearbeitet diese. Ein Vergleich mit der Lösungsfolie zeigt euch, ob ihr den Schatz gefunden habt.

Winkel an Geradenkreuzungen

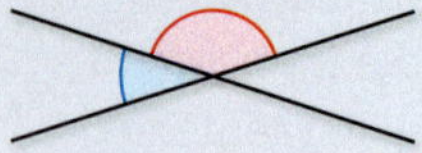

Nebenwinkel ergänzen sich zu 180°.

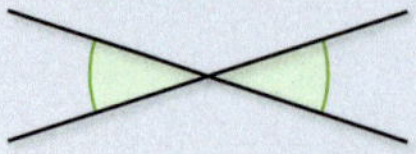

Scheitelwinkel sind gleich groß.

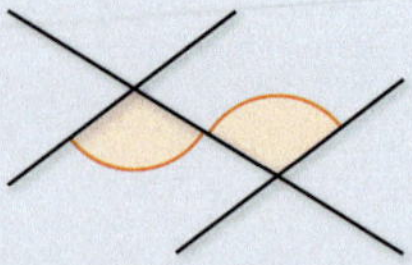

Wechselwinkel sind gleich groß.

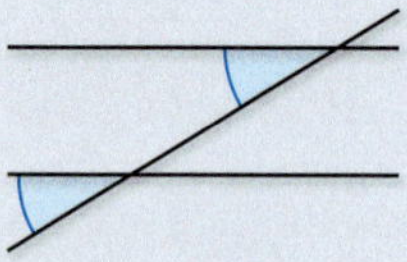

Stufenwinkel sind gleich groß.

Prüfen auf Parallelität

Sind an einer Doppelkreuzung Stufen- und Wechselwinkel gleich groß, so sind die Geraden parallel.

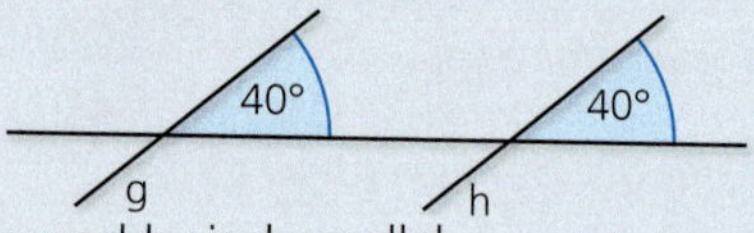

g und h sind parallel.

Winkelsumme im n-Eck

Die Summe der Innenwinkel beim Dreieck beträgt 180°, also $\alpha + \beta + \gamma = 180°$.

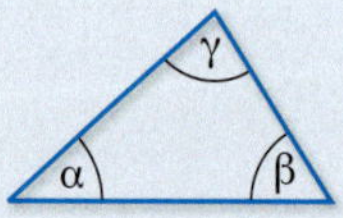

Die Winkelsumme W im n-Eck beträgt:
$W(n) = (n - 2) \cdot 180°$

Ortslinien

Mittelsenkrechte zur Strecke AB: Ortslinie aller Punkte, die von den Punkten A und B gleich weit entfernt sind.

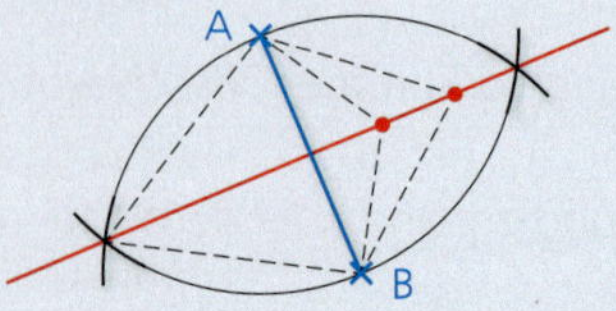

Winkelhalbierende eines Winkels: Ortslinie aller Punkte, die von den beiden Schenkeln des Winkels gleich weit entfernt sind.

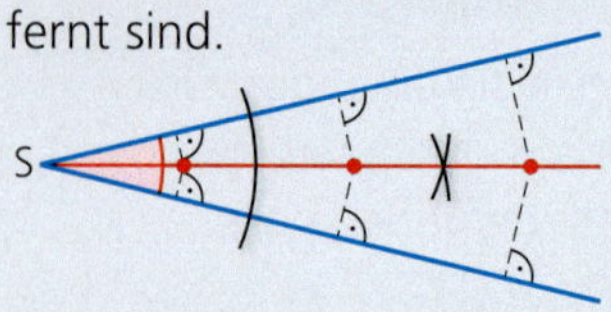

Check-up

1 Geradenmuster

Übertrage das Geradenmuster in dein Heft. Markiere je ein Paar Stufenwinkel, Nebenwinkel und Scheitelwinkel.
Bestimme dann die Größe aller auftretenden Winkel.
Wie viele Winkel musst du mindestens messen, um alle anderen berechnen zu können?

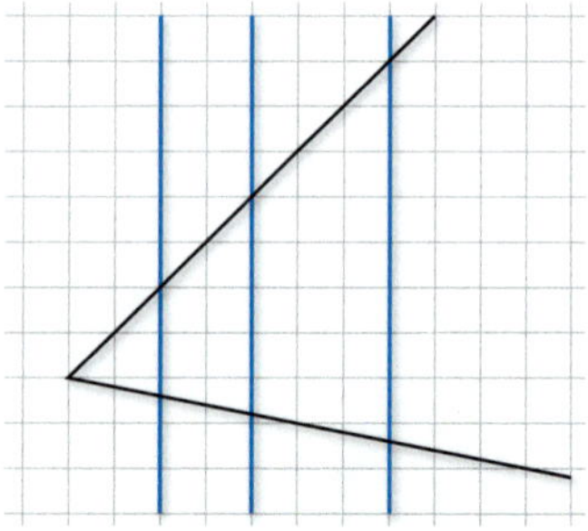

2 Winkelbestimmung

Berechne die Größe aller roten Winkel. Die Geraden g und h sind zueinander parallel.

a)

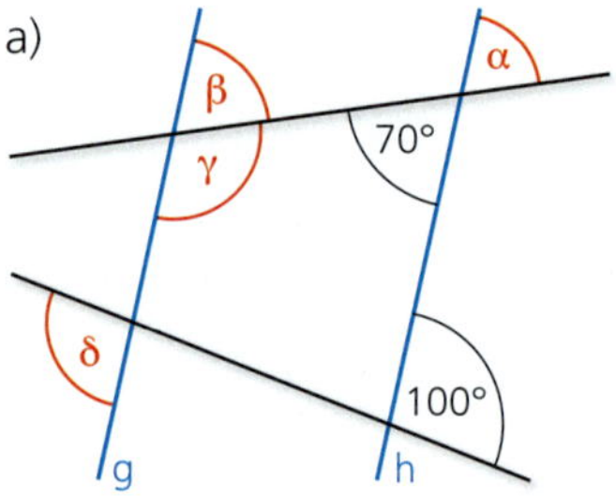

b)

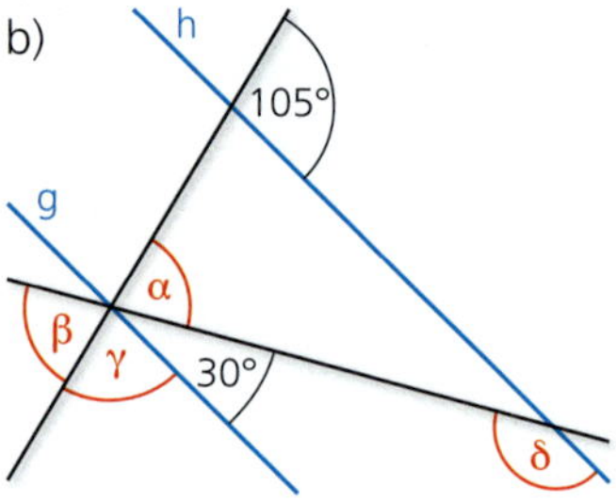

4 Winkeldetektiv

Berechne alle rot markierten Winkel.

a)

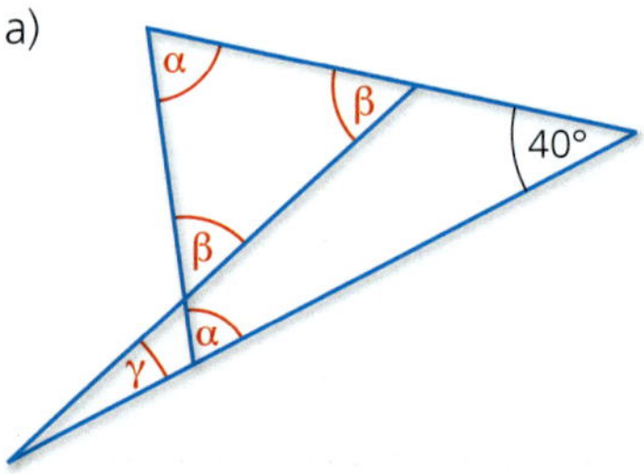

b)

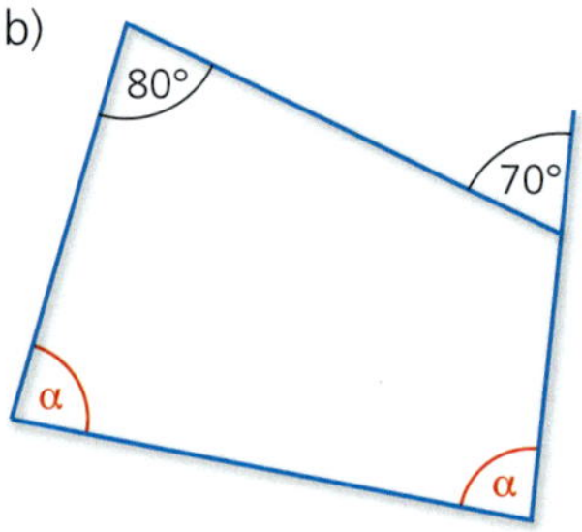

5 Fünfeck mit rechten Winkeln

Zeichne ein Fünfeck mit so vielen rechten Winkeln, wie möglich. Wie viele rechte Winkel hast du gezeichnet? Begründe.

6 Punkte mit gleichem Abstand

Übertrage die Zeichnung in dein Heft. Bestimme durch geeignete Konstruktion alle Punkte auf g, die von P und Q denselben Abstand haben.
Wie viele solche Punkte findest du?

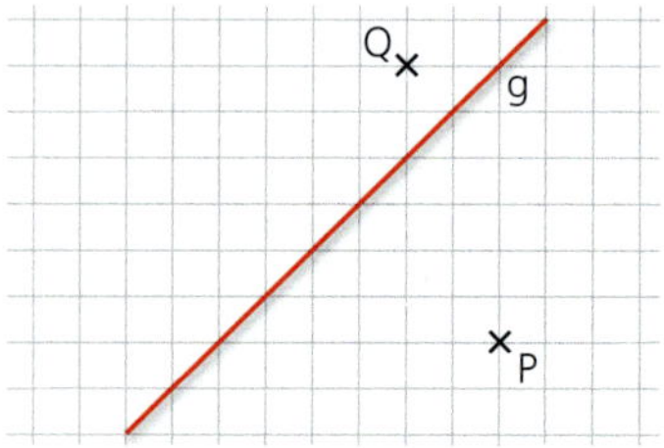

Sichern und Vernetzen – Vermischte Aufgaben zu Kapitel 4

Trainieren

1 Winkel

Gib die Größe von α, β und γ ohne zu messen an und begründe dein Ergebnis.

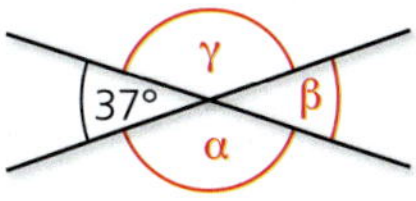

2 Winkeldetektiv

Gesucht sind die Größen der farbigen Winkel.

a)

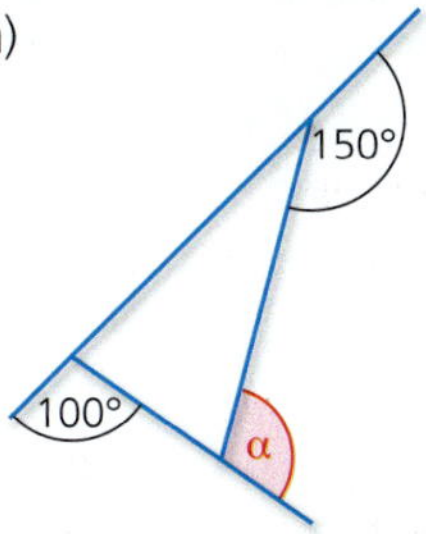

b)

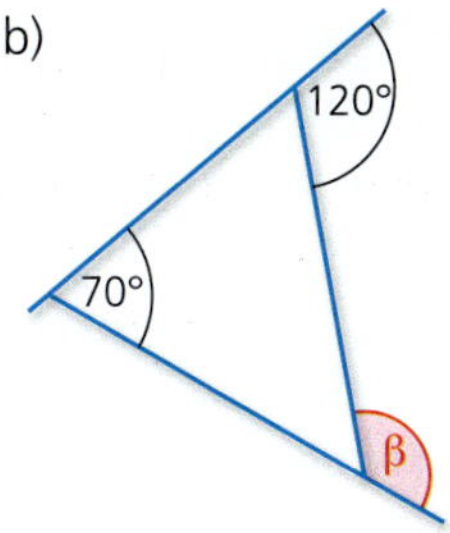

c)

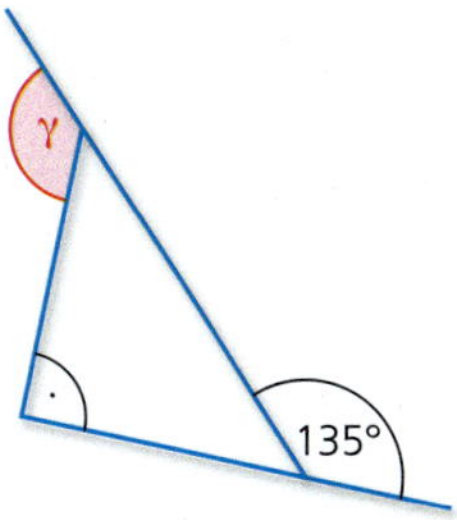

3 Der Winkeldetektiv untersucht Vierecke

Die roten Linien sind die Symmetrieachsen im Trapez und in der Raute.

a)

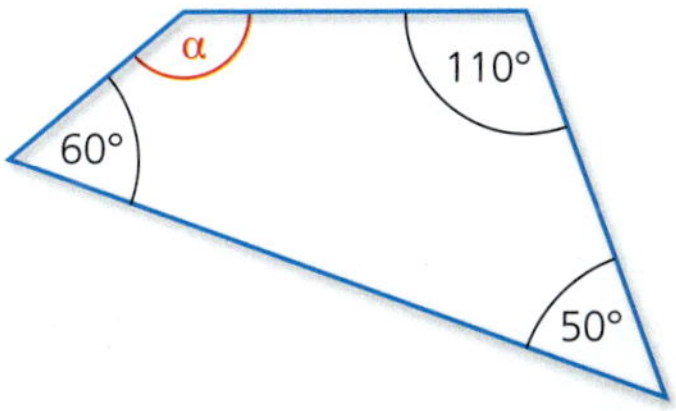

b)

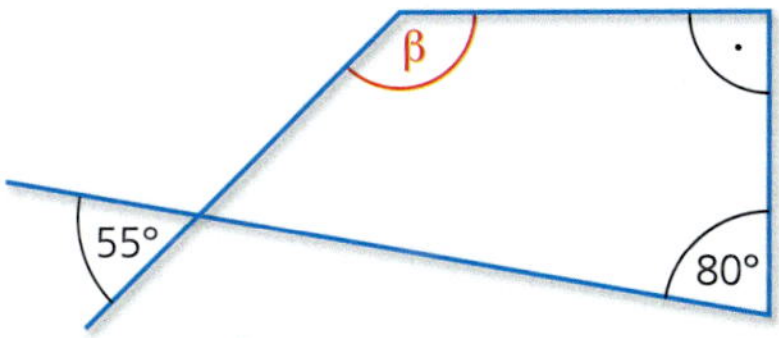

c)

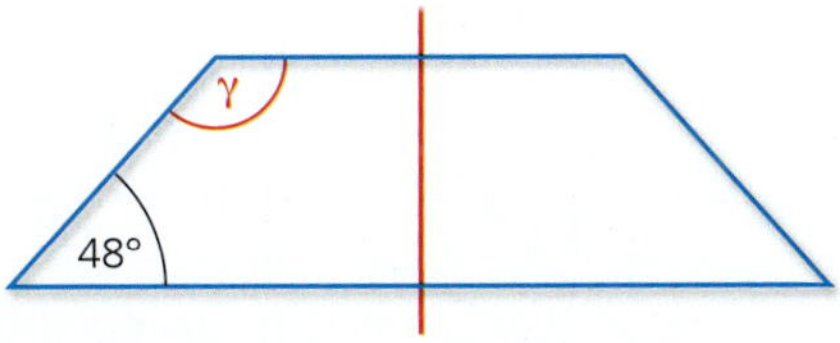

d)

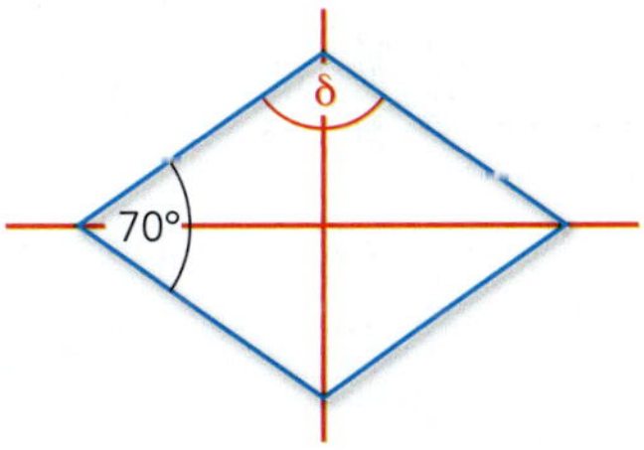

4 Konstruktionsbeschreibung

In den beiden Bildern sind die einzelnen Schritte für die Konstruktion der Winkelhalbierenden sowie der Mittelparallelen mit Zirkel und Lineal dargestellt. Gib für beide Konstruktionen eine kurze Konstruktionsbeschreibung an.

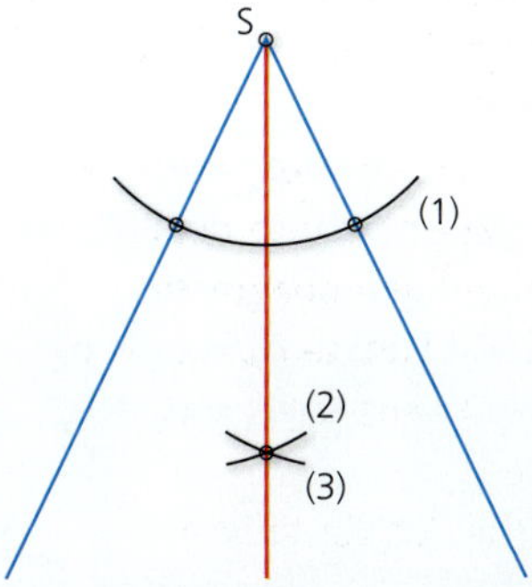

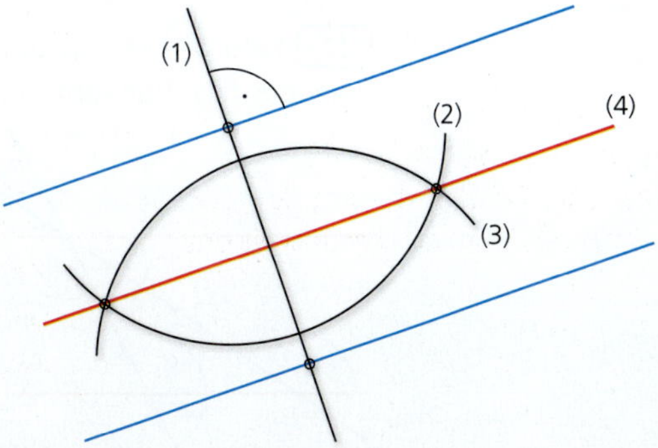

Trainieren

5 Dreieckskonstruktionen mit Zirkel und Lineal

a) eines gleichseitigen Dreiecks b) eines gleichschenkligen Dreiecks c) einer Raute

6 Dreieckswinkel

In der Tabelle sind je zwei der sechs Dreieckswinkel (drei Innenwinkel und drei Außenwinkel) gegeben. Übertrage die Tabelle in dein Heft und fülle die Lücken aus.

	α	β	γ	α'	β'	γ'
a)	30°	■	83°	■	■	■
b)	■	■	■	81°	■	123°

Verstehen

7 Parallelogramm

Zeichne ein Parallelogramm mit verlängerten Seiten in dein Heft. Markiere alle gleich großen Winkel in der gleichen Farbe. Begründe, warum gegenüberliegende Winkel im Parallelogramm gleich groß sind.

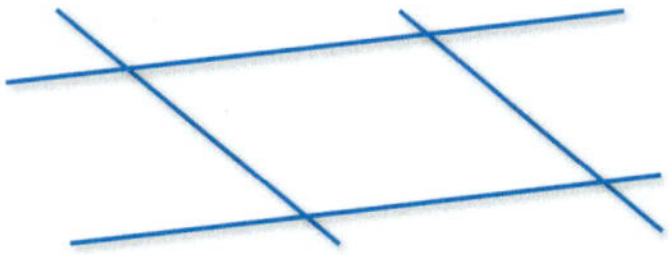

8 F-Winkel und Z-Winkel

a) Stufenwinkel bezeichnet man oft als F-Winkel, Wechselwinkel als Z-Winkel. Kannst du das erklären?

b) Findest du einen anderen Buchstaben, der sich zur Beschreibung von Wechselwinkeln eignet?

c) Welche Winkel könnte man als X-Winkel bezeichnen?

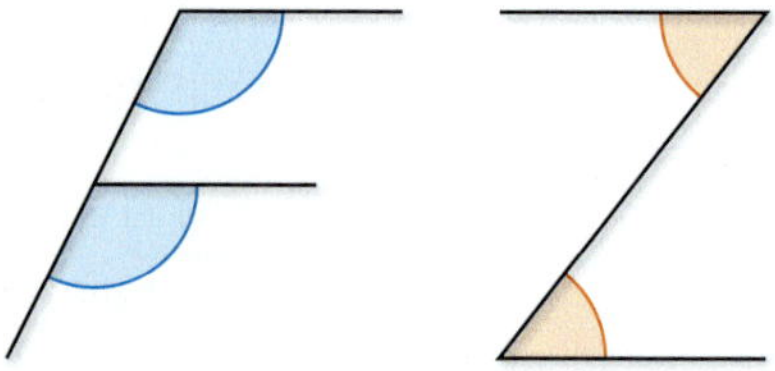

9 Wahr oder falsch

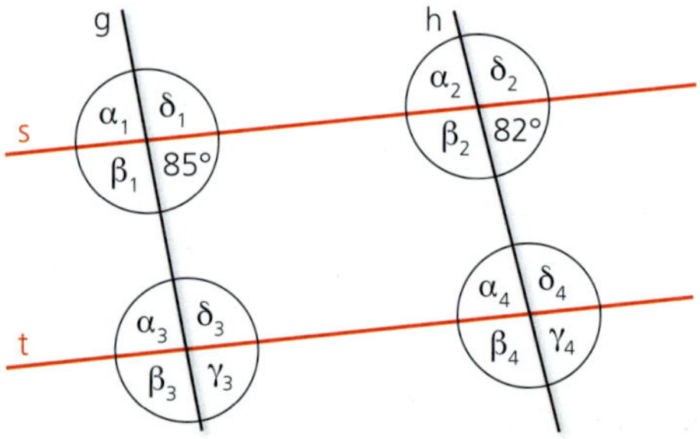

Die Geraden s und t sind parallel. Welche Aussagen sind richtig? Begründe deine Entscheidung.

a) $\alpha_1 = 85°$

b) $\delta_3 = 95°$

c) $\delta_4 = 82°$

d) $\beta_2 + \alpha_4 = 180°$

e) $\alpha_4 = \alpha_3$

f) Die Geraden g und h sind parallel.

10 Rechte Winkel

a) Gibt es ein Dreieck mit einem rechten Winkel?

b) Kann es ein Dreieck mit zwei rechten Winkeln geben? Begründe.

c) Wie viele rechte Winkel kann es in einem Viereck geben?

11 Falsche Behauptungen

Zwei der fünf Behauptungen sind falsch.

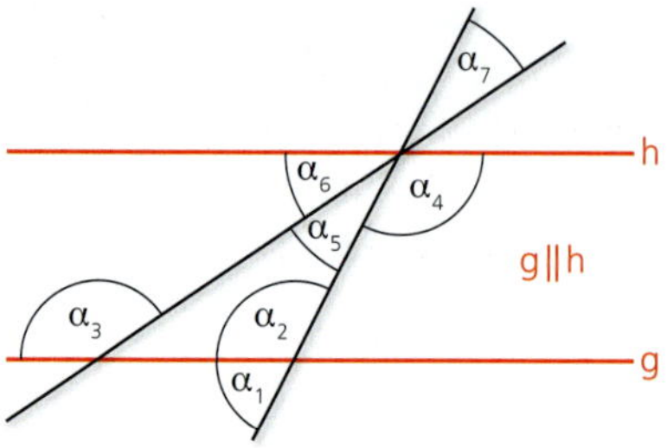

a) $\alpha_2 = \alpha_4$

b) $\alpha_1 = 180° - \alpha_2$

c) $\alpha_6 = \alpha_7$

d) $\alpha_1 = \alpha_5 + \alpha_6$

e) $\alpha_3 = \alpha_5 + \alpha_6$

Verstehen

12 Winkelsumme im Sechseck

Kaja überlegt sich, dass man die Winkelsumme eines Sechsecks durch Zerlegung in sechs Dreiecke bestimmen kann. Sie behauptet: „Die Winkelsumme im Sechseck beträgt 6 · 180° = 1080°."
Was sagst du dazu?
Findest du eine andere Zerlegung des Sechsecks in Dreiecke?

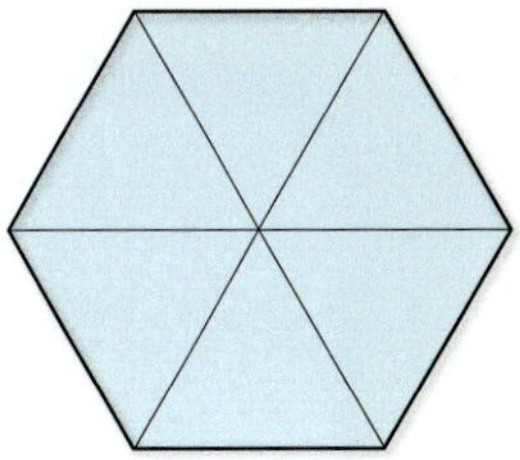

13 Siebeneck

Wie groß ist die Winkelsumme im Siebeneck?
Zeichne ein regelmäßiges Siebeneck. Kann man damit eine Ebene pflastern? Begründe.

14 Fünfecke und Sechsecke in einem Körper?

Eine Zeichnung des berühmten Künstlers und Wissenschaftlers LEONARDO DA VINCI (1452–1519) zeigt Fünfecke und Sechsecke in einem Körper.
Kann die Zeichnung so richtig sein?

15 Mittelsenkrechte einer Sehne

Begründe:
Die Mittelsenkrechte einer Sehne $\overline{AB}$ des Kreises geht durch den Mittelpunkt des Kreises.

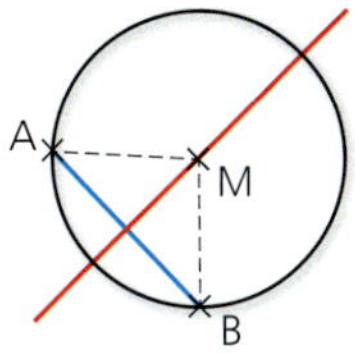

Anwenden

16 Abgeknickter Baum

Ein Baum knickt bei starkem Wind 2 m über der Erde um, die Spitze des Baumes berührt 6 m vom Stamm entfernt den Boden. Wie hoch war der Baum?

Knobelaufgabe: Den im Bild eingezeichneten Winkel kann man nicht mit dem Geodreieck messen. Findest du einen Winkel, den Guido mit dem Geodreieck messen kann und mit dem er den Winkel unter dem Dachfirst berechnen kann?

17 Winkel unter dem Dachfirst

Guido möchte den Winkel unter dem Dachfirst seines Hauses bestimmen. Da er keine Leiter besitzt, die bis in den First reicht, misst er den Winkel zwischen Dach und Fußboden.
Wie kann er das machen? Was hat Guido sich dabei gedacht?

Konstruktion mit DGS

18 Autobahnanschluss

Für die Ortschaften K und S soll eine gemeinsame Auffahrt auf die Autobahn so gebaut werden, dass die Auffahrt von beiden Orten gleich weit entfernt ist. Konstruiere mit DGS und bestimme die Entfernung.

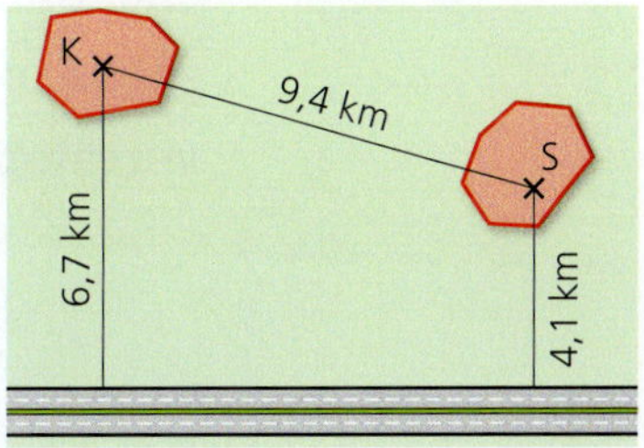

Rationale Zahlen

Die natürlichen Zahlen sind dir bereits vertraut. Es gibt aber noch weitere Zahlen, denen wir im Alltag begegnen, so z. B. bei der Messung von Temperaturen mit dem Thermometer oder bei negativen Kontoständen.
Der Bereich der natürlichen Zahlen wird um die negativen Zahlen zu den ganzen Zahlen erweitert. Da Brüche und Dezimalzahlen auch ein negatives Vorzeichen haben können, werden die ganzen Zahlen noch um die positiven und negativen Brüche und Dezimalzahlen auf den Bereich der rationalen Zahlen erweitert.

Zwischen den Brüchen liegen auf der Zahlengeraden immer weitere Brüche. Damit gibt es keine Lücken. Kann es trotzdem noch weitere Zahlen geben, obwohl zwischen zwei Brüchen nie eine Lücke entsteht? So viel sei verraten, ja, es gibt noch weitere Zahlen.

5.1 Negative Zahlen beschreiben Zustände und Änderungen

Wenn es im Winter friert, zeigt das Thermometer z.B. morgens –5 °C an. Mittags steigt die Temperatur auf 3 °C, am Abend fällt sie wieder auf –7 °C.

Wie hat sich die Temperatur geändert?

In der Wüste Sahara herrschen fast täglich enorme Temperaturschwankungen von 30 °C und mehr. Dabei reichen die absoluten Temperaturen von 70 °C an Sommertagen bis –10 °C in Winternächten.

5.2 Vom Zahlenstrahl zur Zahlengeraden

Zur mathematischen Darstellung der rationalen Zahlen wird der Zahlenstrahl zur Zahlengeraden erweitert. Das um 90° gedrehte Thermometer bietet die Vorlage.

Welche Symmetrie erkennst du an der Zahlengeraden?

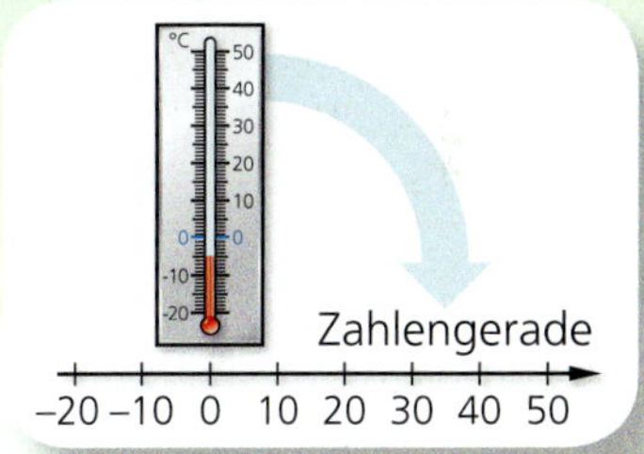

5.3 Addieren und Subtrahieren mit rationalen Zahlen

In vielen Situationen, wie etwa bei Schulden oder Temperaturen, hast du bereits ganz selbstverständlich mit negativen Zahlen gerechnet.

Auf dem Kontoauszug hat der Computer für uns addiert und subtrahiert.

5.4 Multiplizieren und Dividieren mit rationalen Zahlen

Wie multipliziert man mit rationalen Zahlen? Welches Ergebnis liefert etwa $(-2{,}5) \cdot (-3{,}4)$? Ist das Ergebnis positiv oder negativ?

Welche Regeln stecken hinter den Multiplikationen auf dem Zettel?

Wie könnte man rationale Zahlen dividieren?

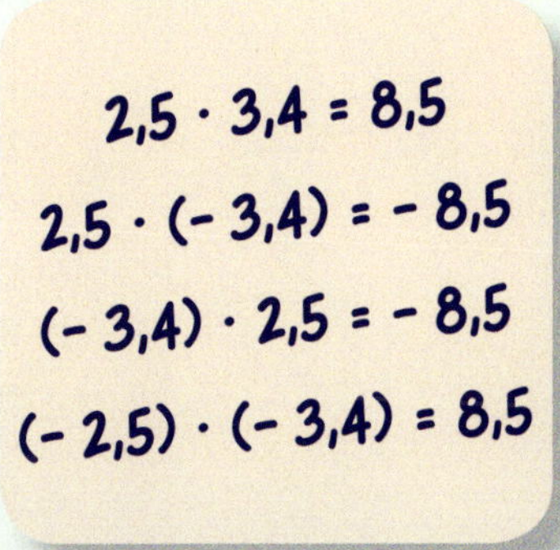

5.1 Negative Zahlen beschreiben Zustände und Änderungen

Negative Zahlen oder „Minuszahlen“ kennst du bereits von der Temperaturskala, z. B. - 5 ° Celsius. Auch in den Nachrichten, etwa bei Kursverlusten an der Börse, ist von ihnen die Rede. Bei welchen Vorgängen sind negative Zahlen außerdem nützlich? Gibt es noch mehr Situationen, in denen die negativen Zahlen in der Mathematik etwas bewegen?

Aufgaben

1 Mit dem Aufzug unterwegs

Ralf ist zu Besuch in einem mehrstöckigen Gebäude. Er ist neugierig und nutzt den Aufzug, um sich einen ersten Überblick zu verschaffen. Dabei fällt ihm auf, dass es unter dem Erdgeschoss noch drei Stockwerke für eine Tiefgarage gibt.

a) Wie viele Stockwerke hat das Gebäude? Welche Zahl entspricht dem Erdgeschoss?
b) Ralf ist vom 4. Stock aus sechs Stockwerke abwärts gefahren, wo kommt er an?
c) Wie viele Stockwerke muss Ralf aus dem untersten Stock fahren, um in den 2. Stock zu kommen?
d) Ralf meint, an einem Stück neun Stockwerke aufwärts gefahren zu sein. Was meinst du dazu?
e) Von wo bis wo kann Ralf gefahren sein, wenn er vier Stockwerke abwärts gefahren ist?

2 Ein Klimadiagramm aus Nordschweden

Suche Karesuando im Atlas und informiere dich über die Stadt.

In der Grafik sind die durchschnittlichen Tages- und Nachttemperaturen in Karesuando in Schweden angegeben.

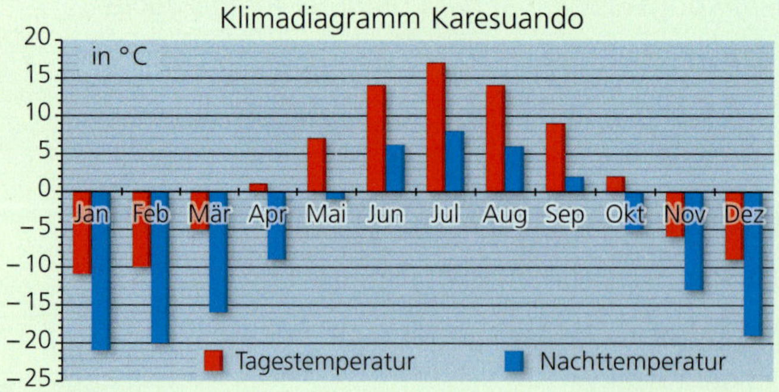

Mon.	Tag	Nacht
Jan	■	■
Feb	■	■
Mär	■	–16
Apr	■	■
Mai	■	■
Jun	14	■
Jul	■	■
Aug	■	■
Sep	■	■
Okt	■	■
Nov	■	■
Dez	■	■

Temperaturen in ° Celsius

a) Übertrage die Tabelle in dein Heft und fülle sie vollständig aus.
b) Bestimme die Änderung der mittleren Nachttemperatur bzw. Tagestemperatur zwischen
① Februar und Juni, ② April und September, ③ Oktober und November.
c) Wie groß ist der Unterschied zwischen der höchsten und niedrigsten mittleren Nachttemperatur im Verlauf des Jahres? Wie groß ist der entsprechende Wert bei den Tagestemperaturen? Wie groß ist der Unterschied zwischen der in Karesuando auftretenden höchsten und niedrigsten monatlichen Durchschnittstemperatur?

Aufgaben

3 Geldbewegungen auf einem Konto

Nach einem Möbelkauf erhält Herr Sander folgenden Kontoauszug:

Buchungstag	Wert	Verwendungszweck	Soll	Haben
		Alter Kontostand EUR		252,75
04.10.	04.10.	Möbelhaus Johann, Rechnung 999011	355,00	
		Neuer Kontostand EUR	102,25	

a) Wie kommt es zu den 102,25 € und warum steht das bei „Soll"?

b) Herr Sander zahlt am nächsten Tag 500 € auf das Konto ein und bezahlt einen Schuhkauf über 120 € mit seiner EC-Karte. Erstelle einen neuen Kontoauszug.

Basiswissen

Ob auf dem Thermometer oder in Statistiken, oft erweisen sich negative Zahlen als sehr nützlich.

Negative Zahlen

Negative Zahlen findest du als Beschreibung von **Zuständen** und von **Änderungen**.

Zustand	Änderung
auf Skalen und Anzeigen	

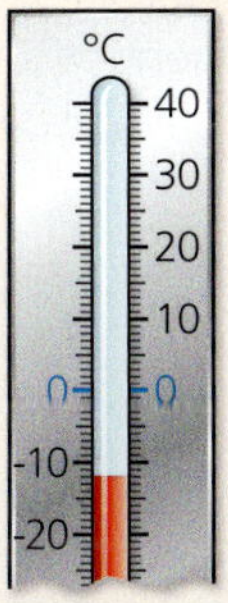

Temperatur: – 12 °C

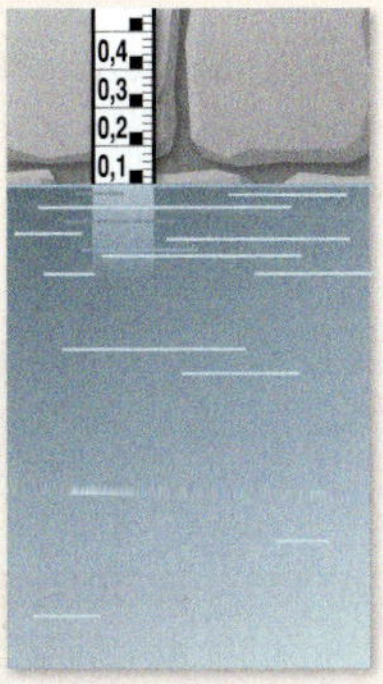

Wasserstand: + 0,1 m

Morgens – 7 °C

Mittags 12 °C

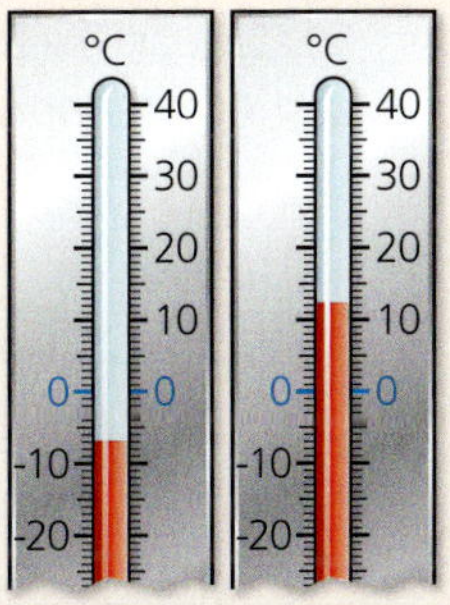

Temperaturänderung: + 19 °C

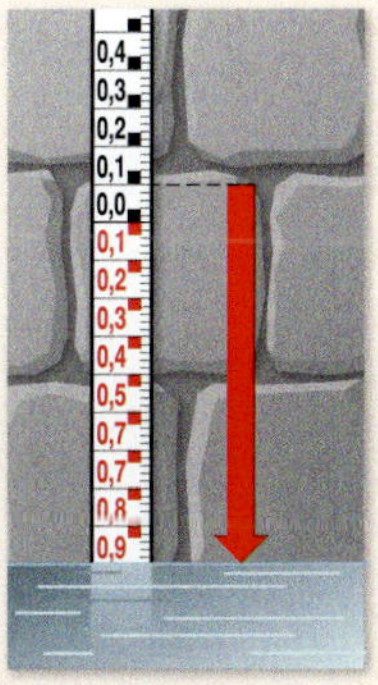

Wasserstandsänderung: – 1 m

bei grafischen Darstellungen

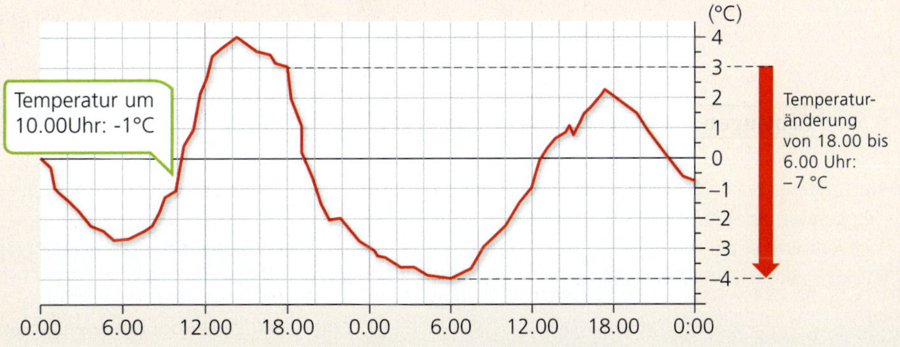

Temperaturverlauf an zwei Tagen in Neustadt

Beispiele

A Hochwasser

Nach einer Regenzeit mit anschließendem Hochwasser wird der Wasserstand eines Flusses immer am 15. jeden Monats gemessen. Im Januar war er 1 m über dem Normalstand. Nachdem er im Februar um zwei Meter gesunken war und im März noch einmal um einen halben Meter, setzte im Frühjahr der Regen ein, sodass der Wasserstand im April wieder auf nur noch einen halben Meter unter dem Normalstand stieg. Im Mai stieg er sogar noch um 2 m, ehe er im Juni wieder auf den Normalstand fiel.

a) Trage die Werte in eine Tabelle ein und erstelle eine grafische Darstellung.
b) Welches ist in dem beschriebenen Zeitraum der höchste, welches der niedrigste Wasserstand? Wie hoch ist der Unterschied zwischen diesen beiden Werten?

Lösung: a)

Normalstand = 0

Monat	Wasserstand in m	Änderung
Jan	1	
Feb	−1	−2
Mär	−1,5	−0,5
Apr	−0,5	+1
Mai	1,5	+2
Juni	0	−1,5

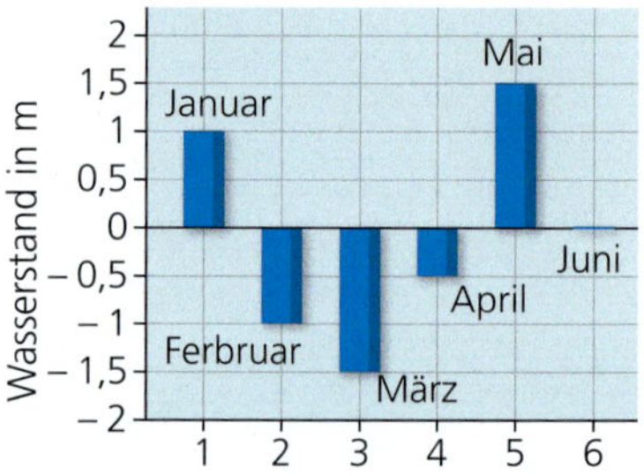

b) Der höchste Wasserstand ist 1,5 m, der niedrigste −1,5 m. Der Unterschied beträgt 3 m.

B Temperaturen

Erstelle aus dem folgenden Schaubild eine Tabelle für die Temperaturen vom 5. bis zum 10. Januar. Zwischen welchen aufeinander folgenden Tagen unterschieden sich die Tageshöchsttemperaturen am stärksten? Wie groß war diese Temperaturänderung?

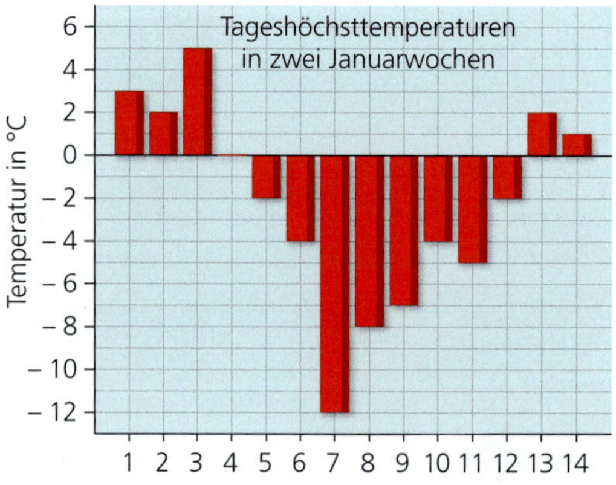

Lösung:

Tag	Temperatur in °C
5.	−2
6.	−4
7.	−12
8.	−8
9.	−7
10.	−4

Die Temperatur fiel am stärksten vom 6. zum 7. Januar. Die Temperaturänderung betrug −8 °C.

Übungen

4 **Negative Zahlen gibt es überall.**

a) Nachmittags waren es noch 5 °C, zum Abend hin nahm die Temperatur um 9 °C ab.
Wie kalt war es am Abend?

b) Nachdem es am Morgen noch −4 °C waren, zeigte das Thermometer am Mittag schon 10 °C an.
Wie groß war die Temperaturänderung?

c) Ein Taucher taucht zunächst zu einem Felsen in 8 m Tiefe und von da aus noch zu einer Höhle in 25 m Tiefe.
Wie viel Meter liegt die Höhle tiefer als der Felsen?

d) Ein U-Boot befindet sich auf Tauchfahrt in 275 m Tiefe. Das Sehrohr des Bootes kann 6 m ausgefahren werden. Wie viel Meter muss das U-Boot aufsteigen, damit das Sehrohr 2 m über die Wasseroberfläche hinausragt?

Übungen

5 Ein Tag im Winter

Brrr, war das heute Morgen um 7.00 Uhr wieder kalt, als ich aufstehen musste, –5 °C. Das Thermometer an der Apotheke auf dem Schulweg zeigte um 7.45 Uhr immer noch –3 °C an, auf den Straßen war Rauhreif und es war ganz schön glatt. In der großen Pause um 9.30 Uhr war der Schulhof allerdings schon nass, es war nun 5 °C wärmer geworden. Als ich um 14.00 Uhr zu Hause ankam, schien die Sonne und das Thermometer zeigte 8 °C. Nach den Hausaufgaben fuhr ich noch um 16.00 Uhr für zwei Stunden zum Fußballtraining. Auf dem Rückweg merkte ich, dass die Straßen schon wieder anfingen zu gefrieren, es war jetzt sicher wieder mindestens 1 °C unter Null. Beim Abendessen hörte ich im Radio, wie der Nachrichtensprecher ankündigte, dass es in der Nacht bis 7 °C unter Null kalt werden sollte.

Tipp
Vergleiche Beispiel A.

Erstelle zu dem Bericht eine Tabelle mit Uhrzeit, Temperatur und Temperaturänderung sowie eine Grafik (x-Achse: Uhrzeit, y-Achse: Temperatur).
Wie groß ist der Unterschied zwischen der höchsten und niedrigsten Temperatur an diesem Tag?

Partnerarbeit

6 Spielstände bei einem Kartenspiel

Bei einem Kartenspiel hat Paul einen Punktestand von 36 Punkten. Nach dem nächsten Spiel hat er –12 Punkte. Wie viele Punkte hat er in diesem Spiel verloren?
Im nächsten Spiel gewinnt er 30 Punkte.

Spiel Nr.	Spielstand	Spielergebnis (Änderung)
1	36	
		■
2	–12	
		+30
3	■	
4	■	
5	■	
6	■	
7	■	

a) Übertrage die Tabelle und fülle sie so weit wie möglich aus.
b) Denke dir ein Spielergebnis aus, mit dem Paul im dritten Spiel gewinnt oder verliert, dein Partner bestimmt dann den Spielstand. Wechselt danach die Rolle.

Denke dir auch einmal einen Spielstand aus, zu dem der Partner das Spielergebnis finden muss. Tragt alle Werte in die Tabelle ein

7 Ein Tag auf dem Mars

Ein Tag auf dem Mars dauert ca. 24 Stunden und 40 Minuten. Der Graph zeigt den Temperaturverlauf eines Tages auf der Marsoberfläche.

a) Erstelle eine Tabelle mit Uhrzeit und Temperatur. Gib jeweils von Zeile zu Zeile die Temperaturänderung an.
b) In welcher Stunde gab es den größten Temperaturanstieg, wann den stärksten Rückgang?

Uhrzeit	Temperatur	Temperaturänderung
00.00	–73 °C	
		+2 °C
01.00	–71 °C	
		–1 °C
02.00	–72 °C	

Atmosphäre und Klima
Da die dünne Marsatmosphäre nur wenig Sonnenwärme speichern kann, sind die Temperaturunterschiede auf der Oberfläche sehr groß. Die Temperaturen erreichen in Äquatornähe etwa 20 °C am Tag und sinken bis auf –85 °C in der Nacht. Die mittlere Temperatur des Planeten liegt bei etwa –55 °C.
Quelle: Wikipedia, Mars (Planet)

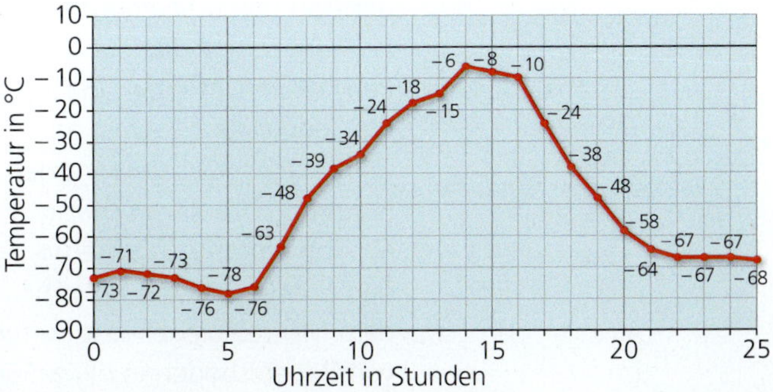

Übungen

8 Temperaturen auf Himmelskörpern

In der Tabelle kannst du sehen, wie ungemütlich es auf anderen Himmelskörpern sein kann.

Himmelskörper	Höchsttemperatur	Tiefsttemperatur
Erde	+58 °C	−89 °C
Mond	+130 °C	−160 °C
Merkur	+427 °C	−173 °C
Mars	+27 °C	−133 °C

a) Trage auf einer senkrechten Skala (1 cm entspricht 50 °C) die Temperaturen ein. Runde, falls nötig.

b) Um wie viel °C unterscheiden sich Höchst- und Tiefsttemperatur eines Himmelskörpers? Welche Spanne ist am größten, welche am kleinsten?

c) Wie unterscheiden sich die Tiefsttemperaturen der Himmelskörper? Lege eine Rangliste an, beginne mit dem kältesten.

Tipp
Runde für das Einzeichnen auf 100 m.

9 Gipfelhöhen und Meerestiefen

Mount Everest	8848 m
Mont Blanc	4810 m
Zugspitze	2962 m
Puerto-Rico-Graben	−9219 m
Kurilengraben	−10542 m
Marianengraben	−11034 m

a) Erstelle ein Diagramm, in dem die Daten aus der Tabelle eingetragen werden. Trage auf der senkrechten Achse die Gipfelhöhen und Meerestiefen ein. Achte auf eine geschickte Skala.

b) Bestimme alle Höhenunterschiede.

Exkurs

Tiefseeberge (engl. Seamounts) sind unterseeische Vulkane, die sich vom Meeresboden in etwa 1000 m bis 6000 m Wassertiefe erheben, den Meeresspiegel aber nicht erreichen. Besonders viele Tiefseeberge findet man um die vulkanische Inselkette von Hawaii. Die Abbildung zeigt einen kleinen Ausschnitt des Meeresbodens um die Hauptinsel Hawaii, der dort in ca. 5600 m Tiefe liegt.

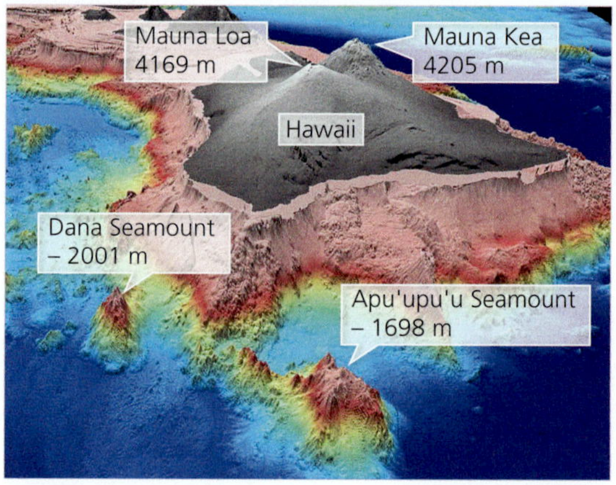

10 Tiefseeberge und der höchste Berg

a) Welches ist der höhere der beiden Tiefseeberge? Wie groß ist ihr Höhenunterschied?

b) Um wieviel Meter ist der Mauna Loa höher als der Dana Seamount?

c) Wie hoch ist der Apu'upu'u Seamount, gemessen vom Meeresboden in etwa 5600 m Tiefe? Vergleiche diese Höhe mit der des höchsten Berges in Deutschland, der Zugspitze (2962 m).

d) Der Cross Seamount (nicht im Bild) westlich von Hawaii ist noch 1448 m höher als der Apu'upu'u Seamount, und damit der höchste Tiefseeberg der Umgebung. Wie tief liegt seine Spitze unter dem Meeresspiegel?

e) Ben hat im Unterricht gelernt, dass der Mount Everest mit 8848 m der höchste Berg der Erde sei. „Das hängt davon ab, von wo du misst", erwidert Sandra. „Gemessen ab dem Meeresspiegel hast du recht, aber der Mauna Kea auf Hawaii erhebt sich direkt vom Meeresboden in etwa 5600 m Tiefe …"

Exkurs

Negative Zahlen und Kontoauszüge

Schroedelbank	Kontonummer	erstellt am	Auszug-Nr.	Blatt
BLZ:123456789	123456 123	06.04.12	1	1

Kontoinhaber Max Mustermann

Datum	Verwendungszweck	Wert	SALDO ALT	442,28 H
17.03.	Rechnung Kabelcom	17.03.		14,55 S
05.04.	Miete Fam. Köhler	07.04		288,15 H
			SALDO NEU	715,88 H

Auf einem Kontoauszug sind alle Einnahmen („Haben") und Ausgaben („Soll") zu sehen. „Soll" kann beispielsweise eine Abbuchung von einem Geschäft nach einem Einkauf sein. „Haben" steht beispielsweise für den Erhalt eines Geldgeschenks als Überweisung. Der Kontostand heißt in der Sprache der Banken „Saldo" und steht für die Differenz zwischen Soll und Haben. Ist der aktuelle Kontostand im Haben, so ist noch Geld auf dem Konto, befindet er sich allerdings im Soll, so ist das Konto überzogen und man hat Schulden. „Soll" und „Haben" werden häufig durch unterschiedliche Farben gekennzeichnet.

saldo (italienisch): fest

Übungen

11 Kontoauszug 1

Auf dem Girokonto sind noch 705 € Guthaben. Wie lautet der Kontostand nach folgenden Buchungen?

Datum	Verwendungszweck	Wert	Betrag
25.02.	Telefonrechnung 121276	26.02.	82,00 S
27.02.	Autoreparatur Meisterbetrieb	28.02.	823,00 S

12 Kontoauszug 2

Schroedelbank	Kontonummer	erstellt am	Auszug-Nr.	Blatt
BLZ:123456789	987654 321	04.03.12	1	1

Kontoinhaber Ursula/Hans Schüssel

Datum	Verwendungszweck	Wert	SALDO ALT	967,00 H
27.02.	GEIER GmbH & CO.KG	28.02.		834,00 S
28.02.	Lohnüberweisung	01.03.		1672,30 H
02.03.	Geldautomat	01.03.		200,00 S
02.03.	Tante Gerti	03.03.		40,00 H
02.03.	Wohnparadies Rechn. Nr.3724 Vielen Dank!	03.03.		499,00 S
			SALDO NEU	???,?? ?

Betrachte den Kontoauszug der Familie Schüssel.

a) Wie viel Euro hatte Familie Schüssel, wie viel hat sie insgesamt ausgegeben, wie viel Geld kam in dieser Zeit dazu?

b) Wie könnte man Ausgaben und Einnahmen noch anders kenntlich machen?

Kopfübungen

1. Ordne die Zahlen der Größe nach: 741; 147; 471; 714; 174; 417
2. Wie viele Dreiecke erhält man mindestens, wenn man ein Rechteck in Dreiecke zerschneidet?
3. Wandle 10 000 cm in Meter um.
4. Berechne im Kopf: a) 56 : 8 · 7 b) 56 : (8 · 7)
5. Gib die Anzahl und die Form der Flächen an, aus denen das Netz einer Fünfeckpyramide besteht.
6. In der Tabelle sind fünf europäische Länder aufgelistet, die besonders viel Speiseeis produzieren. Runde auf Zehntausender.
7. Die Sonne ist von der Venus 108 Mio. km entfernt. Das Licht legt in einer Minute 18 Mio. km zurück. Wie lange braucht das Licht von der Sonne zur Venus?

	Produktion	Gerundet
Spanien	234 620 m^3	■
Italien	369 249 m^3	■
Großbritannien	311 548 m^3	■
Frankreich	362 000 m^3	■
Deutschland	492 700 m^3	■

Quelle: Euroglaces, 2011

Aufgaben

(4 | - 3) bedeutet „vom aktuellen Standpunkt aus 4 nach rechts und 3 nach unten“

13 Auf Schatzsuche mit der Sea Wolf

Bei einer Tauchfahrt in einem Unterwasserlabyrinth muss man genau navigieren, damit das Boot nicht an den Felswänden beschädigt wird. Auf der Karte unten siehst du die verschiedenen Phasen der Tauchfahrt.

a) Was geben die Zahlen an den Pfeilen jeweils an?

b) Überprüfe anhand der Karte, ob du auch mit den beiden folgenden Tauchfahrten zum Schatz kommst:

(1) (0 | −3), (4 | −3), (−3 | −5), (−4 | 1)
(2) (3 | 0), (0 | −9), (−2 | −3), (−4 | 2)

(3 | - 5) ist hier ein Navigationspfeil und kein Punkt.

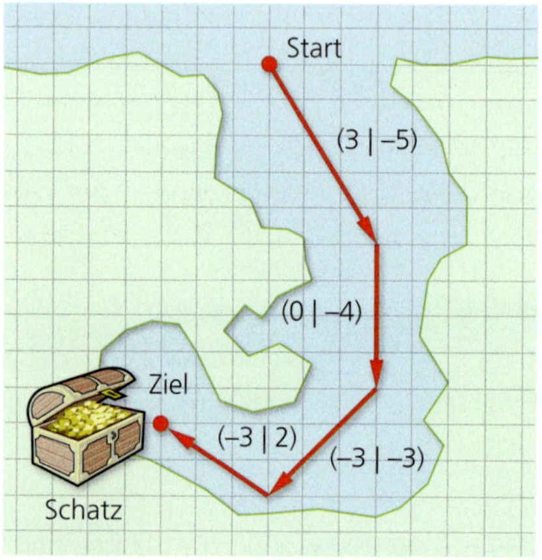

c) Auf die Karte wird ein Koordinatensystem so gelegt, dass der Start im Ursprung ist. Gib die Koordinaten der Zielpunkte der einzelnen Fahrtabschnitte an.

d) Kannst du aus den Zahlen an den Pfeilen die Koordinaten des Zielpunktes ermitteln? Finde anschließend eine weitere Tauchroute, die das Boot zum Schatz führt, und gib die Koordinaten der Zielpunkte der einzelnen Fahrtabschnitte und des Ziels an.

e) Zeichne selbst ein Labyrinth auf kariertes Papier und finde einen Weg hindurch.

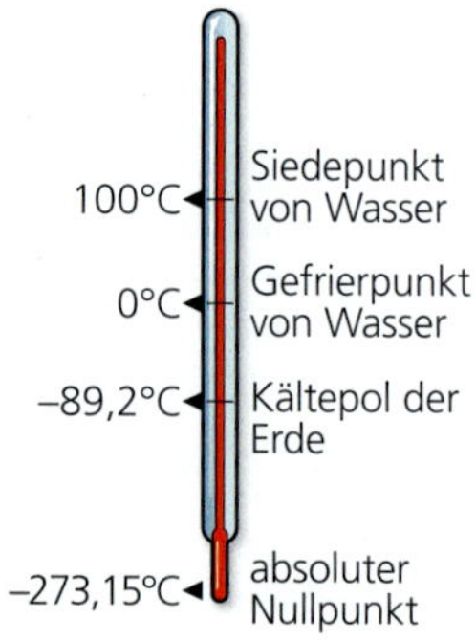

Exkurs

Negative Zahlen in den Naturwissenschaften

Dass tiefe Temperaturen durch negative Zahlen ausgedrückt werden können, ist für dich nichts Neues. Die Temperaturskala kann man aber nicht wie die negativen Zahlen beliebig weit unter Null fortsetzen. Es gibt eine tiefste Temperatur, an die sich Wissenschaftler mit aufwendigen Apparaturen immer weiter „herantasten“, mit einem einfachen Kühlschrank ist es da nicht getan. Diese Temperatur, auch „absoluter Nullpunkt“ genannt, beträgt - 273,15 °C. Für ein Experiment, bei dem diese Temperatur fast erreicht wurde, erhielten 1996 drei amerikanische Wissenschaftler den Nobelpreis für Physik. Die tiefste auf der Erde je gemessene und bestätigte Temperatur ist - 89,2 °C, gemessen in der Forschungsstation Wostok in der Antarktis.

Wie du von der Batterie her weißt, wird auch in der Elektrizitätslehre der Gegensatz negativ-positiv benutzt. Du hast sicher schon gesehen, dass eine Batterie einen Plus- und einen Minuspol besitzt. Es gibt auch negative und positive elektrische Ladung. So ist ein Körper elektrisch neutral, wenn sich in ihm ebenso viel positive wie negative elektrische Ladung befindet.

5.2 Vom Zahlenstrahl zur Zahlengeraden

Welche Zahl ist „größer“: – 7 oder + 3?
Wie alt wurde der griechische Philosoph Aristoteles und was hat diese Frage mit negativen Zahlen zu tun? Wie kann man negative Zahlen auf einer Zahlengeraden oder in einem Koordinatensystem darstellen? Was ist der „Betrag“ einer Zahl?

Aufgaben

1 Von Philosophen und Königen

Aristoteles lebte von 384 bis 322 vor Christus, er war Lehrer Alexanders des Grossen, der von 356 bis 323 vor Christus lebte.

a) Zeichne eine Zeitachse, in die du die Lebensdaten der beiden Männer eintragen kannst. Wie alt wurden sie jeweils?

b) Platon, ein anderer großer Philosoph, lebte von 427 bis 348 vor Christus. Konnte er Aristoteles kennen? Wie alt wurde Platon?

Aristoteles

2 Wir erweitern den Zahlenstrahl

Für diese Aufgabe benötigst du einen Spiegel. Wenn du ihn direkt auf der Spiegelachse aufsetzt, erkennst du das Spiegelbild des Zahlenstrahls.
Der Spiegel hilft dir auch beim Lesen der Arbeitsaufträge.

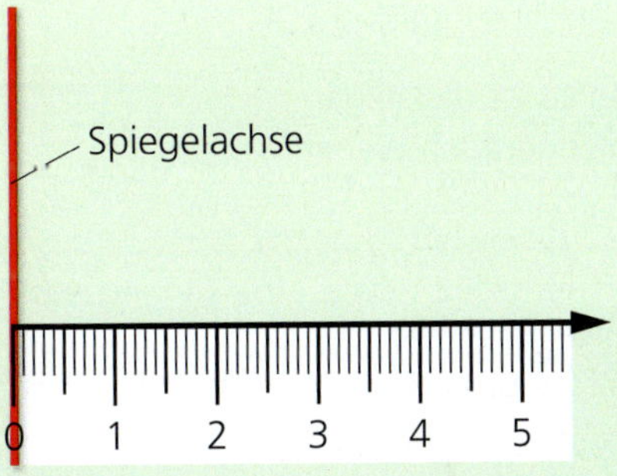

a) Beschreibe, wie sich die Reihenfolge der Zahlen im Spiegelbild verändert hat.

b) Gibt es Zahlen, die kein Spiegelbild besitzen? Begründe.

c) Was ist mit den Abständen zwischen den Zahlen geschehen?

d) Warum haben sich in der Mathematik andere Bezeichnungen als 1, 2, 3, 4 … für die „Spiegelzahlen“ durchgesetzt? Welche Bezeichnungen werden benutzt?

3 Warum reicht der Zahlenstrahl nicht aus?

Übertrage die Tabelle in dein Heft und ergänze die Lücken.

Minuend	3,5	3	2,5	2	1,5	1	0,5	0
Differenz	1,5	1	0,5	■	■	■	■	■

Stelle dazu jede Subtraktion auch am Zahlenstrahl dar.
Ab welcher Stelle ergeben sich Schwierigkeiten und wie kann man sie lösen?

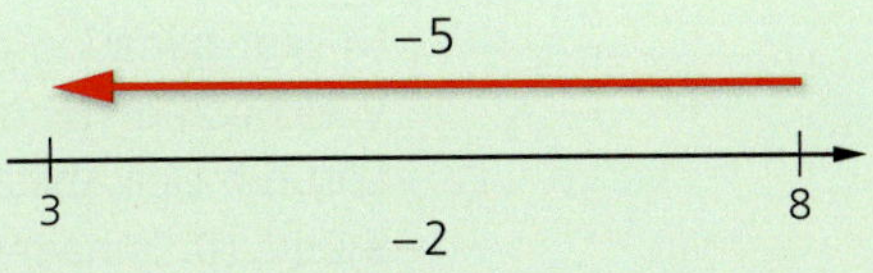

1 1,5 2 2,5 3 3,5 4

Basiswissen

Für bestimmte Änderungen reicht der Zahlenstrahl nicht aus. Um die Zahlen in gewohnter Weise darzustellen, müssen wir den Zahlenstrahl erweitern.
Alles, was du bisher über die Zahlen gelernt hast, behält seine Gültigkeit. Es kommt nur einiges Neue dazu.

Zahlengerade

Der **Zahlenstrahl** wird zu einer **Zahlengeraden** erweitert.

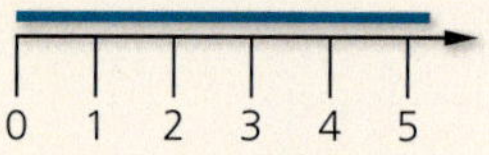

Menge der natürlichen Zahlen
$\mathbb{N} = \{0, 1, 2, 3, 4, \ldots\}$

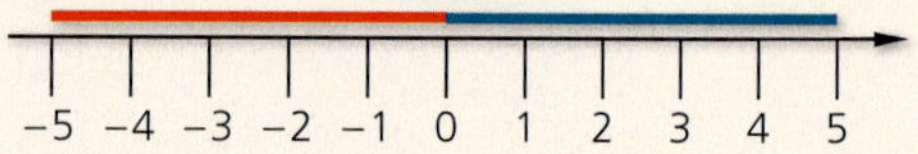

Menge der ganzen Zahlen
$\mathbb{Z} = \{\ldots, -4, -3, -2, -1, 0, 1, 2, 3, 4, \ldots\}$

Auf der Zahlengeraden gibt es neben den ganzen Zahlen sowohl im positiven Bereich als auch im negativen Bereich die Dezimalzahlen und die Brüche.

Die Menge der **rationalen Zahlen** ist die Menge aller jetzt vorhandenen Zahlen (also die positiven oder negativen und die Null). Die Menge der rationalen Zahlen wird mit $\mathbb{Q}$ bezeichnet.

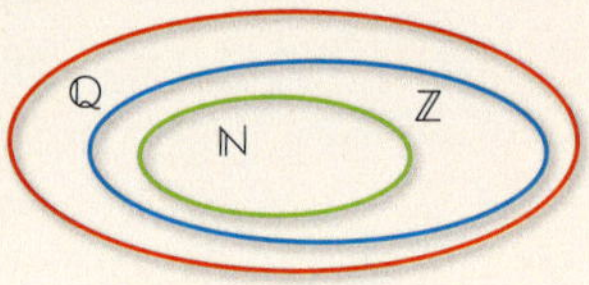

Ordnung
Von zwei rationalen Zahlen ist diejenige kleiner, die auf der Zahlengeraden weiter links steht.

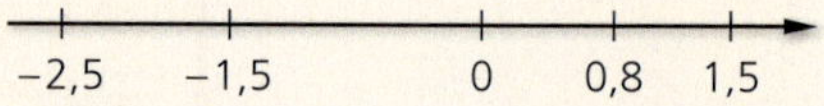

$-2{,}5 < -1{,}5$ $\quad -1{,}5 < 0{,}8$ $\quad 0{,}8 < 1{,}5$

Beispiele

A Zahlen auf der Zahlengeraden
Welche Zahlen sind markiert?

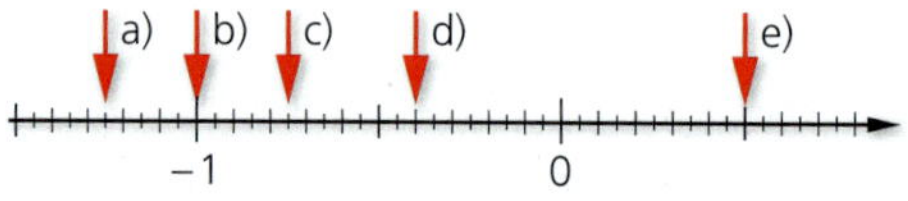

Lösung:
a) –1,25 b) –1
c) –0,75 d) –0,4
e) 0,5

B Zahlen auf der Zahlengeraden markieren
Zeichne einen passenden Ausschnitt einer Zahlengeraden und trage ein:
–12 –8 2 –9 1
Lösung:

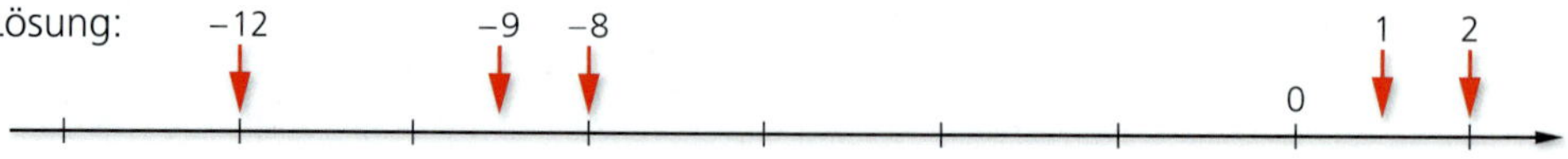

C Zahl zwischen zwei Zahlen
M liegt genau in der Mitte zwischen S und T.
Welche Zahl gehört zu M?

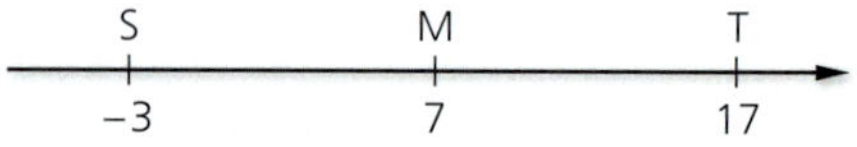

Lösung: Der Abstand zwischen S und T beträgt 20. M liegt also 10 Einheiten rechts von S und 10 Einheiten links von T. M liegt bei 7.

Übungen

4 Zahlen auf der Zahlengeraden ablesen

Übertrage die Zahlengerade in dein Heft. Achte dabei auf die Einteilung. Gib anschließend an, auf welche Zahlen die Pfeile jeweils deuten.

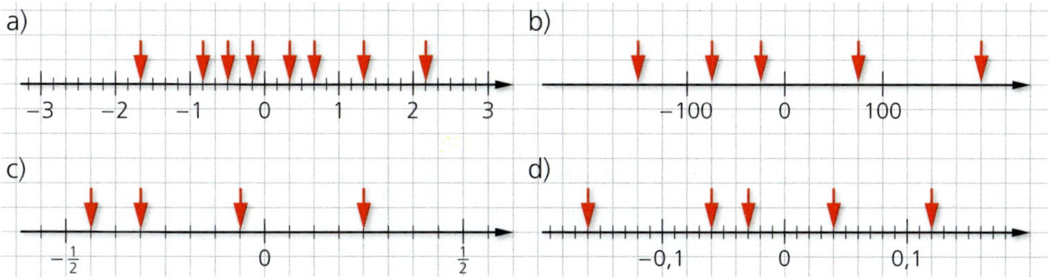

5 Zahlen auf der Zahlengeraden markieren

Zeichne jeweils den passenden Ausschnitt einer Zahlengeraden und trage ein.

a) −0,5   0,2   −0,05   −0,1   −0,15
b) −1   −1,5   −0,5   2   −0,25
c) $-\frac{1}{2}$ $-\frac{1}{4}$ $\frac{3}{4}$ $-\frac{3}{2}$ $\frac{1}{8}$
d) −10   −1   −9,9   −0,1   −0,9

6 Ordnen

Ordne die Zahlen der Größe nach. Beginne jeweils mit der kleinsten Zahl.

a) 7   −3   −2   2,5   −2,1   −2,01
b) $-\frac{2}{5}$ 0,6   −0,1 $\frac{3}{8}$ $-\frac{9}{10}$ 0,4
c) $-\frac{7}{100}$ 0,09   −0,1 $-\frac{9}{125}$ −0,19 $-\frac{3}{100}$
d) $\frac{55}{100}$ $\frac{7}{10}$ $-\frac{1}{2}$ $-\frac{2}{3}$ $\frac{2}{5}$ $-\frac{1}{20}$

7 Suche drei Zahlen, …

a) die zwischen 5 und 10 liegen.
b) die zwischen −9,5 und −4,1 liegen.
c) die zwischen $-\frac{2}{3}$ und $\frac{1}{5}$ liegen.
d) die kleiner als −4 sind.

8 Rätselhaftes an der Zahlengeraden

Bei manchen Aufgaben hilft es dir, eine Zahlengerade zu zeichnen und daran zu probieren. Manchmal klappt es auch mit „scharfem Hinsehen".
Die mittleren Zahlen liegen jeweils genau in der Mitte zwischen den beiden weiteren Zahlen.

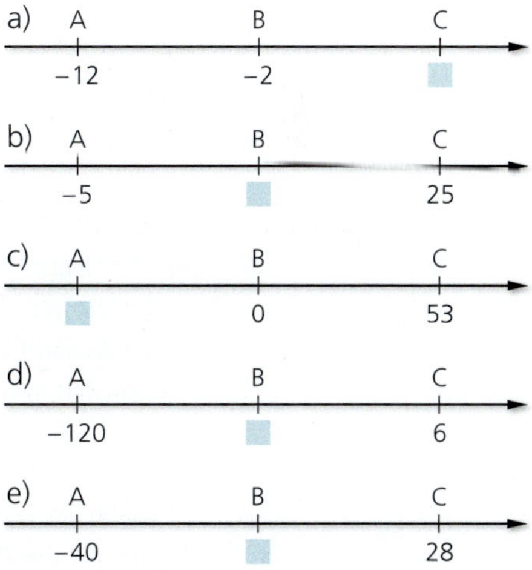

9 Vorgänger und Nachfolger

a) Gib den Vorgänger und den Nachfolger von −5 an.
b) Von welcher Zahl ist −10 der Vorgänger?
c) Von welcher Zahl ist −16 der Nachfolger?

Für ganze Zahlen gilt:

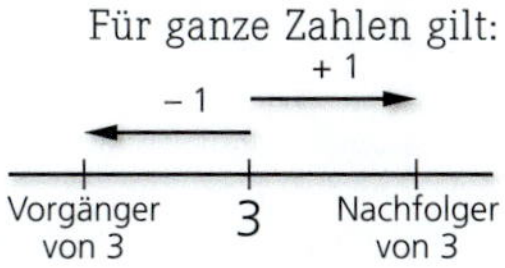

10 Wahr oder falsch?

Welche der folgenden Aussagen sind richtig, welche falsch? Begründe. Bei den falschen Aussagen reicht zur Begründung ein Gegenbeispiel.

a) −2 ist eine ganze Zahl, aber keine natürliche Zahl.
b) Jede natürliche Zahl ist auch eine ganze Zahl.
c) Zwischen zwei ganzen Zahlen liegt immer eine weitere ganze Zahl.
d) Auf der Zahlengeraden gibt es zwei Zahlen, die die Entfernung 2 von der 0 haben.
e) Ist $a > b$, so ist die Spiegelzahl von a kleiner als die Spiegelzahl von b.
f) Es gibt keine ganze Zahl, die gleich ihrer Spiegelzahl ist.

Übungen

11 Ausbau des Koordinatensystems

Das Koordinatensystem, das du bisher kennst, ist grau unterlegt. Man kann es mithilfe der negativen Zahlen nach links und unten erweitern.

a) Gehe den Weg in Pfeilrichtung lang und gib die Koordinaten der eingezeichneten Punkte an.

b) Beschreibe, wo jeweils die Punkte liegen:

	x-Koordinate	y-Koordinate
1)	negativ	positiv
2)	positiv	negativ
3)	negativ	negativ

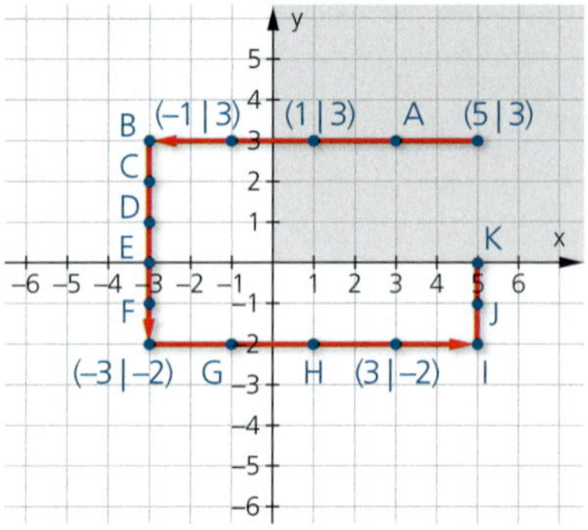

Koordinatensystem

Mit positiven und negativen Zahlen sowie der Null können alle Punkte in der Ebene mithilfe eines Koordinatensystems gekennzeichnet werden.
Die Koordinatenachsen unterteilen die Ebene in vier Quadranten, die von rechts oben („positiver Quadrant") gegen den Uhrzeigersinn nummeriert werden.
Der Punkt (0|0) heißt **Ursprung** und wird oft mit O bezeichnet.

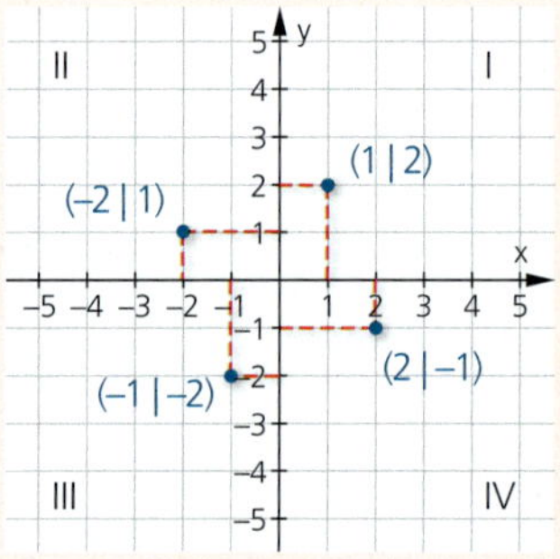

Bei den Koordinaten ist es wie im Alphabet: Zuerst kommt x, dann y.

Beispiele

D Punkte im Koordinatensystem

a) Trage die folgenden Punkte in das Koordinatensystem ein: A (1|−1,5), B (1,5|−0,5), C (−1,5|−1,5), D (−1,5|1).

b) Lies die Koordinaten der Punkte E, F und G ab.

Lösung: Die Punkte E, F und G haben die Koordinaten E (−1,5|2), F (−2|−1), G (2,5|−1,5).

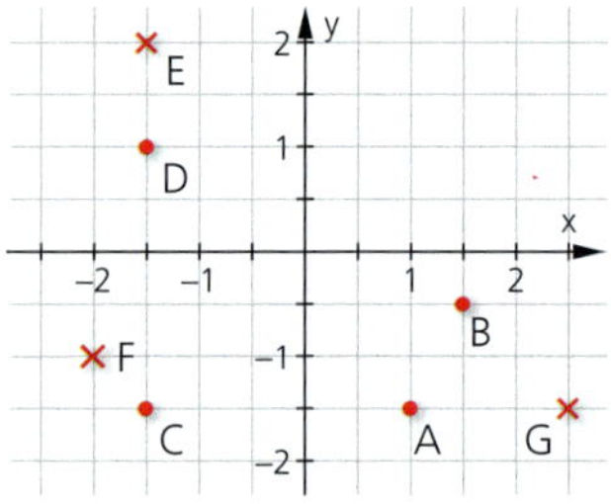

Übungen

12 Der Clown im Koordinatenkreuz

a) Übertrage das Koordinatenkreuz mit dem halben Clowngesicht in dein Heft. Beschrifte anschließend alle Punkte mit den zugehörigen Koordinaten. Für das Ohr ist ein Punkt schon vorgemacht.

b) Ergänze nun dein Punktemuster zu einem vollständigen Clowngesicht. Gib zu jedem Punkt die Koordinaten an.

c) Vergleiche die Koordinaten des linken und des rechten Auges, des linken und des rechten Mundwinkels. Was fällt dir auf?

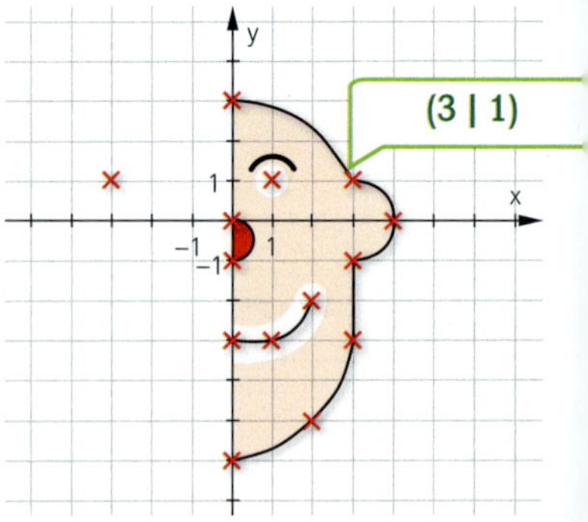

13 Gerade? Quadrat?

Gib zunächst an, in welchem Quadranten die Punkte liegen. Gelingt dir dies, ohne die Punkte zu zeichnen? Entscheide durch Zeichnen im Koordinatensystem, ob

a) die Punkte A (−1|−3), B (−0,5|−1), C (0|1), D (0,5|2) auf einer Geraden liegen.

b) die Punkte E (−5|2), F (−3|2), G (2|2), H (−0,5|2) auf einer Geraden liegen.

c) die Punkte L (−2,5|3,5), M (−0,5|1,5), N (−2,5|−0,5), P (−4,5|1,5) die Eckpunkte eines Quadrates sind.

Übungen

14 Entfernungen auf der Zahlengeraden

Die Lage von Zahlen lässt sich auch durch ihre Entfernung zur Null beschreiben.

a) Gib zur Zahl 4 die Zahl an, die gleich weit von der Null entfernt ist.

b) Welche der folgenden Zahlen sind am weitesten von der Null entfernt?
3, −10, 7, −12, −4, 11

c) Ordne die Zahlen nach ihrer Entfernung zur Null: −5, 14, −23, 17, −1, 8, −16, 45, 5.

Betrag

Mathematiker haben für den Abstand einer ganzen Zahl zur Null den Begriff **Betrag** eingeführt.

Der Betrag einer ganzen Zahl gibt an, wie weit sie von der Null entfernt ist.

Abgekürzte Schreibweise „Betrag von −2“ : $|-2|$
Lies: „Der Betrag von −2 ist 2.“

15 Beträge

a) Begründe: Der Betrag ist nie negativ.

b) Gib drei Zahlen an, die kleiner als Null sind und deren Betrag größer als 2 ist. Veranschauliche an der Zahlengeraden.

c) Gibt es Zahlen, die größer als −5 sind, aber einen größeren Betrag als die Zahl −5 haben?

d) Wahr oder falsch? Wenn $a<b$, dann ist immer $|a|<|b|$.

16 Ordnen nach Beträgen

Ordne die Zahlen nach ihren Beträgen.

$-3 < -2{,}1 < \dots$
$|-2| < |-2{,}01| < \dots$

a) −3,2 1,8 6,2 −0,4 4,2

b) 0,6 −1,1 2,4 −3,6 1,8

c) $\frac{1}{2}$ $-\frac{1}{4}$ $\frac{3}{2}$ $-\frac{5}{6}$ $-\frac{5}{2}$

d) 0,8 $-\frac{3}{10}$ −0,1 $\frac{3}{4}$ 1,2

17 Wahr oder falsch

Welche der Aussagen sind wahr?

a) $-3 < -2{,}5$ $|-2|<|-1{,}5|$ $-10{,}5 < 3$ $|2|<|-5|$ $|-3{,}1|< 4$

b) $|-3{,}5| < -1{,}5$ $|-5{,}2| < -3{,}5$ $-4{,}5 < |3|$ $|-0{,}2|<|0{,}05|$ $|-0{,}1|< 0{,}1$

c) Finde selbst eigene Aussagen und stelle sie deinen Mitschülerinnen und Mitschülern.

Kopfübungen

1. Notiere das Zahlwort im Satz mit Ziffern: „Unser Universum ist ungefähr fünfzehn Milliarden Jahre alt.“
2. Die grüne Figur soll mit farbigen Plättchen vollständig ausgelegt werden. Geht das?

3. Welche Volumeneinheit steht üblicherweise auf Getränketüten? Wandle diese Angabe auch in dm^3 um.

4. Addiere Zehn zum Produkt der Zahlen Zwei, Drei und Vier.
5. Welchem geometrischen Körper ähnelt das Objekt im Bild?
6. Wie viel Taschengeld erhalten die vier Freunde von Klaus durchschnittlich? Andreas 16 €, Sebastian 30 €, Lukas 24 €, Jens 18 €.
7. Eine Euromünze ist 7,50 g schwer. Wie schwer ist ein Sack, gefüllt mit Euromünzen im Wert von insgesamt 1000 €?

Projekt

Kennst du die Erde und ihre Nachbarn?

A Höhen- und Tiefenrekorde

Erdteil	Höchster Punkt	Tiefster Punkt
Nordamerika	Mount McKinley, Alaska 6194 m über N.N.	Death Valley, Kalifornien 86 m unter N.N.
Südamerika	■	■

a) Finde ähnliche rekordverdächtige Daten für die anderen Erdteile. Schaue im Atlas nach, wo die Orte liegen, und trage sie auf einer Weltkarte ein.
Wie viele Höhenmeter liegen jeweils zwischen dem tiefsten und dem höchsten Punkt?

b) Finde den höchsten und den tiefsten Punkt der Erde (einschließlich der Ozeane).
Was meinst du zu dem Zeitungsartikel?

c) Temperaturrekorde
Finde für die Erdteile die jemals gemessene höchste und niedrigste Temperatur. Stelle deine Ergebnisse so, wie die in Aufgabe a), dar.

Houston, 28. März 2004
Der höchste Berg auf dem Mars, der Olympus Mons, ist ein sanft abfallender Schildvulkan. Er ist mit 25 km Höhe weit höher als jeder Berg der Erde.

B Die Erde und ihre Nachbarn im All

Die Menschen haben schon mit unbemannten Raumsonden die Planeten unseres Sonnensystems besucht. Die NASA plant eine bemannte Raummission zum Mars.
Die Oberflächentemperatur ist für bemannte als auch unbemannte Raumsonden von besonderer Wichtigkeit.
Welche Temperaturen trifft man auf den Planeten und auf dem Erdmond an? Stelle deine Ergebnisse zusammen und beurteile, auf welchen der Planeten eine bemannte Landung möglich sein könnte.

Ausstellung

5.3 Addieren und Subtrahieren mit rationalen Zahlen

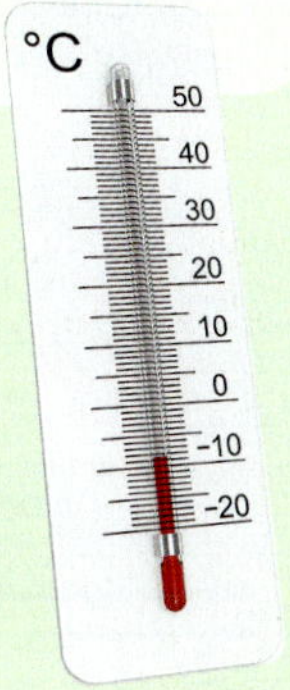

Natürlich weißt du schon, wie man addiert und subtrahiert, und die Gesetze, die du bisher gelernt hast, behalten alle ihre Gültigkeit. Doch jetzt lassen sich auch Aufgaben vom Typ 6 + ■ = 2 lösen, die bisher Schwierigkeiten bereiteten. Anhand verschiedener Situationen, etwa bei Schulden oder Temperaturen, wirst du sehen, dass man mit negativen Zahlen genauso rechnen kann wie mit positiven. Die Zahlengerade und Pfeilbilder helfen dir, das noch besser zu verstehen.

Aufgaben

1 In drei Schritten zum Ergebnis

Egal, ob es sich um Addition oder Subtraktion ganzer Zahlen handelt – mit der folgenden Methode kannst du das Ergebnis immer selbst herausfinden.

a) Betrachte zunächst das Beispiel und lies die Anleitung zu den Schritten 1 bis 3:

① Stelle dich an den Startpunkt auf der Zahlengerade.

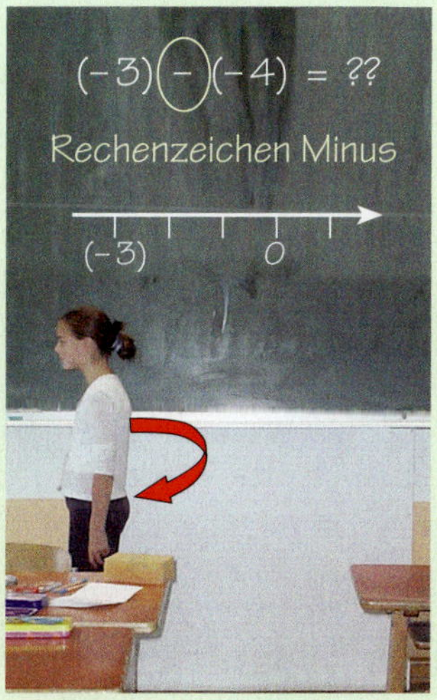

② Das Rechenzeichen gibt die Richtung an, in die du dich drehen musst.
+ positive Richtung
– negative Richtung

③ Nun heißt es marschieren: Bei einer positiven Zahl vorwärts, bei einer negativen Zahl rückwärts.

Tipp
(–4) + (–2)
① Startpunkt (–4)
② Drehe dich in die positive Richtung.
③ Gehe 2 Schritte rückwärts.
Ergebnis: (–6)

b) Führe die folgenden Aufgaben selbst an der Zahlengeraden aus. Notiere die Anweisungen und die Ergebnisse.

(–4) + (–2)	3 + (–5)	3 – 7
1 – (–6)	(–4) + 10	10 + (–4)
(–5) + (–5)	(–2) + (–3) – (–8)	

c) Schaffst du es auch schon ohne die Zahlengerade? Probiere es aus.

(–13) – (–25)	8 + (–15)	3 – (–17)
27 + (–6)	–249 + 251	13 + (–45) – (–32)

Aufgaben

Taschengeld
Tick 35,–
Trick 28,–
Track 19,–

2 **Geldgeschäfte in Entenhausen**

a) Donald schuldet seinen drei Neffen noch Taschengeld. Von den Stadtwerken erhält er eine Gutschrift von 79 Talern. Kann er damit seine Schulden begleichen?

b) Der Computer der Bank in Entenhausen streikt. Er hat nur einen unvollständigen Ausdruck der Bewegungen auf Dagobert Ducks Konto ausgedruckt. Kannst du die fehlenden Zahlen ergänzen?

Datum	1.4.	2.4.	3.4.	4.4.	5.4.
Alter Kontostand	−14,50	6,00	■	80,12	■
Änderung	■	−52,35	■	−220,60	−67,52
Neuer Kontostand	6,00	■	80,12	■	■

Donald zeichnet und rechnet, um den ersten fehlenden Eintrag herauszufinden:

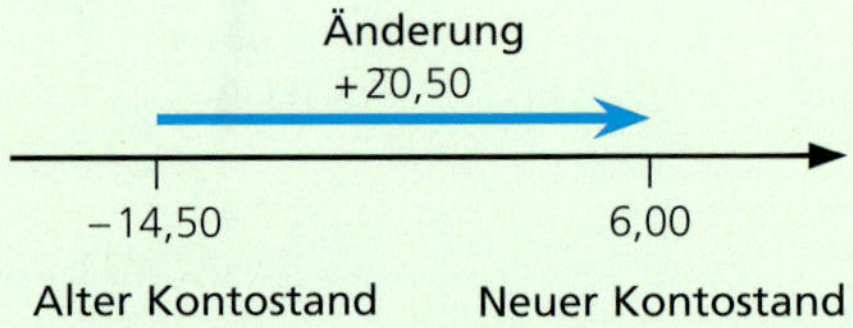

Rechnung:
$-14{,}50 + 20{,}50 = 6{,}00$

c) Welcher Geldbetrag wurde insgesamt vom 1.4. bis zum 5.4. auf Dagobert Ducks Konto überwiesen, welcher wurde abgebucht?

3 **Muster erkennen**

a)
$4 + 2 = ?$
$4 + 1 = ?$
$4 + 0 = ?$
$4 + (-1) = ?$
$4 + (-2) = ?$
$4 + (-3) = ?$
$4 + (-4) = ?$
$4 + (-5) = ?$

b)
$-2 + 4 = ?$
$-2 + 3 = ?$
$-2 + 2 = ?$
$-2 + 1 = ?$
$-2 + 0 = ?$
$-2 + (-1) = ?$
$-2 + (-2) = ?$
$-2 + (-3) = ?$

c)
$3 - 2 = ?$
$2 - 2 = ?$
$1 - 2 = ?$
$0 - 2 = ?$
$-1 - 2 = ?$
$-2 - 2 = ?$
$-3 - 2 = ?$
$-4 - 2 = ?$

d)
$5 - (+2) = ?$
$5 - (+1) = ?$
$5 - 0 = ?$
$5 - (-1) = ?$
$5 - (-2) = ?$
$5 - (-3) = ?$
$5 - (-4) = ?$
$5 - (-5) = ?$

Berechne und stelle jede Aufgabe an der Zahlengeraden wie in den Beispielen dar.

$-2 + 7 = 5$

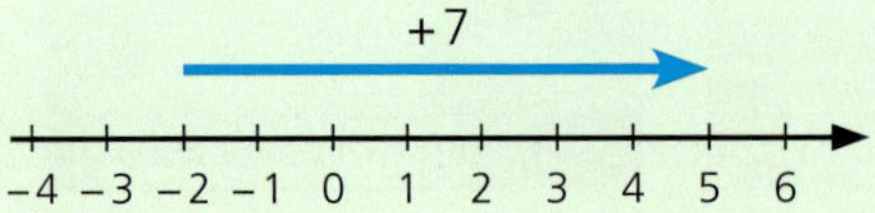

$4 + (-7) = -3$

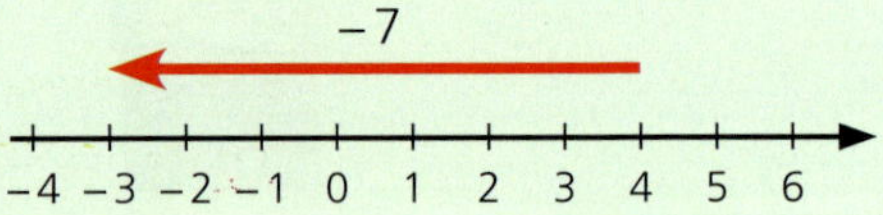

Erkennst du Regeln für das Addieren und Subtrahieren von positiven und negativen ganzen Zahlen in der Darstellung mit der Zahlengeraden?

4 **Warum heißen die Niederlande so?**

Die Karte gibt da einen Hinweis.
Wie viel Meter ein Ort über dem Meeresspiegel liegt (ü. NN) oder wie weit unter dem Meeresspiegel (u. NN), sagt dir die geografische Höhe.

a) Zeichne eine senkrechte Skala und trage die holländischen Städte mit ihrer Höhe ein. Überlege dir dazu zuerst einen geschickten Maßstab.

b) Welche Lage ü. NN hat dein Wohnort? Gib den Höhenunterschied zu Rotterdam an.

Basiswissen

Ob bei Temperaturaufzeichnungen, bei Schulden oder Höhenangaben, auch wenn der Zusammenhang klar ist, so fällt das Rechnen mit negativen Zahlen nicht immer leicht. Hier hilft die Vorstellung an der Zahlengerade.

Praktisches zum Rechnen mit rationalen Zahlen

Summand + Summand = Summe

Addieren rationaler Zahlen

Addierst du …
eine positive Zahl, so bewegst du dich auf der Zahlengeraden nach rechts.

$-3{,}5 + (+9) = 5{,}5$
$-3{,}5 + \quad 9 = 5{,}5$

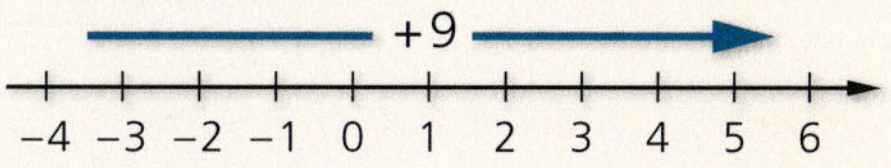

Addierst du …
eine negative Zahl, so bewegst du dich auf der Zahlengeraden nach links.

$5{,}2 + (-7{,}5) = -2{,}3$
$5{,}2 - \quad 7{,}5 = -2{,}3$

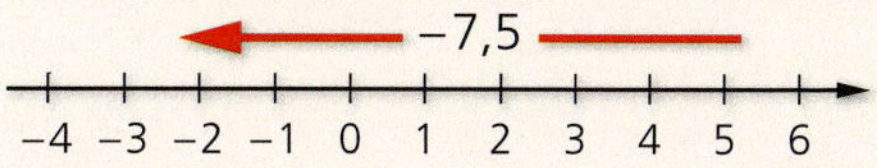

Minuend − Subtrahend = Differenz

Subtrahieren rationaler Zahlen

Subtrahierst du …
eine positive Zahl, so bewegst du dich auf der Zahlengeraden nach links.

$7{,}5 - (+9) = -1{,}5$
$7{,}5 - \quad 9 = -1{,}5$

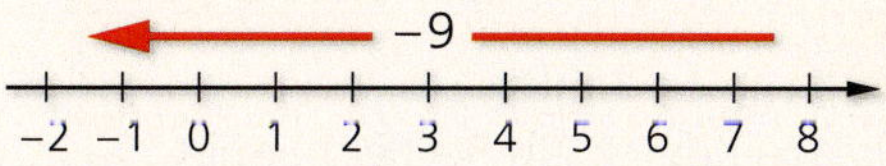

Subtrahierst du …
eine negative Zahl, so bewegst du dich auf der Zahlengeraden nach rechts.

$2{,}3 - (-6{,}9) = 9{,}2$
$2{,}3 + \quad 6{,}9 = 9{,}2$

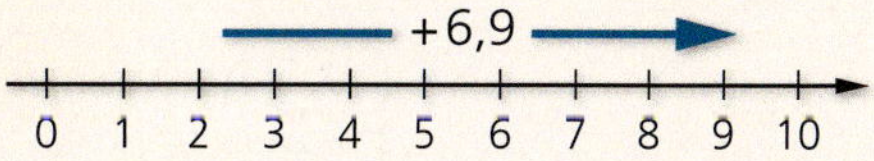

Beispiele

A Zahlengerade

Berechne $-3 - (-5)$ und stelle die Rechnung an der Zahlengeraden dar.
Zur Unterscheidung von Vorzeichen und Rechenzeichen benutzt man Klammern.

$-3 - (-5) = 2$

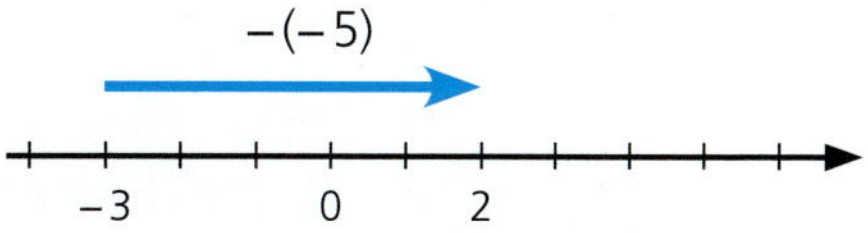

B Temperaturen

Finde die fehlenden Angaben der Temperaturbeobachtung.

a) ■ $\xrightarrow{-9{,}5\,°C}$ −11 °C
Die Ausgangstemperatur beträgt −1,5 °C, denn
$-1{,}5 - 9{,}5 = -11$

b) 3,6 °C $\xrightarrow{■}$ −4,7 °C
Die Temperaturänderung beträgt −8,3 °C, denn
$3{,}6 - 8{,}3 = -4{,}7$

C Kontostand

Betrachte die Buchung auf dem Konto. Schreibe als Additionsaufgabe und bestimme den Endstand. Mache eine Überschlagsrechnung. Runde dazu die Zahlen.

Kontostand	1378,59 €
Buchung	−2045,07 €
Endstand	■

Überschlagsrechnung:
$1400 + (-2000) = -600$
Exakte Rechnung:
$1378{,}59 + (-2045{,}07) = -666{,}48$

Der Kontostand beträgt −666,48 €.

Übungen

Tipp
Wenn du unsicher bist, kann dir die Darstellung an der Zahlengeraden helfen.

5 Training I

Berechne.

a) $8 + (-2)$
$-3 + 15$
$25 + (-5)$
$-55 + (-25)$
$-60 + (-60)$
$-20 + (-40)$

b) $-7 + (-4)$
$-4 + (-7)$
$-12 - 24$
$-24 + (-12)$
$-169 + 144$
$144 - 169$

c) $205 + (-21)$
$-830 + 246$
$1200 - 1389$
$-415 + (-95)$
$367 - (-43)$
$-3800 - 250$

d) $-11 - (-11)$
$11 - (-11)$
$11 + (-11)$
$11 - (+11)$
$-11 + (-11)$
$-11 - (+11)$

6 Achtung Klammern!

Berechne die Klammern zuerst. Vergleiche anschließend die Ergebnisse.
Was fällt dir auf?

a) $(5 + (-17)) - 23$
$5 + (-17 - 23)$
$(-17 + 5) - 23$

b) $(-2{,}2) + (3{,}7 - (-3{,}3))$
$(-2{,}2 + 3{,}7) + 3{,}3$
$(3{,}7 + (-2{,}2)) + 3{,}3$

c) $(-\frac{1}{2} + \frac{1}{4}) - \frac{3}{8}$
$-\frac{1}{2} + (\frac{1}{4} - \frac{3}{8})$
$(-\frac{3}{8} - \frac{1}{2}) + \frac{1}{4}$

d) Informiere dich noch einmal über das Assoziativ- und das Kommutativgesetz.

Gegenzahl

Die Summe der Zahlen 2 und −2 ergibt 0.
Man nennt −2 die Gegenzahl zu 2 bezüglich der Addition, bzw. 2 die Gegenzahl zu −2 bezüglich der Addition.
Ein anderes Beispiel für Zahl und Gegenzahl ist 3 und −3, denn $3 + (-3) = 0$.

$2 + (-2) = 0$

7 Rechnen mit rationalen Zahlen

Ergänze jede der Aussagen durch ein Rechenbeispiel.

a) Eigenschaften der Addition rationaler Zahlen
- Die Summe zweier positiver Zahlen ist positiv.
- Die Summe zweier negativer Zahlen ist negativ.
- Die Summe einer positiven und einer negativen Zahl kann positiv, negativ oder 0 sein.
- Die Summe einer rationalen Zahl und 0 ist die betreffende rationale Zahl.

b) Eigenschaften der Subtraktion rationaler Zahlen
Die Subtraktion einer rationalen Zahl kann als die Addition der Gegenzahl geschrieben werden.
$3{,}5 - 5{,}2 = 3{,}5 + (-5{,}2) = -1{,}7$
$8{,}1 - (-1{,}9) = 8{,}1 + 1{,}9 = 10$
Ergänze zwei weitere Beispiele.

Übungen

5 – (−3)
Rechenzeichen
Vorzeichen

8 Vorzeichen und Rechenzeichen

Übertrage ins Heft und setze die richtigen Vorzeichen und Rechenzeichen ein.

a) ■15 − (■7) = 22
■46 − (−12,5) = ■58,5
■46 − (−12,5) = ■33,5
43■ (−4,5) = ■38,5

b) ■$\frac{7}{15}$ − (■$\frac{2}{3}$) = $-\frac{1}{5}$
■2,3 − (−12,5) = ■14,8
−6,95 + (■$\frac{11}{20}$) = ■7,5
■3,25 ■ (−1,75) = 5

9 Viele Lücken

Löse die Aufgaben.

a) 60 − (−61) = ■
12 − ■ = 5
13 + ■ = −27

b) −1,6 + ■ = 0
■ + 10,2 = −7,1
−7,5 − ■ = 15,3

c) ■ − ($-\frac{1}{4}$) = 50
$\frac{2}{5}$ − ■ = 1,5
■ + $\frac{3}{7}$ = 0

Übungen

10 Training II

Vereinfache die Schreibweise, bevor du rechnest.

a) $-9 + (-7)$
$-8 + 20$
$2{,}5 + (-6)$
$-5{,}5 + (-2{,}5)$
$-0{,}5 + (-0{,}5)$
$-\frac{1}{2} + \left(-\frac{1}{2}\right)$

b) $3 - 7$
$-8 - 1$
$-2 - (-5)$
$\left(-\frac{2}{3}\right) - \left(-\frac{8}{9}\right)$
$\frac{9}{10} - (-4{,}5)$
$(-7) - (-7)$

c) $-\frac{9}{10} - \left(+\frac{1}{2}\right)$
$-\frac{1}{5} + (-2{,}6)$
$1\frac{2}{3} + \left(-3\frac{5}{6}\right)$
$-0{,}8 - \left(-3\frac{1}{2}\right)$
$-1{,}25 + \left(-\frac{3}{4}\right)$
$-3{,}5 - \left(-\frac{2}{5}\right)$

d) $3{,}2 + \left(-\frac{1}{2}\right) - (+0{,}9)$
$-4{,}6 - (-2{,}3) + (-1{,}8)$
$-5{,}2 + (-11)$
$(-2{,}75) - (-0{,}75)$
$-\frac{5}{2} - 3{,}8 + (-3{,}8)$
$-\frac{7}{10} - 1\frac{3}{5} + \frac{9}{10}$

Die Zahlengerade hilft bei der Bearbeitung der Aufgaben.

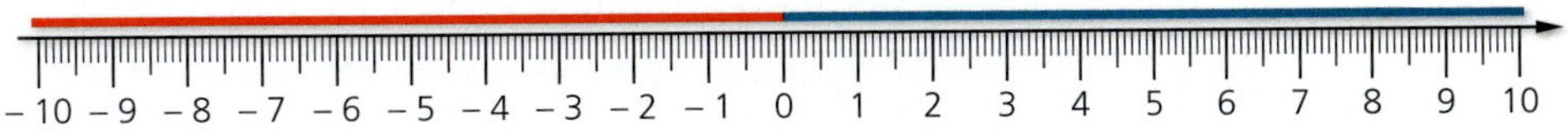

11 Zahlenleine

Wähle immer zwei Zahlen von der Zahlenleine. Welche kannst du wählen, damit

- die Summe möglichst groß wird?
- die letzte Ziffer der Summe eine 0 ist?
- die Summe dreistellig ist?
- die Summe kleiner als –50 ist?
- die Differenz der Beträge zwischen 0 und 10 liegt?
- die Differenz größer als 30 ist?
- die Summe –15 ist?
- die Differenz zwischen –5 und 5 liegt?

12 Trainingseinheit

Übertrage die Tabellen in dein Heft und fülle sie aus.

$-2 + (-5) = -7$
$2{,}7 - 4{,}6 = -1{,}9$

+	–5	3,2	$-\frac{3}{4}$	–10,9
–2	–7	■	■	■
$-\frac{1}{2}$	■	■	■	■
3	■	■	■	■

–	4,6	–8,9	$-\frac{5}{8}$	0,78
2,7	–1,9	■	■	■
$-\frac{3}{5}$	■	■	■	■
–0,13	■	■	■	■

13 Zahlenrätsel

Rechne an der Zahlengeraden rückwärts.

a) Lukas denkt sich eine Zahl. Er addiert 25 und subtrahiert anschließend 17 und erhält schließlich –8. Welche Zahl hat er sich ausgedacht?
b) Violetta subtrahiert von einer Zahl 3 und addiert anschließend 17,5. Als Ergebnis erhält sie 0.
c) Überlege dir selbst ein solches Rätsel und stelle es deiner Banknachbarin oder deinem Banknachbarn.

14 Zahlen als Summe oder Differenz darstellen

Beispiel mit -5:
- 5 = 2 + (- 7)
= 10 - 15
= - 20 - (- 15)
= - 1 - 4

Schreibe die Zahlen aus dem rechten Kasten jeweils als
a) Summe zweier Zahlen mit verschiedenen Vorzeichen.
b) Differenz zweier positiver Zahlen.
c) Differenz zweier negativer Zahlen.
d) Differenz zweier Zahlen mit verschiedenen Vorzeichen.

–5	–19	19
4,5	–7,5	37
$-\frac{1}{2}$	$\frac{1}{2}$	–6,25

Übungen

15 Große Lücken

a) Setze die Zahlen 4, −2, 5 jeweils so in die Kästchen ein, dass du das Ergebnis 11 (−1; −3) erhältst.

b) Welche verschiedenen Ergebnisse erhältst du, wenn du die Zahlen 15, −84, −28 in den Rechenausdruck einsetzt?

■ + ■ − ■ = 11

■ + ■ − ■ =

? [+/−] ? [−]
[↻] ? [(−)]
Welche Tasten sind auf deinem Rechner und welche Wirkung haben sie?

16 Taschenrechner Forscheraufgabe

Auf einem Taschenrechner gibt es meist eine Minustaste für das Vorzeichen und eine Minustaste für das Rechenzeichen.

a) Versuche mit einem Taschenrechner (−2) − (−9) und (−7) + (−23) zu lösen.

b) Baue mit den Zahlen 2, 3 und 7 sowie zwei Vorzeichenminus und mindestens einem Rechenzeichenminus verschiedene Aufgaben z. B. −2 − 3 − (−7). Welche liefert das kleinste Ergebnis, welche das größte?

Exkurs

Geschichte der Zahlen und Ziffern

Wie man von Felszeichnungen weiß, benutzten schon die Jäger der Steinzeit 10 000 v. Chr. Zahlen. Sie zählten ihre Beutestücke durch Striche ab, so ähnlich wie wir auch als Kinder an den Fingern zählen lernten. Damit war bereits der Grundstein für die natürlichen Zahlen gelegt.

Unsere Ziffern 1, 2, ..., 9 entstanden wohl in den ersten Jahrhunderten n. Chr. in Indien. Sehr früh bedachte man dort jede Zahl mit einem besonderen Zeichen. Da es aber unmöglich ist, jeder Zahl bis zu Millionen ein Extra-Zeichen zu geben, bediente man sich bald eines sandbestreuten Rechenbretts mit „Spalten“ (als Stellenangabe) oder man malte einfach „Kringel“ in den Sand.

die Zahl 1003

Aus dem „Nichts“ in den mittleren Kringeln entstand später das Zeichen 0. Als dann die indischen Zahlzeichen nach Europa kamen, trug die Null den arabischen Namen CIFRA, wovon sich unser Wort Ziffer ableitet. Da die Null als Lückenzeichen aber eigentlich gar keine Ziffer, sondern nulla figura (lateinisch) ist, entstand unser Name „Null“. Zur Kennzeichnung von negativen Zahlen verwendeten die Inder zunächst ein darüber gesetztes Pünktchen. Wie das Vorzeichen „−“ entstand, ist leider nicht bekannt.

Kopfübungen

1. Welcher Bruch ist größer? $\frac{17}{24}$ oder $\frac{5}{8}$.
2. Gib die Größe des Winkels α an.

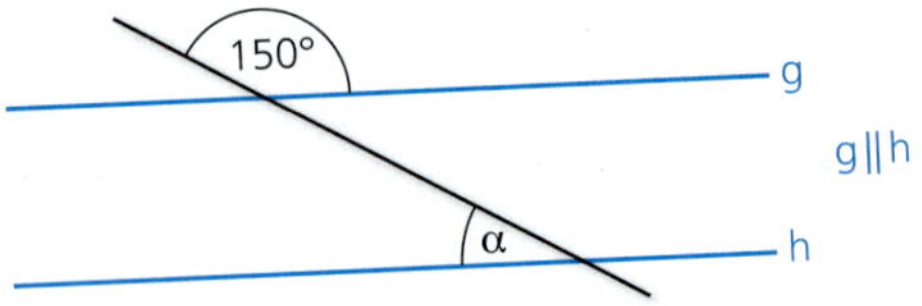

3. Berechne: 12 − 12 · 3 + 3.
4. Wie viele mm^3 entsprechen 1 cm^3?
5. Welchen Abstand haben die Zahlen 28 und −17 auf der Zahlengeraden?
6. Tim hat eine DVD für 8 € gekauft und diese an einen Freund für 6 € verkauft. Wie hoch ist sein Verlust? Wie viel Prozent sind dies?
7. Nachdem der Preis für eine Ware um 25 % erhöht wurde, kostet diese 20 €. Wie teuer war die Ware vor der Preiserhöhung?

Aufgaben

17 Die richtigen Ergebnisse sind dabei:

-1 $-2\frac{1}{3}$ $-11{,}25$
-7 $15{,}2$ $-\frac{1}{2}$ $0{,}3$

17 Harte Nüsse

Die folgenden Aufgaben stellen dich auf eine harte Probe. Geschicktes Rechnen hilft dir.

a) $-1{,}11 + (-5\frac{1}{4} - 1{,}89) - (7{,}28 - 13{,}89) + 0{,}64$

b) $(-3{,}17 + (-0{,}57)) + (-6{,}39) - (-2{,}18) + (-3\frac{3}{10})$

c) $\left(-\frac{4}{9} + \left(-5\frac{5}{6}\right)\right) - 2\frac{1}{18} + \frac{4}{3}$

d) $\left(-\frac{2}{3} + 2\frac{1}{3}\right) - \left(2\frac{5}{6} - \left(-1\frac{1}{6}\right)\right)$

18 Rechenmauern mit Lücken

In den Rechenpyramiden ist zwar die Spitzenzahl angegeben, doch in der Basis fehlt eine Angabe. Übertrage ins Heft und fülle die Lücken, notiere deine Rechnungen. Mache die Probe.

a)
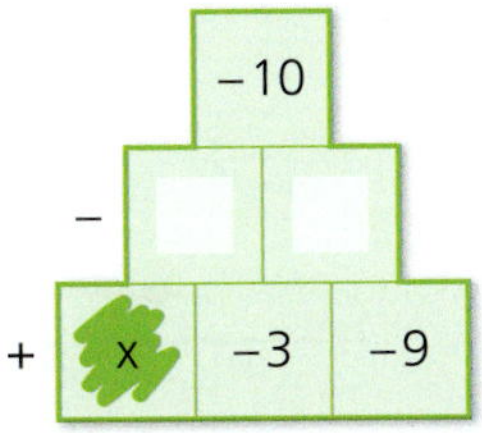

b)
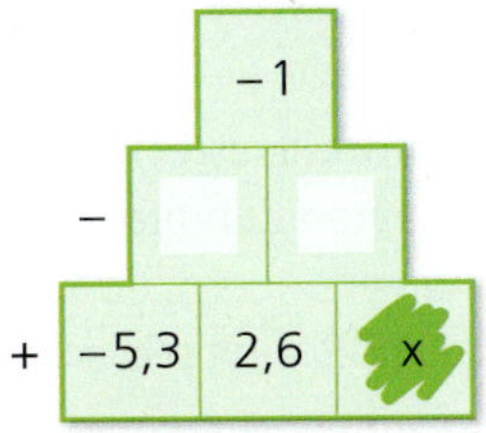

c)
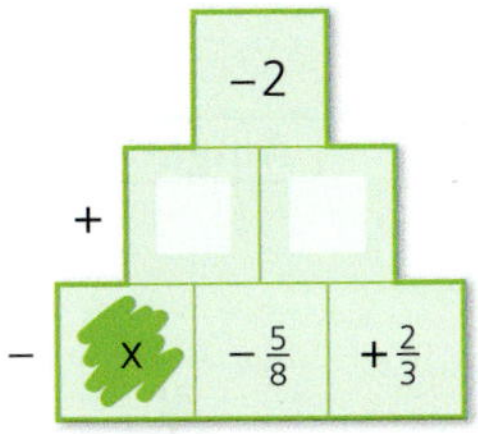

19 Eine ungewöhnliche Zuordnungsvorschrift

Meike hat mit dem grafischen Taschenrechner den Graphen der Funktion x ⟶ abs (x) zeichnen lassen.
„abs" ist die englische Abkürzung für „absolute value", was übersetzt Absolutwert bedeutet.

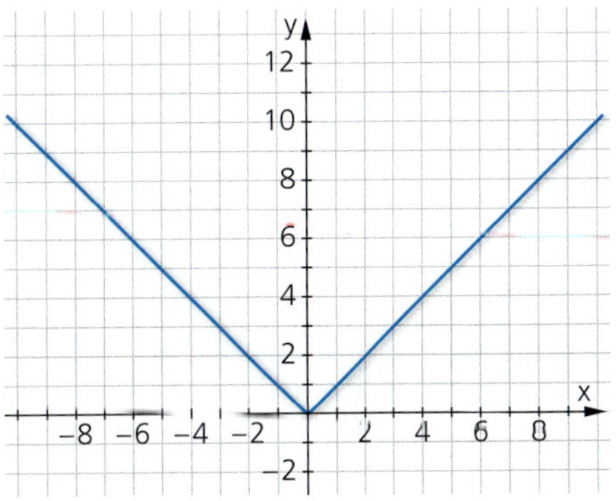

a) Übertrage den Graphen in dein Heft und erstelle mit seiner Hilfe eine Wertetabelle.

x	−10	−9	…	10
abs (x)	10	■	…	■

b) Beschreibe, wie der Graph zustande kommt.

c) Kannst du eine Erklärung für den „Knick" im Schaubild angeben?

20 Betragsrätsel

a) Für welche Zahlen x gilt: Subtrahiert man x von 5, so ist der Betrag der Differenz höchstens 2? Finde durch Ausprobieren vier verschiedene Zahlen x.

b) Übertrage die Zahlengerade in dein Heft und zeichne die vier Zahlen, die du in a) gefunden hast, auf der Geraden ein.

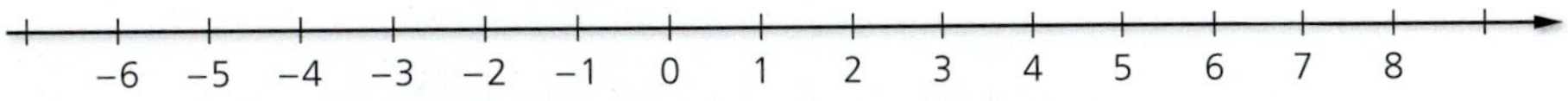

Welche anderen Zahlen würden auch „passen"? Markiere den betreffenden „Bereich" farbig.

c) Erkläre den Zusammenhang des Rätsels zu $|5 - x| \leq 2$.

d) Verfahre genauso für $|3 - x| \leq 7$ und finde den betreffenden Bereich.

≤ kleiner oder gleich
≥ größer oder gleich

5.4 Multiplizieren und Dividieren mit rationalen Zahlen

Wie multipliziert oder dividiert man mit ganzen Zahlen? Welches Ergebnis liefert (- 3) : (- 2)? Tatsächlich waren die Mathematiker sich lange Zeit uneinig darüber, welches Vorzeichen das Produkt oder der Quotient zweier negativer Zahlen haben sollte. Deshalb geht es neben dem Üben vom Multiplizeren und Dividieren mit ganzen Zahlen auch darum, wie man die Rechenregeln verständlich machen kann.

Aufgaben

1 Zahlpfeile strecken und stauchen

Willst du einen Zahlpfeil z. B. auf das Dreifache verlängern, so kannst du ihn mit der Zahl 3 multiplizieren.

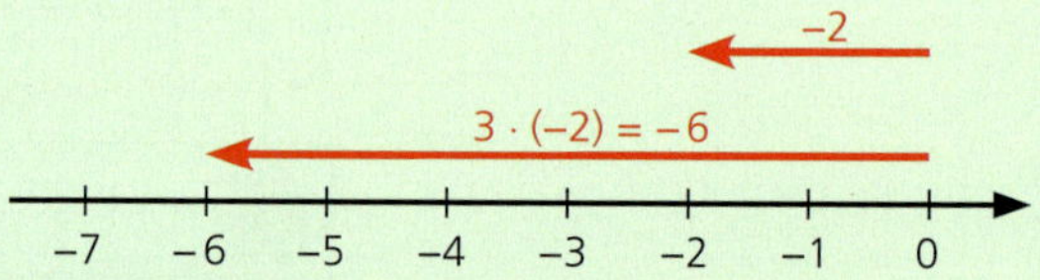

a) Überlege dir mithilfe der Zahlpfeile auch die Ergebnisse folgender Rechnungen und zeichne die zugehörigen Pfeilbilder.
$3 \cdot 4$ $\quad 2 \cdot (-2)$ $\quad 4 \cdot (-3)$ $\quad 1 \cdot (-1)$ $\quad 5 \cdot (-1)$ $\quad 3 \cdot (-6)$

b) Kannst du auch zu $(-2) \cdot 3$ und $(-2) \cdot (-3)$ ein passendes Pfeilbild zeichnen?

2 Muster erkennen

Übertrage in dein Heft und ergänze die Ergebnisse der Multiplikationen. Erkennst du ein Muster? Haben deine Klassenkameraden ein ähnliches Muster entdeckt?

0,6 · 0,3 = 0,18	0,3 · 0,3 = 0,09	(−0,2) · 0,3 = ??
0,6 · 0,2 = 0,12	0,2 · 0,3 = 0,06	(−0,2) · 0,2 = ??
0,6 · 0,1 = ??	0,1 · 0,3 = ??	(−0,2) · 0,1 = ??
0,6 · 0 = ??	0 · 0,3 = ??	(−0,2) · 0 = ??
0,6 · (−0,1) = ??	(−0,1) · 0,3 = ??	(−0,2) · (−0,1) = ??
0,6 · (−0,2) = ??	(−0,2) · 0,3 = ??	(−0,2) · (−0,2) = ??
…	…	…

3 Regeln für das Dividieren mit ganzen Zahlen

Die Regeln für die Division sind nicht bekannt, was tun?

a) Ergebnisse erraten und mit der Probe überprüfen $6 : (-2) = ■$
Mögliche Ergebnisse: 3 oder −3
Probe: $3 \cdot (-2) = -6$
$(-3) \cdot (-2) = 6 \rightarrow$ richtiges Ergebnis: −3
Welche Ergebnisse kommen bei den folgenden Divisionsaufgaben in Frage? Finde die korrekten jeweils Ergebnisse durch die Probe.

$(-3{,}6) : 3$ $\quad (\frac{3}{4}) : (-\frac{1}{2})$ $\quad (-4) : (-0{,}1)$ $\quad 3 : \frac{1}{4}$

b) Formuliere eine Vorzeichenregel für die Division ganzer Zahlen.

Basiswissen

Rationale Zahlen werden multipliziert, indem man die Zahlen ohne Beachtung der Vorzeichen multipliziert und dann die Vorzeichenregeln anwendet. Dieses Vorgehen gilt auch für das Dividieren mit rationalen Zahlen.

Multiplizieren mit rationalen Zahlen

Faktor · Faktor = Produkt

Das Produkt von zwei rationalen Zahlen ist

- positiv, wenn die beiden Faktoren gleiche Vorzeichen haben.
  Beispiele: $6 \cdot 0{,}3 = 1{,}8$ $\quad (-0{,}4) \cdot (-7) = 2{,}8$
- negativ, wenn die beiden Faktoren verschiedene Vorzeichen haben.
  Beispiele: $0{,}3 \cdot (-11) = -3{,}3$ $\quad (-1{,}8) \cdot 2 = -3{,}6$
- Null, wenn mindestens einer der Faktoren Null ist.
  Beispiele: $0{,}7 \cdot 0 = 0$ $\quad 0 \cdot (-5) = 0$

Rechengesetze: Beim Multiplizieren darf man

- die Reihenfolge der Faktoren vertauschen **(Kommutativgesetz)**
- die Reihenfolge, in der man multipliziert, selbst festlegen **(Assoziativgesetz)**

Dividieren mit rationalen Zahlen

Dividend : Divisor = Quotient

Der Quotient ist

- positiv, wenn Dividend und Divisor gleiche Vorzeichen haben.
  Beispiele: $3{,}2 : 8 = 0{,}4$ $\quad (-6{,}3) : (-9) = 0{,}7$
- negativ, wenn Dividend und Divisor unterschiedliche Vorzeichen haben.
  Beispiele: $5{,}4 : (-3) = -1{,}8$ $\quad (-30) : 0{,}5 = -60$
- Null, wenn der Dividend Null ist.
  Beispiel: $0 : (-2{,}6) = 0$

Vorsicht: Die Division durch 0 ist verboten. ~~3 : 0~~

Achtung: Beim Dividieren gelten das Kommutativgesetz und Assoziativgesetz nicht.

Beispiele

A Zahlensuche

Bestimme zuerst, welches Vorzeichen das Ergebnis haben muss.

a) $(-2{,}5) \cdot 3$ b) $28 : (-4)$ c) $\left(-\frac{1}{2}\right) \cdot \left(-\frac{1}{4}\right)$ d) $(-1{,}5) : 0{,}3$

Lösung:

a) Das Ergebnis ist negativ: $-7{,}5$ b) Das Ergebnis ist negativ: -7

c) Das Ergebnis ist positiv: $\frac{1}{8}$ d) Das Ergebnis ist negativ: -5

B Geschickt rechnen durch Anwenden der Rechengesetze

Berechne: $0{,}5 \cdot (-1{,}7) \cdot (-20)$

Lösung: $0{,}5 \cdot (-1{,}7) \cdot (-20) = 0{,}5 \cdot (-20) \cdot (-1{,}7) = -10 \cdot (-1{,}7) = 17$

Übungen

3 Vorzeichen bestimmen

In jeder der vier Aufgabengruppen I-IV findest du vier Aufgaben. Je zwei sollen ein positives und zwei ein negatives Ergebnis haben. Stimmt das?

I	$(-4) \cdot 27$	$(-11) \cdot (-34)$	$-0{,}5 \cdot 63{,}2$	$(-88) : (-11)$
II	$0 : (-1245)$	$89 \cdot (-0{,}10)$	$5 \cdot (-0{,}2)$	$(-4{,}23) \cdot 0$
III	$36 : (-8)$	$(-8{,}5) \cdot (-78)$	$(-0{,}5) \cdot 9$	$23 \cdot (-6) \cdot (-45)$
IV	$23 \cdot (-8{,}2) \cdot 9$	$(-18) \cdot \frac{1}{2} \cdot (-22)$	$\frac{2}{3} \cdot 4{,}1 \cdot 0 \cdot (-16)$	$\left(-\frac{1}{4}\right) \cdot \left(-\frac{2}{3}\right) \cdot (-1)$

a) Prüfe nach, ob dies gelungen ist.

b) Wenn es nicht gelungen ist, so ergänze fehlende Aufgabenteile.

c) Wie viele Aufgaben haben Null als Ergebnis?

Übungen

4 Kopfrechnen

Rechne im Kopf. Überlege zuerst, welches Vorzeichen das Ergebnis hat.

a) $(-3) \cdot (-6)$ $\quad (-5) \cdot 6$ $\quad 4 \cdot (-2,5)$ $\quad 12 \cdot (-4)$ $\quad 8 \cdot 9$

b) $42 : (-7)$ $\quad (-63) : (-9)$ $\quad 35 : (-3,5)$ $\quad (-50) : (-1)$ $\quad 100 : (-0,1)$

5 Lücken

Ergänze die Lücken im Heft.

a) (−11) · ■ = 121 b) ■ · (−5) = −125 c) ■ : (−5) = 25
d) (−123) · ■ = 1230 e) ■ · ■ = 169 f) ■ · ■ = −169
g) 930 : (−3) = ■ h) (−64) : ■ = −8 i) 64 : ■ = −8
j) (−1,2) : ■ = −0,3 k) (−11) : ■ = 121 l) ■ · ■ = 121
m) 3,6 : ■ = −9 n) (−823) : ■ = −823 o) (−13,2) · ■ = 13,2

6 Auch Brüche können positiv oder negativ sein

a) $\left(+\frac{2}{3}\right) \cdot \left(-\frac{4}{5}\right)$ b) $\left(-\frac{3}{7}\right) \cdot \left(-\frac{21}{27}\right)$

c) $\left(-\frac{3}{2}\right) : \left(-\frac{5}{7}\right)$ d) $\left(-\frac{3}{4}\right) : \left(-\frac{5}{8}\right)$

e) $(-18) : \left(-\frac{6}{7}\right)$ f) $(-48) : \left(-\frac{3}{4}\right)$

g) $\left(-\frac{14}{25}\right) \cdot \left(-\frac{35}{42}\right)$ h) $\left(-\frac{4}{9}\right) : \left(-\frac{5}{9}\right)$

Tipp

Durch Brüche dividieren

Du dividierst durch einen Bruch, indem du mit dem Kehrwert multiplizierst.

$5 : \left(\frac{3}{2}\right) = \left(\frac{5}{1}\right) \cdot \left(\frac{2}{3}\right) = \frac{10}{3} = 3\frac{1}{3}$

$\left(\frac{2}{3}\right) : \left(\frac{4}{5}\right) = \left(\frac{2}{3}\right) \cdot \left(\frac{5}{4}\right) = \frac{10}{12} = \frac{5}{6}$

7 Fehlende Vorzeichen und Zahlen gesucht

Ergänze die fehlenden Vorzeichen (🟧) und Zahlen (🟦) im Heft.

a) −260 : (🟧13) = −🟦 b) 96 : (+🟦) = 🟧16 c) 🟧225 : (−15) = −🟦
d) 12 · (🟧9) = −🟦 e) 13 · (🟧14) = −🟦 f) 81 : (🟦) = −9
g) −9 · (🟦) = −81 h) (🟦) : 8 = −24 i) (🟦) : (🟦) = −27
j) (🟦) · (🟦) = −120 k) −32,5 : (🟦) = 32,5 l) (🟦) : (−6,2) = 0

8 Vorzeichen gesucht – Taschenrechner

a) Welches Vorzeichen hat das Ergebnis? Überlege zuerst ohne zu rechnen.
b) Runde auf ganze Zahlen und mache einen Überschlag.
c) Bestimme mit dem Taschenrechner die exakten Ergebnisse und vergleiche mit deinem Überschlag.

$3,8 \cdot (-5,9) \cdot (-10,4)$

$(-5,1) \cdot (2,9) \cdot 6,8 \cdot (-9,6)$

$(-2,1) \cdot (-5,8) \cdot (0,8) \cdot (-3,9) \cdot (-4,7) \cdot (-10,2)$

$13 \cdot (-7,9) \cdot 3,4 \cdot (-3,3) \cdot (-1,5) \cdot 12,2 \cdot (-7,8) \cdot (-6,1)$

$(-7,4) \cdot (-0,9) \cdot 1,2 \cdot (-2) \cdot (-19,8) \cdot 2,9 \cdot (0,5) \cdot (-98)$

9 Potenzen

a) Du kannst auch Potenzen von negativen Zahlen berechnen.

$(-3)^3$ $\quad (-0,5)^2$ $\quad (-1,6)^2$

$(-5)^3$ $\quad \left(-\frac{1}{3}\right)^4$ $\quad (-8)^2$

$(-2)^6$ $\quad (-2)^5$ $\quad (-0,2)^5$

$(-10)^5$ $\quad \left(-\frac{2}{5}\right)^5$ $\quad \left(-\frac{3}{4}\right)^3$

b) Kannst du das Vorzeichen schon bestimmen, wenn du nur die Hochzahl betrachtest? Formuliere eine Regel.

↘ **Potenzen**

Multiplizierst du eine Zahl mehrmals mit sich selbst, so kannst du sie als **Potenz** schreiben.

$2^5 = 2 \cdot 2 \cdot 2 \cdot 2 \cdot 2$

$0,5^5 = 0,5 \cdot 0,5 \cdot 0,5 \cdot 0,5 \cdot 0,5$

Übungen

10 Produkte mit rationalen Zahlen

Zehn rationale Zahlen werden miteinander multipliziert. Welches Vorzeichen hat das Ergebnis, wenn

a) neun Zahlen positiv sind und eine Zahl negativ ist?
b) alle zehn Zahlen negativ sind?
c) alle zehn Zahlen positiv sind?
d) die Hälfte der Zahlen positiv, die andere Hälfte negativ ist?
e) die ersten drei Zahlen negativ und die letzten sieben positiv sind?

11 Durch und Mal mit rationalen Zahlen

Um sich die Vorzeichenregeln der Multiplikation und Division besser merken zu können, möchte sich Benedikt eine Übersicht zeichnen, in der alle Möglichkeiten auftauchen. Leider ist er nicht fertig geworden. Übertrage die Vorzeichentabelle ins Heft und finde jeweils ein Beispiel. Wie sieht die Vorzeichentabelle für die Division aus?

·	+	−
+	+	■
−	■	■

12 Divisionstabelle

Übertrage die Divisionstabelle ins Heft und fülle die Lücken.

a)

:	−4	−1,6	$\frac{1}{5}$	−0,6
−2	■	■	■	■
$-\frac{4}{5}$	■	■	■	■
0,5	■	■	■	■
6,4	■	■	■	■

(−2) : (−4) = ■

b)

:	−0,75	−2,4	−1	$-\frac{3}{2}$
−0,6	■	■	■	■
−1,2	■	■	■	■
$-\frac{3}{5}$	■	■	■	■
4,8	■	■	■	■

13 Gefährliche Mischung

In den folgenden Aufgaben mit rationalen Zahlen tauchen alle vier Grundrechenarten auf. Löse im Kopf. Beherrschst du die Rechenregeln?

a) −3 − (−7) b) 0 · (−6,25) c) −9 + 4 d) $(-9)^2$
e) −3 · (−7) f) −18 : (−3) g) −18 − (−3) h) 0,5 + (−3,2)
i) −8 + (−7) j) $-\frac{1}{2}$ + (−2,5) k) 48 : (−4) l) −1234 · (−1)

13 Lösungen:
1234 0 81 −15
21 6 −5 −15 −12
−3 4 −2,7

14 Rechenvorteile nutzen

Das Distributivgesetz gilt auch für rationale Zahlen.

Im Beispiel siehst du, wie du mit dem Distributivgesetz, zwei Multiplikationen durch eine einzige ersetzen kannst. Benutze das Distributivgesetz, um die angegebenen Terme geschickt zu berechnen:

Beispiel:
(−7) · (−63) + (−7) · 59
= (−7) · [(−63) + 59]
= (−7) · (−4) = 28

a) (−3) · (−4) + 7 · (−4) b) 99 · (−19) + 99 · 20
c) (−6) · (−4) + 7 · (−4) d) (−19) · 104 + (−19) · (−99)
e) 1,7 · (−3,9) + 1,7 · (−6,1) f) (−0,5) · 8,7 + (−0,5) · 9,3
g) $\left(-\frac{1}{4}\right) \cdot \frac{7}{5} + \left(-\frac{1}{4}\right) \cdot \left(-\frac{13}{5}\right)$ h) $\left(-\frac{7}{5}\right) \cdot 3 + \left(-\frac{7}{5}\right) \cdot (-2)$
i) 0,1 · (−9,3) + 0,1 · (−0,7) j) $2{,}5 \cdot \left(-\frac{1}{2}\right) + (-1{,}2) \cdot (-0{,}5)$

15 Produkt mit vielen Faktoren

Ein Produkt besteht aus einer unbekannten Zahl von Faktoren.
Welche Bedingungen müssen erfüllt sein, damit das Produkt positiv ist?
Wann wird das Produkt negativ?
Schreibe zuerst zu jeder Teilaufgabe ein Beispiel auf.

Übungen

16 **Graphen im Koordinatensystem**

Übertrage die Wertetabelle in dein Heft und fülle die Lücken. Zeichne die Graphen in ein Koordinatensystem.

	x	−2	−1,5	−1	−0,5	0	0,5	1	1,5	2
a)	4 · x	−8	■	■	■	■	■	■	■	■
b)	x · (−4)	■	■	■	2	■	■	■	■	■
c)	x · ■	■	4,5	■	■	0	■	■	■	■

$4 \cdot x = 4 \cdot (-2) = -8$

17 **Zahlenrätsel**

a) Mit welcher Zahl muss man $-2\frac{1}{4}$ multiplizieren, um 1 zu erhalten?
b) Welche Zahl muss man durch $-\frac{2}{3}$ dividieren, um −1 zu erhalten?
c) Durch welche Zahl muss man 0,8 dividieren, um −1 zu erhalten?
d) Mit welcher Zahl muss man 1,05 multiplizieren, um −2 zu erhalten?

18 **Flohmarkt**

a) Jonas, Luisa und Clara haben auf dem Flohmarkt Gebasteltes verkauft. Sie haben insgesamt 36 € eingenommen.
Sie mussten aber 20 € Standplatzgebühr bezahlen und hatten für ihr Material 46 € ausgegeben. Sie kommen unzufrieden nach Hause. Der Verlust soll gleichmäßig aufgeteilt werden.
b) Lena und Michael sind deutlich besser gelaunt. Sie haben 46 € in der Kasse. Sie mussten zwar auch 20 € Standgebühr bezahlen, hatten aber nur 12 € Materialkosten.

Kopfübungen

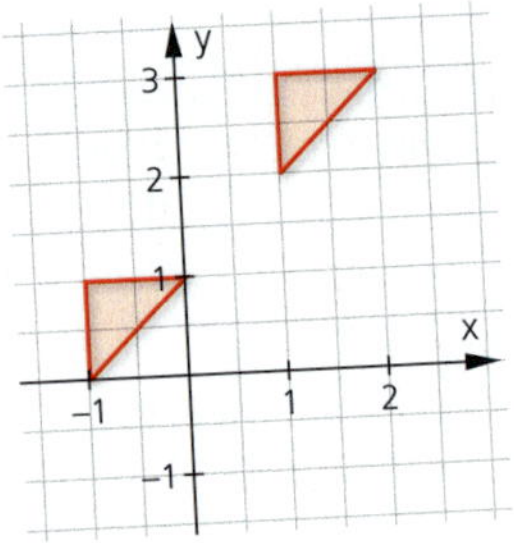

1. Multipliziere 1,5 mit $\frac{1}{3}$.
2. Die beiden Dreiecke liegen symmetrisch zu einer Achse. Durch welche Punkte verläuft diese Achse? Gib zwei Punkte an.
3. In einem rechtwinkligen Dreieck hat ein Winkel die Größe von 28°. Welche Größe haben die anderen beiden Winkel?
4. $\alpha = 65°$ ist ein spitzer Winkel. Wie wird ein Winkel genannt, der dreimal so groß wie α ist?
5. Gib zwei Zahlen an, die kleiner als 0 sind und durch 10 ohne Rest teilbar.
6. Eine Elefantenkuh im Zoo wurde innerhalb von 10 Jahren einige Male gewogen: 4278 kg; 4220 kg; 4276 kg; 4870 kg; 4640 kg. Bestimme a) den Unterschied zwischen dem kleinsten und dem größten Wert; b) den Median (Zentralwert).
7. Der Preis für eine Jacke ist um 20 % reduziert worden, sie kostet jetzt 120 €. Wie teuer war sie ursprünglich?

Aufgaben

19 **„Koordinatengeometrie 1"**

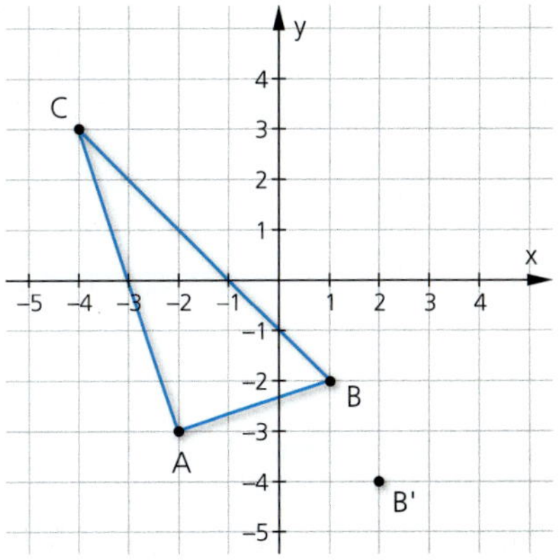

Dass man mit Koordinaten rechnen kann, ist nichts Neues. Doch was geschieht, wenn man alle Koordinaten der Eckpunkte einer Figur mit der gleichen Zahl multipliziert?
Für das Dreieck ABC in der Abbildung haben wir schon mal angefangen:

A (−2|−3)		A' (−4|−6)
B (1|−2)	(· 2) →	B' (■|■)
C (−4|3)		C' (■|■)

a) Rechne, zeichne und beschreibe.
b) Wie wirkt sich die Multiplikation mit (−1) auf das Dreieck aus, was geschieht bei der Addition oder Subtraktion?

20 **„Koordinatengeometrie 2"**
Was geschieht, wenn man die y-Koordinaten aller Punkte jeweils mit −2 multipliziert?
a) Berechne aus A (2|−4), B (6|1) und C (5|4) die neuen Punkte A', B' und C'.
b) Zeichne die beiden Dreiecke ABC und A'B'C' in ein Koordinatensystem und vergleiche.
c) Kannst du dir denken, was geschieht, wenn man die y-Koordinate mit −1 multipliziert? Rechne und zeichne.

21 **Temperaturskalen**

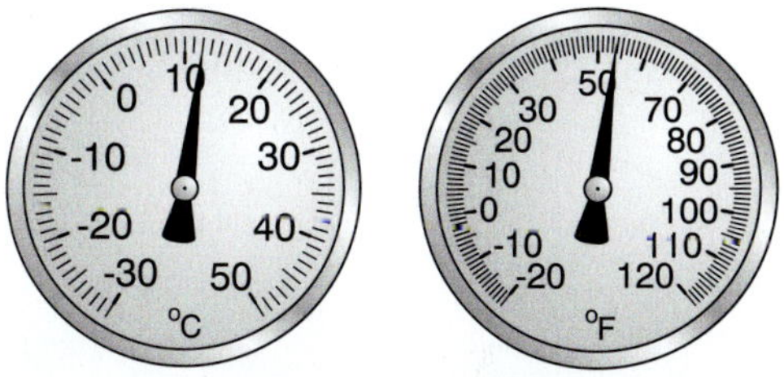

In den USA wird die Temperatur in Grad Fahrenheit (°F) angegeben. In Europa misst man die Temperatur in Grad Celsius (°C).
a) Bei welcher Temperatur in °C gefriert das Wasser, bei welcher Temperatur kocht es? Welches sind die entsprechenden Temperaturangaben in °F? Du findest die Angaben im Internet, aber auch in jedem Lexikon.
b) Man kann die Temperaturangabe nach der folgenden Regel von °F in °C umrechnen:
- Subtrahiere 32
- Multipliziere das Ergebnis mit 5
- Dividiere das Ergebnis durch 9

Rechne um: 212 °F, 50 °F, 32 °F, 14 °F, −4 °F

50 °F
50 − 32 = 18
18 · 5 = 90
90 : 9 = 10
10 °C

c) Chris aus New York schreibt seinem deutschen Freund: „Bei uns gefriert das Wasser bei positiven Temperaturen." Was meint ihr?
d) Carina macht mit ihren Eltern Urlaub in den Alpen. In der vergangenen Nacht waren es −25 °C. Sie möchte dies per E-Mail ihrer amerikanischen Freundin mitteilen.
Sie rechnet die Temperatur nach den folgenden Regeln in °F um:
- Dividiere die Temperaturangabe in °C durch 5
- Multipliziere das Ergebnis mit 9
- Addiere dann 32

Carina rechnet und erhält als Ergebnis −13 °F. Überprüfe.
e) Suche dir eine Stadt in den USA aus. Schaue im Internet bei einer amerikanischen Wetterstation nach (z. B. weather.com), wie die Tagestemperatur ist. Rechne in °C um.

Rationale Zahlen

Zahlengerade

Rationale Zahlen

Die Menge der rationalen Zahlen ist die Menge aller jetzt vorhandenen Zahlen (also die positiven und negativen und die Null). Die Menge der rationalen Zahlen wird mit $\mathbb{Q}$ bezeichnet.

Ganze Zahlen

Menge der ganzen Zahlen:
$\mathbb{Z} = \{\dots, -4, -3, -2, -1, 0, 1, 2, 3, 4, \dots\}$

Natürliche Zahlen

Menge der natürlichen Zahlen
$\mathbb{N} = \{0, 1, 2, 3, \dots\}$

Mengendiagramm

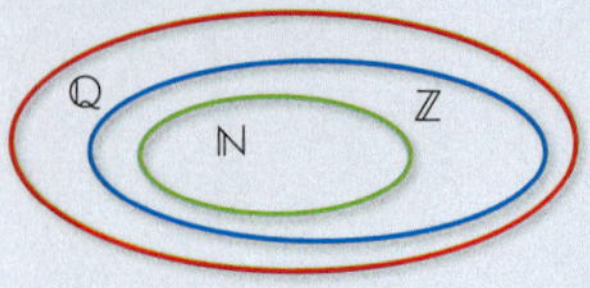

Ordnung auf der Zahlengeraden

Von zwei Zahlen ist diejenige kleiner, die auf der Zahlengeraden weiter links liegt.

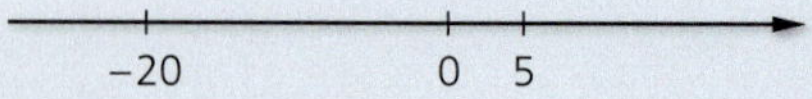

$-20 < 5$

Betrag

Der Betrag einer rationalen Zahl gibt an, wie weit sie von der Null entfernt ist.
$|-\frac{3}{2}| = \frac{3}{2}$ Lies: „Der Betrag von $-\frac{3}{2}$ ist $\frac{3}{2}$."

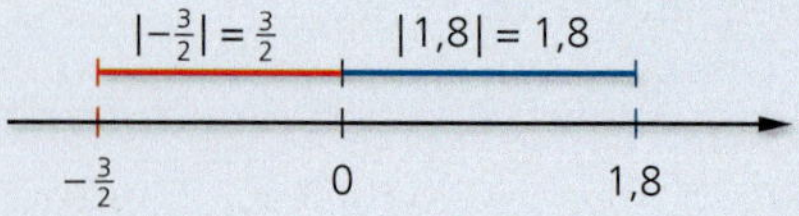

Check-up

1 Zahlengerade

Zeichne jeweils eine Zahlengerade mit einer geeigneten Einteilung und markiere die Zahlen auf der Zahlengeraden.

a) −2,5; 0; −4,3; 3,8; 4
b) −20; −24; −60; −75; −100
c) −0,2; 0,05; 0,1; 0,25; −0,4
d) −1000; −250; 500; 750; −500

2 Ordnen

Ordne nach der Größe, beginne mit der kleinsten Zahl.

a) −3,2; $-\frac{3}{2}$; 2; −0,4; −0,35
b) 7,89; −8,79; 0,79; −0,87; −5,86
c) −100; −10; 100; −0,1; $\frac{1}{10}$
d) −3,4; −3,45; 0,345; −0,345; −3,5

3 Vorgänger und Nachfolger

a) Gib den Vorgänger und den Nachfolger von −5 an.
b) Von welcher Zahl ist −10 der Vorgänger?
c) Von welcher Zahl ist −16 der Nachfolger?

4 Mitte gesucht

Welche Zahl liegt auf der Zahlengeraden in der Mitte zwischen …

a) −7 und 2
b) −4,9 und −0,9
c) −0,02 und 0,02
d) $-\frac{1}{2}$ und $\frac{1}{3}$

5 Eigene Beispiele zum Addieren und Subtrahieren

In der Übersicht findest du die Regeln zum Addieren und Subtrahieren rationaler Zahlen. Schreibe für jeden Fall ein Beispiel auf und zeichne das Pfeilbild an der Zahlengeraden.

6 Training

Berechne. Achte dabei auf Brüche und Dezimalzahlen.

a)

+	−3,2	−11,5	$\frac{4}{5}$
5,4	■	■	■
$-\frac{1}{2}$	■	■	■

b)

−	−14	10,3	−2,5
13	■	■	■
$-\frac{3}{4}$	■	■	■

7 Kontoführung

Runde und mache zuerst einen Überschlag. Berechne dann die fehlenden Kontostände und Buchungen.

Alter Kontostand	−493,67	−701,32	■	1109,62
Buchung	−162,33	■	−243,27	■
Neuer Kontostand	■	−12,05	876,82	−2170,98

8 Buchungen auf dem Konto

Auf Jans Konto sind zu Beginn 143,94 €. Nun werden nacheinander folgende Buchungen ausgeführt.

1. Abhebung 180,45 €
2. Einzahlung 52,07 €
3. Einzahlung 60,68 €
4. Abbuchung 90,98 €

Bestimme den aktuellen Kontostand nach jeder Buchung.

Addieren, subtrahieren rationaler Zahlen

Addierst du …

… eine positive Zahl, so bewegst du dich nach rechts, z. B. $-3{,}5 + (+9) = -3{,}5 + 9 = 5{,}5$

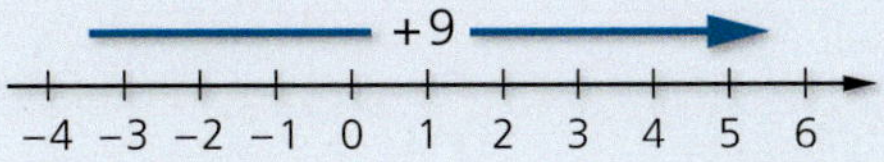

… eine negative Zahl, so bewegst du dich nach links, z. B. $5{,}2 + (-7{,}5) = 5{,}2 - 7{,}5 = -2{,}3$

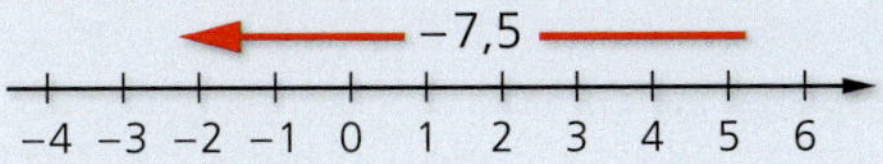

Subtrahierst du …

… eine positive Zahl, so bewegst du dich nach links, z. B. $7{,}5 - (+9) = 7{,}5 - 9 = -1{,}5$

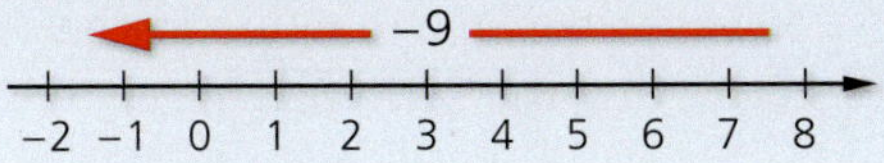

… eine negative Zahl, so bewegst du dich nach rechts, z. B. $2{,}3 - (-6{,}9) = 2{,}3 + 6{,}9 = 9{,}2$

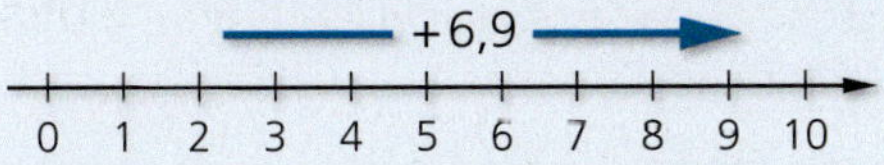

Multiplizieren rationaler Zahlen

Das Produkt von zwei rationalen Zahlen ist

- positiv, wenn beide Zahlen positiv oder beide Zahlen negativ sind, z. B.
  $(-4) \cdot (-7) = 28$ $6{,}4 \cdot 0{,}5 = 3{,}2$
- negativ, wenn eine der beiden Zahlen negativ und die andere positiv ist, z. B.
  $3 \cdot (-11) = -33$ $(-15) \cdot 0{,}4 = -6$
- **Null**, wenn mindestens einer der Faktoren Null ist, z. B. $0 \cdot (-7) = 0$.

Dividieren rationaler Zahlen

Der Quotient ist

- positiv, wenn Dividend und Divisor gleiche Vorzeichen haben, z. B.
  $32 : 8 = 4$ $(-63) : (-9) = 7$
- negativ, wenn Dividend und Divisor unterschiedliche Vorzeichen haben, z. B.
  $54 : (-3) = -18$ $(-30) : 5 = -6$
- **Null**, wenn der Dividend Null ist.
- Die Division durch 0 ist verboten.

Check-up

9 Lücken füllen

a) $15 \cdot ■ = -60$ b) $■ \cdot (-4) = 16$ c) $■ \cdot (-1) = -99$
d) $■ \cdot 0 = 0$ e) $20 \cdot ■ = -1000$ f) $(-5) \cdot (-25) = ■$

10 Kopfrechnen mit ganzen Zahlen

a) $(-5) \cdot 6$ b) $(-7) \cdot (-7)$ c) $11 \cdot (-1)$
d) $0 \cdot (-1000)$ e) $17 \cdot 4$ f) $(-1) \cdot (-1)$

11 Training

Berechne. Achte dabei auf Brüche und Dezimalzahlen.

a)

·	−2	81	$-\frac{1}{2}$
$-\frac{2}{3}$	■	■	■
−5	■	■	■
0,3	■	■	■

b)

:	$-\frac{1}{3}$	10	−4
$\frac{1}{2}$	■	■	■
−2,4	■	■	■
60	■	■	■

12 Potenzen

Entscheide, ob die Potenzen positiv oder negativ sind und berechne sie.

a) $(-2)^3$ $(-3)^2$ $(-3)^4$ $(-1)^6$ $(-2)^5$ $(-3)^1$
b) $(-1{,}1)^4$ $(-0{,}1)^3$ $(-3{,}5)^2$ $\left(-\frac{3}{4}\right)^3$ $\left(-\frac{2}{5}\right)^2$ $(-2{,}01)^2$

13 Richtig oder falsch?

Rechne nach.

a) $\left(-\frac{1}{8}\right) \cdot (-7) + (-0{,}6) = 0{,}275$ b) $(-3) \cdot (-3)^3 = (-9)^2$
c) $\left(-\frac{1}{2}\right) \cdot \left(-\frac{1}{5}\right) + (-0{,}1) \cdot (-1) = -0{,}2$ d) $-\frac{1}{4} + \frac{1}{8} + 0{,}125 = 0$

14 Kopfrechnen

Bestimme erst das Vorzeichen.

a) $96 : (-12)$ $(-36) : (-3)$ $(-64)\ .\ 4$ $84 : (-6)$
b) $(-52) : (-4)$ $(-11) : 11$ $(-0{,}1) : (-10)$ $-1{,}2 : (-1{,}2)$
c) $10 : (-20)$ $(-0{,}9) : 3$ $(-48) : (-1)$ $(-1) : (-1)$

15 Quotienten

Berechne.

a) $-18 : \frac{3}{7}$ b) $-\frac{7}{15} : 0{,}2$ c) $-0{,}8 : (-4)$
d) $-5 : \frac{10}{12}$ e) $-\frac{7}{8} : (-0{,}125)$ f) $0{,}2 : \left(-\frac{1}{5}\right)$
g) $-0{,}4 : 1{,}8$ h) $-\frac{5}{9} : 0{,}\overline{2}$ i) $1{,}2 : \frac{1}{10}$

16 Rechenvorteile nutzen

a) $-0{,}125 \cdot 1{,}2 - 0{,}875 \cdot 1{,}2$ b) $1{,}5 \cdot 4 + 1{,}5 \cdot (-8)$
c) $5{,}25 : (-4) + 4{,}75 : (-4)$ d) $-\frac{9}{7} : 5 - \left(-\frac{2}{7}\right) : 5$

17 Produkt mit drei Faktoren

Welche Bedingungen müssen erfüllt sein, damit das Produkt aus drei Faktoren positiv ist? Schreibe Beispiele auf.

Sichern und Vernetzen – Vermischte Aufgaben zu Kapitel 5

Trainieren

1 Zahlen auf der Zahlengeraden markieren

Zeichne einen passenden Ausschnitt einer Zahlengerade und trage ein:

$-\frac{2}{3}$ -1 $-0{,}5$ $\frac{1}{5}$ $1{,}2$ $-0{,}8$ $1\frac{1}{2}$ $-1{,}6$

2 Vergleich

Vergleiche die Zahlen miteinander <, >

a) $\frac{2}{5}$ und $-\frac{3}{5}$
b) $-1{,}2$ und $-\frac{1}{2}$
c) $-1{,}5$ und $\frac{4}{3}$
d) $\frac{3}{4}$ und $\frac{2}{3}$
e) $-1{,}1$ und $-\frac{6}{5}$
f) $4{,}05$ und $4{,}1$
g) $-2{,}3$ und $-3{,}2$
h) $-0{,}1$ und $-0{,}01$

3 Ordnen

Ordne die Zahlen der Größe nach. Beginne mit der kleinsten.

$-3{,}75$ $-3{,}8$ $-4{,}05$ $0{,}02$ $-0{,}5$ $-1\frac{2}{3}$ $\frac{4}{3}$ $\frac{1}{2}$

4 Magische Quadrate

Übertrage die Quadrate in dein Heft. Fülle die Felder so aus, dass die Summe der Zahlen in Spalten, Zeilen und Diagonalen gleich ist.

a)

	1,5		−3,5
$\frac{1}{2}$		−2,5	
	0	$-\frac{1}{2}$	−3
1	−4,5		

b)

−2	0,5	−3
		−0,5
0		

c)

4		0,5
	−2	
		−8

5 Koordinatensystem

a) Zeichne in ein Koordinatensystem das Viereck ABCD mit A (1,5|−1), B (1,5|1), C (−0,5|1) und D (−0,5|−1).

b) Bestimme den Umfang und den Flächeninhalt des Vierecks.

c) Drehe das Viereck um den Ursprung um 90° gegen den Uhrzeigersinn. Welche Koordinaten hat das gedrehte Viereck?

6 Kontobewegungen

Bestimme jeweils den aktuellen Kontostand nach jeder Buchung:
Kontostand 70,23 €. Nun werden nacheinander folgende Buchungen ausgeführt.

1. Abhebung 34,09 €
2. Abhebung 38,64 €
3. Einzahlung 15,79 €
4. Abbuchung 24,17 €

Bestimme den aktuellen Kontostand nach jeder Buchung.

7 Viele Faktoren

Bestimme die Ergebnisse.

a) $11 \cdot (-4) \cdot (-3)$
b) $(-9) \cdot 6 \cdot 8$
c) $7 \cdot (-2) \cdot 3 \cdot (-10)$
d) $(-4) \cdot 7 \cdot (-3{,}5) \cdot (-2)$
e) $\left(-\frac{2}{3}\right) \cdot \left(-\frac{1}{2}\right) \cdot \left(-\frac{4}{5}\right)$
f) $(-1{,}2) \cdot (-0{,}5) \cdot (-4) \cdot (-5)$
g) $\frac{1}{7} \cdot (-63) \cdot \frac{5}{9} \cdot (-81)$
h) $\left(-\frac{6}{13}\right) \cdot \left(-\frac{2}{5}\right) \cdot (-65) \cdot \left(-\frac{1}{12}\right)$
i) $\frac{3}{8} \cdot \left(-\frac{1}{3}\right) \cdot (-4)$
j) $(-9) \cdot \left(-\frac{4}{3}\right) \cdot \left(-\frac{1}{6}\right) \cdot 5$

8 Berechnen

a) $0{,}56 - 0{,}3 + 0{,}73$
b) $7{,}8 + 0{,}421 - 0{,}72$
c) $-3{,}7 - 0{,}06 \cdot 3{,}6$
d) $0{,}63 \cdot 0{,}25 - 0{,}71$
e) $0{,}1175 : (-0{,}047) + 1{,}9$
f) $6{,}5 + 18{,}63 : (-0{,}405)$

9 Kopfrechnen

a) $(-4) \cdot (-3) \cdot 16$

b) $(-5)^2 \cdot (-4)$

c) $(-5) \cdot 3 \cdot 17$

d) $(-3)^3 \cdot 2 \cdot (-5)$

e) $100 : (-4) : (-5)$

f) $-64 : (-2) : 8$

10 Training

Übertrage die Tabelle in dein Heft und fülle sie aus. Wenn du vor dem Rechnen genau überlegst, kannst du dir einige Rechnungen ersparen.

a	b	c	a · b	(a · b) · c	b · c	a + b + c	a · (b + c)
−9	2	−5	−18	■	■	■	■
19	−3	■	■	■	12	■	■
−1,8	0,3	2,5	■	■	■	■	■
$-\frac{24}{25}$	$\frac{9}{10}$	$-\frac{15}{8}$	■	■	■	■	■

11 Wahre Aussagen

Prüfe, ob die Aussagen wahr sind.

a) $-4 \cdot (2{,}7) \cdot (-0{,}1) > 2$

b) $5{,}2 : (-1{,}2) \cdot 2{,}1 < -10$

c) $-2{,}3 + 3{,}5 \cdot (-2) > 1$

d) $3 \cdot (-0{,}01) + 4{,}1 > 4$

Verstehen

12 Erklären

Erkläre kurz mit eigenen Worten, Bildern oder Beispielen.

a) Was versteht man unter dem Betrag einer rationalen Zahl?

b) Die Subtraktion einer negativen Zahl führt auf der Zahlengeraden nach rechts.

c) Der Quotient ist positiv, wenn Dividend und Divisor das gleiche Vorzeichen haben.

13 Großer Aufwand?

Multipliziere alle ganzen Zahlen von einschließlich −50 bis einschließlich 50.

14 Wahr oder falsch?

a) Die Summe zweier negativer Zahlen ist immer positiv.

b) Der Quotient zweier negativer Zahlen ist immer positiv.

c) Der Betrag von −3,5 ist größer als 1.

15 Rationale Zahlen gesucht

a) Kannst du rationale Zahlen finden für die $a - b = b - a$ ist?

b) Gib rationale Zahlen an, für die nicht gilt: $a - (b - c) = (a - b) - c$

c) Finde ein Beispiel so, dass $a : b = b : a$ ist.

16 „Minus mal Minus ergibt Plus"

Finde Beispiele, die zu diesem Spruch passen.

Anwenden

17 Schulden bei der Museumsnacht

27 Schüler und Schülerinnen der 7b haben bei ihrer Lehrerin noch nicht die 3,50 € Schulden für den Museumseintritt beglichen.

a) Wie viel Euro Schulden haben alle zusammen bei der Lehrerin?

b) Notiere eine Multiplikationsaufgabe, in der du die Schulden als negative Zahl schreibst.

Bei einem Fisch nimmt der Kopf ein Drittel und der Schwanz ein Viertel seines Gewichtes ein, das Mittelstück wiegt 10 Pfund. Wieviel wiegt der Fisch?

Aus dem Rechenbuch des Abu Zacharjia el Hassar

Von einem Schwarm Bienen lässt sich ein Fünftel auf einer Kadamablüte, ein Drittel auf einer Silindhablume nieder. Der dreifache Unterschied der beiden Zahlen flog nach den Blüten einer Kutaja. Eine Biene blieb übrig, welche in der Luft hin und her schwebte, gleichzeitig angezogen durch den lieblichen Duft einer Jasmine und eines Pandanus. Sage mir nun die Anzahl der Bienen.

Aus dem Rechenbuch des Inders Bhaskara (ca. 1150 n. Chr.)

6

Gleichungen und Terme

Schon immer haben Menschen sich mit mathematischen Knobelaufgaben beschäftigt. Kennst du auch welche? Was muss man tun, um solche Aufgaben zu knacken? Man kann probieren, also einfach sich eine Lösung ausdenken und schauen, ob es stimmt. Das ist aber sehr mühselig und dauert sehr lange. Erfolgreich ist man auch nicht immer. Besser gelingen Lösungen häufig, wenn es gelingt, die Probleme in Gleichungen mit Unbekannten (Variablen) zu fassen. Wenn man diese Gleichungen dann löst, gelingt auch eine Lösung des Problems.

6.1 Gleichungen aufstellen und lösen

Wie kommt die Mathematik in die Sache? Ein wichtiger erster Schritt ist es, Informationen so aus dem Text zu sammeln, dass man Terme und Gleichungen aufstellen kann. Die Gleichungen kannst du dann durch vielfältiges Probieren lösen.

Wie viele Schüler sind in der Klasse?
Findest du durch Probieren heraus, wie schwer der Fisch ist und wie viele Bienen es sind (siehe Seite nebenan)?

Wie kommen die Schülerinnen und Schüler einer Klasse zur Schule? Eine Umfrage ergibt: Die Hälfte kommt mit dem Schulbus, ein Drittel mit dem Fahrrad und 5 Schülerinnen und Schüler zu Fuß.

6.2 Gleichungen lösen mit systematischem Probieren– Tabelle und Grafik

Du hast schon gelernt, wie man zu Termen passende Tabellen und Graphen aufstellt. Diese Werkzeuge helfen dir nun, das Probieren systematisch durchzuführen, damit du sicherer zu einer Lösung kommst.

Passen die Tabelle und die Grafik zum Fisch oder zu den Bienen?

x	$T_1(x)$	$T_2(x)$
0	0	10
6	13,5	6
12	17	12
18	20,5	18
24	24	24
30	27,5	30

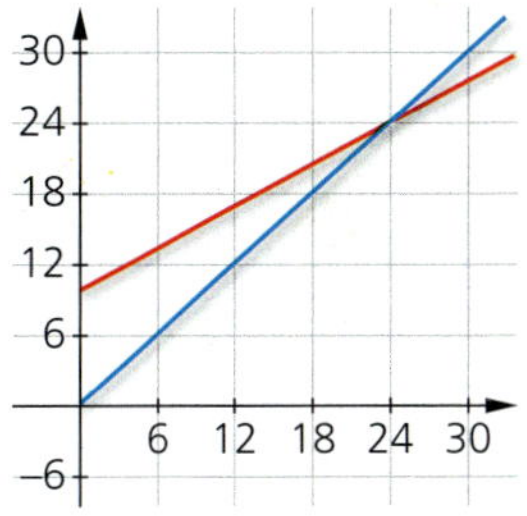

6.3 Gleichungen lösen mit Äquivalenzumformungen

Anstatt zu probieren, kann man auch durch Umformungen nach festen Regeln Gleichungen lösen und so die exakten Losungen finden.

Kannst du in der Abbildung das Umformungsverfahren erkennen?

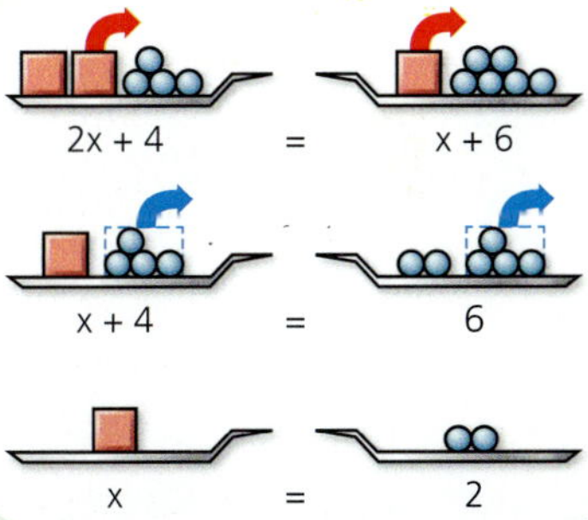

6.4 Gleichungen und Terme

Die Figur hat eine variable Breite x. Wie groß ist die Fläche dieser Figur?
$T_1(x)$, $T_2(x)$ und $T_3(x)$ sind drei Antworten auf diese Frage. Die Richtigkeit der Antworten kannst du geometrisch an der Figur überprüfen. Die Gleichwertigkeit von Termen kann man aber auch durch Umformungen zeigen.

Sind die drei Terme korrekt?

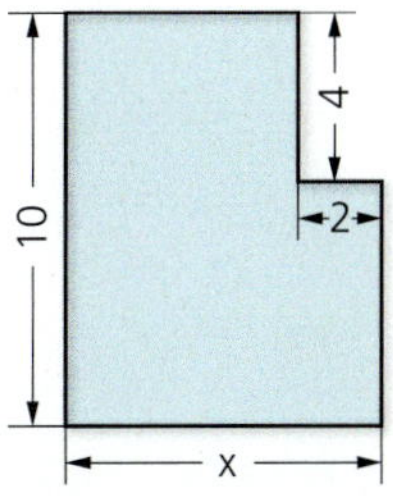

$T_1(x) = 10 \cdot x - 8$
$T_2(x) = 6 \cdot x + 4 \cdot (x - 2)$
$T_3(x) = 12 + 10 \cdot (x - 2)$

6.1 Gleichungen aufstellen und lösen

Gesucht ist die Unbekannte x. In Kriminalfällen stehen Spuren und Zeugenaussagen zur Verfügung. Aus diesen wird durch Kombinieren schließlich der Täter entlarvt. Auch in der Mathematik spielt die „Suche nach der Unbekannten x" eine wichtige Rolle, x steht dabei in der Regel als Platzhalter für Zahlen. Die Spuren und Zeugenaussagen bestehen hier aus Gleichungen. Dabei erfordert das Aufstellen der zu einem Problem passenden Gleichung einiges Nachdenken und Kombinieren. Für das anschließende Lösen der Gleichung gibt es dann verschiedene Verfahren, die sich mit etwas Trainingsaufwand recht sicher beherrschen lassen.

Aufgaben

1 Ein Quader, ein Hauptgewinn und der Atlantik

Eines der folgenden Probleme soll in einer Gruppe mit 3 bis 4 Teilnehmern gelöst werden. Sucht euch eine Aufgabe aus. Schreibt eure Ideen und die Lösungsstrategie möglichst genau auf und stellt diese mit der Lösung der ganzen Klasse vor. Vergleicht eure Lösungswege.

a) Aus einem 2,40 m langen Metalldraht wird ein Kantenmodell eines Quaders hergestellt. Höhe und Breite sind gleich, die Länge ist um 6 cm größer als die Breite. Der Metalldraht wird vollständig aufgebraucht. Gesucht ist die Breite x des Quaders.

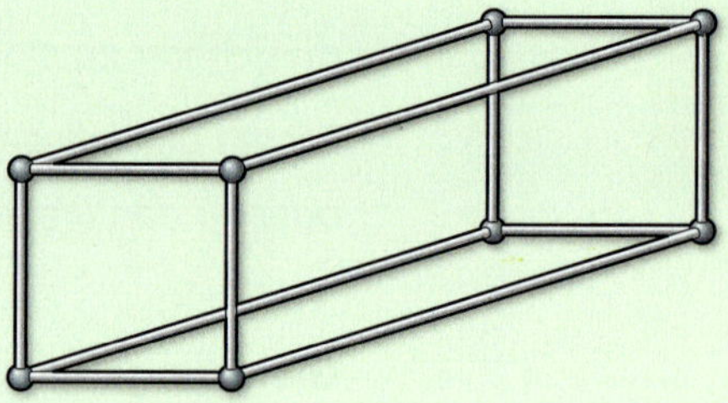

b) Xaver, Yvonne und Anton spielen zusammen im Lotto. Sie landen einen Hauptgewinn in Höhe von 235 000 €. Auf Grund einer vorherigen Abmachung erhält Yvonne 15 000 € mehr als Xaver und Anton 25 000 € mehr als Yvonne. Gesucht ist der Betrag x, den Xaver erhält.

c) Die drei großen Ozeane (Pazifik, Atlantik, Indischer Ozean) haben zusammen eine Wasseroberfläche von 320 Mio. Quadratkilometern. Der Pazifik ist doppelt so groß wie der Atlantik, der Indische Ozean ist um 10 Mio. Quadratkilometer kleiner als der Atlantik. Gesucht ist die Oberfläche x (in Mio. Quadratkilometern) des Atlantiks.

Aufgaben

2 Ein Zahlenrätsel

Gleichung lösen durch Probieren

> Wenn man zu dem Doppelten einer Zahl 5 addiert, ergibt sich genau so viel, wie wenn man von dem Dreifachen der Zahl 2 subtrahiert.

Peter löst das Zahlenrätsel durch Probieren, nachdem er es zunächst in die Gleichung

$$2 \cdot x + 5 = 3 \cdot x - 2$$

übersetzt hat. Die Variable x steht für die unbekannte Zahl.

Begründe den Ansatz und ermittle eine Lösung durch Probieren, indem du für x einige Zahlen einsetzt. Wie viele Versuche hast du gebraucht?

3 Ein Altersrätsel

Gleichung lösen mit Tabelle

Katrin und ihre Mutter haben am gleichen Tag Geburtstag. Als Katrin 13 Jahre alt wird, ist ihre Mutter 33 Jahre alt.
In wie vielen Jahren ist Katrins Mutter doppelt so alt wie ihre Tochter?
Katrin löst das Rätsel mithilfe einer Tabelle:

Anzahl der Jahre x	Alter der Mutter 33 + x	Alter von Katrin 13 + x
1	34	14
2	35	15
3	■	■

a) Fülle die Tabelle so weit aus, bis du die Lösung der Gleichung gefunden hast.
b) Löse das gleiche Problem für dich und deine Mutter (deinen Vater). Gehe dabei einfach davon aus, dass ihr am gleichen Tag Geburtstag habt.

4 Ein Telefontarif

Gleichung lösen mit Grafik

Kai hat einen prepaid-Tarif und möchte wissen, wie viele Minuten er im letzten Monat mit seinem Handy telefoniert hat. Er weiß nur, dass er 40 € bezahlt hat. Außerdem kennt er seinen abgeschlossenen Tarif: 8 € Grundgebühr und 10 Cent pro Minute Gesprächsgebühr in alle Netze.

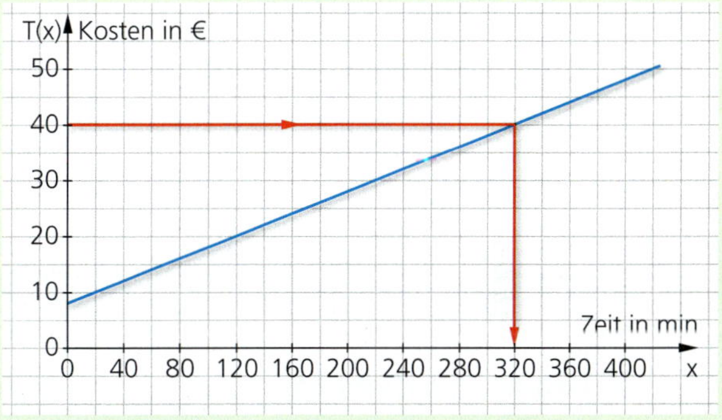

Zur Übersicht ist der Tarif auch als Graph der Zuordnung dargestellt:
Zeit → *Kosten*, x → T(x)
Kai beantwortet die Frage mithilfe der Grafik. Er zeichnet die roten Pfeile ein.
Erkläre Kais Vorgehen. Welche Kosten liest Kai in der Grafik ab? Bestimme auch die Minutenanzahl, wenn die Rechnung 20 €, 24 € oder 60 € beträgt.

5 Auf unterschiedlichen Wegen zum Ziel

In den Aufgaben 2, 3 und 4 wurden Gleichungen auf verschiedene Weisen gelöst. Löse nun 2 und 4 tabellarisch und 2 und 3 grafisch. Die Diagramme siehst du rechts, welches gehört zu welcher Aufgabe?

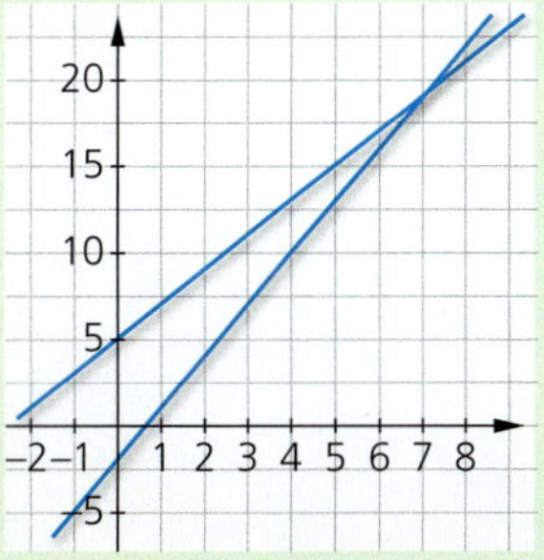

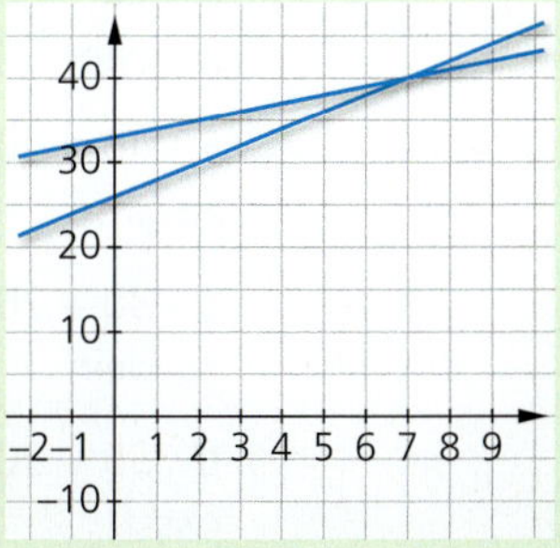

Basiswissen Viele Probleme in der Mathematik führen auf Gleichungen, die sich mit verschiedenen Methoden lösen lassen.

Probleme lösen mit Geichungen

Das Problem
Um einen Packwürfel zu verschnüren, braucht man 3 m Schnur, 20 cm davon für den Knoten. Wie lang ist die Seite des Würfels?

„Übersetzen" in mathematische Sprache

Gleichung aufstellen
1. Variable (Unbekannte) festlegen: x bezeichnet die Seitenlänge des Würfels (in cm)
2. Übersetzen der Problemstellung in passende Terme: Die Schnur umspannt 8 Seitenlängen x. Es kommen noch 20 cm für den Knoten hinzu. Also:
   $L(x) = 8 \cdot x + 20$
   Die Länge der Schnur ist 300 cm:
   $L(x) = 300$
3. Gleichung aufstellen:
   $8 \cdot x + 20 = 300$

Gleichung lösen

Probieren

$8 \cdot 10 + 20 = 100$
zu klein

$8 \cdot 40 + 20 = 340$
zu groß

$8 \cdot 30 + 20 = 260$
zu klein

$8 \cdot 35 + 20 = 300$
passt!

Tabelle

x	L(x)
5	60
10	100
15	140
20	180
25	220
30	260
35	300
40	340

Graph

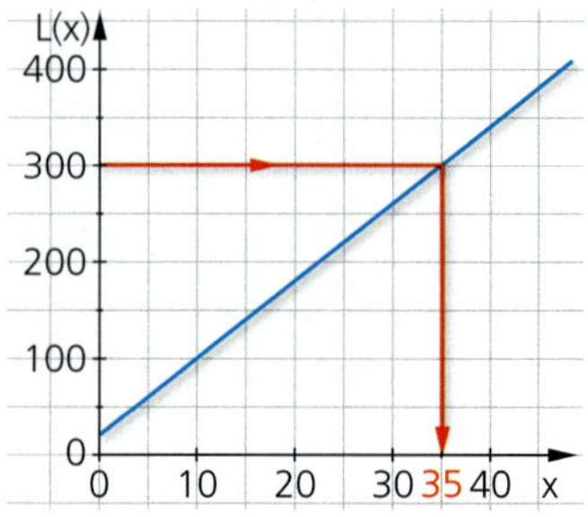

$L(x) = 8 \cdot x + 20$

Lösung aufschreiben
$x = 35$
Die Seitenlänge des Würfels beträgt 35 cm.

Überprüfen der Rechnung
Einsetzen der Lösung in die Gleichung:
Linke Seite der Gleichung:
$8 \cdot 35 + 20 = 300$
Rechte Seite der Gleichung: 300 Stimmt!

Problemprobe

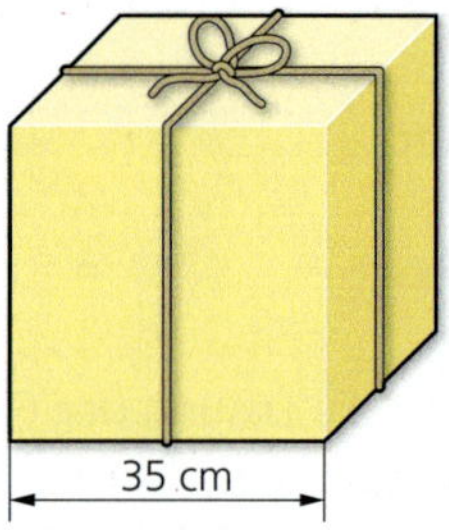

3 m Schnur: Passt!

Beispiele

A Klassensprecherwahl

Bei der Klassensprecherwahl verteilen sich die 30 Stimmen auf drei Kandidaten. Sabine erhält 10 Stimmen mehr als Bernard, und Bernard erhält 2 Stimmen weniger als Nicole.

Übersetzen: x sei die Anzahl der Stimmen für Sabine.
Dann erhält Bernard x – 10 Stimmen und Nicole x – 8 Stimmen.

Gleichung aufstellen: $x + (x - 10) + (x - 8) = 30$

Gleichung lösen durch Probieren: $20 + (20 - 10) + (20 - 8) = 42$ zu groß
$15 + (15 - 10) + (15 - 8) = 27$ zu klein
$16 + (16 - 10) + (16 - 8) = 30$ passt!

Lösung aufschreiben: $x = 16$

Einsetzprobe: linke Seite: $16 + (16 - 10) + (16 - 8) = 30$
rechte Seite: 30 o. k.

Problemprobe: Sabine erhält 16 Stimmen, Bernard 6 und Nicole 8 Stimmen. Zusammen erhalten die drei 30 Stimmen, Sabine wird Klassensprecherin.

B Ein Zahlenrätsel

Verdoppelt man eine Zahl und addiert 3, so erhält man dasselbe, wie wenn man die Zahl vervierfacht und 7 subtrahiert. Wie heißt die Zahl?

Übersetzen: x ist die gesuchte Zahl
1. Satzteil (*Verdoppelt man …*): $T_1(x) = 2 \cdot x + 3$
2. Satzteil (*wie wenn man …*): $T_2(x) = 4 \cdot x - 7$

Gleichung aufstellen: $2 \cdot x + 3 = 4 \cdot x - 7$

Gleichung lösen mit Tabelle

x	$T_1(x)$	$T_2(x)$
1	5	–3
2	7	1
3	9	5
4	11	9
5	13	13

Lösung aufschreiben: $x = 5$. Die Zahl ist 5.

Probe: linke Seite: $2 \cdot 5 + 3 = 13$; rechte Seite: $4 \cdot 5 - 7 = 13$

C Ein Schwimmbecken

t	h(t)
5	70
10	110

Das Schwimmbecken einer Badeanstalt soll auf 1,50 m Wassertiefe aufgefüllt werden. Die gegenwärtige Wassertiefe beträgt 30 cm. Wenn die Zuleitung voll aufgedreht ist, hebt sich der Wasserspiegel um 8 cm in der Stunde. Der Füllvorgang ist grafisch dargestellt. Wie lange dauert das Auffüllen?

Übersetzen:
t bezeichne die Anzahl der Stunden,
h(t) die Wasserhöhe in cm zum Zeitpunkt t.
Dann gilt: $h(t) = 30 + 8 \cdot t$

Gleichung aufstellen:
$h(t) = 150$ oder $30 + 8 \cdot t = 150$

Lösung: $t = 15$
Nach 15 Stunden ist die Wassertiefe von 1,50 m erreicht.

Probe: $h(15) = 30 + 8 \cdot 15 = 150$

Graphisches Lösen der Gleichung:

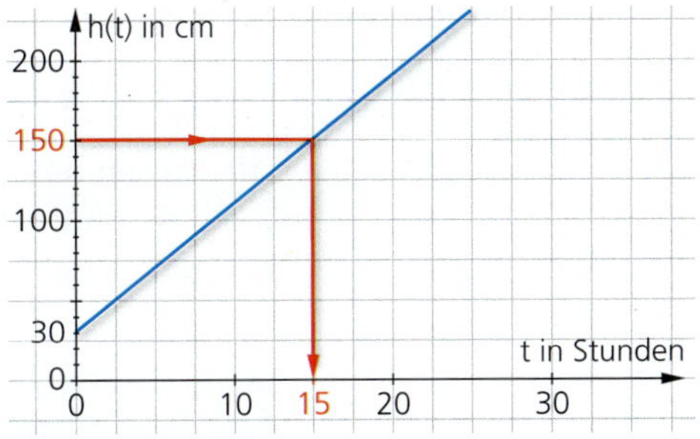

Übungen

6 Vier Gleichungen passen:
$2x - 7 = 3$
$2x = 3$
$x - \frac{1}{3} = 9$
$7x + 3 = 24$
$x - \frac{1}{3}x = 9$
$n + n + 1 = 17$
$5 + x = 60$

6 Vom Text zur Gleichung – Training

Das Übersetzen des Textes in eine Gleichung ist der schwierigste Schritt. Hier kann es trainiert werden. Stelle jeweils eine Gleichung auf und löse durch Probieren.

a) Das Fünffache einer Zahl ist 60.
b) Die Hälfte einer Zahl ist 3.
c) Eine Zahl, vermehrt um 10, ergibt 23.
d) Eine Zahl, vermindert um 15, ergibt 27.
e) Das Doppelte einer Zahl, vermindert um 7, ergibt 3.
f) Die Summe dreier aufeinander folgender natürlicher Zahlen ergibt 12.
g) Die Differenz einer Zahl mit einem Drittel der Zahl ist 9.
h) Das Produkt einer Zahl mit 7 wird um 3 vermehrt, das ergibt 24.

Übungen

7 Leerstellen ausfüllen und Gleichungen lösen durch Ausprobieren

Schreibe die Sätze ab und fülle die Leerstellen aus. Stelle dann eine Gleichung auf und löse sie z. B. durch ausprobieren oder mit einer Tabelle.

a) Monika ist m Jahre alt, ihre Mutter ist dreimal so alt. Sie ist ■ Jahre alt. Zusammen sind sie 60 Jahre alt.

b) In der Klasse 7 a sind x Schüler, in der 7 b sind 2 Schüler mehr als in der 7 a, d. h. ■ Schüler. In der 7 c sind 5 Schüler mehr als in der 7 a, also ■ Schüler. In den drei Klassen zusammen sind 91 Schüler.

8 Passende Geschichten finden

Welche Geschichte passt zu der Gleichung 1,80 x + 1 = 10 ? Nicht alle passen.

a) Suche die passenden Geschichten aus.

Anna kauft Hefte für 1,80 € das Stück und einen Stift für 1,– €. Sie zahlt 10,– €.

Bei *Wurst-Express* kostet jede Currywurst 1,80 €. Für das Anliefern muss man 1,– € bezahlen. Die Lieferung kostet insgesamt 10,– €. Was wurde bestellt?

Paul kauft sich Sticker für sein Album. Jede Packung kostet 1,80 €. Weil er Stammkunde ist, bekommt er noch einen Sticker geschenkt. Paul bezahlt 10,– €.

b) Denke dir eine Gleichung aus und erfinde dazu eine Geschichte.

9 Bilder helfen beim Übersetzen in eine Gleichung

a) Ein gleichschenkliges Dreieck hat einen Umfang von 24 cm. Welche Länge hat die Basis, wenn jeder Schenkel um 3 cm länger ist als die Basis?

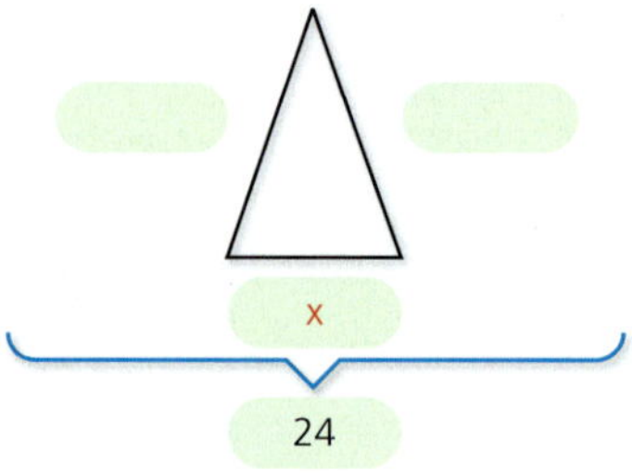

b) Die Schülerinnen der Klasse 7 b haben eine Umfrage über den Schulweg erhoben. Die Hälfte der Klasse fährt mit dem Schulbus, ein Drittel mit dem Fahrrad, und die übrigen fünf kommen zu Fuß. Wie viele Schüler sind in der Klasse?

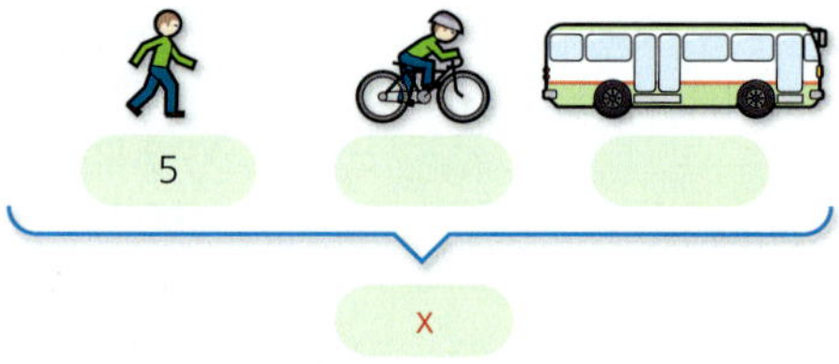

10 Lösen mit Grafik – Training

Ordne den Aufgaben die passende Grafik zu und löse damit die Aufgaben. Überprüfe die Grafik, indem du die passenden Gleichungen aufstellst.

A Bei einem Eisessen bekommen die Kinder je 3 Kugeln, die Mutter eine. Sie kauft 22 Kugeln. Wie viele Kinder sind es?

B Lutz hat bei einem Fußballturnier 2 Tore mehr als Erik geschossen und 3 weniger als Reinald. Zusammen haben die drei 16 Tore geschossen. Wie viel Tore hat jeder geschossen?

C Eine Taxifahrt kostet 16 €, die Grundgebühr beträgt 3 €, ein Kilometer Fahrt kostet 1 €. Wie weit ist die Fahrt?

(1)

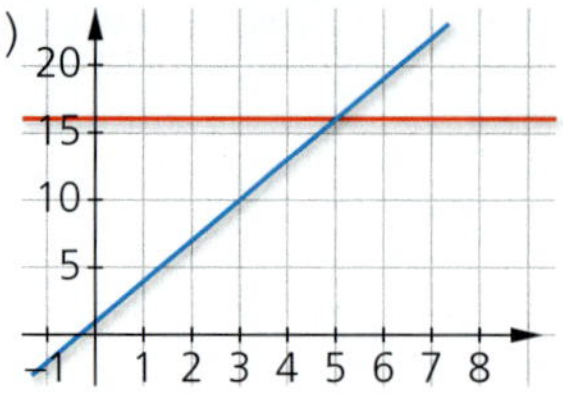

(2)

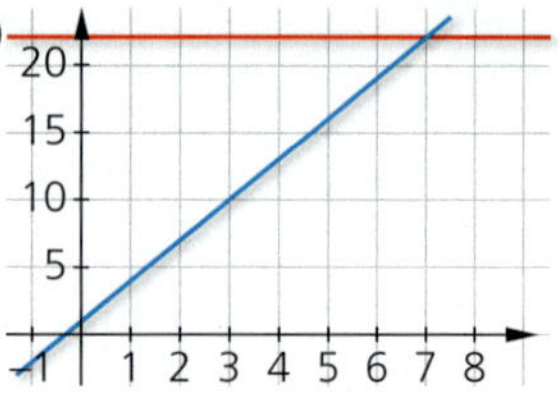

(3)

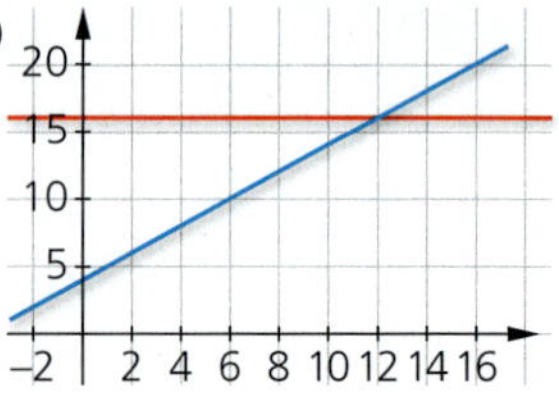

Übungen

11 Rätsel: Alter von Geschwistern, eine Schachtel, Dosen und eine Rechnung

a) Moritz ist heute doppelt so alt wie seine Schwester Jutta. In 8 Jahren werden sie zusammen 40 Jahre alt sein. Wie alt ist Moritz heute, wie alt ist Jutta?

Alter von Jutta heute:	x
Jutta in 8 Jahren:	■
Moritz heute:	2x
Moritz in 8 Jahren:	■

b) Wie breit ist die Schachtel? Um diese Schachtel wie auf dem Bild zu verkleben, braucht man 3,18 m Klebeband.

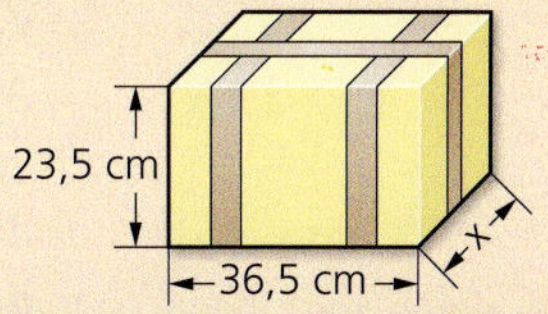

c) Wie schwer ist eine Dose?

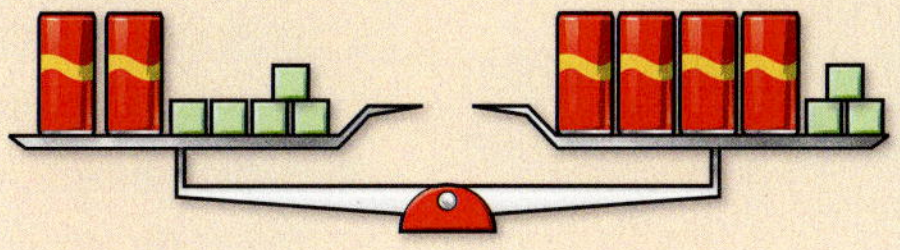

□ ist 10 g schwer.

d) Eine unvollständige Rechnung

Frucht	Menge	Preis/kg	Kosten
Orangen	3 kg	0,85 €	......
Äpfel	4 kg	x €	......
Kirschen	2 kg	1,36 €	......
Total			9,67 €

Vervollständige die Tabelle und rechne.

12 Ein Dreieck, ein Basketballspiel und eine Pflanze

a) In einem Dreieck ist der Winkel β dreimal so groß wie α und γ ist um 20° kleiner als α. Bestimme die Größe der drei Winkel.

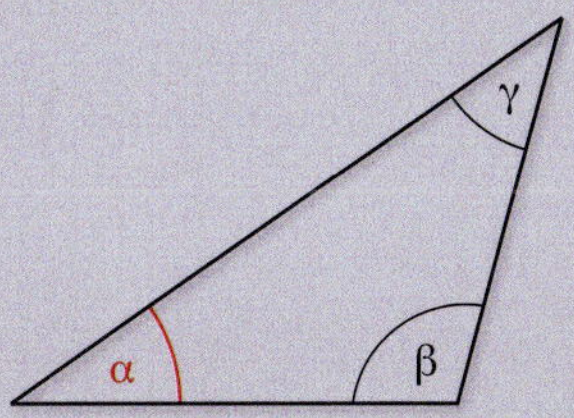

b) In den letzten drei Basketballspielen hat Kristin sechs Körbe mehr erzielt als Nora, und Nora doppelt so viele wie Rebecca. Zusammen haben sie insgesamt 56 Körbe erzielt. Wie viele Körbe hat jede erzielt?

c) Eine Pflanze in einem schönen Keramiktopf kostet 12,50 €. Die Pflanze ist 2,– € teurer als der Topf. Wie viel kostet die Pflanze ohne Topf?

13 Zwei Probleme

a) Wie viele Pferde waren ursprünglich auf der Koppel?
b) Wie viele Besucher waren anfangs in der Ausstellung?
c) Entwirf selbst eine Bildergeschichte. Wenn du nicht gerne zeichnest, so beschreibe sie in Worten.

Übungen

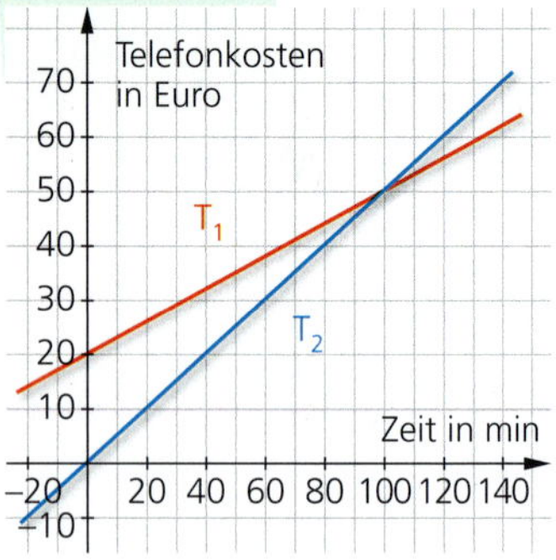

14 Zwei Telefontarife

Als es noch keine Flatrate-Tarife gab, wurden Gebühren nach Gesprächszeit und Grundgebühren pro Monat abgerechnet. In der Grafik sind zwei verschiedene Telefontarife $T_1(x)$ und $T_2(x)$ dargestellt. Die Kosten werden monatlich abgerechnet.

a) Was fällt dir bei dem Vergleich der Tarife auf?

b) Kathrin möchte wissen, wie viele Minuten sie bei jedem der Tarife für 20,– €, 35,– € und für 60,– € telefonieren kann.

c) Bei wie vielen Gesprächsminuten bezahlt man bei beiden Tarifen gleich viel?

d) Der Graph von T_1 gehört zu der Zuordnungsvorschrift $T_1(x) = 20 + 0{,}3 \cdot x$
Kannst du auch die Zuordnungsvorschrift für $T_2(x)$ angeben? Mit den Termen kannst du die grafisch gefundenen Werte überprüfen.

15 Wo steckt der Fehler?

Bei den Lösungen der folgenden Probleme hat sich jeweils ein Fehler eingeschlichen, entweder beim Aufstellen oder beim Lösen der Gleichung. Du kannst ihn sicher finden, wenn du jedes Mal die Einsetzprobe und die Problemprobe machst.

a) Judith besitzt bereits einige DVDs. Im Laufe des Jahres bekommt sie 36 neue dazu, nun hat sie fünfmal so viele wie vorher. Wie viele DVDs hatte sie vorher?

x: Anzahl der DVDs vorher
Gleichung: $x + 36 = 5 \cdot x$
Lösung: $x = 6$
Judith hatte vorher 6 DVDs.

b) Bei einem Dreieck mit dem Umfang 26 cm ist die Seite a halb so lang wie die Seite b, und um 2 Zentimeter kürzer als c. Wie lang ist die Seite a?

x: Länge der Seite a in cm
Gleichung: $x + 2x + (x - 2) = 26$
Lösung: $x = 7$, also a = 7 cm

c) Eine 20 cm lange Kerze brennt gleichmäßig ab, sie wird mit jeder Stunde Brenndauer um 0,4 cm kürzer. Wie viele Stunden dauert es, bis sie nur noch 12 cm lang ist?

x: Brenndauer in Stunden
Gleichung: $0{,}4 \cdot x - 20 = 12$
Lösung: $x = 80$
Es dauert 80 Stunden.

Kopfübungen

1. Berechne den zwölften Teil (ein Zwölftel) von 960.
2. Es sind Punkte P (0 | - 1); Q (2 | - 1) im Koordinatensystem markiert.
   Gib zwei weitere Punkte an, sodass ein Quadrat entsteht.
3. Berechne: a) $(3 - 3) : 3 + 3$ b) $3 - 3 : (3 + 3)$
4. Wie viele Kubikzentimeter sind in 1,5 Liter?
5. Gib drei ganze Zahlen an, die auf der Zahlengeraden zwischen - 102 und - 98 liegen.
6. Ein Spiel-und Sportrasen besteht aus den Gräsersorten Weidelgras (A), Wiesenrispe (B), Horst-Rotschwingel (C) und Kurzausläufer-Rotschwingel (D).

   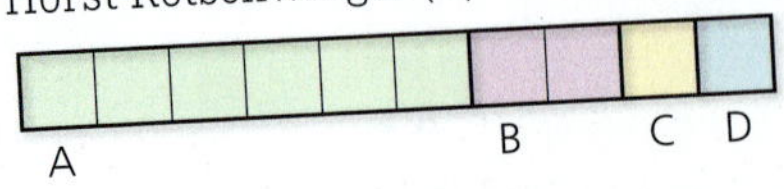

   Wie groß ist der %-Anteil von Wiesenrispe? Wie viel kg davon braucht man für 20 kg einer Rasensamen-Mischung?
7. Bei einer Bank beträgt der Jahreszins 2 %. Wie viel Geld wurde eingezahlt, wenn die Bank nach einem Jahr 16 € Zinsen zahlt?

Aufgaben

Einige historische Aufgaben mit Gleichungen

2. Jahrtausend v. Chr. „Hau-Rechnung“ in Ägypten

16 Eine der ältesten Algebraaufgaben

Dieser kurze Satz (in Hieroglyphen aufgeschrieben), der auf einer dreitausend Jahre alten ägyptischen „Papyrusrolle“ entdeckt wurde, stellt nachweislich eine der ersten von Menschen gelösten Algebraaufgaben dar. Das am Anfang des Satzes stehende Zeichen bedeutet Haufen, es steht für unsere heute so bezeichnete Unbekannte x. In der Papyrusrolle ist auch die Lösung $x = 16\frac{5}{8}$ angegeben. In unsere heutige Schreibweise übersetzt lautet die Gleichung:

$x + \frac{1}{7}x = 19$

Überzeuge dich durch die Einsetzprobe von der Richtigkeit der Lösung.

Um 1200 n. Chr. Aus dem Rechenbuch des Inders Bhaskara

17 Rupien und Pferde

Jemand hat 300 Rupien und 6 Pferde. Ein anderer hat 10 Pferde vom gleichen Wert, aber eine Schuld von 100 Rupien. Beide haben dasselbe Vermögen.
Was ist der Wert eines Pferdes?

Aus einem Büchlein „Mathematische Kurzweil“ von 1884

18 Ein Edelmann und seine Pferde

54. Ein Edelmann antwortete auf die Frage, wieviel er Pferde im Stalle habe, „wenn ich 3 weniger hätte, so würde die Hälfte um 2 mehr betragen als ein Viertel.“ Wieviel Pferde hatte der Edelmann?

Exkurs

Über die ägyptische Mathematik

In Ägypten überlieferten Schreiber im Dienste des Staates wissenschaftliche Kenntnisse. Sie wurden dafür eigens an so genannten Schreiberschulen ausgebildet. Von einem solchen Schreiber namens „Ahmes“ stammt eines der ältesten Dokumente über die ägyptische Mathematik, das Papyrus Rhind (so genannt nach seinem ersten Besitzer Alexander Henry Rhind, der es 1858 in Luxor erwarb).

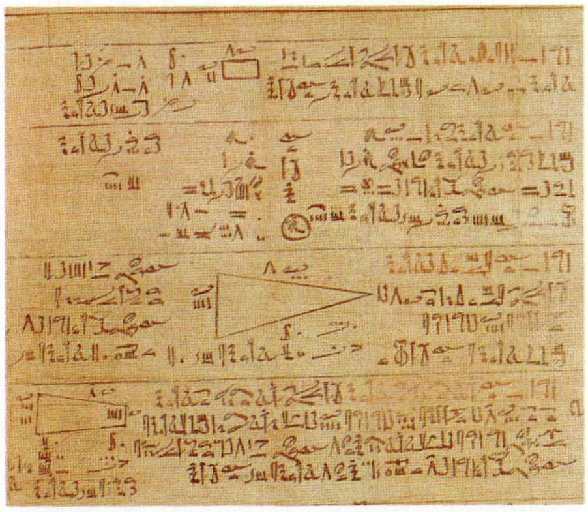

Ein Stück des Papyrus Rhind mit Aufgaben über Dreiecksberechnungen

Papyrus ist eine Pflanze, die in stehenden Gewässern wächst und deren Stiele eine Höhe von 3-6 Meter erreichen. Aus diesem Papyrus wurden dünne Rollen hergestellt, die dann beschrieben werden konnten. Das Papyrus Rhind hat eine Länge von 5,25 m und eine Breite von 33 cm. Es enthält insgesamt 84 mathematische Aufgaben, die sich mit praktischen geometrischen Aufgaben und auch mit einfachen Gleichungen - darunter die oben aufgeführte „Hau-Rechnung“ - beschäftigen. Der Schreiber Ahmes beginnt sein Werk mit der Einführung: „Genaues Rechnen. Einführung in die Kenntnis aller existierenden Gegenstände und aller dunklen Geheimnisse.“

Rechts die Aufgabe 28 aus dem Papyrus Rhind, die Übersetzung lautet: „$\frac{2}{3}$ hinzu, $\frac{1}{3}$ weg, 10 ist der Rest.“

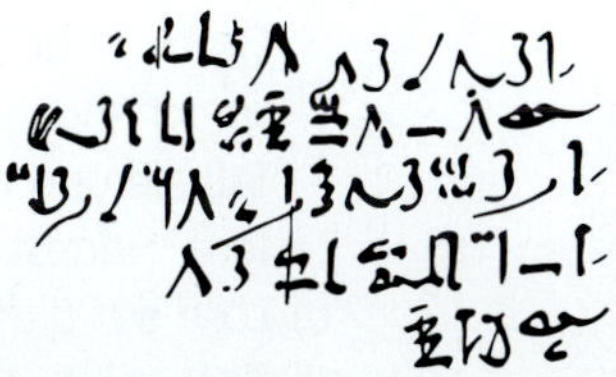

6.2 Gleichungen lösen mit systematischem Probieren – Tabelle und Grafik

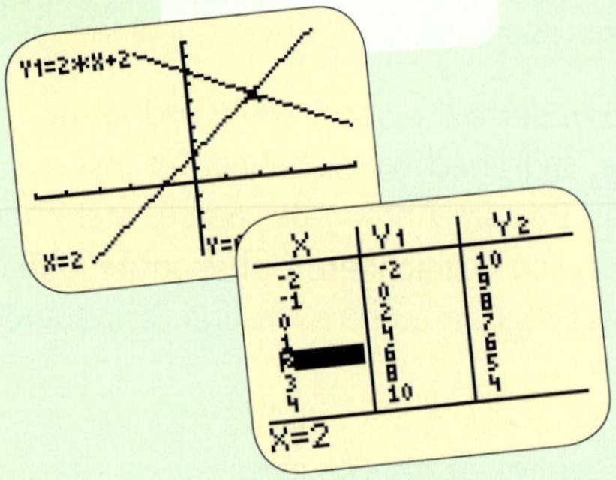

Du hast schon etwas Übung im Aufstellen und Lösen von einfachen Gleichungen. In diesem Lernabschnitt lernst du einige Strategien kennen, wie man systematisch Gleichungen lösen kann. Tabellen und Grafiken, wie du sie im Zusammenhang mit Zuordnungen schon kennengelernt hast, werden dir dabei helfen. Damit kannst du dann auch schwierigere Gleichungen lösen. Dies geht besonders schön, wenn du einen grafikfähigen Taschenrechner zur Verfügung hast. Du wirst aber auch neuartige Lösungen von Gleichungen kennen lernen.

Aufgaben

1 **Muster in Tabellen**

Paul hat zum Lösen der Gleichung $2x - 8 = 7 - x$ eine Tabelle angelegt. Beim Betrachten der Zahlen fällt ihm ein Muster auf:
Bei $T_1(x)$ (linke Seite) wachsen die Zahlen immer um 2, wenn man x um 1 vergrößert, bei $T_2(x)$ (rechte Seite) fallen sie um 1. Dann müssen sie sich ja irgendwann treffen …

x	$T_1(x) = 2x - 8$	$T_2(x) = 7 - x$
0	−8	7
1	−6	6
2	−4	5
3	−2	4
…	…	…

a) Fülle die Tabelle weiter aus und finde die Lösung.
b) Erstelle Tabellen und suche nach einem Muster, das dir den Weg zur Lösung zeigt. Löse dann die Gleichung.

① $4x - 3 = x + 9$
② $1 - x = 3x + 9$
③ $3x - 4 = 6 - x$
④ $2x - 4 = 20 - x$

Tipp 1
„Tabelle verfeinern“
Bei einer Aufgabe musst du x in kleineren Schritten wachsen lassen.

Tipp 2
Bei einer Aufgabe musst du x kleiner machen, also „rückwärts“ gehen.

2 **Treffen in der Grafik**

Paula hat zur Lösung der Gleichung $2x - 3 = 9 - x$ eine Tabelle für die linke Seite der Gleichung angelegt und zu dieser Tabelle eine Grafik erzeugt.

x	$2x - 3$
0	−3
1	−1
2	1
3	3
…	…

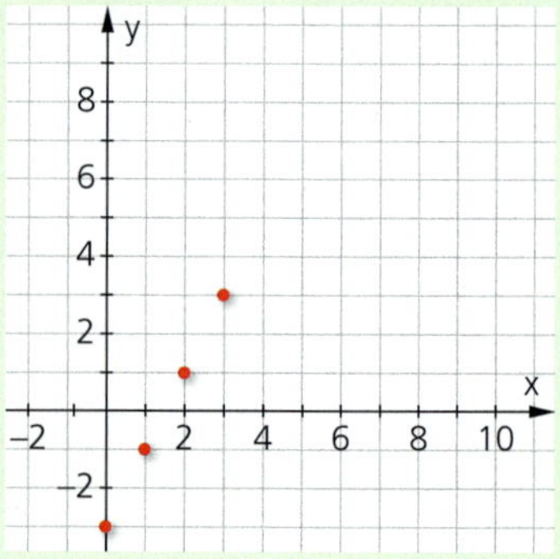

a) Übertrage die Tabelle und die Grafik in dein Heft und setze sie fort. Erstelle entsprechend zu der rechten Seite der Gleichung eine Tabelle und eine Grafik in dasselbe Koordinatensystem. Findest du mithilfe der Grafik die Lösung der Gleichung? Mache eine Probe.
b) Löse auf dieselbe Weise die Gleichungen grafisch. Mache auch die Probe.
① $x + 3 = 3x - 1$ ② $-2x + 1 = 4 - x$ ③ $1 + 2x = 4x - 2$

Aufgaben

3 Ein Autoverleih

Der Autoverleih Rentauto bietet 4 verschiedene Autos zu folgenden Tarifen an:

Grundgebühr	Tarif A	Tarif B	Tarif C	Tarif D
10 €	10 Cent/km	15 Cent/km	20 Cent/km	25 Cent/km

Eine andere Firma *Leihcar* berechnet ohne Grundgebühr 20 Cent/km.

a) Die Tarife sind in der Grafik dargestellt. Beantworte damit, wie viel Kilometer man jeweils fahren muss, damit die Kosten bei Leihcar gleich hoch wie bei Tarif A, Tarif B, Tarif C oder Tarif D von *Rentauto* sind.

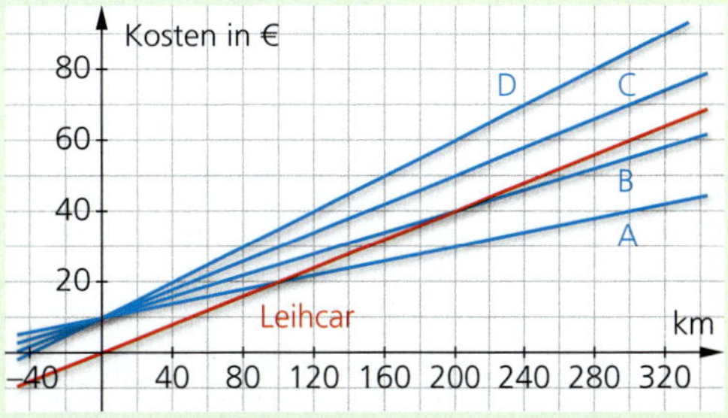

b) Welcher der acht Terme gehört zu welchem der vier Tarife? Stelle damit die Gleichungen auf, mit denen man ausrechnen kann, wann zwei Tarife gleich teuer sind.

$T_1(x) = 0{,}15x + 10$ $T_2(x) = 10x + 0{,}25$ $T_3(x) = 0{,}2x$ $T_4(x) = 0{,}1x + 10$

$T_5(x) = 0{,}2x + 2$ $T_6(x) = x + 2$ $T_7(x) = 0{,}2x + 10$ $T_8(x) = 0{,}25x + 10$

c) Fülle die Tabelle mithilfe der Terme aus, löse damit die Gleichungen aus b) und vergleiche mit den grafischen Lösungen aus a).

Strecke x in km	Tarif A	Tarif B	Tarif C	Tarif D	Leihcar
0	10				
20		13			
40			18		8
60				25	
80					

Basiswissen

Mithilfe von Tabellen und Grafiken können Gleichungen systematisch gelöst werden.

Gleichungen lösen mit Tabellen und Graphen

Zu jeder Seite der Gleichung gehört eine Tabelle und eine Grafik. Lösen heißt

- mit Grafik: Finde einen Schnittpunkt der zugehörigen Graphen. Die x-Koordinate des Schnittpunkts ist dann die Lösung der Gleichung.
- mit Tabelle: Finde einen x-Wert, bei dem die beiden Terme T_1 und T_2 denselben Wert haben. Der x-Wert ist dann die Lösung.

$$2x - 4 = 5 - x$$

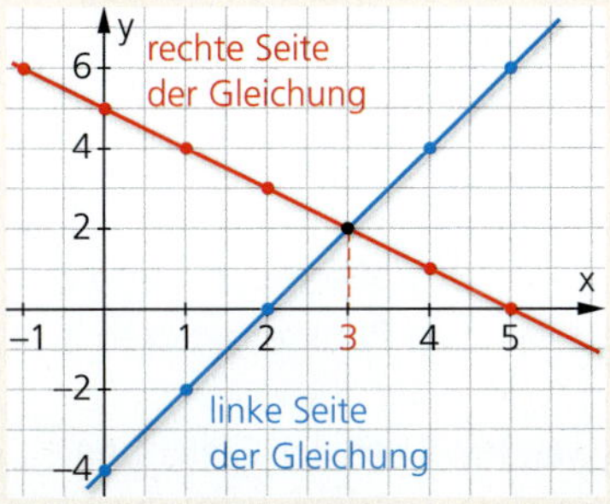

x	$T_1(x) = 2x - 8$	$T_2(x) = 7 - x$
−1	−6	6
0	−4	5
1	−2	4
2	0	3
3	2	2
4	4	1
5	6	0

Die Lösung der Gleichung ist x = 3.

Beispiele

A Grafisches Lösen und Überprüfen

Löse die Gleichung $3x - 6 = x - 1$ grafisch.

① Erstellen der Grafik mit einigen Punkten

x	3x – 6	x – 1
0	–6	–1
3	3	2

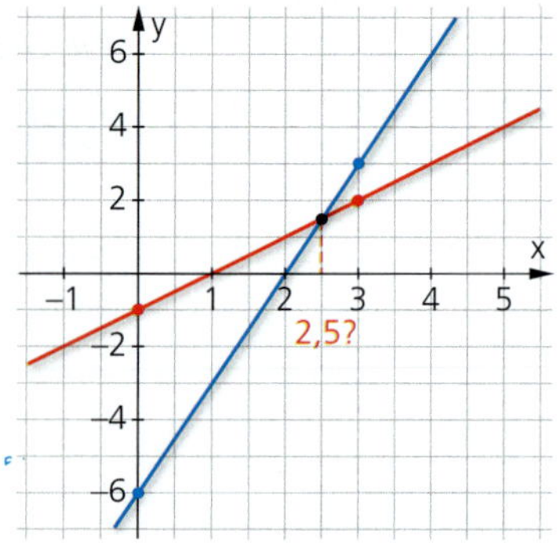

② Ablesen aus der Grafik: $x = 2{,}5$?

③ Probe: $\left.\begin{array}{r} 3 \cdot 2{,}5 - 6 = 1{,}5 \\ 2{,}5 - 1 = 1{,}5 \end{array}\right\}$ 2,5 ist exakte Lösung.

B Lösungssuche mit Tabellen

Lilly hat zu der Gleichung $3x + 1 = x - 6$ eine Tabelle erstellt. In welcher Richtung muss sie weitersuchen, und was ist die Lösung?

x	links	rechts
0	1	–6
1	4	–5
2	7	–4

① Der Unterschied der Werte links und rechts wird mit wachsendem x größer (7, 9, 11, …), also muss man die Tabelle nach oben ergänzen und bei $x < 0$ weitersuchen.

② Zwischen –3 und –4 „überholt" die linke Seite die rechte Seite. Die Lösung muss dazwischen liegen.

x	links	rechts
–2	–5	–8
–3	–8	–9
–4	–11	–10
–5	–14	–11

Durch kleinere x-Schritte wird die Tabelle verfeinert.
Die Lösung ist $x = -3{,}5$

x	links	rechts
–3	–8	–9
–3,5	–9,5	–9,5
–4	–11	–10

Übungen

4 Training

Löse die Gleichungen.

a) $4x - 2 = 10$
b) $2x - 7 = -x + 11$
c) $-2x + 4 = x + 8$
d) $5 \cdot (2 - x) = 3x - 14$
e) $2 \cdot (x - 6) = 3 \cdot (4 + x)$
f) $3x - 20 = -x + 28$

5 Bedeutung von Tabelleneinträgen

a) Zu welcher Gleichung $T_1(x) = T_2(x)$ gehört die Tabelle?
① $2x - 4 = -3x + 14$ ② $3x - 5 = -2x + 11$
③ $3x - 5 = -2x + 13$ ④ $2x - 3 = -3x + 15$

b) Welche Bedeutung hat die markierte Zahl?
Welche Bedeutung hat die mittlere Spalte?
Welche Bedeutung hat die fünfte Zeile, die mit 5 beginnt.
Was lässt sich über die Lösung allein mit der Tabelle sagen?

c) Löse die Gleichung.

x	$T_1(x)$	$T_2(x)$
1	–2	11
2	1	**9**
3	4	7
4	7	5
5	10	3
6	13	1

6 Eine grafische Lösung

Timo löst die Gleichung $2x = -x + 3$ grafisch und hat dazu Punkte bestimmt und skizziert. Je zwei Punkte gehören zu einer Seite der Gleichung.

a) Welcher Punkt gehört zu welcher Seite der Gleichung?

b) Übertrage die Grafik in dein Heft, bestimme mit ihrer Hilfe die Lösung und mache die Probe.

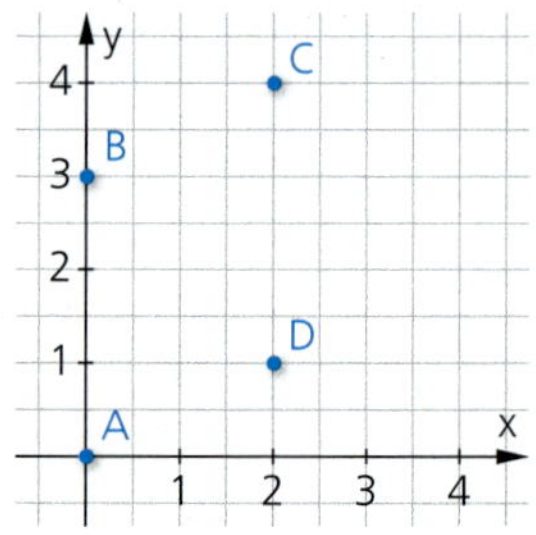

Übungen

Die richtige Reihenfolge ergibt ein Wort.

7 Terme und Grafiken

Welche Gleichung gehört zu welcher Grafik? Ermittle jeweils aus der Grafik eine Lösung und mache die Probe.

(W) $\frac{1}{2}x - 1 = 3$ (N) $x = 3x$ (O) $x - 4 = -x + 2$

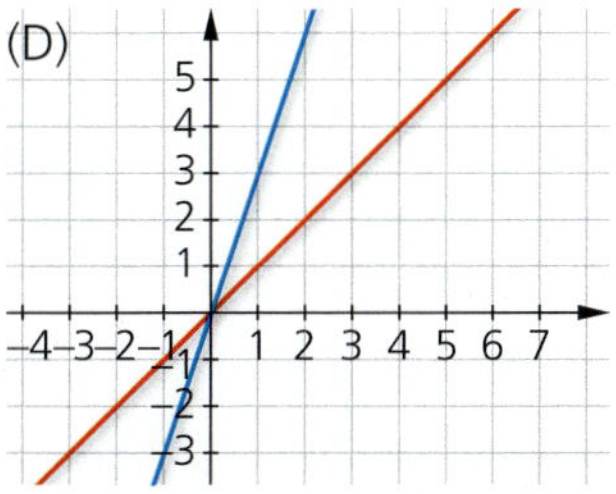

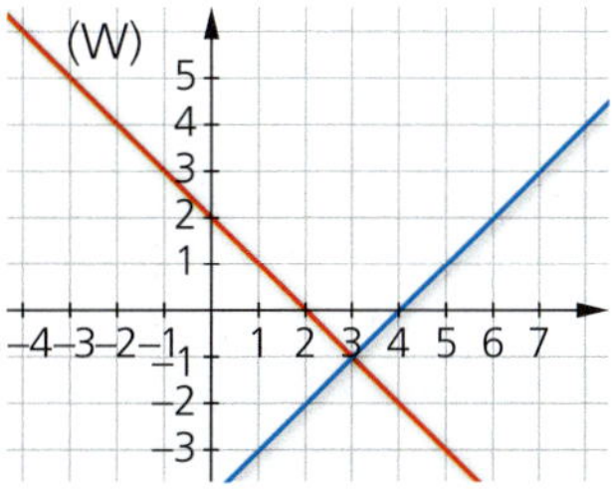

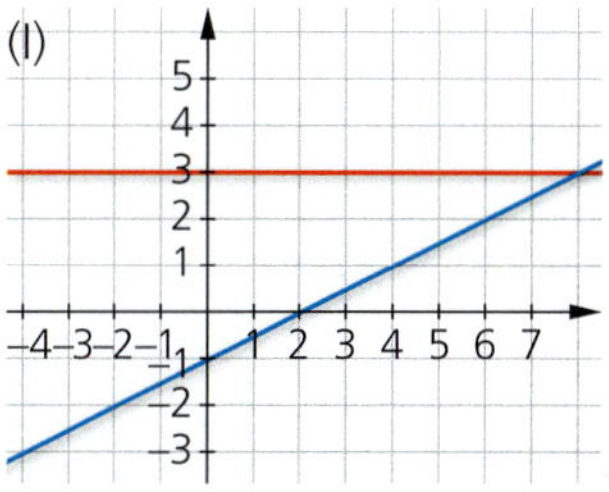

8 Tabellen und Grafiken

a) Welche Tabelle gehört zu welcher Grafik? Gib jeweils die Lösung der Gleichung $T_1(x) = T_2(x)$ an.

b) Für Forscher: Findest du die Terme $T_1(x)$ und $T_2(x)$ für die Gleichungen?

(1)

x	$T_1(x)$	$T_2(x)$
−2	5	2
−1	4	3
0	3	4
1	2	5

(2)

x	$T_1(x)$	$T_2(x)$
0	5	−7
2	4	−5
4	3	−3
6	2	−1

(3)

x	$T_1(x)$	$T_2(x)$
1	12	−3
2	11	−1
3	10	1
4	9	3

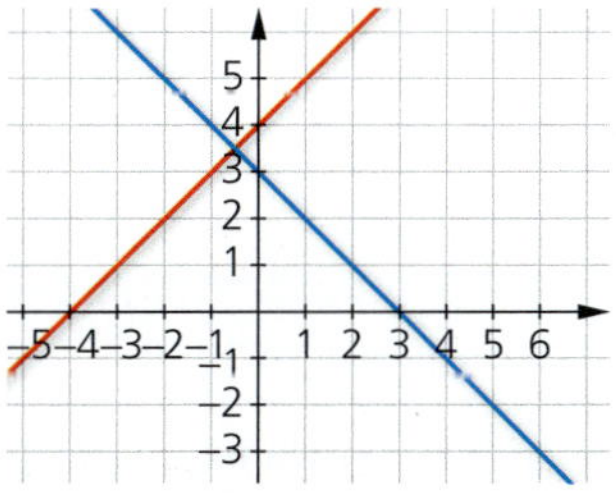
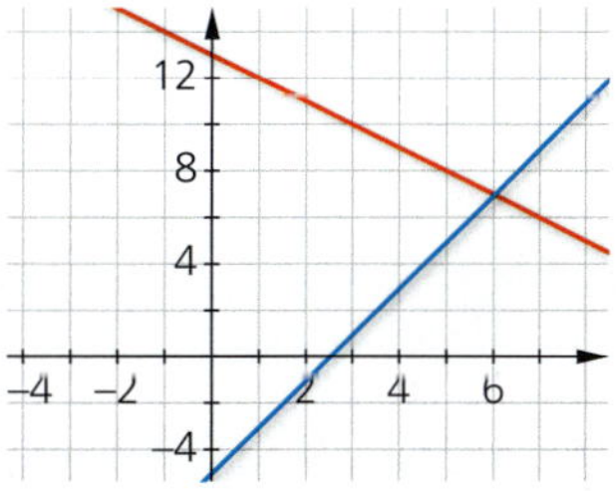
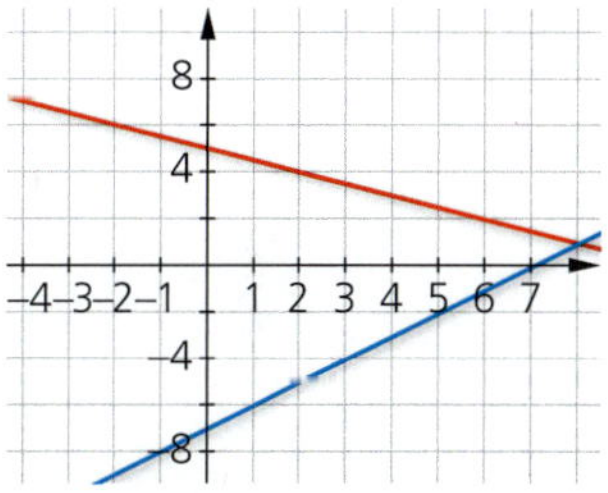

Werkzeug

Tabellen und Grafiken mit dem Grafikrechner (GTR)

Mit wenigen Tastendrücken kannst du Gleichungen tabellarisch und grafisch mit einem GTR lösen. Wie musst du vorgehen, wenn du z. B die Gleichung $2x + 2 = 8 - x$ lösen willst?

1. Terme eingeben

$y_1(x) = 2x + 2$
$y_2(x) = 8 - x$

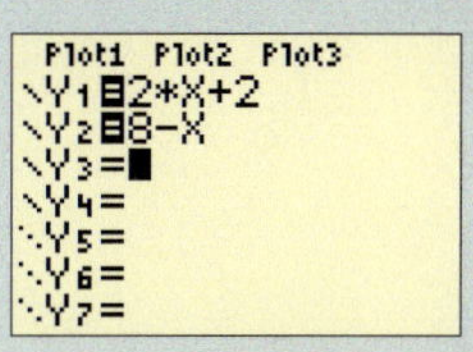

2. Grafisches Lösen

Zeichenbereich festlegen

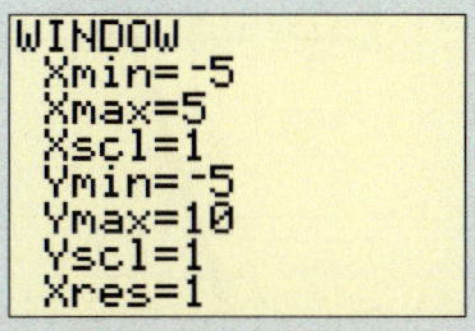

Grafik anzeigen

x-Koordinate des Schnittpunktes mit TRACE finden.

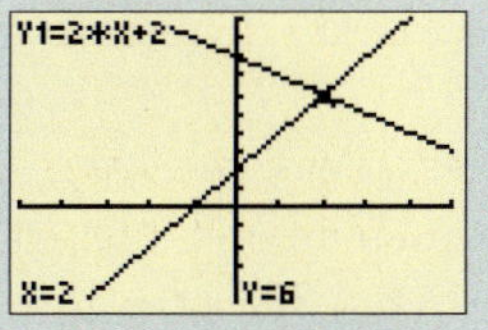

3. Tabellarisches Lösen

Tabelleneinstellung vornehmen
[Δ Tbl: Schrittweite]

Tabelle anzeigen

x-Wert mit gleichem Eintrag für Y_1 und Y_2 finden.

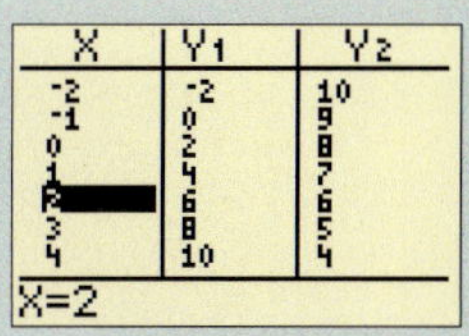

Übungen

9 Training mit dem GTR

GTR

Lösungen von Gleichungen können auch Bruchzahlen oder Dezimalzahlen sein, da ist ein GTR sehr hilfreich.

a) $4x - 6 = -8x + 3$
b) $2x + 1 = -3x = +4$
c) $\frac{1}{2}x - 6 = \frac{1}{4}x + 6$
d) $4x - 9 = -6x + 14$
e) $\frac{5}{3}x + \frac{1}{3} = 2$
f) $5x - 1 = 2 - 3x$

Tipp
Mit der Grafik erhält man Überblick, wo eine Lösung liegt, mit der Tabelle und ihrer Verfeinerung findet man häufig besser den genauen Wert.

10 Seltsame Gleichungen 1

Dirk und Fenja wollen jeweils eine Gleichung mit dem GTR lösen und bekommen seltsame Ergebnisse.

Dirk: $4x + 1 = 2 \cdot (1 + 2x)$

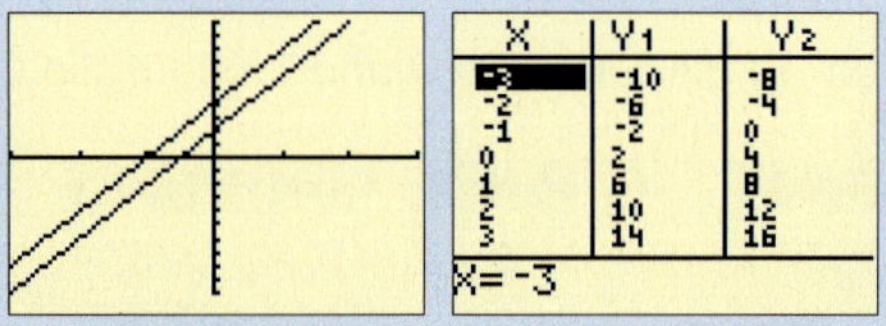

Fenja: $2 \cdot (3x + 6) = 3 \cdot (4 + 2x)$

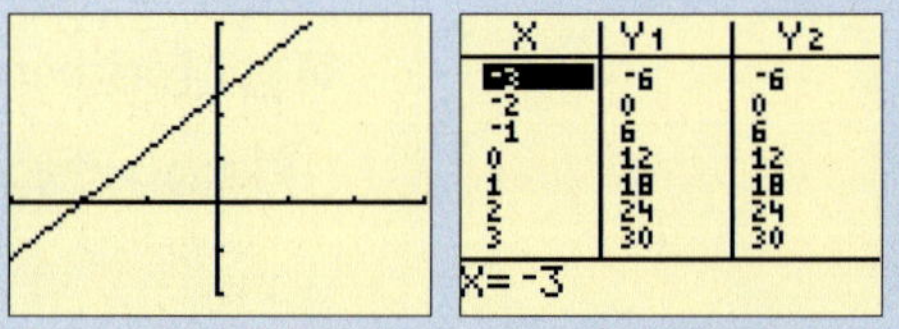

Gibt es überhaupt eine Lösung für Dirks Gleichung? Gibt es überhaupt einen zweiten Graphen bei Fenjas Gleichung? Wie viele Lösungen hat Fenjas Gleichung?
Kannst du mit den Grafiken und/oder den Tabellen überzeugende Antworten geben?

Sonderfälle

Nicht jede Gleichung führt zur eindeutigen Bestimmung der Unbekannten x. Manche Gleichungen haben keine Lösung, manche auch unendlich viele.

<table>
<tr><th></th><th>Beispiel</th><th>Grafik</th><th>Tabelle</th></tr>
<tr><td>Fall A:
keine Lösung</td><td>$3 \cdot (x - 1) = 3 \cdot x + 1$</td><td>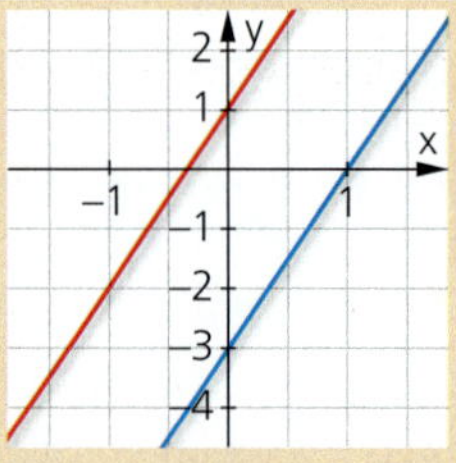</td><td><table><tr><th>x</th><th>links</th><th>rechts</th></tr><tr><td>−2</td><td>−9</td><td>−5</td></tr><tr><td>−1</td><td>−6</td><td>−2</td></tr><tr><td>0</td><td>−3</td><td>1</td></tr><tr><td>1</td><td>0</td><td>4</td></tr></table>für keinen x-Wert „links wie rechts" gleicher Wert</td></tr>
<tr><td>Fall B:
unendlich viele Lösungen</td><td>$3 \cdot (2x - 1) = -3 + 6x$</td><td>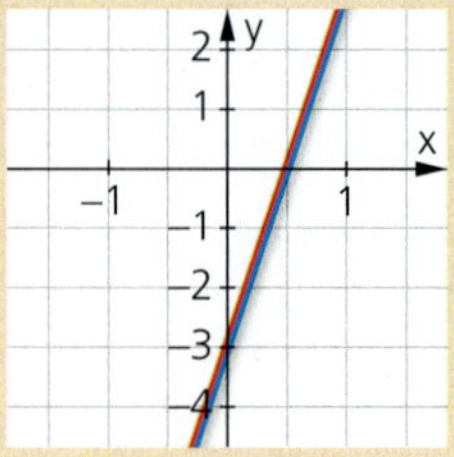</td><td><table><tr><th>x</th><th>links</th><th>rechts</th></tr><tr><td>−2</td><td>−15</td><td>−15</td></tr><tr><td>−1</td><td>−9</td><td>−9</td></tr><tr><td>0</td><td>−3</td><td>−3</td></tr><tr><td>1</td><td>3</td><td>3</td></tr></table>für jeden x-Wert „links wie rechts" gleicher Wert</td></tr>
</table>

11 Sonderfälle?!

Löse die Gleichungen.

a) $3 \cdot (1 - 4x) = 8 - 12x$
b) $4 \cdot x - 6 = 2 \cdot (2x - 3)$
c) $\frac{2}{3}x - 3 = \frac{5}{8}x + 1$

Übungen

Anwendungen

12 **Eine Schnecke und ein Käfer**

Eine Schnecke beginnt unten am Stamm eines Strauches empor zu klettern. Sie schafft einen halben Zentimeter in der Sekunde. In 15 cm Höhe startet ein Käfer, der in der Sekunde zwei Zentimeter abwärts läuft.

a) Welcher der Terme beschreibt die Bewegung der Schnecke, welcher des Käfers? Begründe.

b) Nach welcher Zeit begegnen sie sich und wo?

c) Angenommen, der Käfer läuft 2 Sekunden nach der Schnecke los. Wo treffen sich Käfer und Schnecke dann?

$h_1(t) = 0{,}5 \cdot t$
$h_2(t) = 15 - 2 \cdot t$

13 **Flatrate oder nicht?**

Frank überlegt, sich die Flatrate von Intercom für das Internet anzuschaffen. Bisher hat er einen Vertrag bei Interdate.

Interdate, der günstige Anbieter
Grundgebühr nur 5 € im Monat
Minutenpreis schlappe 1,5 Cent

Die Superalternative:
Flatrate von **Intercom**
nur 9,95 € im Monat

14 **Ein Zahlenrätsel und ein geometrisches Rätsel**

(1) Das Fünffache einer Zahl ist um 27 größer als das Dreifache der Nachfolgerzahl.

(2) Der Umfang eines Rechtecks beträgt 72 cm. Seine längere Seite ist um 4 cm länger als die kürzere Seite. Wie groß ist der Flächeninhalt?

15 **Auf dem Bauernhof**

(1) Auf einem Baum sitzen einige Vögel. Nachdem 5 Vögel weggeflogen sind, sitzen nur noch $\frac{3}{4}$ der Vögel, die anfangs dort gesessen haben, auf dem Baum.

(2) Auf einem Hof leben Kaninchen und Hühner. Insgesamt haben sie 80 Köpfe und 180 Beine.

Kopfübungen

1. Ordne die Ergebnisse der Größe nach und beginne mit der kleinsten Zahl:
$\frac{1}{2} \cdot \frac{1}{2}$; $\frac{1}{2} : \frac{1}{2}$; $\frac{1}{2} + \frac{1}{2}$; $\frac{1}{2} - \frac{1}{2}$

2. Ein Quadrat wird durch einen geraden Schnitt geteilt. Welche Figuren können dabei entstehen? Gib zwei Beispiele an.
3. Aus einem 10-Liter-Fass werden 24 Becher zu je $\frac{1}{4}$ Liter abgefüllt. Wie viel bleibt im Fass?
4. Berechne das Volumen und die Oberfläche eines Würfels mit der Kantenlänge 3 cm.
5. Berechne, falls möglich:
a) $(-6) : 0$ b) $-6 - (-6)$ c) $-6 : (-6)$ d) $-6 + (-6)$
6. Ändere genau eine Zahl in der Liste so, dass der Median 15 beträgt: 10; 15; 20; 30; 40.
7. Für einen Ausflug der 7b (25 Personen) wird ein Bus gemietet. Die Kosten werden auf alle Mitfahrenden umgelegt, bei 25 Teilnehmern zahlt jeder 8 €. Was muss jeder zahlen, wenn 5 Schüler wegen Krankheit ausfallen?

Aufgaben

GTR

Manchmal zeigt der GTR etwas an wie 4.2E-5. Dies bedeutet, dass du das Komma von 4,2 um 5 Stellen nach links verschieben musst, also 0,000 042.

16 **Manchmal geht es nur ungenau**

Paula will die Gleichung $4x - 5 = 6 - 3x$ mit dem GTR und Tabellen lösen. Nach mehrmaligem Verfeinern erhält sie die rechts stehende Tabelle:

X	Y1	Y2
1.5711	1.2844	1.2867
1.5712	1.2848	1.2864
1.5713	1.2852	1.2861
1.5714	1.2856	1.2858
1.5715	1.286	1.2855
1.5716	1.2864	1.2852
1.5717	1.2868	1.2849

X=1.5717

a) Was weiß Paula jetzt über die Lösung?
   Paula sucht weiter und wundert sich …
   Worüber wundert sich Paula?
   Erzeuge die Tabelle und suche weiter. Formuliere eine Lösung. Was ist neuartig daran? Untersuche auch die Grafik.

b) Löse die Gleichungen. Gib mindestens drei Nachkommastellen an.
   ① $2x + 3 = 4 - x$
   ② $5 \cdot (x - 10) = 3 \cdot (1 - 2x)$
   ③ $-13 - 3x = 6 + 3x$
   ④ $20 - 6x = 7x + 10$

Neue Fragen

↘ Näherungslösungen

Manchmal erhält man beim Lösen einer Gleichung mit dem GTR auch nach mehrmaligem Verfeinern nur eine ungefähre Lösung. Eine solche Lösung heißt Näherungslösung, man schreibt dann $x \approx 1{,}571428$ oder $x = 1{,}571428\ldots$ Eine exakte Probe ist hier nicht möglich. Manchmal erkennt man die Zahl als Bruchzahl (siehe b) ①) und hat dann doch die exakte Lösung gefunden. Wenn aber nicht, stellt sich die Frage: Wie lautet die exakte Lösung? Gibt es ein Verfahren, um diese zu bestimmen?

17 **Seltsame Gleichungen 2**

Untersuche die Gleichungen mit dem GTR. Notiere alle Beobachtungen, die du machst.

a) $2x + 1 = 2 \cdot (x + 1)$
b) $2 \cdot (x + 1) = 2x + 2$
c) $0{,}2x + 1 = 0{,}21x - 1$
d) $3x + 2 = 3{,}001x + 2$
e) $0{,}1x - 10 = 100$
f) $2{,}3x + 4 = 2{,}32x - 300$

18 **Seltsame Gleichungen 3**

In Gleichungen können auch Potenzen von x auftreten. Untersuche die Gleichungen mit dem GTR. Notiere deine Beobachtungen. Es gibt neue Grafiken und Neues zur Anzahl von Lösungen zu entdecken.

a) $x^2 = 2x + 3$
b) $(x - 2) \cdot (x + 1) = 0$
c) $x^3 = 4x$
d) $x \cdot (x - 3) \cdot (x + 1) = 0$

19 **Ein wertvolles Gemälde**

Aus einer Kirche wurde ein wertvolles Gemälde gestohlen. Aus den Vernehmungsakten der Polizei:

Küster: „Gegen 10.00 Uhr holte ich zwei verschiedene neue Kerzen aus je einer Packung und zündete sie gleichzeitig auf dem Altar an. Zu diesem Zeitpunkt war das Bild noch da."

Zeuge: „Als ich die Kirche am Nachmittag betrat, verlies ein Mann mit einem großen Gegenstand eilig die Kirche. Die Uhrzeit weiß ich nicht genau. Das einzige, an das ich mich noch erinnere ist, dass die beiden Kerzen, die auf dem Altar brannten, gleich hoch waren."

Die Polizei fand die Packungen, aus denen die beiden Kerzen stammten, und stellte fest: Die längere Kerze ist 32 cm hoch und hat eine Brenndauer von 8 Stunden, die andere Kerze ist 20 cm hoch und hat eine Brenndauer von 10 Stunden.

6.3 Gleichungen lösen mit Äquivalenzumformungen

Du hast nun schon einige Übung im Aufstellen und Lösen von Gleichungen. Du hast Verfahren kennen gelernt, mit denen du systematisch Lösungen finden kannst, allerdings ist es manchmal leider nicht gelungen, damit eine exakte Lösung zu finden. In diesem Lernabschnitt wirst du eine andersartige Strategie zum exakten Lösen von Gleichungen kennen lernen. Dabei werden die Gleichungen so lange nach bestimmten Regeln umgeformt, bis man die Lösung ganz einfach ablesen kann. So haben z. B. die Gleichungen $3x + 2 = x + 4$ und $2x = 2$ die gleiche Lösung, aus der zweiten Gleichung kann man die Lösung direkt ablesen.

Aufgaben

1 Gleichung lösen – zwei Modelle

Waage | **Gleichung**

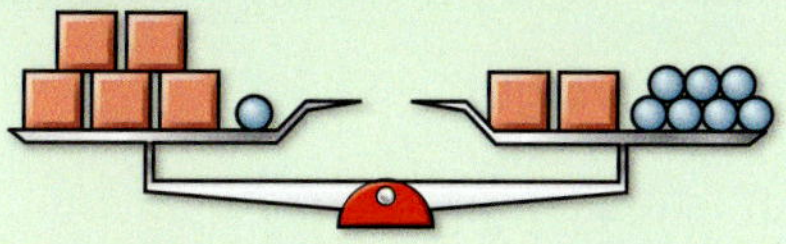

$5x + 1 = 2x + 7$

1. Schritt Entferne zwei Kisten auf jeder Schale. | Subtrahiere $2x$ auf jeder Seite.

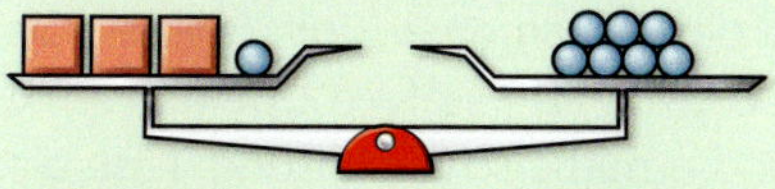

$3x + 1 = 7$

2. Schritt Entferne eine Kugel auf jeder Seite. | Subtrahiere 1 auf jeder Seite.

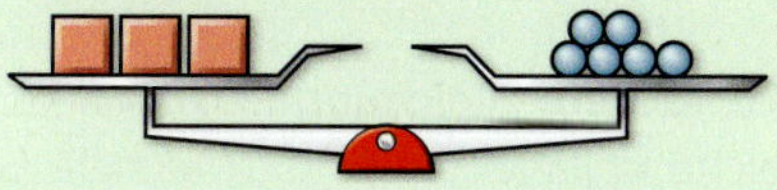

$3x = 6$

3. Schritt Wenn drei Kisten mit sechs Kugeln im Gleichgewicht sind, ist eine Kiste mit 2 Kugeln im Gleichgewicht. | Dividiere jede Seite durch 3.

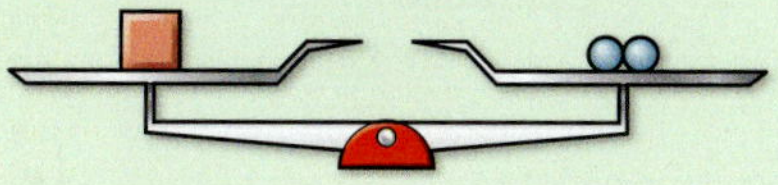

$x = 2$

a) Vergleiche die beiden Verfahren in der Waagespalte und der Gleichungsspalte. Was entspricht im Waagemodell der Variablen x, was entspricht der Zahl 1?

b) Bestimme auf die gleiche Weise die Lösung der folgenden Gleichung. Schreibe auch jeweils die Operationen in beiden Spalten auf.

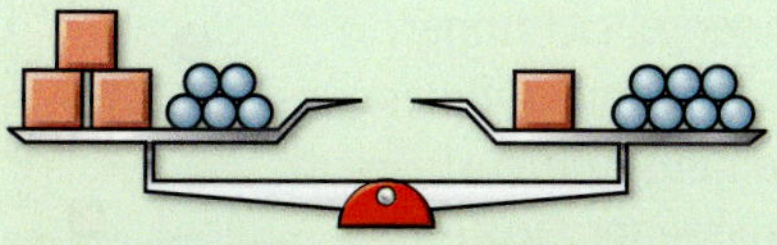

$3x + 5 = x + 7$

c) Bestimme die Lösungen der folgenden Gleichungen nach dem obigen Verfahren. Schaffst du dies ohne die Waage?

$4x + 3 = 2x + 5$ $\quad$ $5x + 2 = 3x + 6$ $\quad$ $x + 7 = 4 + 4x$

Überprüfe die Lösung durch Einsetzen der Lösung in der Ausgangsgleichung.

Aufgaben

2 **Umkehroperationen, ein weiterer Weg zur Lösung einer Gleichung**

> Gesucht ist eine Zahl: Wenn man sie mit 5 multipliziert und dann 7 subtrahiert, erhält man 13.

Der Text führt auf die Gleichung $5 \cdot x - 7 = 13$.

Max überlegt: „*Wenn ich die Rechnungen mit der Zahl rückgängig mache, erhalte ich die Lösungszahl, also: 13 + 7 = 20 und 20 : 5 = 4. Die gesuchte Zahl ist 4.*"

Umkehroperationen auf beide Seiten der Gleichung anwenden

$$5 \cdot x - 7 = 13 \quad | +7$$
$$5 \cdot x = 20 \quad | :5$$
$$\frac{5 \cdot x}{5} = \frac{20}{5}$$
$$x = 4$$

Probe: $5 \cdot 4 - 7 = 13$

Die Überlegungen von Max führen auf ein systematisches Verfahren zum Lösen einer Gleichung mithilfe von „Umkehroperationen".

Löse auf dieselbe Art die Gleichungen.

(1) $3x + 4 = 19$ (2) $5x - 7 = 8$
(3) $2x - 4 = x + 3$ (4) $3x + 4 = 9 - 2x$

> **Tipp**
> *Man kann Umkehroperationen auch auf Terme anwenden.*

3 **Wenn das Waagemodell versagt**

a) Für die Gleichungen
(1) $2x - 2 = x + 3$ und (2) $2x + 4 = -x + 7$
kannst du kein passendes Waagemodell zeichnen. Woran liegt das?

b) Du kannst aber dennoch das Verfahren aus der Spalte „Gleichung" aus Aufgabe 1 zur Lösung anwenden. Schreibe auf, welche Operationen du auf beiden Seiten der Gleichung durchführst und ermittle so die Lösung. Löse die Gleichungen auch mit dem Verfahren aus Aufgabe 2.

4 **Überführen in eine einfachere Gleichung**

Im Folgenden wird eine Gleichung jeweils in eine einfachere Gleichung mit der gleichen Lösung überführt. Bestätige dies durch die Probe und schreibe jeweils auf, mit welcher Operation diese Umformung erreicht wird.

Ausgangsgleichung	Operation	Einfachere Gleichung
$x + 6 = 10$	Subtrahiere die Zahl 6 auf beiden Seiten.	$x = 4$
$x - 3 = 5$	■	$x = 8$
$\frac{1}{2}x = 3$	■	$x = 6$
$4x = 12$	■	$x = 3$
$2x = x + 1$	■	$x = 1$

5 **Gleiche Lösung oder nicht?**

x = 16 ist auch eine Gleichung. Allerdings eine besonders einfache.

a) Welche der nebenstehenden Gleichungen haben jeweils die gleiche Lösung? Stelle entsprechende Gruppen zusammen.

b) Sortiere die Gleichungen in jeder Gruppe von schwierig zu einfach. Kannst du einen Zusammenhang zwischen den Gleichungen in jeder Gruppe erkennen?

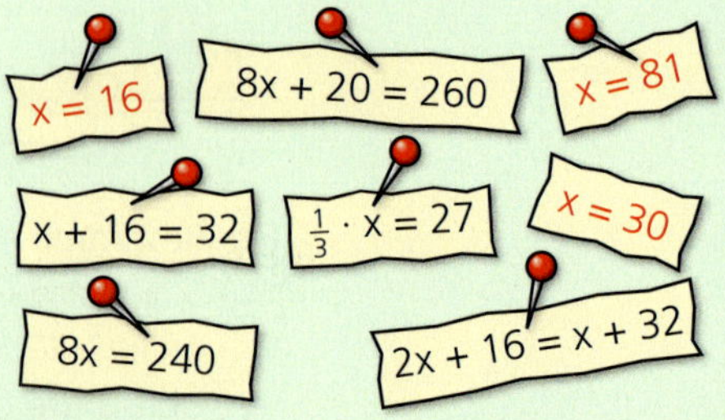

Basiswissen Mithilfe von Umformungen können Gleichungen systematisch gelöst werden.

Gleichungen lösen mit Äquivalenzumformungen

Ziel ist es, die gegebene Gleichung durch zulässige Umformungen so zu vereinfachen, dass man die Lösung sofort ablesen kann.
Das Waagemodell oder das Arbeiten mit Umkehroperationen helfen:

- Waagemodell:
  Führe auf beiden Seiten des „=" dieselbe Rechnung durch (die Waage soll immer im Gleichgewicht bleiben), bis auf einer Seite x allein steht und auf der anderen nur Zahlen.
- Umkehroperationen:
  Führe auf beiden Seiten des „=" die Umkehroperationen (+ ↔ –; · ↔ :) so aus, dass auf einer Seite x allein steht und auf der anderen nur Zahlen.

Nicht alle Gleichungen lassen sich mit einem Waagemodell veranschaulichen. Deshalb führen wir die Umformungen (Rechenoperationen) direkt an der Gleichung aus.

$2x + 4 = x + 6$

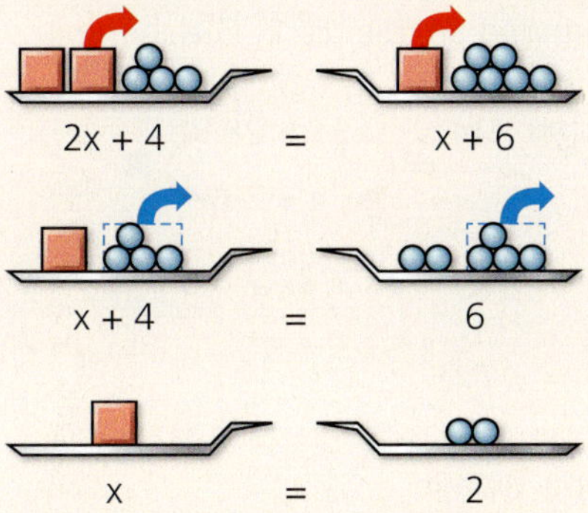

$$2x + 4 = x + 6 \quad | -x$$
$$x + 4 = 6 \quad | -4$$
$$x = 2$$

Die Umformungen nennt man Äquivalenzumformungen.
Man sagt: $2x + 4 = x + 6$ ist äquivalent zu $x = 2$,
in mathematischer Schreibweise: $2x + 4 = x + 6 \Leftrightarrow x = 2$

äquivalent: gleichwertig (lat.)

Äquivalente Gleichungen haben dieselbe Lösung.
Durch **Äquivalenzumformungen** kann man eine Gleichung schrittweise umformen, bis man eine äquivalente Gleichung erhält, aus der man die Lösung direkt ablesen kann.

Folgende Operationen sind Äquivalenzumformungen:
- Addieren oder Subtrahieren gleicher Zahlen und Terme auf beiden Seiten
- Multiplizieren und Dividieren beider Seiten der Gleichung mit der gleichen Zahl (≠ 0)

Beispiele

A Gleichung lösen mit Äquivalenzumformungen

Löse die Gleichung $6x + 30 = 12x - 24$ mithilfe von Äquivalenzumformungen.

$$6x + 30 = 12x - 24 \quad | -6x$$
$$30 = 6x - 24 \quad | +24$$
$$54 = 6x \quad | :6$$
$$9 = x$$

Vertauschen der Seiten:
$x = 9$

Das Vertauschen der Seiten muss nicht vorgenommen werden.

Einsetzprobe in die Ausgangsgleichung:
linke Seite: $6 \cdot 9 + 30 = 84$
rechte Seite: $12 \cdot 9 - 24 = 84$

Es ist zeit- und platzsparend, wenn wir die Äquivalenzumformung in jedem Schritt jeweils rechts neben der Gleichung hinter einem senkrechten Strich angeben:

$6x + 30 = 12x - 24$	$\mid -6x$
$30 = 6x - 24$	$\mid +24$
$54 = 6x$	$\mid :6$
$9 = x$	
$x = 9$	

↑ kurz und übersichtlich

Beispiele

B Äquivalente Gleichungen?

Welche der beiden Gleichungspaare sind äquivalent?

(1) $7x = 3x + 12$ (2) $2x = 6$ (3) $5x + 2 = 32$ (4) $2x = 14$

(1)
$7x = 3x + 12 \quad | -3x$
$4x = 12 \quad | :4$
$x = 3$

(2)
$2x = 6 \quad | :2$
$x = 3$

Die beiden Gleichungen sind äquivalent.

Die Gleichung (4) hat die Lösung $x = 7$.

Einsetzprobe bei der Gleichung (3):
linke Seite: $5 \cdot 7 + 2 = 37$
rechte Seite: 32

$x = 7$ ist keine Lösung der Gleichung (3).

Die Gleichungen (3) und (4) sind nicht äquivalent.

Übungen

6 Äquivalente Gleichung gegeben – Äquivalenzumformung gesucht

Gib die Äquivalenzumformung an, die die 1. Gleichung in die 2. Gleichung überführt.

6 Lösungen: -7 $-x$ $:5$ $-\frac{1}{2}x$ $\cdot 5$

a) $x + 7 = 10 \quad | ■$
$x = 3$

b) $5x = 28 \quad | ■$
$x = 5{,}6$

c) $\frac{1}{5}x = -9 \quad | ■$
$x = -45$

d) $3x = x + 10 \quad | ■$
$2x = 10$

e) $2x = \frac{1}{2}x + 4{,}5 \quad | ■$
$1{,}5x = 4{,}5$

f) $3x = 4{,}8 - x \quad | ■$
$4x = 4{,}8$

7 Gleichung lösen mit Waage

Übersetze in Gleichungen mit Termen und löse sie mit Äquivalenzumformungen.

a)
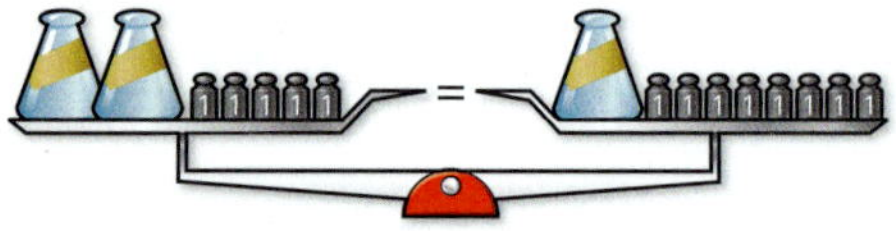

b)
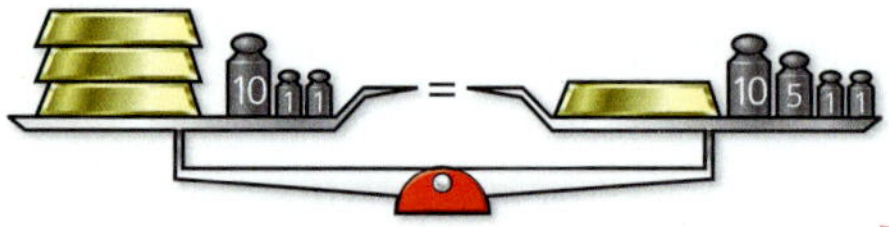

c)
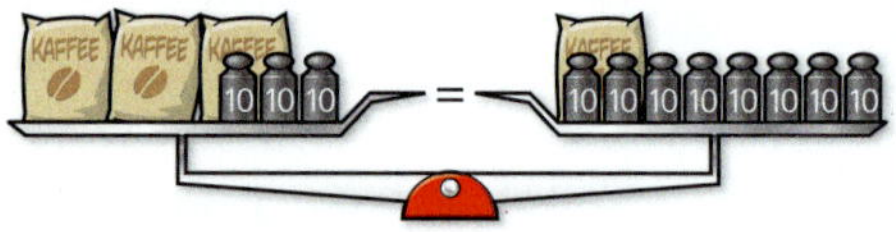

8 Äquivalenzumformung gegeben – äquivalente Gleichung gesucht

Löse die folgenden Gleichungen mithilfe der angegebenen Äquivalenzumformungen. Überprüfe deine Lösung mit der Einsetzprobe für die Ausgangsgleichung.

a) $5x - 3 = -23 \quad | +3$
$5x = -20 \quad | :5$
■ = ■

b) $4x + 9 = 1 \quad | -9$
■ = ■ $| :4$
$x = -2$

c) $2x - 6 = x - 2 \quad | -x$
■ = ■ $| +6$
■ = ■

d) $2 - x = 6 - 2x \quad | +2x$
■ = ■ $| -2$
■ = ■

e) $5x + 1 = 4x + 7 \quad | -4x$
■ = ■ $| -1$
■ = ■

f) $2 - x = 6 - 2x \quad | +2x$
■ = ■ $| +6$
■ = ■

9 Äquivalent oder nicht?

Welche der folgenden Gleichungspaare sind äquivalent?

a) $42 + x = 49$ $x + 6 = 13$
b) $3x = -3$ $x + 5 = 4$
c) $x - 5 = 13$ $3 + x = 20$
d) $x - 4 = 8$ $x + 4 = 12$
e) $2x - 5 = 3x + 1$ $x + 1 = 5$
f) $x + 1 = 2x + 2$ $x - 2 = x - 1$

Übungen

10 Äquivalente Gleichungen aufschreiben

Schreibe im Folgenden jeweils die äquivalenten Gleichungen auf und löse sie.

a)

$5x - 72$	=	28	$\mid +72$
	=		$\mid :5$
	=		

b)

$46y - 73$	=	$21y - 27$	$\mid -21y$
	=		$\mid +73$
	=		$\mid :25$
	=		

c)

$\frac{2}{5}m + 9$	=	$\frac{1}{5}m + 15$	$\mid -\frac{1}{5}m$
	=		$\mid -9$
	=		$\mid \cdot 5$
	=		

11 Training 1

Löse mit Äquivalenzumformungen und mache die Probe.

a) $7x - 2 = 12$
b) $7x - 2x = 12$
c) $7x - 2 = 12x$
d) $3x + 10 = 4 + x$
e) $3x - 10 = 4 + x$
f) $3x - 10 = 4 - x$
g) $5x + 4 = 16 - 7x$
h) $5x - 4 = 7x + 16$
i) $5x + 16 = 4 - 7x$

12 Äquivalenzumformungen rückwärts

Durch die angegebenen Äquivalenzumformungen ist die einfache Gleichung entstanden. Wie sah die Ausgangsgleichung aus?

a)

	=		
	=		$+34$
x	=	8	$:6$

b)

	=		
	=		$-2x$
	=		$+28$
19	=	x	$:2$

c)

	=		$\mid +3x$
	=		$\mid +27$
	=		$\mid :5$

$x = 9$

d)

	=		$\mid -2x$
	=		$\mid -6$
	=		$\mid :4$

$x = 4{,}5$

e)

	=		$\mid +1$
	=		$\mid -1{,}5x$
	=		$\mid \cdot 2$

$x = -6$

13 Wo steckt der Fehler?

Bei drei der folgenden Aufgaben sind dem Gleichungslöser Fehler unterlaufen. Entlarve diese und bestimme dann die richtige Lösung.

$\frac{1}{2}x + 2 = 5$	$x - 5 = 2x + 4$	$x + 1 = 1 - x$	$3x + 1 = 4x - 2$	$0{,}75x + 4 = 1{,}25x$
$\frac{1}{2}x = 3$	$x = 2x + 9$	$2x + 1 = 1$	$1 = x - 2$	$4 = 2x$
$x = \frac{3}{2}$	$-x = 9$	$2x = 0$	$1 = x$	$2 = x$
	$x = -9$	$x = 0$	$x = 1$	$x = 2$

14 Gleichungen bauen

Gib jeweils eine nicht zu einfache Gleichung mit der Lösung
a) 3 b) 5 c) −2 d) $\frac{1}{2}$ e) 2,4 an.
Stelle sie deinem Nachbarn als Aufgabe. Vergewissere dich vorher durch die Probe.

Ein Beispiel zu a):
$2x + 1 = 7$

Tipp

Aufgabe 12 kann dir beim Bauen von Gleichungen helfen.

Übungen

15 Günstige Strategie

Sarah und Lisa lösen die Gleichung $3x - 8 = 12 - x$.

Sarah:

$$\begin{aligned} 3x - 8 &= 12 - x &&|+x \\ 4x - 8 &= 12 &&|-12 \\ 4x - 20 &= 0 &&|+20 \\ 4x &= 20 &&|:4 \\ x &= 5 \end{aligned}$$

Lisa:

$$\begin{aligned} 3x - 8 &= 12 - x &&|+x \\ 4x - 8 &= 12 &&|:4 \\ 4x - 8 &= 3 &&|+8 \\ 4x &= 11 &&|:4 \\ x &= \tfrac{11}{4} \end{aligned}$$

a) Überprüfe zunächst durch eine Probe. Finde den Fehler, wenn die Probe nicht aufgeht.

b) Frederike hat in einem Übungsheft „Tricks mit x" eine Strategie zum Lösen von Gleichungen gefunden. Wende die Strategie auf die Gleichung an und versuche, die Aufgabe mit möglichst wenigen Äquivalenzumformungen zu lösen. An welcher Stelle war Sarahs Lösungsweg zu aufwändig?

↘ Günstige Strategie für das Lösen von Gleichungen mit x

1. Alle Terme mit x auf eine Seite
2. Alle Terme ohne x auf die andere Seite und zusammenfassen
3. x muss alleine stehen: x = ■
4. Probe

16 Training 2

a) Löse die Gleichungen mithilfe der günstigen Strategie aus Übung 14.
(1) $39 + x = 144 - 2x$ (2) $5 + 5x = -25 - 3x$ (3) $6x - 30 = 110 - 4x$

b) Welche der zulässigen Äquivalenzumformungen brauchst du für die günstige Strategie bei den Schritten 1 und 2, welche beim Schritt 3? Kannst du die Schritte 1 und 2 auch in der umgekehrten Reihenfolge ausführen? Wie ist dies bei den Schritten 2 und 3? Versuche es mit verschiedenen Beispielen.

17 Gleichungen aufstellen bei geometrischen Figuren

Denke bei den Anwendungen an die Einsetz- und die Problemprobe.

Stelle passende Gleichungen auf und bestimme damit die fehlenden Seitenlängen.

a)
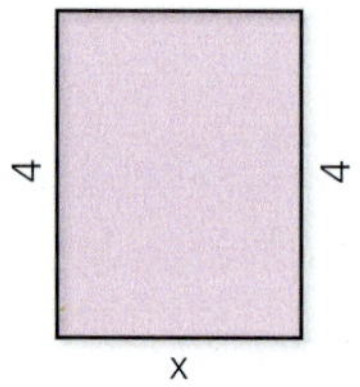

Umfang ist 14 cm

b)
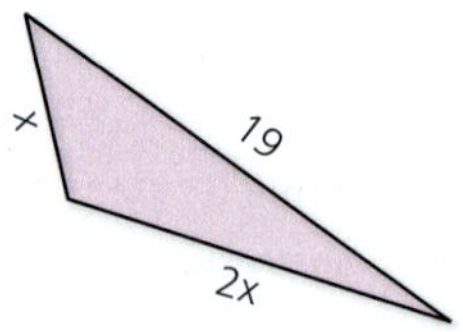

Umfang ist 40 cm

c)
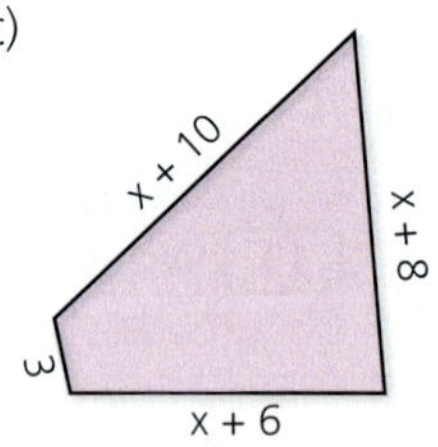

Umfang ist 49 cm

d)
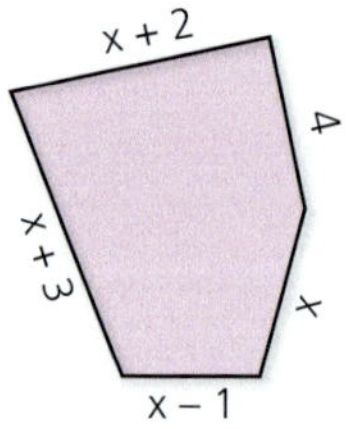

Umfang ist 26 cm

18 Termmauern

Vervollständige die „Zahlenmauer" so, dass in jedem Stein die Summe der beiden darunter stehenden Steine steht. Bestimme dann jeweils x mithilfe der Gleichung.

a)
40
28 + x | ■
28 | x | 2

b)
20
■ | ■
3 | x | 5

c)
12x
■ | ■
12 | 16 | x

Übungen

19 **Zwei Sorten Tomaten – ein einfaches Wachstumsmodell**

Frau Flora hat auf ihrem Balkon zwei Sorten von Tomaten gepflanzt. Die gewöhnliche Tomatenpflanze ist jetzt 48 cm hoch und wächst 6 cm pro Woche. Die Cherrytomate ist am selben Tag 24 cm hoch und wächst 8 cm pro Woche. In wie vielen Wochen haben die beiden Tomatenpflanzen die gleiche Höhe?

20 **Ein Buch, eine Familie, ein Garten und ein Lastwagen**

Manchmal findet man eine Lösung auch gut ohne Gleichungen. Finde dann auch eine Gleichung, mit der man das Problem lösen kann.

Tom hat ein Buch von 250 Seiten in 5 Tagen gelesen. An jedem Tag hat er 10 Seiten mehr gelesen als am Vortag. Wie viel Seiten hat er an jedem Tag gelesen?

In einer Familie kamen die drei Kinder im Abstand von jeweils zweieinhalb Jahren zur Welt. Das älteste Kind ist jetzt gerade doppelt so alt wie das jüngste. Wie alt sind die drei Kinder?

Jeff möchte seinen Garten auf einen Flächeninhalt von 400 m² vergrößern. Bestimme die Verlängerung x mithilfe eines Gleichungsansatzes. Kannst du die Aufgabe auch ohne Gleichung lösen?

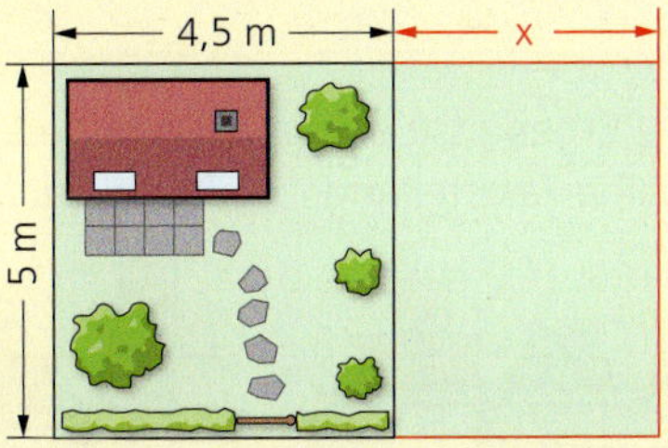

Ein Lastwagen transportiert 50 Tonnen Sand mit zwei Fahrten. Bei der ersten Fahrt ist sein Gesamtgewicht 38 500 kg, bei der zweiten Fahrt 43 500 kg. Wie schwer ist der leere Lastwagen?

x: Leergewicht des LKW

Kopfübungen

1. Berechne: $2{,}5 \cdot \frac{3}{5}$
2. Gehe von P (3 | 4) um 2 nach rechts und um 6 nach unten. Welche Koordinaten hat der Punkt Q, den du so erreichst?
3. Aus einem vollen 3 ℓ-Fass werden 7 Gläser zu $\frac{1}{4}$ ℓ abgefüllt. Wie viel Flüssigkeit bleibt noch in dem Fass?
4. Wie viele mm² sind 1,5 cm²?
5. Teile 1000 durch − 8.
6. Schätze für die Jahre 2008 bis 2012.
   a) die kleinste Anzahl der Tornados
   b) die durchschnittliche Anzahl der Tornados.

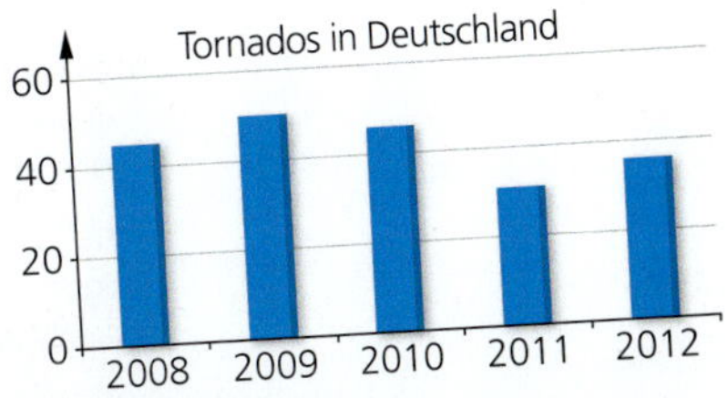

7. Beim Jagen erreicht ein Gepard eine Spitzengeschwindigkeit von bis zu 104 km/h. Lukas rechnet: In einer Stunde legt der Gepard 104 km zurück, in zwei Stunden 208 km, ... Gib einen Grund an, warum eine proportionale Zuordnung hier nicht geeignet ist.

Aufgaben

21 Zwei seltsame Rätsel

Katharina ist ein Fan des berühmten Detektivs SHERLOCK HOLMES. Sie ist begeistert von den scharfsinnigen Kombinationen, mit denen SHERLOCK HOLMES aus Spuren und Indizien schließlich jeden Täter entlarvt. Beim Lösen von Zahlenrätseln übernimmt sie gerne die Rolle des Detektivs, der die große Unbekannte x entlarvt. Sie verkündet stolz: „Wenn ich erst einmal die Gleichung aufgestellt habe, so ist der Fall eindeutig gelöst“.

Dann begegnen ihr die folgenden Fälle:

Fall A
Wenn ich eine Zahl verdreifache und dann 7 addiere, so ergibt sich das Gleiche, wie wenn ich das Dreifache der Zahl zu 5 addiere.

Fall B
Wenn ich zu 10 das Fünffache einer Zahl addiere, so ergibt sich das Gleiche, wie wenn ich zu der Zahl zunächst 2 addiere und das Ergebnis dann mit 5 multipliziere.

Die Gleichungen sind schnell aufgestellt:

$3x + 7 = 5 + 3x$

$10 + 5 \cdot x = (x + 2) \cdot 5$

Die Äquivalenzumformungen führen zu seltsamen Ergebnissen:

$3x + 7 = 5 + 3x \quad | -3x$
$7 = 5$

$10 + 5 \cdot x = (x + 2) \cdot 5 \quad | :5$
$2 + x = 2 + x \quad | -x$
$2 = 2$

a) Kannst du die seltsamen Ergebnisse erklären? Was bedeutet dies für die Ausgangsgleichung? Begründe deine Feststellungen mithilfe der Waagemodelle.

b) Löse die Gleichung grafisch und mit Tabellen (vgl. 5.2, Aufgabe 10 und 11).

Sonderfälle

Nicht jede Gleichung führt zur eindeutigen Bestimmung der Unbekannten x. Die Äquivalenzumformungen können auf immer wahre Aussagen oder immer falsche Aussagen führen.

	Anzahl der Lösungen	Äquivalenzumformung führt auf
Fall A: unlösbare Gleichung	keine	Falsche Aussage, z. B. 5 = 7
Fall B: allgemeingültige Gleichung	unendlich viele	Wahre Aussage, z. B. 2 = 2

22 Allgemeingültig oder Unlösbar

Welche der folgenden Gleichungen sind unlösbar, welche sind allgemeingültig? Kannst du dies gleich erkennen? Führe in jedem Fall auch Äquivalenzumformungen durch.

a) $5 - 2x = -2x + 6$ b) $3x - 2 + x = 4x - 2$ c) $3 \cdot (x + 2) = 3x + 6$

6.4 Rechnen mit Termen

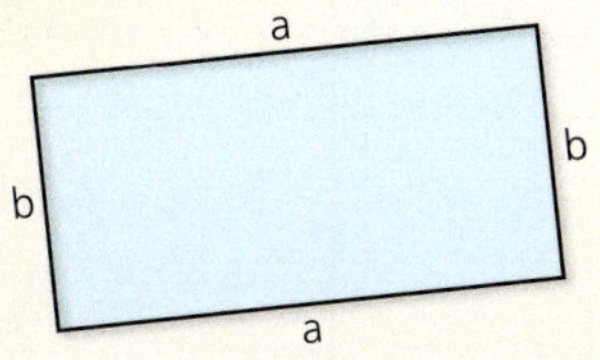

Du hast bereits viel mit Termen gearbeitet. Zuordnungen können mithilfe von Termen kurz und klar beschrieben werden. In der Geometrie werden Formeln durch Terme angegeben, etwa der Umfang eines Rechtecks durch 2a + 2b oder durch 2 · (a + b). Beim Lösen von Gleichungen war das Aufstellen von Termen der wichtige erste Schritt. In diesem Abschnitt wird nun das Rechnen mit Termen etwas genauer betrachtet, dabei werden wir auf die bereits vertrauten Rechenregeln mit Zahlen zurückgreifen.

Aufgaben

Denke dir eine Zahl
↓
Addiere 5
↓
Multipliziere mit 3
↓
Subtrahiere nun 15

1 Zahlenraten

Beim Kopfrechentraining greift die Mathematiklehrerin gerne auf das Zahlenraten zurück. Sie stellt die nebenstehende „Kettenaufgabe". Dann lässt sie sich von verschiedenen Schülern jeweils deren Ergebnis nennen und teilt jedem sofort die gedachte Zahl mit. Wie ist das möglich? Verrät der Term uns das Geheimnis?

Denke dir eine Zahl	Addiere 5	Multipliziere mit 3	Subtrahiere 15
x	$x + 5$	$(x + 5) \cdot 3$	$(x + 5) \cdot 3 - 15$

Der Term in der letzten Spalte sieht recht kompliziert aus. Vielleicht hilft eine Tabelle.

a) Vervollständige die Tabelle in deinem Heft:

x	$x + 5$	$(x + 5) \cdot 3$	$(x + 5) \cdot 3 - 15$
2	7	21	6
5	■	■	■
27	■	■	■
2,4	■	■	■
−2	■	■	■

b) Vergleiche nun das Ergebnis in der letzten Spalte jeweils mit der gedachten Zahl. Welcher Zusammenhang besteht zwischen der gedachten Zahl und dem Ergebnis in der letzten Spalte? Kann man dies dem komplizierten Term bereits ansehen?

2 Bekannte Gesetze in neuem Kleid

Beim Rechnen mit Zahlen hast du verschiedene Rechengesetze kennen gelernt.

Kommutativgesetz
(Vertauschungsgesetz)

Assoziativgesetz
(Verbindungsgesetz)

Distributivgesetz
(Verteilungsgesetz)

a) Ordne den aufgeführten Rechengesetzen jeweils die passenden Namen zu.

① $a + b = b + a$ ② $(a + b) \cdot c = a \cdot c + b \cdot c$
③ $(a \cdot b) \cdot c = a \cdot (b \cdot c)$ ④ $a \cdot b = b \cdot a$
⑤ $a \cdot (b + c) = a \cdot b + a \cdot c$ ⑥ $a + (b + c) = (a + b) + c$

Schreibe für jedes Gesetz ein Zahlenbeispiel auf.

b) Die Rechengesetze gelten auch bei Rechenausdrücken mit Variablen (Terme), mit ihrer Hilfe lassen sich Terme in „gleichwertige" Terme umformen. Gib bei den folgenden Umformungen von Termen jeweils an, welches Gesetz angewendet wurde.

① $2 \cdot x + 7 = 7 + 2 \cdot x$ ② $5 \cdot (x + 2) = 5 \cdot x + 10$
③ $7 + (1 + x) = 8 + x$ ④ $(b + 5) \cdot 7 = 7 \cdot (b + 5)$
⑤ $2 \cdot a + (a + 4) = 3a + 4$ ⑥ $3 \cdot x + 6 = 3 \cdot (x + 2)$
⑦ $2 \cdot (a + b) = 2 \cdot (b + a)$ ⑧ $(8x + 4) : 2 = 4x + 2$

Aufgaben

3 **Ein Bauplatz – vier Terme**

Die Schüler der Klasse 7b sollen einen Term A(x) zur Berechnung der Grundfläche des Bauplatzes angeben. Nicole, Mathias, Oskar und Theresa schreiben ihre Ergebnisse an die Tafel.

Nicole: $10 \cdot (x - 2) + 6 \cdot 2$
Mathias: $10 \cdot x - 2 \cdot 4$
Oskar $6 \cdot x + 4 \cdot (x - 2)$
Theresa: $6 \cdot (x - 2) + 6 \cdot 2 + 4 \cdot (x - 2)$

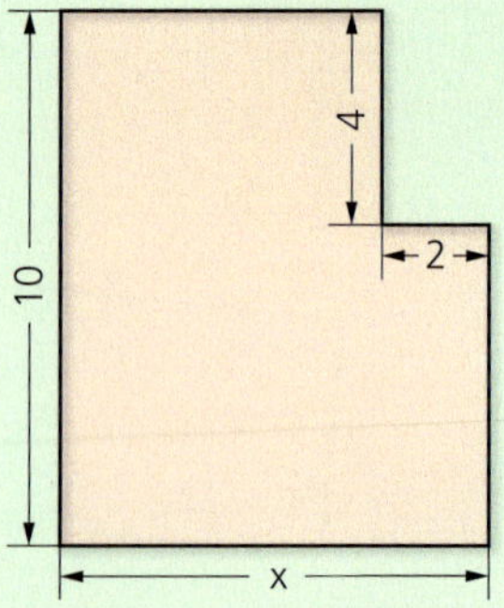

a) Zur Begründung haben sie jeweils eine Skizze auf eine Folie gezeichnet. Leider stehen nicht mehr die Namen darauf. Welche Folie gehört zu welchem Term? Ordne richtig zu.

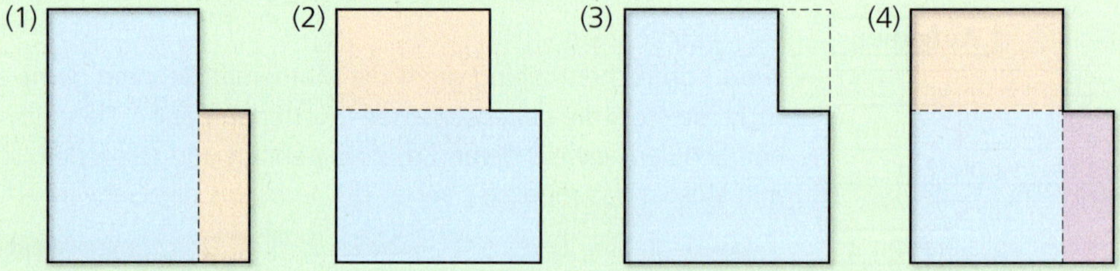

Gleichwertige Terme in verschiedener Gestalt

b) Offensichtlich beschreiben alle Terme den gesuchten Flächeninhalt richtig, obwohl sie so verschieden aussehen. Überprüfe dies, indem du in jedem Term für x den Wert 12 m (8 m, 10 m) einsetzt.

c) Welcher Term ist deiner Meinung nach der einfachste? Kannst du die anderen Terme durch „Rechnen" vereinfachen? Denke dabei an die Rechengesetze, die du bei den Zahlen kennen gelernt hast.

Rechenbaum

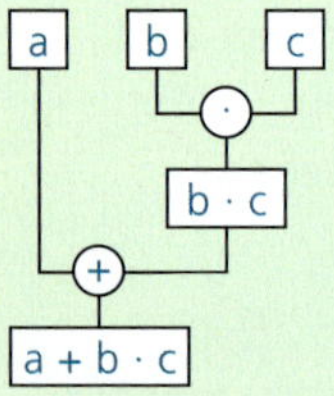

4 **Terme haben einen Namen.**

a + b ist eine **Summe** | **a – b** ist eine **Differenz** | **a · b** ist ein **Produkt** | **a : b** ist ein **Quotient**

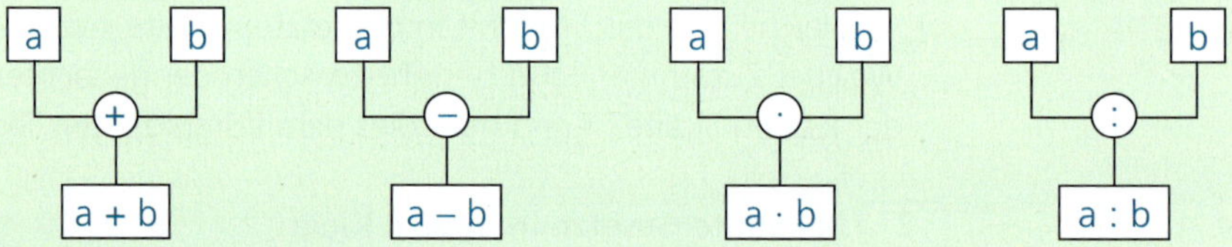

Doch welchen Namen hat der Term $a + b \cdot c$?

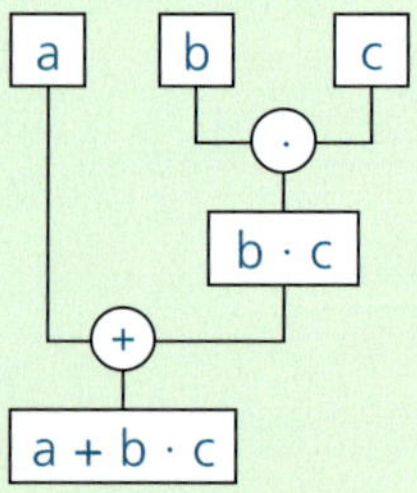

Hier hilft eine einfache Regel:

> Die Rechenoperation, die zuletzt ausgeführt wird, gibt dem Term den Namen.

Demnach ist $a + b \cdot c$ eine Summe (Punktrechnung geht vor Strichrechnung).

a) Übertrage den Term jeweils in einen Rechenbaum und gib dem Term seinen Namen.

(1) $a \cdot (b + c)$ (4) $a \cdot b - c \cdot d$
(3) $\frac{(x + y)}{z}$ (4) $\frac{a}{c + b \cdot d}$

b) Berechne den jeweiligen Wert der Terme aus a) durch Einsetzen:

a = 0,5 b = –2 c = 4 d = 3
x = 13 y = 7 z = 10

Basiswissen Terme treten in vielen Situationen, die mathematisch bearbeitet werden, auf.

Terme und Gesetze

1. Die Berechnung des Umfangs eines Rechtecks mit den Seitenlängen a und b kann mithilfe verschiedener Terme beschrieben werden:

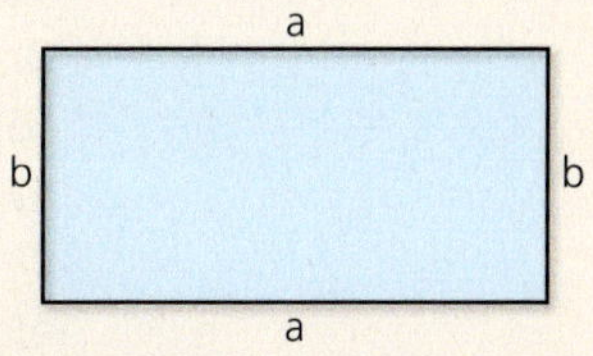

$a + b + a + b$ oder $2 \cdot a + 2 \cdot b$ oder $2 \cdot (a + b)$

Einsetzen in Terme

Wenn man für die Variablen a und b Zahlen einsetzt, so erhält man mit jedem dieser Terme jeweils den gleichen Wert für den Umfang.

Gleichwertige Terme

Man nennt solche Terme **gleichwertig** oder **äquivalent** und schreibt:

$$a + b + a + b = 2 \cdot a + 2 \cdot b = 2 \cdot (a + b)$$

Rechnen mit Termen

2. Mit Termen kann man nach den gleichen Gesetzen rechnen wie mit Zahlen.

Kommutativgesetz

bei der Addition: $a + b = b + a$

bei der Multiplikation: $a \cdot b = b \cdot a$

Assoziativgesetz

bei der Addition: $(a + b) + c = a + (b + c)$

bei der Multiplikation: $(a \cdot b) \cdot c = a \cdot (b \cdot c)$

Distributivgesetz

$a \cdot (b + c) = a \cdot b + a \cdot c$

$\frac{b + c}{a} = \frac{b}{a} + \frac{c}{a}$ $(a \neq 0)$

$a \cdot (b - c) = a \cdot b - a \cdot c$

$\frac{b - c}{a} = \frac{b}{a} - \frac{c}{a}$ $(a \neq 0)$

Termumformungen

Durch Anwenden dieser Rechengesetze können Terme in gleichwertige Terme umgeformt werden.

Ziel der Termumformungen

Ziel der Umformungen kann sein:

- Terme als gleichwertig erkennen
- einen möglichst einfachen Term erhalten
- mit dem Term eine bestimmte Eigenschaft erkennen oder begründen

Beispiele

A Terme für den Flächeninhalt einer Figur

Leni, Claas und Niklas haben Terme für den Flächeninhalt der Figur gefunden. Zeige durch ein Beispiel, dass nicht alle Terme gleichwertig sind. Welche Terme sind gleichwertig? Begründe deine Entscheidung geometrisch mithilfe der Figur.

Leni: $40 - 2x$

Claas: $8 \cdot 3 + 2 \cdot (5 + x)$

Niklas: $5 \cdot (8 - x) + 3 \cdot x$

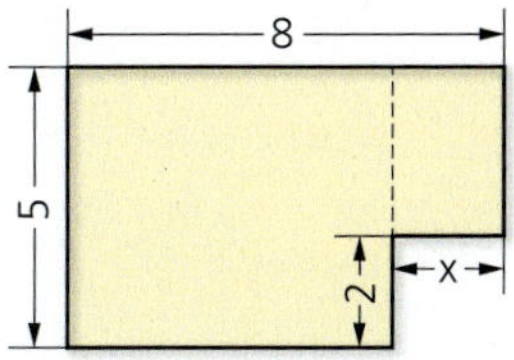

Lösung:

$x = 1$: Leni: $40 - 2 \cdot 1 = 38$, Claas: $24 + 2 \cdot (5 + 1) = 36$, Niklas: $5 \cdot (8 - 1) + 3 \cdot 1 = 38$

Der Term von Claas ist nicht gleichwertig mit dem von Leni und Niklas. Die Terme von Leni und Niklas sind gleichwertig, weil sie die gleiche Fläche auf unterschiedliche Weise berechnen.

Leni: „Gesamtes Rechteck minus kleines Rechteck rechts unten."

Niklas: „Rechteck links plus kleines Rechteck rechts."

Der Term von Claas passt nicht zur Fläche der Figur.

Beispiele

B Umformen mithilfe von Gesetzen

Forme mithilfe des angegebenen Rechengesetzes in einen gleichwertigen Term um.

Kommutativgesetz:	a) $1 + 8x = ■$	b) $x \cdot 3 = ■$
Assoziativgesetz:	c) $4 + (3 + y) = ■$	d) $0{,}5 \cdot (6 \cdot z) = ■$
Distributivgesetz:	e) $5 \cdot (b + 2) = ■$	f) $(2 + 3a) \cdot b = ■$

Lösung:

a) $1 + 8x = 8x + 1$
b) $x \cdot 3 = 3 \cdot x$
c) $4 + (3 + y) = (4 + 3) + y = 7 + y$
d) $0{,}5 \cdot (6 \cdot z) = (0{,}5 \cdot 6) \cdot z = 3 \cdot z$
e) $5 \cdot (b + 2) = 5 \cdot b + 5 \cdot 2 = 5b + 10$
f) $(2 + 3a) \cdot b = 2b + 3ab$

Übungen

5 Lösung: Drei Paare sind nicht gleichwertig

5 Begründen mit Gesetzen

Gib an, welche der folgenden Paare von Termen gleichwertig sind. Begründe mithilfe der Gesetze.

a) $2x + 5$ und $5 + 2x$
b) $x - 7$ und $7 - x$
c) $2x + 3x$ und $5x$
d) $6x - 6$ und 6
e) $3 \cdot (4x)$ und $12x$
f) $9 \cdot (1 + x)$ und $9 + x$
g) $2x + (1 - x)$ und $x + 1$
h) $3 \cdot (x - 5)$ und $3x - 15$
i) $2{,}3 + (1 + x)$ und $3{,}3 + x$
j) $\frac{8x + 4}{4}$ und $2x + 1$

6 Namen

Welchen Namen haben die Terme? Zeichne zu jedem Term einen Rechenbaum.

a) $x + 3 \cdot 9$
b) $2 + 4 \cdot x$
c) $(3 - x) \cdot 5$
d) $(3 - x) \cdot 5 + x$
e) $5 : x + x \cdot 2$
f) $3 - x \cdot 4 - y$

Der Rechenbaum zu e)

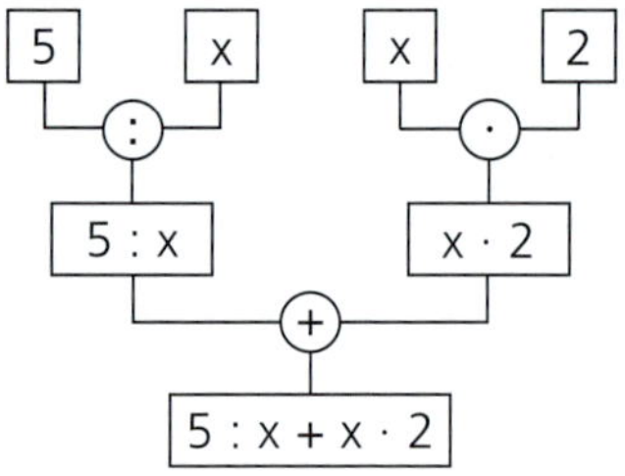

7 Geschichten zum Distributivgesetz

Kristin will zu ihrem Geburtstag Süßigkeiten für ihre Mitschülerinnen und Mitschüler in die Schule mitbringen.

> Wenn ich für jeden einen Riegel kaufe, kostet das $0{,}3 \cdot x$ €. Wenn ich dann noch für jeden eine Waffel dazu kaufe, kommt ein Betrag von ■ Euro hinzu.

> Ein Riegel und eine Waffel kosten zusammen 0,3 € + 0,2 €. Dann muss ich insgesamt ■ Euro bezahlen.

8 Weitere Geschichten zum Distributivgesetz

Die Klasse 7b hat von dem Geld, das für die Klassenfahrt eingesammelt worden ist, noch einen Betrag übrig behalten. Nun haben sie beschlossen, gemeinsam ins Kino zu gehen. Die meisten Kinder warten schon vor dem Kino, aber einige sind immer noch nicht angekommen. Schließlich entscheidet die Klassenkassenführerin, die Eintrittskarten schon einmal für die Anwesenden zu kaufen. Die Geschichte geht auf zwei verschiedene Arten zu Ende:

1. Gerade ist sie an der Kasse angekommen, da kommen auch die fehlenden Kinder an, und die Karten können alle zusammen gekauft werden.
2. Gerade hat sie den ersten Teil der Karten gekauft, da kommen die fehlenden Kinder an, und sie muss noch einmal zur Kasse gehen.

Wie passen die Terme $x \cdot y + x \cdot z$ und $x \cdot (y + z)$ zu den beiden Versionen der Geschichte.

Was bezeichnen die Variablen x, y und z?

9 **Volumenänderung eines Quaders**

Wie verändert sich das Volumen des Quaders, wenn man die Seiten a und b verdoppelt und die Höhe c verdreifacht? Begründe, dass die drei Terme

$2a \cdot 2b \cdot 3c$ $(2 \cdot 2 \cdot 3) \cdot (abc)$ $12abc$

das Volumen des vergrößerten Quaders beschreiben. Beantworte die Frage.

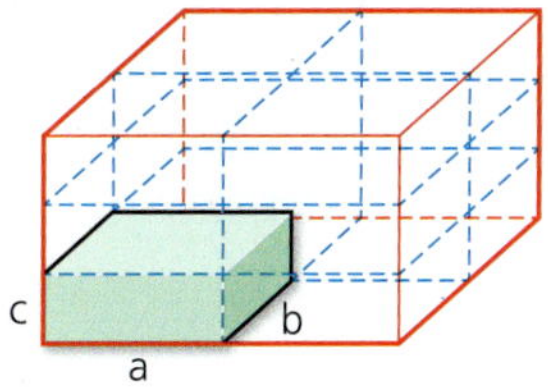

10 **Term für einen Dreiecksumfang**

Finde einen möglichst einfachen Term U(x) zur Berechnung des Umfangs des Dreiecks. Überprüfe den Term durch Ausfüllen der Tabelle.

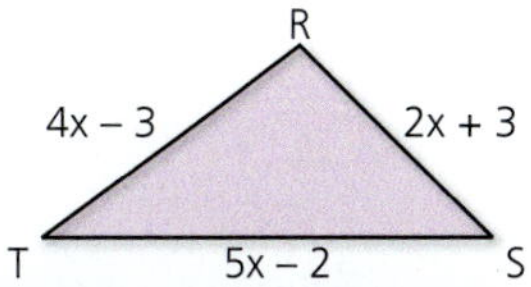

x	$\overline{TR}$ 4x – 3	$\overline{TS}$ 5x – 2	$\overline{SR}$ 2x + 3	Summe der drei Seitenlängen	Term für den Umfang U(x) = ■
1	4 · 1 – 3 = 1	5 · 1 – 2 = 3	2 · 1 + 3 = 5	1 + 3 + 5 = 9	■
2	■	■	■	■	■
2,5	■	■	■	■	■
5	■	■	■	■	■

Basiswissen

Durch Ordnen und Zusammenfassen von Termen kann man Terme übersichtlicher machen.

Ordnen und Zusammenfassen von Termen

1. In Produkten mit mehreren Faktoren darf man beliebig vertauschen und klammern und mit Potenzschreibweise vereinfachen.

   $(2 \cdot x) \cdot (5 \cdot x) \cdot y = 2 \cdot 5 \cdot x \cdot x \cdot y = 10x^2y$

2. Bei der Addition von Termen können gleichartige Terme zusammengefasst werden.

   $3 \cdot x + 5 + x + 3 = 3x + x + 5 + 3 = 4x + 8$

Verabredungen:

- Reihenfolge der Faktoren alphabetisch
- 4ab ist die abgekürzte Schreibweise für $4 \cdot a \cdot b$
- Malpunkte dürfen weggelassen werden, wenn es nicht missverständlich ist.

Es gilt $1 \cdot a = a$.

Beispiele

C **Vereinfachen eines Produkts**

Vereinfache das Produkt.

$3 \cdot (x \cdot 4) = 3 \cdot (4 \cdot x)$ *Kommutativgesetz*

$= (3 \cdot 4) \cdot x = 12x$ *Assoziativgesetz*

D **Was sind gleichartige Terme?**

Gleichartige Terme stimmen in allem bis auf den konstanten Faktor überein.

Beispiel: $4a^2b$ und $8a^2b$

Gegenbeispiel: $4ab$, $8a^2b$ und $8ab^2$

E **Terme vereinfachen – immer möglich?**

Vereinfache die Terme

$T_1 = 2x + 7 + 2y + 8x - 4x - 5y + 3$

$T_2 = 3x + 5y + 2xy - 3$

$T_1 = 2x + 7 + 2y + 8x - 4x - 5y + 3$

$= 2x + 8x - 4x + 2y - 5y + 7 + 3$

$= 6x - 3y + 10$

T_2 kann nicht vereinfacht werden, weil es keine gleichartigen Terme gibt.

Übungen

10 Lösungen:
3 Ergebnisse:
$18x^3y^2$; $2x^2y^2$; $-x^2y$

12 Lösungen:
c) Ergebnisse:
$3a + 9b$; $x + 8$; $x + 2y$; $2a + b$; $5b - 5a$

10 Vereinfachen

Vereinfache die Produkte

a) $3a \cdot 12b$
b) $5x \cdot 0{,}2y$
c) $24x \cdot \frac{1}{2}y \cdot \frac{1}{6}xy$
d) $3a \cdot (-6) \cdot b$
e) $(-7x) \cdot (-3y)$
f) $\frac{1}{2}x \cdot (-2yx)$
g) $3xy \cdot (-3xy) \cdot (-2x)$
h) $4xy \cdot 0{,}5x \cdot 0{,}5y$

11 Erklären mit Bild

Erkläre an dem Bild.
$3x \cdot 2y = 6xy$.

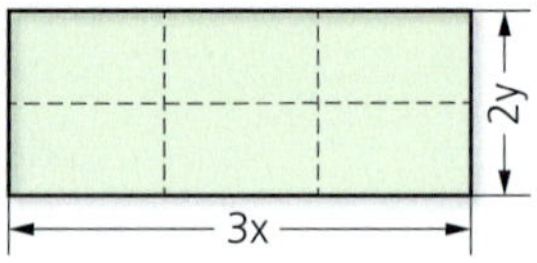

12 Einfache Terme erzeugen

a) $3a + 7a$
$12y - 3y$
$1{,}5b + 7{,}5b$
$3x + 5x - 2x$
$0{,}24t + 1{,}76t - 1{,}6t$

b) $5x + 2 - 3x$
$0{,}5 + 1{,}5x + x + 3$
$3 + 5y + 3y + 5$
$2a - 1 + (1 - a)$
$15 \cdot (4a) + 12 - 48a$

c) $a + b + a$
$2a + 3b + a + 6b$
$2x - y + 3y - x$
$x + 1 + x + 3 + 4 - x$
$2{,}3b - 1{,}2a + 2{,}7b - 3{,}8a$

13 Lücken füllen

a) $26a + ■ - 18a = 10a$
b) $4ab - 2■ + 3ac - ■ = ab + ac$
c) $4x^2 - 3■ = x^2$
d) $2ab + ■b - ■ = 5b$
e) $7xy - 2x■ + ■xy + ■ = 10xy + 5xz$

14 Fehler finden

a) $4a + 3b + 2b = 9ab$
b) $12xy - 6xz = 6yz$
c) $0{,}5ab - 0{,}2a - 0{,}2b = 0{,}1ab$

15 Einer passt nicht

a) In vielen Intelligenztests müssen geometrische Muster erkannt werden. Die folgenden Figuren sind alle „gleich" bis auf eine. Welche Figur passt nicht?

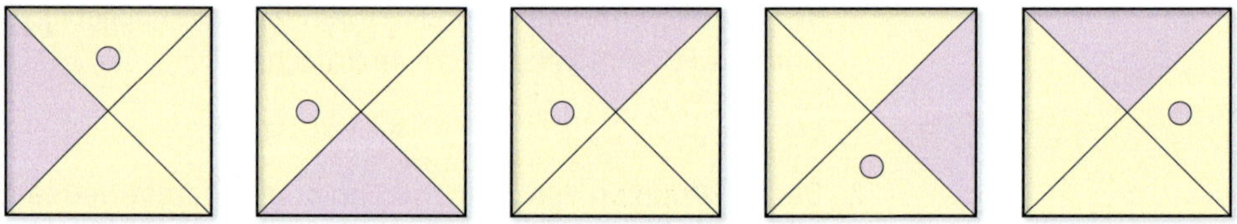

b) Hier ist nun eine solche Frage für Terme.
Die folgenden Terme sind alle „gleich" bis auf einen. Welcher Term passt nicht?

$2 \cdot (x + 1)$ $\quad$ $2 \cdot x + 2$ $\quad$ $2 \cdot (1 + x)$ $\quad$ $2 \cdot x + 1$

Wie kannst du deine Antwort begründen?

Basiswissen

Anwenden des Distributivgesetzes: Ausmultiplizieren

Eine Summe wird mit einem Faktor multipliziert: $x \cdot (y + 2 + x)$

Jeder Summand in der Klammer wird mit dem Faktor multipliziert, die entstehenden Produkte werden dann addiert.

$$x \cdot (y + 2 + x) = x \cdot y + 2 \cdot x + x^2$$

Beispiele

F Einen Term vereinfachen

Vereinfache den Term. $5 \cdot (x + 2) + 2 \cdot (x - 5)$.

$5 \cdot (x + 2) + 2 \cdot (x - 5) = 5x + 5 \cdot 2 + 2x - 2 \cdot 5 = 5x + 2x + 10 - 10 = 7x$

Übungen

16 Ausmultiplizieren

a) $5 \cdot (6 + 2a)$ b) $7 \cdot (x + 1)$ c) $2 \cdot (4a + 3b)$ d) $(x + 2y) \cdot 3x$
e) $a \cdot (2b + 3c)$ f) $\frac{1}{2} \cdot (4a - 6b)$ g) $(12a + 5b) : 2$ h) $3a \cdot (2a + \frac{1}{6})$

17 Lücken füllen

a) $0{,}5 \cdot (■x + y) = x + 0{,}5y$
b) $12ab - ■ = 3b \cdot (4a - 2)$
c) $■ \cdot (2u + v) = 6uv + ■v^2$
d) $c \cdot (■ + ■b) = 3ac - abc$

18 Gleichwertige Terme

Jeweils zwei Terme sind gleichwertig.

$xy + xz$ | $3 \cdot (x - 1)$ | $0{,}5y \cdot (x - 4)$
$0{,}5xy - 2y$ | $x \cdot (y + z)$ | $3x - 3$

19 Ausmultiplizieren und zusammenfassen

Zuerst ausmultiplizieren, dann ordnen und zusammenfassen.

a) $8 \cdot (x + 5) + 2x$ b) $5a + 3 \cdot (4 + a) - 10$ c) $\frac{2a + 2b}{2} - a$
d) $2 \cdot (x - 7) + 3 \cdot (2 + x)$ e) $3 \cdot (x + 6) + 2 \cdot (x - 9)$ f) $4 + \frac{1}{2} \cdot (6x + 8) - 3x - 5$

20 Umfänge

Die folgenden Terme beschreiben jeweils den Umfang eines der Vielecke.
Welcher Term gehört zu welchem Vieleck?

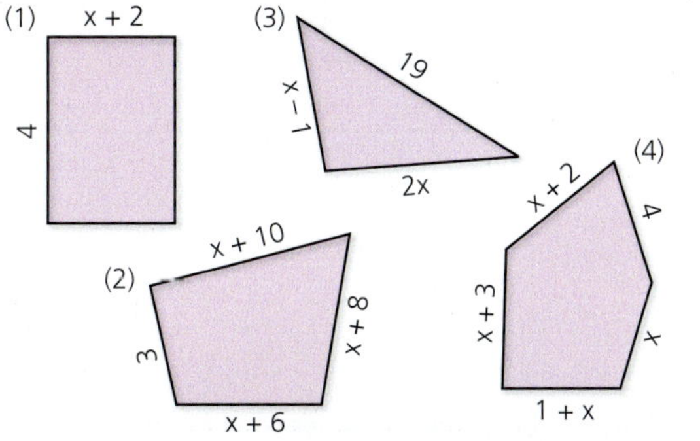

a) $3 \cdot (x + 6)$ b) $3x + 27$
c) $(x + 6) \cdot 2$ d) $12 + 2x$
e) $4x + 10$
f) $3x + 18$
g) $3 \cdot (x + 9)$
h) $(x + 2) \cdot 2 + 2 \cdot 4$

21 Terme für den Flächeninhalt

Gib jeweils zwei unterschiedliche Terme für den Flächeninhalt an. Bestätige dann durch passende Umformung, dass die beiden Terme gleichwertig sind.

a)
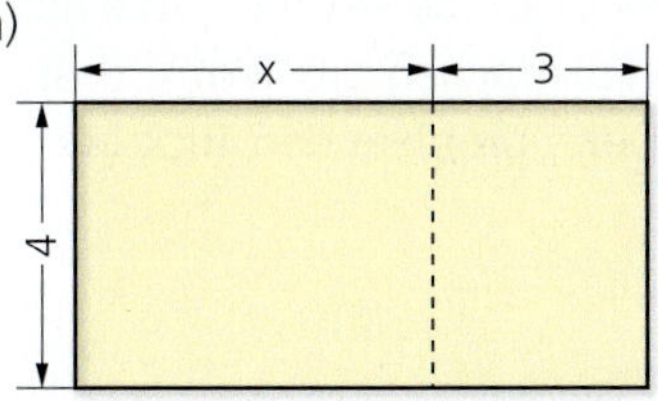

b)
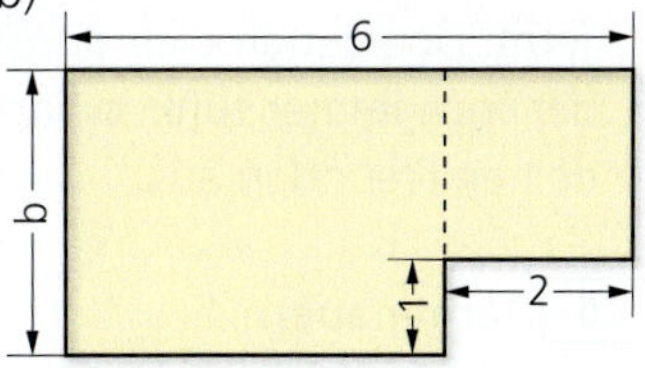

c)
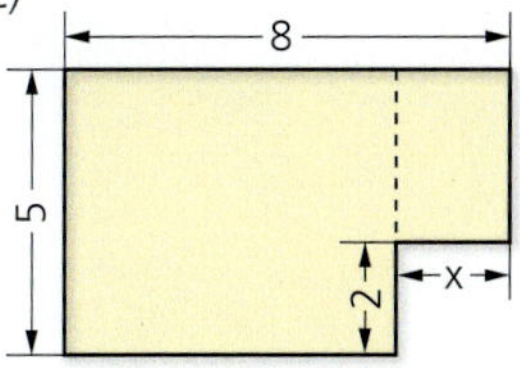

22 Ein U-Profil

Gegeben ist ein U-förmiger Körper (man kann sich einen Hufeisenmagneten vorstellen).
Stelle Volumenterme für den gesamten Körper und die grau eingefärbten Teilkörper auf.

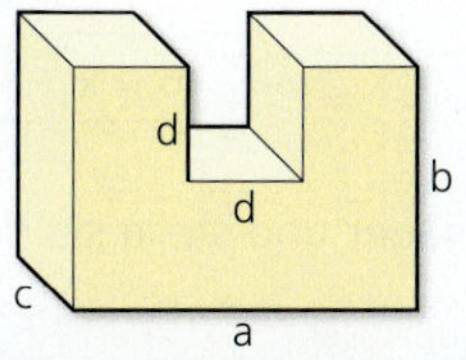

a)
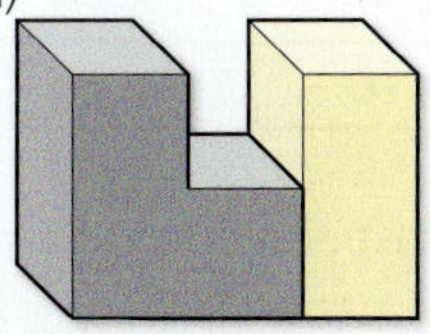

b)
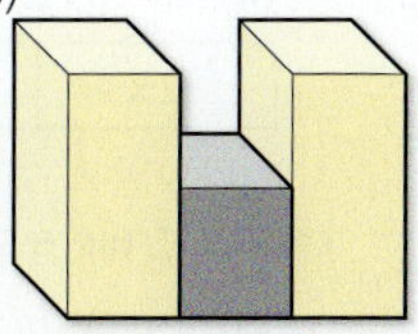

c)
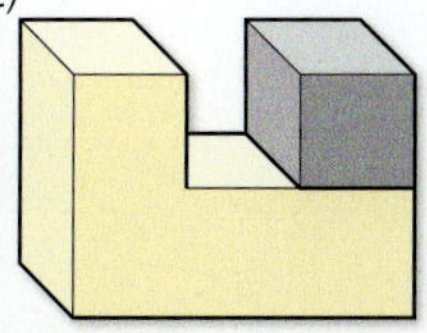

Übungen

23 Ein Zahlentrick

Fülle die Tabelle aus. Welche Vermutung hast du über das jeweilige Ergebnis? Begründe deine Vermutung mithilfe von Termumformungen.

Denke dir eine Zahl	4	0,75	−2	x
↓ Addiere 2	■	■	■	■
↓ Multipliziere mit 5	■	■	■	$(x + 2) \cdot 5$
↓ Subtrahiere 10	■	■	■	■

24 Drei Zahlentricks

a) Übersetze die folgenden Zahlentricks in einen Term. Durch Vereinfachen des Terms kannst du den Trick entlarven. Überprüfe durch Einsetzen von Zahlen.

I	II	III
Denke dir eine Zahl x	Denke dir eine Zahl x	Denke dir eine Zahl x
↓ Addiere 12	↓ Verdopple die Zahl	↓ Addiere das Doppelte der Zahl
↓ Multipliziere mit 5	↓ Addiere 20	↓ Multipliziere mit 5
↓ Subtrahiere 60	↓ Multipliziere mit 5	↓ Subtrahiere 15
	↓ Subtrahiere 100	↓ Dividiere durch 5
		↓ Addiere 3

b) Der folgende Term ist das Ergebnis eines Rechentricks.
$(x \cdot 5 - 20) \cdot 3 + 60$
Schreibe die einzelnen Rechenschritte in der richtigen Reihenfolge. Wie erkennst du an dem Ergebnis die gedachte Zahl? Vereinfache dazu den Term.

Denke dir eine Zahl x
↓ ■
↓ ■
↓ ■
↓ ■

c) Erfinde selbst einen Rechentrick und übersetze ihn in einen Term. Überzeuge dich durch Vereinfachen des Terms, dass der Trick immer funktioniert. Dann probiere den Trick bei deinen Freunden aus.

25 Termmauern 1

In jedem Stein der „Termmauer" steht die Summe der Terme der beiden darunter stehenden Steine. Finde einen möglichst einfachen Term für den oberen Stein. Mache eine Probe durch Einsetzen von Zahlen für die Variable x.

a)

		■		
	■		■	
2x		10		$3 \cdot (x + 2)$

b)

		■		
	■		■	
6 − x		3x + 4		$5 \cdot (x - 2)$

c) Konstruiere selbst eine solche Termmauer und stelle sie deinem Nachbarn als Aufgabe.

Übungen

26 Fehlersuche

Arno hat in Eile die Terme umgeformt. Bei einigen der Termumformungen haben sich Fehler eingeschlichen. Bei welchen Aufgaben ist dies der Fall, welche Fehler wurden gemacht?

> Die falschen Aufgaben kannst du durch Einsetzen von mehreren Zahlen für die Variablen entlarven. Dann muss man nur noch den Umformungsfehler erkennen.

a) $9 - 7x = 2x$
b) $3a + 5(a + 1) = 8a + 1$
c) $(x + 5) + (2x - 3) + (3 - 2x) = x + 5$
d) $3 \cdot (5 + y) - y = 15$
e) $3x - 2y + x = 2 \cdot (x - y)$
f) $\frac{a - 2b}{2} + a = a - b + a = 2a - b$
g) $3a + 2b = 5ab$
h) $n + (n + 1) + (2 - n) = 2n + 3$

Termumformungen bei Gleichungen

Gleichungen haben wir systematisch grafisch – tabellarisch und mit Äquivalenzumformungen gelöst. Manchmal sind die Terme in der Gleichung so kompliziert, dass wir nicht gleich mit den Äquivalenzumformungen beginnen können. Wir müssen dann zunächst die Terme auf beiden Seiten der Gleichung in eine günstige Form bringen.

Strategie:

Auf jeder Seite der Gleichung löst man eventuelle Klammern auf, sortiert und fasst zusammen.

$$3 \cdot (x + 2) = 4x + 3 - 2x$$
$$3x + 6 = 2x + 3$$
$$x = -3$$

27 Ein Dreieck und ein Quadrat

Bestimme x so, dass das Quadrat und das Dreieck den gleichen Umfang haben. Wie groß sind dann die einzelnen Seitenlängen der Figuren?

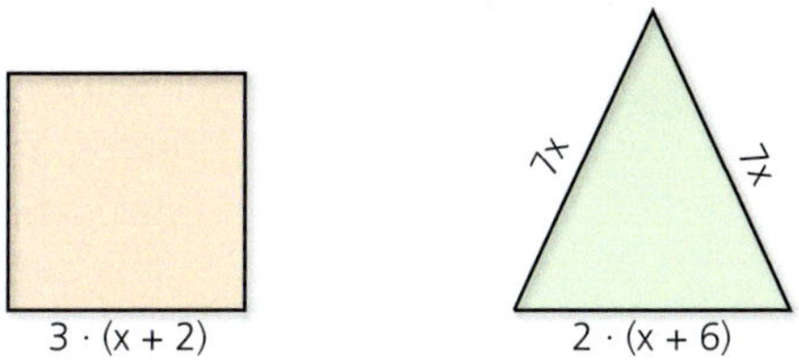

28 Ein Rechteck

a) Ein Rechteck hat die Seitenlängen 4a und 2a + 2. Stelle je einen Term für den Umfang und den Flächeninhalt auf.
b) Beide Seitenlängen werden halbiert. Wie verändern sich Umfang und Flächeninhalt? Begründe sowohl mit einer Skizze als auch mit einem Term.

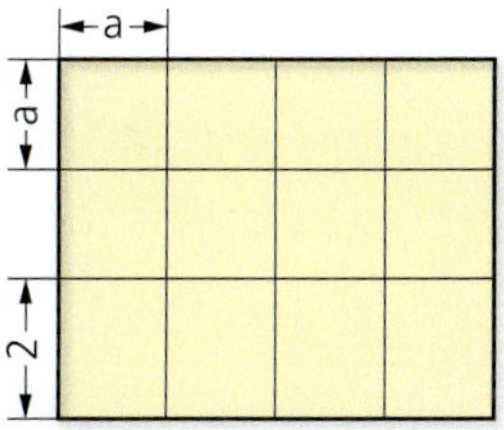

29 Zahlen gesucht

a) Die Summe dreier aufeinander folgender natürlicher Zahlen ist 2007.
b) Die Summe von vier aufeinander folgenden natürlichen geraden Zahlen ist 1972.
c) Die Summen dreier aufeinander folgender natürlicher ungerader Zahlen ist 69.

30 Termmauern 2

Für welchen Wert für x ergeben sich im oberen Stein der Mauern die gleichen Zahlen? Es handelt sich um Additionsmauern.

a)

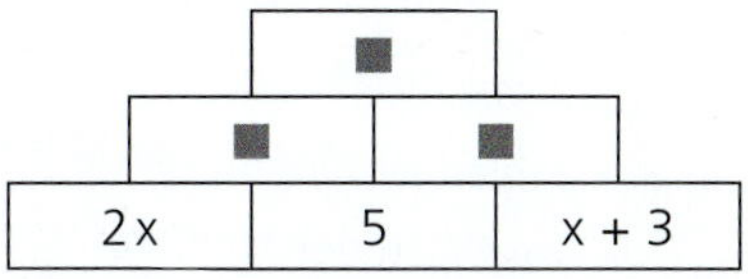

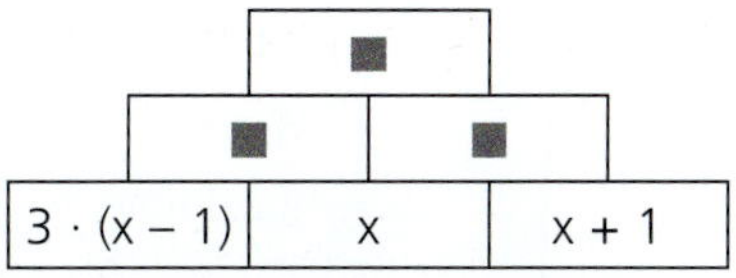

b)

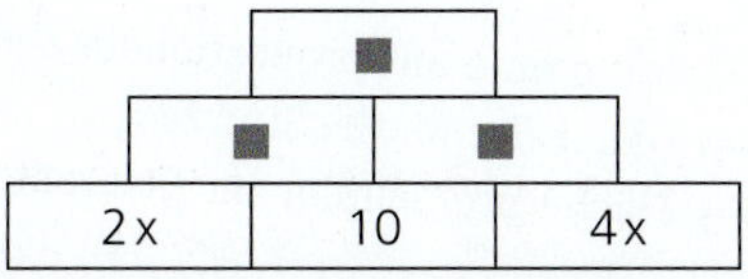

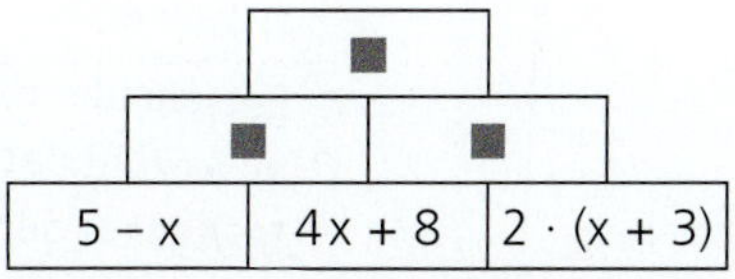

Übungen

Terme helfen beim Beweisen

31 Beweisen 1

In einem Mathematikwettbewerb steht die Aufgabe:

> Beweise, dass die Summe dreier aufeinanderfolgender natürlicher Zahlen immer durch 3 teilbar ist.

Corinna erhält auf ihre Lösung nur einen Punkt:
$3 + 4 + 5 = 12 = 3 \cdot 4$
$17 + 18 + 19 = 54 = 3 \cdot 18$
$105 + 106 + 107 = 318 = 3 \cdot 106$
Die Summe ist immer durch 3 teilbar.

Yvonne erhält die volle Punktzahl von 4 Punkten:
$n + (n + 1) + (n + 2) = 3 \cdot n + 3$
$3 \cdot n + 3 = 3 \cdot (n + 1)$
$3 \cdot (n + 1)$ ist durch 3 teilbar, egal, welche natürliche Zahl ich für n einsetze.

Hältst du die Bewertung für gerecht? Worin unterscheiden sich die beiden Lösungen? Welchen Vorteil bringt hier die Termdarstellung?

Tipp

Eine Zahl ist durch 3 teilbar, wenn sie sich als Produkt mit dem Faktor 3 schreiben lässt.

32 Beweisen 2

Beweise: Wenn zwei natürliche Zahlen a und b durch 3 teilbar sind, dann ist auch die Summe a + b durch 3 teilbar.

Problemlösen

siehe Aufgabe 31

33 Termmauern 3

In den unteren drei Steinen stehen drei aufeinander folgende Zahlen. Welcher Term steht an der Spitze? Welche Eigenschaft hat der Spitzenstein? Beim Entdecken dieser Eigenschaft hilft das Bauen mit Zahlen.
Baue eine entsprechende Mauer aus vier Steinen.

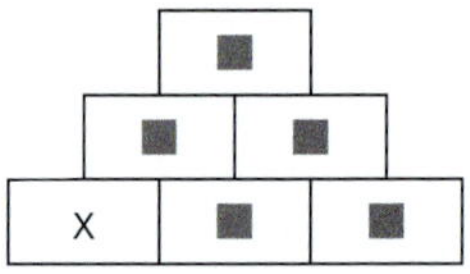

Additionsmauer

Partnerarbeit

34 Termmauern 4

a) Warum kannst du mit den zwei Einsetzungen nicht sofort eine Mauer bauen? Finde mindestens zwei verschiedene Lösungen und erläutere deinem Partner, wie du sie gefunden hast.
b) Setze für einen Stein ein x ein und baue die Mauer. Dein Partner setzt in einem anderen Stein ein y ein und baut auch die Mauer. Findet ihr eine Beziehung zwischen x und y?

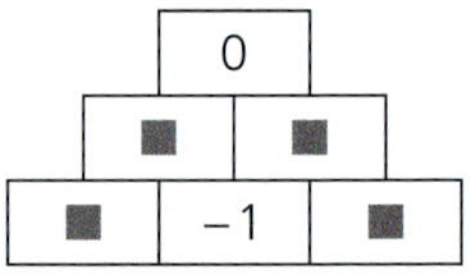

Additionsmauer

Kopfübungen

1. Addiere $1\frac{1}{4}$ und $2\frac{1}{5}$.
2. In welchen der Vierecke kreuzen sich die Diagonalen nicht in jedem Fall in einem rechten Winkel?
   a) Quadrat b) Rechteck c) Raute d) Drachen
3. Der Rotaugenvireo (eine Vogelart) ist ein unermüdlicher Sänger. Bis 5.00 Uhr hat ein Vogel dieser Art bereits 1700 Strophen gesungen, bis 6.00 Uhr waren es 3800. Schätze: Wie viele Strophen hat er innerhalb von zehn Stunden gesungen?
4. Wie viel Kubikzentimeter enthält ein Kubikmeter?
5. Bestimme die Zahl, die auf der Zahlengeraden in der Mitte zwischen − 15 und 13 liegt.
6. Füge genau eine Zahl hinzu so, dass sich der Median (Zentralwert) nicht verändert:
   5; 1; 2; 4; 3.
7. Entscheide: Handelt es sich um eine antiproportionale Zuordnung?
   a) Anzahl der Schüler → Dauer der Mathe-Stunde
   b) Anzahl der Schüler → Fläche pro Schüler im Klassenraum

Sicherheit im Termumformen erfordert ein bisschen Übung.

Term-Trainer

Schreibe etwa 30 Karteikarten (DIN A7) mit verschiedenen Aufgaben zum Rechnen mit Termen. Schreibe auf die Rückseite jeweils die Lösung, ggf. auch verschiedene mögliche Lösungen. Stelle die Karteikarten gut durchmischt in einen Kasten.

> Tipps zur Erstellung des Term-Trainers:
> Die Karteikarten erstellt ihr am besten in Gruppenarbeit. Dabei wählen wir verschiedene Aufgabenkategorien, die am Rand mit verschiedenfarbigen Streifen gekennzeichnet werden. Für das Training nach längerer Pause ist es sehr nützlich, wenn zu jedem Aufgabentyp noch jeweils zwei „goldene" Karteikarten erstellt werden, bei denen auf der Rückseite der ausführliche Lösungsweg dargestellt ist.

Aufgaben, die du noch nicht sicher lösen kannst, steckst du in den vorderen Teil der Kiste, die anderen nach hinten. Die Aufgaben aus dem vorderen Teil nimmst du dir bei Gelegenheit dann noch einmal vor. Wenn alle Karten im hinteren Teil gelandet sind, bist du fit. Von Zeit zu Zeit (z. B. zur Vorbereitung der Klassenarbeit) kannst du deine Fähigkeiten mit neu durchmischten Karten auffrischen.

Hier sind einige Vorlagen für Karteikarten (ohne die Lösungen). Weitere Aufgaben könnt ihr nach den Mustern der Aufgaben auf den vorangehenden Seiten oder mit eigenen Ideen gewinnen.

> Den Term-Trainer unbedingt aufheben. Er wird später ergänzt und zum weiteren Training wieder benutzt.

Gegebene Terme vereinfachen

$5x + 3x - 8x$	$3x + 4 - 2x + 6$	$3x + 6y + 9x + y - x$
$5 \cdot (a + 2) - 3a$	$3a - 5b + 2 \cdot (a + b)$	$3 \cdot (x + y) + 2 \cdot (x - y) - 5x + 3y$
$3 \cdot (u + 2) + 5 \cdot (2 + u)$	$(4a - 2b) : 2 + (a + b)$	$\frac{1}{2} \cdot (x + 1) + 2(\frac{1}{2}x + \frac{1}{4})$

Terme aufstellen und vereinfachen

Oberfläche $O(x) = ■$

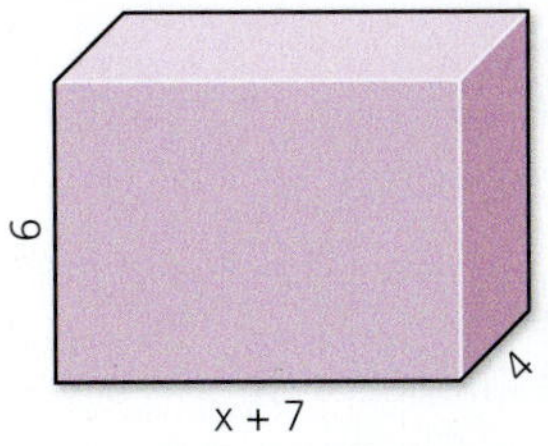

Zahlentrick $T(x) = ■$

Denke dir eine Zahl
↓
Addiere 5
↓
Multipliziere mit 4
↓
Addiere 28

Umfang $U(x) = ■$

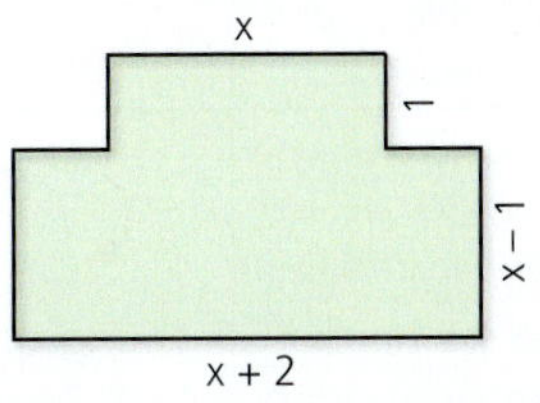

Gleichungen lösen

$9 + 7x + 45 = 9x - 26 - 7x$

$8x = 13 + 6 \cdot (x - 3)$

$3 \cdot (2x - 5) - 7x = 2 \cdot (4x - 7) + 17$

Bei welchen vier aufeinanderfolgenden natürlichen Zahlen ist deren Summe dreimal so groß wie die größte dieser Zahlen?

Wo steckt der Fehler? $3 \cdot (a - b) = 3a - b$	Wo steckt der Fehler? $9x - 6 - 3x = 3x - 3x = 0$	Wo steckt der Fehler? $(5 \cdot 3) \cdot x - x = 15$

Gleichungen und Terme

Viele Probleme und Zahlenrätsel lassen sich in eine Gleichung übersetzen.

Aufstellen der Gleichung

1. Lege die Unbekannte x fest.
2. Übersetze die Problemstellung in Terme.
3. Welche Terme sind gleich? Stelle die Gleichung auf.

Lösen der Gleichung

Lösen durch Probieren: $3 \cdot x + 12 = 45$

Lösen mit Tabelle: $5x - 2 = 3x + 10$

x	1	2	3	...	6
5x – 2	3	8	13	...	**28**
3x + 10	13	16	19	...	**28**

Lösen mit Graph: $5x - 2 = 3x + 10$

$T_1(x) = 5x - 2$
$T_2(x) = 3x + 10$

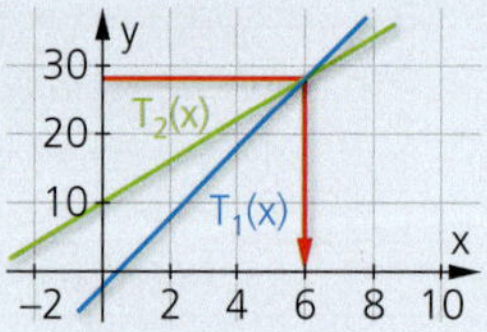

Äquivalenzumformungen

Addieren oder Subtrahieren des gleichen Terms	$7x + 3 = 5x - 2$ $\vert -5x$ $2x + 3 = -2$
Addieren oder Subtrahieren der gleichen Zahl	$2x + 3 = -2$ $\vert -3$ $2x = -5$
Multiplizieren oder Dividieren mit der gleichen Zahl (≠ 0)	$2x = -5$ $\vert :2$ $x = -\frac{5}{2}$

Ziel ist es, die Gleichung durch zulässige Umformungen auf die Form x = ■ zu bringen.

Probe

Mit der **Einsetzprobe** entlarvst du Fehler beim Umformen, mit der **Problemprobe** Fehler beim Aufstellen der Gleichung.

Check-up

1 Vom Text zur Gleichung

Übersetze die folgenden Texte in eine Gleichung und löse diese.

a) Das Vierfache einer Zahl ist 48.
b) Das Doppelte einer Zahl vermindert um 12 ergibt 10.
c) Die Summe einer Zahl und ihrer Hälfte ergibt 33.

2 Ein Fußballturnier

Beim Fußballturnier der 7. Klassen haben Frauke, Jochen und Sabine zusammen die Hälfte der insgesamt 14 Tore geschossen. Jochen hat 1 Tor weniger als Frauke, Sabine 2 Tore weniger als Jochen erzielt. Wie viele Tore hat jeder der drei erzielt?

3 Mutter und Sohn

Frank und seine Mutter sind zusammen 48 Jahre alt. Die Mutter ist dreimal so alt wie Frank. Welche Gleichung beschreibt diesen Sachverhalt? Wofür steht die Unbekannte x?

a) $x + 3 = 48$ b) $x + 3x = 48$ c) $x + 48 = 3x$

Wie alt ist Frank, wie alt ist seine Mutter?

4 Zwei Handytarife von früher

In dem Koordinatensystem sind die Graphen zu zwei Handytarifen gezeichnet.

A: Grundgebühr 10 €, Gesprächsgebühr 0,20 €/min.

B: keine Grundgebühr, Gesprächsgebühr 0,30 €/min.

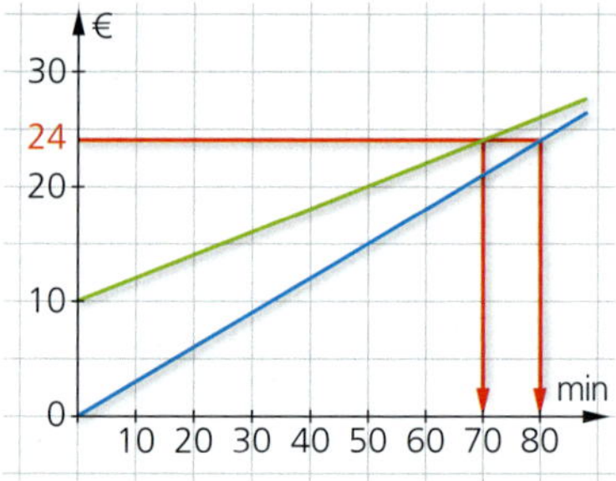

Welcher Graph gehört zu welchem Tarif?

Wie viele Minuten kann man bei jedem Tarif für 24 € telefonieren? Lies die Antwort aus den beiden Graphen ab.

5 Gleichungen I

Löse die Gleichungen mithilfe von Tabellen und Grafiken.

a) $3x - 9 = 7 + x$
b) $-3(x + 5) = 5x$
c) $3x + 4 = 2(6 - x) + 5x$
d) $4x - 13 = 8 - x$
e) $(x - 5) \cdot (x + 3) = 0$
f) $4 \cdot (3x - 6) = 6 \cdot (2x - 4)$

6 Ein Trapez

Der Umfang des Trapezes ist 34 cm. Stelle eine Gleichung auf und bestimme damit die Seitenlängen. Mache die Probe.

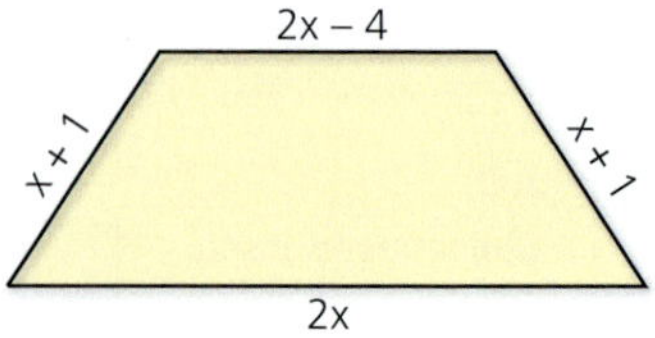

7 Gleichungen II

Löse die Gleichungen mit Äquivalenzumformungen.

a) $4x - 2 = 3x + 6$
b) $24 + (10 - x) = 4x + 12$
c) $4{,}2 - 2x = 3 \cdot (x + 1{,}4)$
d) $3x + 6 = 3x - 6$
e) $4 \cdot (x + 3) = 12 + 4x$
f) $3 \cdot (2x - 6) = 3x + 9$

Gleichwertige Terme

Der gleiche Flächeninhalt kann durch unterschiedlich aussehende Terme beschrieben werden.

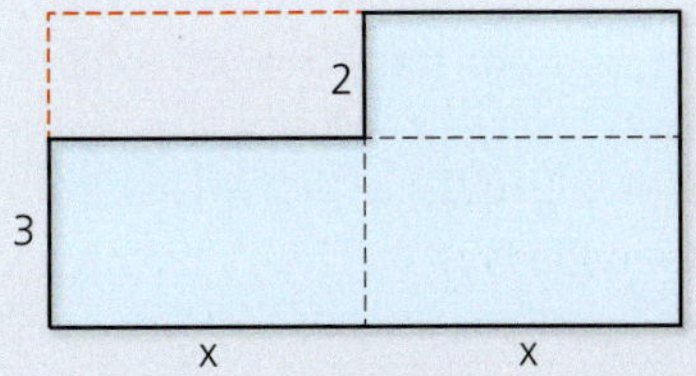

Bei jeder Einsetzung für die Variable x erhalten wir mit jedem Term den gleichen Wert.

x	x · 3 + x · 5	2x · 5 – 2 · x	2x · 3 + x · 2
3	24	24	24
4,5	36	36	36
6	48	48	48

Rechnen mit Termen

Mithilfe von Rechenregeln können wir Terme in gleichwertige Terme umformen. Dabei gelten die gleichen Gesetze wie beim Rechnen mit Zahlen.

Kommutativgesetz	$3x + 5 = 5 + 3x$ $a \cdot 4 = 4 \cdot a$
Assoziativgesetz	$2x + (x - 3) = (2x + x) - 3$ $= 3x - 3$ $3 \cdot (2x) = (3 \cdot 2) \cdot x = 6x$
Distributivgesetz	$5 \cdot (x - 2) = 5x - 10$ $(2a + 4b) : 2 = a + 2b$

Strategien beim Termumformen

Ordnen und Zusammenfassen	$6x - 2 - 3x + 5 = 3x + 3$
Ausmultiplizieren und Zusammenfassen	$3(a + 2) - 5$ $= 3a + 6 - 5 = 3a + 1$
Ordnen	$5x + 2 - 2x + 1$ $= 3x + 3$

Ziele beim Termumformen

- Terme als gleichwertig erkennen
- Terme vereinfachen
- Bestimmte Eigenschaften von Termen erkennen

Check-up

8 **Ein Paket**

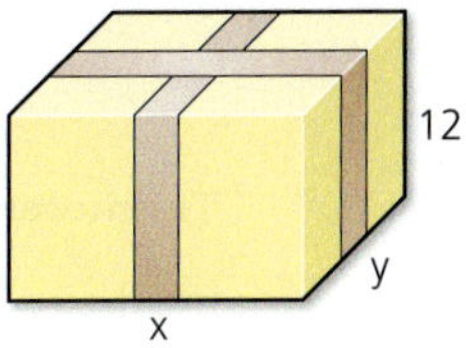

Das Paket wird mit Klebeband gesichert. Welche Terme beschreiben die Länge des benötigten Klebebandes? Zeige, dass diese Terme gleichwertig sind.

a) $2x + 2y + 4 \cdot 12$ b) $2 \cdot (x + y) + 48$ c) $x + y + 12$
d) $2 \cdot (x + 12) + y$ e) $x + y + 12 + 12 + 12 + 12 + y + x$

9 **Gleichwertige Terme**

Jeweils zwei Terme sind gleichwertig, finde die Paare.

$3x - x$	$3 \cdot (x + 2) - 2x + 2$	$15 - 5x$
$5 \cdot (x + 3) - 10x$	$2x$	$x + 8$

10 **Ein Zahlentrick**

Übersetze den Zahlentrick in einen Term. Zeige mithilfe einer Termumformung, dass man für jede gedachte Zahl das Fünffache dieser Zahl als Ergebnis erhält.

Denke dir eine Zahl
↓
Subtrahiere 12
↓
Multipliziere mit 4
↓
Addiere die gedachte Zahl
↓
Addiere 48

11 **Welche Rechengesetze?**

Welche Rechengesetze wurden jeweils angewandt?

a) $3 \cdot (3 \cdot x) = 9x$ b) $5 + 2x = 2x + 5$
c) $4 + (x + 2) = 6 + x$ d) $2 \cdot (x + 3) = 2x + 6$
e) $5 \cdot (2x + 1) = 10x + 5$ f) $4x + (2x - 3) = 6x - 3$

12 **Welches Rechengesetz wird in dem Bild veranschaulicht?**

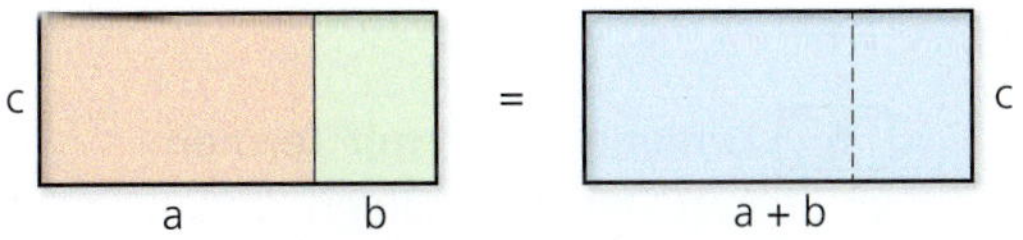

13 **Distributivgesetz anwenden**

Ausmultiplizieren: a) $9 \cdot (x + 5)$ b) $(6x - 3y) : 3$

Zuerst ausmultiplizieren, dann ordnen und zusammenfassen:

c) $6(a - 5) + 22 + 4a$ d) $2{,}4 \cdot (x - 5) + 1{,}6(14 + x)$

14 **Terme vereinfachen**

a) $4{,}8x + 2 - 2{,}4x + 0{,}4$ b) $3a + 2b - a - b + 2a$
c) $5 \cdot (x - 3) + 4 \cdot (1{,}5 - x)$ d) $(10x - 8y) : 2 + (6x - 5y)$

15 **Ein Quadrat und ein Rechteck**

Bestimme x so, dass das Quadrat den gleichen Umfang hat wie das Rechteck. Vergleiche dann die beiden Flächeninhalte.

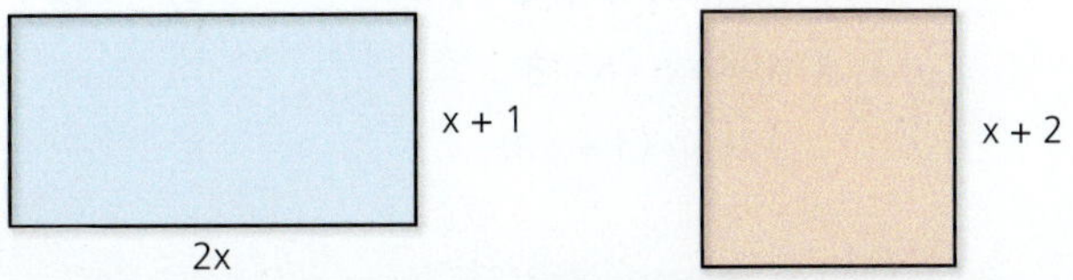

Sichern und Vernetzen – Vermischte Aufgaben zu Kapitel 6

Trainieren

1 Gleichungen über Gleichungen

Löse die Gleichungen sowohl grafisch – tabellarisch als auch mithilfe von Äquivalenzumformungen.

a) $3x - 8 = 7$ b) $5 - 4x = 11$ c) $4x - 5 = 13 + 2x$

d) $6x - 10 = 2\cdot(x + 1)$ e) $3 \cdot (x - 5) = x + 2\cdot (x + 1)$ f) $\frac{1}{3}x + 4 = \frac{2}{3} + x$

g) $4x = 2 \cdot (3 + 2x) - 6$ h) $6 \cdot (2 - x) = \frac{1}{2}x + 4$ i) $5x + 3(2 + x) = 7$

2 Vom Text zur Gleichung

Stelle jeweils eine Gleichung auf und löse nach einem Verfahren deiner Wahl.

a) Das Vierfache einer Zahl ist 52.

b) Die Hälfte einer Zahl um 2 vermehrt ist das Doppelte der Zahl.

c) Eine Zahl mit dem Doppelten der Zahl addiert, ergibt 30.

d) Wenn man zu einer Zahl 1 addiert und das Ergebnis mit 3 multipliziert, erhält man das Gleiche, wie wenn man die Zahl mit 4 multipliziert und 1 subtrahiert.

3 Ein Dreieck

Der Umfang des Dreiecks ist 20 cm. Stelle eine Gleichung auf und bestimme damit die fehlenden Seitenlängen.

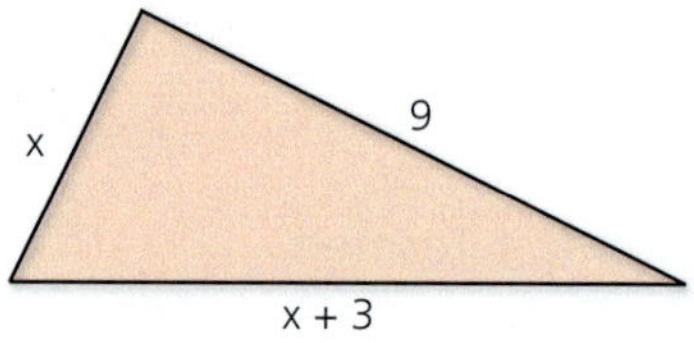

4 Zwei Strecken

Die Strecken $\overline{AB}$ und $\overline{CD}$ sind gleich lang. Stelle eine Gleichung auf und bestimme die Länge der Strecken.

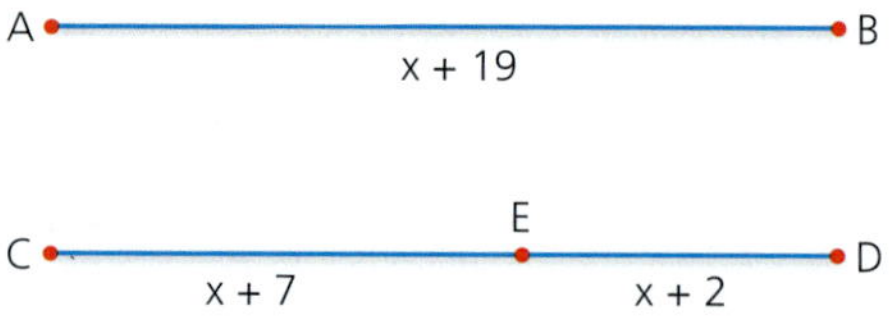

5 Zahlenmauern mit Termen

Im oberen Stein der beiden Zahlenmauern soll die gleiche Zahl stehen. Was muss dann für x eingesetzt werden?

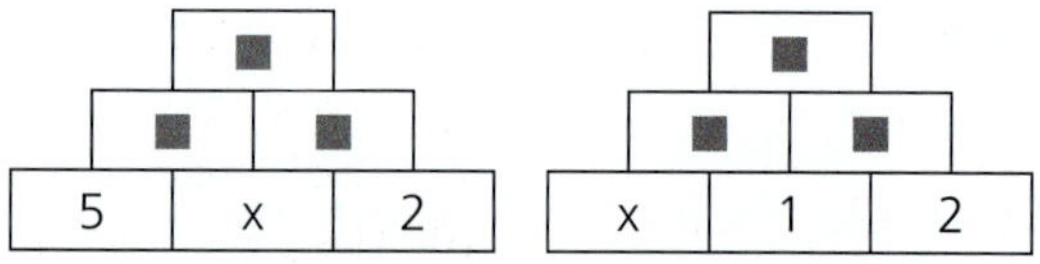

6 Namen von Termen

Welchen Namen haben die Terme („Hauptrechenart")? Zeichne jeweils einen Rechenbaum.

a) $3x - 6y$ b) $7 - 4x + 1$ c) $x : 10 + 6x$ d) $5 \cdot (x + 2) \cdot 4$

7 Terme vereinfachen

Fasse die Terme weitestgehend zusammen.

a) $2 \cdot 4x\cdot 8y$ b) $5x - 4y + 2x + y$ c) $a \cdot (6 - b) + b \cdot (1 + a)$

d) $3 \cdot (x + 4) + 2x - 12$ e) $3 \cdot (a + b) + a \cdot (b - 3)$ f) $\frac{4a - 4b}{2} - 2a$

g) $4 \cdot x \frac{2}{3} x \cdot 3$ h) $(8a - 12b) : 2 + 2b$ i) $6a : 2b - \frac{a}{b}$

j) $\frac{2}{3}a \cdot (3 + \frac{5}{6}a)$ k) $(-a) \cdot (-b) + 3 \cdot (-a)b$ l) $a - b + 2 \cdot (a - b)$

Verstehen

8 Gleichungen bauen

a) Löse die Gleichung $4x - 6 = 2x + 4$ mit Äquivalenzumformungen.

b) Ergänze die rechte Seite auf drei verschiedene Arten so, dass die Gleichung dieselbe Lösung wie a) hat: $4x - 6 = \blacksquare$
Vergleiche zu jeder Gleichung die Grafiken miteinander und beschreibe Gemeinsamkeiten und Unterschiede.

GTR

9 Optische Täuschungen?

a) Daniela versucht, die Gleichung $\frac{2}{3}x - 3 = \frac{5}{8}x + 1$ grafisch mit dem GTR zu lösen und kommt zu dem Ergebnis, dass die Gleichung keine Lösung hat. Paul ist da skeptisch …

b) Mathias versucht, die Gleichung $2x + 1 = 0{,}5x + 25$ grafisch zu lösen und wundert sich, weil er den zweiten Graphen nicht findet …

c) Niko meint, dass man grafisch eigentlich nie genau entscheiden kann, ob eine Gleichung keine Lösung hat. Was meinst du?

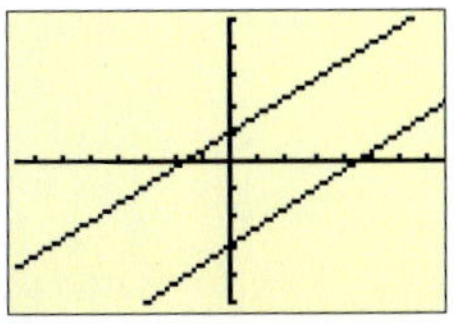

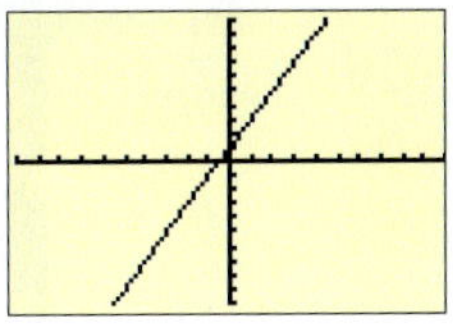

Anwenden

10 Flächen- und Rauminhalte

Wie verändert sich

a) der Flächeninhalt eines Rechtecks mit den Seiten a und b, wenn man beide Seiten verdreifacht (halbiert)?

b) der Rauminhalt eines Quaders mit den Seiten a, b und c, wenn man alle drei Seiten verdoppelt (verdreifacht)?

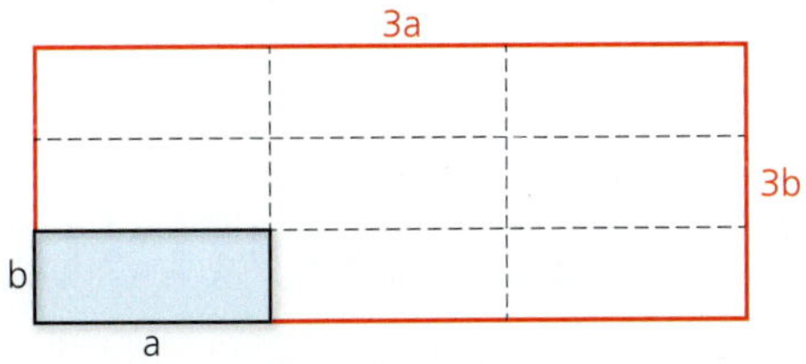

$A(a, b) = a \cdot b$

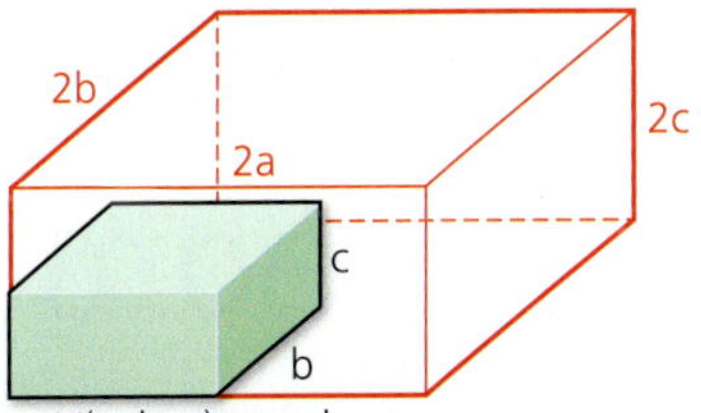

$V(a, b, c) = a \cdot b \cdot c$

Begründe jeweils mithilfe des Bildes und mithilfe der Formel.

11 Zwei Wasserbecken

Zwei Wasserbecken werden gleichzeitig gefüllt. Im Becken 1 befinden sich bereits 300 Liter, und pro Minute fließen 20 Liter hinzu. Im Becken 2 befinden sich erst 100 Liter, aber es fließen pro Minute 30 Liter hinzu. Gibt es einen Zeitpunkt, an dem in beiden Becken die gleiche Menge Wasser ist?

Tipp
$10\text{ min} = \frac{1}{6}\text{ h}$

12 Eine Radtour

Felix und Anton machen eine Radtour. Felix fährt mit einer Geschwindigkeit von 15 km/h los. Anton fährt 10 Minuten später mit der Geschwindigkeit von 18 km/h los. Das Ziel liegt 16 km entfernt.

Tipp
x: Anzahl Buch1
y: Anzahl Buch2
$y = 30 - x$

13 Verteilung eines Buchpreises

a) Die 30 Gewinner eines Mathe-Wettbewerbes sollen mit jeweils einem Buch ausgezeichnet werden. Es stehen zwei verschiedene Bücher im Wert von 23 € bzw. 18 € zur Auswahl. Wie viele Bücher zu 23 € und wie viele zu 18 € müssen gekauft werden, wenn das Preisgeld von 600 € genau aufgebraucht werden soll?

b) Wie sieht es aus, wenn es bei dem Wettbewerb 31 Gewinner gibt?

7

Geometrische Konstruktionen an Dreiecken

Dreiecke sind so etwas wie „Grundbausteine“ der ebenen und räumlichen Geometrie. Sie finden darüber hinaus auch vielfältige Anwendung im Alltag, z.B. bei der Stabilisierung von Holz- oder Stahlkonstruktionen, bei der Vermessung im Gelände oder bei der künstlerischen Ausgestaltung in der Architektur.

Dreiecke lassen sich aus wenigen Angaben eindeutig konstruieren, damit lassen sich kongruente Dreiecke leicht identifizieren.

7.1 Konstruktion von Dreiecken

Wie kann ich zu einem gegebenen Dreieck ein genau „deckungsgleiches" Dreieck konstruieren. Wie viele und welche Größen des Dreiecks benötige ich dazu?

Mit welchen Strategien lassen sich die Konstruktionen sicher ausführen?

Von einem Dreieck ist eine Seitenlänge und die Größe der beiden anliegenden Winkel gegeben.

Kannst du das Dreieck damit eindeutig konstruieren?

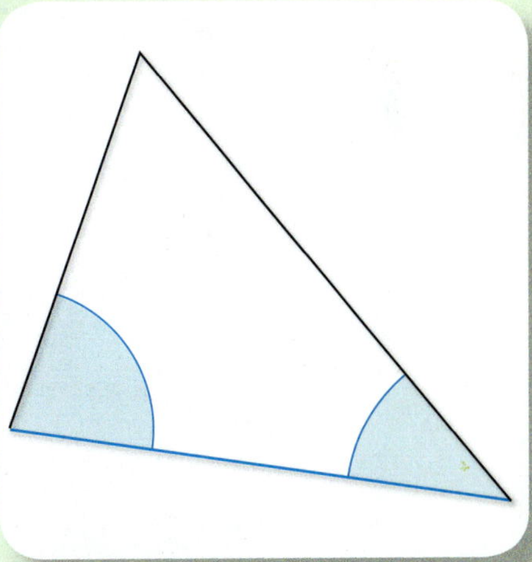

7.2 Dreieckskonstruktionen lösen Probleme

Mithilfe von Dreieckskonstruktionen kann man Längen und Winkel bestimmen, die in Wirklichkeit nicht einfach gemessen werden können.

Die Angabe auf dem Straßenschild bedeutet:
Die Straße steigt auf 100 m um 12 m an.

Welcher Steigungswinkel gehört zu 12 %?

7.1 Konstruktion von Dreiecken

Beim Fußballspielen ist der Ball in einer dreieckigen Fensterscheibe gelandet. Beim Glaser wollen wir ein neues Glas zuschneiden lassen. Welche Maße müssen wir mitteilen, damit wir ein Dreieck erhalten, das in Form und Größe genau mit dem alten übereinstimmt? Genügt es, wenn wir die drei Seitenlängen angeben, oder müssen wir auch die Winkel ausmessen? Wie kann man mit möglichst wenigen Angaben entscheiden, ob eine geometrische Figur genau „deckungsgleich" (kongruent) mit einer anderen Figur ist und wie kann man diese konstruieren? Die Kongruenz von Dreiecken hat dabei besondere Bedeutung, da man jedes Vieleck durch Diagonalen in Dreiecke zerlegen kann.

Aufgaben

1 **Geometrisches Puzzle**

Konstruiere die Figuren exakt in der angegebenen Form und Größe auf Pappe und schneide sie aus.

a) Welche Maße der Figuren müssen gemessen werden, damit die Konstruktion gelingt? Versuche mit möglichst wenigen Angaben auszukommen. Am besten bewältigt ihr die Aufgabe in Partnerarbeit: einer misst und der andere zeichnet mit den genannten Maßen auf Pappe. Wechselt euch bei den Figuren ab.
Zur Kontrolle könnt ihr die ausgeschnittenen Pappfiguren auf die Originalteile legen.

b) Vergleicht eure Lösungen mit denen anderer Gruppen. Habt ihr bei manchen Figuren zu viele oder zu wenige Größen gemessen?

Aufgaben

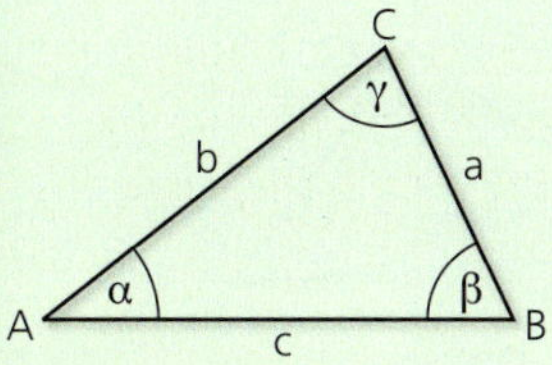

2 Kartenausschnitt

Übertrage aus einer passenden Karte durch Konstruktion das Städtedreieck Köln-Aachen-Koblenz auf ein A4-Blatt. Notiere, welche Größen du gemessen hast, und beschreibe deine Konstruktion.

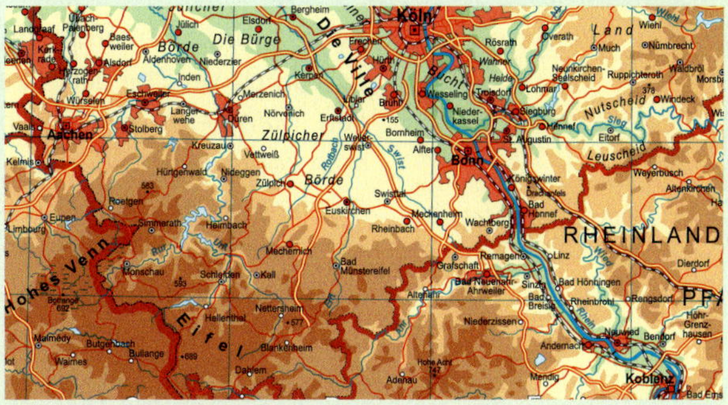

3 Steckbriefe

a) Versuche jeweils mithilfe der Angaben auf dem Steckbrief ein „Phantombild" des gesuchten Dreiecks zu zeichnen.

Dreieck gesucht
Besondere Merkmale:
$\overline{AB} = 10$ cm, $\overline{AC} = 6$ cm, $\overline{BC} = 5$ cm

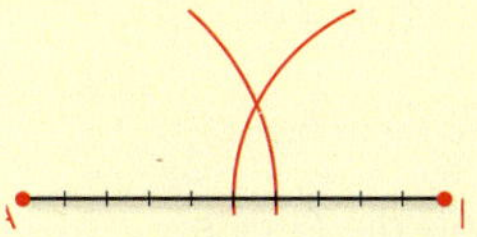

Dreieck gesucht
Besondere Merkmale:
$\overline{AB} = 10$ cm, $\overline{AC} = 6$ cm, $\overline{BC} = 3$ cm

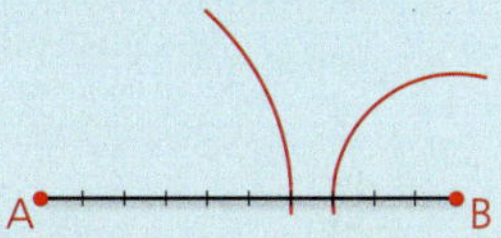

Dreieck gesucht
Besondere Merkmale:
$\overline{AC} = 5$ cm, $\gamma = 50°$

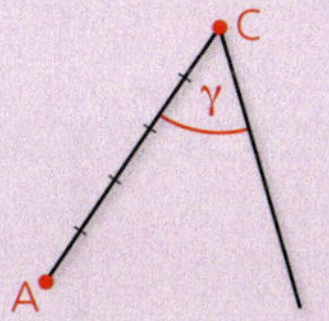

Dreieck gesucht
Besondere Merkmale:
$\overline{BC} = 6$ cm, $\beta = 70°$, $\gamma = 80°$

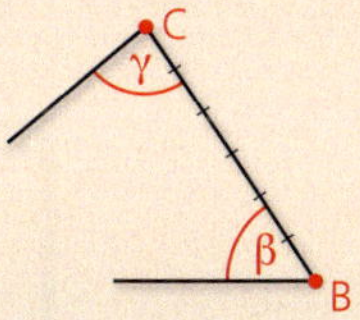

b) Vergleiche deine Ergebnisse mit deiner Nachbarin oder deinem Nachbarn. Führen die Angaben immer zu einem Dreieck?

c) Erstelle nun selber einen Steckbrief und lasse deine Mitschüler das zugehörige „Phantombild" zeichnen.

4 Deckungsgleiche Figuren

Welche Figuren stimmen in Größe und Form genau überein? Begründe.
Überprüfe deine Vermutungen, indem du die Figuren auf Folie zeichnest oder abzeichnest und nach dem Ausschneiden übereinander legst.

Tipp
Auch achsensymmetrische Figuren stimmen in Größe und Form überein.

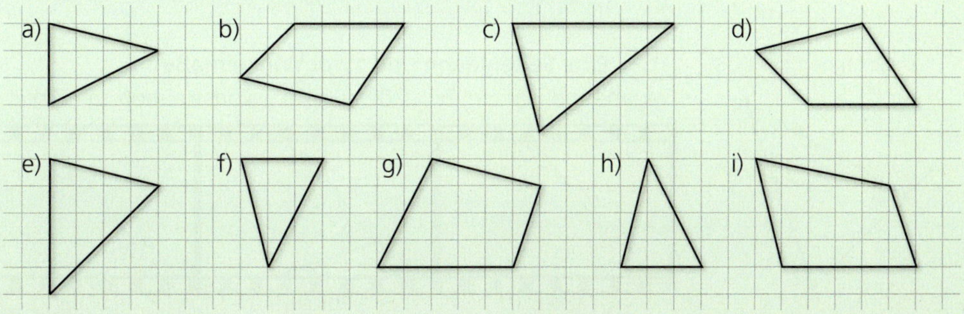

Basiswissen

In der Mathematik erfolgen die Bezeichnungen entgegen dem Uhrzeigersinn.

Figuren, die nach Größe und Form vollständig übereinstimmen, lassen sich durch Verschieben, Drehen und Spiegeln genau zur Deckung bringen. Man nennt sie deckungsgleich oder kongruent. In der Praxis stellt man kongruente Figuren z. B. mithilfe von Gussformen oder Schablonen her. In der Geometrie kann man sie mithilfe einiger gegebener Größen eindeutig konstruieren. Bei Dreiecken genügt dabei die Angabe von drei geeigneten Größen.

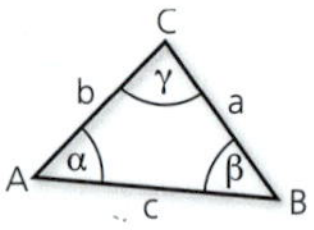

Kongruente Dreiecke – Kongruenzsätze

Ein Dreieck ist eindeutig konstruierbar, wenn

SSS die drei Seitenlängen gegeben sind.

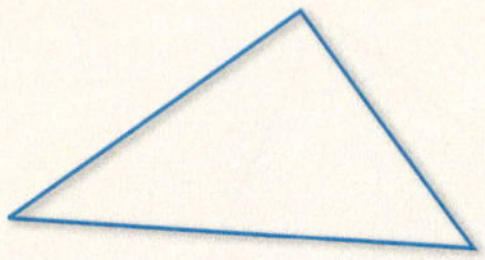

SWS zwei Seitenlängen und die Größe des eingeschlossenen Winkels gegeben sind.

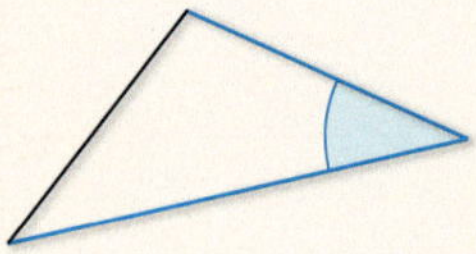

WSW eine Seitenlängen und die Größe der beiden anliegenden Winkel gegeben sind.

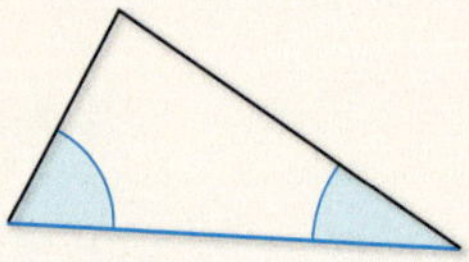

Beispiele

A Drei Seitenlängen

Gegeben: a = 2 cm, b = 3 cm, c = 4 cm

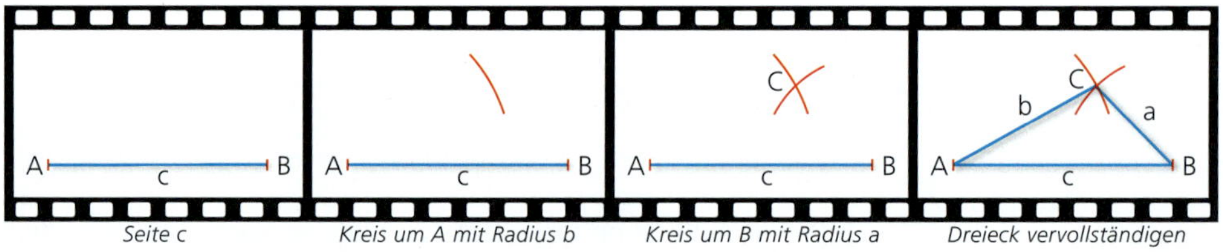

B Zwei Seitenlängen und Größe des eingeschlossenen Winkels

Gegeben: a = 2 cm, β = 70°, c = 4 cm

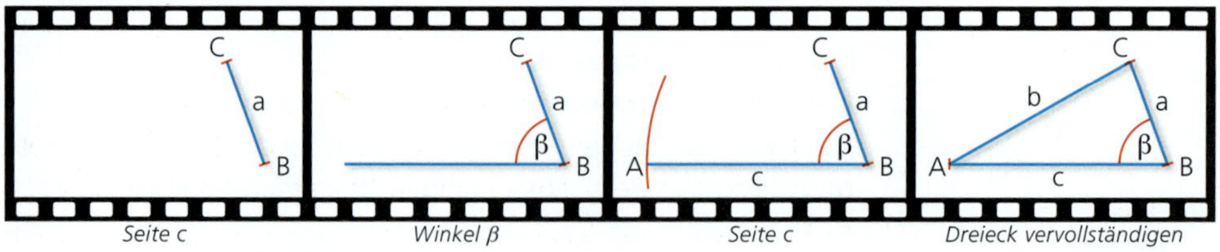

Konstruktion mit DGS

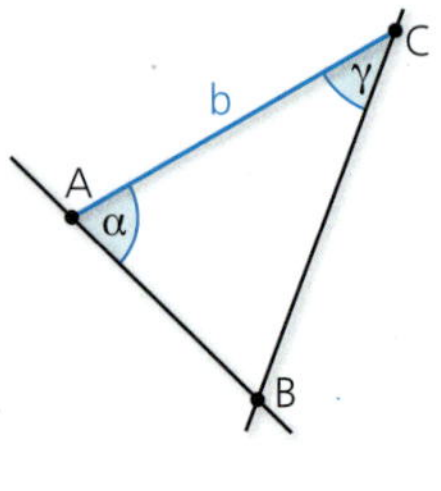

C Eine Seitenlänge und zwei Winkelmaße

Gegeben: b = 2 cm, α = 70°, γ = 40°, Konstruktion mit Zirkel und Lineal:

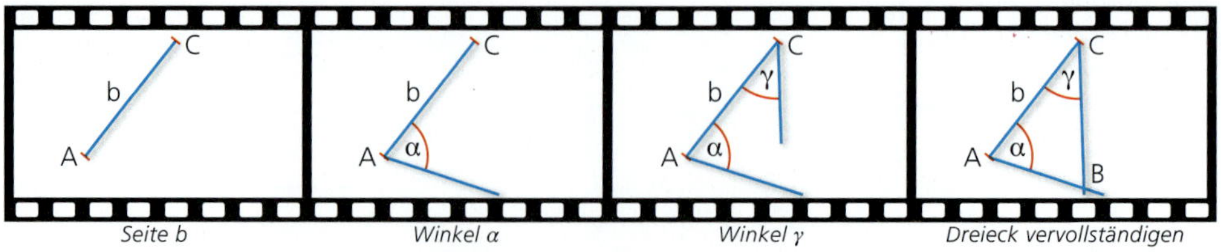

Übungen

5 Konstruktionen eines Dreiecks

Führe die Konstruktionen in den Beispielen A, B und C selbst aus.

6 Konstruktionsbeschreibung

Mareike hat das Problem der Konstruktion eines Dreiecks mit $a = 7$ cm, $b = 5$ cm und $\alpha = 30°$ gelöst und auf Karten notiert. Ordne die Karten und führe die Konstruktion selbst aus.

- Verbinde B und C
- Kennzeichne die Eckpunkte A und C
- Seite b = 5 cm zeichnen
- Kennzeichne den Schnittpunkt B
- Kreis um C mit dem Radius a = 7 cm zeichnen
- In A den Winkel $\alpha = 30°$ abtragen

↘ Strategie zum Konstruieren von Dreiecken

Zeichne zunächst eine Planfigur und markiere die gegebenen Größen grün.
Beginne die Konstruktion mit einer Größe.
Wenn du nicht weiterkommst, dann kann der Beginn mit einer anderen Größe helfen.

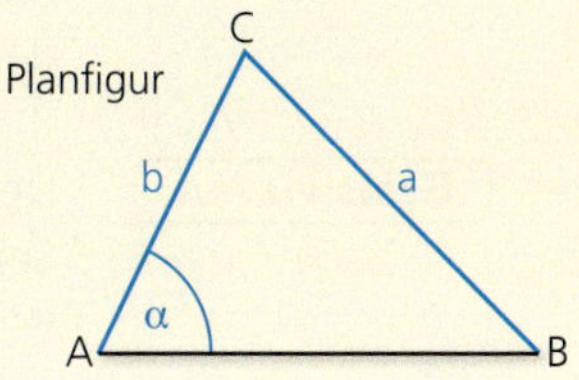

7 Trainieren

Konstruiere die Dreiecke. Schreibe die einzelnen Schritte wie in Aufgabe 6 auf und gib an, welchen Kongruenzsatz du verwendest hast. Zum Vergleich mit einem Nachbarn solltest du die anderen Größen messen. So hast du eine gute Kontrollmöglichkeit.

a) $a = 6$ cm; $b = 4$ cm; $c = 8$ cm
b) $a = 8$ cm; $c = 5$ cm; $\beta = 60°$
c) $c = 5$ cm; $a = 3{,}5$ cm; $b = 4{,}2$ cm
d) $c = 5$ cm; $\alpha = 30°$; $\beta = 70°$
e) $a = 6{,}5$ cm; $\alpha = 45°$; $\gamma = 65°$
f) $b = 5$ cm; $\alpha = 30°$; $\beta = 35°$

8 Kongruente Dreiecke

Sind die beiden Dreiecke jeweils zueinander kongruent? Begründe.

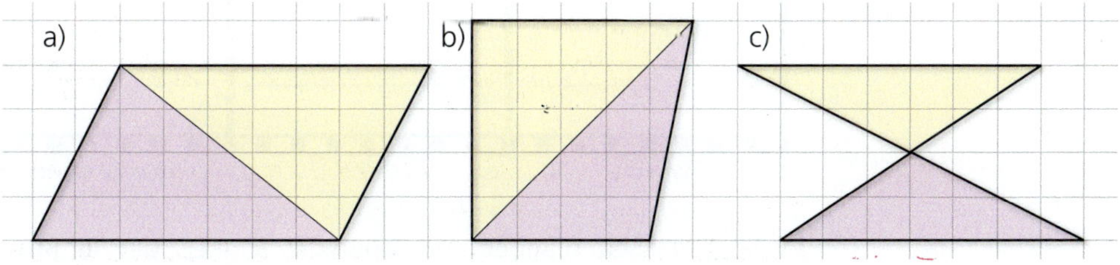

9 Winkelgrößen ohne Messen

Die Dreiecke haben alle eine Seite der Länge 2,5 cm und Winkel von 35° und 60°.

a) Welche Dreiecke sind kongruent zueinander? Begründe.
b) Konstruiere die Dreiecke in deinem Heft. Bei welchen Dreiecken musst du hierfür eine zusätzliche Größe bestimmen?

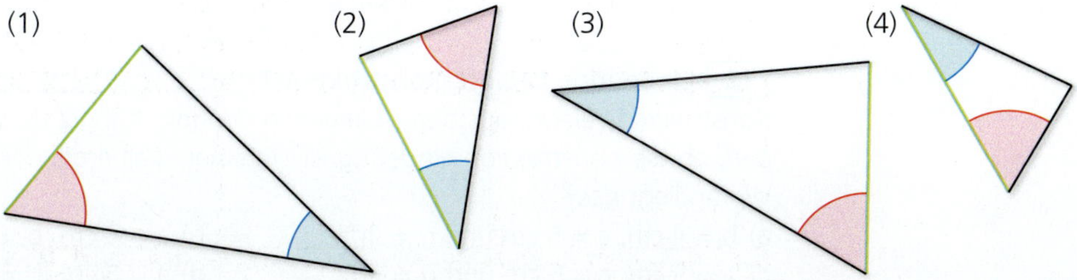

Tipp

Wenn zwei Winkel gegeben sind, kannst du den dritten einfach berechnen:
$\alpha + \beta + \gamma = 180°$

Übungen

10 **Dreieckskonstruktion mit Wahlmöglichkeit**

Goldgräber Joe bekommt ein dreieckiges Stück Land zugewiesen: Eine Ecke A liegt am Zusammentreffen des Colorado Rivers mit dem Dirty Devil River. Die zweite Ecke B liegt 50 m aufwärts am Colorado River. Die dritte Ecke C soll 40 m von B entfernt am Dirty Devil River liegen. Konstruiere das Grundstück im Maßstab 1 : 1000. Wie weit ist der Punkt A vom Punkt C entfernt?

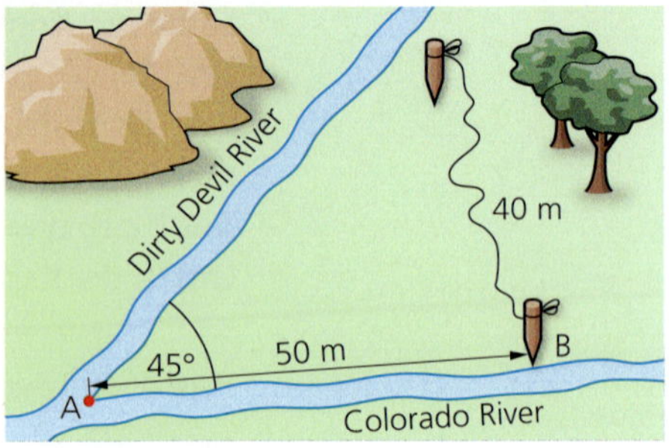

11 **Dreieckskonstruktion**

Konstruiere ein Dreieck ABC mit $\overline{AB} = 4$ cm, $\overline{BC} = 5$ cm und $\alpha = 45°$. Vergleiche mit den Angaben und dem Ergebnis aus Aufgabe 10.

Basiswissen

Der Kongruenzsatz SWS garantiert die eindeutige Konstruktion eines Dreiecks aus zwei Seiten und dem eingeschlossenen Winkel. Wenn nun zwei Seiten und ein anderer Winkel gegeben sind, so kommt es auf die Lage dieses Winkels an.

Kongruente Dreiecke – weiterer Kongruenzsatz

SsW Ein Dreieck ist eindeutig konstruierbar, wenn zwei Seitenlängen und der der längeren Seite gegenüberliegende Winkel gegeben sind.

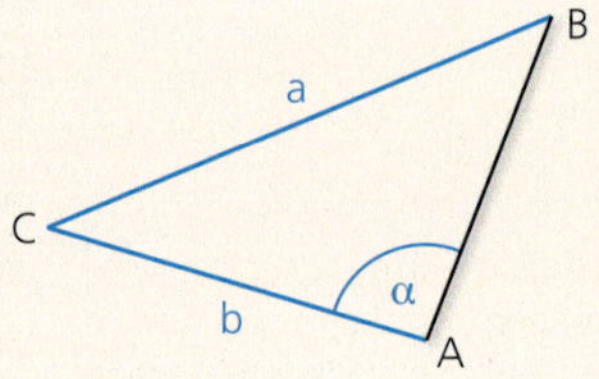

Beispiele

D **Zwei Seitenlängen und Größe des Winkels, der der längeren Seite gegenüberliegt**

Gegeben: a = 3 cm, b = 2 cm, $\alpha = 30°$

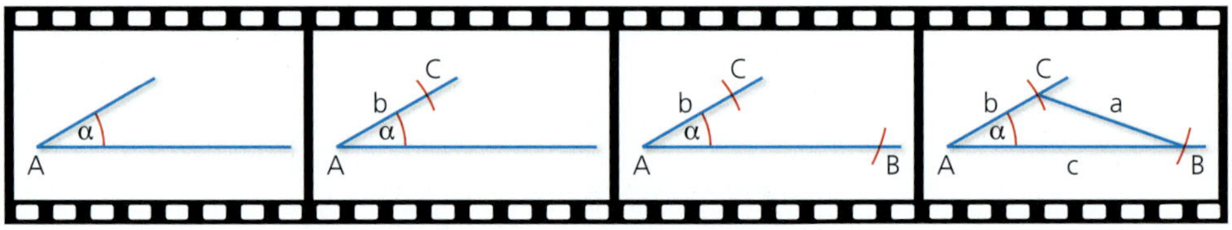

Winkel α — *Seite b* — *Kreis um C mit Radius a* — *Dreieck vervollständigen*

Sonderfall: keine eindeutige Lösung

E **Zwei Seitenlängen und Größe des Winkels, der der kürzeren Seite gegenüberliegt**

Gegeben: a = 3 cm, b = 2 cm, $\beta = 30°$

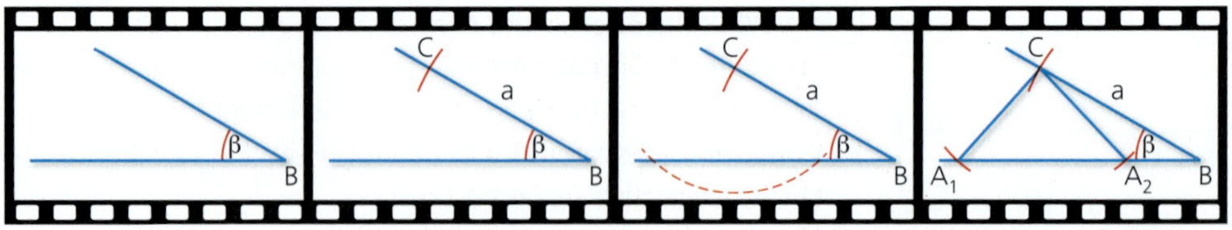

Winkel β — *Seite a* — *Kreis um C mit Radius b* — *Dreiecke vervollständigen*

12 **Eindeutige Dreieckskonstruktion?**

Konstruiere Dreiecke aus den gegebenen Größen. Kannst du von vornherein entscheiden, ob die Konstruktion eindeutig ist? In einem Fall ergibt sich überhaupt kein Dreieck. Woran liegt das?

a) b = 4 cm, c = 6 cm und $\alpha = 30°$ b) a = 5 cm, b = 4 cm und $\alpha = 30°$

c) a = 5 cm, c = 6 cm und $\alpha = 30°$ d) a = 5 cm, c = 2 cm und $\gamma = 80°$

Übungen

13 Konstruierbares Dreieck?
Auch aus drei gegebenen Seitenlängen lässt sich nicht immer ein Dreieck konstruieren.
Probiere es bei den folgenden Beispielen aus. Kannst du vielleicht schon von vornherein entscheiden, in welchen Fällen die Konstruktion möglich ist? Begründe.

a) $a = 10$ cm, $b = 6$ cm, $c = 5$ cm
b) $a = 10$ cm, $b = 4{,}3$ cm, $c = 3{,}8$ cm
c) $a = 5$ cm, $b = 3$ cm, $c = 2$ cm
d) $a = 6$ cm, $b = 4$ cm, $c = 1{,}5$ cm

Dreiecksungleichung

In einem Dreieck ist die Summe zweier Seitenlängen größer als die dritte Seitenlänge.

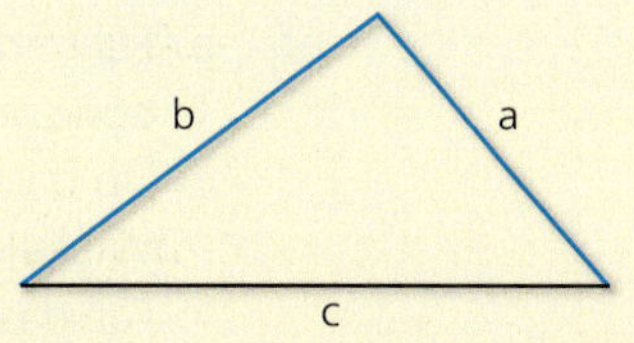

$a + b > c$ $a + c > b$ $b + c > a$

14 Zufallsdreieck

Wirf drei Würfel gleichzeitig. Die drei Augenzahlen sollen die Seitenlängen a, b, c eines Dreiecks ABC in cm sein.
a) Rechts sind zwei Würfe abgebildet. Kannst du jeweils ein Dreieck mit den gewürfelten Seitenlängen konstruieren?
b) Notiere jeden Wurf in einer Tabelle und entscheide immer, ob ein Dreieck mit den drei gewürfelten Seitenlängen konstruierbar ist. Begründe.
c) Wie häufig hast du bei zehn Versuchen das Dreieck konstruieren können?

Konstruieren von Dreiecken mit den Angaben von Winkelhalbierenden, Seitenhalbierenden oder Höhen. Das Erstellen von Planfiguren und der Einsatz von DGS erleichtern die Arbeit.

15 Konstruktionsbeschreibung
Katja hat die Konstruktion eines Dreiecks mit den Seitenlängen $a = 6{,}2$ cm, $b = 5{,}5$ cm und der Länge der Seitenhalbierenden $s_b = 6{,}3$ cm gelöst und auf Karten notiert. Diese sind durcheinander geraten. Ordne die Karten und führe die Konstruktion aus.

- Kreis um C mit dem Radius a
- Dreieck vervollständigen
- Seite $b = 5{,}5$ cm zeichnen
- Endpunkte A und C nennen
- Kreis um M_b mit dem Radius 6,3 cm
- Schnittpunkt der beiden Kreise ist B
- Mittelpunkt der Strecke $\overline{AC}$ bestimmen und M_b nennen

16 Konstruktion mit einer Höhe
a) Von einem Dreieck sind die Seite $c = 6$ cm und die Höhe $h_c = 4$ cm bekannt. Zeichne mindestens vier verschiedene Dreiecke, die diese Bedingung erfüllen.
b) Peter behauptet: „Wenn ich den Punkt C entlang der roten Linie verschiebe, erhalte ich alle Dreiecke, die diese Bedingung erfüllen."
Hat er Recht? Wie hat er die rote Linie konstruiert?
c) Wie viele Dreiecke kommen in Frage, wenn zusätzlich
(1) die Seitenlänge $b = 5$ cm
(2) der Winkel $\alpha = 50°$ gegeben ist?
Konstruiere oder probiere mit dem DGS aus.

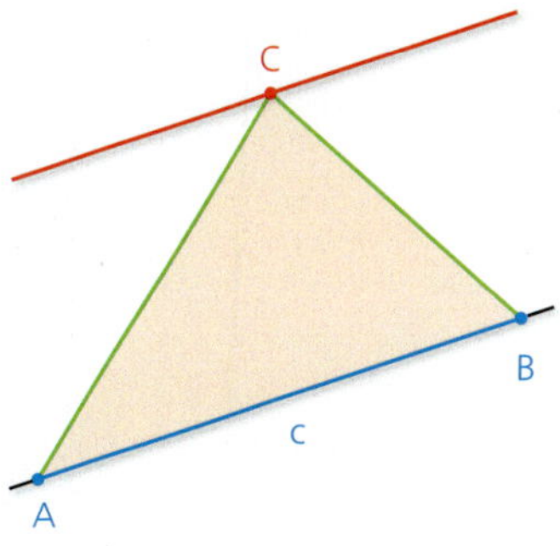

17 Konstruktion mit einer Höhe
Konstruiere ein Dreieck aus den gegebenen Größen. Zeichne zunächst eine Planfigur.

a) $a = 4{,}5$ cm
$b = 5$ cm
$h_c = 4{,}5$ cm

b) $a = 5$ cm
$c = 4{,}5$ cm
$h_b = 4$ cm

c) $c = 5$ cm
$\gamma = 115°$
$h_a = 3{,}5$ cm

Übungen

18 **Konstruktion mit einer Seitenhalbierenden**

a) Von einem Dreieck sind die Seitenlänge $\overline{AC} = 10$ cm und die Länge der Seitenhalbierenden $s_b = 6$ cm gegeben.
Erläutere die Konstruktion aus der Abbildung.

b) Führe die Konstruktion mit dem DGS durch und bewege den Punkt B auf dem Kreis.

c) Du darfst nun eine weitere Seitenlänge oder eine Winkelgröße vorgeben. Probiere aus, in welchem Fall das Dreieck eindeutig konstruierbar ist.

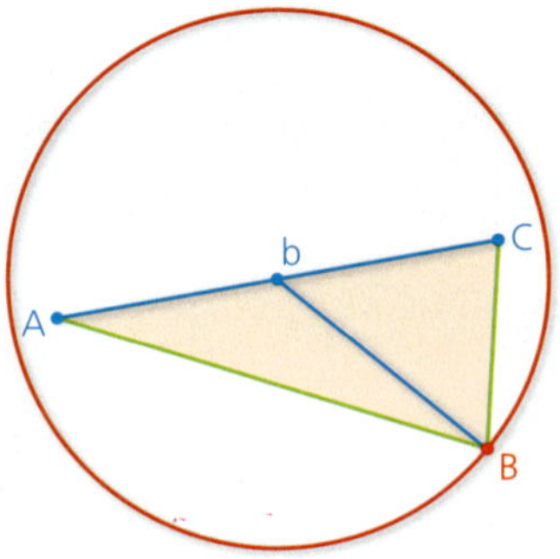

19 **Konstruktionen mit einer Seitenhalbierenden**

Konstruiere ein Dreieck ABC aus den gegebenen Größen. Entscheide, ob die Konstruktion eindeutig ist.

a) $b = 6$ cm
$c = 7$ cm
$s_b = 5$ cm

b) $a = 7$ cm
$b = 5{,}5$ cm
$s_a = 4$ cm

c) $b = 5$ cm
$\alpha = 60°$
$s_c = 4{,}5$ cm

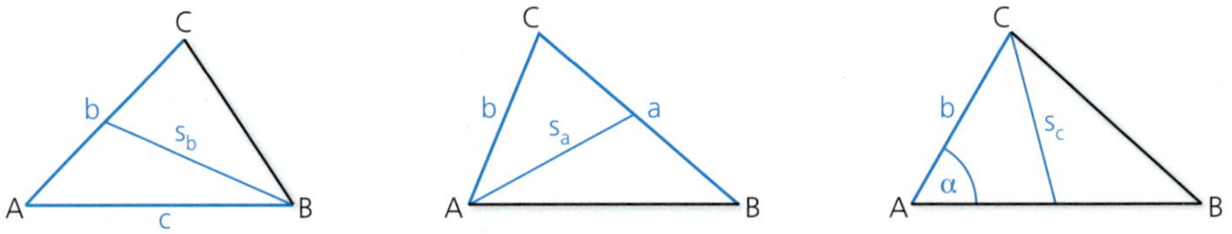

20 **Konstruktionen**

Konstruiere ein Dreieck; denke an die Planfigur.

a) $b = 2{,}9$ cm, $\alpha = 92°$, $w_\alpha = 3{,}1$ cm

b) $c = 7$ cm, $\alpha = 114°$, $s_c = 4{,}1$ cm

c) $a = 5{,}3$ cm, $b = 4{,}7$ cm, $h_c = 2{,}5$ cm

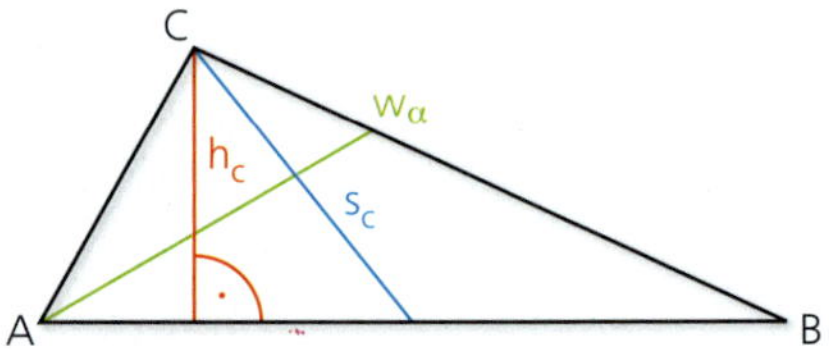

Kopfübungen

1. Welche Brüche liegen auf der Zahlengeraden zwischen 3 und 4?
① $\frac{15}{4}$ ② $\frac{8}{5}$ ③ $\frac{9}{2}$ ④ $\frac{200}{60}$
2. Welcher geometrischer Körper ist gesucht?
„Bei einem ebenen Schnitt durch diesen Körper kann die Schnittfläche ein Kreis, ein Dreieck oder eine andere Figur sein."
3. Rechne geschickt. Wo lohnt sich das Ausklammern?
a) $15 \cdot \frac{3}{4} - 5 \cdot \frac{11}{16}$ b) $15 \cdot \frac{2}{5} - 15 \cdot \frac{1}{3}$
4. Die Maße eines Tisches: Länge 100 cm, Breite 70 cm, Höhe 80 cm.
Berechne die Tischfläche in m^2.
5. $(-2) - (-2) - (-2) - (-2) = ■$
6. Füge genau eine Zahl hinzu so, dass sich das arithmetische Mittel nicht verändert:
2; 4; 3; 7; 9.
7. Entscheide: Könnte es sich um eine proportionale Zuordnung handeln?
a) Anzahl geschriebener Buchstaben → Tintenverbrauch
b) Alter in Jahren → deine Schuhgröße

Aufgaben

Erkunden

21 Dreiecke in Konstruktionen

a) Warum wurde an diesem Tor ein Brett diagonal angebracht?

b) Dreiecke begegnen uns häufig im Zusammenhang mit technischen Konstruktionen, z. B. Verstrebungen an Brücken, Gattern, Hochspannungsmasten oder Fachwerk. Warum ist das so? Findest du noch andere Beispiele in deiner Umgebung?

22 Giebelkonstruktion

a) Konstruiere den symmetrischen Giebel eines Daches mit der Breite 10 m und dem Neigungswinkel 38°. Gib dann die Höhe und den Öffnungswinkel des Giebels an.

b) Welchen Kongruenzsatz hast du bei der Konstruktion benutzt? Warum genügen hier zwei Angaben?

c) Konstruiere den Giebel nun aus der Breite und Höhe. Welchen Kongruenzsatz benutzt du dabei?

23 Raumdiagonalen

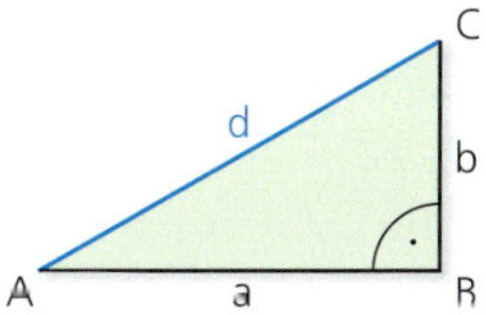

a) Bestimme durch Konstruieren geeigneter Dreiecke die Länge der Raumdiagonalen $\overline{AG}$ im Quader und die Größe des Winkels α, den die Raumdiagonale $\overline{AG}$ mit der Flächendiagonalen $\overline{AC}$ einschließt. Es ist a = 8 cm, b = 4 cm, c = 3 cm.

b) Bestimme die entsprechenden Größen bei einem Würfel mit der Kantenlänge 5 cm. Gib zuerst Schätzwerte an.

zu a)

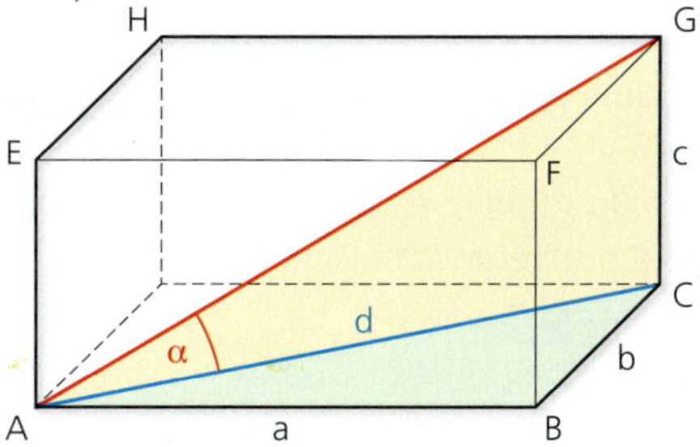

zu b)

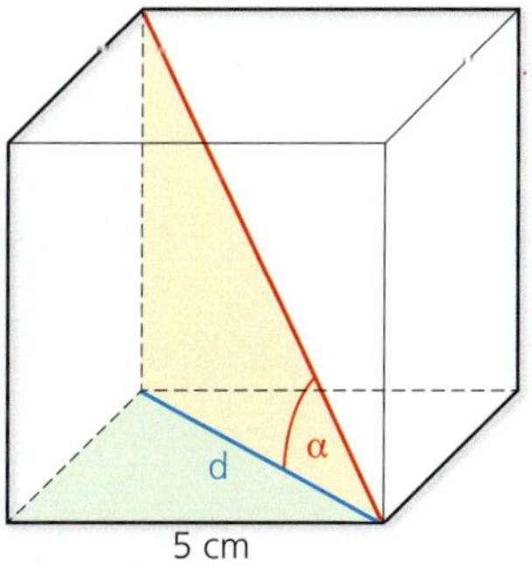

24 Alte Dreiecksaufgabe

Der Konstruktion liegt eine alte Dreiecksaufgabe zugrunde: Ein Dreieck ABC soll aus der Seite c, dem Winkel α und der Summe der Seitenlängen a + b konstruiert werden.

a) Führe die Konstruktion für c = 4 cm, α = 90° und a + b = 8 cm aus.

b) Begründe, warum die Mittelsenkrechte zu dem „Knickpunkt" C auf dem Schenkel $\overline{AD}$ führt.

c) Konstruiere ein Dreieck mit c = 6 cm, α = 60° und a + b = 10 cm.

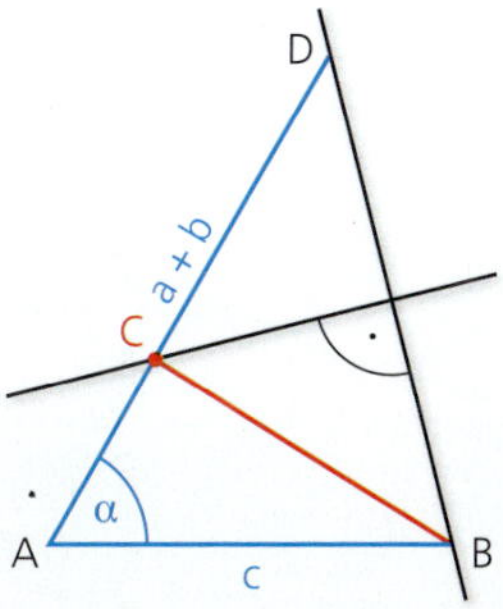

7.2 Dreieckskonstruktionen lösen Probleme

Wie findest du die Höhe eines Fernsehturms heraus, den du nicht einfach bis zur Spitze besteigen kannst? Wie breit ist ein Fluss an der Stelle, an der eine neue Brücke gebaut werden soll?
Mit geschickten Messungen von Streckenlängen und Winkeln kannst du maßstäblich Dreiecke konstruieren, in denen die gesuchten Größen vorkommen. Die Kongruenzsätze helfen dir bei der Auswahl der erforderlichen Messungen.

Aufgaben

1 Cheops-Pyramide

Wie hoch ist die Cheops-Pyramide in Ägypten?
Die äußere Kantenlänge b sowie die Seitenlänge a der quadratischen Pyramide sind im Reiseführer angegeben: a = 230 m, b = 219 m.

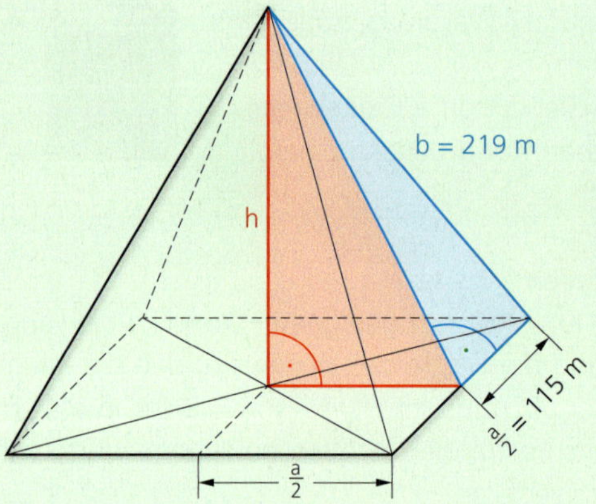

Konstruiere mit diesen Angaben zunächst das grüne Dreieck im Maßstab 1 : 2000 und miss die Seitenlänge k. Damit kannst du nun das rote Dreieck konstruieren und die Höhe h ausmessen.
Sehr hilfreich ist es, wenn du mithilfe eines Netzes eine Pyramide baust. Daran kannst du dir die beiden Dreiecke gut veranschaulichen.

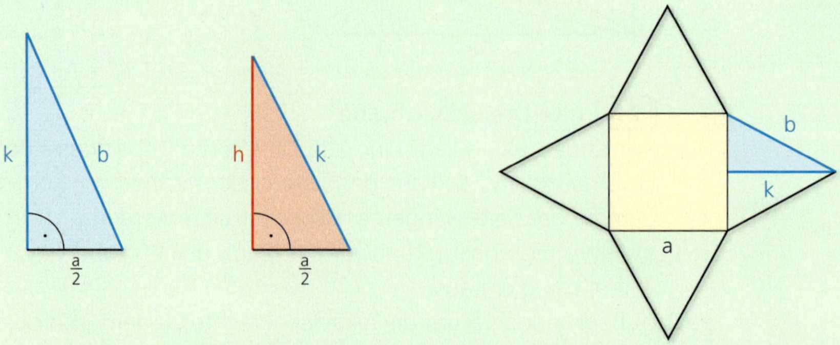

Kannst du im Lexikon oder im Internet eine Angabe über die Höhe der Cheops-Pyramide finden? Vergleiche mit deinem Ergebnis.

Aufgaben

Mehr über Theodoliten erfährst du auf Seite 229.

2 Entfernung einer Insel

Wie weit ist der Baum auf der Insel von der Gaststätte am Ufer entfernt?
Der Uferweg von der Gaststätte zum Wasserturm ist 120 m lang. Mithilfe eines Theodoliten kann man von den Standpunkten G und W die beiden Winkel α und β messen.
Bestimme durch Konstruktion die gesuchte Entfernung.

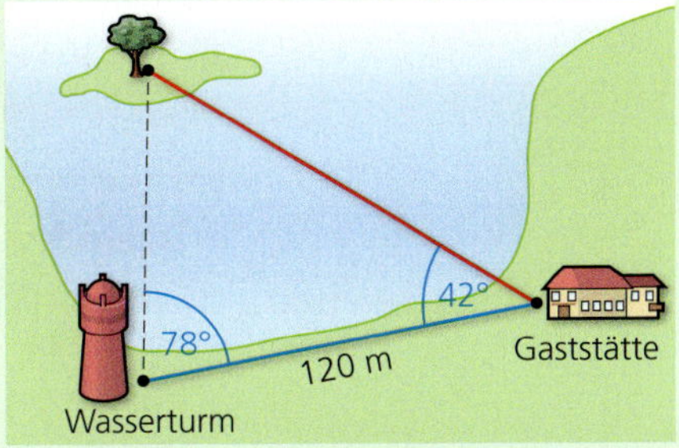

3 Kölner Dom

Unter welchem Höhenwinkel siehst du die Turmspitze des Kölner Doms, wenn du 500 m entfernt bist?
Wie verändert sich der Winkel, wenn du dich dem Dom 100 m näherst?

KÖLNER DOM
- 1200 Sitzplätze
- 2800 Stehplätze
- 533 Stufen oder 157 m bis zur Turmspitze
- 144 m Gesamtlänge
- 86 m Gesamtbreite

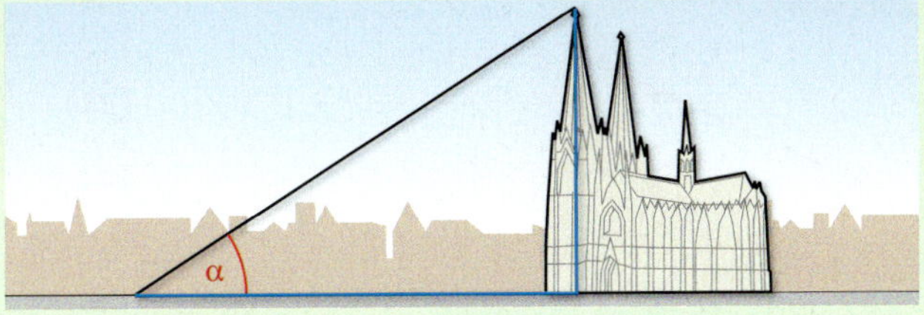

4 Eifelturm

Die Skizze berücksichtigt nicht die Augenhöhe. Was ändert sich, wenn du diese mit einbeziehst?

Wie hoch ist der Eiffelturm in Paris?

a) Aus einer Entfernung von 200 m sieht man den Turm unter einem Höhenwinkel von 60°. Erstelle eine maßstabsgetreue Konstruktion in deinem Heft und bestimme die Höhe des Eiffelturmes. Stimmt dein Ergebnis mit den Angaben im Lexikon oder Internet überein?

b) Es kann sein, dass du von deinem Standort aus die Entfernung zum Turm nicht bestimmen kannst. In der Skizze wird gezeigt, wie man dennoch die Höhe des Turms ermitteln kann. Beschreibe das Vorgehen:
- Welche Größen wurden gemessen?
- Welche Dreiecke werden konstruiert?

Bestimme aus der Konstruktion die Höhe des Eiffelturmes. Vergleiche.

zu a)

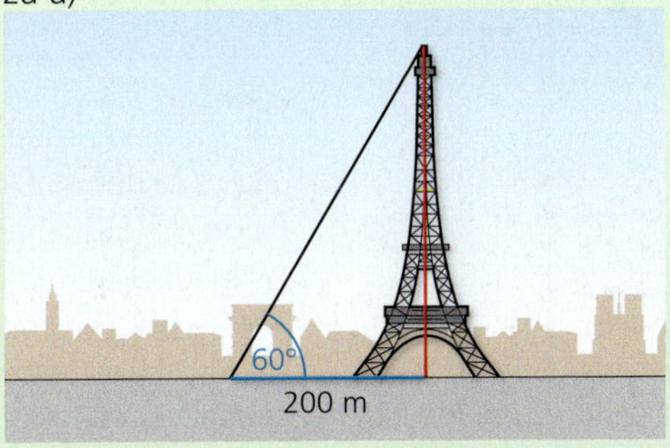

zu b)

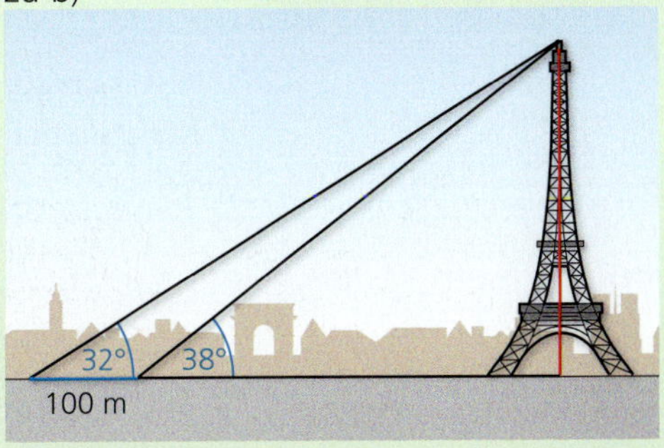

Basiswissen

Mithilfe von Dreieckskonstruktionen kann man Längen und Winkel bestimmen, die in der Wirklichkeit nur schwierig zugänglich sind. Um die Lösung zu finden, musst du genau planen. Dabei helfen Skizzen und Konstruktionen.

Dreieckskonstruktionen lösen Probleme

1. Skizze

Erstelle eine Skizze und kennzeichne die gesuchte unzulängliche Größe.

Höhe der Mauer

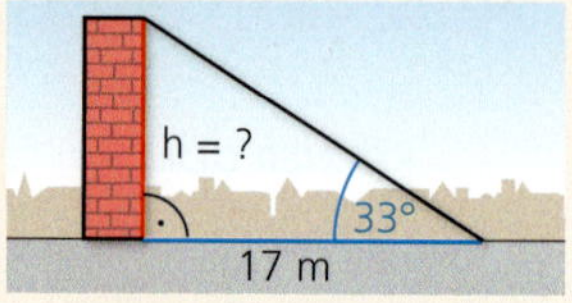

Breite des Kanals

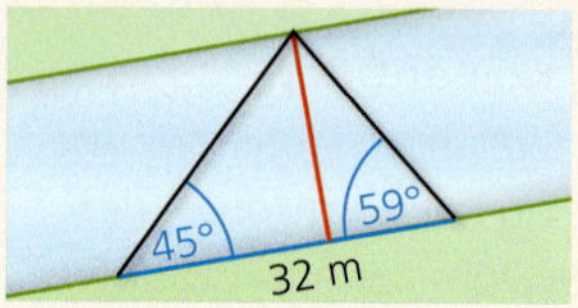

Länge der Würfeldiagonale

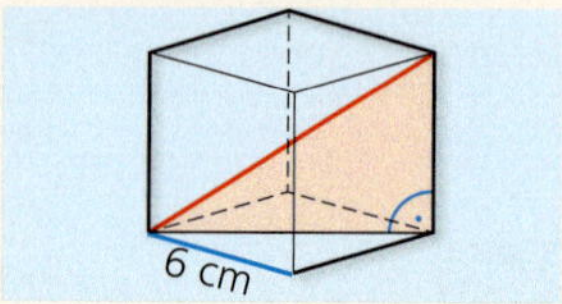

2. Bekannte Größen

Suche Längen oder Winkel, die bereits bekannt sind oder gemessen werden können. Dazu kommen z. B. in Frage:

Entfernungen zwischen markanten Punkten

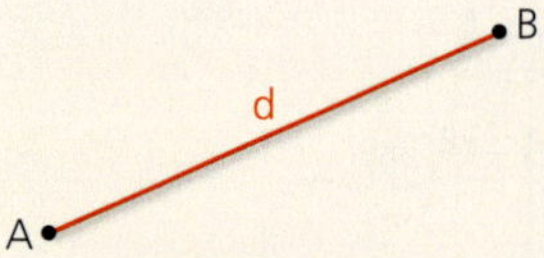

Blickwinkel zwischen angepeilten Punkten

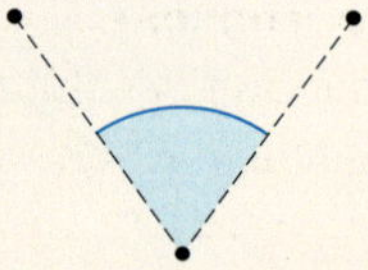

Höhenwinkel zur Spitze von Gebäuden

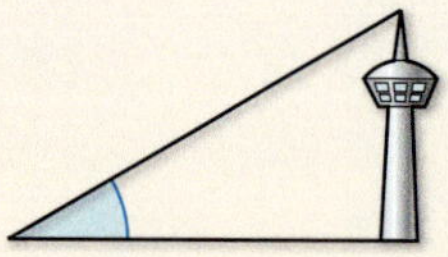

3. Konstruktion

Die messbaren Größen werden so ausgewählt, dass mit ihnen ein Dreieck konstruiert werden kann, in dem die zu bestimmende Größe vorkommt. Zur Entscheidung können die Kongruenzsätze herangezogen werden. In der maßstabsgetreuen Zeichnung wird die gesuchte Größe gemessen.

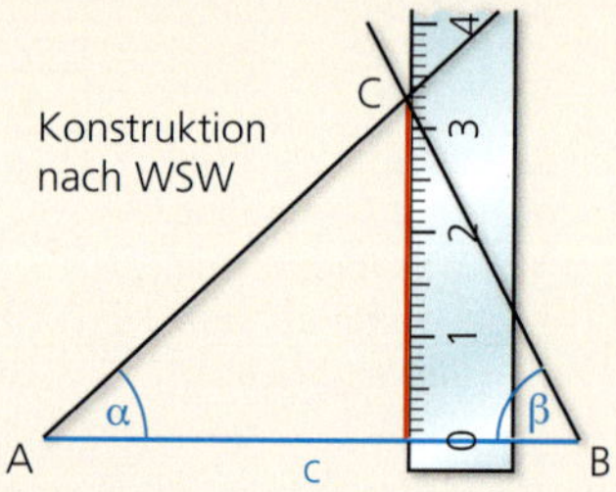

4. Problemprobe

Ist das Ergebnis sinnvoll? Passt es zur Fragestellung?

Beispiele

A Leiter an der Hauswand

Eine 3,50 m lange Leiter wird an eine Hauswand gestellt. Der Abstand zwischen Leiter und Wand beträgt am Fußende 2 m. Wie hoch reicht die Leiter?

1. Skizze

2. Bekannte Größen in Planfigur markieren

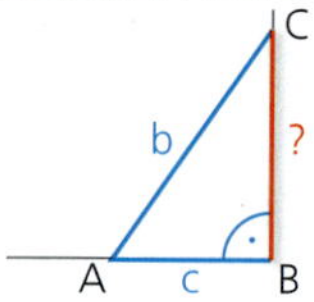

3. Konstruktion (SsW)

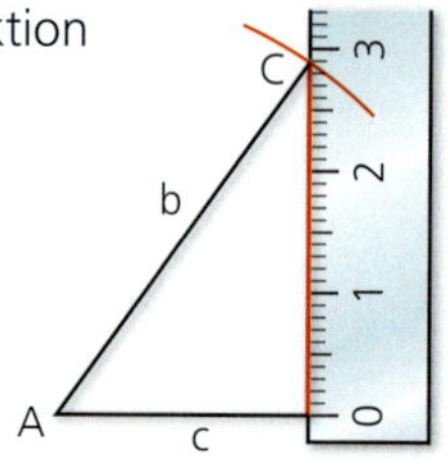

4. Problemprobe

Miss in der maßstabsgetreuen Konstruktion die gesuchte Größe und übertrage sie auf die Situation in der Wirklichkeit.

Antwort: Die Leiter reicht an der Hauswand fast 2,90 m hoch.

Übungen

5 Dreieckskonstruktionen

Erstelle zunächst eine Planfigur und bestimme anschließend mithilfe geeigneter Dreieckskonstruktionen die gesuchte Größe. Welchen Kongruenzsatz hast du jeweils verwendet?

a) Höhe der Mauer

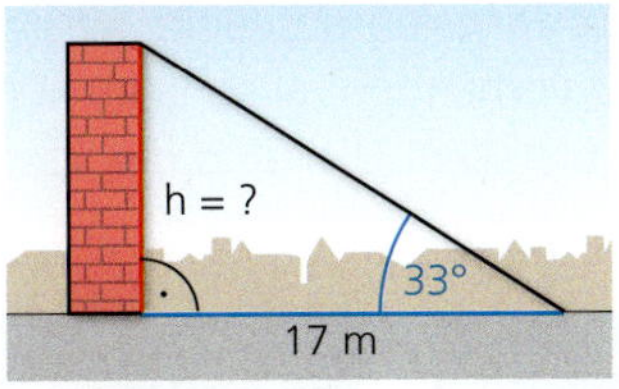

b) Breite des Kanals

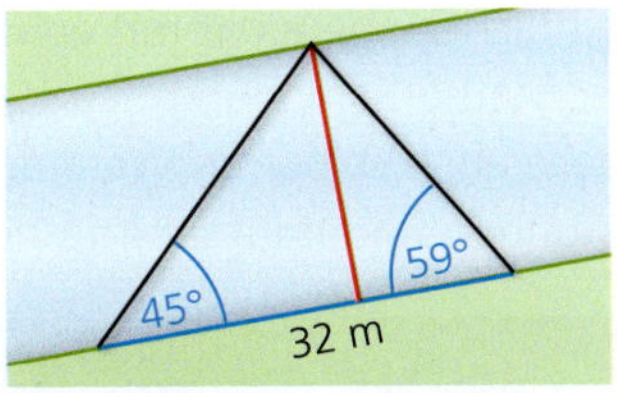

c) Länge der Würfeldiagonale

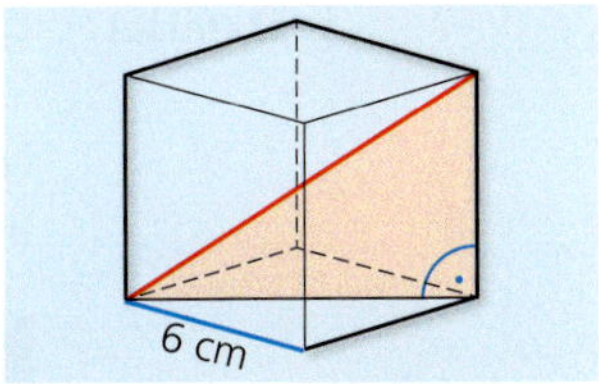

Tipp

Wenn zwei Winkel gegeben sind, kannst du den dritten einfach berechnen:
$\alpha + \beta + \gamma = 180°$

6 Flussbreite

Zur Bestimmung der Breite eines Flusses misst Boris an einem Ufer eine Standlinie $\overline{S_1S_2}$ von 70 m. Von deren Endpunkten misst er zu einem an der anderen Uferkante stehenden Baum die Winkelmaße 54° und 72°.

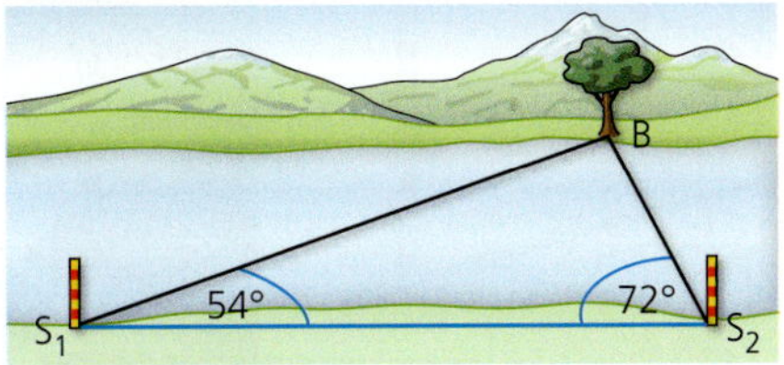

7 Felswandhöhe

Zur Bestimmung der Höhe der Felswand schreitet Anna in einiger Entfernung eine Strecke $\overline{DC}$ von 35 m ab.
Von den Endpunkten misst sie die Höhenwinkel 45° und 29° zur Felsspitze.

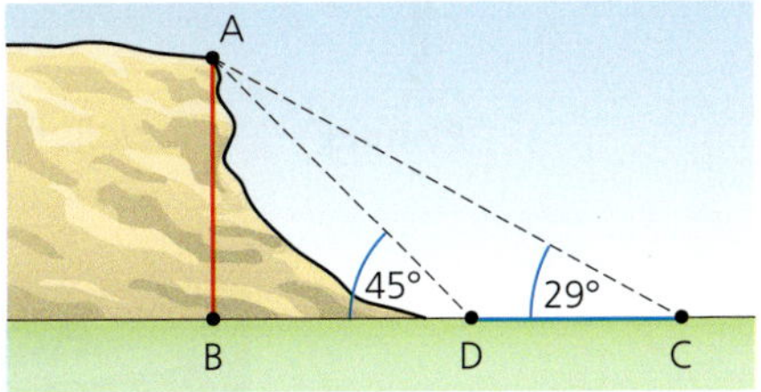

8 Laternenpfahl

Ein 5 m langer Laternenpfahl wirft einen 3 m langen Schatten.

a) Wie groß ist der Winkel, in dem die Sonnenstrahlen auf den Pfahl treffen?

b) Beschreibe, wie sich der Schatten des Laternenpfahls bis zum Sonnenuntergang ändert.

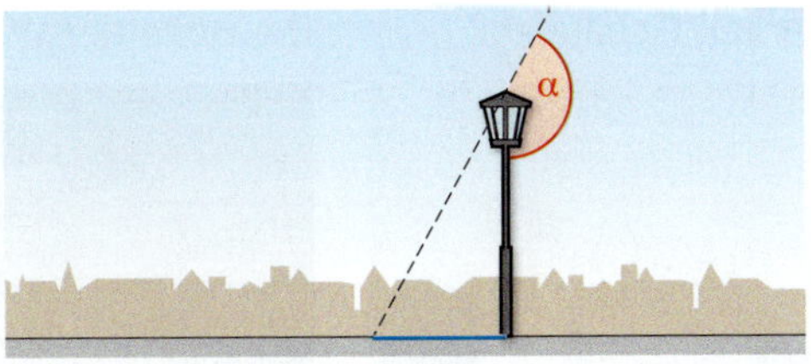

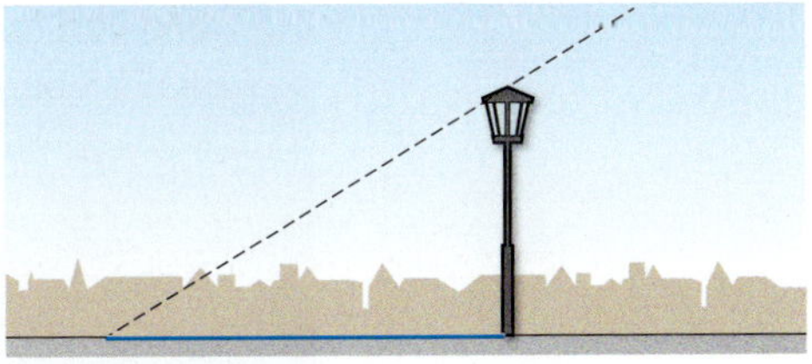

9 Pyramide

Wir wollen eine Pyramide mit einer Höhe von 10 cm bauen. Auch dabei können wir die Maße für das Netz aus Dreieckskonstruktionen gewinnen. Die Pyramide soll eine quadratische Grundfläche mit einer Seitenlänge von 10 cm haben. An diese werden vier Dreiecke, die in der Spitze zusammenlaufen, angeklebt.
Wie sind die Kantenlängen dieser Dreiecke zu wählen? Baue eine solche Pyramide.

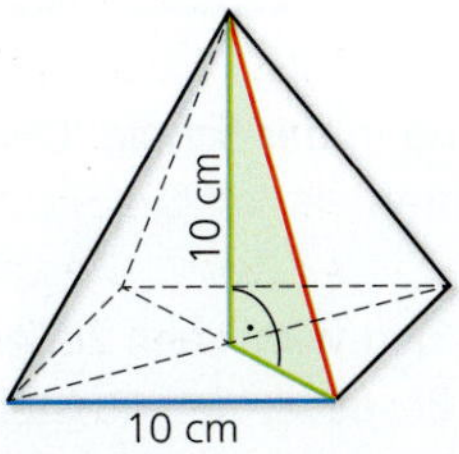

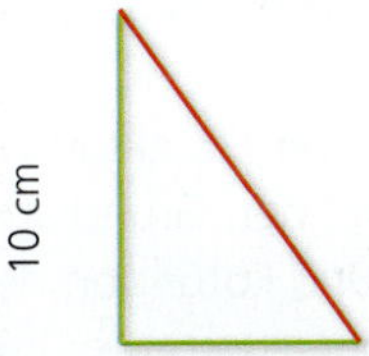

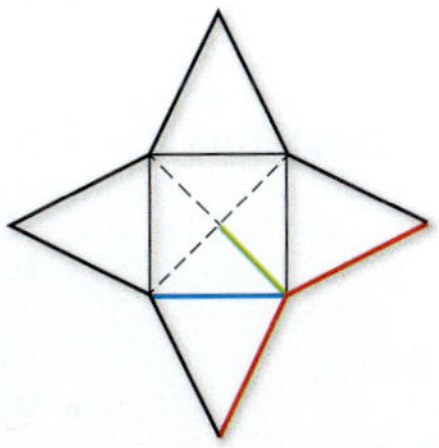

Projekt

Messungen im Gelände – eine mathematische Exkursion im Schulumfeld

Bisher habt ihr unzugängliche Größen nur auf dem Papier ermittelt. Hier könnt ihr euer Wissen in der Wirklichkeit anwenden und Messungen selber durchführen.

Material Ein einfacher Theodolit mit einer horizontalen und einer vertikalen Skala ist vielleicht in der Mathe-Sammlung der Schule vorhanden, ansonsten könnt ihr euch einfache Modelle auch selber im Werkraum erstellen. Hier sind die Spezialisten gefragt. Bastelanleitungen findet ihr im Internet.

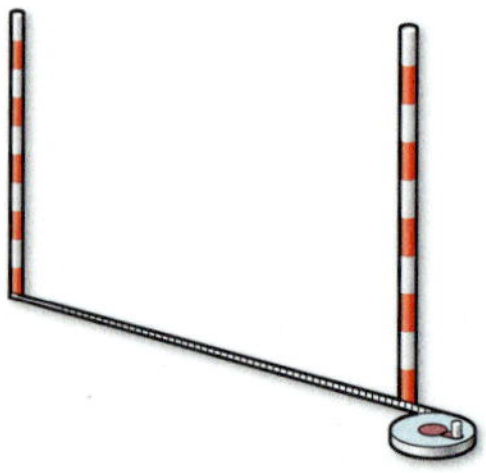

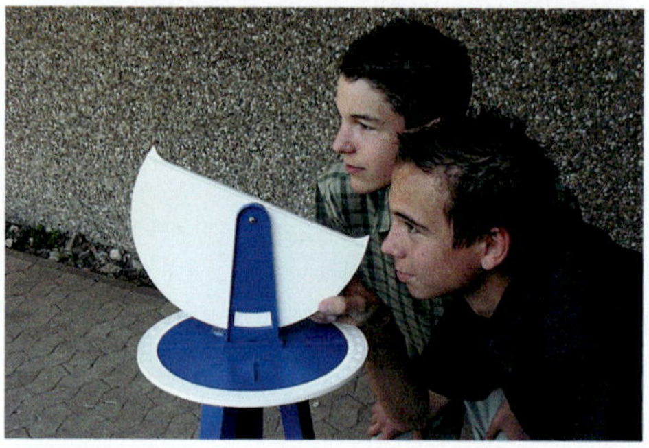

Schultheodolit zur Messung von Höhenwinkeln

Selbstgebauter Theodolit z. B. zur Messung von Blickwinkeln

Planung Was wollt ihr messen?

Das Schulgelände mit den Gebäuden?

Brückenlänge und Brückenhöhe?

Die Höhe von markanten Gebäuden?

Die Höhe der Wasserfontänen?

Ausführung Bildet verschiedene Gruppen und teilt die Arbeitsschritte auf.

- Planungsbüro
- Messtrupps
- Konstruktionsbüro
- Foto- und Dokumentationsbüro

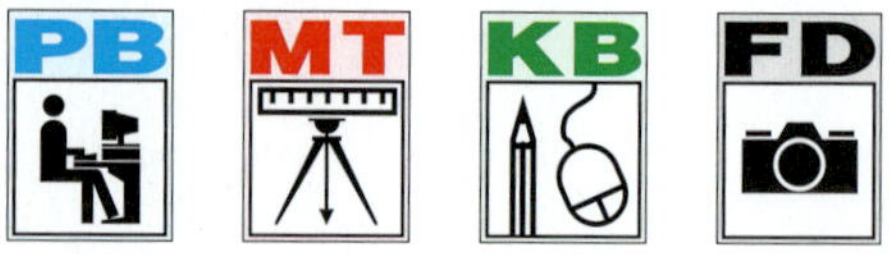

Ausstellung Präsentiert euer Projekt in einer Ausstellung in der Schule. Denkbar sind:

- Plakate mit den Grundlagen und Verfahren
- Berichte und Fotos von der Arbeit
- Eigene Messergebnisse im Vergleich zu den wirklichen Daten
- Workshops mit Messaktivitäten für die Besucher der Ausstellung

Exkurs

Herstellen einer Karte

Landvermesser erstellen eine Karte, indem sie von einer Standlinie ausgehend Punkt für Punkt immer mehr Orte, Berggipfel, Straßenkreuzungen usw. anpeilen.
Dadurch entstehen jeweils Dreiecke, die auf ein Zeichenblatt in einem geeigneten Maßstab übertragen werden. Da immer Dreiecke verwendet werden, wird dieses Verfahren auch Triangulierung (triangulus, lateinisch dreieckig) genannt.

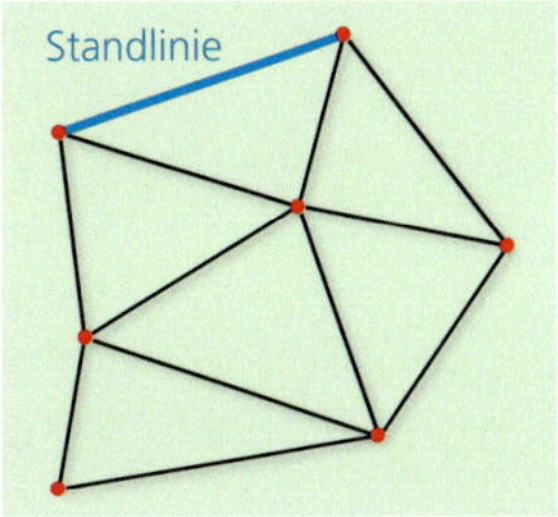

Übungen

In der Praxis wird es etwas komplizierter, weil man noch die Höhe der Punkte berücksichtigen muss.

10 Kartenherstellung
Besorge dir eine Deutschlandkarte (z. B. Maßstab 1 : 6 000 000). Erstelle mit dem Triangulierungsverfahren eine Karte der Hauptstädte der Bundesländer. Miss dazu die Länge einer Standlinie (z. B. Kiel – Hamburg) und zeichne diese im passenden Winkel zur Nordrichtung in dein Heft. Nun kannst du nacheinander mithilfe der Kongruenzsätze Dreiecke zu den anderen Hauptstädten konstruieren.

Exkurs

Theodolit

Sicher hast du schon im Straßenbau oder in einem Neubaugebiet die Messtrupps gesehen, die mithilfe eines auf einem Stativ angebrachten Geräts weiß-rote Stangen anpeilen.

Das dabei benutzte Messgerät ist ein Theodolit.
Dieses Instrument dient zur Messung von Horizontal- und Vertikalwinkeln, die dann zusammen mit zusätzlichen Streckenmessungen zu genauen Planzeichnungen führen.

Bereits im 1. Jahrhundert v. Chr. entwarf der Grieche Heron von Alexandria ein solches Instrument. Im 18. Jh. übertrafen sich die Ingenieure im Bau präziser Instrumente, mit denen schon sehr exakte Winkelmessungen möglich wurden.

Heute arbeiten Theodolite mit optischen Systemen, die im Innern eines Metallgehäuses versteckt sind. Zusätzlich besitzen sie elektronische Vorrichtungen zur automatischen Ablesung der Displayanzeige und zur Speicherung und Verarbeitung im Computer. Der moderne Tachymeter (Schnellmesser) ist ein Theodolit mit einem zusätzlichen Infrarotsender zur Entfernungsmessung.

Modell zu Herons Dioptra

Theodolit aus dem 18. Jh.

Moderner Tachymeter

Übungen

11 Straßenschild

Du weißt bereits, was die Angabe auf dem Straßenschild bedeutet. Die Straße steigt auf 100 m um 11 m an. Aber welcher Steigungswinkel gehört zu 11 %? Und welche Prozentangabe steht auf dem Schild, wenn eine Straße in einem Winkel von 20° ansteigt? Diese und ähnliche Fragen können wir leicht mit einem beweglichen Dreieck beantworten. Du kannst ein Modell erstellen oder DGS nutzen.

① Zeichne ein Dreieck ABC mit $\overline{AB} = \overline{BC} = 10$ cm und $\beta = 90°$.

② Wie groß ist der Winkel α? Begründe, dass dies der Steigungswinkel für 100 % Steigung ist.

③ Wie verändert sich der Winkel α, wenn der Punkt C sich auf der Seite $\overline{BC}$ bewegt?

④ Miss den Winkel, der zu $\overline{BC} = 11$ mm gehört. Jetzt kennst du den Steigungswinkel zu 11 % Steigung.

Mit einem Modell:
Zeichne das Dreieck auf ein DIN-A4-Blatt. Befestige das Blatt auf einer Pinnwand. Stecke nun je eine Pinn-Nadel in A, B und C und spanne ein Gummidreieck.

Mit DGS:
Konstruiere zunächst ein rechtwinkliges Dreieck.

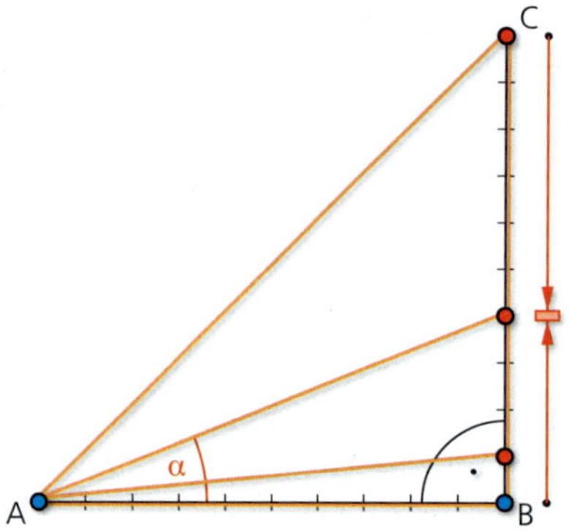

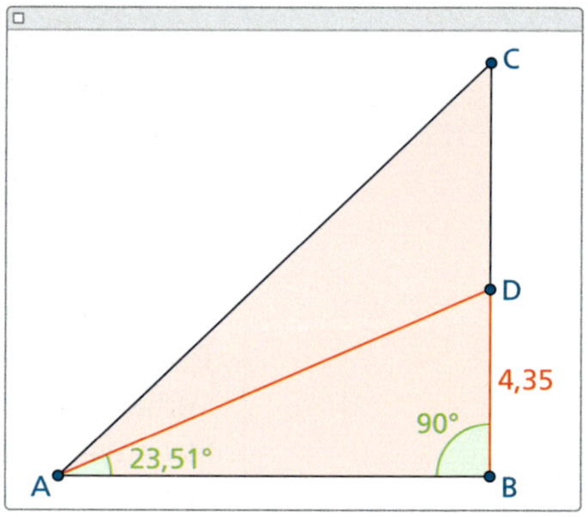

Kopfübungen

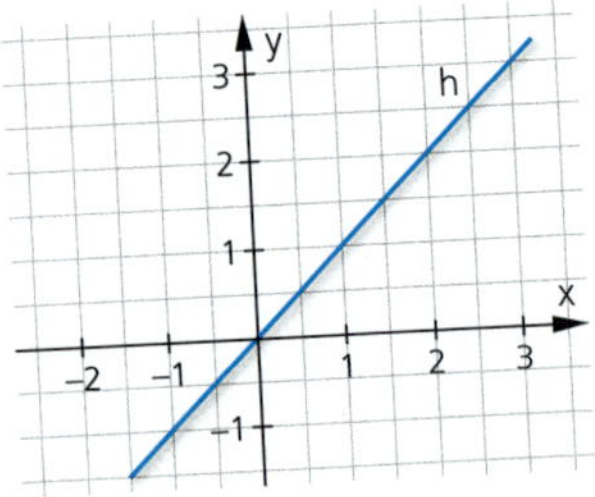

1. Finde die fehlende Zahl: $6\frac{1}{11} + ■ = 10$
2. Die Punkte A (- 2 | 1) und B (0 | 2) werden an der Geraden h gespiegelt. Gib die Koordinaten der Spiegelpunkte A' und B' an.
3. Berechne: $\frac{4}{3} \cdot 6 : 3$
4. Wie viel Liter entspricht einem Kubikmeter (1 m^3)?
5. Berechne: $(-4) \cdot 2^3$
6. Ergänze: 1 % entspricht im Kreisdiagramm einem Winkel von ■°.
7. Pro 100 g ungekochte Nudeln wird 1 ℓ Wasser benötigt. Welche Vorschrift passt zu der Zuordnung Nudelmenge x in Gramm → Wassermenge y in Liter:

   ① $y = x$ ② $y = 100 \cdot x$ ③ $y = \frac{x}{100}$

Aufgaben

Bewegliche Geometrie – Was passiert, wenn …

Auf dieser Seite findest du Aufgaben, mit denen du sowohl deine geometrische Vorstellung als auch die grafische Darstellung von Abhängigkeiten (Zuordnungen) schulen kannst. Deshalb lohnt sich hier zunächst die „Kopfgeometrie" mit den beweglichen Figuren auf dem Pinnboard.
Anschließend kannst du deine Vorstellungen mithilfe des DGS überprüfen.

12 **Veränderte Seitenlängen**

Von einem Dreieck sind die Seite $\overline{AB} = 5$ cm und der Winkel $\alpha = 30°$ gegeben.
Der Punkt C bewegt sich auf dem freien Schenkel von α immer weiter nach oben. Dabei wird die Seite b immer länger.

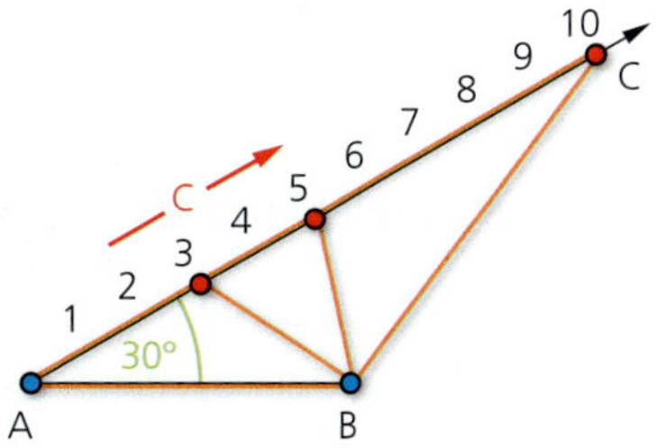

a) Beschreibe, wie sich die Seitenlänge a des Dreiecks dabei verändert.

b) Wir messen nun zu verschiedenen Seitenlängen b (0, 1, 2, 3, …) die jeweils zugehörige Seitenlänge a. In dem Koordinatensystem ist der Graph dieser Zuordnung $b \to a$ gezeichnet. Passt dieser Graph zu deiner Beschreibung? Warum fällt der Graph am Anfang und steigt später wieder an? Welches besondere Dreieck entspricht dem tiefsten Punkt (Minimum) des Graphen?

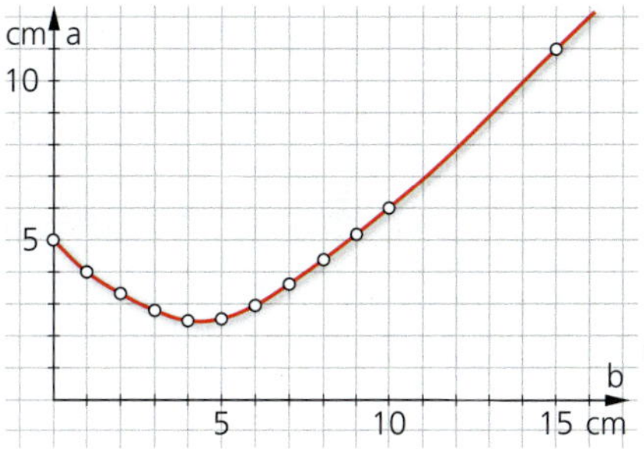

13 **Veränderte Winkel**

Von einem Dreieck ABC ist die Seite $c = \overline{AB} = 10$ cm und die Seitenlänge $b = 7$ cm gegeben. Der Winkel α verändert sich schrittweise von 0° bis 180°.

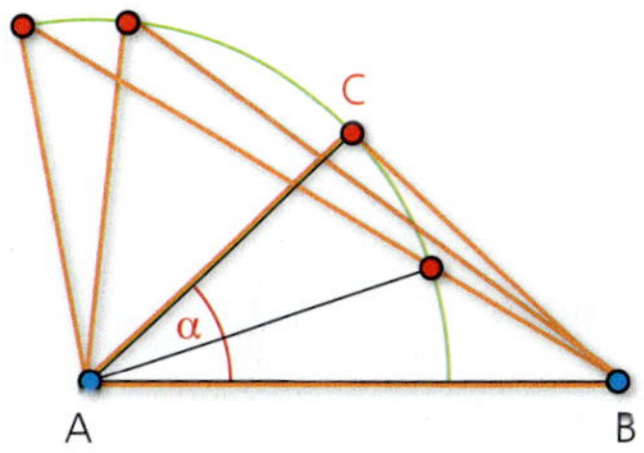

a) Beschreibe, wie sich dabei der Punkt C bewegt.

b) Wie verändert sich dabei die Seitenlänge a? Welches ist die größte und welches die kleinste Länge von a? Zu welchen Winkelgrößen von α gehören diese?

c) Wie sieht der Graph der Zuordnung $\alpha \to a$ bei diesem bewegten Dreieck aus? Skizziere zunächst einen Graphen nach deiner Vermutung in ein Koordinatensystem. Miss dann zu einigen Winkeln α die zugehörigen Seitenlängen a und trage die Wertepaare $(\alpha|a)$ als Punkte in dein Koordinatensystem ein. Wie gut war deine Skizze?

14 **Bewegliche Dreiecke**

Erstelle zu den folgenden beiden beweglichen Dreiecken ($\overline{AB} = 5$ cm) jeweils mithilfe von einigen Messungen den Graphen der Zuordnung $\alpha \to \beta$. Was haben die beiden Graphen gemeinsam, wie unterscheiden sie sich?

a) C bewegt sich auf einem Halbkreis über $\overline{AB}$ von A nach B.

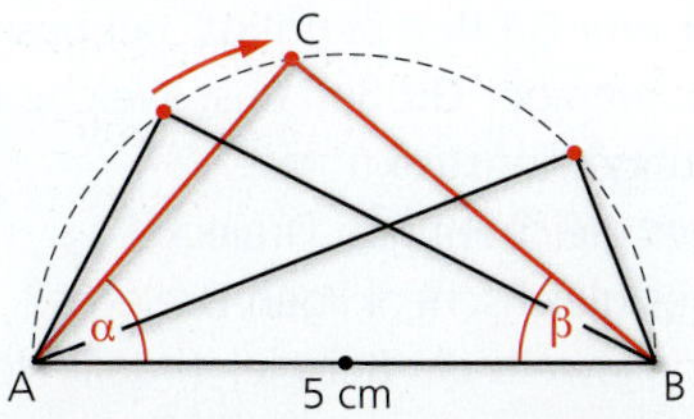

b) C bewegt sich auf einer Parallelen zu $\overline{AB}$ von rechts nach links.

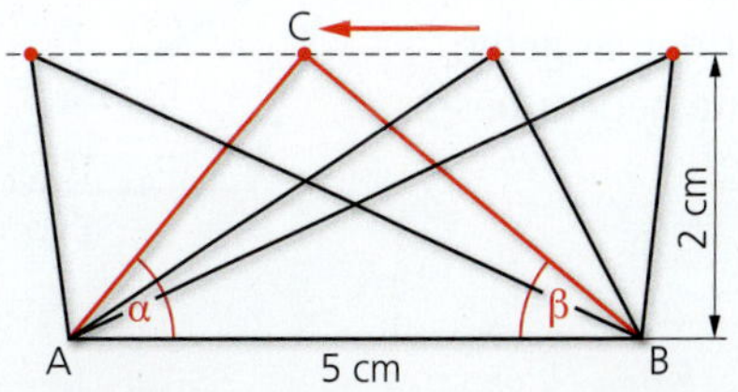

Kongruenz

Figuren, die in Form und Größe eindeutig übereinstimmen, nennt man kongruent oder deckungsgleich. Sie lassen sich durch Verschieben, Drehen oder Spiegeln genau zur Deckung bringen.

Dreiecksungleichung

In einem Dreieck ist die Summe zweier Seitenlängen größer als die dritte Seitenlänge.

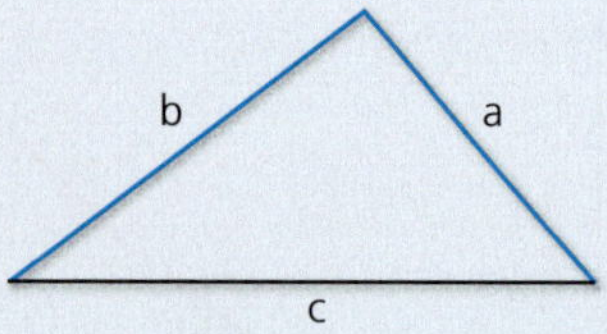

$a + b > c$ $a + c > b$ $b + c > a$

Kongruenzsätze

Ein Dreieck ABC ist eindeutig konstruierbar aus

SSS
den drei Seitenlängen.

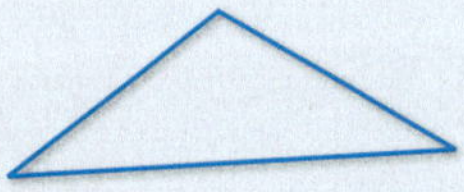

SWS
zwei Seitenlängen und der Größe des eingeschlossenen Winkels.

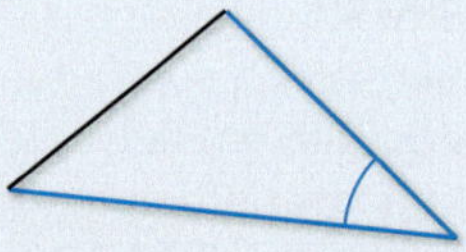

WSW
einer Seitenlänge und den Größen der beiden anliegenden Winkeln.

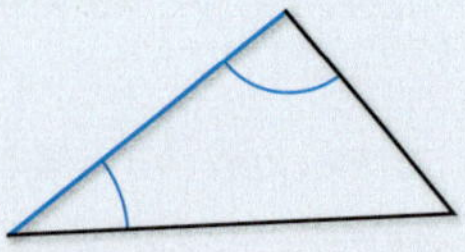

SsW
zwei Seitenlängen und dem Winkel, der der längeren Seite gegenüberliegt.

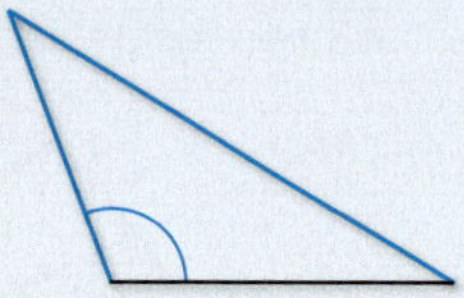

Check-up

1 Kongruente Dreiecke
Sind die beiden Dreiecke jeweils kongruent zueinander? Begründe.

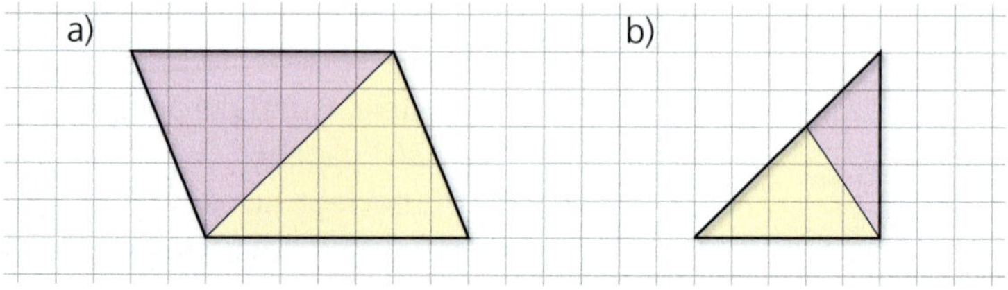

2 Dreiecke im Koordinatensystem
Sind die Dreiecke ABC A(1|5), B(3|1), C(1|1) und DEF D(4|4), E(8|2), F(8|4) kongruent zueinander? Begründe deine Antwort.

3 Dreiecke konstruieren
Konstruiere jeweils ein Dreieck ABC. In welchen Fällen gibt es keine eindeutige oder gar keine Lösung? Kannst du die Antwort ohne Konstruktion finden und begründen?

a) $a = 10{,}3$ cm, $b = 47$ mm, $c = 5{,}6$ cm
b) $c = 6{,}5$ cm, $\alpha = 40°$, $\beta = 70°$
c) $c = 7$ cm, $b = 3$ cm, $\beta = 95°$
d) $a = 3$ cm, $b = 7$ cm

4 Dreiecke mit selbst gewählten Maßen
Konstruiere jeweils ein Dreieck ABC mit selbst gewählten Maßen für folgende Seiten und Winkel:

a) a, α, β b) a, b, c c) a, b, γ d) c, a, α

5 Bildfolge
In der Bildfolge ist die Konstruktion eines Dreiecks aus drei gegebenen Informationen dargestellt.

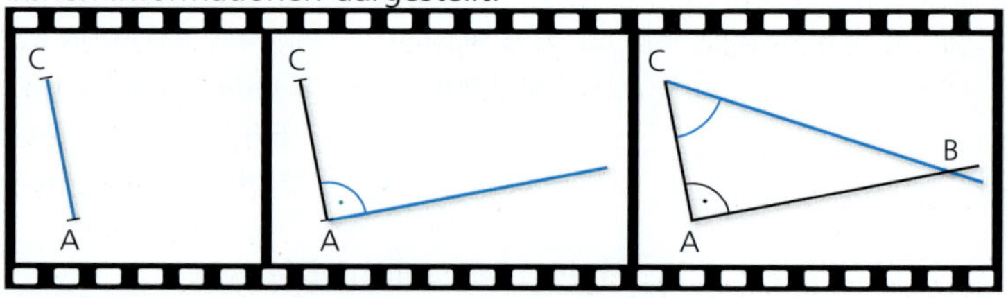

a) Schreibe eine Konstruktionsbeschreibung.
b) Welcher Kongruenzsatz wird genutzt?

6 Besondere Dreiecke
Bisher hast du für die eindeutige Konstruktion eines Dreiecks immer drei Größen benötigt. Bei besonderen Dreiecken kommst du mit weniger Größen aus. Welche Angaben genügen für die eindeutige Konstruktion

a) eines gleichseitigen Dreiecks?
b) eines gleichschenkligen Dreiecks?

Zeichne jeweils ein Beispiel in dein Heft und begründe.

Strategie zum Konstruieren von Dreiecken

Zeichne zunächst eine Planfigur und

Planfigur

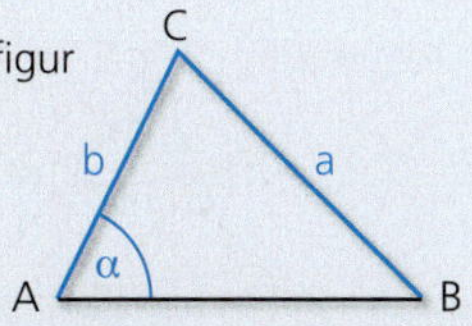

beginne die Konstruktion mit einer Größe. Wenn du nicht weiterkommst, kann der Beginn mit einer anderen Größe helfen.

Dreieckskonstruktionen lösen Probleme

Maßstäbliche Dreieckskonstruktionen können dir helfen Längen und Winkel zu bestimmen, die in der Wirklichkeit schwer zugänglich sind.

Lösungsschritte:
1. *Was willst du herausfinden?* Formuliere eine Frage.
2. *Was weißt du schon?* Zeichne eine Planfigur und markiere die bekannten Größen.
3. *Wie gehst du vor?* Plane die maßstäbliche Konstruktion und führe sie exakt aus.
4. *Macht das Ergebnis Sinn?* Miss die gesuchte Größe und übertrage sie auf die Situation in der Wirklichkeit. Überprüfe, ob das Ergebnis sinnvoll ist.

Messen im Gelände

1. Erstelle eine Skizze mit den unzugänglichen Größen.
2. Suche Längen oder Winkel, die gemessen werden können.
3. Wähle die messbaren Größen so, dass damit ein Dreieck konstruiert werden kann, in dem die gesuchte Größe vorkommt.
4. Miss die gesuchte Größe in der maßstabsgetreuen Zeichnung.

Check-up

7 Diagonale
Wie lang ist die Diagonale $\overline{DB}$ im Parallelogramm? Konstruiere und miss die Länge.

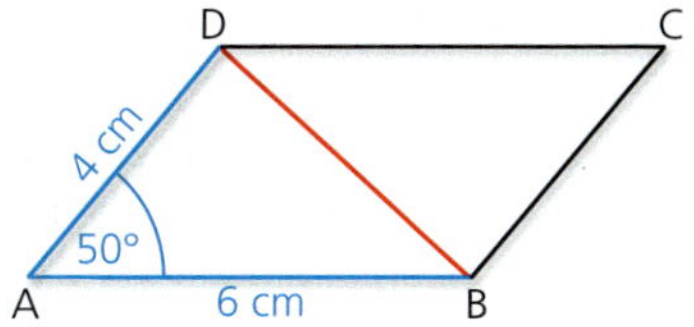

8 Leiter
Eine 3,80 m lange Leiter wird an eine Hauswand gelehnt. Der Abstand zwischen Leiter und Wand beträgt am Fußende 1,80 m.

a) Wie hoch reicht die Leiter?
b) Was passiert, wenn der Abstand zur Hauswand am Fußende auf 1,50 m verkürzt wird?

9 Dachgiebel
Konstruiere den symmetrischen Giebel eines Daches
a) mit der Breite 12 m und dem Neigungswinkel 48°, und bestimme die Höhe des Giebels.
b) mit der Breite 10 m und der Höhe 4 m, und bestimme den Neigungswinkel.

Welchen Kongruenzsatz hast du jeweils benutzt?

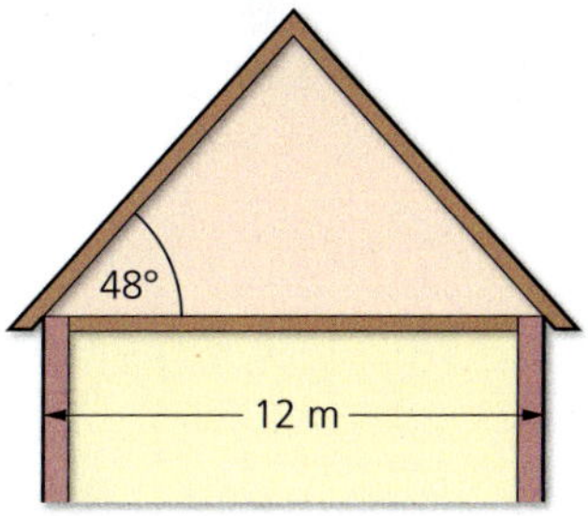

10 Höhe eines Turmes
Wie hoch ist der Turm? Beschreibe ein Verfahren, wie man die Höhe des Turmes mithilfe der Konstruktion eines Dreieckes bestimmen kann. Welche Größen musst du dazu messen, welches Dreieck konstruierst du dann?

11 Gelenkvierecke
Welche der Gelenkvierecke sind beweglich? Begründe.

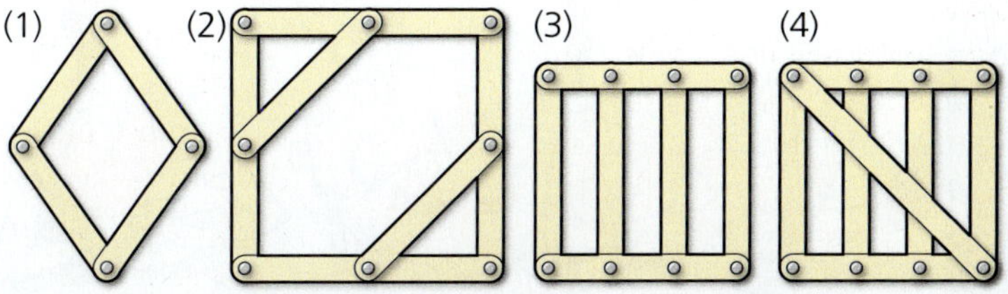

Sichern und Vernetzen – Vermischte Aufgaben zu Kapitel 7

Trainieren

1 Kongruente Dreiecke

Suche in den Figuren nach kongruenten Dreiecken. Gib jeweils einen passenden Kongruenzsatz an.

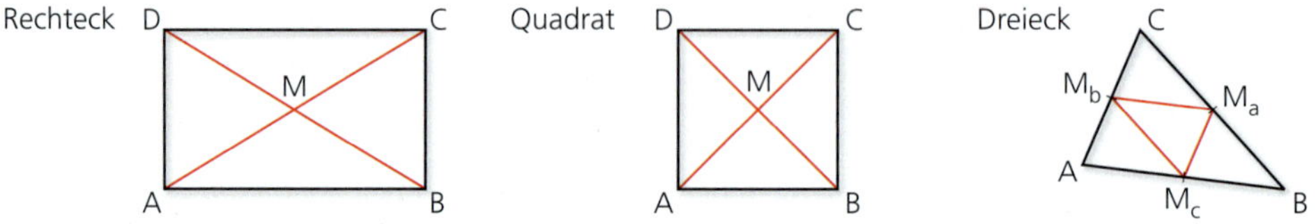

2 Dreiecke konstruieren

Konstruiere Dreiecke aus den gegebenen Größen. Kannst du von vornherein entscheiden, ob die Konstruktion eindeutig ist?

a) $a = 7{,}5$ cm, $b = 6$ cm, $c = 4$ cm
b) $\alpha = 50°$, $\beta = 70°$, $c = 8$ cm
c) $a = 6{,}5$ cm, $c = 8{,}5$ cm, $\alpha = 45°$
d) $a = 8$ cm, $c = 5$ cm, $\beta = 60°$
e) $\alpha = 30°$, $\beta = 70°$, $\gamma = 80°$
f) $b = 5$ cm, $c = 8$ cm, $\gamma = 40°$
g) $c = 5$ cm, $\alpha = 40°$, $w_\alpha = 3{,}5$ cm
h) $c = 5$ cm, $\alpha = 45°$, $s_c = 4$ cm

3 Diagonale

Erstelle in deinem Heft zunächst eine beschriftete Planfigur und bestimme anschließend mithilfe einer geeigneten Dreieckskonstruktion die gesuchte Größe. Welchen Kongruenzsatz hast du jeweils verwendet?

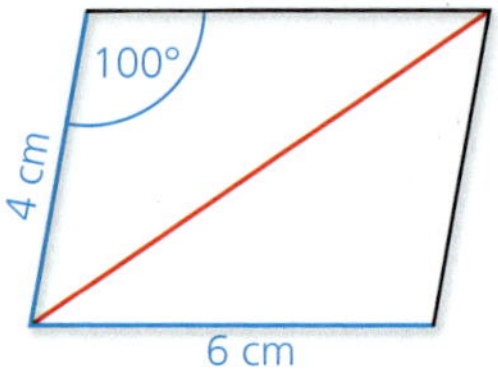

4 Besondere Dreiecke

a) Konstruiere ein rechtwinkliges Dreieck ABC mit rechtem Winkel bei C aus $a = 3{,}5$ cm und $h_c = 2$ cm.

b) Zeichne ein gleichseitiges Dreieck mit einer Höhe $h = 4$ cm.

Verstehen

5 Länge der dritten Seite

Wie lang kann die dritte Seite eines Dreiecks sein, wenn die beiden anderen 6 cm und 8 cm lang sind?

6 Wer hat Recht?

7 Wahr oder falsch

Zwei Dreiecke sind kongruent zueinander,

a) wenn sie in allen Winkelgrößen übereinstimmen.

b) wenn sie mit ihrem Flächeninhalt übereinstimmen.

c) wenn sie in allen Winkeln und ihrem Flächeninhalt übereinstimmen.

d) wenn sie mit ihrem Umfang übereinstimmen.

Anwenden

8 **Dachgiebel**

Bestimme durch eine maßstäbliche Konstruktion die Höhe des Dachgiebels.

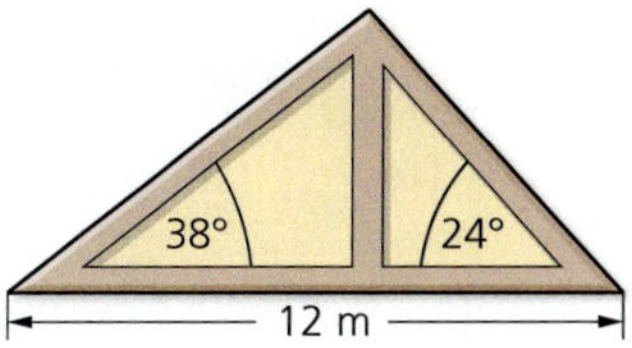

9 **Gelenkvierecke**

Stelle aus Lochstangen und Briefklammern verschiedene Vierecke und Dreiecke her. Welche dieser Figuren sind in ihrer Form festgelegt (starr), welche sind beweglich? Kannst du deine Beobachtungen erklären? Was hat der Kongruenzsatz SSS damit zu tun?

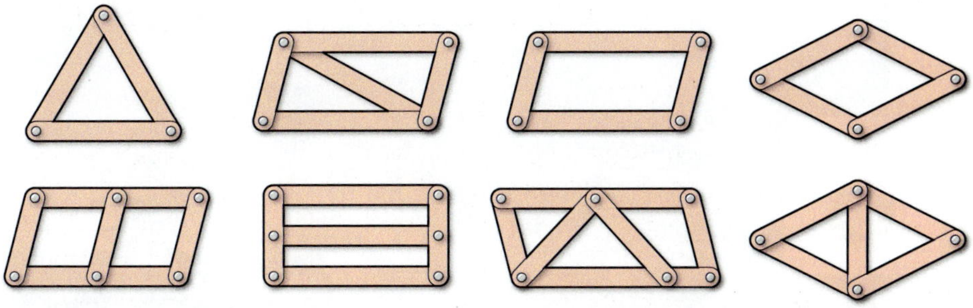

10 **Straßentunnel**

Durch ein Bergmassiv soll ein Straßentunnel gebaut werden.
Die Streckenlängen $\overline{AC}$ und $\overline{BC}$ sowie der eingezeichnete Winkel sind aus Messungen bekannt.
Wie lang wird der Tunnel?

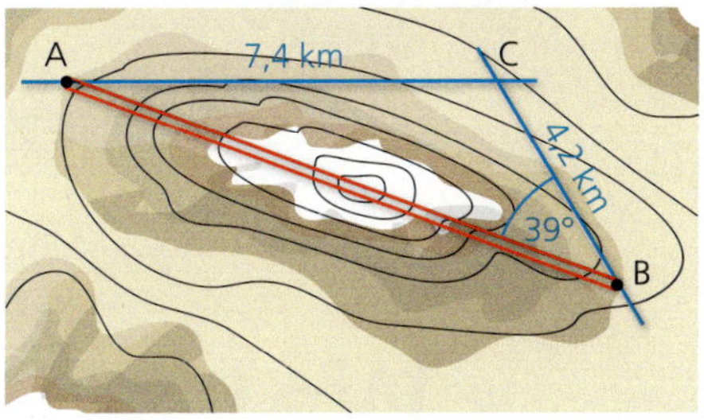

11 **Reinigung der Dachrinne**

Zur Reinigung einer Dachrinne, die in einer Höhe von 4,80 m angebracht ist und 30 cm von der Hauswand absteht, wird eine Leiter benötigt. Damit die Leiter sicher und fest steht, soll sie am Fußende mindestens einen Abstand von 1,50 m zur Hauswand haben. Reicht eine 5 m lange Leiter? Zeichne zunächst eine Planfigur.

12 **Flughafentower**

Alexander hat einige Messungen am Flughafen durchgeführt und bringt seine Skizze mit nach Hause.
Wie hoch ist der Flughafentower? Was fällt dir an der Skizze auf?

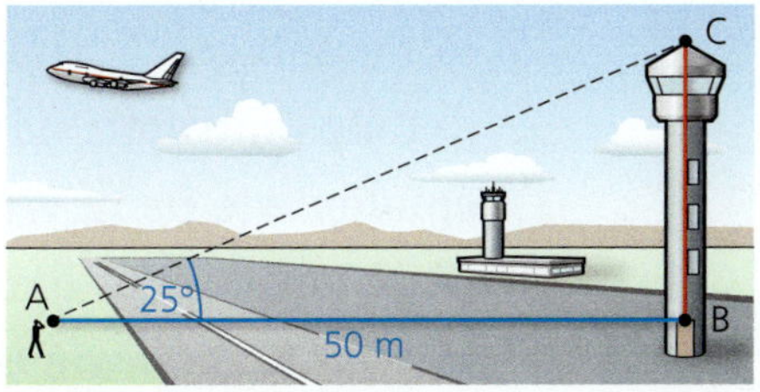

13 **Heißluftballon**

Von einem Heißluftballon über dem nordfriesischen Wattenmeer in einer Höhe von 1200 m sieht man vor sich das östliche Ufer der Insel Föhr unter einem Tiefenwinkel von 14°, das westliche Ufer unter einem Tiefenwinkel von 4°. Wie breit ist die Insel Föhr?

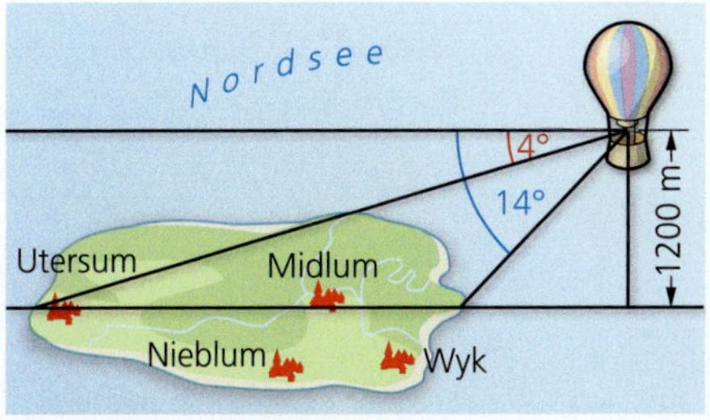

8 Wahrscheinlichkeitsrechnung

– mit dem Zufall muss man rechnen

Im täglichen Leben begegnen dir unentwegt Situationen, in denen der Zufall eine wichtige Rolle spielt. Obwohl der Zufall nicht zu berechnen ist, kannst du mit zufälligen Ereignissen recht gut umgehen und die Wahrscheinlichkeit, mit der sie eintreten, häufig realistisch einschätzen. Und dies nicht nur bei Glücksspielen wie beim Würfeln oder dem Spielen mit Karten sondern auch z.B. beim Biathlon, wo der Biathlet Scheiben treffen muss. Selbst bei so alltäglichen Verrichtungen wie beim Radfahren spielt der Zufall eine Rolle. Natürlich kann man sich beim Radfahren verletzen. Da du wohl die Wahrscheinlichkeit einer Verletzung gering einschätzt, benutzt du dein Fahrrad, und lässt dennoch sicher die nötige Vorsicht walten.

8.1 Theoretische Wahrscheinlichkeiten

Bei zahlreichen Zufallsversuchen hast du sicher kein Problem damit, die Wahrscheinlichkeit, mit der ein bestimmtes Ergebnis eintritt, auch ohne lange Versuchsreihe einzuschätzen. So wirst du bestimmt vermuten, dass die Wahrscheinlichkeit, dass beim Drehen des Glückrades eine bestimmte Zahl zwischen 1 und 30 kommt, $\frac{1}{30}$ beträgt.

Wie groß ist die Wahrscheinlichkeit ein rotes Feld zu treffen?

8.2 Zufallsversuche und Baumdiagramme

In einem Beutel sind drei rote, zwei weiße und fünf grünen Kugeln. Du ziehst nacheinander zwei Kugeln mit Zurücklegen.

Kannst du auf Anhieb sagen, wie groß die Wahrscheinlichkeit ist, dass du mindestens eine weiße Kugel gezogen hast?

Mit einem Baumdiagramm kann man alle möglichen Ergebnisse übersichtlich darstellen und mit gewissen Regeln die Wahrscheinlichkeiten berechnen.

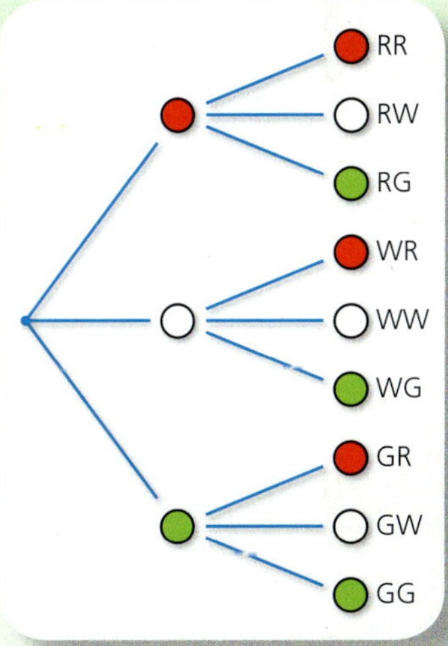

8.1 Theoretische Wahrscheinlichkeiten

Bei einer Reihe von Zufallsexperimenten kann man ohne eine lange Versuchsreihe die Wahrscheinlichkeit bestimmen, mit der ein bestimmtes Ergebnis eintritt. Bei einem Würfel z. B. weiß man auch ohne zu würfeln, dass die Sechs mit einer Wahrscheinlichkeit von $\frac{1}{6}$ eintritt. Damit kann man z. B. vorhersagen, dass bei 300 Würfen jede Augenzahl etwa 50-mal auftritt. Wann und wie man Wahrscheinlichkeiten ohne Versuchsreihen bestimmen kann, lernst du in diesem Kapitel.

Aufgaben

1 Glücksrad

Die Klasse 7 a baut für das Schulfest ein Glücksrad.

a) Worauf müssen die Schüler beim Bau des Glücksrades achten?

b) Die 9 soll der Hauptgewinn sein. Angenommen, es wird 350-mal gespielt. Mit wie vielen Hauptgewinnen ist zu rechnen? Überlege zunächst, wie groß die Wahrscheinlichkeit für den Hauptgewinn ist.

c) Bleibt der Zeiger auf einem roten Feld stehen, dann erhält man einen Trostpreis. Mit welcher Wahrscheinlichkeit gewinnt man einen Trostpreis?

2 Ungewöhnliche Würfel

Hast du schon solche Würfel gesehen?

a) Einige von ihnen eignen sich recht gut für Würfelspiele, andere wiederum nicht. Welche könnte man für Würfelspiele verwenden? Begründe deine Entscheidung.

b) Für einige der „Würfel" kannst du die Wahrscheinlichkeit schätzen, mit der die jeweiligen Augenzahlen auftreten.

3 Losbude auf dem Sommerfest

Bei einem Sommerfest wurden die Lose mit den Nummern 000 bis 999 verkauft. Auf der Bühne werden drei Glücksräder gedreht, um den Hauptgewinner zu ermitteln. Der Hauptgewinn fällt auf das Los mit der vom Glücksrad ermittelten Nummer.

a) Mit welcher Wahrscheinlichkeit gewinnt das Los mit der Nummer 345?

b) Alle Lose, deren Endziffer mit der Endziffer der gezogenen Zahl übereinstimmen, erhalten einen Gutschein für eine Fahrt mit der Achterbahn. Mit welcher Wahrscheinlichkeit gewinnt Inga eine Freifahrt, wenn sie nur ein Los kauft?

Basiswissen

Bei einem symmetrischen sechsseitigen Würfel kann man annehmen, dass jede der sechs Augenzahlen mit einer Wahrscheinlichkeit von $\frac{1}{6}$ auftritt. Solange der Würfel nicht gezinkt ist, sind alle Zahlen gleich wahrscheinlich. Bei vielen Zufallsexperimenten kann man annehmen, dass jedes einzelne Ergebnis mit der gleichen Wahrscheinlichkeit eintritt.

Zufallsexperimente, Ergebnismengen, Wahrscheinlichkeiten

Zufallsexperimente

Münze werfen	Würfeln	Glücksrad drehen	Kugel ziehen

Ergebnismengen

{Z; W}	{1; 2; 3; 4; 5; 6}	{0; 1; …; 9}	{1; …; 49}

Anzahl der Ergebnisse

2	6	10	49

Wahrscheinlichkeit für jedes Ergebnis

$\frac{1}{2}$	$\frac{1}{6}$	$\frac{1}{10}$	$\frac{1}{49}$

Pierre Simon Laplace
** 1749 † 1827*

PIERRE SIMON LAPLACE war ein berühmter französischer Mathematiker, der sich mit Wahrscheinlichkeitsrechnung beschäftigt hat.

Laplace-Experiment

Ein Zufallsexperiment, dessen Ergebnisse alle gleich wahrscheinlich sind, nennt man **Laplace-Experiment**.
Gibt es n verschiedene Ergebnisse, die gleich wahrscheinlich sind, dann ist die Wahrscheinlichkeit für jedes Ergebnis $\frac{1}{n}$.

Zur Abkürzung für Wahrscheinlichkeit wird häufig p verwendet.
(engl.: probability , franz.: probalité = Wahrscheinlichkeit)

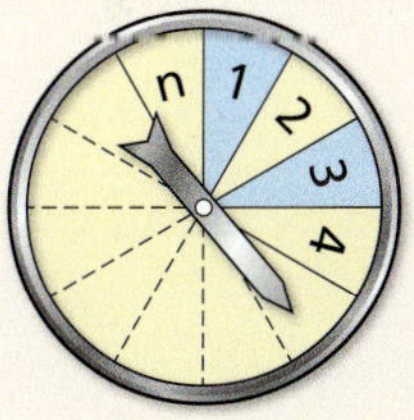

n gleich große Felder

Beispiele

A Glücksrad

Bei dem Glücksrad ist die Ergebnismenge {1; 2; 3; 4}.

a) Mit welcher Wahrscheinlichkeit p treten die Ergebnisse jeweils ein?

b) Wie häufig tritt etwa jedes Ergebnis auf, wenn man das Glücksrad 200-mal dreht?

Lösung:

a) Da das Glücksrad gleichmäßig aufgeteilt ist, sind alle Ergebnisse gleich wahrscheinlich. Daher gilt für jedes Ergebnis $p = \frac{1}{4}$.

b) Dreht man das Glücksrad 200-mal, dann tritt jedes Ergebnis ungefähr 50-mal auf.

Beispiele

B Ungewöhnliche Spielgeräte

Das abgebildete Spielgerät kann beim Wurf nur auf einer der vier Seiten zum Liegen kommen. „Damit kann man gut würfeln", meint Andreas. Was meinst du?

Lösung:

Das Spielgerät wird öfter auf einer Seite liegen bleiben als auf dem „Kopf". Die Ergebnisse sind also nicht gleich wahrscheinlich. Von einem fairen Würfel erwarten wir aber, dass alle Ergebnisse mit der gleichen Wahrscheinlichkeit auftreten.

C Glücksrad

Bei diesem Glücksrad sind die Ergebnisse „rot", „grün" und „blau". Die Farben treten nicht gleich wahrscheinlich auf. Dennoch kann man auch bei diesem Glücksrad die entsprechenden Wahrscheinlichkeiten ohne Experiment herausfinden.

p („rot") = $\frac{1}{2}$; p („grün") = $\frac{1}{4}$ p; („blau") = $\frac{1}{4}$

Übungen

4 Gewinnwahrscheinlichkeit beim Glücksrad

Beim Spiel mit dem Glücksrad kann man auf Zahl oder auf Farbe setzen. Mit welcher Wahrscheinlichkeit gewinnt man, wenn man
a) auf Rot, b) auf Weiß, c) auf die Zahl 5, d) auf die Zahl 6 setzt?

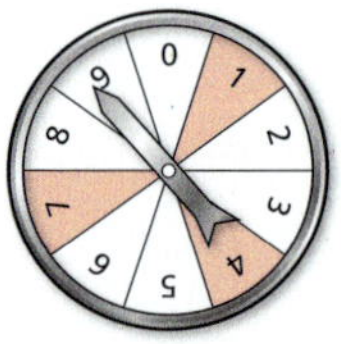

5 Zufallsexperimente und ihre Wahrscheinlichkeiten

Bei allen abgebildeten Geräten spielt der Zufall mit. Bestimme die Wahrscheinlichkeit, mit der eines der möglichen Ergebnisse eintritt. Bei einigen der Spielgeräte gelingt dies, bei anderen nicht.

a) Kreisel

b) Wurfscheibe

c) Urne

d) Glücksrad

e) Minigolf

f) amerikanisches Roulette

Genau hingeschaut: Die Anzahl der Felder ist beim amerikanischen Roulette eine andere als beim französischen.

6 Tombola

Bei einer Tombola wurden insgesamt 4852 nummerierte Lose verkauft. Bei der Verlosung werden als Hauptgewinne eine Reise in die USA und 10 Reisen nach Paris, ins Disneyland, gezogen. Katja hat ein Los gekauft.
Wie groß ist die Wahrscheinlichkeit, dass sie die Reise in die USA gewinnt?
Mit welcher Wahrscheinlichkeit gewinnt sie die Reise nach Paris?

Übungen

7 Quiz beim Schulfest

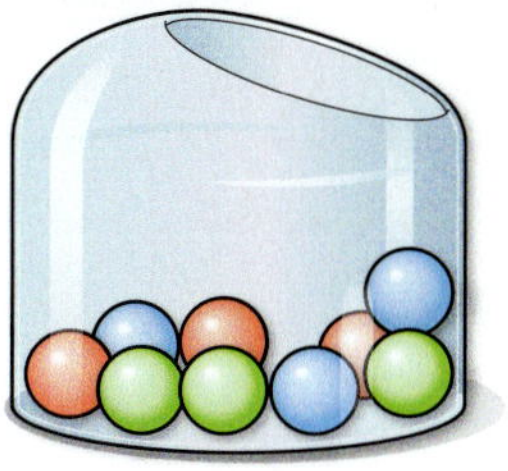

Die Klasse 7e macht beim Schulfest ein Quiz. Jeder Kandidat hat 10 Fragen zu beantworten. Bei jeder Frage entscheidet der Zufall, aus welchem Sachgebiet die Frage ist. Der Kandidat muss jedes Mal mit verbundenen Augen aus der Urne eine farbige Kugel ziehen. Rot bedeutet „Sport", blau „Musik" und grün „Film". Die Kugel wird nach jedem Zug wieder in die Urne gelegt.

a) Mit welcher Wahrscheinlichkeit wird dem Kandidat eine Frage aus dem Sachgebiet Film (Sport, Musik) gestellt?

b) Peter aus der 7a beschwert sich: „Ihr habt geschummelt. Ich hatte bei 10 Fragen nur Fragen über Filme." Was meint ihr, hat die 7e geschummelt?

8 Keine Mathehausaufgaben

Petras Mathelehrer macht den folgenden Vorschlag: „Jeden Tag losen wir aus, wer keine Mathehausaufgaben machen muss. Dazu schreibt ihr alle eure Namen auf einen Zettel. Die zusammengefalteten Zettel legen wir in eine Kiste und ziehen jeden Tag einen Namen. Wer gezogen wird, muss keine Hausaufgaben an diesem Tag machen. Den gezogenen Namen legen wir zurück in die Kiste. Mit etwas Glück könnt ihr sogar zweimal hintereinander gezogen werden."

a) In Petras Klasse sind 27 Schülerinnen und Schüler. Mit welcher Wahrscheinlichkeit wird morgen in der Mathestunde Petra gezogen?

b) Klaus hat festgestellt, dass es im kommenden Schuljahr 135 Mathestunden geben wird. Wie oft wird er wahrscheinlich ausgelost?

c) Kann es wirklich sein, dass Christian Pech hat und im kommenden Jahr kein einziges Mal ausgelost wird?

9 Die Wette

Klaus schlägt seinem Freund Jan eine Wette vor: „Ich würfele einmal. Wenn ich eine Eins erziele, gebe ich dir ein Eis aus, ansonsten gibst du mir ein Eis aus."

a) Sollte Jan die Wette annehmen? Mit welcher Wahrscheinlichkeit er gewinnt?

b) Klaus sagt: „Würdest du auch auf die folgende Wette eingehen? Wenn ich eine Eins würfele, dann musst du mir einen Eisbecher mit 6 Kugeln zahlen, sonst muss ich dir eine Eiskugel ausgeben." Was hältst du von dieser Wette?

10 Achtung – Zahl kommt

Bei einem Schulfest zugunsten der Partnerschule in Brasilien veranstaltet die Klasse 7c eine Lotterie. Beim „Großen Glücksrad" kann man auf eine Zahl setzen. Jessica, Benjamin, Daniel und Johanna machen je einen Vorschlag für einen Gewinnplan.
Für welchen Gewinnplan sollte sich die 7c entscheiden?
Diskutiere deine Entscheidung mit deinen Klassenkameraden.

Übungen

11 Karten ziehen

Aus einem Kartenspiel wird eine Karte gezogen.

a) Wie groß ist die Wahrscheinlichkeit, das Herz-Ass zu ziehen?

b) Beim „Mau-Mau" ist die „Sieben" besonders wichtig. Mit welcher Wahrscheinlichkeit zieht man aus dem Kartenspiel eine Sieben?

32 Karten

c) Anika zieht eine Karte. Ihre Freundin Inga sagt: „Ich bin eine Hellseherin. Ich weiß, dass die Farbe deiner Karte rot ist." Inga hatte Recht. Ist sie wirklich eine Hellseherin? Urteile selbst und begründe deine Meinung.

12 Französisches Roulette

Beim Roulette sind die möglichen Ergebnisse die Zahlen von 0 bis 36.

a) Wie groß ist die Wahrscheinlichkeit, dass eine bestimmte Zahl, wie zum Beispiel „21" fällt?

b) Spieler Charly Doll setzt auf „Rot". Er gewinnt also, wenn die Kugel auf „Rot" fällt. Schreibe auf, bei welchen Ergebnissen Herr Doll gewinnt.

c) Wie groß ist die Wahrscheinlichkeit, dass „Rot" kommt?

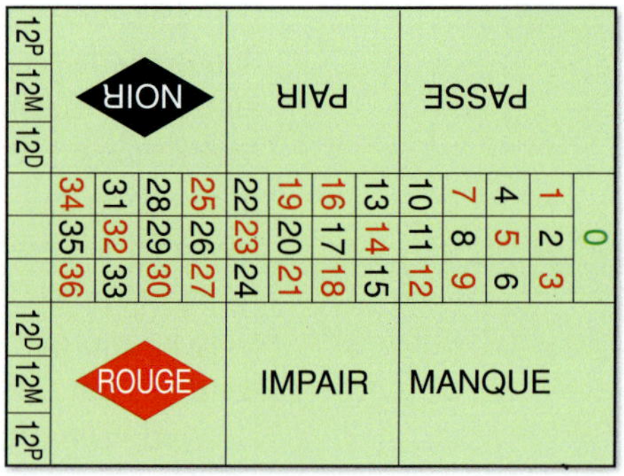

Basiswissen

Um Zufallsexperimente und Wahrscheinlichkeiten zu beschreiben gibt es eine Menge Fachbegriffe. Die wichtigsten sind im roten Kasten dargestellt.

„Vokalbelheft" für die Wahrscheinlichkeitsrechnung

Zufallsexperiment: ein Experiment, bei dem verschiedene Ergebnisse eintreten können

Ergebnismenge: Zusammenfassung aller möglichen Ergebnisse

Ereignis: Zusammenfassung einiger Ergebnisse

Wahrscheinlichkeit p: Eine Zahl zwischen 0 und 1, also zwischen 0 % und 100 %. Sie gibt an, wie wahrscheinlich ein Ergebnis oder ein Ereignis eintritt.

Wahrscheinlichkeit bei einem Laplace-Experiment

Beim Glücksrad sind alle Ergebnisse gleich wahrscheinlich.

Sind alle Ergebnisse gleich wahrscheinlich, dann kann man die Wahrscheinlichkeit p eines Ereignisses leicht ermitteln:

$$p(\text{Ereignis}) = \frac{\text{Anzahl der günstigen Ergebnisse}}{\text{Anzahl der möglichen Ergebnisse}}$$

$$p(\text{„grün"}) = \frac{5}{12} \approx 41{,}7\,\%$$

Beispiele

D Zufallsexperiment Würfeln

Wie lautet die Ergebnismenge beim Würfelexperiment? Notiere die Ereignisse „gerade Zahl" und „Augenzahl kleiner als 3".

Lösung:

Ergebnismenge = {1; 2; 3; 4; 5; 6}

Ereignisse: „gerade Zahl" = {2; 4; 6}

„Augenzahl kleiner als 3" = {1; 2}

Die Ereignisse sind immer Teilmengen der Ergebnismengen.

E Urnenexperiment

In der Urne sind 12 Kugeln, davon sind 4 blau. Wie groß ist die Wahrscheinlichkeit, aus der Urne eine blaue Kugel zu ziehen?

Lösung: Die Wahrscheinlichkeit eine blaue Kugel zu ziehen ist, p („blau") = $\frac{4}{12} = \frac{1}{3}$.

F Münzexperiment

Petra wirft eine 1 €-Münze und eine 50-Cent-Münze. Wie groß ist die Wahrscheinlichkeit, dass beide Münzen mit „Zahl" nach oben liegen? Wie groß ist die Wahrscheinlichkeit, dass eine der Münzen mit „Zahl" nach oben und die andere mit „Zahl" nach unten liegt?

Lösung:

Mögliche Ergebnisse

Ereignis:	zweimal „Zahl"	einmal „Zahl" und einmal „Wappen"	zweimal „Wappen"

Wahrscheinlichkeit für das Ereignis: „zweimal Zahl":

p („zweimal Zahl") = $\frac{1}{4}$ = 25 %

Wahrscheinlichkeit für das Ereignis: „einmal Zahl und einmal Wappen":

p („einmal Zahl und einmal Wappen") = $\frac{2}{4}$ = 50 %

Übungen

13 Wahrscheinlichkeit für „Rot"

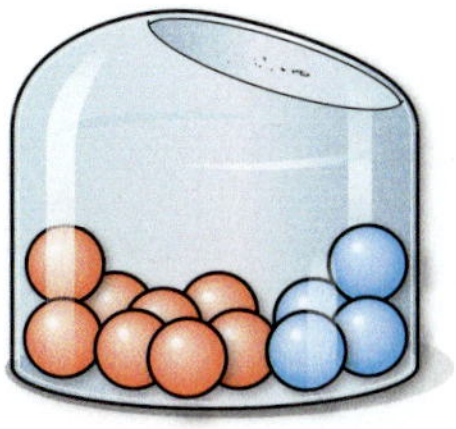

Aus der Urne wird eine Kugel gezogen.

a) Wie groß ist die Wahrscheinlichkeit, dass die Kugel rot ist?

b) Die gezogene rote Kugel wird nicht zurückgelegt. Es wird eine weitere Kugel gezogen. Wie groß ist die Wahrscheinlichkeit, dass diese ebenfalls rot ist?

14 Sonntagskind

Annika stellt fest: „Sonntagskind zu sein, ist nichts Besonderes. Ich kann dir sagen, wie groß die Wahrscheinlichkeit ist, an einem Sonntag geboren zu sein." Kannst du dies auch?

15 „Mensch ärgere dich nicht"

Wie groß ist die Wahrscheinlichkeit, dass Rot beim nächsten Wurf mit einem Würfel eine der gelben Figuren rauswirft?

Übungen

16 Glücksrad mit verschieden großen Sektoren 1

Das Glücksrad ist in verschieden große Sektoren eingeteilt. Dennoch kann man die Wahrscheinlichkeiten berechnen, mit denen bestimmte Ereignisse eintreten. Man muss nur die Wahrscheinlichkeiten für die einzelnen Ergebnisse kennen.

Ergebnis	p
1	10 %
2	20 %
4	25 %
5	30 %
9	15 %

Berechne die Wahrscheinlichkeit, mit der jeweils das folgende Ereignis eintritt: Die Glückszahl ist eine

a) gerade Zahl, b) ungerade Zahl, c) Quadratzahl, d) ist kleiner als 5.

Additionsregel

Die Wahrscheinlichkeit eines Ereignisses ist die Summe der Wahrscheinlichkeiten der zugehörigen Ergebnisse.
Beim Würfeln ist zum Beispiel p(„gerade Zahl") = p(2) + p(4) + p(6).

17 Glücksrad mit verschieden großen Sektoren 2

Jannis hat für das Glücksrad aus Aufgabe 16 die Wahrscheinlichkeit berechnet, mit der das Ereignis „kleiner als 9" eintritt: p(„kleiner als 9") = 1 – p(9) = 1 – 0,15 = 0,85

a) Erläutere Jannis' Lösungsweg.
b) Berechne die Wahrscheinlichkeiten für folgende Ereignisse: Die Glückszahl ist
(1) größer als 1, (2) teilbar durch 5, (3) nicht 2, (4) größer als 9.

Ereignis und Gegenereignis

Zu jedem Ereignis gibt es auch das entsprechende **Gegenereignis**. Dieses besteht aus allen Ergebnissen, die nicht zum Ereignis gehören.
Beim Würfeln gehört {3; 6} zum Ereignis „Augenzahl durch 3 teilbar" und {1; 2; 4; 5} zum Gegenereignis „Augenzahl nicht durch 3 teilbar".

Mathematiker benutzen das Gegenereignis manchmal zur geschickten Berechnung von Wahrscheinlichkeiten.

Berechnen von Wahrscheinlichkeiten mit dem Gegenereignis

Die Wahrscheinlichkeiten von Ereignis und Gegenereignis ergänzen sich zu 1.
p(Ereignis) + p(Gegenereignis) = 1

Oft nutzt man die Regel in der Form: p(Ereignis) = 1 – p(Gegenereignis).

18 Drei Münzen

Karen möchte durch Überlegen herausfinden, mit welcher Wahrscheinlichkeit beim Wurf dreier Münzen alle drei mit „Zahl" nach oben liegen.

a) Schreibe die Ergebnismenge auf. Stelle dir dafür vor, du würdest mit einer 1-Cent-Münze, einer 2-Cent Münze und einer 5-Cent-Münze werfen.
b) Bestimme die Wahrscheinlichkeit für das Ereignis „dreimal Zahl".
c) Gib folgende Wahrscheinlichkeiten an.

(1) p(„keine Zahl") (2) p(„dreimal Wappen")
(3) p(„1-Cent-Münze zeigt Zahl") (4) p(„alle drei Münzen zeigen das gleiche")
(5) p(„1-Cent Münze zeigt Wappen") (6) p(„mindestens eine Münze zeigt Zahl")

d) Kannst du auch für vier Münzen bestimmen, wie groß die Wahrscheinlichkeit ist, dass alle vier nach einem Wurf „Zahl" zeigen? Wie sieht es bei noch mehr Münzen aus?

Übungen

19 **Farbige Kugeln in einer Urne**

Wie viele rote, gelbe, grüne und blaue Kugeln müssten in einer Urne sein, damit mit den folgenden Wahrscheinlichkeiten die entsprechenden farbigen Kugeln gezogen werden?

a)

Farbe	rot	gelb	grün	blau
p	$\frac{2}{15}$	$\frac{7}{15}$	$\frac{1}{15}$	$\frac{5}{15}$

b)

Farbe	rot	gelb	grün	blau
p	$\frac{2}{5}$	$\frac{1}{3}$	$\frac{1}{10}$	$\frac{1}{6}$

20 **Rote Ampel**

„Immer wenn ich an die Ampel komme, ist sie rot", ärgert sich Nadines Vater. Nadine stoppt daraufhin die Länge der Ampelphasen mit ihrer Armbanduhr.
Wie groß ist die Wahrscheinlichkeit, dass die Ampel „rot" („rot-gelb" oder „grün") zeigt, wenn Nadines Vater kommt?

Ampelphase	Dauer
rot	45 s
rot-gelb	5 s
gelb	5 s
grün	30 s

21 **Glücksspirale**

Die „Glücksspirale" ist ein beliebtes Glücksspiel. Auf jedem Los der „Glücksspirale" ist eine Zahl aufgedruckt, mit der man an dem Spiel teilnimmt. Für die Teilnahme muss man 5 € zahlen. Am Wochenende wird mit einem Glücksrad eine siebenstellige Glückszahl gezogen. Stimmt die Zahl auf dem Los in der letzten Stelle mit der gezogenen Zahl überein, so gewinnt man 10 €; stimmen die beiden Zahlen sogar in den letzten beiden Stellen überein, so gewinnt man 20 €. Wie groß ist die Wahrscheinlichkeit, den jeweiligen Geldbetrag zu gewinnen?

1 5 7 9 2 6 5

1-stellige Glückszahl	10,00 €
2-stellige Glückszahl	20,00 €
3-stellige Glückszahl	50,00 €
4-stellige Glückszahl	500,00 €
5-stellige Glückszahl	5000,00 €

Kopfübungen

1. Ein Waldstorch kann seinen Schnabel in 0,025 s zuklappen, wenn daran etwas Essbares vorbeistreift. Welchen Anteil einer Sekunde dauert es?
   ① $\frac{1}{4}$ ② $\frac{1}{40}$ ③ $\frac{25}{1000}$ ④ $\frac{1}{25}$
2. Wahr oder falsch?
   a) Der Radius eines Kreises ist doppelt so lang wie der Durchmesser.
   b) Es gibt Vierecke mit drei stumpfen Winkeln.
3. Notiere einen Zahlenterm mit Null, den man nicht berechnen kann.
4. Entscheide: Welche Verpackung hat ein größeres Volumen?

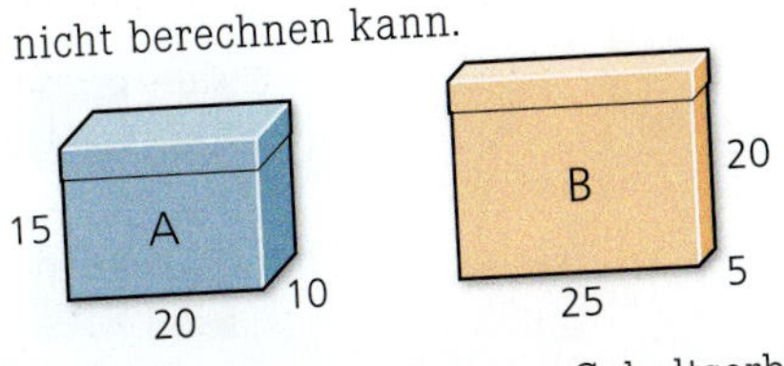

5. Finde die fehlende Zahl:
   $-10 \cdot (-10) \cdot \blacksquare \cdot 10 = -2000$
6. Der Mitarbeiter mit dem größten Gehalt bekommt in seiner Firma eine Gehaltserhöhung, der Lohn anderer Mitarbeiter bleibt dagegen unverändert. Beschreibe, wie und ob sich dadurch a) das arithmetische Mittel der Gehälter ändert b) der Median der Gehälter ändert.
7. Melanie muss 24 Topfblumen alle 3 Tage gießen. Wie oft muss sie die Topfblumen gießen, wenn es nur 12 sind?

Aufgaben

22 Wie groß ist die Wahrscheinlichkeit einen Pasch zu würfeln?

Ein besonders „schönes" Ergebnis beim Würfeln mit zwei Würfeln ist ein Pasch. Kommt dieses Ereignis häufig vor? In Inges Klasse wird heftig diskutiert. Wie groß ist die Wahrscheinlichkeit für einen Pasch?

Lisas Vorschlag: „Beim Wurf mit zwei Würfeln gibt es 21 verschiedene Ergebnisse. Es gibt sechs verschiedene Pasche. Also ist die Wahrscheinlichkeit für einen Pasch $\frac{6}{21}$ = 28,6 %."

(1 | 1); (1 | 2); (1 | 3); (1 | 4); (1 | 5); (1 | 6);
(2 | 2); (2 | 3); (2 | 4); (2 | 5); (2 | 6);
(3 | 3); (3 | 4); (3 | 5); (3 | 6);
(4 | 4); (4 | 5); (4 | 6);
(5 | 5); (5 | 6);
(6 | 6)

Peter: „Das geht doch viel einfacher. Man erzielt einen Pasch oder keinen Pasch. Also ist die Wahrscheinlichkeit für einen Pasch $\frac{1}{2}$ = 50 %."

Nicole: „Ganz so einfach ist das auch nicht. Beim Würfeln mit zwei Würfeln erzielt man keine Sechs, eine Sechs oder zwei Sechsen. Es gibt also drei verschiedene Ergebnisse. Die Wahrscheinlichkeit für einen Sechserpasch ist somit $\frac{1}{3}$ Bei allen anderen Paschen ist das genauso. Damit ist die Wahrscheinlichkeit für einen Pasch 33,3 %."

a) Bei einigen Lösungsvorschlägen kannst du erkennen, dass diese falsch sind. Bei welchen? Begründe deine Antwort.

b) In der Klasse kann man leicht herausfinden, welche Lösung richtig ist. Man muss nur oft mit zwei Würfeln würfeln (z. B. 300-mal) und dabei feststellen, wie oft ein Pasch erzielt wird. Die relative Häufigkeit ist ein guter Schätzwert für die Wahrscheinlichkeit für einen Pasch. Wie groß ist die Wahrscheinlichkeit für einen Pasch?

c) Toni hat eine ganz andere Idee. Er notiert dazu alle Ergebnisse. Danach überlegt er sich wie viele Ergebnisse und Pasche es gibt. Wie groß ist die Wahrscheinlichkeit für einen Pasch?

d) Erkläre, worin der Unterschied zwischen den Lösungen von Lisa, Nicole, Peter und Toni besteht.

(1 | 1); (1 | 2); (1 | 3); (1 | 4); (1 | 5); (1 | 6);
(2 | 1); (2 | 2); (2 | 3); (2 | 4); (2 | 5); (2 | 6);
(3 | 1); (3 | 2); (3 | 3); (3 | 4); (3 | 5); (3 | 6);
(4 | 1); (4 | 2); (4 | 3); (4 | 4); (4 | 5); (4 | 6);
(5 | 1); (5 | 2); (5 | 3); (5 | 4); (5 | 5); (5 | 6);
(6 | 1); (6 | 2); (6 | 3); (6 | 4); (6 | 5); (6 | 6).

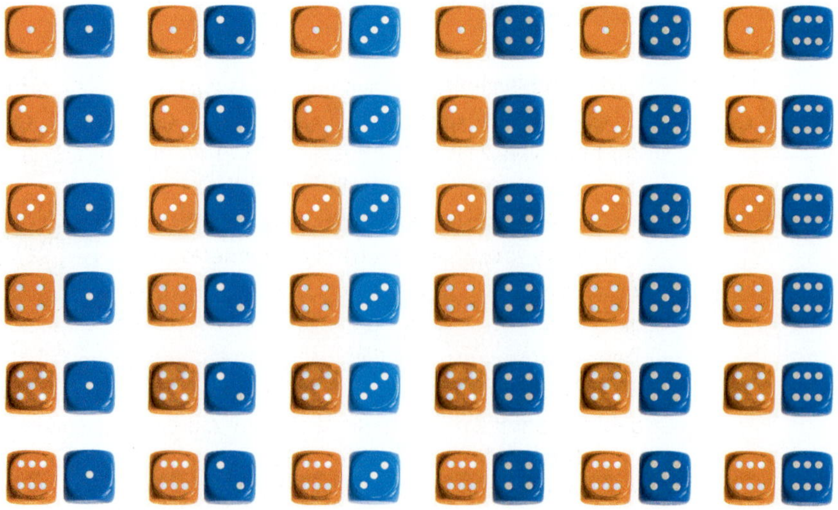

Aufgaben

23 Was ist ein faires Spiel?

Bei vielen Glücksspielen muss man einen Geldbetrag einsetzen. Je nachdem, welches Ereignis dann eintritt, gewinnt man einen bestimmten Betrag, oder man verliert den Einsatz.

a) Angenommen, du würdest mit dem Glücksrad 1000-mal spielen und jedes Mal auf die Zahl 1 setzen.
- Wie viel Geld hast du dann eingesetzt?
- Wie oft hast du ungefähr gewonnen?
- Wie viel Geld hast du etwa gewonnen?
- Vergleiche den eingesetzten Geldbetrag mit dem gewonnenen. Was stellst du fest?

Gewinnplan

Einsatz		2
Gewinn	Zahl	10
	Farbe	6
	gerade - ungerade	3

b) Mach eine entsprechende Berechnung, wenn du auf „grün" oder auf „gerade" setzt. Welche Wette sollte der Spieler eingehen: auf Zahl, auf Farbe oder auf „gerade/ungerade" setzen?

c) Wie müsste der Gewinnplan aussehen, wenn das Spiel fair sein soll? Diskutiere zunächst mit deinen Mitschülern, was man bei einem Glücksspiel unter „fair" verstehen soll. Finde für die Wette „gerade/ungerade" einen fairen Gewinnplan.

24 Die Capture-Recapture Methode

In einem großen See sind viele Fische. Der Besitzer des Sees möchte gerne wissen, wie viele Fische ungefähr in dem See sind.

a) Seine erste Idee war: Man pumpt den See leer und zählt alle Fische, die man im Schlamm findet. Was haltet ihr von dieser Idee?

b) Durchgeführt hat er dann das folgende Verfahren: Er fing 80 Fische und markierte sie. Dann setzte er die Fische wieder aus. Im Laufe des folgenden Jahres fingen seine Freunde und er 320 Fische. Davon waren 20 markiert. Dann hat er gerechnet und herausgefunden, dass in seinem See etwa 1300 Fische waren. Wie hat er wohl gerechnet?

25 Grizzlies- Wie zählt man etwas was man nicht zählen kann?

Grizzlies sind die Könige der Rocky Mountains in den USA. Sie haben keine Feinde außer dem Menschen. Das Zusammentreffen der Grizzlies mit den Menschen endete für die großen Bären jedoch häufig tödlich.

Wie viele Grizzlies gibt es noch? In Montana in den Rocky Mountains wurden 43 Kameras mit Wärmesensoren in den Wäldern aufgehängt. Registrierten die Sensoren die Wärme eines großen Tieres, dann wurde ein Bild „geschossen". Leider waren die Grizzlies etwas fotoscheu. Wurden sie geblitzt, dann zerstörten sie jedes Mal mit einem Hieb ihrer kräftigen Tatzen den Fotoapparat.

Wie könnte man die Anzahl der Grizzlies in Montana mit der „Capture-Recapture-Methode" schätzen?

8.2 Zufallsversuche und Baumdiagramme

Das Würfelspiel „Kniffel“ wird mit fünf Würfeln gespielt. Bei diesem Spiel sind sehr viele unterschiedliche Ergebnisse möglich. Schreibt man die Ergebnisse ohne System auf, so kann man schnell den Überblick verlieren. Mit einem Baumdiagramm kann man die Ergebnisse eines Zufallsexperimentes übersichtlich aufschreiben. Und mit dem Baumdiagramm kann man die Wahrscheinlichkeiten berechnen, mit denen die jeweiligen Ergebnisse eintreten.

Aufgaben

1 **„Höhere Augenzahl gewinnt!“**
Für das folgende Spiel benötigt man zwei Würfel. Beklebe jede Seite mit Papier und schreibe die entsprechenden Punktzahlen auf die Würfel.

a)

b)

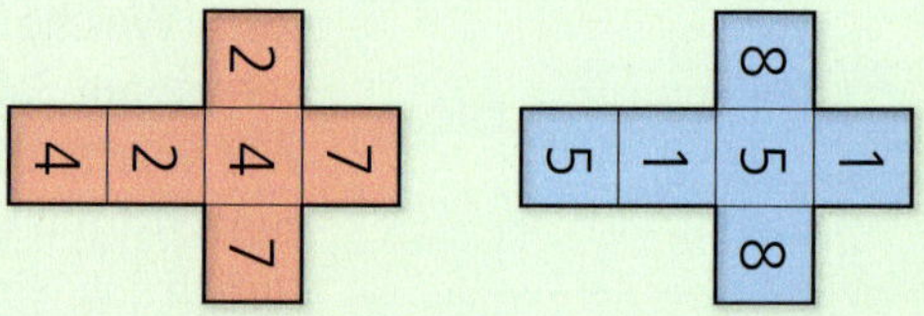

Gespielt wird zu zweit. Jeder der Spieler erhält einen Würfel. Dann wird gegeneinander gewürfelt. Gewonnen hat der Spieler, der die höhere Augenzahl erzielt.

a) Wenn du die Wahl hättest, welchen der beiden Würfel würdest du wählen?

b) Spiele das Spiel zehnmal. Notiere, mit welchem Würfel gewonnen wurde. Übertrage dazu folgende Tabelle ins Heft.

Spiel	1	2	3	4	5	6	7	8	9	10
Würfel gewinnt	■	■	■	■	■	■	■	■	■	■

c) Man kann ein Baumdiagramm verwenden, um alle möglichen Ergebnisse des Spiels aufzuschreiben. Der Baum wird in zwei Schritten erstellt. Zeichne das Baumdiagramm in dein Heft und vervollständige es.

1. Schritt
Zeichne Zweige für die Ergebnisse des Würfels A

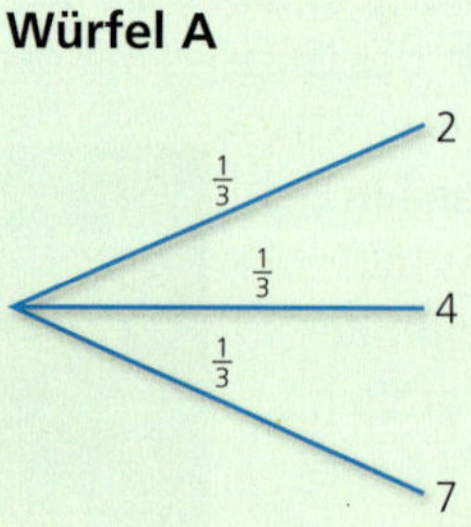

2. Schritt
Ergänze die Zweige für die Ergebnisse des Würfels B

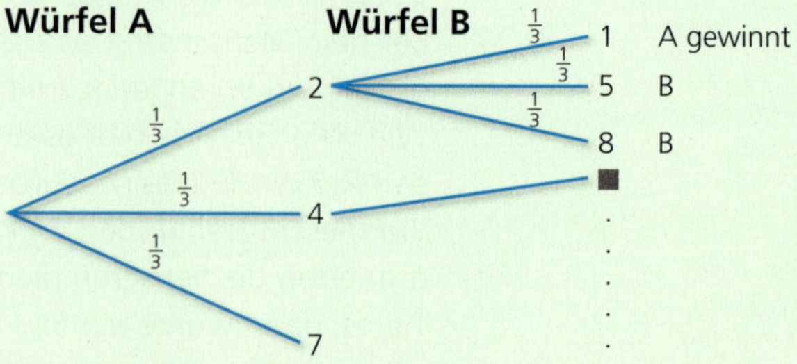

d) Ermittle mit dem Baumdiagramm die Wahrscheinlichkeit, mit dem Würfel A zu gewinnen. Welchen Würfel würdest du jetzt für das Spiel wählen?

Aufgaben

2 **Ampeln sind meistens rot**

Sebastians Mutter ärgert sich: „Auf der Ringstraße gibt es zwei Ampeln. Ganz selten kommt es vor, dass ich bei beiden Ampeln grün habe." Sebastian überprüft diese Behauptung. Er vernachlässigt die gelbe und die rot-gelbe Phase der Ampeln, da diese sehr kurz sind. Mit der Stoppuhr stellt er fest, dass die Grünphase bei beiden Ampeln 80 Sekunden und die Rotphase 120 Sekunden beträgt. Wenn man also an einer der Ampeln ankommt, zeigt diese mit einer Wahrscheinlichkeit von 40 % grün.

a) Wie hat Sebastian die Wahrscheinlichkeiten ausgerechnet?

b) In dem Baumdiagramm ist dargestellt, welche vier verschiedenen Möglichkeiten es gibt, die beiden Ampeln anzutreffen. Welcher Pfad steht für zweimal rot? Was bedeuten die Zahlen an den „Zweigen"?

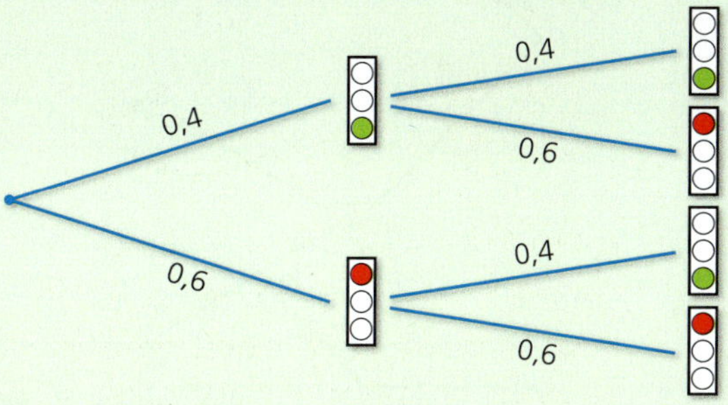

c) Sebastians Mutter ist in diesem Jahr sicher schon hundertmal die Ringstraße entlanggefahren. Was bedeuten die Zahlen in dem Baumdiagramm? Übertrage das Diagramm in dein Heft und ergänze die fehlenden Zahlen. Bestätigen die Zahlen die Behauptung von Sebastians Mutter?

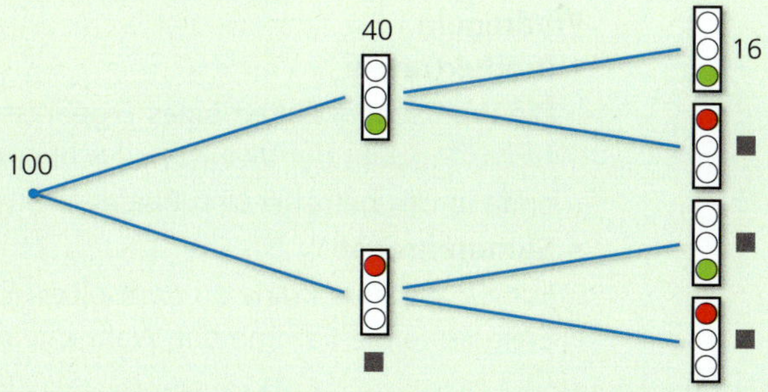

d) Bei der Berechnung der Wahrscheinlichkeit, dass beide Ampeln grün sind, hilft die folgende Überlegung: In etwa 40 % der Fahrten ist die erste Ampel grün, davon in 40 % der Fälle auch die zweite Ampel, d. h. in 40 % von 40 % der Fälle sind beide Ampeln grün. Berechne die Wahrscheinlichkeit für eine „Grüne Welle".

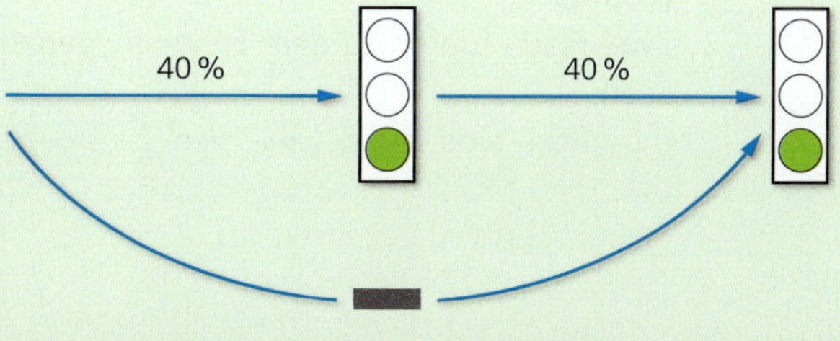

Basiswissen

Bei vielen Problemen haben sich Baumdiagramme als hilfreich erwiesen, wenn man sich einen Überblick verschaffen will, über das, was alles geschehen kann.

Baumdiagramme und Pfadregeln

mehrstufig: Mehrere Experimente werden nacheinander ausgeführt.

Mit einem Baumdiagramm kann man alle möglichen Ergebnisse eines **mehrstufigen** Zufallsexperimentes übersichtlich darstellen.
Eine Münze wird zweimal geworfen. Das Baumdiagramm stellt alle möglichen Ergebnisse dieses **zweistufigen Zufallsexperimentes** dar.

W für Wappen
Z für Zahl

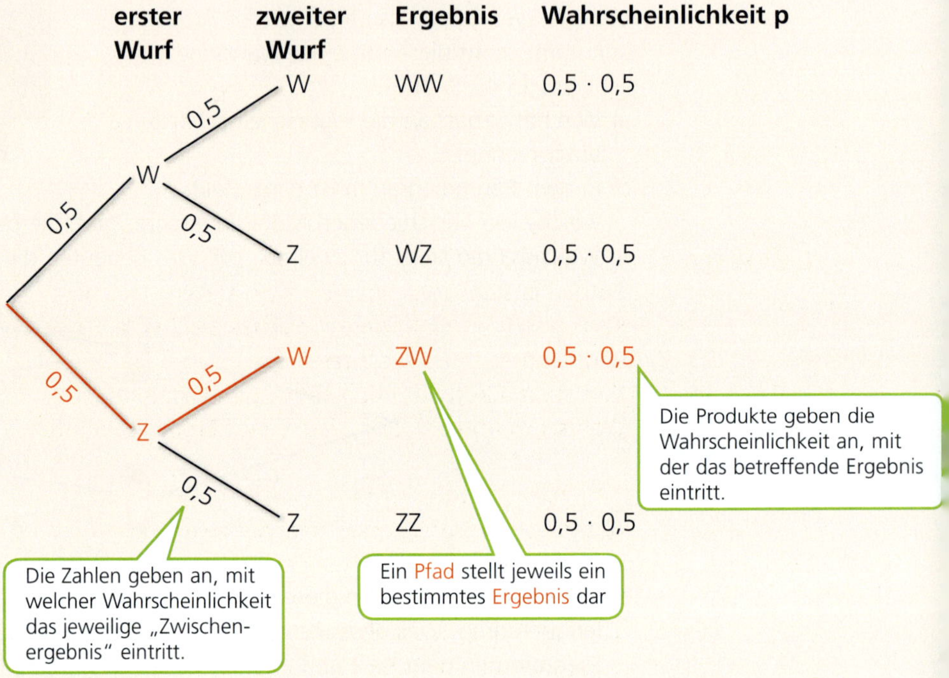

Pfadregeln

- **Produktregel:**
  Die Wahrscheinlichkeit eines Ergebnisses ist das Produkt der Wahrscheinlichkeiten entlang des betreffenden Pfades.

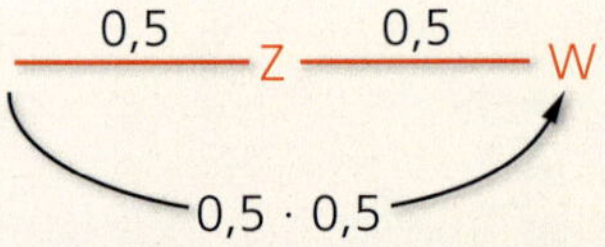

p (ZW) = 0,5 · 0,5 = 0,25

- **Summenregel**
  Führen mehrere Pfade zu demselben Ereignis, dann ist die Wahrscheinlichkeit des Ereignisses die Summe der Wahrscheinlichkeiten der betreffenden Pfade.

Beispiele

A Anwendung der Summenregel

Wie groß ist die Wahrscheinlichkeit, dass man mit zwei Würfeln genau eine „Sechs“ würfelt?

Lösung:

Zwei Pfade führen zu dem Ereignis „genau eine Sechs“.

p („genau eine Sechs“) $= \frac{1}{6} \cdot \frac{5}{6} + \frac{5}{6} \cdot \frac{1}{6} = \frac{10}{36} = \frac{5}{18}$

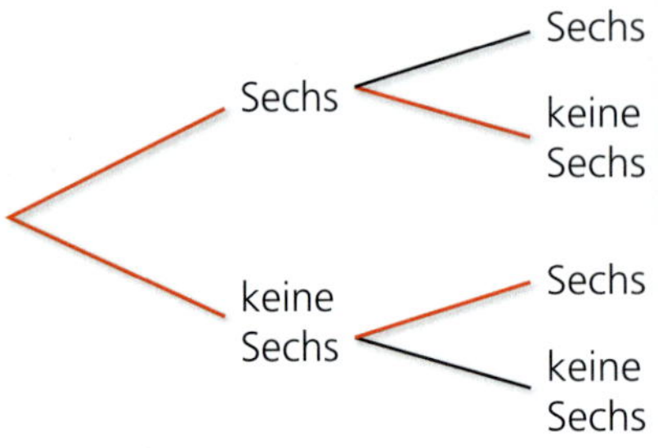

Beispiele

B **Wegenetz**

Angenommen, du entscheidest an jeder Weggabelung nach dem Zufallsprinzip, welchen Weg du nimmst. Wie groß ist dann die Wahrscheinlichkeit, dass du in Raum A ankommst?

Lösung:

Man kann das Problem auf zwei verschiedene Arten lösen:

- mit Wahrscheinlichkeiten
- 60 Personen gehen durch das Wegenetz

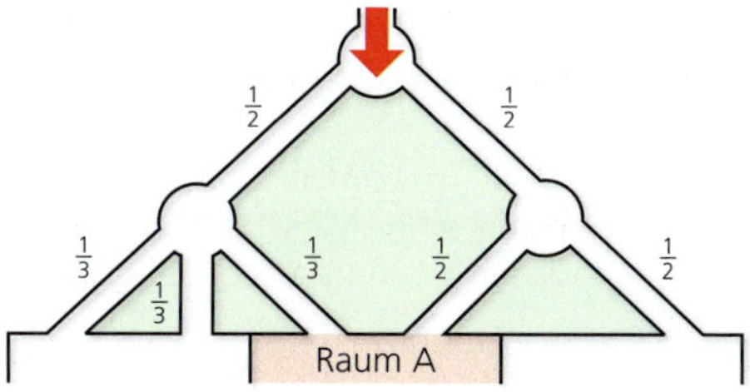

$p(A) = \frac{1}{2} \cdot \frac{1}{3} + \frac{1}{2} \cdot \frac{1}{2} = \frac{5}{12}$

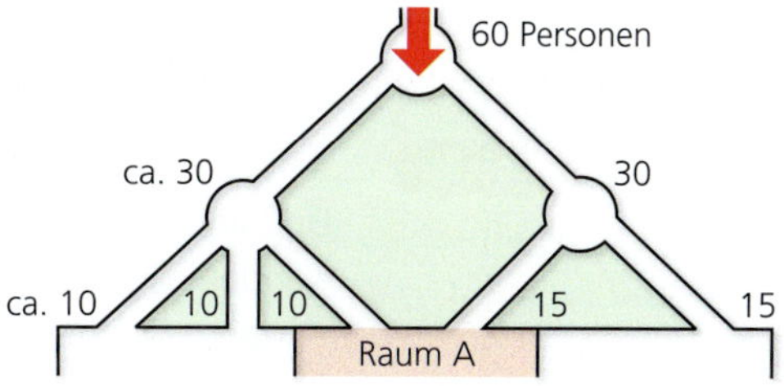

$p(A) = \frac{25}{60} = \frac{5}{12}$

Übungen

3 **Doppeltes Glück**

Katharina zieht nacheinander zwei Karten aus einem Kartenspiel mit 32 Karten. Als erstes zieht sie ein Ass, und dann noch ein weiteres Ass.
Katharina berechnet mit einem Baumdiagramm die Wahrscheinlichkeit dafür, dass dieses Ergebnis eintritt.

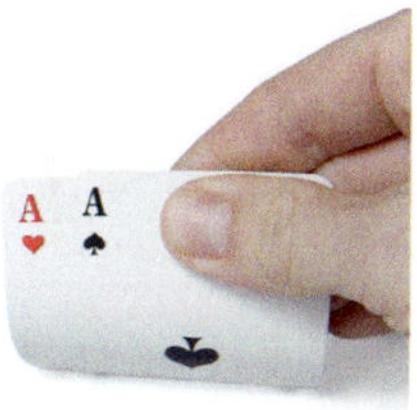

4 **Spiel mit der Urne**

Aus der Urne werden nacheinander zwei Kugeln
a) mit Zurücklegen nach dem ersten Zug,
b) ohne Zurücklegen nach dem ersten Zug gezogen. Zeichne für beide Fälle je ein vollständiges Baumdiagramm und berechne p (RR) und p (einmal Rot).

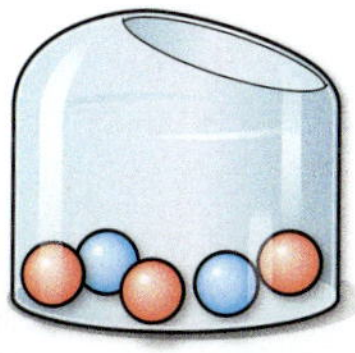

5 **Irrgarten**

Die Zeichnungen stellen jeweils Wegenetze dar. Sie sind wie eine Art Irrgarten. Vielleicht bist du schon einmal in einem solchen Irrgarten „herumgeirrt“. Auch bei den dargestellten Wegenetzen kann jemand, der darin herumspaziert, nicht erkennen, wohin die einzelnen Wege führen.

(1)

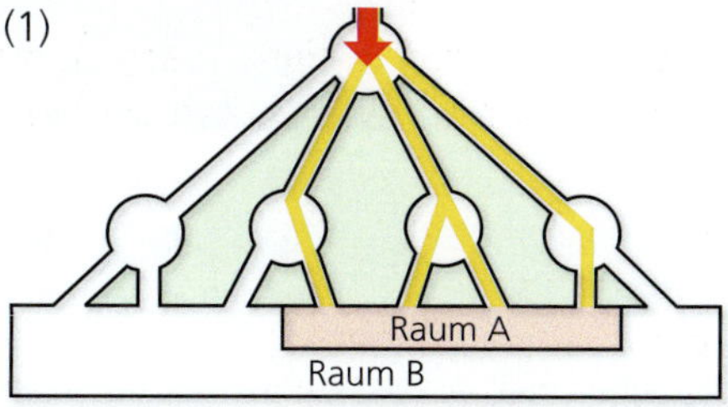

(2)

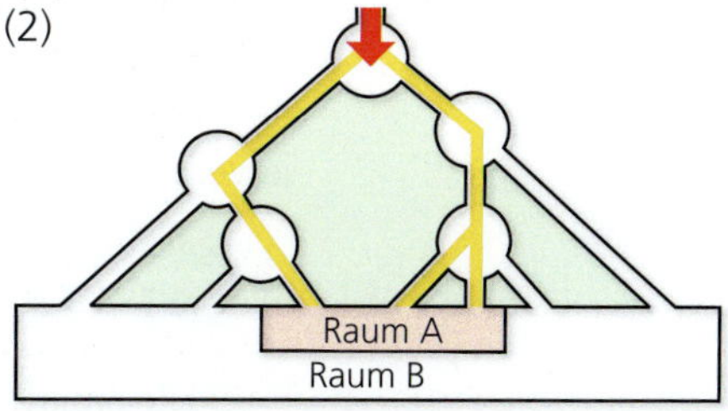

Angenommen, du entscheidest an jeder Verzweigung nach dem Zufallsprinzip, in welche Richtung du weitergehst. Dann ist jede der Richtungen an einer Verzweigung gleich wahrscheinlich.

a) In welchem der Wegenetze gelangt man jeweils mit größerer Wahrscheinlichkeit in den Raum A oder in den Raum B?
b) Ermittle jeweils die Wahrscheinlichkeit in den Raum A zu gelangen auf zwei verschiedene Methoden (siehe bei Beispiel B nach).

Übungen

6 Marktforschung

Tausend Besucher der Ausstellung „Pop und Kunst“ wurden gefragt, ob ihnen die Ausstellung gefallen hat (+) oder nicht (–). Ermittle mithilfe des Baumdiagramms

a) den Anteil der weiblichen Besucher,
b) den Anteil der Besucher, denen die Ausstellung gefallen hat.

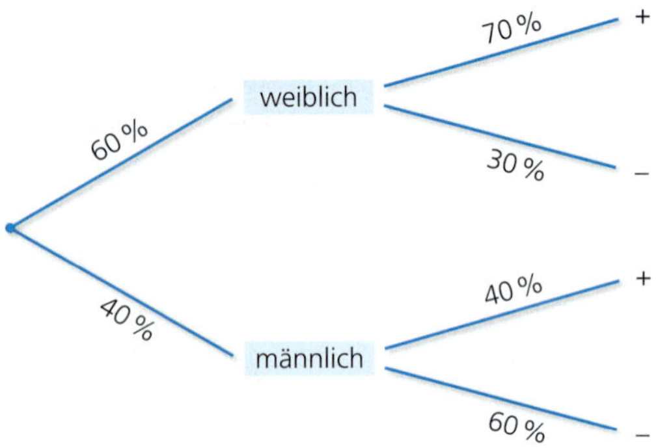

Projekt

– Höhere Zahl gewinnt

Du kannst den Zufall zusammen mit einer Mitschülerin oder einem Mitschüler erforschen,

- indem du experimentierst,
- indem du theoretische Überlegungen anstellst.

Beides kannst du erproben.

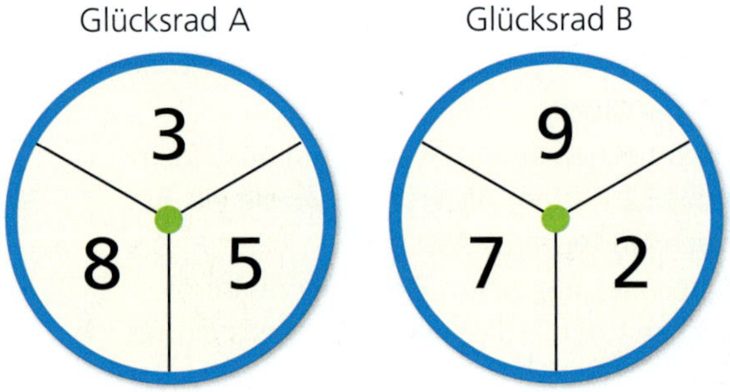

Stelle zunächst zwei Glücksräder her wie in der Vorlage. Zeichne möglichst genau. Jetzt benötigst du nur noch eine große Büroklammer und einen Zirkel und schon kann es losgehen.

Du hältst eine Büroklammer mit der Spitze deines Zirkels in der Mitte des Glücksrades. Dann schnippst du die Büroklammer kräftig um die Zirkelspitze. Das Ergebnis des Zufallsexperimentes ist die Zahl, auf die die Büroklammer zeigt. Dein Mitspieler spielt anschließend mit dem anderen Glücksrad. Gewonnen hat der, der die höchste Zahl erzielt.

A Entscheidet zunächst, wer welches Glücksrad erhält.

B Tragt für zwanzig Spiele in einer Tabelle ein, welches Glücksrad jeweils gewinnt.

Spiel	1	2	3	4	5	6	7	8	9	...
Glücksrad gewinnt	■	■	■	■	■	■	■	■	■	...

C Zeichnet für das Spiel ein Baumdiagramm und berechnet die Wahrscheinlichkeit, mit der mit dem Glücksrad A gewonnen wird.

D Wie passen die Beobachtung, die ihr in eurer Tabelle festgehalten habt, und die berechnete Wahrscheinlichkeit zusammen?

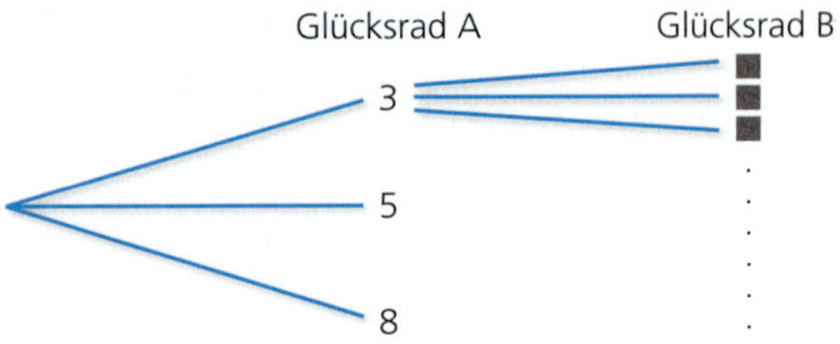

Übungen

7 Wer gewinnt?

Spiele „Höhere Zahl gewinnt“ mit zwei der drei Glücksräder X, Y oder Z. Stelle dir einmal vor, du würdest das Glücksrad X auswählen und dein Mitspieler das Glücksrad Y (oder Z).

Glücksrad X — Glücksrad Y — Glücksrad Z

a) Zeichne je ein Baumdiagramm zur Darstellung aller möglichen Ergebnisse für „X spielt gegen Y“ („X spielt gegen Z“).

b) Ermittle die Wahrscheinlichkeit, mit der man mit Glücksrad X gegen Glücksrad Y (Glücksrad Z) gewinnt.

Glücksrad A — Glücksrad B

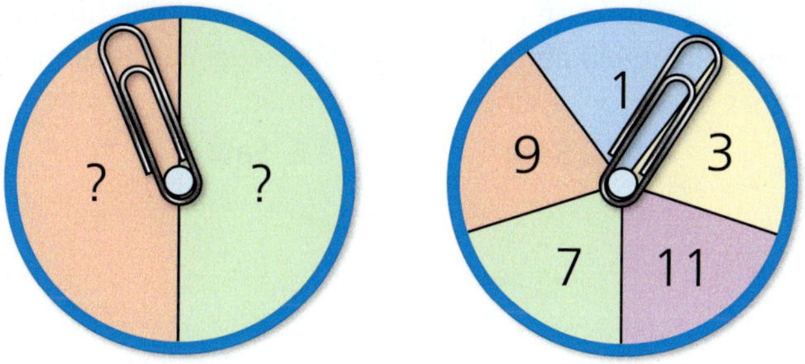

c) Welche Zahlen könntest du auf dem Glücksrad A eintragen, sodass das Glücksrad A nur mit einer Wahrscheinlichkeit von 40 % gegen Glücksrad B gewinnt?

8 Kreisel und Würfel

Spielt man mit Kreisel und Würfel, so kann es 24 verschiedene Ergebnisse geben.

a) Zeichne das zugehörige Baumdiagramm in dein Heft. Ermittle die Wahrscheinlichkeit des jeweiligen Ergebnisses.

b) Mit welcher Wahrscheinlichkeit treten die Augensummen zwei bis zehn auf?

Kopfübungen

1. Finde die fehlende Zahl: $\frac{2}{5} \cdot ■ = 3$
2. Welche der Figuren muss keine Symmetrieachse haben:
   ① Rechteck ② Trapez ③ Kreis ④ Drachen
3. Berechne: $\frac{2}{3} \cdot (-6) + 6 \cdot \frac{3}{4}$
4. Wie lang ist eine Strecke von 5 km auf der Landkarte im Maßstab 1:10 000?
5. Berechne: 5,4 - 12,7
6. Wie oft kommen im Flussnamen „MISSISSIPPI“ die einzelnen Buchstaben vor?
7. Notiere eine passende Zuordnungsvorschrift: y = ■

x	2	3	8
y	6	4	1,5

Aufgaben

Tipp

Die bisher bei zweistufigen Zufallsexperimenten angewendeten Pfadregeln können auf dreistufige Zufallsexperimente übertragen werden.

9 Mathematik und Sport

Thomas und Leon spielen in einem Tennisturnier gegeneinander. Sieger ist, wer zuerst zwei Sätze gewonnen hat.

a) Das Baumdiagramm stellt alle möglichen Spielverläufe dar. Übertrage den Baum in dein Heft und ergänze die jeweiligen Resultate.

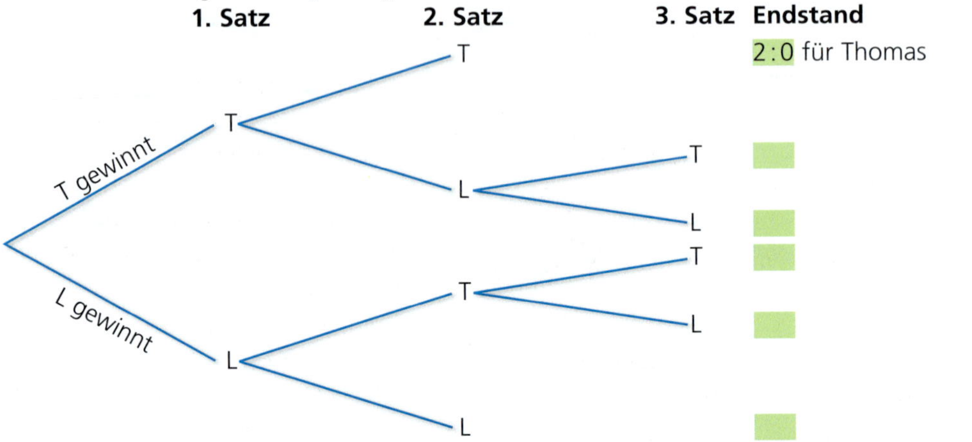

b) Thomas gewinnt gegen Leon einen Satz mit einer Wahrscheinlichkeit von 60 %. Was meinst du, kann Leon ein Match gewinnen?

c) In einem Baumdiagramm sind die Wahrscheinlichkeiten eingetragen, mit denen Thomas und Leon je einen Satz gewinnen.

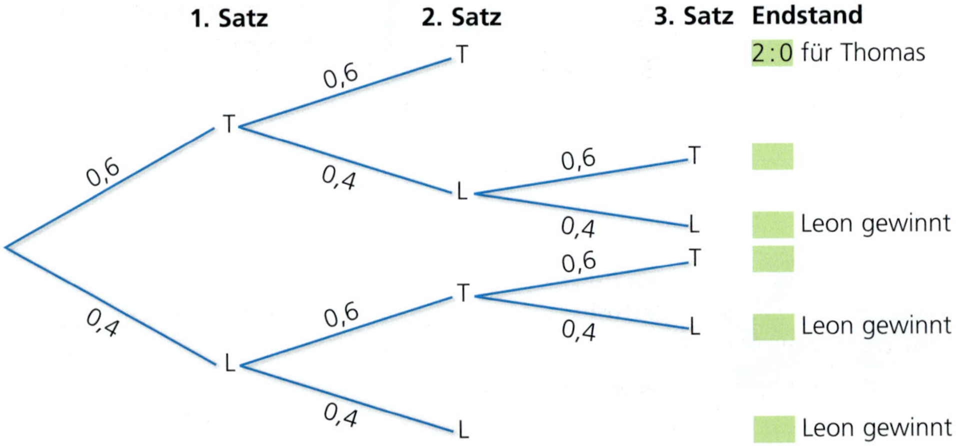

p (2:0 für Thomas) = 0,6 · 0,6 = 0,36 = 36 %

Berechne, mit welcher Wahrscheinlichkeit die verschiedenen Resultate eintreten. Wie groß ist die Wahrscheinlichkeit, dass Leon ein Match gewinnt?

Exkurs

Modellieren

Benutzt man Mathematik, um z. B. den Ausgang eines Spiels vorherzusagen, muss man ein **mathematisches Modell** entwerfen. Dazu müssen wir einige **Annahmen** machen:

- Thomas gewinnt gegen Leon im Mittel sechs von zehn Sätzen.
- Die Spielstärke der beiden Spieler ändert sich im Laufe des Matches nicht.

Diese Annahmen treffen in der Wirklichkeit oft nicht zu. So beeinflussen viele Dinge wie Kondition, Konzentration u. v. m. den Spielverlauf. Dennoch können wir eins feststellen: Leon kann das Match gewinnen. Die Wahrscheinlichkeit für den Gewinn eines Matches ist allerdings geringer als für den Gewinn eines Satzes.

Laplace-Experimente

Es gibt Zufallsexperimente, bei denen alle Ergebnisse gleich wahrscheinlich sind. Bei diesen kann man die Wahrscheinlichkeit p eines Ereignisses leicht ermitteln.

Würfeln:

Ergebnismenge: {1; 2; 3; 4; 5; 6}
Alle sechs Ergebnisse sind gleich wahrscheinlich.
Damit ist $p(1) = \frac{1}{6}$
$p(2) = \frac{1}{6}$ …

Ein **Ereignis** ist die Zusammenfassung bestimmter Ergebnisse.

Augenzahl ist durch 3 teilbar: {3, 6}

Bestimmen der Wahrscheinlichkeit für das Eintreten eines Ereignisses durch Zählen:

$$p = \frac{\text{Anzahl der günstigen Ergebnisse}}{\text{Anzahl der möglichen Ergebnisse}} = \frac{2}{6}$$

oder durch Addieren der Einzelwahrscheinlichkeiten:

$$p = \frac{1}{6} + \frac{1}{6} = \frac{2}{6}$$

Baumdiagramm

Mit einem **Baumdiagramm** kann man alle Ergebnisse eines **mehrstufigen Zufallsversuches** darstellen.

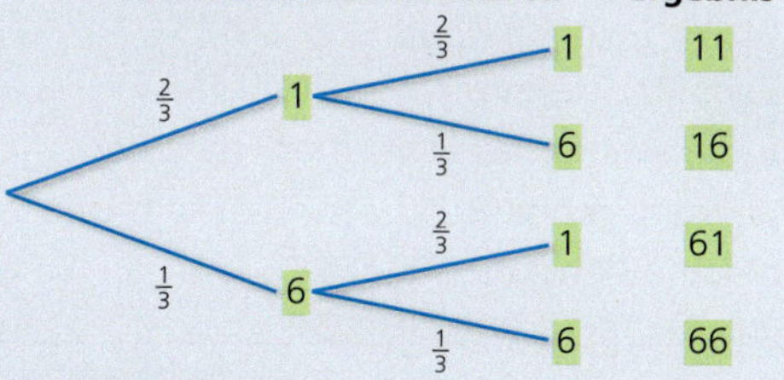

Produktregel
Die Wahrscheinlichkeit eines Ergebnisses ist das Produkt der Wahrscheinlichkeiten entlang des betreffenden Pfades.

Summenregel
Führen mehrere Pfade zu demselben Ereignis, dann ist die Wahrscheinlichkeit des Ereignisses die Summe der Wahrscheinlichkeiten der betreffenden Pfade.
p(„genau einmal 1") $= \frac{2}{3} \cdot \frac{1}{3} + \frac{1}{3} \cdot \frac{2}{3} = \frac{4}{9}$

Check-up

1 Glücksrad
Ein Glücksrad hat 60 gleich große Felder, die von 1 bis 60 nummeriert sind. Den Superpreis gewinnt man mit der Zahl 55, einen Hauptgewinn mit Zahlen, die durch 10 teilbar sind.
a) Wie groß ist die Wahrscheinlichkeit, den Superpreis (einen Hauptgewinn) zu gewinnen?
b) Wie häufig erzielt man in etwa einen Hauptgewinn, wenn man 100-mal spielt?

2 Gleich wahrscheinliche Ereignisse
Welche der beiden Ereignisse sind gleich wahrscheinlich?
a) Ist es gleich wahrscheinlich, mit einem Würfel eine gerade Augenzahl oder eine ungerade Augenzahl zu würfeln?
b) Ist es gleich wahrscheinlich, mit einem Würfel eine Augenzahl kleiner als 2 oder eine Augenzahl größer als 3 zu würfeln?
c) Ist es gleich wahrscheinlich, dass der Zeiger des Glücksrads auf „blau" zeigt oder auf „rot"?

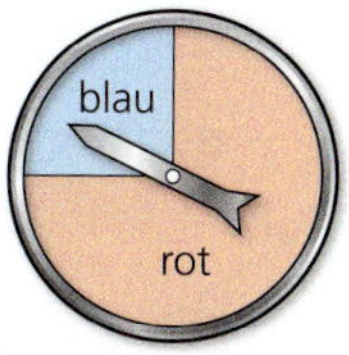

3 Klassenarbeitsergebnis in der 7a
Der Lehrer greift zufällig eine Arbeit heraus. Wie groß ist die Wahrscheinlichkeit, dass die Note dieser Arbeit
a) „sehr gut"
b) besser als „befriedigend" ist?

Note	Anzahl
1	6
2	10
3	5
4	6
5	4
6	0

4 Baumdiagramm
Das Glücksrad wird zweimal gedreht. Die möglichen Ergebnisse und Wahrscheinlichkeiten findest du in dem Baumdiagramm links.
a) Berechne die Wahrscheinlichkeit für „66" und für „mindestens einmal 6".
b) Angenommen ein Glücksrad mit 3 gleich großen Sektoren mit den Zahlen 0, 2 und 4 wird zweimal gedreht.
Zeichne ein passendes Baumdiagramm und berechne p(„42") und p(„Summe der beiden Zahlen ist 4").

5 Glücksräder
Zwei Glücksräder werden gleichzeitig gedreht.

> Zwei Glücksräder, eines mit den Zahlen 0 bis 9, alle Felder gleich groß, eines der Felder rot gekennzeichnet, das andere mit fünf gleich großen Feldern 0 bis 4, davon ebenfalls ein Feld rot.

Wie groß ist die Wahrscheinlichkeit, dass
a) bei beiden Glücksräder der Zeiger auf „rot",
b) bei mindestens einem Glücksrad auf „rot" zeigt.

Sichern und Vernetzen – Vermischte Aufgaben zu Kapitel 8

Trainieren

1 Vokabeln gelernt?

Erkläre die Begriffe: Zufallsexperiment, Ergebnismenge, Ereignis, Wahrscheinlichkeit, Laplace-Experiment

2 Wahrscheinlichkeiten beim Würfeln

Für diese Aufgaben wird ein normaler Würfel mit den Augenzahlen 1 bis 6 verwendet. Bestimme die theoretische Wahrscheinlichkeit und trage sie auf der Zahlengeraden ein.
a) eine 7, b) eine 1, 2, 3, oder 4, c) eine Augenzahl kleiner als 7 zu würfeln.

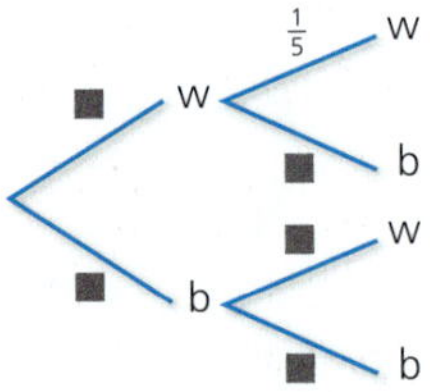

3 Zweimal ziehen

In einer Urne sind zwei weiße und vier blaue Kugeln. Es werden zwei Kugeln ohne Zurücklegen gezogen. In dem Baumdiagramm sind alle möglichen Ergebnisse dargestellt. Du kannst die Wahrscheinlichkeit dafür, dass du zwei weiße Kugeln ziehst mit dem Baumdiagramm ermitteln.
- Übertrage das Baumdiagramm vollständig in dein Heft.
- Ergänze die fehlenden Wahrscheinlichkeiten an den Pfaden.
- Berechne mit einer der Pfadregeln die gesuchte Wahrscheinlichkeit für „weiß, weiß".

Verstehen

4 Ein seltsamer Würfel

Angenommen, du würfelst mit einem Oktaeder (symmetrischer Würfel mit 8 Seiten). Bestimme die Wahrscheinlichkeit, mit diesem Würfel
a) eine 2,
b) eine 7 oder 8,
c) eine Zahl größer als 3
d) die Zahl 2, 4, 6 oder 8 zu würfeln.

5 Empirische Wahrscheinlichkeit, theoretische Wahrscheinlichkeit

a) Wie bestimmt man die empirische Wahrscheinlichkeit?
b) Wie bestimmt man die theoretische Wahrscheinlichkeit?

6 Nochmals empirische und theoretische Wahrscheinlichkeit

Zwei Münzen werden 60-mal geworfen. Die Tabelle stellt dar, wie häufig bei diesem Experiment „zweimal Kopf (KK)", „einmal Kopf und einmal Zahl (ZK oder KZ)" und „zweimal Zahl (ZZ)" kommt.

ZZ	14
ZK/KZ	28
KK	18

a) Gib mithilfe der Tabelle einen Schätzwert für die Wahrscheinlichkeit an, dass bei einem Wurf mit zwei Münzen „genau einmal Kopf" kommt.
b) Berechne die theoretische Wahrscheinlichkeit für „genau einmal Kopf". (Baumdiagramm)
c) Woher kommt es, dass sich die Ergebnisse aus a) und b) unterscheiden?

Anwenden

7 Losen in der Klasse

Die Namen aller 16 Mädchen und 12 Jungen einer Klasse werden auf Zettel geschrieben, diese Zettel werden gefaltet und in eine Urne gesteckt.

a) Aus der Urne werden zwei Zettel gezogen. Wie groß ist die Wahrscheinlichkeit, dass auf den gezogenen Zetteln je ein Mädchen- und ein Jungenname steht?

b) Frau Jahn, die Mathematiklehrerin der Klasse benutzt die Urne mit den Namenszetteln. Am Ende jeder Mathestunde wird ein Name gezogen. Der betreffende Schüler muss an diesem Tag keine Hausausgaben machen. Der Zettel wird übrigens nach der Ziehung wieder in die Urne getan. David sagt: „Ich kann berechnen, wie groß die Wahrscheinlichkeit ist, dass ich heute keine Hausaufgaben machen muss." Kannst du sagen, was David berechnet hat?

c) Wie groß ist die Wahrscheinlichkeit, dass David an zwei aufeinander folgenden Tagen keine Hausaufgaben machen muss? Kann dies überhaupt sein?

Üben für den Mathematik – Wettbewerb
Vermischte Aufgaben

1 Die meisten Unfälle geschehen in der Freizeit und im Haushalt, nämlich 58 %. Danach folgen die Unfälle im Beruf mit 29 % und die im Verkehr mit 13 %. Welches Diagramm stellt diesen Sachverhalt dar?

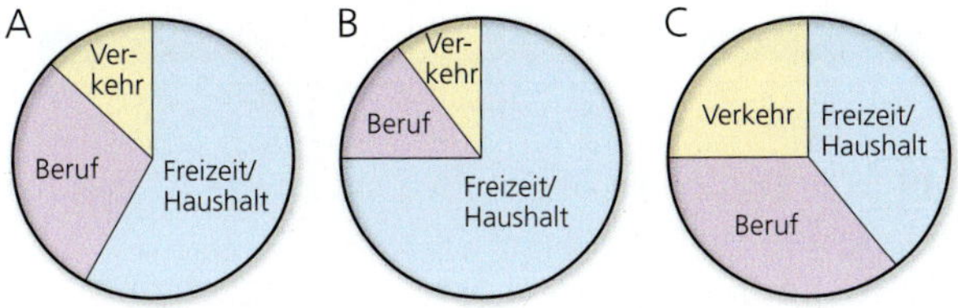

2 Um 5 Räume anzustreichen benötigen 8 Arbeiter 16 Stunden. Wie lange wären 4 Arbeiter mit dieser Aufgabe beschäftigt?

3 Anne kauft 10 CDs und einen CD-Player. Der CD-Player kostet 19,90 €. Eine CD kostet x €. Zusammen bezahlt Anne 118,90 €.

a) Welche Gleichungen geben den Sachverhalt richtig wieder?
   (A) $118{,}90 = 10x - 19{,}90$
   (B) $10x = 118{,}90 - 19{,}90$
   (C) $118{,}90 - 19{,}90 = 10 + x$
   (D) $x = 11{,}89 - 1{,}99$

b) Wie viel kostet eine CD?

4 Sind die Dreiecke gleich groß?

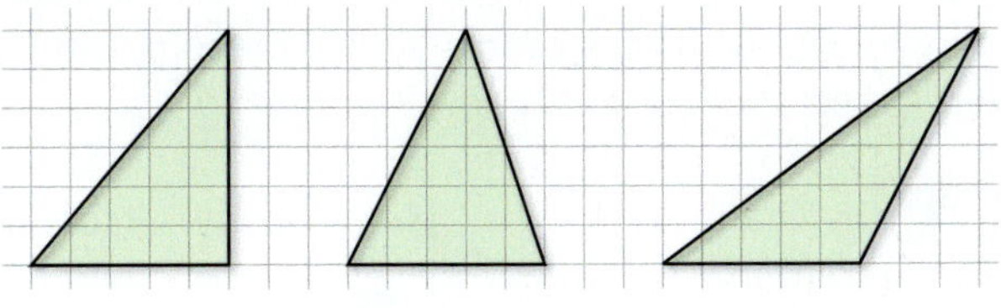

5 Wie groß ist der Grundwert, wenn 20 % von diesem 15 € betragen?

6 Eine zylinderförmige Kerze brennt gleichmäßig ab.

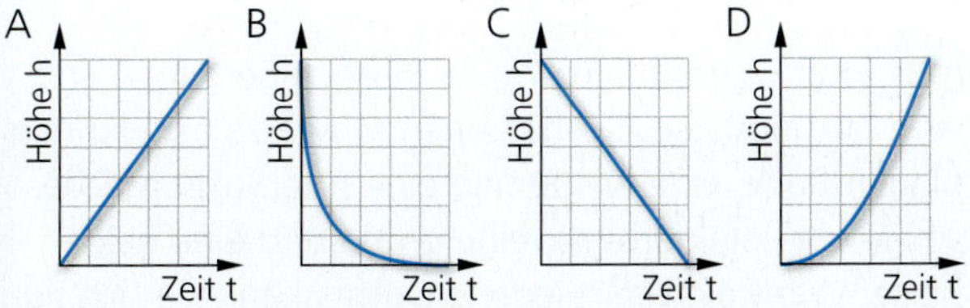

Welcher Graph passt zu diesem Sachverhalt?

7 Gib die Größe des Winkels α an.

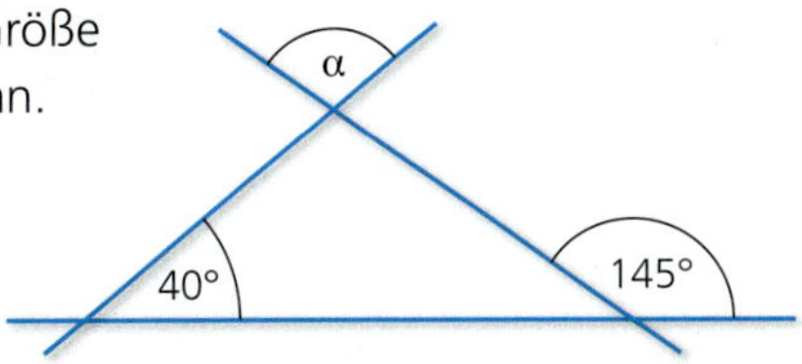

8 In dem Diagramm wird die Notenverteilung einer Englischarbeit dargestellt, bei der die Hälfte der Klasse die Note drei erreichte.

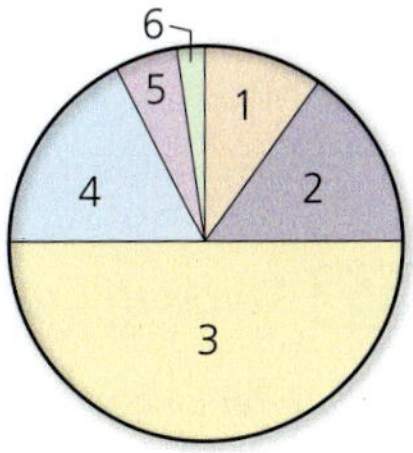

Welche Aussagen sind richtig?

(A) 50 % aller Schülerinnen und Schüler haben eine Note besser als 3.

(B) Weniger als ein Drittel der Schülerinnen und Schüler hat eine bessere Note als 3.

(C) Mehr als ein Drittel der Schülerinnen und Schüler hat eine schlechtere Note als 3.

9 Ein Pullover kostete 60 €. Sein Preis wurde um 20 % gesenkt. Wie viel kostet er jetzt?

10 Die Grafik stellt die Größe von 4 Mädchen dar. Die Namen fehlen allerdings. Katharina ist das größte Mädchen, Barbara das kleinste, Carmen ist größer als Marlies. Wie groß ist Marlies?

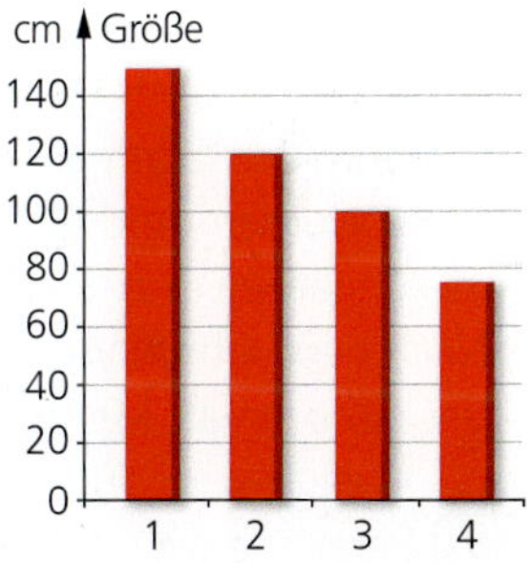

11 Ein Futtervorrat reicht für 10 Pferde 12 Tage. Wie lange reicht der Vorrat für 8 Pferde?

12 Liegt das Ergebnis links oder rechts der Null auf der Zahlengeraden?

a) $-1546 \cdot (-487) \cdot 24$ b) $13 \cdot (-46) \cdot (-57) \cdot (-79)$

13 Wie groß ist γ?

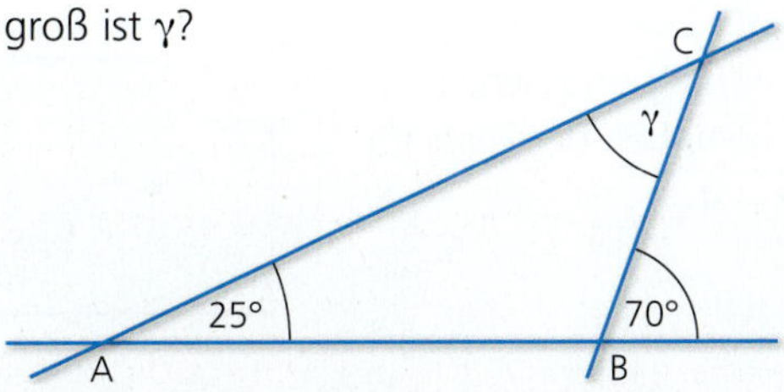

14 Im Diagramm sind die monatlichen Durchschnittstemperaturen der Wintermonate dargestellt.

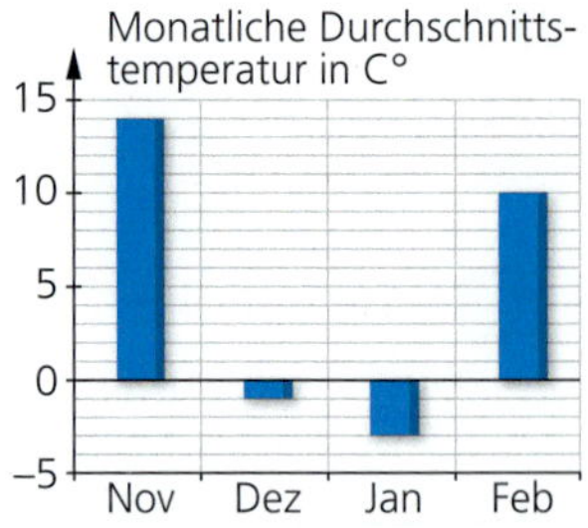

a) Berechne die Durchschnittstemperatur aller Wintermonate.

b) Zwischen welchen beiden aufeinander folgenden Monaten unterscheidet sich die dargestellte Durchschnittstemperatur am wenigsten?

c) Gib an, um wie viel Grad Celsius sich die Durchschnittstemperaturen von November und Januar unterscheiden.

15 Bevölkerungsentwicklung in A-Stadt

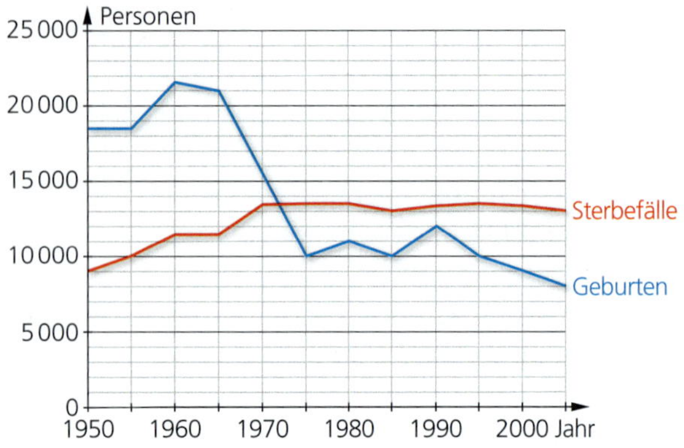

Ergänze die Lückentexte mithilfe des Diagramms so, dass wahre Aussagen entstehen.

a) 1960 wurden rund ■ Kinder in A-Stadt geboren.

b) 1970 starben in A-Stadt rund ■ Menschen.

c) Nach dem Jahr ■ werden in A-Stadt weniger Kinder geboren als Menschen sterben.

16 Berechne die Größe des Winkels β.

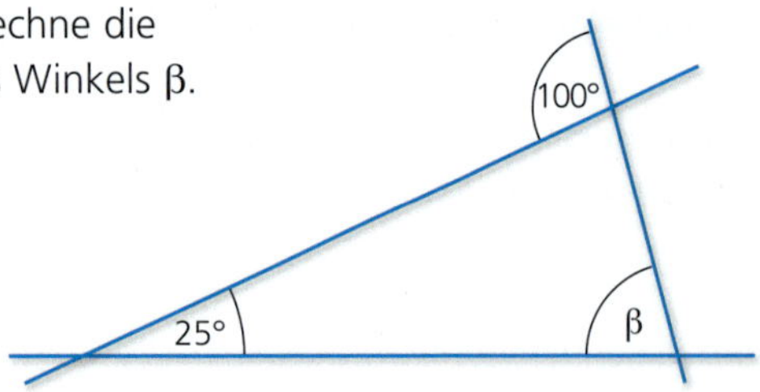

17 Bestimme den Umfang und den Flächeninhalt der Figur für x = 4.

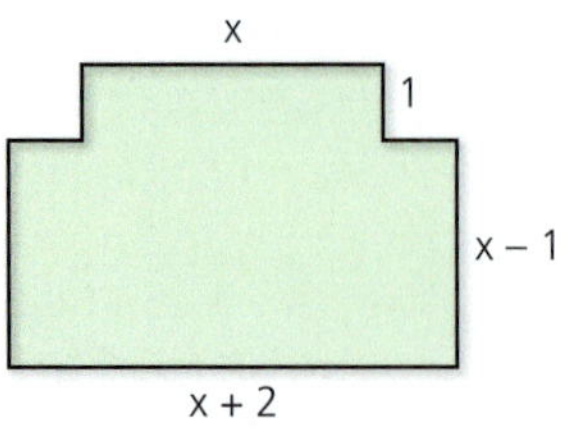

18 In der Tabelle ist die Verteilung der Weltbevölkerung auf die Kontinente dargestellt. Welches der Diagramme stellt den Sachverhalt dar?

60,5 %	Asien	gelb
14,2 %	Afrika	schwarz
13,6 %	Amerika	rot
11,1 %	Europa	blau
0,5 %	Australien	grün

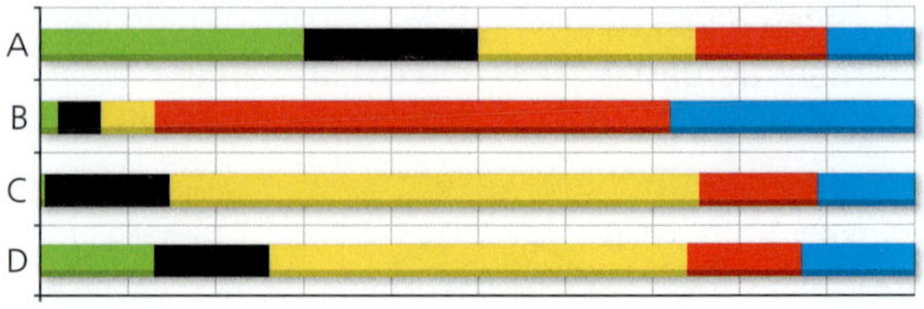

19 Die Diagonale des großen Quadrates ist dreimal so lang wie die des kleinen Quadrates.
Welchen Anteil vom großen Quadrat würde das kleine Quadrat bedecken?

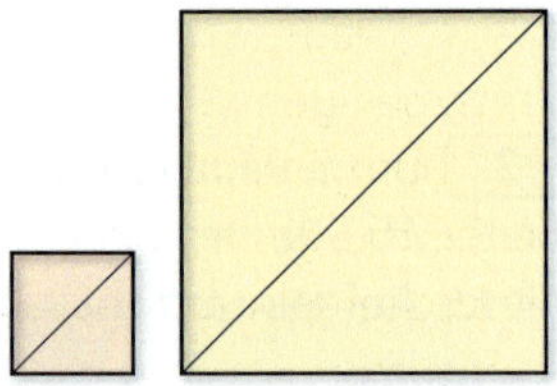

20 Alexander machte eine Fahrradtour mit Pause. Das Diagramm veranschaulicht die Fahrradtour. Bestimme die reine Fahrzeit.

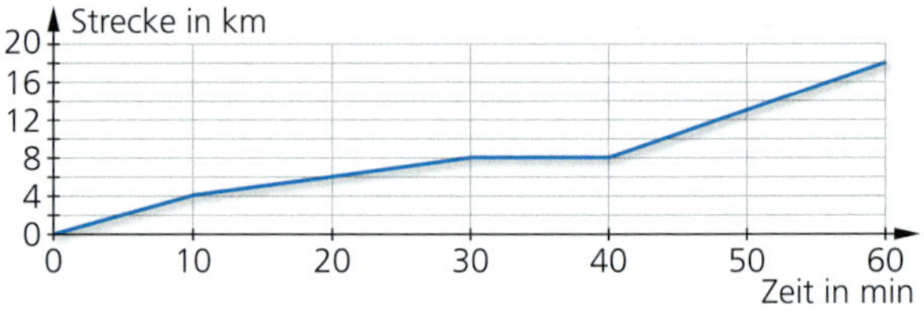

21 Die Temperatur in Malaga beträgt 22°C. In Göteborg ist es 18°C kälter als in Malaga. In Moskau ist die Temperatur 10°C niedriger als in Göteborg. Gib die Temperatur in Moskau an.

22 Die Grafik zeigt den Benzinverbrauch von vier verschiedenen Autos in Litern auf einer Strecke von 100 km.

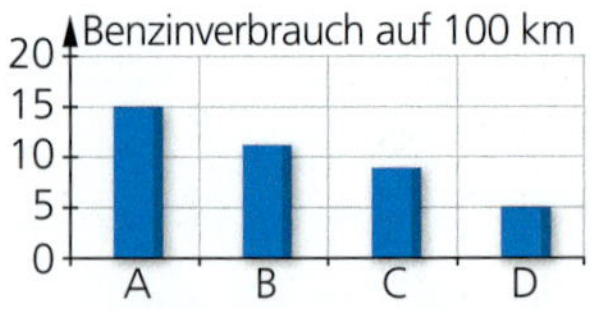

Gib an, welches Auto bei gleich bleibendem Verbrauch mit 50 Litern am weitesten kommt und wie weit es damit fahren kann.

23 Katrin trägt immer eine Bluse, einen Rock und eine Strumpfhose. Sie hat einen schwarzen und einen blauen Rock, eine weiße und eine rote Strumpfhose sowie eine pinkfarbene, eine grüne und eine gelbe Bluse. Wie viele verschiedene Outfits kann sie sich zusammenstellen?

24 Ein Fernseher kostet 380 €. Zur Geschäftseröffnung wird dieser Preis um 20 % gesenkt. Nach zwei Wochen soll der neue Preis wieder um 20 % angehoben werden. Wie viel kostet der Fernseher nun?
(A) weniger als 380 €
(B) genau 380 €
(C) mehr als 380 €

25 Gib die Größe des Winkels α an. $g \parallel h$.

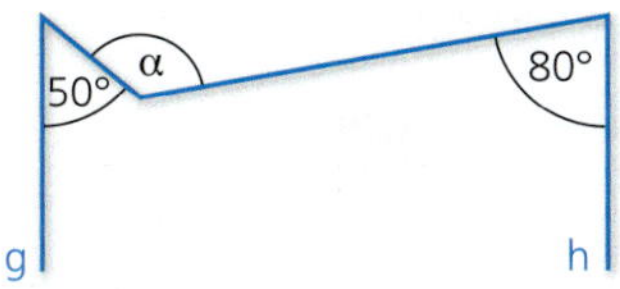

26 Claus, Sandro und Michael würfeln mit einem sechsseitigen Würfel. Sie legen folgende Regeln fest:
- Claus gewinnt, wenn er eine 3 würfelt.
- Sandro gewinnt, wenn er eine Primzahl würfelt.
- Michel gewinnt, wenn er eine Zahl größer als 4 würfelt.

Wer hat die größte Gewinnchance? Begründe deine Entscheidung, indem du alle Wahrscheinlichkeiten angibst.

27 Ein Käse wird von Ort A nach Ort C gerollt. Die Entfernung von A nach B ist genau so groß wie von B nach C.

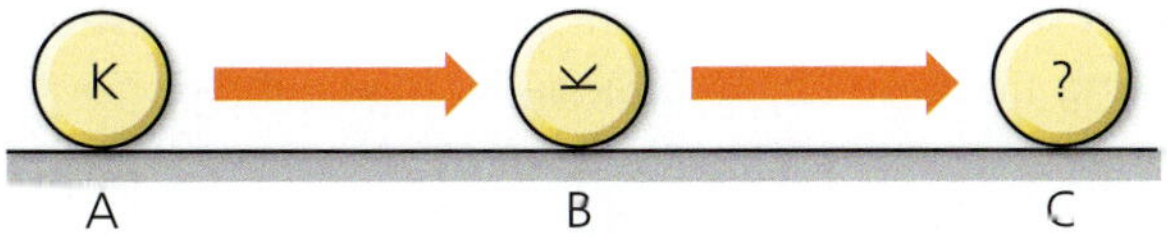

In welcher Lage befindet sich der Käse an Ort C?

28 Im Klassenraum einer Schule wurde von den Schülerinnen und Schülern das Wort „PAUSE" an die Fenster geschrieben, so dass es von außen zu lesen ist.

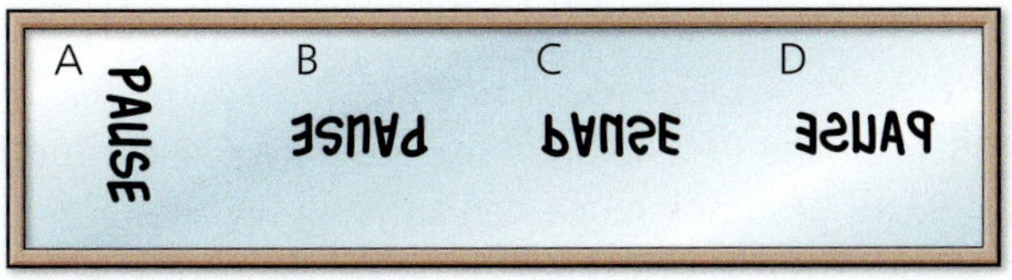

Wie sieht es dann von innen aus?

29 Der Winkel an der Spitze eines gleichschenkligen Dreiecks misst 75°. Gib an, wie groß ein Basiswinkel ist.

30 In einem Gefäß befinden sich fünf weiße und sieben schwarze Kugeln. Gib die Wahrscheinlichkeit für das Ziehen einer weißen Kugel an.

31 Ein Fußballteam trinkt nach einem anstrengenden Spiel 18 Flaschen Mineralwasser zu je $1\frac{1}{2}$ Liter. Wie viel Liter sind das insgesamt?

32 Von 2011 auf 2012 stieg die Mitgliederzahl eines Sportvereins um 15 %. Im Jahr 2011 hatte der Verein 500 Mitglieder.
Wie viele Mitglieder hatte der Verein im Jahr 2012?

33 Wahr oder falsch:
a) Die Summe zweier negativer Zahlen ist negativ.
b) Das Produkt zweier negativer Zahlen ist positiv.

34 Bestimme die Größe der drei Winkel.

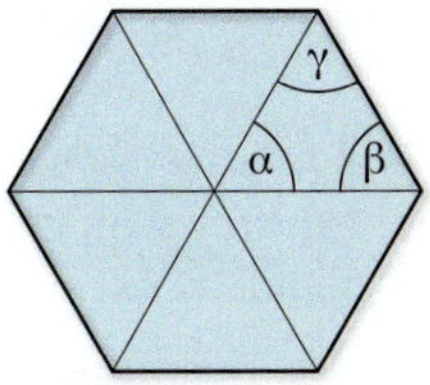

35 20 % der Klasse sind heute krank. Das sind 6 Schülerinnen und Schüler. Wie viele Schülerinnen und Schüler hat die Klasse?

36 Gib die Anzahl der Spiegelebenen und der Drehachsen bei dem gezeigten Körper an.

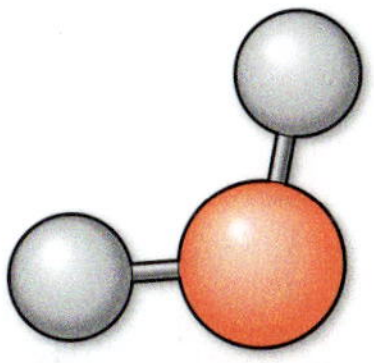

37 Es steht n für eine gerade Zahl. Welche der folgenden Terme ergeben dann auch eine gerade Zahl?
(A) $n - 1$ (B) $2n$ (C) $3n - 2$ (D) $4n + 1$

38 Bestimme die relative Häufigkeit der beiden häufigsten Buchstaben im Wort „Baubarriereabbau".

39 Bestimme die Größe der Winkel.

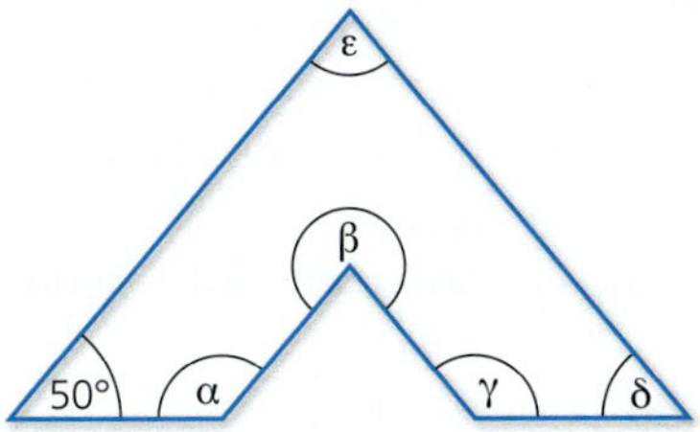

40 Berechne:
a) $101 \cdot 5 - 4$ b) $3 + 27 : 3$ c) $1 + 1 \cdot 2$

41 Anna zahlt auf ein Sparbuch mit 5 % Zinsen 1000 € ein. Wie viel Geld befindet sich nach einem Jahr auf dem Sparbuch?

42 Sven sagt: „Jeder fünfte Elfmeter wird in der Bundesliga gehalten." Welche Aussage ist dazu gleichwertig?
(A) 5 % aller Elfmeter werden gehalten.
(B) 20 % aller Elfmeter werden gehalten.
(C) 25 % aller Elfmeter werden gehalten.
(D) 50 % aller Elfmeter werden gehalten.

43 Welche Flaggen haben mindestens eine Spiegelachse?

Kanada Griechenland Dänemark Brasilien

44 Josie würfelt mit einem normalen Spielwürfel und führt eine Strichliste über die gewürfelten Augenzahlen.

1	2	3	4	5	6
𝍸 ||	||||		||	𝍸 ||	𝍸

Wie groß ist die Wahrscheinlichkeit im nächsten Wurf eine 4 zu würfeln?

45 Bei einem Würfel ist jede Seitenfläche entweder rot oder weiß angemalt. Die Wahrscheinlichkeit, dass nach dem Würfeln eine rote Seite oben liegt, beträgt $\frac{1}{3}$. Wie viele Seiten des Würfels sind weiß?

46 Bestimme jeweils den grün gefärbten Anteil der Figuren.

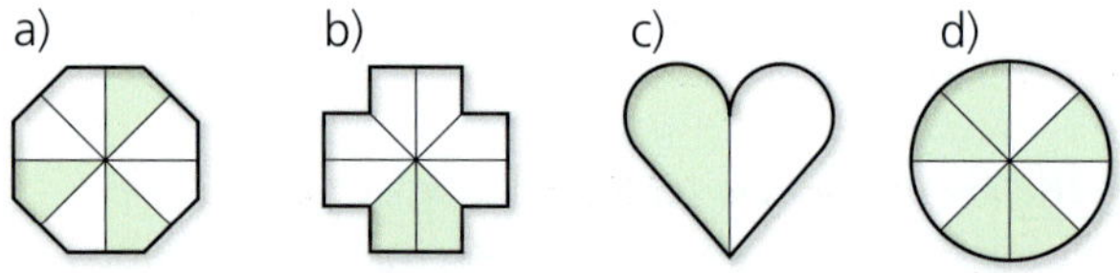

47 Der ausländische Leihwagen hat eine fünfstellige Autonummer. Du weißt noch, dass sie mit 26 beginnt und anschließend nur noch die Ziffern 5 und 6 vorkommen.
Wie viele von solchen Autonummern gibt es?

48 Um wie viel Prozent ist der Umsatz gestiegen?

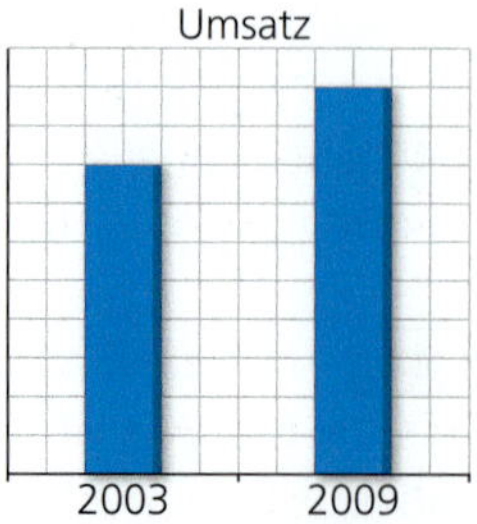

49 Kevin behauptet, dass er das „Doppelte der Zahl a" auf verschiedene Arten aufgeschrieben hat. Entscheide jeweils, ob die Angabe wirklich das Doppelte der Zahl a darstellt.
(A) $\frac{a}{2}$ (B) $2a$ (C) $3a - a$ (D) $a \cdot a$

50 Der Umfang eines Rechtecks beträgt 18 cm. Eine Seite ist doppelt so lang wie die andere. Gib die Längen der beiden Seiten an.

51 Bestimme die Größe der drei Winkel.

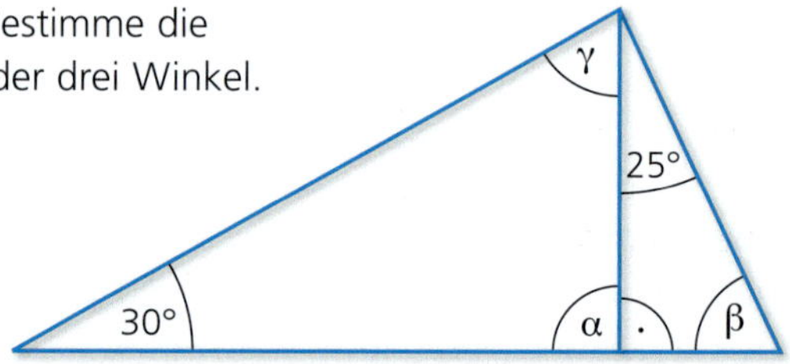

52 Mit welcher Wahrscheinlichkeit würfelt man mit einem normalen Spielwürfel eine gerade Zahl?

53 Der Futtervorrat für die Hamster Hansi und Fritzi reicht für 36 Tage. Nun nimmt Sabine zusätzlich den Hamster ihrer Freundin in Pflege. Wie lange reicht Sabines Futtervorrat jetzt?

54 Susan will auf dem kürzesten Weg durch einen Fluss schwimmen, der 40 m breit ist. Die starke Strömung treibt sie ab, so dass sie 30 m von ihrem gewünschten Ziel entfernt ankommt. Wie weit ist Susan tatsächlich geschwommen?

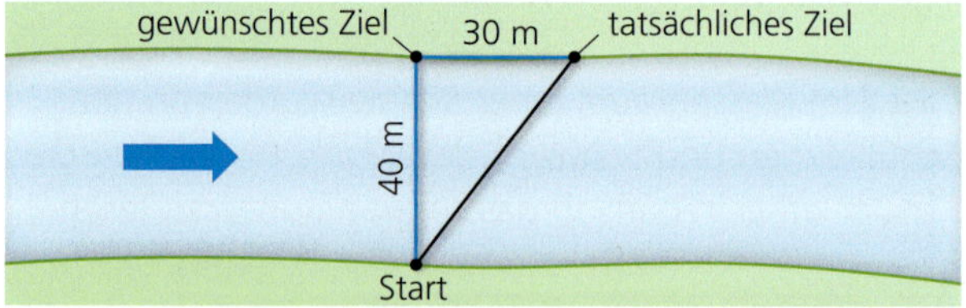

55 Zeichne ein Dreieck mit $\alpha = 30°$, $b = 4$ cm und $c = 5$ cm. Bestimme auch den Umfang und den Flächeninhalt des Dreiecks.

56 Die höchste auf dem Mond gemessene Temperatur betrug +118°C. Die niedrigste Temperatur betrug −153°C.
Wie groß ist der Temperaturunterschied?

57 Selina würfelt gleichzeitig mit 5 Würfeln und erzielt die Augensumme 6. Wie viele Einsen sind dabei?

58 Fehlersuche: In welcher Zeile steckt der Fehler?

$$4x - 8 = \frac{2}{5}x + 10$$
$$20x - 8 = 2x + 10$$
$$18x = 18$$
$$x = 1$$

59 Welcher Term gibt die Summe aller Kantenlängen bei einem Würfel an?

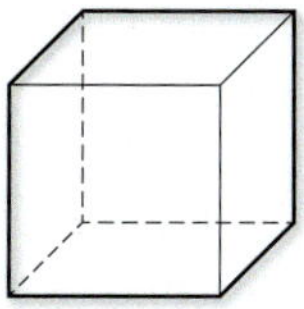

(A) a + a + a + a + a + a
(B) 6 · a
(C) 6 + a · a
(D) 12 · a

60 Bestimme die Größe der drei Winkel.

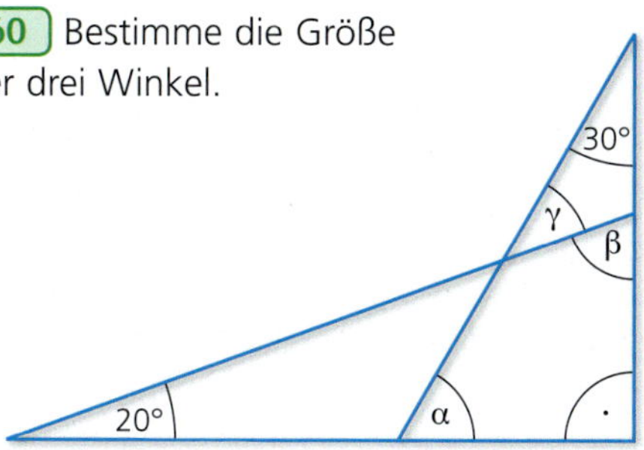

61 Im Diagramm ist für einen Jahrgang dargestellt, wie Schülerinnen und Schüler zur Schule kommen. Gib die Anteile in Prozent an.

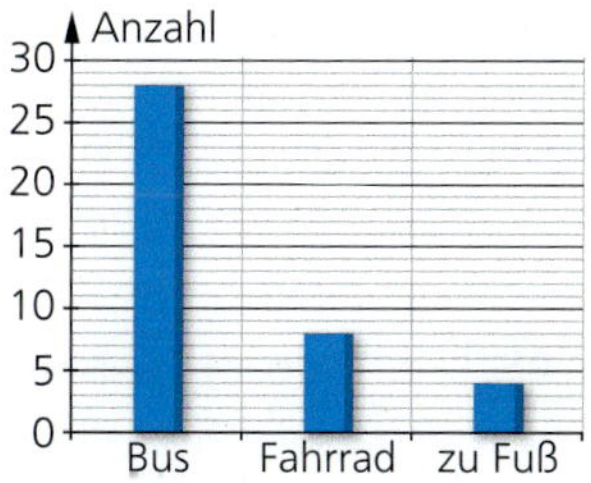

62 Wie groß ist der Winkel β im Dreieck ABC?

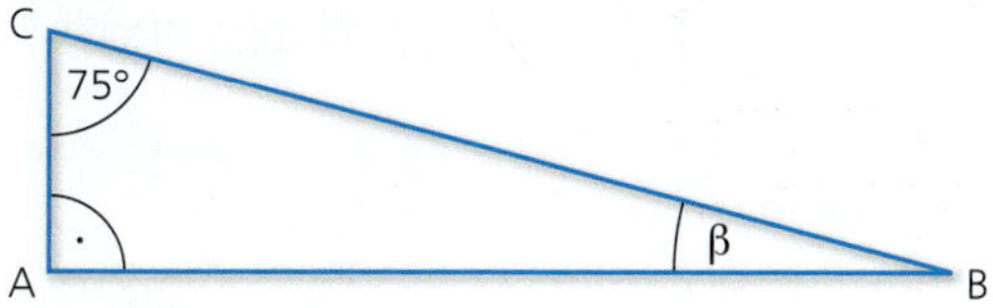

63 Bestimme die Größe des Winkels α.

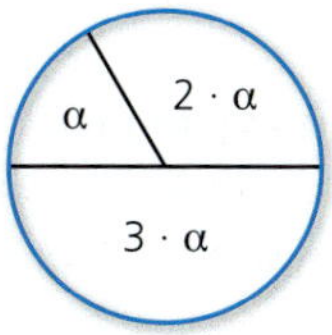

64 Aus dem linken Körper wurde vorn oben rechts ein kleiner Würfel entfernt. Wie hat sich der Oberflächeninhalt des Originalkörpers verändert?

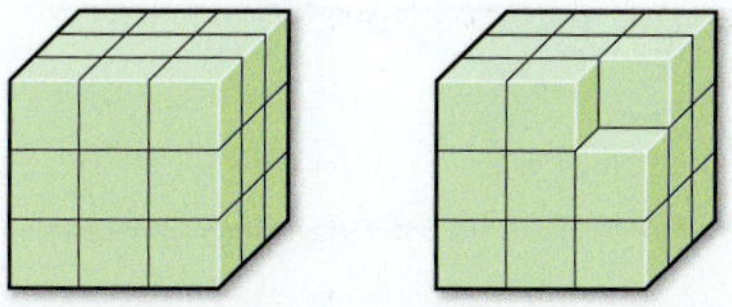

65 Ein Skater fährt diese Halfpipe hinab und wieder hinauf. Welches der Diagramme stellt seine Geschwindigkeit zu verschiedenen Zeitpunkten dar?

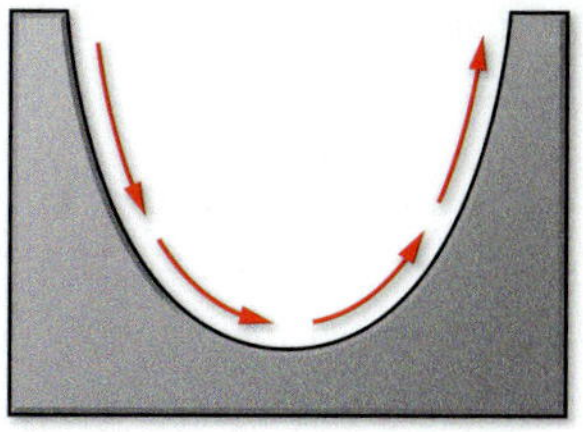

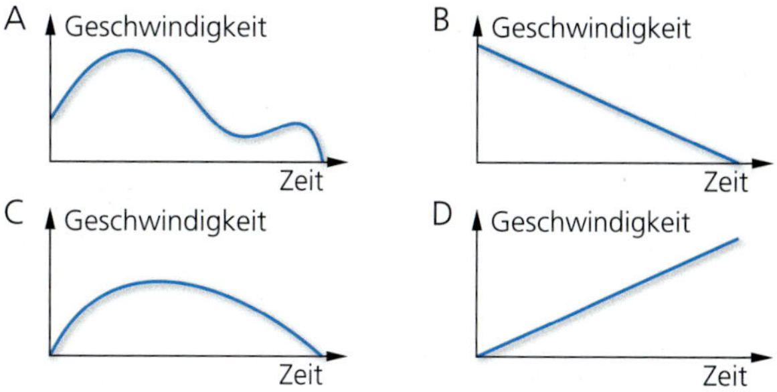

66 Welche Rechnung führt zum größten Ergebnis?

(A) –35 + 16 (B) –35 – 16
(C) –16 + 35 (D) –16 – 35

67 Ein Losbudenverkäufer lockt die Besucher des Marktes.

Gib an, wie hoch die Chance in Prozent ist, etwas zu gewinnen.

68 Die Seiten eines Dreiecks sollen 2 cm, 3 cm und 10 cm lang sein. Warum kann es ein solches Dreieck nicht geben.

69 Bestimme die Größe der drei Winkel.

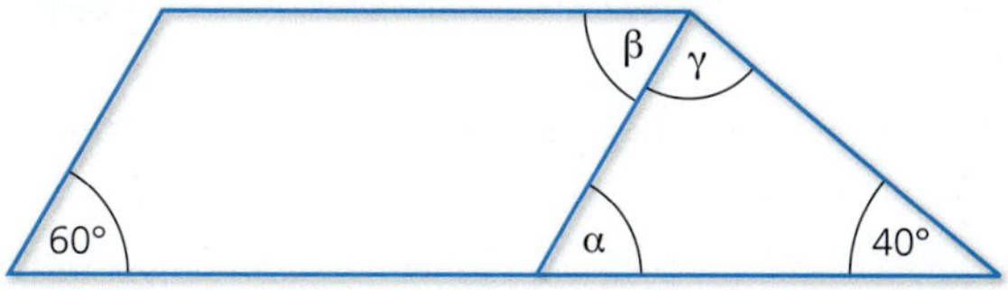

70 Für eine 36 cm² große, rechteckige Fläche ist nur eine der Aussagen wahr.

(A) Die längste Seite kann höchstens 36 cm lang sein.
(B) Die längste Seite ist mindestens 6 cm lang.
(C) Es können nicht alle Seiten gleich lang sein.
(D) Der Umfang kann höchstens 36 cm betragen.

71 Eine Jacke kostet 90 €. Sie wird zunächst um 30 % reduziert und dann noch einmal um 10 %. Wie viel kostet die Jacke nun?

72 Wie viel betrug der Inhalt zuvor?

73 Eine Fahrt wurde durch eine Pause unterbrochen. Von den folgenden Diagrammen beschreibt eines die Situation.

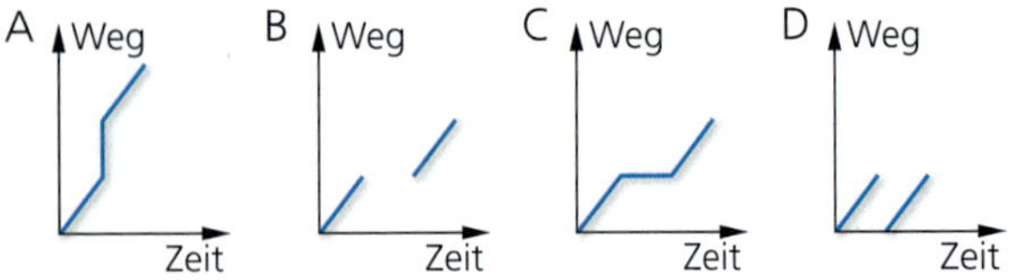

74 Janine denkt sich eine Zahl. Wenn sie ihre Zahl mit 5 multipliziert und dann 3 addiert, erhält sie 38. Welche Zahl hat sie sich gedacht?

75 Ein Würfel hat den Oberflächeninhalt von 600 cm². Welches Volumen hat dieser Würfel?

76 Wie groß ist die Wahrscheinlichkeit, dass beim dreifachen Werfen eine Münze mindestens einmal Zahl zeigt?

77 Jan ist heute gemütlich zur Schule gegangen, bis er an einer Kreuzung lange warten musste. Danach beeilte er sich. Welcher der vier Graphen beschreibt diese Situation?

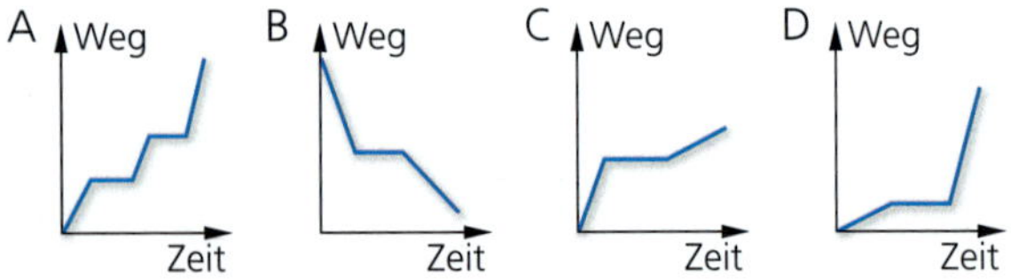

78 Ergänze die Tabelle einer proportionalen Zuordnung.

x	4	■	10	12	■
y	3	6	■	■	10,5

79 Bestimme die Größe der drei Winkel.

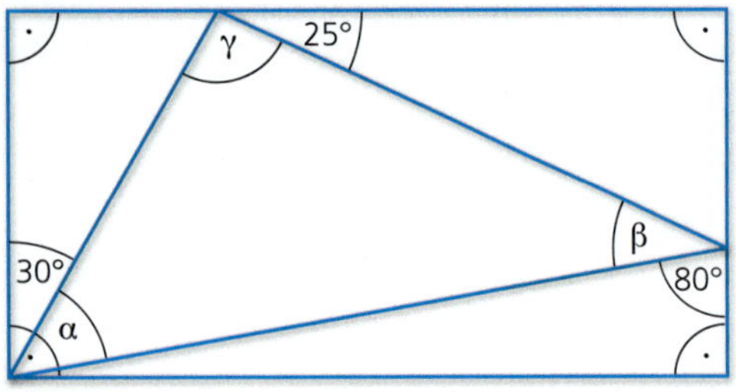

80 Fünf Schüler stehen der Größe nach in einer Reihe. Rolf ist kleiner als Martin, Carsten ist kleiner als Rolf, Wolfgang ist größer als Rolf, Carsten ist größer als Fabian, Martin ist der Größte. In welcher Reihenfolge stehen die Jungen?

81 Ein Würfel wird zweimal hintereinander geworfen. Die beiden Augenzahlen werden addiert.

a) Wie groß ist die Wahrscheinlichkeit, dass die Augensumme gerade ist?

b) Mindestens ein Würfel die Zahl 6 zeigt

82 Bestimme die Größe des Winkels α.

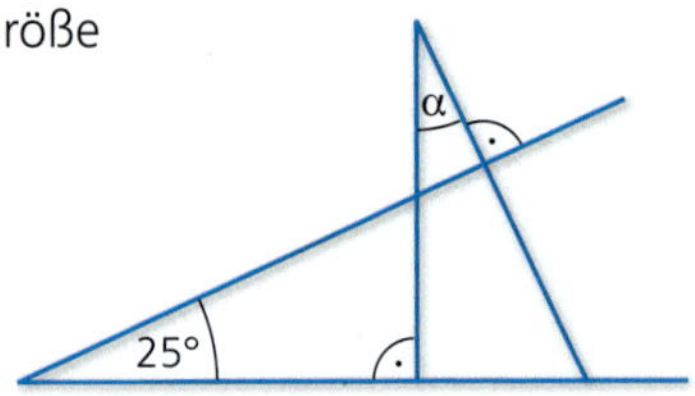

83 In einem gleichschenkligen Dreieck ist die Basis doppelt so lang wie die Höhe. Wie groß sind die Winkel dieses Dreiecks?

84 Ergänze die Tabelle einer antiportionalen Zuordnung.

x	5	■	10	■	0,5
y	3	6	■	1	■

85 Ein Pullover kostete 50 € und wurde um 70 % reduziert. Wie viel kostet er jetzt?

86 Wie groß ist die Wahrscheinlichkeit, dass beim zweimaligen Drehen des Glücksrades

a) zweimal rot

b) mindestens einmal rot

c) genau einmal rot erscheint?

87 In einem gleichschenkligen Dreieck ist der Winkel γ an der Spitze dreimal so groß wie ein Basiswinkel α. Wie groß sind die Winkel dieses Dreiecks?

88 Sind die Strecken AB und DC parallel?

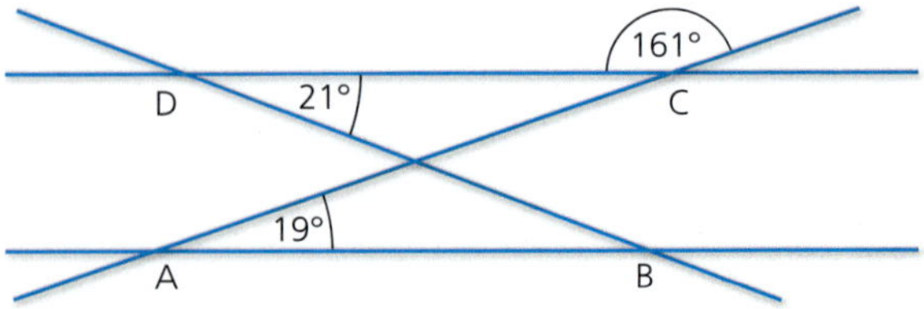

Zum Erinnern und Wiederholen

Schneller Zugriff zum Basiswissen aus den vorhergehenden Jahrgangsbänden

Daten - Diagramme

Runden

Runden

Manchmal sind Zahlenwerte nicht genau bekannt oder der genaue Wert ist nicht wichtig. Dann werden die Zahlen gerundet. Gerundete Zahlen sind übersichtlicher und man kann sie sich leichter merken. Sie eignen sich gut für Überschlagsrechnungen.

Rundungsregeln

Entscheide zuerst, auf welche Stelle (z. B. Einer, Zehner oder Hunderter) gerundet werden soll. Beachte dann die Ziffer, die danach kommt.
Bei 5, 6, 7, 8, 9 → aufrunden
Bei 0, 1, 2, 3, 4 → abrunden

In einer Statistik findet man, dass Unna 64 948 Einwohner hat.

Runden auf Tausender
64 948 ≈ 65 000
Runden auf Hunderter
64 948 ≈ 64 900

Diagramme: Daten „auf einen Blick"

Säulendiagramm
Bilddiagramm

Säulendiagramm

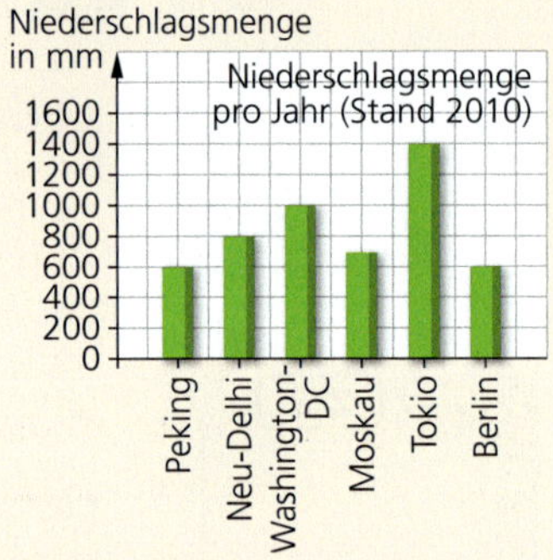

In einem Säulendiagramm entspricht die Länge der Säule der Größe der Zahl. Zahl.

Bilddiagramm

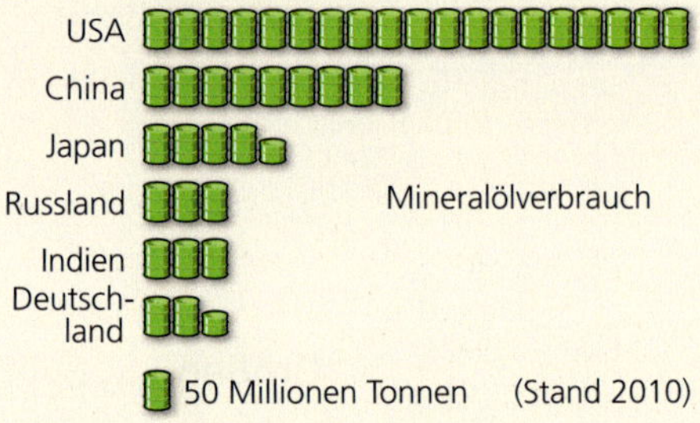

In einem Bilddiagramm passen Anzahl und Größe der Zeichen zur Größe der

Balkendiagramm
Liniendiagramm

Balkendiagramm

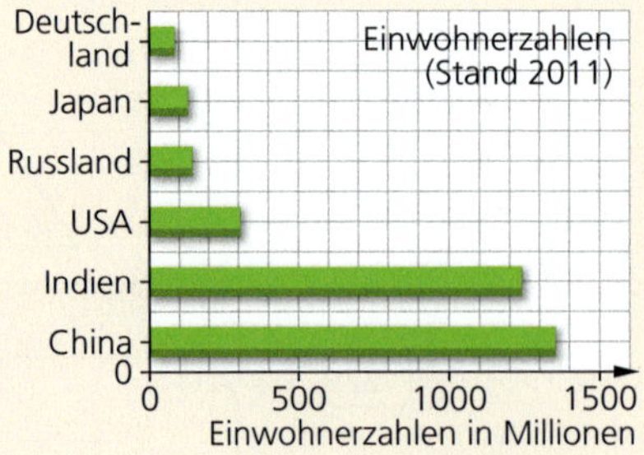

In einem Balkendiagramm entspricht die Länge des Balkens der Größe der Zahl.

Liniendiagramm

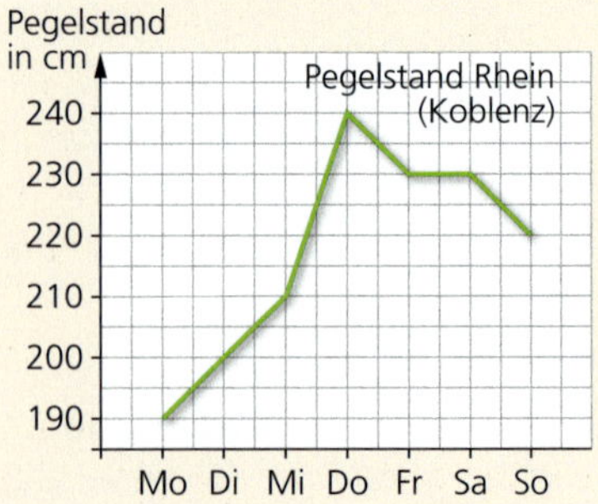

In einem Liniendiagramm entsprechen die Punkte der Linie den Zahlen.

Daten – Anteile, Prozente, Häufigkeiten

Prozentzahlen in Diagrammen

Prozentzahlen lassen sich besonders gut vergleichen. In Diagrammen kann man häufig mit einem Blick erfassen, welcher Anteil am größten ist. In der Klasse 6b wurde gefragt, wie die Schülerinnen und Schüler zur Schule kommen. Die Daten sind in einer Tabelle zusammengefasst und in einem Säulen- und einem Kreisdiagramm dargestellt.

Absolute Häufigkeit

	Anzahl
zu Fuß	12
Fahrrad	4
Auto	3
Bus	6
gesamt	25

Relative Häufigkeit = $\frac{\text{absolute Häufigkeit}}{\text{Gesamtzahl}}$

	Anteil	Prozent
zu Fuß	$\frac{12}{25}$	48 %
Fahrrad	$\frac{4}{25}$	16 %
Auto	$\frac{3}{25}$	12 %
Bus	$\frac{6}{25}$	24 %
gesamt	$\frac{25}{25}$	100 %

Säulendiagramm

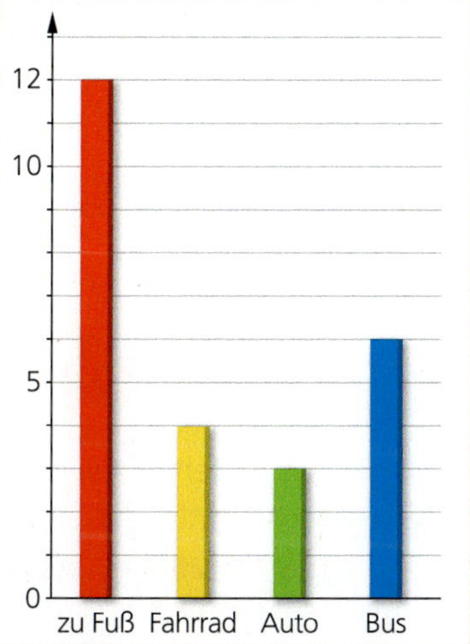

Für „entspricht“ schreiben Mathematiker „≙“. Also 1 % ≙ 3,6°

Kreisdiagramm

Für das Kreisdiagramm werden die Winkel berechnet.
1 % entspricht einem Winkel von $\frac{360°}{100} = 3{,}6°$.
Die Winkelmaße werden gerundet.

48 %	173°
16 %	58°
12 %	43°
24 %	86°
100 %	360°

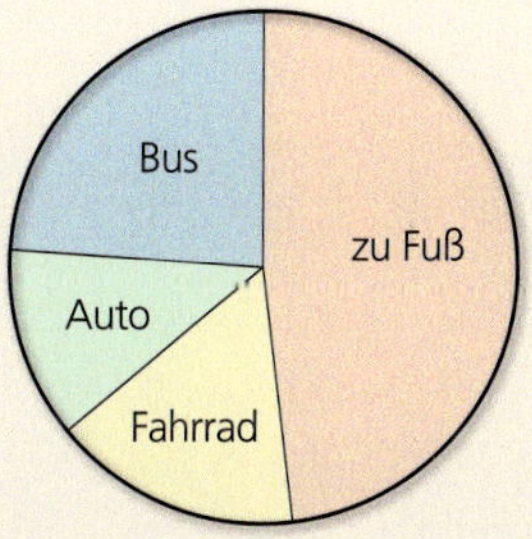

Computerzeit

Sven fragt seine Mitschülerinnen und Mitschüler, wie lange sie in der Woche vor dem Computer sitzen. Die Ergebnisse seiner Befragung fasst er in einer Tabelle zusammen. Er möchte die relativen Häufigkeiten in Prozent ermitteln.

Zeit	Anzahl
0 bis 1 Stunde	6
1 bis 2 Stunden	9
2 bis 4 Stunden	4
4 bis 6 Stunden	2
mehr als 6 Stunden	3

Gesamtzahl: 6 + 9 + 4 + 2 + 3 = 24

Berechnung der Prozentzahlen:
$\frac{1}{4} = \frac{25}{100} = 25\,\%$
$\frac{1}{6} \approx 0{,}167 = 16{,}7\,\%$ (gerundet)

Bei gerundeten Zahlen verwendet man das „≈“-Zeichen und sagt: „ungefähr gleich“.

Berechnung der Prozentzahlen: Erweitern des Nenners auf 100 oder schriftlich dividieren.

Zeit	Anteil	Prozente
0 bis 1 Stunde	$\frac{6}{24} = \frac{1}{4}$	25 %
1 bis 2 Stunden	$\frac{9}{24} = \frac{3}{8}$	37,5 %
2 bis 4 Stunden	$\frac{4}{24} = \frac{1}{6}$	16,7 %
4 bis 6 Stunden	$\frac{2}{24} = \frac{1}{12}$	8,3 %
mehr als 6 Stunden	$\frac{3}{24} = \frac{1}{8}$	12,5 %

Daten – Mittelwerte

Mittelwerte

Mittelwerte erfassen eine Datenliste in einem einzigen Wert. Dieser Wert wird oft zum Vergleich verschiedener Gruppen benutzt.
Um Mittelwerte zu berechnen, benötigst du zunächst eine Liste der Ergebnisse. Wenn du z. B. wissen möchtest, wie lange du für bestimmte Kopfrechenaufgaben benötigst, so misst du die Zeiten einige Male und notierst die Werte.
Ergebnisliste: 15 s 20 s 15 s 10 s 25 s 60 s 25 s 10 s 10 s

Arithmetisches Mittel („Durchschnitt")

Statt arithmetisches Mittel sagt man häufig auch „Durchschnitt".

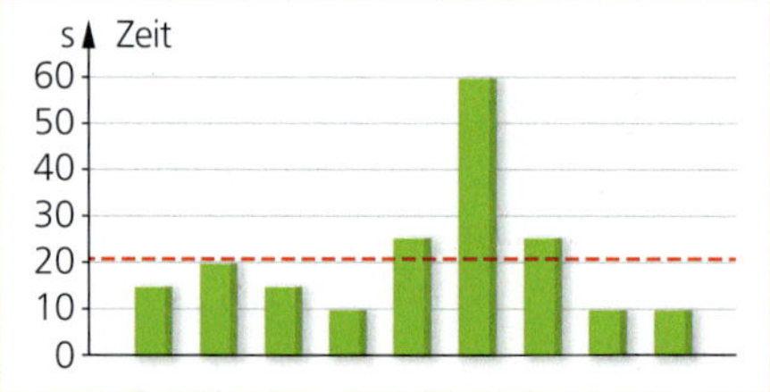

Um das **arithmetische Mittel** der Werte zu berechnen, musst du zunächst die Summe der Werte bilden. Dividiere die Summe dann durch die Anzahl der Werte. Im Diagramm gibt die gestrichelte Linie den „Durchschnitt" an.

$$\frac{15\,s + 20\,s + 15\,s + 10\,s + 25\,s + 60\,s + 25\,s + 10\,s + 10\,s}{9} = \frac{190\,s}{9} = 21{,}1\,s \text{ (gerundet)}$$

Median (Zentralwert)

Statt Median sagt man häufig auch Zentralwert.

Wenn du die Werte der Größe nach ordnest, erkennst du, welcher Wert in der „Mitte" steht. Dies ist der Median.
Bei einer ungeraden Anzahl von Ergebnissen stehen gleich viele Werte vor dem Median wie hinter dem Median.

10 s 10 s 10 s 15 s — **15 s** — 20 s 25 s 25 s 60 s

4 Werte — **Median** — 4 Werte

Bei einer geraden Anzahl von Ergebnissen stehen zwei Werte in der „Mitte".
Als Median nimmt man das arithmetische Mittel der beiden Werte.

10 s 10 s 10 s 15 s — **15 s 20 s** — 20 s 25 s 25 s 60 s

$\frac{15\,s + 20\,s}{2} = 17{,}5\,s$

4 Werte — **Median** — 4 Werte

Kenngrößen – Anwenden

Ergebnisliste vom Ballweitwurf der Klassen 6 a und 6 b
6 a 22, 25, 28, 28, 30, 32, 32, 34, 34, 37, 38, 38, 40, 40, 41, 43, 43, 43, 45, 47, 47, 51, 54, 54, 60
6 b 24, 24, 26, 30, 31, 33, 33, 33, 35, 38, 40, 40, 42, 42, 42, 42, 46, 46, 47, 48, 52, 54, 56, 56
Die Klassen im Vergleich:

	6 a	6 b
größte Weite	60 m	56 m
kleinste Weite	22 m	24 m
häufigste Weite	43 m	42 m
Median	40 m	41 m
arithm. Mittel	39,44 m	40 m

Berechnung des „Durchschnitts"

6 a: $\frac{22\,m + 25\,m + 2 \cdot 28\,m + 30\,m + \ldots + 60\,m}{25} = \frac{986\,m}{25} = 39{,}44\,m$

6 b: $\frac{2 \cdot 24\,m + 26\,m + 30\,m + \ldots + 2 \cdot 56\,m}{24} = \frac{960}{24} = 40\,m$

Median und arithmetisches Mittel unterscheiden sich bei diesen Daten nur wenig. Manchmal wird auch der häufigste Wert, der sogenannte Modalwert benutzt. Er unterscheidet sich bei diesen Daten deutlich von den anderen Mittelwerten.

Arithmetik – Regeln und Gesetze

Vorfahrtsregeln beim Rechnen

Beim Berechnen von Rechenausdrücken musst du, wie im Straßenverkehr, Vorfahrtsregeln beachten. Dadurch kannst du manchmal auch Rechenvorteile erlangen und somit geschickt rechnen.

Nur Strichrechnungen

Nur Strichrechnungen
Rechne von links nach rechts, dann machst du nichts falsch.

$$\begin{aligned} & 37 - 18 + 12 \\ = {} & 19 + 12 \\ = {} & 31 \end{aligned}$$

Nur Punktrechnungen

Nur Punktrechnungen
Rechne von links nach rechts, dann machst du nichts falsch.

$$\begin{aligned} & 36 : 4 \cdot 2 \\ = {} & 9 \cdot 2 \\ = {} & 18 \end{aligned}$$

Punkt- vor Strichrechnung

Punktrechnungen vor Strichrechnungen
Punktrechnungen werden vor Strichrechnungen ausgeführt.

$$\begin{aligned} & 13 + 6 \cdot 9 \\ = {} & 13 + 54 \\ = {} & 67 \end{aligned}$$

Klammern zuerst

Klammern zuerst
Was in Klammern steht, wird zuerst berechnet.

$$\begin{aligned} & 8 \cdot (25 - 16) \\ = {} & 8 \cdot 9 \\ = {} & 72 \end{aligned}$$

Rechengesetze

Kommutativgesetz
Vertauschungsgesetz

Kommutativgesetz (Vertauschungsgesetz)
Beim Addieren darfst du die Reihenfolge der Summanden vertauschen.

$$16 + 23 = 23 + 16$$

Beim Multiplizieren darfst du die Reihenfolge der Faktoren vertauschen.

$$8 \cdot 24 = 24 \cdot 8$$

Assoziativgesetz
Verbindungsgesetz

Assoziativgesetz (Verbindungsgesetz)
Beim Addieren darfst du die Reihenfolge, in der du addierst, selbst festlegen.

$$\begin{aligned} & 37 + 16 + 24 \\ = {} & 37 + 40 \\ = {} & 77 \end{aligned}$$

Beim Multiplizieren darfst du die Reihenfolge, in der du multiplizierst, selbst festlegen.

$$\begin{aligned} & 13 \cdot 20 \cdot 5 \\ = {} & 13 \cdot 100 \\ = {} & 1300 \end{aligned}$$

Distributivgesetz
Verteilungsgesetz

Distributivgesetz (Verteilungsgesetz)
Mit dem Verteilungsgesetz kann man sich Rechenvorteile verschaffen. Du kannst eine Summe mit einer Zahl multiplizieren, indem du jeden Summanden mit der Zahl multiplizierst und die Produkte addierst.

$$\begin{aligned} & (10 + 7) \cdot 6 \\ = {} & 10 \cdot 6 + 7 \cdot 6 \\ = {} & 60 + 42 \\ = {} & 102 \end{aligned}$$

Es geht auch „umgekehrt“.

$$\begin{aligned} & 43 \cdot 356 + 57 \cdot 356 \\ = {} & (43 + 57) \cdot 356 \\ = {} & 100 \cdot 356 \\ = {} & 35\,600 \end{aligned}$$

Arithmetik – Besondere Zahlen

Quadratzahlen

Quadratzahlen

Quadratzahlen entstehen, wenn du eine Zahl mit sich selbst multiplizierst.

$1 \cdot 1 = 1^2 = 1$
$2 \cdot 2 = 2^2 = 4$
$3 \cdot 3 = 3^2 = 9$ usw.

Die ersten 25 Quadratzahlen:

1	4	9	16	25	36	49	64	81	100
121	144	169	196	225	256	289	324	361	400
441	448	529	576	625	676	729	784	841	900

Potenzen

Potenz

2^5 ist eine **Potenz**. Die Hochzahl 5 gibt an, wie oft die Grundzahl 2 als Faktor vorkommt.

$2^5 = 2 \cdot 2 \cdot 2 \cdot 2 \cdot 2 = 32$

Vereinbarung: $2^0 = 1$

Beispiel zur Multiplikation von Potenzen: $3^2 \cdot 3^4 = (3 \cdot 3) \cdot (3 \cdot 3 \cdot 3 \cdot 3) = 3^6$

Teilbarkeitsregeln

Teilbarkeitsregeln

Es gibt Regeln, mit denen du Zahlen auf Teilbarkeit überprüfen kannst. Dabei unterscheidest du zwischen Endstellenregeln und Quersummenregeln.

Endstellenregeln

Eine Zahl ist …
- durch 2 teilbar, wenn die letzte Ziffer gerade ist (eine 0, 2, 4, 6 oder 8).
- durch 4 teilbar, wenn die beiden letzten Ziffern eine durch 4 teilbare Zahl bilden.
- durch 5 teilbar, wenn die letzte Ziffer eine 0 oder 5 ist.
- durch 8 teilbar, wenn die letzten drei Ziffern eine durch 8 teilbare Zahl bilden.
- durch 10 teilbar, wenn die letzte Ziffer eine 0 ist.

Quersummenregeln

Eine Zahl ist …
- durch 3 teilbar, wenn die Quersumme durch 3 teilbar ist.
- durch 9 teilbar, wenn die Quersumme durch 9 teilbar ist.

Zusammengesetzte Regel

Eine Zahl ist durch 6 teilbar, wenn sie durch 2 und durch 3 teilbar ist.

Primzahlen

Primzahlen

Natürliche Zahlen, die genau zwei Teiler haben, nennt man Primzahlen.
Die ersten Primzahlen sind:

2	3	5	7	11	13	17	19	23	29
31	37	41	43	47	53	59	61	67	71
73	79	83	89	97	101	103	107	109	113

Die 1 ist eine „Ausnahmezahl". Da sie nur einen Teiler hat, zählt man sie nicht zu den Primzahlen.

Arithmetik – Brüche im Alltag

Brüche

Brüche

Brüche kommen in vielen Sachzusammenhängen vor. Manchmal muss man allerdings genau hinschauen, um sie zu entdecken, z. B. als Maßzahlen, beim Aufteilen, bei Mischungsverhältnissen und beim Maßstab.

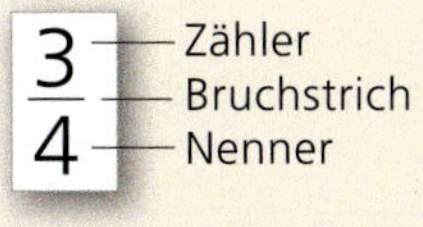

Gemischte Zahl

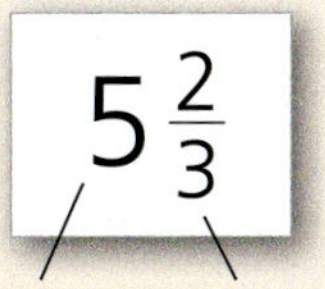

Aufteilen

Brüche beim Aufteilen

$\frac{3}{4}$ eines Pfannkuchens

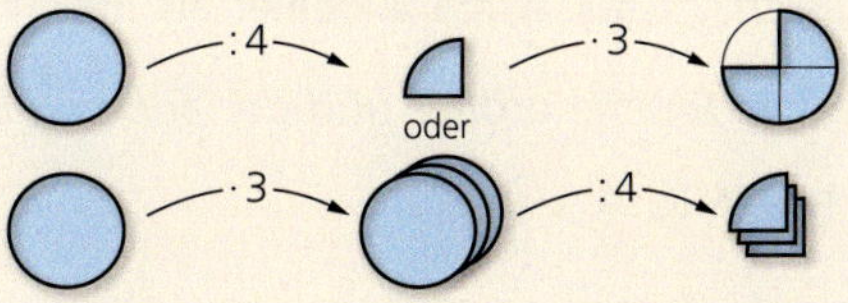

Maßzahlen von Größen

Brüche als Maßzahlen von Größen

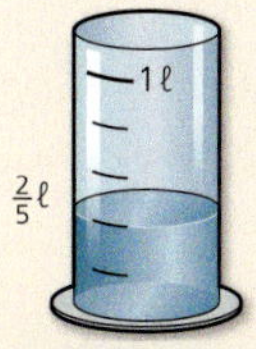

1 ℓ = 1000 mℓ
$\frac{2}{5}$ ℓ = 400 mℓ

$\frac{1}{2}$ cm = 5 mm
$\frac{3}{4}$ h = 45 min

Anzeigen und Skalen

Brüche auf Anzeigen und Skalen

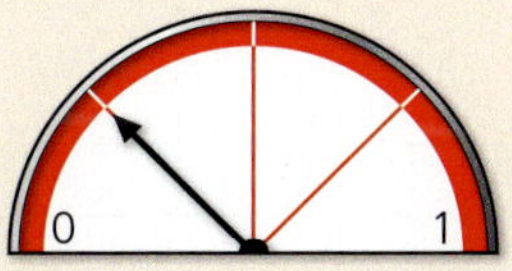

„Der Tank ist zu $\frac{1}{4}$ gefüllt."

Verhältnisse

Brüche und Verhältnisse

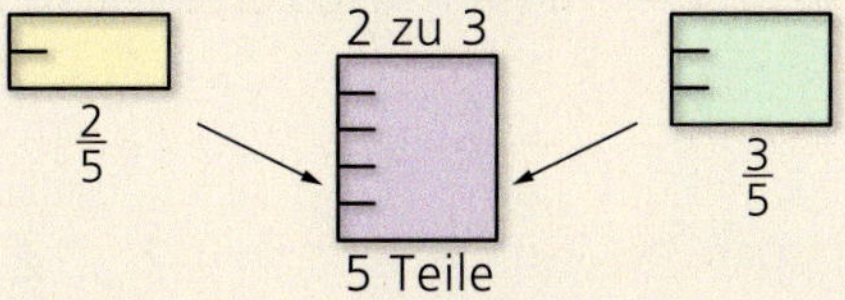

Prozentangaben

Prozentangaben stehen für Bruchteile

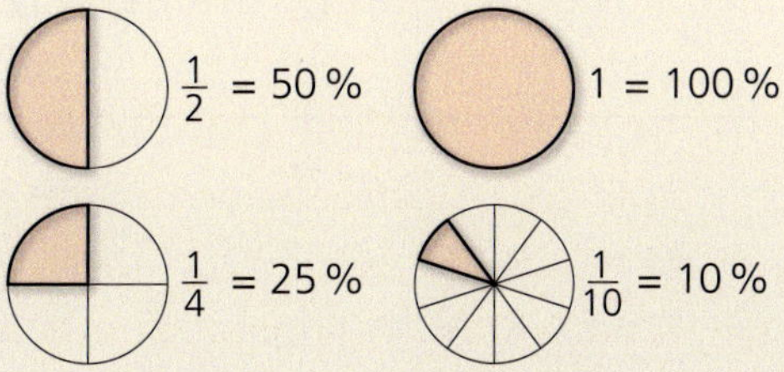

Arithmetik – Brüche vergleichen und ordnen

Gleiche Brüche – verschiedene Namen

Gleiche Brüche – verschiedene Namen

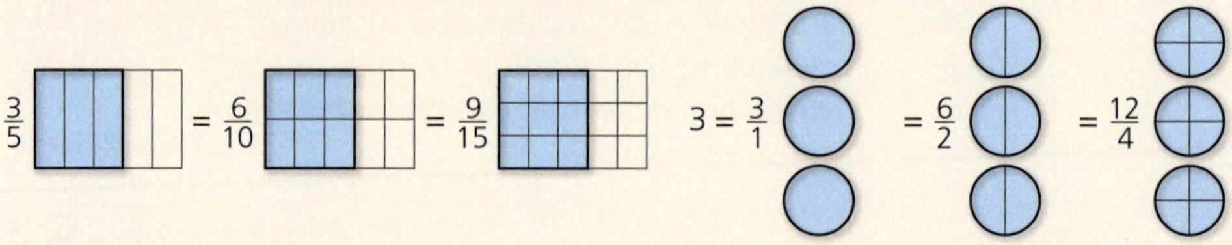

Brüche miteinander vergleichen

Brüche miteinander vergleichen

Brüche vergleichen mit Wissen über Zahlen

- *Sind die Zähler gleich?* $\frac{3}{4} > \frac{3}{5}$, da Viertel größer als Fünftel sind.
- *Sind die Nenner gleich?* $\frac{2}{5} < \frac{3}{5}$, da 2 kleiner als 3 ist.
- *Überlege, ob einer der Brüche größer und der andere kleiner oder gleich $\frac{1}{2}$ ist.*

  $\frac{3}{4} > \frac{1}{2}$ und $\frac{2}{9} < \frac{1}{2}$. Damit ist $\frac{3}{4} > \frac{2}{9}$.
- *Schaue nach, ob beide Brüche einen Anteil kleiner als das Ganze sind.*

  $\frac{7}{8} > \frac{6}{7}$, da $\frac{7}{8}$ sich nur um $\frac{1}{8}$ von dem Ganzen unterscheidet, $\frac{6}{7}$ dagegen um $\frac{1}{7}$
- *In allen anderen Fällen hilft immer folgende Strategie:*

  Bringe die Brüche auf einen gemeinsamen Nenner und vergleiche dann.

  Vergleiche $\frac{11}{20}$ und $\frac{13}{25}$:

$$\frac{11}{20} \overset{\cdot 5}{=} \frac{55}{100} > \frac{52}{100} \overset{\cdot 4}{=} \frac{13}{25}$$

Brüche ordnen

Brüche ordnen

Brüche gleichnamig machen und nach der Größe der Zähler ordnen.

$\frac{2}{3}\ \frac{5}{6}\ \frac{1}{2}\ \frac{3}{4} \rightarrow \frac{8}{12}\ \frac{10}{12}\ \frac{6}{12}\ \frac{9}{12} \rightarrow \frac{6}{12} < \frac{8}{12} < \frac{9}{12} < \frac{10}{12}$

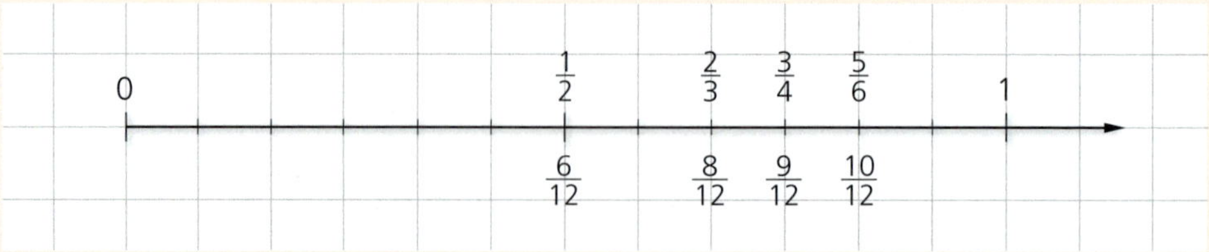

Arithmetik – Rechnen mit Brüchen

Rechnen mit Brüchen

Addieren Subtrahieren

Gleichnamig machen, dann Zähler addieren oder subtrahieren und Nenner beibehalten

$\frac{3}{4} + \frac{2}{5} = \frac{15}{20} + \frac{8}{20} = \frac{23}{20}$

$\frac{5}{6} - \frac{2}{3} = \frac{5}{6} - \frac{4}{6} = \frac{1}{6}$

Multiplizieren

Zähler mal Zähler, Nenner mal Nenner

$\frac{3}{4} \cdot \frac{2}{5} = \frac{6}{20} = \frac{3}{10}$

Spezialfall

$3 \cdot \frac{2}{5} = \frac{3}{1} \cdot \frac{2}{5} = \frac{6}{5}$

Dividieren

Multiplizieren des ersten Bruches mit dem Kehrbruch des zweiten Bruches

$\frac{4}{5} : \frac{3}{2} = \frac{4}{5} \cdot \frac{2}{3} = \frac{8}{15}$

Spezialfall

$\frac{4}{5} : 3 = \frac{4}{5} : \frac{3}{1} = \frac{4}{5} \cdot \frac{1}{3} = \frac{4}{15}$

Rechnen mit gemischten Zahlen – zwei Verfahren

Beispiel: Berechne $2\frac{3}{4} + 4\frac{2}{3}$.

Addiere die natürlichen Zahlen.

Addiere die Brüche.

$2\frac{3}{4} = 2\frac{9}{12}$

$+\,4\frac{2}{3} = +\,4\frac{8}{12}$

$6\frac{17}{12} = 7\frac{5}{12}$

Verwandle die gemischten Zahlen zunächst in Brüche und rechne dann.

$2\frac{3}{4} = \frac{11}{4} = \frac{33}{12}$

$+\,4\frac{2}{3} = \frac{14}{3} = +\,\frac{56}{12}$

$\frac{89}{12} = 7\frac{5}{12}$

Anwenden

Wo braucht man das Rechnen mit Brüchen?

Addieren

Eine halbe Pizza und eine dreiviertel Pizza sind zusammen $\frac{5}{4}$ Pizza.

$\frac{3}{4}$ Pizza + $\frac{1}{2}$ Pizza = $\frac{5}{4}$ Pizza

Mutliplizieren

Berechne die Fläche: $\frac{2}{3}\,\text{m} \cdot \frac{3}{4}\,\text{m}$

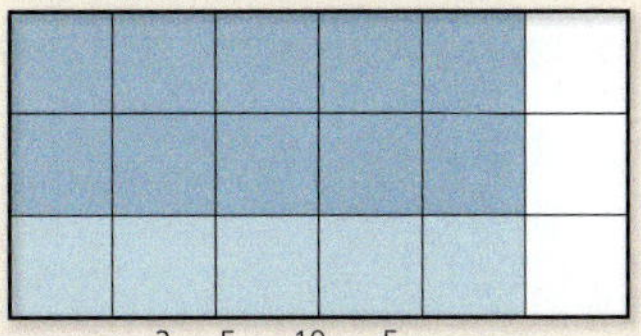

$\frac{2}{3} \cdot \frac{5}{6} = \frac{10}{18} = \frac{5}{9}$

$\frac{2}{3}$ von $\frac{5}{6}$ Schokolade: $\frac{2}{3} \cdot \frac{5}{6}$

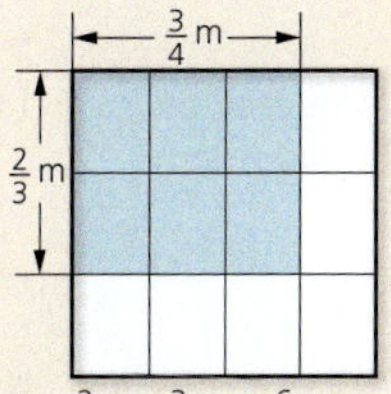

$\frac{2}{3}\,\text{m} \cdot \frac{3}{4}\,\text{m} = \frac{6}{12}\,\text{m}^2 = \frac{1}{2}\,\text{m}^2$

Dividieren

Wie lang ist die andere Seite?

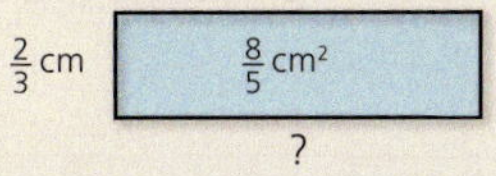

$\frac{8}{5} : \frac{2}{3} = \frac{8}{5} \cdot \frac{3}{2} = \frac{24}{20} = \frac{12}{5}$

Die andere Seite ist $\frac{12}{5}$ cm lang.

Arithmetik – Rechnen mit Dezimalzahlen

Rechnen mit Dezimalzahlen

Das musst du beachten.

```
▪27.46 + 16.71 + 9.04
                 53.21
▪73.29 - 27.95   45.34
▪5.1·4.85       24.735
▪8.25
 ----
  .5              16.5
8.25/0.5
```

Für das Rechnen mit Dezimalzahlen kannst du die gleichen Verfahren wie bei natürlichen Zahlen durchführen, du brauchst nur zusätzliche Regeln für das Setzen des Kommas.
Zur Überprüfung des Ergebnisses kannst du eine Überschlagsrechnung durchführen. Überschlage die Zahlen so, dass du leicht im Kopf rechnen kannst. Besonders bei Rechnungen mit dem Taschenrechner ist diese Überschlagsrechnung wichtig.

Addieren Subtrahieren

27,46 + 16,71 + 9,04

Überschlagsrechnung
27 + 17 + 9 = 53

Summand		2	7	,	4	6
Summand	+	1	6	,	7	1
Summand	+		9	,	0	4
		2	1		1	
Summe		5	3	,	2	1

Komma unter Komma

73,29 – 27,95

Überschlagsrechnung
73 – 28 = 45

Minuend		7	3	,	2	9
Subtrahend	–	2	7	,	9	5
		1	1			
Differenz		4	5	,	3	4

Komma unter Komma

Mutliplizieren Dividieren

5,1 · 4,85

Überschlagsrechnung
5 · 5 = 25

Faktor			Faktor		
5,	1	·	4,	8	5
	2	0	4		
		4	0	8	
			2	5	5
			1		
	2	4,	7	3	5
Produkt					

1 + 2 Nachkommastellen

3 Nachkommastellen

Addiere die Anzahl der Nachkommastellen der einzelnen Faktoren.

8,25 : 0,5

Überschlagsrechnung
8 : 0,5 = 80 : 5 = 16

Dividend				Divisor		Quotient			
	8,	2	5	:	0,	5			
	8	2,	5	:		5	=	1	6, 5
–	5								
	3	2							
–	3	0							
		2	5						
	–	2	5	Kommaüberschreitung					

Setze das Komma im Ergebnis nach Kommaüberschreitung des Dividenden.

Umwandeln Dezimalzahl und Bruch

Umwandeln Dezimalzahl in Bruch

Dezimalzahl

abbrechende	periodische
$0{,}2 = \frac{2}{10} = \frac{1}{5}$	$0{,}\overline{3} = \frac{3}{9} = \frac{1}{3}$
$0{,}06 = \frac{6}{100} = \frac{3}{50}$	$0{,}0\overline{6} = \frac{6}{90} = \frac{1}{15}$
$0{,}675 = \frac{675}{1000} = \frac{27}{40}$	$0{,}\overline{12} = \frac{12}{99} = \frac{4}{33}$

Bruch

Umwandeln Bruch in Dezimalzahl

Bruch

$\frac{1}{2} = \frac{5}{10} = 0{,}5$	$\frac{2}{3} = 2 : 3 = 0{,}\overline{6}$
$\frac{7}{25} = \frac{28}{100} = 0{,}28$	$\frac{5}{6} = 5 : 6 = 0{,}8\overline{3}$
$\frac{3}{8} = 3 : 8 = 0{,}375$	$\frac{7}{11} = 11 : 7 = 0{,}\overline{63}$
abbrechende	periodische

Dezimalzahl

Größen – Übersicht über die Einheiten

Längen

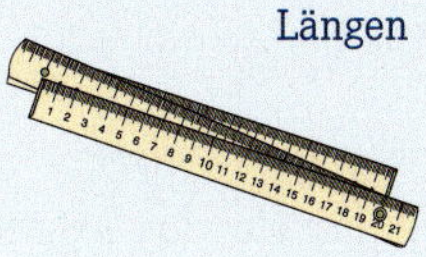

Umrechnungszahl 10

Übersicht über die Einheiten der Länge

Umrechnungszahlen

1 km = 1000 m —1000→ 1 m = 10 dm —10→ 1 dm = 10 cm —10→ 1 cm = 10 mm —10→ 1 mm

Flächeninhalte

Umrechnungszahl 100

Übersicht über die Einheiten von Flächeninhalten

Umrechnungszahlen

$1\ km^2$ —100→ 1 ha —100→ 1 a —100→ $1\ m^2$ —100→ $1\ dm^2$ —100→ $1\ cm^2$ —100→ $1\ mm^2$

$1\ km^2 = 100\ ha$

$1\ ha = 100\ a$

$1\ a = 100\ m^2$

$1\ m^2 = 100\ dm^2$

$1\ dm^2 = 100\ cm^2$

$1\ cm^2 = 100\ mm^2$

Rauminhalte Volumina

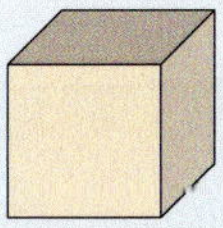

Umrechnungszahl 1000

Übersicht über die Einheiten von Rauminhalten

Umrechnungszahlen

$1\ m^3$ —1000→ $1\ dm^3$ —1000→ $1\ cm^3$ —1000→ $1\ mm^3$

$1\ m^3 = 1000\ dm^3$

$1\ dm^3 = 1000\ cm^3$

$1\ cm^3 = 1000\ mm^3$

Gewichte

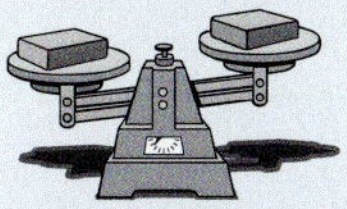

Umrechnungszahl 1000

Übersicht über die Einheiten des Gewichts

Umrechnungszahlen

1 t = 1000 kg —1000→ 1 kg = 1000 g —1000→ 1 g = 1000 mg —1000→ 1 mg

Zeitspannen

Umrechnungszahlen 24 und 60

Übersicht über die Einheiten der Zeit

Umrechnungszahlen

1 Tag = 24 h —24→ 1 h = 60 min —60→ 1 min = 60 s —60→ 1 s

Größen – Umfang und Flächeninhalt berechnen

Umfang von Vielecken

Summe aller Seitenlängen
$U = a + b + c + d + e + f$

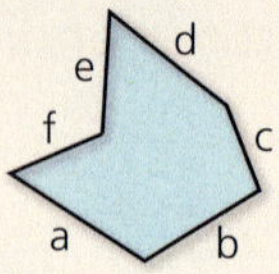

Flächeninhalt vom Dreieck, Parallelogramm und Trapez

Bei Rechtecken kannst den Flächeninhalt leicht mit Formeln berechnen:

Flächeninhalt = Länge mal Breite
$A_{\square} = a \cdot b$

Dreiecke, Parallelogramme und Trapeze kann man in flächeninhaltsgleiche Rechtecke verwandeln. Zur Berechnung des Flächeninhalts muss man mindestens die Länge einer Seite und die dazugehörige „Höhe" kennen.

Dreieck
Jedes Dreieck kann man zu einem Rechteck mit doppeltem Flächeninhalt ergänzen.

Flächeninhalt $= \frac{1}{2} \cdot$ *Grundseite mal Höhe*

$A_{\triangle} = \frac{1}{2} \cdot g \cdot h$

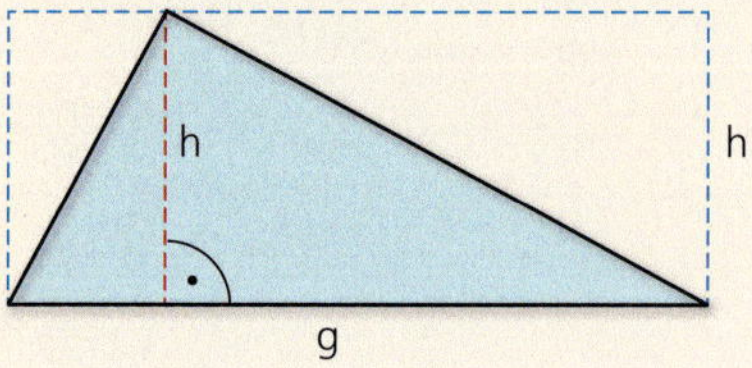

Als Grundseite kannst du jede Seitenlänge des Dreiecks nehmen. Die dazugehörige Höhe ist der Abstand von dieser Seite zur gegenüberliegenden Ecke.

Parallelogramm
Jedes Parallelogramm kann man durch Abschneiden und Anfügen eines Dreiecks in ein Rechteck mit gleichem Flächeninhalt verwandeln:

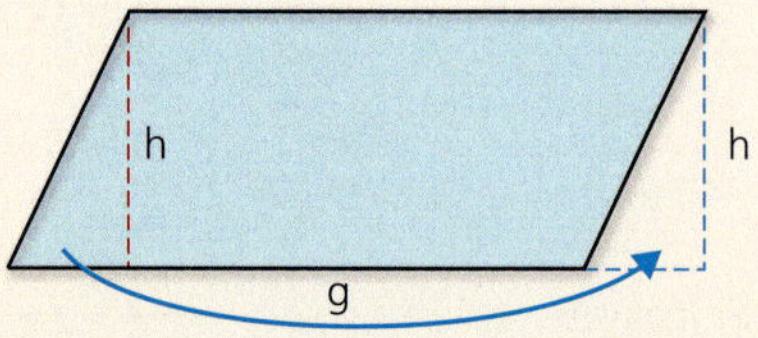

Flächeninhalt = Grundseite mal Höhe

$A_{\square} = g \cdot h$

Trapez
Jedes Trapez kann man durch Abschneiden und Anfügen von zwei Dreiecken in ein Rechteck mit gleichem Flächeninhalt verwandeln:

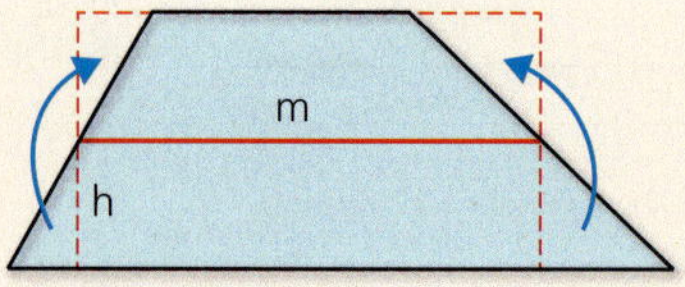

Flächeninhalt = Mittellinie mal Höhe

$A_{\square} = m \cdot h$

Die Länge der Mittellinie erhält man als Mittelwert der Längen der beiden parallelen Trapezseiten.

$m = \frac{1}{2} \cdot (a + c)$

Geometrie – Körper und ebene Figuren

Körper

Grundformen geometrischer Körper

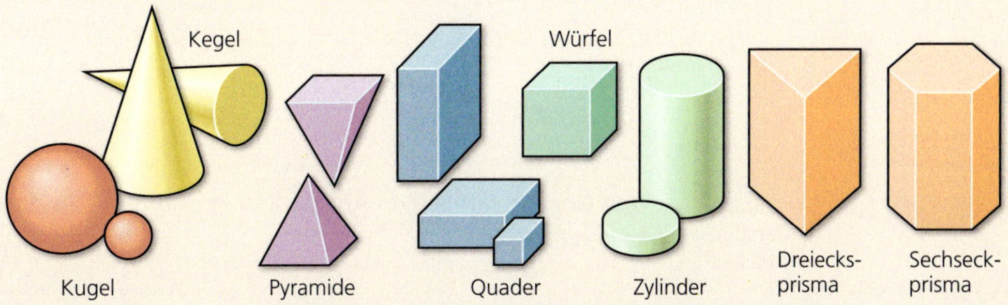

ebene geometrische Figuren (Flächen)

Grundformen ebener geometrischer Figuren (Flächen)

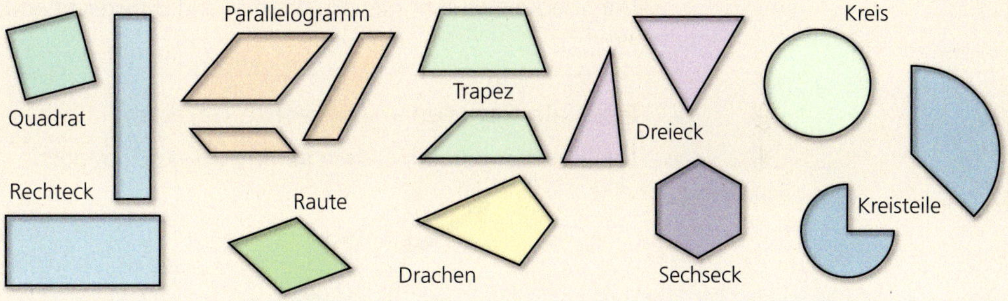

gleichschenklig
gleichseitig

Kennzeichnung von Dreiecken nach Seitenlängen

gleichschenkliges Dreieck

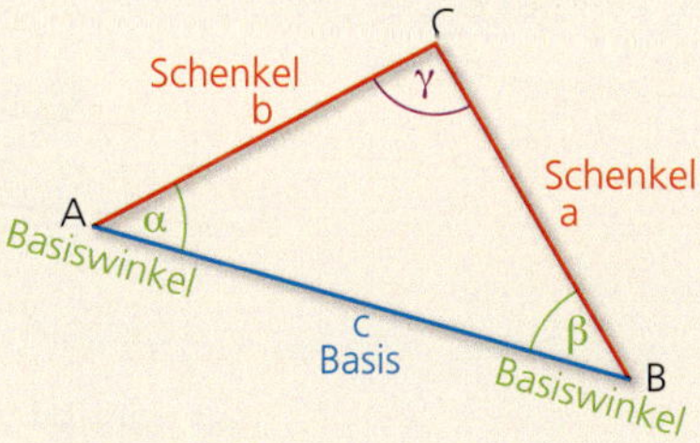

Mindestens zwei Seiten sind gleich lang. Diese Seiten nennt man auch Schenkel.

gleichseitiges Dreieck

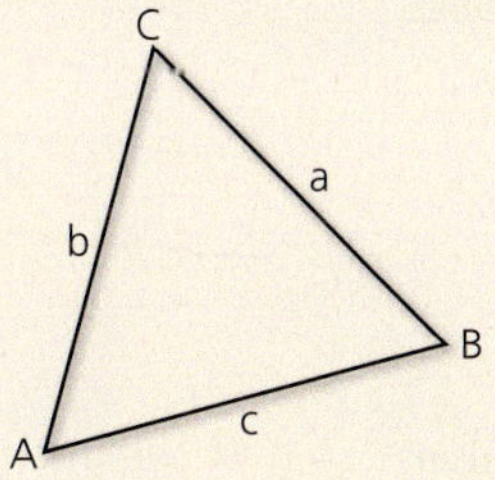

Alle drei Seiten sind gleich lang.

Standardbezeichnungen am Dreieck:

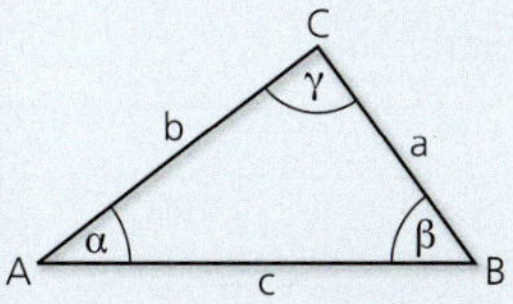

Die Bezeichnungen erfolgen immer gegen den Uhrzeigersinn.

Kennzeichnung von Dreiecken nach Winkeln

spitzwinklig
rechtwinklig
stumpfwinklig

spitzwinkliges Dreieck

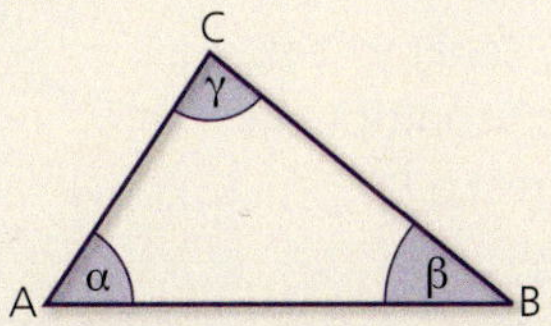

Alle Winkel sind spitze Winkel.

rechtwinkliges Dreieck

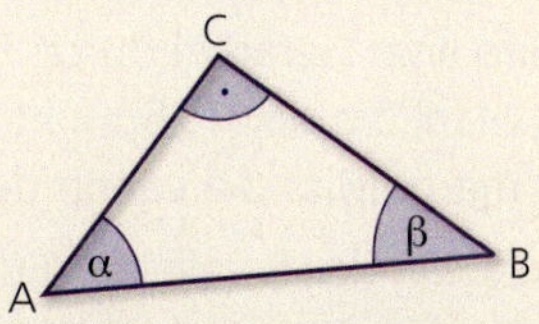

Ein Winkel ist 90° groß.

stumpfwinkliges Dreieck

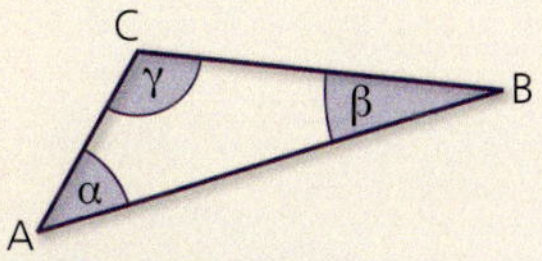

Ein Winkel ist ein stumpfer Winkel.

Geometrie – Grundbegriffe und Konstruktionen

Gerade – Strecke

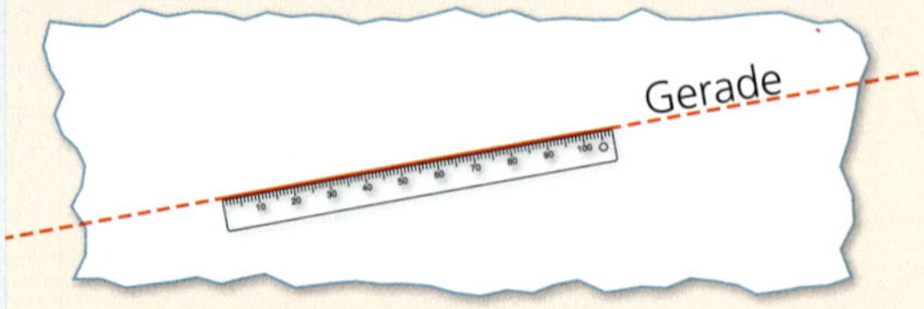

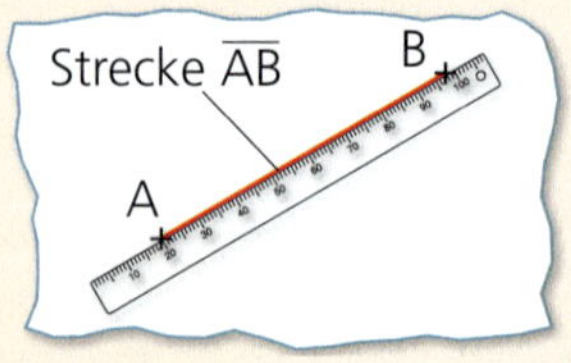

Punkte
Geraden
Strecken

Eine **Gerade** hat keinen Anfangspunkt und keinen Endpunkt.

Eine **Strecke** ist von zwei Punkten begrenzt. Die Länge einer Strecke können wir mit dem Lineal messen.

Bezeichnungen

Punkte bezeichnen wir mit großen Buchstaben A, B, … P, Q, …
Geraden bezeichnen wir mit kleinen Buchstaben a, b, … g, h, …
Die Gerade durch die Punkte P und Q bezeichnen wir mit PQ.
Die Strecke zwischen den Punkten A und B bezeichnen wir mit $\overline{AB}$.

Parallele Geraden – senkrechte Geraden

senkrecht

Die Geraden g und h stehen **senkrecht** aufeinander:

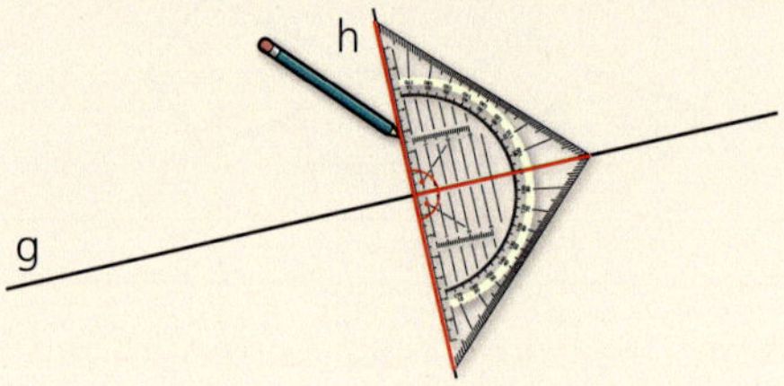

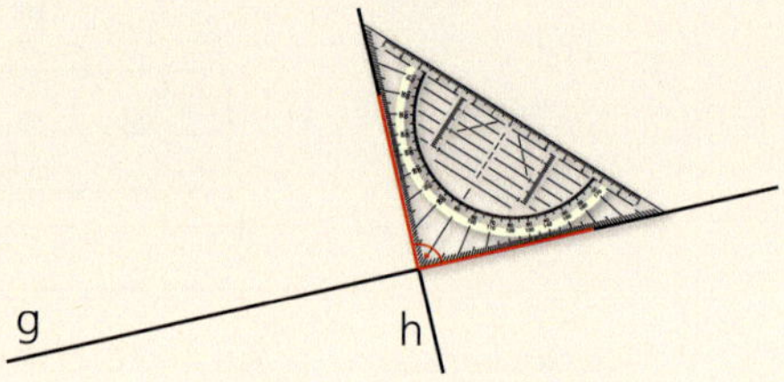

parallel

Die Geraden k und l sind **parallel** zueinander:

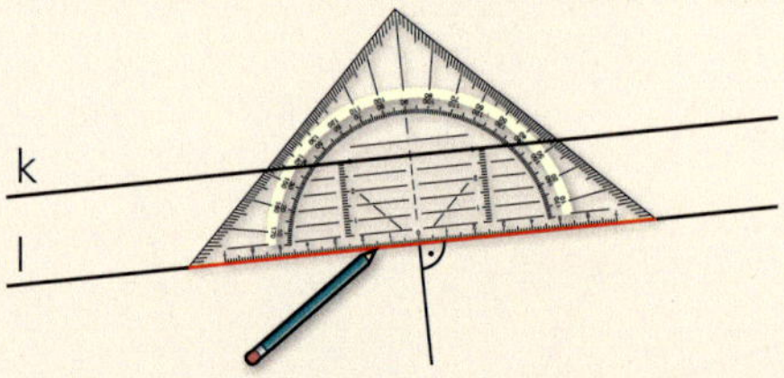

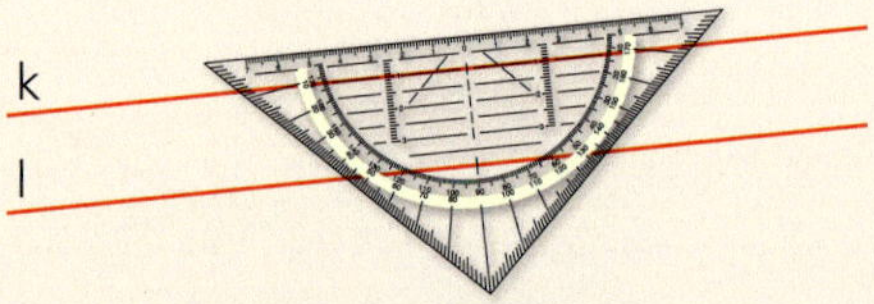

Bezeichnungen

g ist senkrecht zu h: $g \perp h$

a ist parallel zu b: $a \parallel b$

Wir messen Abstände

Abstände

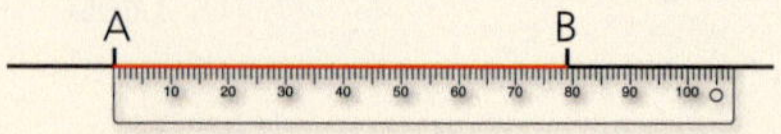

Abstand zwischen den Punkten A und B:
Miss die Länge der Strecke $\overline{AB}$.

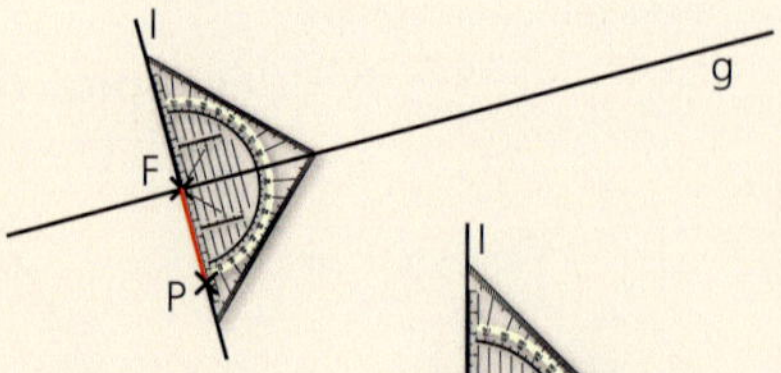

Abstand vom Punkt P zur Geraden g:
Zeichne eine Gerade l durch P, die senkrecht zu g ist. Markiere den Fußpunkt F als Schnittpunkt von l mit g. Miss die Länge der Strecke $\overline{PF}$.

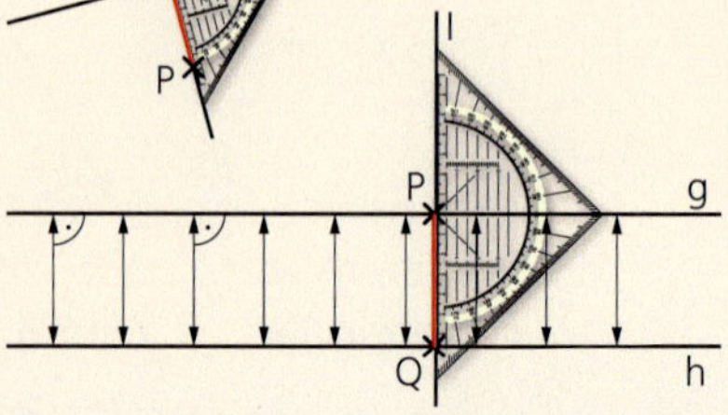

Abstand zweier Parallelen g und h:
Zeichne eine Gerade l, die senkrecht zu g und h ist. Markiere die Schnittpunkte P und Q mit den Parallelen. Miss die Länge der Strecke $\overline{PQ}$.

Geometrie – Schrägbilder und Netze

Schrägbilder zeichnen

Das Schrägbild eines Würfels entsteht

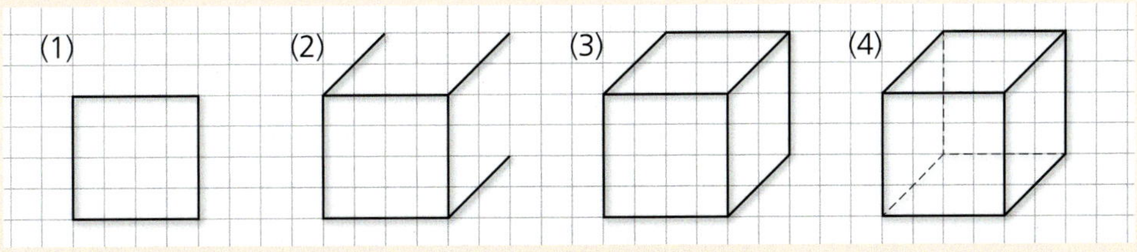

1. Schritt: Zeichne die Vorderfläche des Würfels (1).
2. Schritt: Zeichne die Kanten, die von vorne nach hinten zeigen, schräg und verkürzt, wie im Bild (2).
3. und 4. Schritt: Ergänze die fehlenden Kanten der hinteren Fläche des Würfels.
Die verdeckten Kanten werden nur gestrichelt gezeichnet (4). Soll der Würfel undurchsichtig sein, so lässt man alle verdeckten Kanten weg (3).

Würfel
Quader

Netz und Schrägbild

Würfel

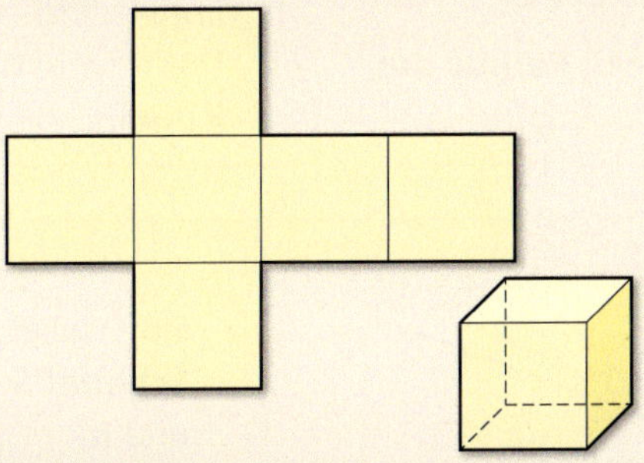

Quader

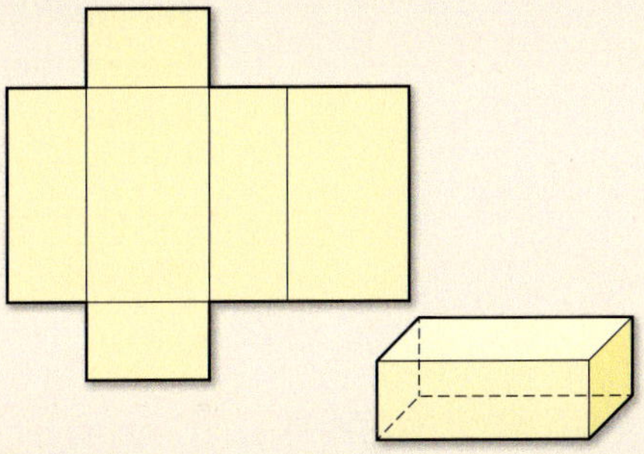

Pyramide
Prisma

Pyramide

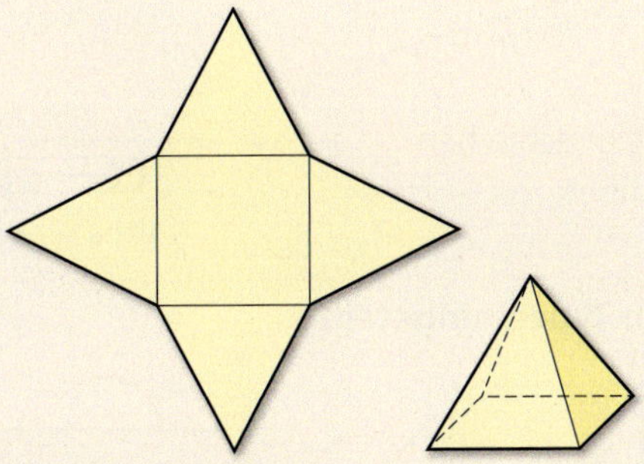

Prisma

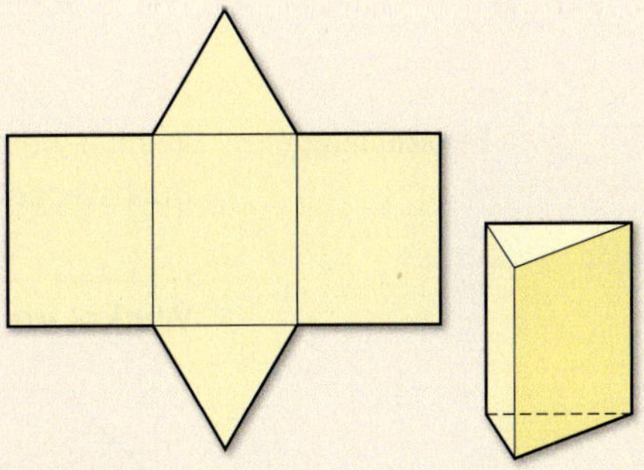

Tetraeder
Zylinder

Tetraeder

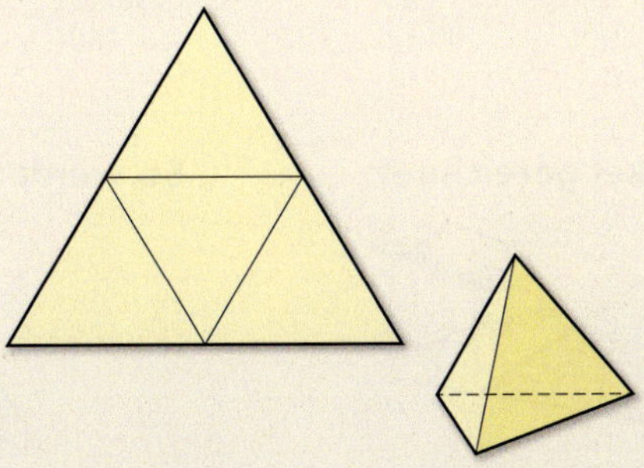

Zylinder

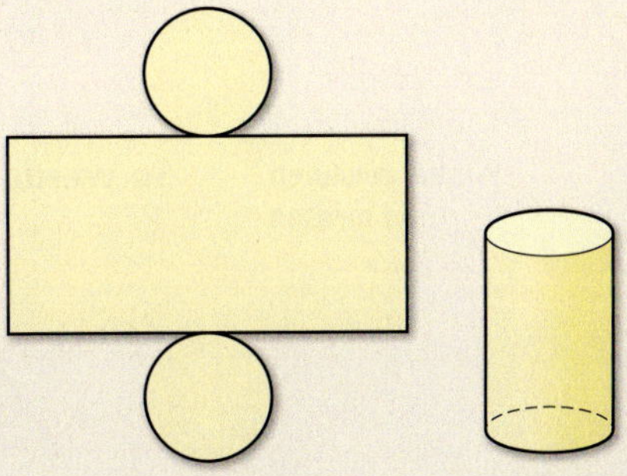

Geometrie – Kreis und Winkel

Kreis und Kugel

Kreis und Kugel

Ein Kreis lässt sich mit dem Zirkel genau zeichnen, du musst nur den Mittelpunkt und die Zirkelweite kennen. Auch eine Kugel kann mit nur zwei Angaben genau gekennzeichnet werden. Das Zeichnen ist nicht einfach, da auch das „Schrägbild" nur schwer zu zeichnen ist.

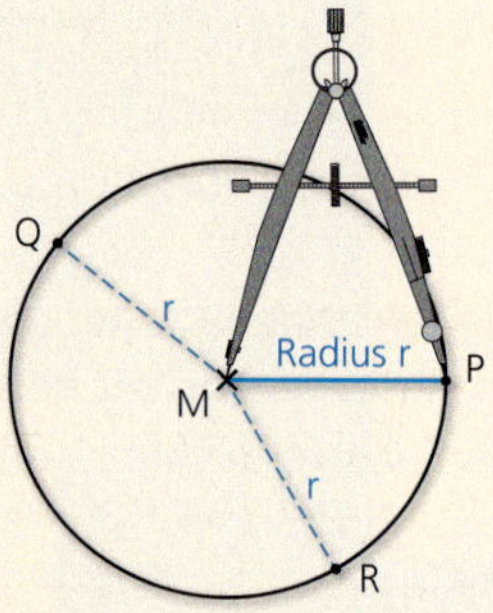

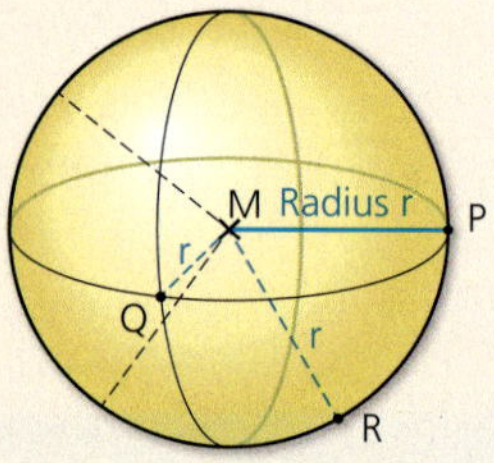

Alle Punkte des Kreises haben vom **Mittelpunkt des Kreises** die gleiche Entfernung.
Diese Entfernung heißt **Radius des Kreises**.

Alle Punkte der Kugeloberfläche haben vom **Mittelpunkt der Kugel** die gleiche Entfernung.
Diese Entfernung heißt **Radius der Kugel**.

Winkel

Winkel

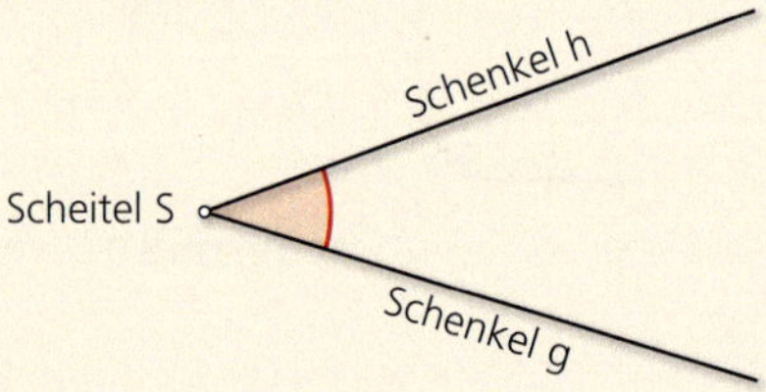

Ein Winkel wird festgelegt durch den **Scheitel S** und die beiden **Schenkel g** und **h**.

Bezeichnungen

Winkel werden mit griechischen Buchstaben bezeichnet:

α	β	γ	δ	ε
Alpha	Beta	Gamma	Delta	Epsilon

Winkel werden in Typen eingeteilt

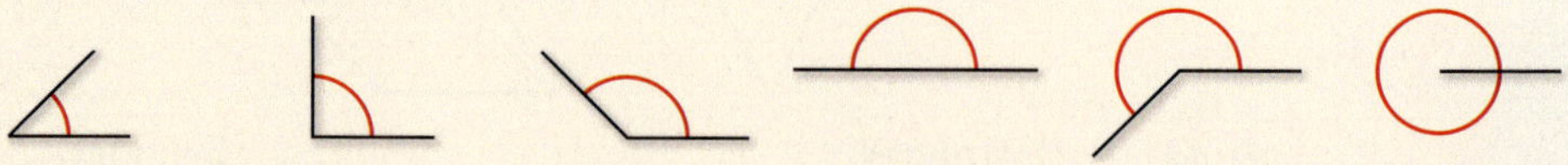

spitz	rechter Winkel	stumpf	gestreckt	überstumpf	Vollwinkel
$0° < \alpha < 90°$	$\alpha = 90°$	$90° < \alpha < 180°$	$\alpha = 180°$	$180° < \alpha < 360°$	$\alpha = 360°$

Winkel zeichnen und messen

So werden Winkel gezeichnet:

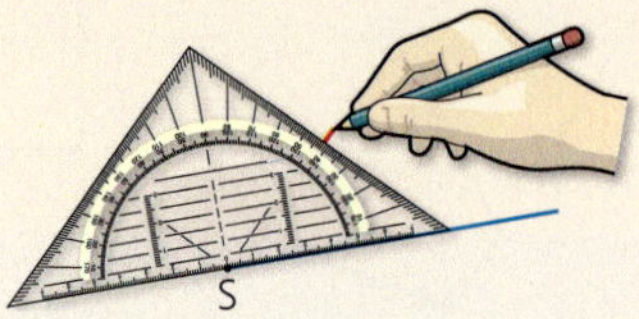

So werden Winkel gemessen:

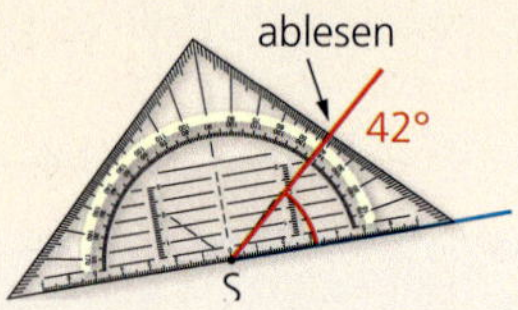

Geometrie – Symmetrie und Abbildungen

Symmetrische Figuren

Symmetrie

Um eine Figur auf Symmetrie zu untersuchen, suche nach möglichen Spiegelachsen, Dreh- oder Symmetriepunkten.

Achsensymmetrische Figuren konstruieren

Heißt ein Punkt in der Ausgangsfigur A (B, C, ...), so bezeichnet man den Bildpunkt mit A' (B', C', ...).

Achsen- und punktsymmetrische Figuren kannst du mithilfe einer Achsenspiegelung oder einer Punktspiegelung konstruieren. Du brauchst dazu ein Geodreieck.

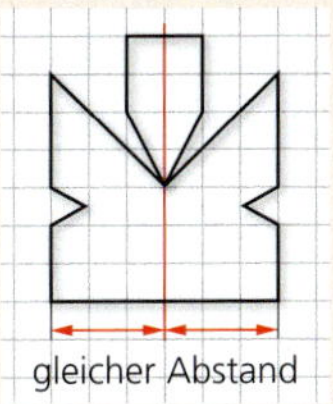

Spiegeln mit dem Geodreieck

1. Lege das Geodreieck mit seiner Mittellinie auf die Symmetrieachse.
2. Markiere auf der Senkrechten den Punkt A'. Er hat den gleichen Abstand zur Symmetrieachse wie A.
3. Wenn du alle Eckpunkte so gespiegelt hast, musst du nur noch die Bildpunkte passend verbinden.

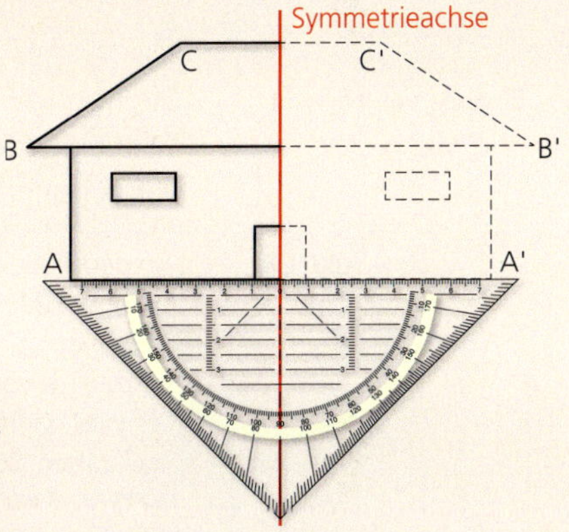

Jeder Punkt auf der Symmetrieachse stimmt mit seinem Bildpunkt überein.

Punktsymmetrische Figuren konstruieren

1. Lege das Geodreieck mit dem Nullpunkt genau auf das Symmetriezentrum Z.
2. Markiere auf der Geraden AZ den Punkt A'. Er hat den gleichen Abstand zum Symmetriezentrum wie A.
3. Wenn du alle Eckpunkte so gespiegelt hast, musst du nur noch die Bildpunkte passend verbinden.

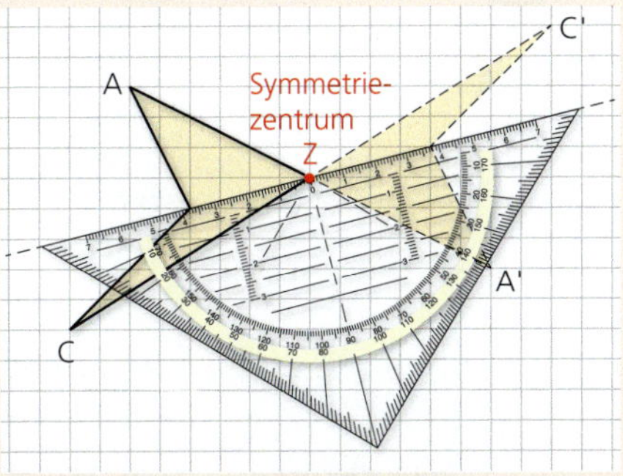

Das Symmetriezentrum ist sein eigener Bildpunkt.

Werkzeuge – Tabellenkalkulation

Tabelle

Zeilen 1, 2, 3, ...
Spalten A, B, C,...
Zellen A1, E3,..

Beim Start der Tabellenkalkulation öffnet sich ein leeres Tabellenblatt, eine Tabelle mit in Zeilen und Spalten angeordneten einzelnen Zellen.
In jede beliebige Zelle ist eine Eingabe möglich. Eingegeben werden können Zahlen, Texte und auch Formeln zur Berechnung von Werten mit den Zahlen anderer Zellen.

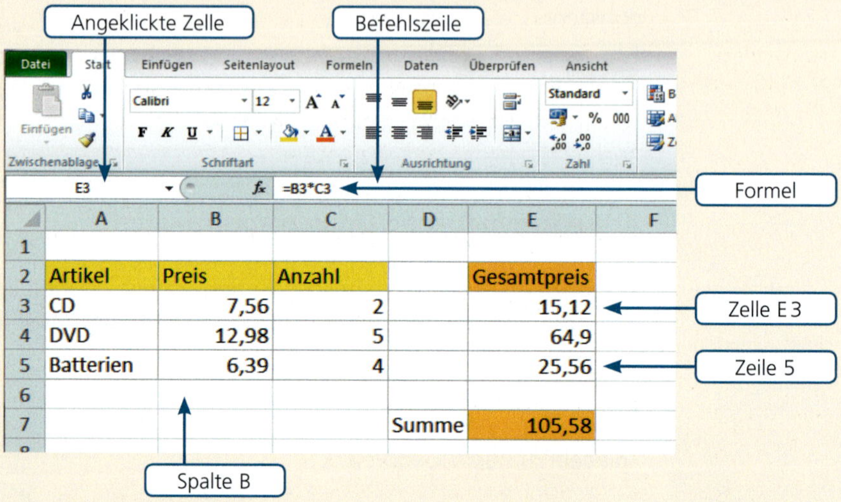

Eingabe von Formeln

Die Rechenoperation für die Formel kann in die Befehlszeile oder auch direkt in die Zelle eingegeben werden, sie muss zur Kennzeichnung als Formel auf jeden Fall mit dem Gleichheitszeichen beginnen.

=B3*C3

In dem Tabellenblatt ist in Zelle E3 die Formel **=B3*C3** geschrieben. Damit wird automatisch der Preis für eine CD mit der Anzahl der gekauften CDs multipliziert, es wird dann der Gesamtpreis für alle gekauften CDs in die Zelle geschrieben.

Die Tabellenkalkulation stellt auch viele Formeln fertig zur Verfügung. In der Zelle E7 ist der Befehl **=SUMME(E3;E4;E5)** eingegeben. Damit werden die in den Zellen E3 bis E5 angegebenen Gesamtpreise für die gekauften Artikel aufsummiert.

Diagramme

Zu geeigneten Tabellen lassen sich mit der Tabellenkalkulation auch übersichtliche Diagramme erstellen. Nach dem Markieren der passenden Spalten (oder Zeilen) wird meist unter Einfügen-Diagramm der gewünschte Diagrammtyp aufgerufen; das Diagramm wird dann automatisch erstellt.

Diagrammtyp:

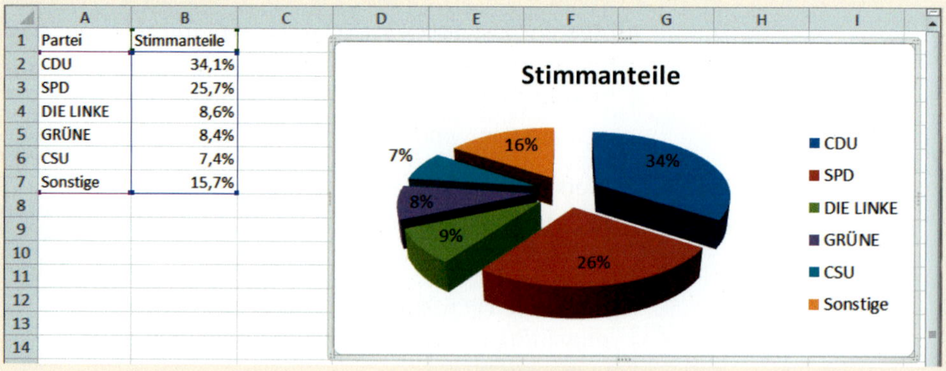

Formatierung

Wie bei der Textverarbeitung kannst du auch in der Tabellenkalkulation einzelne Zellen oder das Tabellenblatt formatieren. Damit ist gemeint, dass du z. B. die Spalten- oder Zeilenbreite, die Größe oder Farbe der Zellen, Schriftart und Schriftgröße der Einträge in den Zellen und vieles andere einstellen bzw. verändern kannst.

Hilfefunktion

Jede Tabellenkalkulation bietet eine Hilfefunktion. Nutze sie.

Werkzeuge - Dynamische Geometriesysteme

DGS

Zugmodus 

Experimentieren und Entdecken „Was passiert, wenn ...?"

DGS = „Dynamische Geometriesysteme" sind Werkzeuge, mit denen du am Computer geometrische Konstruktionen ausführen kannst. Die konstruierten Figuren sind mit dem **Zugmodus** nachträglich noch in Lage und Form veränderbar. Mit der Frage **„Was passiert wenn ..."** und dem gezielten Experimentieren beim Ziehen der Figuren lassen sich wichtige geometrische Eigenschaften und Zusammenhänge entdecken.

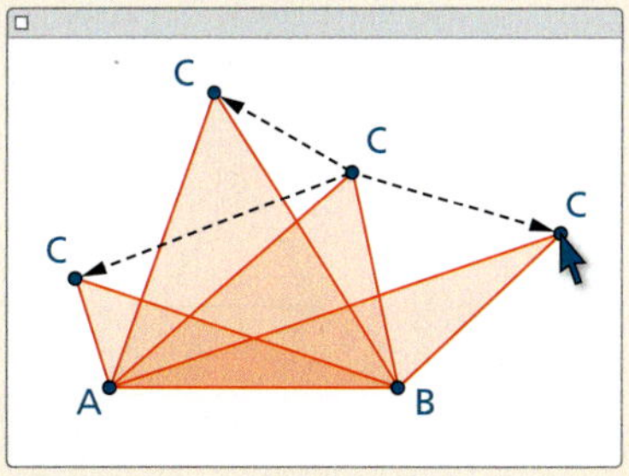

Nach dem Start des DGS erscheint ein leeres Zeichenblatt. Mithilfe verschiedener Werkzeuge aus dem Menü lässt sich auf dem Zeichenblatt konstruieren, abbilden und messen.

Hauptleiste

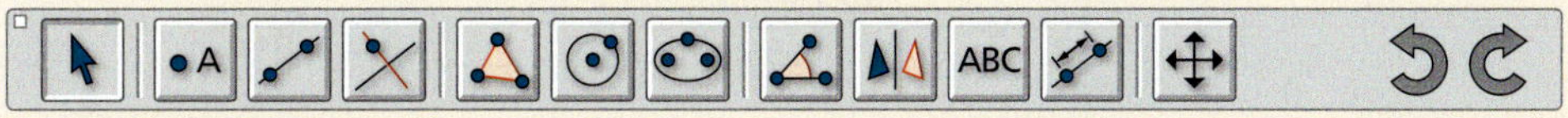

Konstruieren

Beispiel: **Dreieck**

"Vieleck" (Polygon) auswählen.

- Auf dem Zeichenblatt drei Punkte anklicken und zum Abschluss wieder den ersten Punkt anklicken.

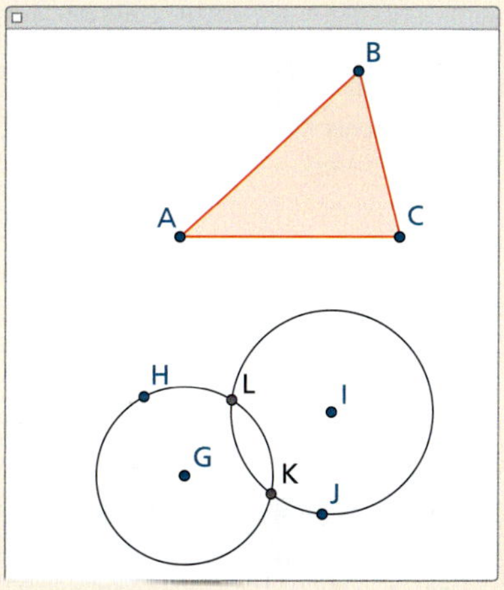

Beispiel: **Schnittpunkte zweier Kreise**

Kreis mit Mittel- und Kreispunkt konstruieren.

- Zwei Punkte anklicken, der erste Punkt ist der Mittelpunkt, der zweite Punkte liegt auf dem Kreis.

Schnittpunkte erzeugen.

- Beide Kreise nacheinander oder gleichzeitig anklicken.

Schnittpunkte können nicht gezogen werden.

Abbilden

Beispiel: **Dreieck an einer Geraden spiegeln**

Gerade als Spiegelachse konstruieren.

- Zwei Punkte anklicken.

Im Menü „Abbildungen" Icon wählen.

- Das Dreieck, das gespiegelt werden soll, anklicken. Die Gerade, an der gespiegelt werden soll, anklicken.

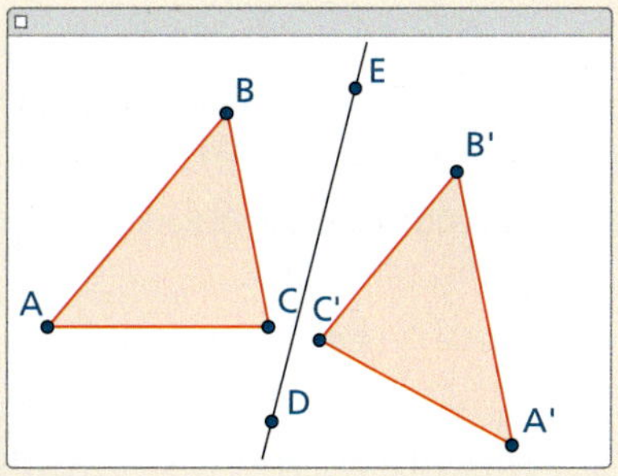

Beispiel: **Streckenlängen messen**

„Abstand oder Länge" Icon wählen.

- Strecke oder Endpunkte der Strecke anklicken.

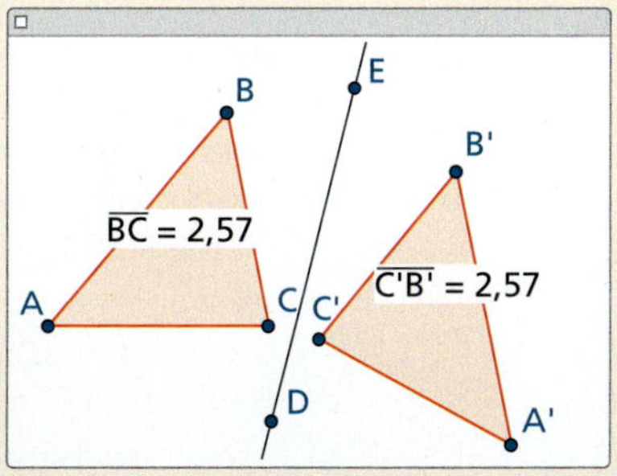

Lösungen zu den Check-ups

Lösungen zu Seite 29

1 a)

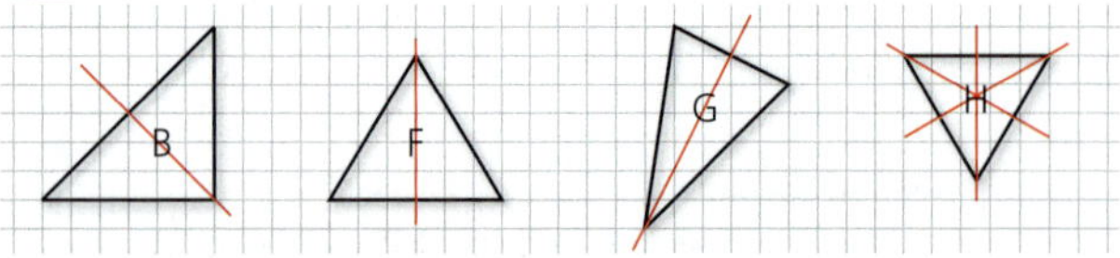

b)	Bezeichnung	Winkel-eigenschaft	Symm.-Achsen	besondere Eigenschaften
A	gewöhnliches Dreieck	spitzwinklig	-	keine
B	gleichschenkliges Dreieck	rechtwinklig	1	2 Seiten sind gleich lang, 2 Winkel sind gleich groß
C	gewöhnliches Dreieck	spitzwinklig	-	keine
D	gewöhnliches Dreieck	spitzwinklig	-	keine
E	gewöhnliches Dreieck	stumpf-winklig	-	keine
F	gleichschenkliges Dreieck	spitzwinklig	1	2 Seiten sind gleich lang, 2 Winkel sind gleich groß
G	gleichschenkliges Dreieck	spitzwinklig	1	2 Seiten sind gleich lang, 2 Winkel sind gleich groß
H	gleichseitiges Dreieck	spitzwinklig	3	3 Seiten sind gleich lang, 3 Winkel sind gleich groß

c) Tipps für deinen Bericht:
gleichseitiges Dreieck: alle drei Seiten gleich lang, alle drei Winkel 60° groß, drei Symmetrieachsen
gleichschenkliges Dreieck: zwei Seiten gleich lang, die Basiswinkel sind gleich groß, eine Symmetrieachse
gleichschenkliges rechtwinkliges Dreieck: zwei Seiten gleich lang, ein Winkel 90° groß, die beiden anderen Winkel 45° groß, eine Symmetrieachse
spitzwinkliges Dreieck: alle drei Winkel kleiner als 90°
rechtwinkliges Dreieck: ein Winkel 90° groß
stumpfwinkliges Dreieck: ein Winkel größer als 90°

2 Es entstehen zwei Dreiecke, die gleichgroß, rechtwinklig und gleichschenklig sind.

3 Beide Dreiecke sind rechtwinklig.

4 a), b), d) stimmen; c), e), f) stimmen nicht
g) „Jedes gleichseitige Dreieck ist gleichschenklig." richtig
„Ein rechtwinkliges Dreieck ist immer gleichschenklig." falsch

5 a) zwei gleiche rechtwinklige Dreiecke
b) zwei gleiche gleichschenlige rechtwinklige Dreiecke
c) zwei gleiche gleichschenklige Dreiecke
d) zwei gleiche gewöhnliche Dreiecke

Lösungen zu Seite 30

6 Die Figuren sind alle gleich groß: 18 Karos

7 a) Flächeninhalt: 4 große Karos. Man kann beide Figuren aufteilen und zu gleich großen Rechtecken zusammenlegen.
b) individuelle Schülerlösungen

8 Man kann das Dreieck und das Trapez zu Parallelogrammen mit jeweils halber Höhe neu zusammenlegen. Die Formeln für das Dreieck oder das Trapez entsprechen dann der Formel für das Parallelogramm, wobei $\frac{1}{2}$h die Höhe und g die Grundseite des Parallelogramms ist.
Die Grundseite des Trapezes ist (a + c).

9 a) $A = 6\ cm^2$ b) $A = 6\ cm^2$ c) $A = 12{,}25\ cm^2$

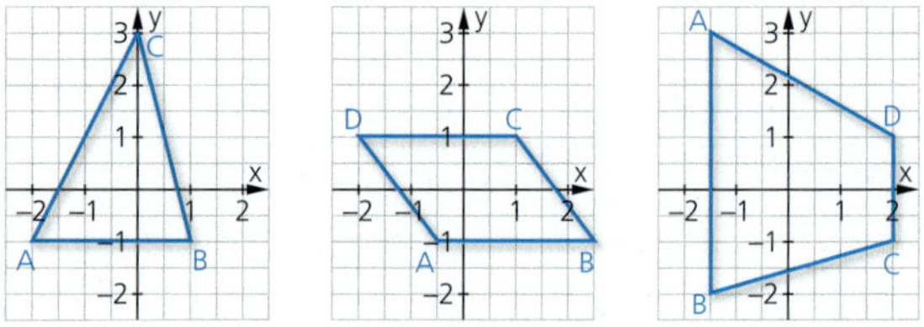

d) $A = 14\ cm^2$ e) $A = 8\ cm^2$

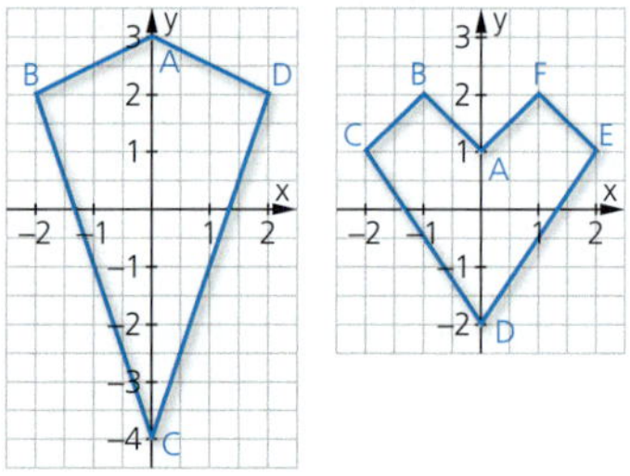

10 $A = 4{,}5\ m \cdot 3\ m - 1\ m \cdot 0{,}5\ m = 13\ m^2$
Die Fliesen kosten 46 € · 13 = 598 €.
U = 14 m. Die Fußleisten kosten 8 € · 14 = 112 €.
Zusammen kostet das Material 710 €.

11 Jeder sollte 23,1 : 3 = 7,7 ha erhalten.

Lösungen zu Seite 76

1 a) April: rund 650; Oktober: rund 730
b) Im Oktober, rund 730 Geräte

2 Graph C: Immer wenn die Fahne ein Stück hochgezogen wurde, muss mit der Hand umgegriffen werden; in dieser Zeit steigt die Fahne nicht.

3

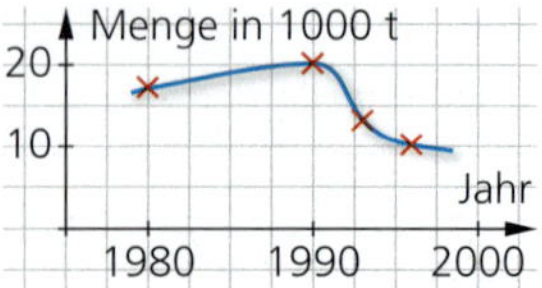

4

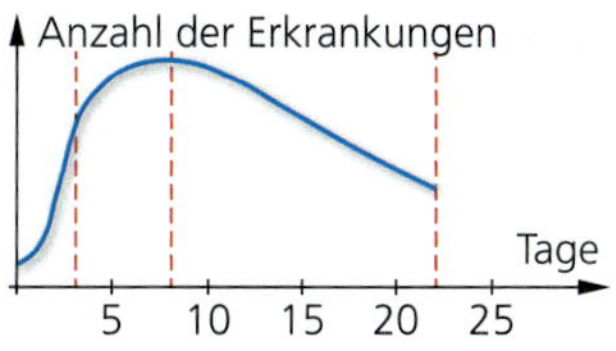

5 a)

5	7	10
20	28	40

y = 4x

b)

4	6	11
7	5	0

y = 11 – x

c)

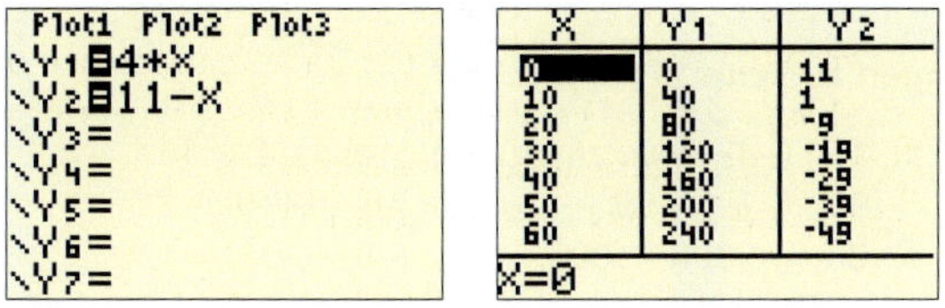

Lösungen zu Seite 77

6 Quotient: 15 : 6 = 2,5

x	6	2	10	25	36
y	15	5	25	62,5	90

7 Produkt: 5 · 12 = 60

x	5	20	2	15	7,5
y	12	3	30	4	8

8 42,86 €

9 Nach rund 1 h 40 min (genau 101,25 min)

10 Jeder muss 22,14 € zahlen.

11 $1\frac{1}{5}$ Wochen, also etwa 8 Tage.

12 a) x → (x + 3) · 5
b) x → (4x + 2) · 6

c)

x	1	2	3	4
(x + 3) · 5	20	25	30	35
(4x + 2) · 6	36	60	84	108

Lösungen zu Seite 106

1 8 von 24 $\frac{8}{24} = \frac{1}{3} \approx 33{,}3\,\%$
Herr Meyer verbringt mehr Zeit vor dem Fernseher.

2 33 % $\frac{6}{16} = \frac{3}{8} = 37{,}5\,\%$ $\frac{3}{9} = \frac{1}{3} \approx 33{,}3\,\%$ $\frac{6}{12} = \frac{1}{2} = 50\,\%$

3 7a: $\frac{60}{250} = 24\,\%$ 8d: $\frac{90}{400} = 22{,}5\,\%$

Bei der 7a sind die Gewinnchancen besser.

4 Gesamtanzahl der Buchstaben: 93
Die Angaben in Prozent sind gerundet.

a	e	i	o	u	Vokale	r	s
6	15	12	2	2	37	7	5
6,5%	16,1%	12,9%	2,2%	2,2%	39,8%	7,5%	5,4%

5 a) 46 % b) 36 % c) 40 %
d) 5 % e) 34 % f) 40 %
g) 19 % h) 12 % i) 46 %

6 a)

Grundwasser	61,1 %
Fluss-, See-, Talsperrenwasser	13,4 %
angereichertes Grundwasser	9,2 %
Quellwasser	8,5 %
Uferfiltrat	7,8 %

b) Mittelpunktswinkel: Kochen: 18° Toilette: 90°
Baden: 126° Geschirrspülen: 36° Wäsche: 90°

Lösungen zu Seite 107

7 a) 125 % bedeutet, dass der Prozentwert größer als der Grundwert ist.
125 % von 500 € ist 500 € · $\frac{125}{100}$ = 625 €.
b) Statt "zweiprozentig" wäre "hundertprozentig" richtig.

8 a) 3800 b) 200 c) 76 d) 100 e) 40 f) 20

9 40 € : 2,5 = 16 € (Einkaufspreis)

10 128 € · $\frac{100}{80}$ = 160 € 102 € · $\frac{100}{85}$ = 120 €

66,50 € · $\frac{100}{70}$ = 95 €

11 a) 65 € b) 116 kg c) 160 g
d) 250 € e) 35 km f) 275 ℓ

12 a) 105 m b) 48 € c) 199,5 ℓ d) 9,2 kg

13 Ausgaben: 8,19 € wöchentliches Taschengeld: 13 €

14

Kapital	7000 €	15 000 €	4000 €	250 000 €
Zinssatz	5 %	3 %	12 %	6,5 %
Zinsen	350 €	450 €	480 €	16 250 €

15 a) 8,75 € b) 8 %

Lösungen zu Seite 138

1 Gleich farbige Winkel sind gleich groß.
Blau ist 45°; Orange ist 135°;
Grün ist 79°; Rot ist 101°;
Gelb ist 56°
Es genügt, zwei Winkel zu messen, die verschieden groß und nicht Nebenwinkel sind.

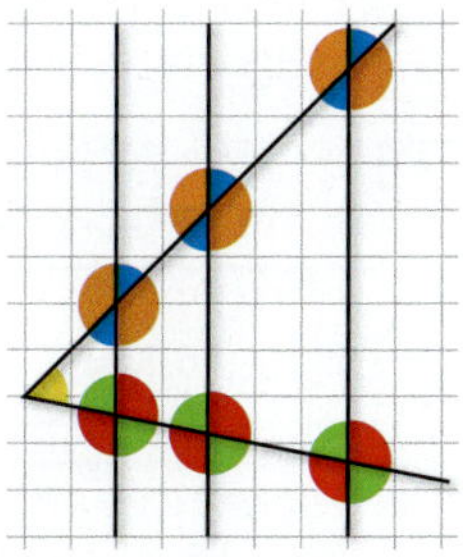

2 a) α = 70°
β = 70°
γ = 110°
δ = 100°

b) α = 75°
β = 75°
γ = 75°
δ = 150°

4 a) α = 70°; β = 55°; γ = 15° b) α = 85°

5

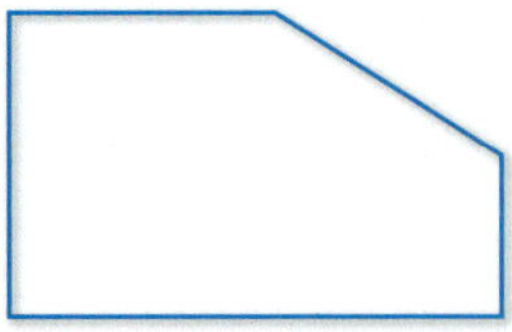

Ein Fünfeck kann maximal drei rechte Winkel haben.
Vier rechte Winkel haben eine Winkelsumme von 360°. Die Winkelsumme im Fünfeck beträgt 560°. Daher wäre der fünfte Winkel mit 180° keine Ecke, sondern ein gestreckter Winkel. Die Figur wäre dann Rechteck.

6 Es gibt genau einen solchen Punkt. Es ist der Schnittpunkt S der Mittelsenkrechten m der Strecke $\overline{PQ}$ mit g.

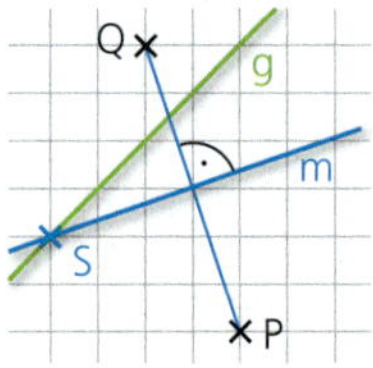

Lösungen zu Seite 170

1

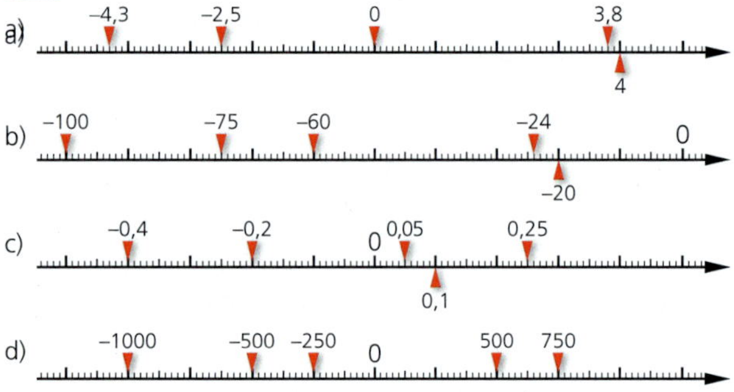

2 a) $-3{,}2 < -\frac{3}{2} < -0{,}4 < -0{,}35 < 2$
b) $-8{,}79 < -5{,}86 < -0{,}87 < 0{,}79 < 7{,}89$
c) $-100 < -10 < -0{,}1 < \frac{1}{10} < 100$
d) $-3{,}5 < -3{,}45 < -3{,}4 < -0{,}345 < 0{,}345$

3 a) −6 Vorgänger, −4 Nachfolger
b) −9 c) −17

4 a) −2,5 b) −2,9 c) 0 d) $-\frac{1}{12}$

5 3,1 + 4,2 = 7,3

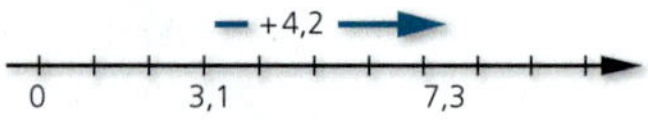

2,2 + (−6,1) = −3,9

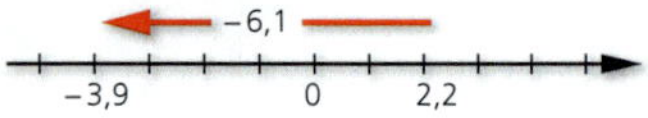

5,5 − 7,5 = −2

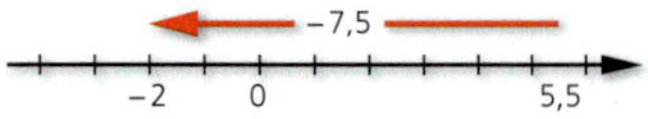

3,5 − (−4) = 7,5

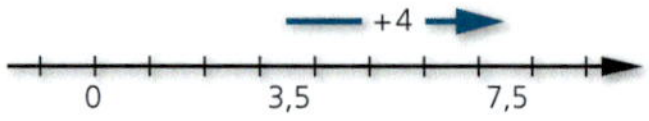

6 a)

+	−3,2	−11,5	$\frac{4}{5}$
5,4	2,2	−6,1	6,2
$-\frac{1}{2}$	−3,7	−12	0,3

b)

−	−14	10,3	−2,5
13	27	2,7	15,5
$-\frac{3}{4}$	13,25	−11,05	1,75

7

Alter Kontostand	−493,67	−701,32	1120,09	1109,62
Buchung	−162,33	689,27	−243,27	−3280,60
Neuer Kontostand	−656,00	−12,05	876,82	−2170,98

8

Alter Kontostand	143,94	−36,51	15,56	76,24
Buchung	−180,45	+52,07	+60,68	−90,98
Neuer Kontostand	−36,51	15,56	76,24	−14,74

Lösungen zu Seite 171

9 a) 15 · (−4) = 60 b) (−4) · (−4) = 16
c) 99 · (−1) = −99 d) jede beliebige Zahl
e) 20 · (−50) = −1000 f) (−5) · (−25) = 125

10 a) −30 b) 49 c) −11 d) 0 e) 68 f) 1

11 a)

·	−2	81	$-\frac{1}{2}$
$-\frac{2}{3}$	$\frac{4}{3}$	−54	$\frac{1}{3}$
−5	10	−405	$\frac{5}{2}$
0,3	−0,6	24,3	−0,15

c)

:	$-\frac{1}{3}$	10	−4
$\frac{1}{2}$	$-\frac{3}{2}$	$\frac{1}{20}$	$-\frac{1}{8}$
−2,4	7,2	−0,24	0,6
60	−180	6	−15

12 a) −8 9 81 1 −32 −3
b) $1{,}21^2 = 1{,}4641$; −0,001; 12,25; $-\frac{27}{64}$; $\frac{4}{25} = 0{,}16$; 4,0401

13 a) richtig b) richtig
c) falsch, richtig ist 0,2 d) richtig

14 a) −8 12 −16 −14
b) 13 −1 0,01 1
c) −0,5 −0,3 48 1

15 a) −42 b) $-\frac{7}{3} = -2\frac{1}{3}$ c) 0,2
d) −6 e) 7 f) −1
g) $-0{,}\overline{2} = -\frac{2}{9}$ h) $-\frac{5}{2} = -2{,}5$ i) 12

16 a) −1 · 1,2 = −1,2 b) 1,5 · (−4) = −6
c) 10 : (−4) = −2,5 d) (−1) : 5 = −0,2

17 1. Alle drei Faktoren sind positiv: 1 · 2 · 3 = 6.
2. Zwei Faktoren sind negativ und ein Faktor ist positiv: 1 · (−2) · (−3) = 6.
Allgemein: Bei einer geraden Anzahl negativer Faktoren ist das Produkt positiv.

Lösungen zu Seite 210

1 a) 4 · x = 48 x = 12
b) 2 · x − 12 = 10 x = 11
c) $x + \frac{1}{2} \cdot x = 33$ x = 22

2 Jochen: x Tore; Sabine: x − 2; Frauke: x + 1
Gleichung: x + x − 2 + x + 1 = 14 x = 5
Jochen: 5 Tore; Sabine 3; Frauke 6

3 b) ist die passende Gleichung. x: Alter von Frank
Frank ist 12 Jahre, seine Mutter 36.

4 Grün – Tarif A, blau – Tarif B
Für 24 € kann man bei Tarif A 70 min, bei Tarif B 80 min telefonieren.

5

a)

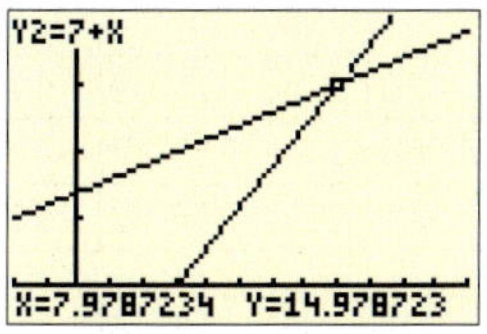

X	Y1	Y2
5	6	12
6	9	13
7	12	14
8	15	15
9	18	16
10	21	17
11	24	18

X=8

Lösung: $x = 8$

b)

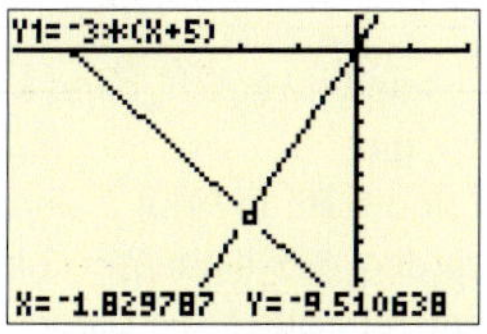

X	Y1	Y2
-1.878	-9.366	-9.39
-1.877	-9.369	-9.385
-1.876	-9.372	-9.38
-1.875	-9.375	-9.375
-1.874	-9.378	-9.37
-1.873	-9.381	-9.365
-1.872	-9.384	-9.36

X=-1.875

Lösung: $x = -1{,}875$

c)

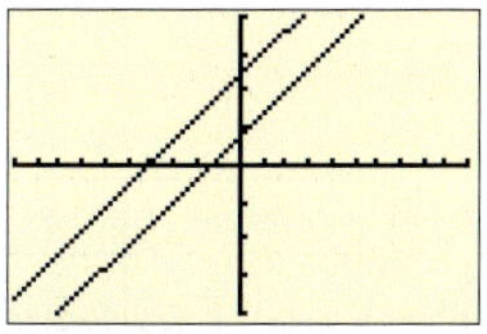

X	Y1	Y2
-4	-8	0
-3	-5	3
-2	-2	6
-1	1	9
0	4	12
1	7	15
2	10	18

X=2

keine Lösung,
Differenz von linker und rechter Seite ist immer 8.

d)

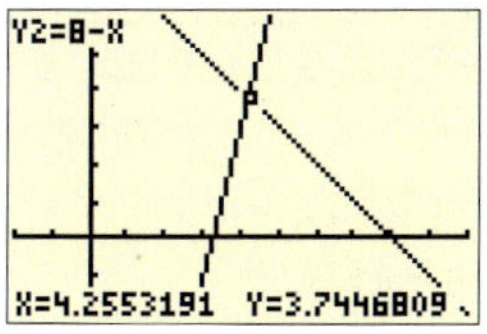

X	Y1	Y2
4.17	3.68	3.83
4.18	3.72	3.82
4.19	3.76	3.81
4.2	3.8	3.8
4.21	3.84	3.79
4.22	3.88	3.78
4.23	3.92	3.77

X=4.2

Lösung: $x = 4{,}2$

e)

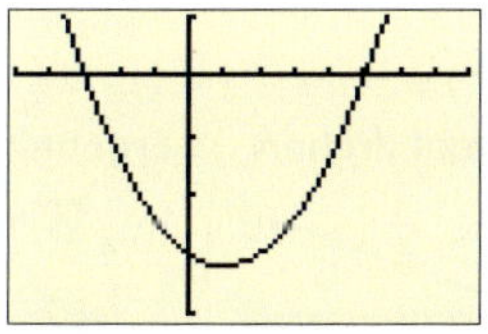

X	Y1	
-5	20	
-3	0	
-1	-12	
1	-16	
3	-12	
5	0	
7	20	

X=-3

Lösungen: $x = -3$ und $x = 5$

f)

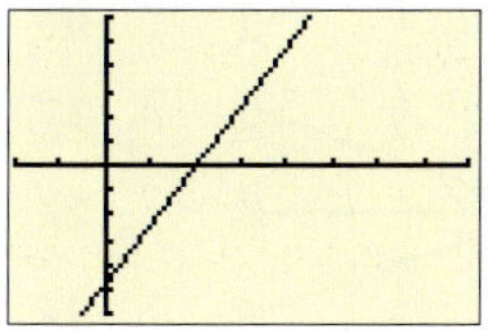

X	Y1	Y2
-5	-84	-84
-4	-72	-72
-3	-60	-60
-2	-48	-48
-1	-36	-36
0	-24	-24
1	-12	-12

X=-5

Alle Zahlen sind Lösungen.

6 $2x + 2 \cdot (x + 1) + 2x - 4 = 34$
$6x - 2 = 34$
$x = 6$
Probe: $2 \cdot 6 + 2 \cdot (6 + 1) + 2 \cdot 6 - 4 = 12 + 14 + 8 = 34$

7

a) $4x - 2 = 3x + 6 \quad |-3x$
$x - 2 = 6 \quad |+2$
$x = 8$

b) $24 + (10 - x) = 4x + 12$
$34 - x = 4x + 12 \quad |+x$
$34 = 5x + 12 \quad |-12$
$22 = 5x \quad |:5$
$4{,}4 = x$

c) $4{,}2 - 2x = 3 \cdot (x + 1{,}4)$
$4{,}2 - 2x = 3x + 4{,}2 \quad |+2x$
$4{,}2 = 5x + 4{,}2 \quad |-4{,}2$
$0 = 5x \quad |:5$
$0 = x$

d) $3x + 6 = 3x - 16 \quad |-3x$
$6 = -16$
unlösbar!

e) $4 \cdot (x + 3) = 12 + 4x$
$4x + 12 = 12 + 4x \quad |-4x$
$12 = 12$
allgemeingültig

f) $3 \cdot (2x - 6) = 3x + 9$
$6x - 18 = 3x + 9 \quad |-3x$
$3x - 18 = 9 \quad |+18$
$3x = 27 \quad |:3$
$x = 9$

Lösungen zu Seite 211

8 a), b), e) bestimmen die Länge; jeweils $2x + 2y + 48$

9 $3x - x = 2x$
$3 \cdot (x + 2) - 2x + 2 = x + 8$
$5 \cdot (x + 3) - 10x = 15 - 5x$

10 $(x - 12) \cdot 4 + x + 48 = 4x - 48 + x + 48 = 5 \cdot x$

11
a) Assoziativgesetz der Multiplikation
b) Kommutativgesetz der Addition
c) Kommutativ- und Assoziativgesetz der Addition
d) Distributivgesetz
e) Distributivgesetz
f) Assoziativgesetz der Addition

12 Das Distributivgesetz $c \cdot a + c \cdot b = c \cdot (a + b)$

13
a) $9x + 45$
b) $2x - y$
c) $6a - 30 + 22 + 4a = 6a + 4a - 30 + 22 = 10a - 8$
d) $2{,}4x - 12 + 22{,}4 + 1{,}6x = 2{,}4x + 1{,}6x - 12 + 22{,}4$
$= 4x + 10{,}4$

14 a) $2{,}4 \cdot (x + 1)$ b) $4a + b$ c) $x - 9$ d) $11x - 9y$

15 $2 \cdot (2x) + 2 \cdot (x + 1) = 4 \cdot (x + 2)$
$x = 3$
Beide haben den Umfang 20.
$A_R = 6 \cdot 4 = 24 \qquad A_Q = 5 \cdot 5 = 25$
Das Quadrat hat den größeren Fläche

Lösungen zu Seite 232

1 a) kongruent b) nicht kongruent

2 Die Dreiecke ABC und DEF sind zueinander kongruent, da beide Dreiecke rechtwinklig sind und die am rechten Winkel anliegenden Seiten in beiden Dreiecken gleich lang sind.
Nach dem SWS ist die Konstruktion eindeutig.

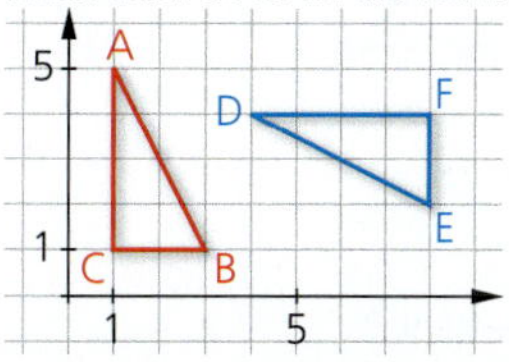

3
a) Es ist kein Dreieck konstruierbar, da 4,7 cm + 5,6 cm = 10,3 cm gilt. Damit ist die Dreiecksungleichung nicht erfüllt.
b) Es ist ein Dreieck nach dem WSW konstruierbar.

c) Es ist kein Dreieck konstruierbar, da nach Konstruktion von c und Abtragen von β der Kreis um A mit Radius b keinen Schnittpunkt mit dem freien Schenkel von β hat.
d) Es sind unendlich viele Dreiecke konstruierbar, da durch eine Seite nur zwei Eckpunkte festgelegt werden. Für die gegebene zweite Seite gibt es nun unendlich viele Möglichkeiten.

4 a) Wähle α und β so, dass die $\alpha + \beta < 180°$ ist, wähle a beliebig. Z. B.: $\alpha = 34°$, $\beta = 77°$ und a = 5 cm.
b) Wähle die Seiten so, dass die Dreiecksungleichung erfüllt ist. Z. B.: $a + b > c$. SSS.
c) Wähle a und b beliebig. Wähle $\gamma < 180°$ beliebig aus. Z. B.: a = 5 cm, b = 7 cm und $\gamma = 54°$. SWS.
d) Wähle c beliebig und wähle $\alpha < 180°$ beliebig aus. Nun muss a so gewählt werden, dass ein Dreieck entsteht. Dabei können für einige Werte von a zwei verschiedene Dreiecke für c, a und α entstehen.

5 a) Gegeben: b, α, γ.
1. Seite b zeichnen, Endpunkte A und C nennen
2. α in A abtragen
3. γ in C abtragen
4. Dreieck vervollständigen

b) Die Konstruktion erfolgt nach dem WSW.

6 a) eine Seitenlänge
b) Länge der Basis und eine Seitenlänge

Lösungen zu Seite 233

7 Die Diagonale ist 4,6 cm lang.

8 a) 3,35 m
b) Die Leiter reicht dann 3,50 hoch.

9 a) Konstruktion mit dem Kongruenzsatz WSW:

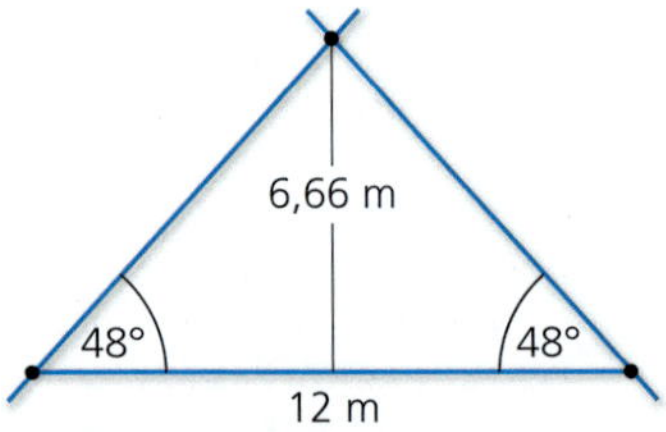

Die Höhe des Giebels beträgt 6,66 m.

b) Konstruktion mit dem Kongruenzsatz SWS:

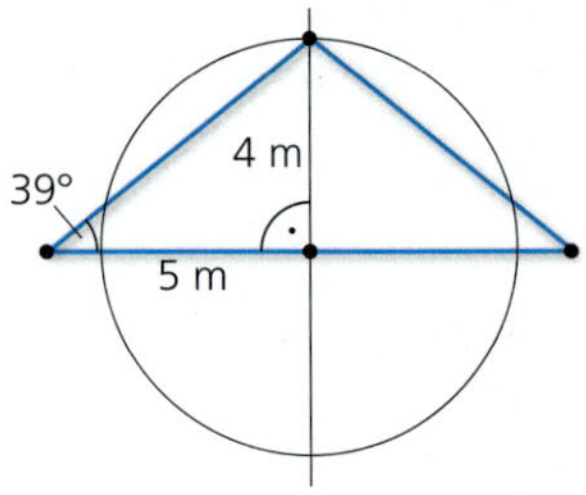

Der Neigungswinkel beträgt 39°.

10 Merke dir an einem markanten Punkt am Turm deine Augenhöhe und gehe vom Turm aus, z. B. 20 m. Von hier bestimme z. B. mit einem Geodreieck den Höhenwinkel von deiner Augenhöhe bis zur Spitze des Turmes. Beachte, dass das Dreieck von deiner Augenhöhe zum gemerkten Punkt am Turm parallel zum Boden verläuft. So erhältst du ein rechtwinkeliges Dreieck (wenn der Turm senkrecht steht), das nach dem WSW eindeutig konstruierbar ist. Beachte die Augenhöhe.

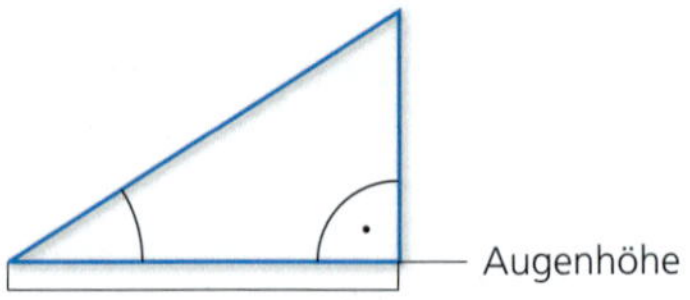

11 Die erste und die dritte Figur sind beweglich, da es kein eindeutig festgelegtes Dreieck gibt.
Die beiden anderen Figuren sind starr. In Figur 2 sind die beiden kleinen Dreiecke nach dem SSS eindeutig konstruierbar. In den letzten Figur entsteht durch die Diagonale ein eindeutig konstruierbares Dreieck.

Lösungen zu Seite 254

1 a) Superpreis: $p(55) = \frac{1}{60} \approx 1{,}7\,\%$
$p(\text{Hauptgewinn}) = \frac{6}{60} = \frac{1}{10} = 10\,\%$
b) Einen Hauptgewinn erzielt man bei 100 Spielen etwa 10-mal.

2 a) gleich wahrscheinlich: $p(\{2;\,4;\,6\}) = p(\{1;\,3;\,5\}) = \frac{1}{2}$
b) nicht gleich wahrscheinlich: $p(1) = \frac{1}{6}$ und $p(\{4,\,5,\,6\}) = \frac{1}{2}$
c) nicht gleich wahrscheinlich:
p(„blau") = $\frac{1}{4}$ und p(„rot") = $\frac{3}{4}$

3 a) p(„sehr gut") = $\frac{6}{31} \approx 0{,}19 = 19\,\%$
b) p(„besser als befriedigend") = $\frac{6}{31} + \frac{10}{31} \approx 0{,}52 = 52\,\%$

4 a) p(„66") = $\frac{1}{3} \cdot \frac{1}{3} + = \frac{1}{9}$
p(„mindestens einmal 6") = $\frac{2}{3} \cdot \frac{1}{3} + \frac{1}{3} \cdot \frac{2}{3} + \frac{1}{3} \cdot \frac{1}{3} = \frac{5}{9}$
b)

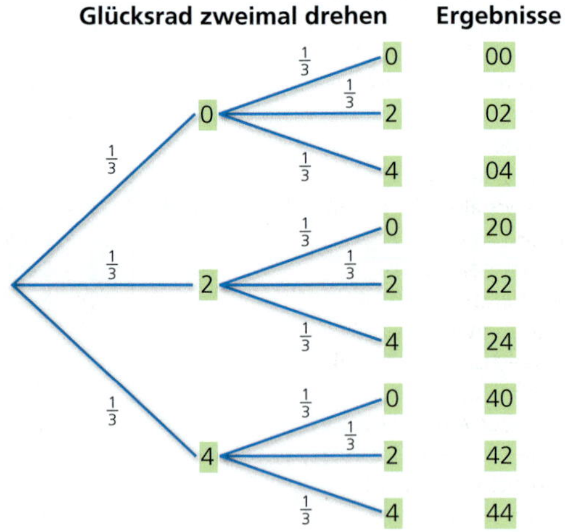

p(„42") = $\frac{1}{3} \cdot \frac{1}{3} = \frac{1}{9}$
p(„Summe der beiden Zahlen ist 4")
= p(„04") + p(„22") + p(„40") = $\frac{1}{9} + \frac{1}{9} + \frac{1}{9} = \frac{1}{3}$

5 a) p(„beide rot") = $\frac{1}{10} \cdot \frac{1}{5} = \frac{1}{50} = 2\,\%$
b) p(„mindestens eines rot")
p(„erstes rot") + p(„nur zweites rot")
= $\frac{1}{5} + \frac{4}{50} = \frac{14}{50} = 0{,}28 = 28\,\%$

Stichwortverzeichnis

Bildnachweis:

Umschlag: mauritius images, Mittenwald (corbis); 8.1: fotolia.com, New York (Xuejun li); 8.2: fotolia.com, New York (Xuejun li); 9.1, 11.1: Matzke & Heinzig, Braunschweig (Marion Strohdach); 9.2: Prof. Günter Schmidt, Stromberg; 10.1: fotolia.com, New York (Xuejun li); 17.1-7: Prof. Günter Schmidt, Stromberg; 19.1: iStockphoto, Calgary (Lawrence Behrens); 26.1: Prof. Günter Schmidt, Stromberg; 26.2; 27.1: Prof. Günter Schmidt, Stromberg; 27.2: iStockphoto, Calgary (Coldimages); 30.1: Matzke & Heinzig, Braunschweig (Marion Strohdach); 32.1: Matzke & Heinzig, Braunschweig (Marion Strohdach); 33.1-2: TopicMedia Service, Putzbrunn (TM/RF); 34.1: Panther Media, München (Erhard Hess); 35.1: vario images, Bonn; 36.1: iStockphoto, Calgary (teekid); 36.2: Panther Media, München (Ziga Camernik); 36.3: Panther Media, München (Wilfried Martin); 37.1: Michael Leonhard/Bildbroker, Köln; 40.1: iStockphoto, Calgary (JeffEast); 40.2: Thomas Vogt, Hargesheim/Bad Kreuznach; 41.1: iStockphoto, Calgary (KonArt); 41.2: Panther Media, München (André Uecker); 42.1: Prof. Günter Schmidt, Stromberg; 44.1: fotolia.com, New York (Anatoliy Meshkov); 44.2: iStockphoto, Calgary (benkrut); 45.1: Phywe Systeme, Göttingen; 47.1: Panther Media, München (N A Planken-Kooij); 49.1: iStockphoto, Calgary (Sproetniek); 49.2: iStockphoto, Calgary (cheyennezj); 49.3: Prof. Günter Schmidt, Stromberg; 50.1: Peter Sudermann, Lippstadt; 51.1: iStockphoto, Calgary (raclro); 51.2: Corbis, Düsseldorf (Duomo); 52.1: mauritius images, Mittenwald (United Archives); 55.1: iStockphoto, Calgary (sunstock); 56.1: mauritius images, Mittenwald (Rolf Hicker); 56.2: Panther Media, München (David Koscheck); 57.1: Panther Media, München (Ursula Jacobs); 58.1: Panther Media, München (Toni Anett Kuchinke); 58.2: Panther Media, München (Elena Elisseeva); 58.3: mauritius images, Mittenwald (Nakamura); 59.1: fotolia.com, New York (Floydine); 64.1: Panther Media, München (Hans-Joachim Schneider); 65.1: mauritius images, Mittenwald (John Warburton-Lee); 65.2: Hedda Sander, Braunschweig; 65.3: akg-images, Berlin (IAM/World History Archive); 67.1-2: Michael Rüsing, Essen; 68.1: Prof. Günter Schmidt, Stromberg; 73.1: Shutterstock, New York (worradirek); 73.2: Panther Media, München (Simone Voigt); 73.3: Panther Media, München (Stefan Redel); 73.4: Panther Media, München (Herbert Reimann); 75.1: iStockphoto, Calgary (Magnus Johansson); 81.1: Panther Media, München (Erwin Wodicka); 81.2: iStockphoto, Calgary (estt); 81.3: Astrofoto, Sörth; 82.1: Caro, Berlin (Hechtenberg); 83.2: Keystone, Hamburg (Volkmar Schulz); 84.1: iStockphoto, Calgary (UroshPetrovic); 84.2: iStockphoto, Calgary (MaszaS); 85.1: Prof. Günter Schmidt, Stromberg; 86.1: Panther Media, München (Semra Yasar); 90.1: iStockphoto, Calgary (Ingalvanova); 90.2: Panther Media, München (Engin Korkmaz); 91.1: iStockphoto, Calgary (villiers); 96.1: iStockphoto, Calgary (1001nights); 97.1: iStockphoto, Calgary (mathieukor); 98.1: A1PIX - Your Photo Today, Taufkirchen; 102.1: iStockphoto, Calgary (openyourap); 102.2: iStockphoto, Calgary (tilo); 102.3: iStockphoto, Calgary (Rouzes); 103.1: iStockphoto, Calgary (vladru); 104.1: iStockphoto, Calgary (richterfoto); 105.1: iStockphoto, Calgary (RonBailey); 109.1: iStockphoto, Calgary (x-drew); 110.1: iStockphoto, Calgary (rsester); 111.1: Panther Media, München (Matthias Krüttgen); 111.2: Naturfoto-Online, Steinburg (S. Ernst); 112.1: iStockphoto, Calgary (pryzmat); 113.1-2: Martin Zacharias, Molfsee; 115.1: iStockphoto, Calgary (aguirre_mar); 115.2: iStockphoto, Calgary (ImageGap); 115.3: iStockphoto, Calgary (szaffy); 117.1: Prof. Günter Schmidt, Stromberg; 117.2: iStockphoto, Calgary (janol); 119.1: Panther Media, München (Pascal Krause); 119.2: Panther Media, München (Gunnar Pippel); 120.1, 124.1: iStockphoto, Calgary (SondraP); 120.2: Panther Media, München (Harris Shiffman); 124.2: iStockphoto, Calgary (GCHaggisImages); 126.1: wikipedia.org (Zumthie/gemeinfrei); 127.1: Prof. Günter Schmidt, Stromberg; 128.1: Panther Media, München (Ulf Oberth); 129.1: iStockphoto, Calgary (LdF); 132.1: Martin Zacharias, Molfsee; 134.1: Panther Media, München (Jonathan Ross); 135.1: Panther Media, München (Rita Maaßen); 141.1: Prof. Günter Schmidt, Stromberg; 143.1: Panther Media, München (Berno Blüche); 143.2: Panther Media, München (Peter Jobst); 144.1: iStockphoto, Calgary (Lee Sutterby); 147.1: Picture-Alliance, Frankfurt; 148.1: Paul Johnson, Hawaii; 150.1: Imago, Berlin (ITAR-TASS); 151.1: Emanuel Bloedt, Dortmund; 151.2: mauritius images, Mittenwald (United Archives); 155.1: Astrofoto, Sörth; 156.1: NASA, Houston/Texas (Courtesy NASA/JPL-Caltech); 157.1: fotolia.com, New York (D.R.3D); 157.2-4: Thomas Vogt, Hargesheim/Bad Kreuznach; 164.1: iStockphoto, Calgary (Joachim Angeltun); 168.1: Panther Media, München (P. Lanik); 173.1: Panther Media, München (Erich Teister); 174.1: iStockphoto, Calgary (RbbrDckyBK); 174.2: iStockphoto, Calgary (Dean_Fikar); 183.1: Bridgeman, Berlin; 189.1: iStockphoto, Calgary (diephosi); 189.2: iStockphoto, Calgary (dennisvdw); 190.1: Panther Media, München (Rick Sargeant); 191.1: iStockphoto, Calgary (malerapaso); 214.1: Panther Media, München (Manfred Renz); 215.1: fotolia.com, New York (AK-DigiArt); 221.1: Prof. Günter Schmidt, Stromberg; 223.1: iStockphoto, Calgary (mb-fotos); 223.2: Panther Media, München (Michael Kupke); 223.3: Panther Media, München (Gerhard Köppl); 223.4: iStockphoto, Calgary (jameslee999); 223.5: iStockphoto, Calgary (dmathies); 223.6: Prof. Günter Schmidt, Stromberg; 224.1: iStockphoto, Calgary (DariuszPa); 224.2: Picture-Alliance, Frankfurt (dpa); 225.1: iStockphoto, Calgary (benkrut); 225.2: mauritius images,

Mittenwald (Lukasseck); 225.3: mauritius images, Mittenwald (Vidler); 228.1-3: Prof. Günter Schmidt, Stromberg; 228.4: Panther Media, München (William Perry); 228.5: iStockphoto, Calgary (sandyriverman); 228.6: mauritius images, Mittenwald (ib/Christian Heinrich); 229.1: iStockphoto, Calgary (kadmy); 229.3: iStockphoto, Calgary (Suljo); 229.4: iStockphoto, Calgary (Andyqwe); 230.1: alimdi.net, Deisenhofen (Stella); 236.1: Corbis, Düsseldorf (Rolf Kosecki); 236.2: iStockphoto, Calgary (gbh007); 236.3: Corbis, Düsseldorf (Rolf Kosecki); 236.4: iStockphoto, Calgary (TPopova); 237.1: iStockphoto, Calgary (skodonnell); 238.1: Prof. Günter Schmidt, Stromberg; 239.1: akg-images, Berlin; 240.1: iStockphoto, Calgary (juicybits); 240.2: iStockphoto, Calgary (alexstorn); 240.3: iStockphoto, Calgary (LevKing); 240.4: mauritius images, Mittenwald (Steffen Beuthan); 240.5: fotolia.com, New York (Daorson); 240.6: iStockphoto, Calgary (PhilAugustavo); 242.1: iStockphoto, Calgary (Rocter); 242.2: Picture-Alliance, Frankfurt (dpa/Peter Steffen); 244.1: fotolia.com, New York (Regormark); 246.1a: Shutterstock, New York (vesna cvorovic); 246.1b: Shutterstock, New York (vesna cvorovic); 247.1: mauritius images, Mittenwald (age); 248.1: fotolia.com, New York (Marius Graf); 251.1: Panther Media, München (Thomas Lammeyer); 251.2: Panther Media, München (Flavio Vieri); 252.1, 253.1, 256.1, 279.1: Prof. Günter Schmidt, Stromberg.

Es war nicht in allen Fällen möglich, die Inhaber der Bildrechte ausfindig zu machen und um Abdruckgenehmigung zu bitten. Berechtigte Ansprüche werden selbstverständlich im Rahmen der üblichen Konditionen abgegolten.